FRECUENCIAS

Español comunicativo para el siglo XXI

DIRECTO

A1 A2 B1

Guía didáctica

Equipo **Frecuencias**

Edinumen

ISBN - Guía didáctica: 978-84-9179-699-2
Depósito legal: M-8249-2022

Impreso en España
Printed in Spain
0323

Coordinación pedagógica:
M.ª José Gelabert

Coordinación editorial:
Mar Menéndez, Amelia Guerrero y Carlos Oliva

Diseño de maqueta:
Juanjo López y Sara Serrano

Diseño de portada y maquetación:
Carlos Casado y Juanjo López

Impresión:
Gráficas Muriel

Editorial Edinumen
José Celestino Mutis, 4. 28028 Madrid. España
Teléfono: (34) 91 308 51 42
Correo electrónico: edinumen@edinumen.es
www.edinumen.es

Índice

Introducción

La *Guía didáctica* de **Frecuencias DIRECTO** se propone obtener el mayor rendimiento posible de las actividades y contenidos del *Libro del estudiante*.

Usted puede consultar en esta guía las sugerencias de explotación de las actividades de cada apartado, las claves de los ejercicios y las transcripciones.

Además, encontrará información adicional útil sobre contenidos culturales, gramaticales y léxicos con los que podrá resolver con más facilidad las dudas o preguntas que les puedan surgir a usted o a sus estudiantes.

Junto con esta información extra, aparecen actividades adicionales u opcionales con alternativas que amplían el material y que le permitirán presentar los contenidos de una manera sencilla y motivadora.

Dentro de la secuencia didáctica se presenta el material proyectable con el que usted podrá ampliar, reforzar o facilitar el trabajo de los estudiantes.

Justificación metodológica

Frecuencias DIRECTO sigue las recomendaciones del *Marco común europeo de referencia para las lenguas (MCER)* y su sílabo se ha elaborado a partir del *Plan curricular del Instituto Cervantes*.

La metodología de **Frecuencias DIRECTO** busca planteamientos derivados de la dimensión comunicativa de la lengua. Concibe la enseñanza y el aprendizaje como un proceso dinámico que se desarrolla sobre la base del diálogo y del intercambio de experiencias y conocimientos, coherente con el análisis de las necesidades comunicativas de los estudiantes. La enseñanza se centra en el estudiante, pues se lo valora como individuo que debe ser capaz de desarrollar su particular autonomía lingüística en un contexto sociocultural apropiado.

Frecuencias DIRECTO ofrece un programa curricular que trabaja las destrezas y los contenidos de manera específica y, a la vez, en conjunto. Combina la distribución ordenada de los contenidos léxicos, gramaticales y funcionales con la resolución, en una fase posterior, de tareas en las que el estudiante tiene que poner en funcionamiento los conocimientos adquiridos previamente. Esta combinación facilita el aprendizaje, ya que los contenidos se van presentando de manera progresiva a lo largo de los apartados, de modo que el estudiante, al enfrentarse a las tareas propuestas, ha adquirido ya todas las herramientas que necesita para resolverlas con éxito.

En la elaboración de **Frecuencias DIRECTO** se ha tenido en cuenta el conocimiento del mundo que tienen los estudiantes, así como las sinergias que se producen entre el grupo de clase y el docente. De este modo, las actividades que introducen los nuevos contenidos que se presentan en cada unidad han sido diseñadas considerando lo que sabe el estudiante por su experiencia y el intercambio de conocimientos que se produce en clase.

El objetivo de **Frecuencias DIRECTO** es ofrecer al estudiante el material necesario para desarrollar tanto competencias generales como comunicativas, promover su autonomía lingüística y proporcionarle los conocimientos necesarios de modo que pueda desenvolverse con facilidad en el universo sociocultural hispánico.

Al final de **Frecuencias DIRECTO** A1 A2 B1, de acuerdo con el *MCER*, el estudiante podrá:

- utilizar un repertorio lingüístico amplio, suficiente para expresarse con argumentos y matices, sin errores importantes de formulación y con una pronunciación clara;
- participar en los intercambios comunicativos con un grado aceptable de fluidez, precisión y naturalidad;
- plantear los detalles de un problema, presentar reclamaciones y resolver situaciones conflictivas recurriendo a su capacidad de argumentar y a un lenguaje persuasivo;
- describir situaciones impredecibles, explicar los puntos principales de una idea o un problema, expresar sentimientos o pensamientos sobre temas abstractos o culturales con razonable precisión oralmente o por escrito;
- participar en una conversación o debate mostrando habilidades de cooperación;
- seguir el ritmo de discusiones animadas e identificar los argumentos de los diferentes puntos de vista;
- expresar sus ideas y opiniones con precisión;
- presentar líneas argumentativas de cierta complejidad y responder a ellas con convicción;
- realizar entrevistas eficaces y fluidas, incluso alejándose espontáneamente de las preguntas preparadas, siguiendo el hilo y dando respuestas pertinentes;
- enfrentarse a textos auténticos producidos por hablantes nativos, en un nivel de lengua estándar;
- escribir textos de cierta complejidad y bien articulados sobre temas de interés personal;
- extraer de los textos información concreta, incluso de carácter técnico si esta es sencilla y familiar y de identificar la idea general así como algunos detalles específicos;
- utilizar la información procedente de diferentes partes del texto para realizar una tarea concreta y hacer resúmenes sencillos, manejando incluso diversas fuentes para transmitir el contenido global a otra persona;
- enfrentarse a programas de televisión que traten temas de interés personal y a películas en las que los elementos visuales y la acción permiten seguir el argumento.

Guía visual

La *Guía didáctica* de **Frecuencias DIRECTO** reproduce a doble página el *Libro del estudiante* de modo que usted encuentre en un solo volumen los contenidos de ambos libros, facilitándole su consulta y manejo.

Libro del estudiante.

Sugerencias de explotación y alternativas a las actividades propuestas.

Referencia al material proyectable con indicación de su objetivo didáctico, sugerencias de explotación y claves correspondientes.

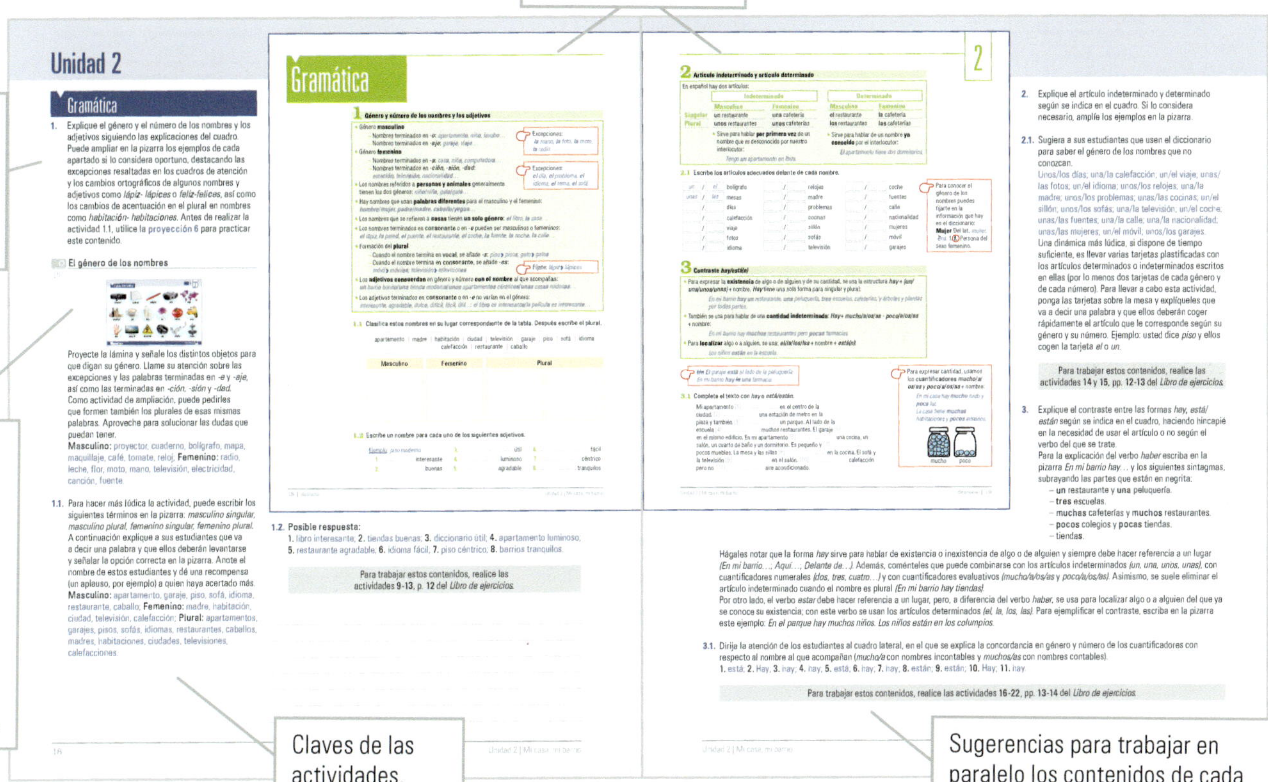

Claves de las actividades.

Sugerencias para trabajar en paralelo los contenidos de cada apartado en el *Libro de ejercicios*.

Cuadros con información extra de carácter cultural o léxico.

Actividades extras para los contenidos culturales.

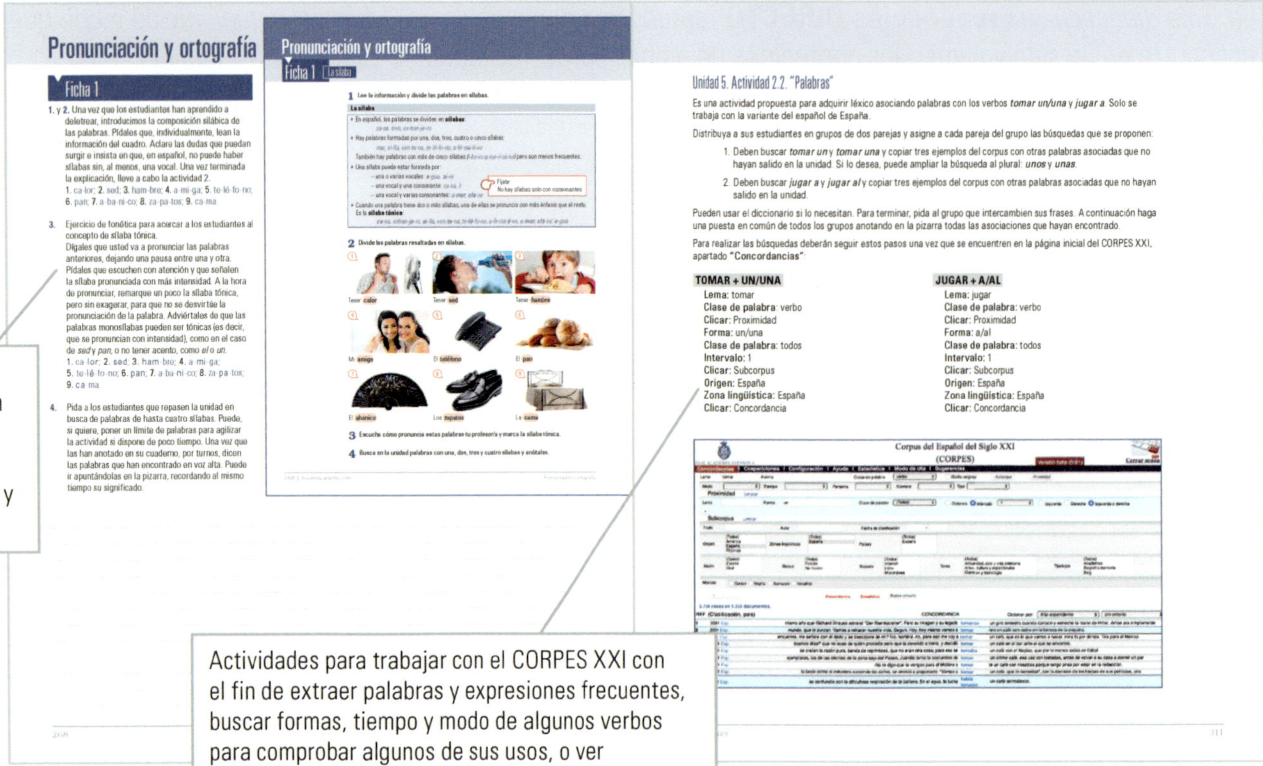

Sugerencias de explotación y claves de las fichas de Pronunciación y ortografía.

Actividades para trabajar con el CORPES XXI con el fin de extraer palabras y expresiones frecuentes, buscar formas, tiempo y modo de algunos verbos para comprobar algunos de sus usos, o ver asociaciones de palabras frecuentes y rentables.

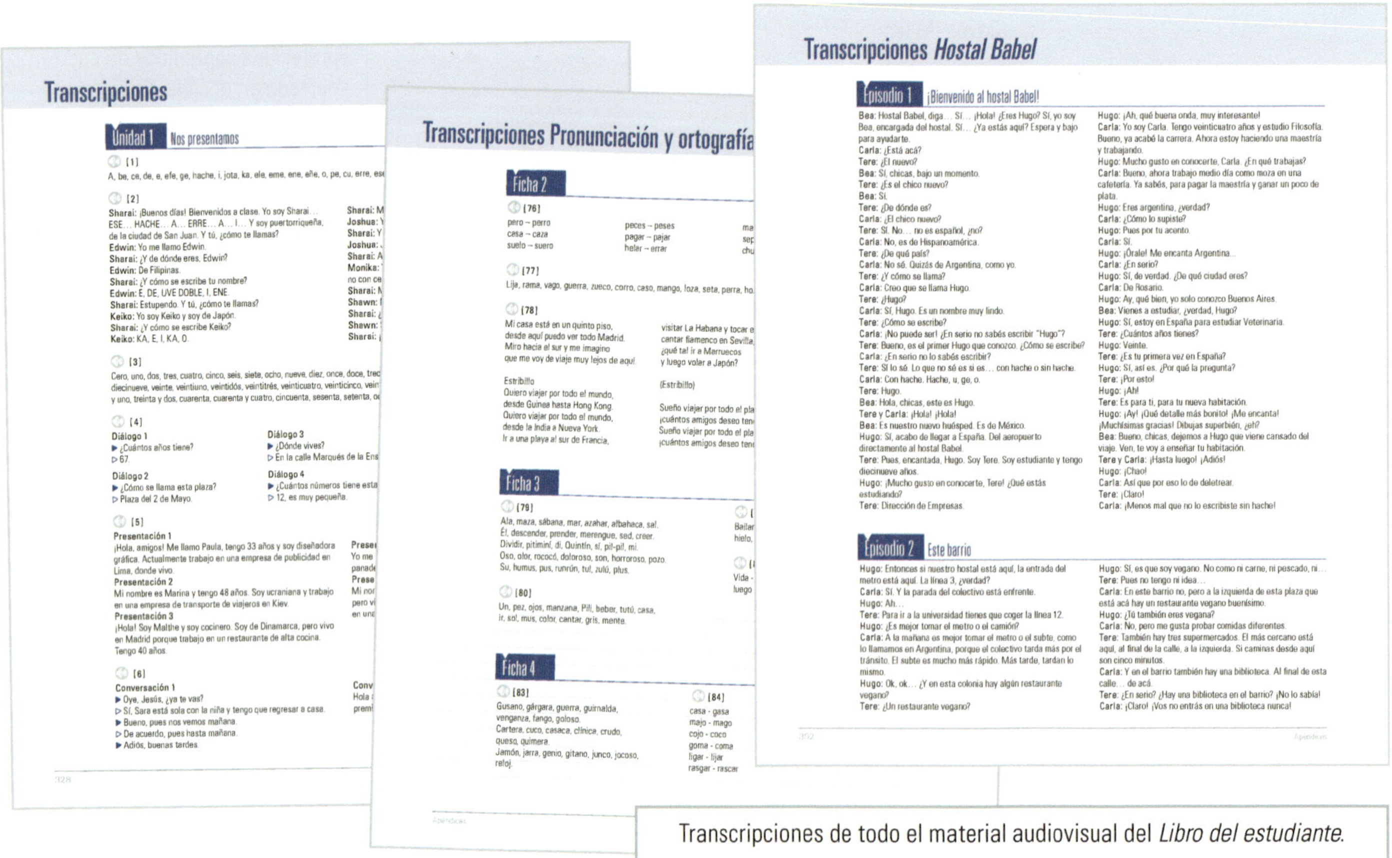

Transcripciones de todo el material audiovisual del *Libro del estudiante*.

La ELEteca (Extensión digital)

La **ELEteca** es una completa **plataforma** ***e-learning*** que ofrece funcionalidades y contenidos digitales que facilitan la enseñanza/aprendizaje de la lengua.

La ELEteca de la *Guía didáctica* de **Frecuencias DIRECTO** ofrece todo el **material audiovisual** del curso, las **proyecciones**, las **actividades interactivas** del estudiante, **material fotocopiable** en PDF y una gran variedad de recursos con el objetivo de facilitarle la labor dentro y fuera del aula.

Índice de proyecciones

Hugo Roberto Wingeyer, doctor en Lingüística Aplicada, es vicedecano de la Facultad de Humanidades de la Universidad del Nordeste (Chaco, Argentina).
La profesora y escritora Eloísa Covarrubias imparte talleres de narrativa y poesía en el Instituto Sonorense de Cultura (Hermosillo, México).

ISBN - Libro del estudiante: 978-84-9179-697-8
Depósito legal: M-8247-2022

Impreso en España
Printed in Spain
0123

Coordinación pedagógica:
M.ª José Gelabert

Coordinación editorial:
Mar Menéndez, Amelia Guerrero y Carlos Oliva

Maquetación:
Juanjo López, Sara Serrano, Elena Lázaro y Carlos Casado

Diseño de portada y maqueta:
Carlos Casado y Juanjo López

Ilustraciones:
Carlos Casado

Estudio de grabación:
Producciones Activawords

Impresión:
Gráficas Muriel

Vídeos:
Serie *Hostal Babel*, creada y producida por Edinumen

Créditos fotográficos en pág. 304

Editorial Edinumen
José Celestino Mutis, 4. 28028 Madrid. España
Teléfono: (34) 91 308 51 42
Correo electrónico: edinumen@edinumen.es
www.edinumen.es

¡En Edinumen nos apasiona el español!

Desde nuestros inicios hace ya más de 30 años, nuestro objetivo ha sido siempre mejorar la experiencia del aprendizaje de español en todo el mundo. Nos enorgullece decir que el cien por cien de nuestros recursos están dedicados exclusivamente a la enseñanza y aprendizaje de español como lengua extranjera y segunda lengua.

Durante todos estos años, hemos tenido el enorme privilegio de trabajar al lado de entusiastas profesionales del español que viven y desarrollan su labor en multitud de países y, por lo tanto, representan realidades diferentes. Así, hemos constatado los cambios que se han ido produciendo y hemos afrontado juntos nuevos retos para lograr el objetivo que compartimos: que los estudiantes que deciden aprender español sean capaces de disfrutar también de un apasionante universo sociocultural y lingüístico tan completo como enriquecedor.

Este reto es hoy especialmente emocionante. Gracias al desarrollo de las nuevas tecnologías, la interacción entre culturas y personas interconectadas desde todos los lugares del mundo es permanente y se produce a un ritmo inimaginable hasta ahora. Los hablantes de español del siglo XXI son interlocutores en un universo compuesto por realidades lingüísticas y culturales muy diversas que se nutren entre sí.

En los últimos años ha habido un intento justificado de integrar en los materiales didácticos muestras de lengua que se asemejen lo más posible a los modelos reales. En este sentido, **Frecuencias DIRECTO** incorpora, por primera vez en un manual de ELE, una extensa muestra de ejemplos extraídos de las bases de datos o corpus[*] que, siempre al hilo de los contenidos tratados, ilustran variantes de carácter léxico, gramatical o comunicativo con el fin de acercar al estudiante a las diferentes realidades sociolingüísticas hispánicas.

Además, **Frecuencias DIRECTO** se ha desarrollado metodológicamente en dos ejes: el aprendizaje por contenidos y la resolución de tareas que permiten al estudiante poner en práctica los conocimientos adquiridos anteriormente, lo que favorece un aprendizaje activo y eficaz.

Por último, queremos destacar la colaboración entre **Edinumen**, especialistas en ELE, y la **Real Academia Española (RAE)** en la génesis del proyecto, así como el asesoramiento de la RAE en el uso de los corpus y su revisión final del presente trabajo. Sin su ayuda y apoyo este manual no podría haber visto la luz.

Estamos muy ilusionados de presentar este nuevo manual de ELE, que da respuesta a las necesidades de estudiantes y docentes para un aprendizaje real en el siglo XXI.

[1] Colección de textos de todos los países hispanohablantes en formato electrónico, con varios millones de palabras, que la Real Academia Española (RAE) ha codificado y clasificado y que permiten la búsqueda a través de formas, lemas, categorías gramaticales, zonas geográficas, etc.

Edi numen

Especialistas en ELE

Introducción INT3

FRECUENCIAS Español comunicativo para el siglo XXI

DIRECTO

Frecuencias DIRECTO es el nuevo curso de español que da respuesta a las necesidades de estudiantes y docentes para un aprendizaje real en el siglo XXI.

Frecuencias DIRECTO sigue las recomendaciones del *Marco común europeo de referencia para las lenguas (MCER)* y su sílabo se ha elaborado a partir del *Plan curricular del Instituto Cervantes*.

El curso favorece un aprendizaje **activo**, de manera que el conocimiento de la lengua es **real**, **significativo y adaptado** a las **necesidades** del estudiante.

Una propuesta metodológica eficaz

Frecuencias DIRECTO combina el **aprendizaje por contenidos** con la **resolución**, en una fase posterior, de **tareas** en las que el estudiante tiene que poner en funcionamiento los conocimientos adquiridos previamente. Esta combinación facilita el aprendizaje, ya que los contenidos se van presentando **de manera progresiva** a lo largo de los apartados, de modo que el estudiante, al enfrentarse a las tareas, ha adquirido ya todas las herramientas que necesita para resolverlas con éxito.

Las actividades que se presentan son **significativas social y emocionalmente**, conectan con el estudiante y lo involucran en su aprendizaje. Estas actividades aumentan la **motivación** y favorecen la asimilación de lo aprendido.

La incorporación de los corpus de la RAE: CORPES XXI y CREA

Frecuencias DIRECTO incluye una extensa muestra de **ejemplos reales** extraídos de los corpus de la RAE para mostrar usos auténticos de lengua, con **variantes** que ejemplifican la riqueza lingüística del mundo hispánico, algunas **frecuencias** de uso y **combinatoria** de palabras, así como fenómenos de carácter **gramatical o comunicativo**.

Las muestras se destacan claramente en el manual a través de cuadros estratégicamente colocados junto a los contenidos a los que hacen referencia.

> RAE GRAMÁTICA
> En las zonas voseantes de América, el imperativo tiene una forma propia para la persona vos *(hablá, bebé, abrí, empezá, volvé, elegí, tené, hacé, poné, vení, salí, decí...)*: ***Empezá** vos, por favor./**Comé, comé**, está muy bueno.*

Una visión global del mundo hispánico

La presencia de aspectos **culturales e interculturales** a lo largo de las actividades, así como en el apartado "Cultura", y la integración destacada de las **variantes hispánicas** facilitan la creación de una conciencia global del mundo hispánico y la adquisición de habilidades de comunicación por parte del estudiante. Todo esto le permite desenvolverse con éxito en una realidad lingüística y cultural tan compleja como la de la comunidad hispanohablante.

Un atractivo y motivador material audiovisual

Frecuencias DIRECTO presenta la serie ***Hostal Babel***, comedia de situación específicamente creada para el manual, en la que, a través de una anécdota y su resolución, se repasan los contenidos de cada unidad. La serie está protagonizada por cinco personajes de distintos países de habla hispana.

Un diseño a doble página que facilita el aprendizaje

Frecuencias DIRECTO aporta un **atractivo y moderno diseño a doble página** que permite presentar los contenidos de manera **motivadora**, **clara y ordenada**, lo que facilita el aprendizaje.

En colaboración con la Real Academia Española (RAE)

La **Real Academia Española (RAE)** es miembro de la Asociación de Academias de la Lengua Española (ASALE), que se formó en México en 1951 y que está integrada actualmente por las veintitrés academias de la lengua española existentes en el mundo (veinte en América, además de España, Filipinas y Guinea Ecuatorial). Su objetivo es llevar a cabo una política lingüística panhispánica trabajando unidas para conseguir la integridad y el crecimiento de la lengua española.

Entre sus logros cabe destacar la publicación, en coautoría, del *Diccionario de la lengua española* a partir de su XXII edición, la *Ortografía* en sus ediciones de 1999 y 2010, y el *Diccionario panhispánico de dudas* (2005), así como la elaboración de distintas bases de datos o corpus.

Frecuencias DIRECTO es un proyecto desarrollado por **Edinumen** con la colaboración de la **Real Academia Española**. Esta colaboración se ha centrado en dos aspectos:

- por un lado, Edinumen ha tomado en consideración los corpus lingüísticos y bases de datos que la RAE ofrece, así como su conocimiento del uso del español, para el desarrollo del curso;
- por otro lado, el manual ha sido revisado por la Real Academia Española como lingüística, léxica y gramaticalmente correcto.

Los corpus: CORPES XXI y CREA

El **Corpus del Español del Siglo XXI (CORPES XXI)** es un proyecto impulsado por la Asociación de Academias de la Lengua Española (ASALE). Está formado por diferentes tipos de textos de todos los países del mundo hispánico. Reúne un conjunto de 400 millones de formas y palabras, con una distribución de un 70 % de América y un 30 % de España, que aparecen en textos producidos a partir de 2001.

El **Corpus de Referencia del Español Actual (CREA)** está diseñado para proporcionar información exhaustiva acerca de la lengua en un momento determinado de su historia y es lo suficientemente extenso para representar todas sus variedades relevantes. Se compone de una amplia variedad de textos escritos y orales, producidos en todos los países de habla hispana entre 1975 y 2004 y en los que es posible la búsqueda por formas, lemas y categorías gramaticales.

Frecuencias DIRECTO, curso de español revisado por la RAE y que incluye muestras auténticas de los corpus lingüísticos.

Introducción INT5

Estructura del libro

Frecuencias DIRECTO está compuesto por **veintidós unidades didácticas** estructuradas en ocho apartados con unos objetivos específicos:

- **presentación** de los contenidos de la unidad;
- activación de los **conocimientos previos** de los estudiantes sobre el tema;
- presentación y actividades para la adquisición de **vocabulario**;
- presentación y práctica de los **contenidos gramaticales**;
- **secuencia comunicativa** para poner en práctica los conocimientos adquiridos, a través de tareas significativas y el **desarrollo de las cuatro destrezas**;
- presentación de **contenidos culturales** relacionados con el universo hispánico;
- actividades de **vídeo** sobre la serie *Hostal Babel*, que presenta en un contexto real y cotidiano los contenidos tratados en cada unidad;
- **evaluación** de lo aprendido y reflexión sobre el aprendizaje.

Los diferentes apartados han sido pensados para que se realicen en **una o dos sesiones** de clase cada uno de ellos, dependiendo de las necesidades y la progresión específica de cada grupo de estudiantes.

Las tareas están diseñadas para trabajar en **diferentes dinámicas: de modo individual**, **en parejas**, **en grupos pequeños y todo el grupo**, fomentando de esta manera el trabajo colaborativo y el intercambio de conocimientos entre los diferentes miembros de la clase. Estas dinámicas aparecen indicadas con las siguientes etiquetas:

En parejas **En grupos pequeños** **Todo el grupo**

Frecuencias DIRECTO viene acompañado de un apéndice de **Pronunciación y ortografía** con doce fichas prácticas que trabajan el componente fonético y ortográfico y que pueden presentarse en clase según las necesidades específicas de cada grupo.

La ELEteca (extensión digital)

La **ELEteca** es una completa **plataforma *e-learning*** con funcionalidades y contenidos digitales que facilitan la enseñanza/aprendizaje de la lengua.

La ELEteca de **Frecuencias DIRECTO** ofrece **actividades interactivas** para la práctica en línea de los principales contenidos de cada apartado de las unidades, todo el **material audiovisual** del curso y una gran variedad de recursos tanto para el estudiante como para el docente.

Para entrar en la ELEteca, regístrate con el código que aparece en el interior de la cubierta en:

https://eleteca.edinumen.es/

INT6 Introducción

HOSTAL Babel

Frecuencias DIRECTO presenta esta serie de ficción, en la que, a través del humor, se recogen los contenidos principales de cada unidad.

La acción transcurre principalmente en el **hostal Babel**, un lugar de encuentro en el que conviven cuatro estudiantes y Bea, la dueña del hostal.

El hostal Babel es un lugar divertido, familiar y con cierto toque bohemio. Un lugar ideal para vivir innumerables experiencias que acompañarán a los estudiantes a lo largo de todo el manual.

BEA

33 años, española

La dueña del hostal. Una mujer simpática, trabajadora, divertida y dinámica. Siempre de buen humor, lo mismo hace de amiga que de psicóloga o de árbitra en los conflictos que surgen en el hostal.

CARLA

24 años, argentina

Estudiante universitaria de Filosofía. Carla es una chica estudiosa, intelectual y formal. También es muy habladora y un poco "sabelotodo".

TERE

19 años, española

Estudiante de Empresariales, aunque poco amiga de las clases y muy amiga de las fiestas y la diversión. Extrovertida, simpática, dormilona y poco aplicada en sus deberes.

LEO

19 años, español

Estudia Química. Es un chico inteligente, aunque tímido, introvertido y con pocas habilidades sociales. Amante del cine fantástico, los cómics, la parapsicología y los videojuegos.

HUGO

20 años, mexicano

Estudia Veterinaria, es vegano, animalista y amante del yoga y de la vida sana. Aunque tiene algunos conflictos en el hostal, acaba entablando una gran amistad con sus compañeros.

No te pierdas ***Hostal Babel***, un lugar de encuentro para la amistad, la tolerancia y la mezcla de culturas.

Introducción INT7

Estructura de las unidades y elementos gráficos guía visual

Portada. En ella se encuentran resumidos los objetivos principales de cada unidad, así como una imagen y preguntas que introducen el tema y activan la motivación.

¿Qué sabes? Apartado con actividades para sondear los conocimientos previos de los estudiantes sobre el tema a tratar, a la vez que se anticipa el vocabulario, algunas estructuras gramaticales y elementos culturales de los apartados sucesivos.

Preguntas de motivación.

Objetivos de aprendizaje.

Dinámica recomendada para las diferentes actividades.

Cuadro de atención que sirve para resaltar o recordar los contenidos importantes.

Palabras. Secuencia de actividades de léxico que facilitan el aprendizaje del vocabulario contextualizado según el tema de la unidad. Las actividades están destinadas a que los estudiantes descubran palabras o expresiones y aprendan a combinarlas y a usarlas en contexto. Este aprendizaje se lleva a cabo a través de textos orales o escritos, imágenes, definiciones, cuadros semánticos… que permiten deducir e interpretar su significado.

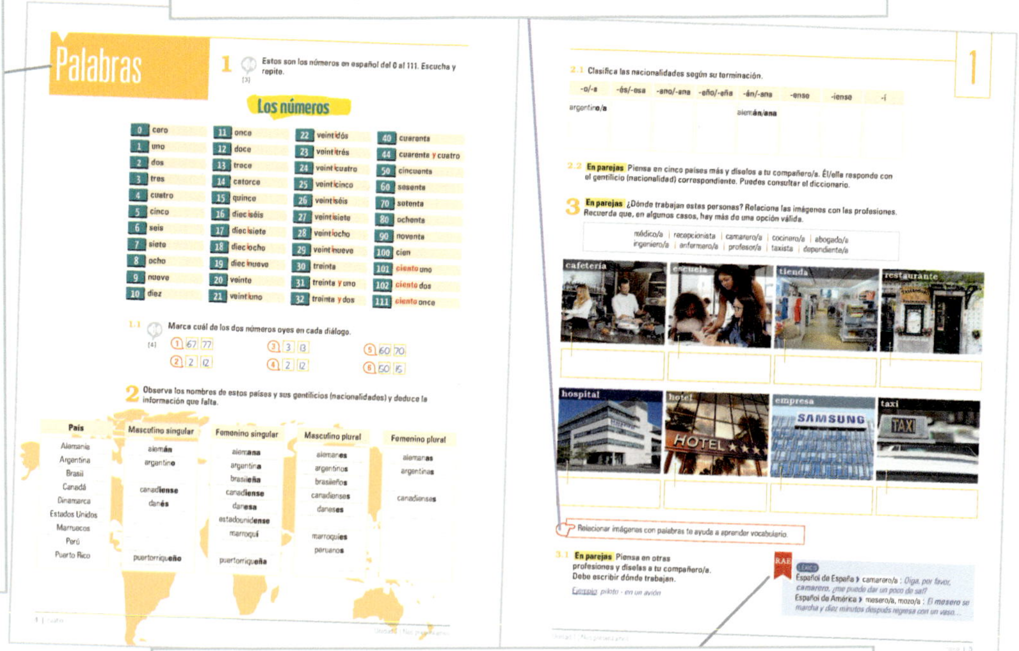

En este apartado, los cuadros de la RAE constatan diferencias léxicas entre el español de España y el de América con ejemplos extraídos de los corpus.

INT8 Introducción

Gramática. La gramática se presenta sistematizada a través de cuadros diseñados para facilitar su aprendizaje y de actividades de reconocimiento y práctica guiada de los contenidos tratados.

En este apartado, los cuadros de la RAE presentan información referida a cuestiones gramaticales (contraste entre el español de España y el de América, frecuencias de uso, regímenes verbales, etc.) con ejemplos extraídos de los corpus.

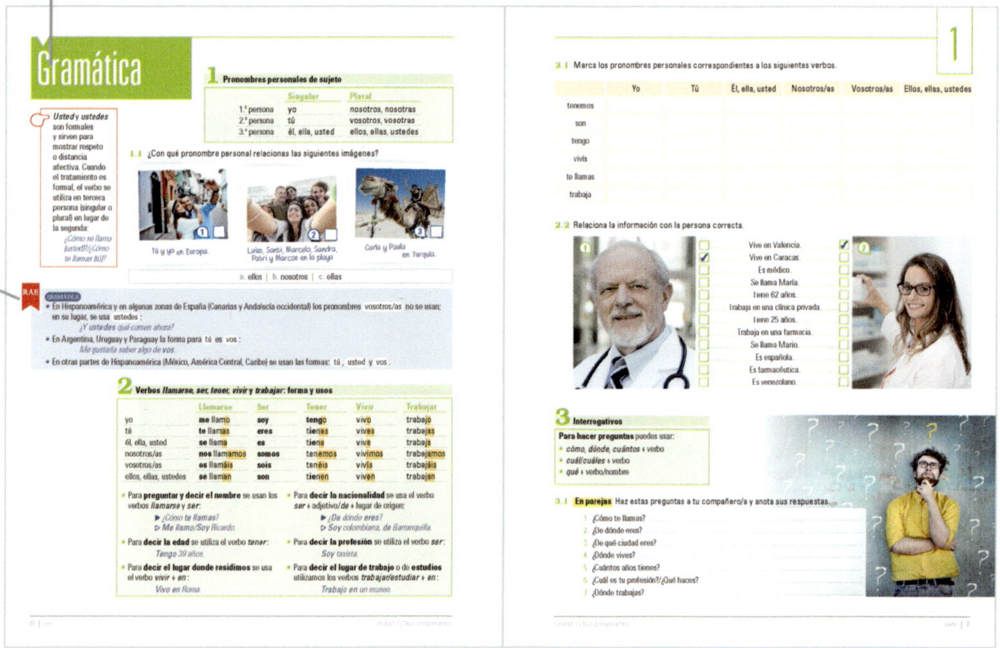

Practica en contexto. El estudiante aprende a interactuar a través de las diferentes tareas presentadas en una secuencia didáctica coherente y significativa. Mediante estas tareas el estudiante pone en práctica los conocimientos adquiridos hasta el momento con actividades de comprensión y producción orales y escritas, interactuando según las diferentes dinámicas propuestas.

Uso de elementos visuales para la realización de muchas de las actividades.

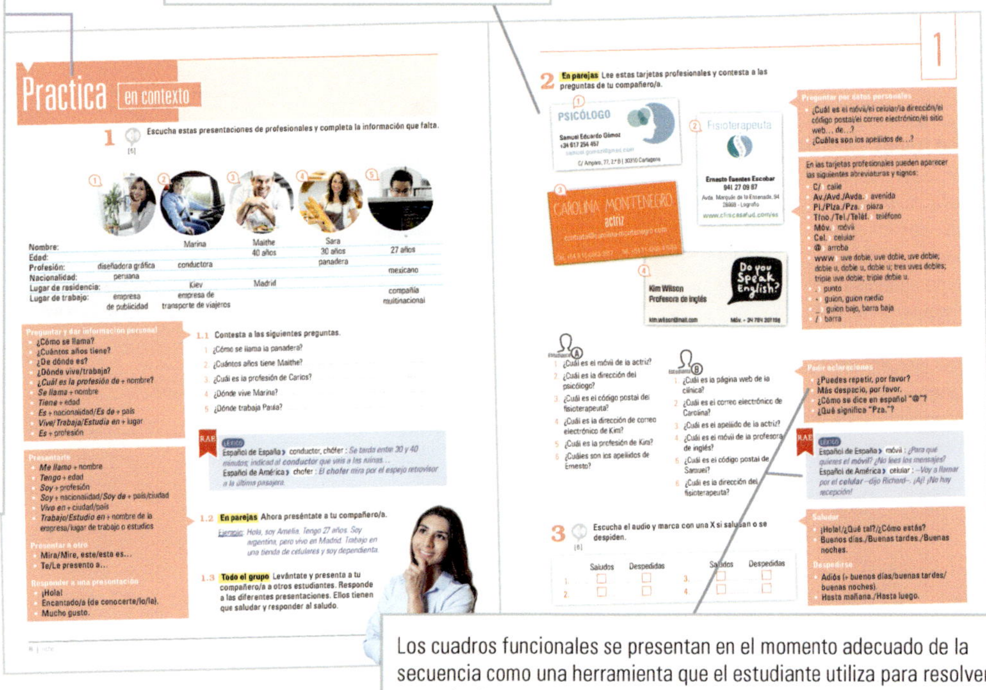

Los cuadros funcionales se presentan en el momento adecuado de la secuencia como una herramienta que el estudiante utiliza para resolver con éxito la tarea propuesta.

Introducción INT9

Cultura. Los contenidos culturales se presentan en una secuencia muy visual y dinámica en la que se tratan temas socioculturales de España e Hispanoamérica.

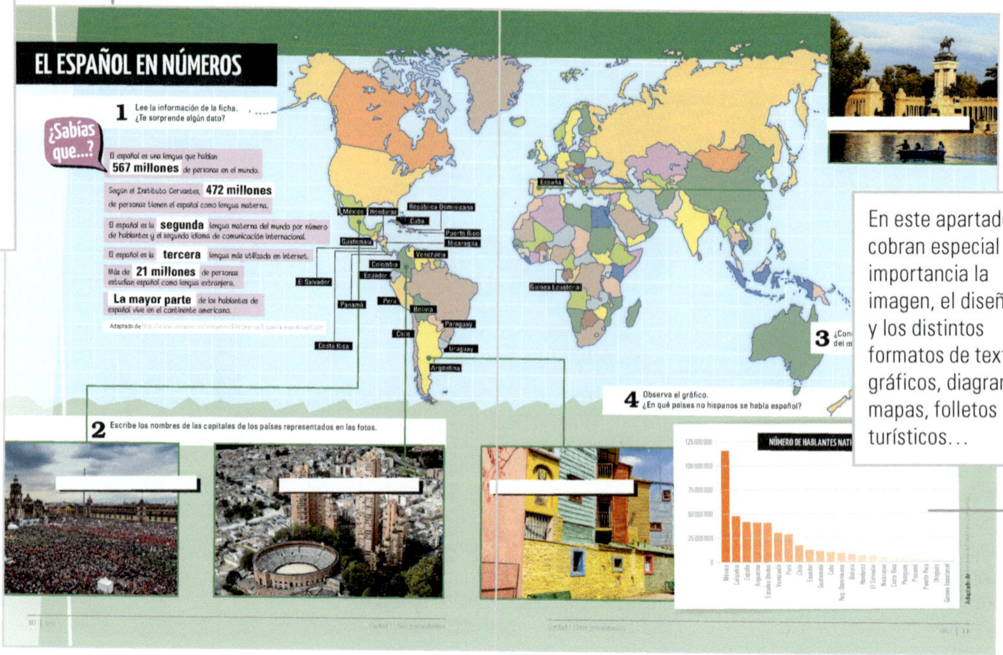

En este apartado cobran especial importancia la imagen, el diseño y los distintos formatos de texto: gráficos, diagramas, mapas, folletos turísticos…

Hostal Babel. Serie de ficción ideada para trabajar, a través del componente audiovisual, los contenidos tratados en cada unidad. Cinco personajes que conviven en un hostal para estudiantes desarrollan una relación de amistad. Con anécdotas actuales y divertidas, se van a conocer sus costumbres, su carácter y su forma de vida.

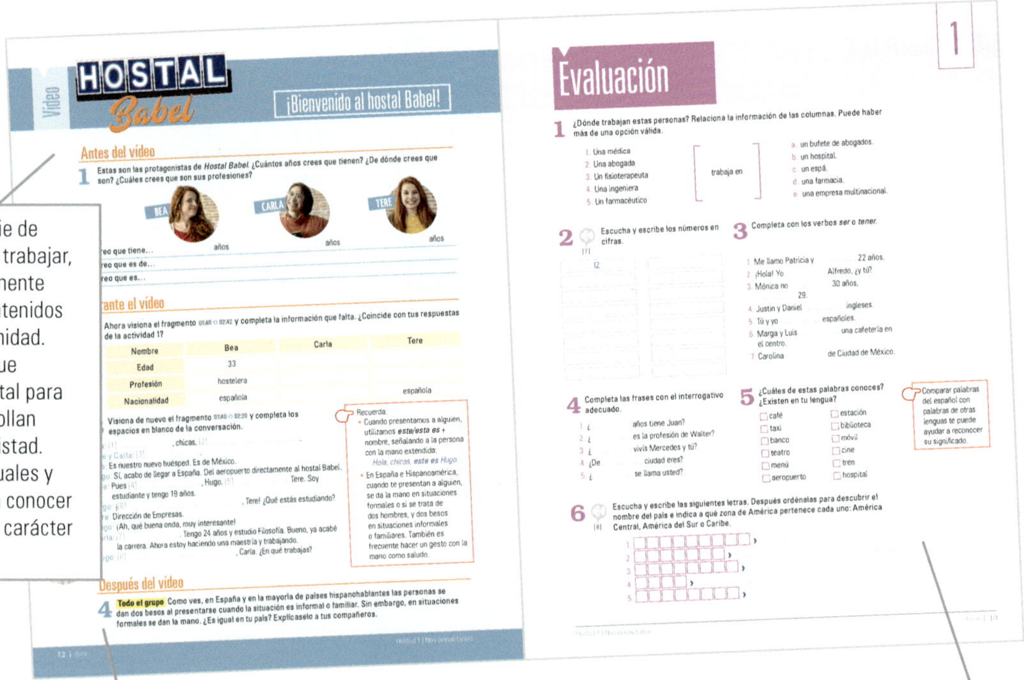

Se presentan diversas actividades para predecir, comprender y comentar la historia, así como para trabajar la comunicación no verbal.

Evaluación. Actividades para evaluar o autoevaluar lo que se ha aprendido en la unidad y que sirven para que el estudiante tome conciencia de su propio aprendizaje. Con ellas, este puede reflexionar acerca de los errores cometidos e identificar aquellos contenidos que necesite repasar.

INT10 Introducción

Índice

Introducción INT11

	Comunicación	Gramática	Léxico	Tipos de texto	Técnicas y estrategias	Cultura
5 Igual que todos los días pág. 50	• Preguntar y decir la hora • Hablar de acciones habituales • Hablar de horarios, fechas y partes del día • Expresar frecuencia • Relacionar dos acciones temporalmente • Ordenar las acciones en el tiempo	• Presente de indicativo irregular: irregularidades vocálicas, primera persona irregular • Verbos reflexivos: *despertarse, vestirse...* • Preposiciones para expresar tiempo • Marcadores para ordenar las acciones: *primero, luego, después, por último*	• Acciones cotidianas • Partes del día • Días de la semana • Meses del año	• Texto personal: la agenda • Texto descriptivo: costumbres de los españoles • Texto científico: gráfico sobre los horarios **Vídeo: *Hostal Babel*** • Episodio 5: *El olor de tu café*	• Asociar palabras con un verbo para hacer combinaciones • Identificar a las personas que hablan con sus imágenes correspondientes	• Horarios españoles
6 ¡Me encanta! pág. 62	• Expresar gustos, intereses y preferencias • Expresar acuerdo y desacuerdo con los gustos de otra persona • Pedir en el restaurante • Pedir la cuenta	• Verbos *gustar, encantar, interesar* • Adverbios cuantificadores: *mucho/bastante/poco/nada* • Adverbios *también* y *tampoco*	• Actividades de ocio y tiempo libre • Comida, bebida, platos y tapas	• Texto instructivo: la carta de un restaurante y el menú del día • Texto científico: la encuesta **Vídeo: *Hostal Babel*** • Episodio 6: *Unas tapas muy ricas*	• Completar una definición a través de un esquema • Clasificar actividades a través de un texto con imágenes	• Lugares de interés en Bilbao (España) • Las tapas en España
7 Buenas intenciones pág. 74	• Hablar de planes, intenciones y proyectos • Expresar deseos • Expresar obligación y necesidad • Dar consejos y hacer sugerencias • Proponer y sugerir planes • Aceptar/rechazar una invitación • Dar una opinión y valorar • Expresar causa y finalidad	• Expresiones verbales con infinitivo: *tener que* + infinitivo; *querer* + infinitivo; *ir a* + infinitivo; *pensar* + infinitivo; *hay que* + infinitivo; *necesitar* + infinitivo • Marcadores temporales para expresar futuro: *esta tarde/noche, mañana, la semana que viene...* • Contraste *por/para*	• Excursiones, montaña, sol y playa • Lenguaje del aula • Combinaciones de palabras: verbos + nombres	• Texto descriptivo: información sobre excursiones • Texto conversacional: formas de estudiar un idioma • Texto instructivo: consejos para aprender un idioma **Vídeo: *Hostal Babel*** • Episodio 7: *Uvas y campanadas*	• Cómo rechazar una propuesta o invitación explicando la causa • Conocer diferentes estrategias de aprendizaje de una lengua	• Cuevas del Drach, Covaleda y Navaleno y parque natural Islas Cíes (España) • El parque nacional Canaima (Venezuela) • Tradiciones del Año Nuevo en México, Argentina y España
8 Cuídate pág. 86	• Hablar de enfermedades • Hablar de los estados de ánimo • Dar consejos, órdenes e instrucciones • Pedir permiso, objetos y favores • Aceptar y denegar peticiones	• Imperativo afirmativo: regular e irregular • Pronombres de objeto directo: *me, te, lo, la, te, nos, os, las*	• El cuerpo humano • Enfermedades, dolencias y síntomas • Estados de ánimo • Cambios ortográficos en los verbos que terminan en *-car, -gar, -ger, -gir, -zar*	• Texto instructivo: instrucciones en máquinas • Texto explicativo: artículo **Vídeo: *Hostal Babel*** • Episodio 8: *¿Enferma?*	• Reduplicar el imperativo para conceder permiso • Clasificar palabras por campos semánticos	• La dieta mediterránea

INT12 Introducción

	Comunicación	Gramática	Léxico	Tipos de texto	Técnicas y estrategias	Cultura
9 ¡Vaya día! pág. 98	• Hablar de acciones terminadas en un tiempo no terminado • Hablar de la existencia o no de algo o de alguien • Hacer valoraciones	• Pretérito perfecto de indicativo regular e irregular • Marcadores temporales para expresar pasado reciente: *esta mañana/tarde, este año/fin de semana, nunca, alguna vez...* • Adjetivos y pronombres indefinidos	• Productos, alimentos, envases y medidas • Experiencias vitales	• Texto descriptivo: correo electrónico • Texto descriptivo: lugares insólitos • Texto explicativo: web de banco de alimentos, campaña solidaria	• Deducir acciones a través de un texto con imágenes	• Lugares insólitos de Hispanoamérica: el Salar de Uyuni, Vinicunca y los cenotes
				Vídeo: *Hostal Babel* • Episodio 9: *Cajas y cajas y cajas...*		
10 Estamos de fiesta pág. 110	• Formular buenos deseos • Proponer planes y hacer sugerencias • Hacer comparaciones • Expresar acuerdo y desacuerdo • Pedir y dar opinión y valorar • Contrargumentar o puntualizar	• Comparativos de igualdad, inferioridad y superioridad – Comparativos de superioridad irregulares: *mejor, peor, mayor, menor* • Contraste *ser/estar* • *Me parece + que/* adjetivo/adverbio de valoración	• Alimentos y bebidas • Utensilios para comer y beber • Celebraciones y fiestas • Expresiones para formular buenos deseos	• Texto descriptivo: descripción física de personas • Texto conversacional: comparación de objetos y lugares	• Aprender léxico a través de una imagen • Identificar verbos que se conjugan del mismo modo • Aprender léxico a partir de la comparación con la lengua materna	• Pirámide de los alimentos • La celebración del cumpleaños en diferentes países hispanos • La fiesta de los quince años en Hispanoamérica
				Vídeo: *Hostal Babel* • Episodio 10: *Lo importante es la tarta*		
11 Viajes con encanto pág. 122	• Narrar acciones terminadas sin relación con el presente • Describir las acciones realizadas durante un viaje • Indicar el comienzo y el final de una acción o de un recorrido • Reaccionar en una conversación	• Pretérito indefinido regular • Pretérito indefinido irregular: algunos verbos irregulares comunes • Marcadores temporales de pretérito indefinido • *Empezar + a +* infinitivo • *Desde... hasta...* • Contraste *ir/irse*	• Viajes • Alojamiento • Turismo	• Texto narrativo: blog de viajes • Texto conversacional: WhatsApp • Texto narrativo: la anécdota	• La tilde para diferenciar formas verbales • Formular preguntas para propiciar y facilitar la conversación	• Turismo en España, Cuba, Colombia y Guanajuato • La isla de Pascua: la leyenda de los moáis
				Vídeo: *Hostal Babel* • Episodio 11: *Fotos y más fotos*		
12 Hemos conectado pág. 134	• Narrar acciones terminadas relacionadas con el presente • Hablar de experiencias vividas o no • Hablar de conocimientos y habilidades • Expresar negación • Interpretar y elaborar un gráfico	• Pretérito perfecto regular e irregular • Contraste *ya/todavía no, aún no* • Contraste *conocer/saber* • Negación: *nunca, jamás, tampoco, nadie...* – Doble negación: *No... nunca, ni... ni...*	• Internet y las nuevas tecnologías • Palabras polisémicas • Experiencias vitales • Decimales	• Texto conversacional: encuesta sobre el uso de las redes sociales • Texto descriptivo: experiencias vitales • Texto gráfico: uso de internet • Texto conversacional: Whatsapp	• Aprender el léxico sobre las nuevas tecnologías a través de iconos • Recursos para aprender español en la red • Traducir a la lengua materna para comparar con la lengua meta	• Voluntariado digital: Campus Solidario de UNIR, Conéct@te y Tecnológico de Monterrey
				Vídeo: *Hostal Babel* • Episodio 12: *Un mensaje que dice: "Error"*		

Introducción INT13

	Comunicación	Gramática	Léxico	Tipos de texto	Técnicas y estrategias	Cultura
13 Vivencias pág. 146	• Hablar de sucesos, hechos y acciones del pasado situándolos en el tiempo • Contar anécdotas: iniciar el relato, mostrar interés y reaccionar a lo largo del mismo • Escribir una biografía	• Pretérito indefinido irregular: verbos con irregularidad en la tercera persona • Marcadores temporales de pretérito indefinido • Contraste pretéritos perfecto/indefinido • Contraste *ya/todavía no, aún no* (repaso)	• Léxico para contar anécdotas • Inventos e inventores • Actividades cotidianas • Léxico para hacer una reseña biográfica	• Texto narrativo: biografía y anécdotas • Texto conversacional: mensajes de voz entre amigos • Instagram	• Leer las instrucciones, la tarea a realizar o tomar notas durante un audio para facilitar la comprensión del texto oral • Reaccionar ante el interlocutor	• Malentendidos culturales • Biografía de Salvador Dalí, Chavela Vargas y Celia Cruz • La Habana (Cuba)
				Vídeo: *Hostal Babel* • Episodio 13: *Hostal Mabel*		
14 ¿Cómo era antes? pág. 158	• Hablar del tiempo atmosférico • Hablar de acciones habituales en el pasado • Narrar y describir en pasado • Expresar acciones anteriores, posteriores o simultáneas a otras	• Pretérito imperfecto regular e irregular • Marcadores temporales de pretérito imperfecto • Contraste pretéritos imperfecto/ perfecto/indefinido • Verbos *llover, nevar, hacer frío...* • Pretérito pluscuamperfecto • Marcadores temporales para relacionar dos acciones	• Secciones del periódico • Tiempo atmosférico • Puntos cardinales • Estaciones del año	• Texto expositivo: artículo, la vida de Amy Craton • Texto descriptivo: artículo, *Así era la vida antes de internet* • Texto informativo: artículo, escuela de niños de Exeter, en Inglaterra	• Deducir el nombre de las secciones de un periódico a través de las imágenes • Hacer uso de los titulares de un periódico o revista para conocer y escribir una noticia	• España y sus comunidades autónomas: lenguas oficiales y algunos monumentos representativos
				Vídeo: *Hostal Babel* • Episodio 14: *Tarde de lluvia*		
15 Dentro de 50 años pág. 170	• Hablar del futuro • Hacer planes • Hacer predicciones, suposiciones e hipótesis • Hacer promesas • Hablar de acciones futuras que dependen de una condición	• Futuro simple regular e irregular • Usos del futuro simple • Marcadores temporales de futuro • Otras estructuras para expresar futuro: presente de indicativo, *ir a/ pensar/querer* + infinitivo • *Si* + presente de indicativo + futuro simple	• Ecología y medioambiente • Reciclaje • Economía lineal y circular • Tipos de energía	• Texto informativo: artículo, el modelo económico actual • Texto argumentativo: artículo, opinión de ciencia • Texto explicativo: – artículo, certamen cinematográfico	• Aprender formas verbales y marcadores temporales rentables para hablar del futuro • Analizar una infografía para obtener información	• El punto limpio • Economía lineal vs. economía circular • Festival Internacional de Cine de San Sebastián
				Vídeo: *Hostal Babel* • Episodio 15: *Dentro de mil años*		
16 En línea pág. 182	• Dar órdenes, instrucciones y consejos • Expresar obligación • Expresar posibilidad o capacidad • Pedir, conceder o denegar permiso • Hacer peticiones	• Imperativo afirmativo y negativo regular e irregular • Usos del imperativo • Posición de los pronombres objeto con el imperativo • *Deber* + infinitivo • *Tener que* + infinitivo • *Poder* + infinitivo	• Internet y la publicidad • Compras en línea	• Texto instructivo: – Anuncios publicitaros en internet – Cómo hacer una buena compra por internet	• Recursos para aprender las palabras relacionadas con la publicidad y las compras en línea	• Plataformas de compra en línea: Amazon, eBay, Zalando • La publicidad de los años 80 en España
				Vídeo: *Hostal Babel* • Episodio 16: *Lámparas* online		

INT14 Introducción

Unidad	Comunicación	Gramática	Léxico	Tipos de texto	Técnicas y estrategias	Cultura
17 **Compartir espacios** pág. 194	• Dar consejos y hacer recomendaciones • Dar o denegar permiso • Expresar prohibición • Expresar deseos y hacer peticiones • Expresar hipótesis y probabilidad • Organizar el discurso	• Presente de subjuntivo regular e irregular • Oraciones subordinadas sustantivas (1): – *Aconsejar, recomendar, prohibir…* + infinitivo/*que* + subjuntivo – *Desear, esperar, querer* + infinitivo/ *que* + subjuntivo • Organizadores del discurso y las acciones	• Estancias y objetos de una casa • Tareas del hogar • Actividades cotidianas • Consejos para compartir piso	• Texto descriptivo: exposición, mi nuevo apartamento • Texto instructivo: *compartepiso.es*	• Observar las imágenes que ilustran un texto para predecir su contenido y facilitar su comprensión • Aprender autocorrigiendo un texto escrito	• Géneros musicales de Latinoamérica – Músicos latinos: Juan Luis Guerra, Gloria Estefan, Daddy Yankee…
				Vídeo: *Hostal Babel* • Episodio 17: *Un hostal democrático*		
18 **Un poco de educación** pág. 206	• Expresar una opinión, valorar • Expresar sentimientos y estados de ánimo • Expresar acuerdo, acuerdo parcial o desacuerdo con una opinión	• Oraciones subordinadas sustantivas (2): verbos de percepción, comunicación, entendimiento o certeza, verbos que expresan sentimiento o valoración subjetiva • Pretérito perfecto de subjuntivo: forma y usos	• Etapas educativas • Campus virtual y sus áreas • Ámbito académico y enseñanza • Expresiones con los verbos *dar* y *poner* para expresar sentimientos	• Correo electrónico: recomendaciones de una universidad para los nuevos estudiantes • Texto personal: testimonios de estudiantes sobre su instituto	• Reflexionar sobre el aprendizaje virtual del español	• *La enseñanza en Hispanoamérica*
				Vídeo: *Hostal Babel* • Episodio 18: *Consejos para Leo*		
19 **¿Para qué sirve?** pág. 218	• Hacer hipótesis y expresar probabilidad • Describir la función y el material de un objeto • Expresar finalidad • Preguntar o introducir una información y responder	• Oraciones de relativo con antecedente conocido y desconocido • Oraciones relativas con preposición • Marcadores de probabilidad con indicativo y subjuntivo • Oraciones finales • *Para* y otros conectores finales	• Formas y figuras • Materiales • Objetos de uso cotidiano y su función • Elementos que componen un objeto: *mango, boca, tapa, punta…*	• Texto personal: testimonios sobre la reutilización creativa de los objetos	• Deducir el contenido de un texto a partir de cierta información • Cambiar de registro, de informal a formal	• Sostenibilidad: la reutilización creativa de los objetos • Curiosidades de algunos objetos de uso cotidiano • *Madrid, una capital curiosa*
				Vídeo: *Hostal Babel* • Episodio 19: *Problemas de conexión*		
20 **El voluntariado** pág. 230	• Hacer pronósticos • Expresar en qué circunstancia temporal tiene lugar una acción • Contestar por escrito a un anuncio • Llegar a un acuerdo	• Futuro compuesto: forma y usos • Oraciones subordinadas temporales: con indicativo y con subjuntivo • *Antes de* y *después de* con infinitivo y con subjuntivo	• Las ONG y el voluntariado • Léxico relacionado con las labores de voluntariado • Acciones del voluntariado	• Texto descriptivo: *Organizaciones no gubernamentales* • Texto descriptivo: *El Banco del Tiempo* • Texto personal: testimonios del Banco del Tiempo • Texto narrativo: El comercio justo	• Cooperar para llegar a un acuerdo • Tomar decisiones en equipo	• Organizaciones no gubernamentales • El Banco del Tiempo • *El comercio justo*
				Vídeo: *Hostal Babel* • Episodio 20: *Profesores Sin Fronteras*		

Introducción INT15

Apéndices

INT16 Introducción

Libro del estudiante

Niveles

A1 A2 B1

Nos presentamos

Antes de comenzar la unidad, haga preguntas a sus estudiantes sobre la imagen con el fin de motivarlos y activar los conocimientos previos que tengan de español. A continuación haga las dos preguntas que se proponen. Como actividad complementaria, puede pedirles que le digan palabras que conocen en español y anotarlas en la pizarra. De este modo los motivará y podrá reforzar el componente emocional, tan importante en estas primeras etapas del aprendizaje de una lengua.

¿Qué sabes?

1 **Todo el grupo** ¿Sabes qué significan estas frases?

2 [1] Escucha las letras del abecedario y repite.

ABeCeDario

Aa a	Gg ge	Mm eme	Qq cu	Vv uve
Bb be	Hh hache	Nn ene	Rr erre	Ww uve doble
Cc ce	Ii i	Ññ eñe	Ss ese	Xx equis
Dd de	Jj jota	Oo o	Tt te	Yy i griega
Ee e	Kk ka	Pp pe	Uu u	Zz zeta
Ff efe	Ll ele			

RAE · LÉXICO
En el español de América hay letras que tienen otros nombres:
b › *be alta* o *be larga*.
v › *ve*, *ve baja*, *ve corta* o *ve chica*.
w › *ve doble*, *doble ve*. En México y en algunos países de Centroamérica, *doble u*.
y › *ye*.

2.1 [2] Escucha el audio y completa los nombres. Luego deletrea tu nombre.

① _ H _ _ _ _　③ K _ _ _ _　⑤ M _ _ _ _ _
② _ _ _ I _　④ _ _ _ _ _ A　⑥ _ _ _ W _

3 **En parejas** Deletrea el nombre del país con el que relacionas cada imagen.

3.1 **Todo el grupo** Y tú, ¿de dónde eres? ¿Cómo se deletrea? Busca una foto de tu país y enséñala en clase.

¿Qué sabes?

1. El objetivo de esta actividad es que los estudiantes se presenten entre ellos. Aproveche la situación de la segunda fotografía pidiéndoles que se fijen en la chica que se está presentando y le pregunta al chico por su nombre. Después ínstelos a que se presenten uno a uno al grupo siguiendo el modelo.
Una vez terminada la presentación, pregúnteles si conocen el significado de las frases de las otras tres situaciones (preguntar por cómo se dice algo en español; preguntar por la profesión y responder; y preguntar por el lugar de procedencia y responder).

2. [1] Ponga el audio y pídales a sus estudiantes que lean las letras mientras escuchan. Luego ponga de nuevo el audio y anímelos a que repitan las letras sin leerlas. Explíqueles que la *ch* y la *ll* se consideran dígrafos, es decir, un conjunto de dos letras que tienen un único sonido. Si lo considera adecuado, puede explicar también lo siguiente:
1. Que la *h* es una letra muda, no tiene ningún sonido.
2. Que la *b* y la *v* tienen el mismo sonido: /b/.

Antes de continuar, dirija su atención al cuadro de la RAE, en el que se indican algunos cambios en la nomenclatura de las letras entre el español de España y el español de América. Dígales que, a través de estas notas van a conocer información complementaria sobre variantes geográficas del español, frecuencias de las palabras, combinatoria y otros aspectos lingüísticos relevantes; todo ello ilustrado mediante ejemplos reales extraídos de los corpus.

2.1. [2] Esta actividad tiene por objeto que los estudiantes identifiquen y reconozcan las letras que acaban de aprender. Explíqueles que van a escuchar a una profesora y a unos estudiantes de español que se presentan diciendo y deletreando sus nombres. A continuación ponga el audio dos veces. Tienen que completar las letras que faltan de los nombres. Para evitar la ansiedad que puede producir una actividad de escucha en estos primeros estadios del aprendizaje, dígales que el objetivo de la actividad es solamente completar los nombres, de modo que no es necesario que comprendan cada una de las palabras que se dicen para resolver la actividad con éxito. Por último, pídales que deletreen sus nombres.
1. Sharai; **2.** Edwin; **3.** Keiko; **4.** Joshua; **5.** Monika; **6.** Shawn.

3. Con esta actividad se presentan los nombres de algunos países a través de imágenes que los evocan. Así, se prepara a los estudiantes para realizar la actividad 3.1, en la que cada uno/a tendrá que buscar una imagen característica de su país. Haga que sus estudiantes trabajen en parejas y motívelos para que compartan información. Tenga en cuenta que no es necesario que sepan el nombre de lo que aparece en la foto, simplemente se trata de deletrear los nombres de los países.
1. a-u-ese-te-erre-a-ele-i-a; **2.** e-ge-i-pe-te-o ; **3.** e-ese-pe-a-eñe-a; **4.** jota-a-pe-o-ene.

3.1. Siga la instrucción del libro o plantéela de modo que sean los estudiantes los que tengan que adivinar el país de que se trata. Si son todos de la misma nacionalidad, puede realizar la actividad pidiendo a los estudiantes que busquen fotos de lugares representativos del propio país o de otros países. Los compañeros deben adivinar dónde están los lugares elegidos o de qué país se trata.

Unidad 1

Palabras

1. Ponga el audio y pídales que repitan los números al mismo tiempo que escuchan. Repita una segunda vez si lo cree necesario. Procure que se fijen en la escritura de los números destacados con letras rojas (números del 16 al 44). Haga también hincapié en la diferencia entre el número 100 *(cien)* y los posteriores *(ciento uno, ciento dos...)*, que no van unidos mediante la conjunción *y*. A continuación utilice la proyección 1 para practicar los números.
[3]

Números
[1]

Proyecte la lámina y vaya señalando aleatoriamente las diferentes cifras que aparecen en las imágenes para que sus estudiantes digan el número en español. Ponga especial atención en la pronunciación de los diptongos y en los números que suelen presentar más dificultades: 2, 12, 3, 13, 14, 15, 50 y 101.
Seis, doce, tres, trece, uno, catorce, nueve, ocho, diez, siete, once, cinco; veintitrés, ciento dos; catorce; noventa y dos; diecinueve; treinta y nueve; cuarenta y cinco; ochenta y siete; diez; treinta y cinco; veintinueve; cincuenta; ciento uno.
Como actividad complementaria, diga a sus estudiantes que escriban en un papel un número entre el 0 y el 111. Después pídales que se lo muestren a otro estudiante para que diga qué número es. Puede repetir la dinámica varias veces o plantearlo como un concurso por equipos.

Palabras

1 [3] Estos son los números en español del 0 al 111. Escucha y repite.

Los números

0	cero	11	once	22	veintidós	40	cuarenta
1	uno	12	doce	23	veintitrés	44	cuarenta y cuatro
2	dos	13	trece	24	veinticuatro	50	cincuenta
3	tres	14	catorce	25	veinticinco	60	sesenta
4	cuatro	15	quince	26	veintiséis	70	setenta
5	cinco	16	dieciséis	27	veintisiete	80	ochenta
6	seis	17	diecisiete	28	veintiocho	90	noventa
7	siete	18	dieciocho	29	veintinueve	100	cien
8	ocho	19	diecinueve	30	treinta	101	ciento uno
9	nueve	20	veinte	31	treinta y uno	102	ciento dos
10	diez	21	veintiuno	32	treinta y dos	111	ciento once

1.1 [4] Marca cuál de los dos números oyes en cada diálogo.

1. 67 77
2. 2 12
3. 3 13
4. 2 12
5. 60 70
6. 50 15

2 Observa los nombres de estos países y sus gentilicios (nacionalidades) y deduce la información que falta.

País	Masculino singular	Femenino singular	Masculino plural	Femenino plural
Alemania	alem**án**	alem**ana**	aleman**es**	aleman**as**
Argentina	argentin**o**	argentin**a**	argentin**os**	argentin**as**
Brasil		brasil**eña**	brasileñ**os**	
Canadá	canad**iense**	canad**iense**	canadiense**s**	canadiense**s**
Dinamarca	dan**és**	dan**esa**	dan**eses**	
Estados Unidos		estadounid**ense**		
Marruecos		marroq**uí**	marroquí**es**	
Perú			perua**nos**	
Puerto Rico	puertorriqu**eño**	puertorriqu**eña**		

1.1. El objetivo de esta actividad es practicar la discriminación de números que tienen una pronunciación próxima. Ponga el audio y pídales que marquen el número del par que se dice.
[4] **1.** 67; **2.** 2; **3.** 13; **4.** 12; **5.** 70; **6.** 50.
Para consolidar el aprendizaje, puede realizar una actividad oral controlada por parejas para practicar los números. Pídales que se den su número de teléfono real o inventado. Dígales que en español es normal dividir las cifras de teléfono en grupos de dos, por ejemplo: 6 76 17 70 25 › *seis, setenta y seis, diecisiete, setenta, veinticinco*. Si tiene suficiente confianza y lo considera adecuado, puede convertir esta actividad en una tarea significativa si confeccionan una lista telefónica de la clase.

Para trabajar estos contenidos, realice las actividades **1-4**, p. **4** del Libro de ejercicios.

2. Se pide a los estudiantes que deduzcan aquellos gentilicios que faltan en el cuadro a partir de las muestras de lengua que se ofrecen. Explíqueles que deben fijar su atención en las diferentes terminaciones para poder completar el cuadro.
Masculino singular: brasileño, estadounidense, marroquí, peruano; Femenino singular: peruana; Masculino plural: estadounidenses, puertorriqueños; Femenino plural: brasileñas, danesas, estadounidenses, marroquíes, peruanas, puertorriqueñas.

2.1 Clasifica las nacionalidades según su terminación.

-o/-a	-és/-esa	-ano/-ana	-eño/-eña	-án/-ana	-ense	-iense	-í
argentin**o/a**				alem**án/ana**			

2.2 **En parejas** Piensa en cinco países más y díselos a tu compañero/a. Él/ella responde con el gentilicio (nacionalidad) correspondiente. Puedes consultar el diccionario.

3 **En parejas** ¿Dónde trabajan estas personas? Relaciona las imágenes con las profesiones. Recuerda que, en algunos casos, hay más de una opción válida.

médico/a | recepcionista | camarero/a | cocinero/a | abogado/a
ingeniero/a | enfermero/a | profesor/a | taxista | dependiente/a

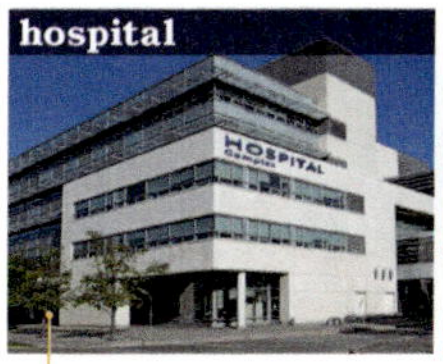

Relacionar imágenes con palabras te ayuda a aprender vocabulario.

3.1 **En parejas** Piensa en otras profesiones y díselas a tu compañero/a. Debe escribir dónde trabajan.

Ejemplo: *piloto - en un avión*

RAE LÉXICO
Español de España › camarero/a : *Oiga, por favor, **camarero**, ¿me puede dar un poco de sal?*
Español de América › mesero/a, mozo/a : *El **mesero** se marcha y diez minutos después regresa con un vaso...*

Unidad 1 | Nos presentamos cinco | 5

2.1. Dígales que se fijen en las terminaciones resaltadas en negrita de la actividad 2 y que clasifiquen las nacionalidades en el lugar que corresponda del cuadro.
-o/-a: argentino/a; **-és/-esa:** danés/esa; **-ano/-ana:** peruano/a; **-eño/-eña:** brasileño/a, puertorriqueño/a; **Ø/-a:** alemán/ana; **-ense:** estadounidense; **-iense:** canadiense; **-í:** marroquí.

2.2. El objetivo de la actividad es ampliar el léxico relacionado con los países y las nacionalidades. Pídales que piensen en un país y que busquen su gentilicio en un diccionario o en internet. Si no lo encuentran, puede ayudarlos a buscarlo en la web del *Diccionario panhispánico de dudas*. A continuación, en parejas, propóngales que intercambien información sobre los países y gentilicios que han buscado. Si lo cree oportuno, realice la actividad en plenario ampliando la lista de países y gentilicios en la pizarra.

Para trabajar estos contenidos, realice las actividades **5-6**, pp. **4-5** del *Libro de ejercicios*.

3. Agrupe a sus estudiantes en parejas y pídales que observen las imágenes y que las relacionen con las profesiones de las personas que aparecen en ellas. Anímelos a que busquen en el diccionario las palabras del recuadro que no conocen. Recuérdeles que un profesional puede trabajar en varios lugares.
Posible respuesta:
cafetería: camarero/a; **escuela:** profesor/a; **tienda:** dependiente/a; **restaurante:** camarero/a, cocinero/a; **hospital:** médico/a, enfermero/a, recepcionista, camarero/a (los hospitales suelen tener cafetería o restaurante); **hotel:** recepcionista, camarero/a, cocinero/a (los hoteles suelen tener cafetería o restaurante); **empresa:** abogado/a, ingeniero/a, recepcionista; **taxi:** taxista.

3.1. Con esta actividad de ampliación, se pretende que los estudiantes piensen en otras profesiones para relacionarlas con sus correspondientes lugares de trabajo. Si no se les ocurren otras ocupaciones, sugiérales las que se proponen en la clave. Si lo desea, también puede mostrarles fotografías o algún vídeo en que se vea alguna profesión y trabajar ese léxico con apoyo visual. Remítalos al cuadro de la RAE para comentarles las variantes léxicas de la palabra *camarero/a* en el mundo hispanohablante.
Posible respuesta:
piloto/a: en un avión; **policía:** en una comisaría, en la calle; **peluquero/a:** en una peluquería; **cajero/a:** en un supermercado, en un banco...

Para trabajar estos contenidos, realice las actividades **7** y **8**, p. **5** del *Libro de ejercicios*.

Unidad 1

Gramática

1. Explíqueles los pronombres personales de sujeto que se presentan en el recuadro. Presente también el contenido del cuadro que aparece a la izquierda, donde se explica que las formas *usted* y *ustedes* son formales y el verbo se utiliza en tercera persona, singular o plural. Si lo cree oportuno, puede ampliar la explicación con el cuadro de la RAE, añadiendo las diferencias entre España e Hispanoamérica: el uso de la segunda persona del singular *vos* en lugar de *tú* en Argentina y en otros países del Cono Sur, así como la sustitución del pronombre *vosotros* por *ustedes* en toda Hispanoamérica y en algunas zonas de España, como Canarias y Andalucía occidental.

1.1. **1.** b (tú y yo = nosotros. *Nosotras* no puede ser porque hay un hombre en la foto); **2.** a (ellos, porque en el grupo hay tanto hombres como mujeres); **3.** c (ellas, porque las dos son mujeres).

Para trabajar estos contenidos, realice la actividad **9**, p. **6** del *Libro de ejercicios*.

2. Explíqueles la conjugación de los verbos *llamarse*, *ser*, *tener*, *vivir* y *trabajar* siguiendo las indicaciones del cuadro. Haga hincapié en la irregularidad de los verbos *ser* y *tener*, respectivamente. A continuación explique el significado y funcionamiento de estos verbos y lea con ellos los ejemplos en los que estos aparecen contextualizados. Finalmente, si cree que sus estudiantes tienen nivel suficiente, puede proponerles que transformen los verbos de los ejemplos del singular al plural.

Gramática

1 Pronombres personales de sujeto

	Singular	Plural
1.ª persona	yo	nosotros, nosotras
2.ª persona	tú	vosotros, vosotras
3.ª persona	él, ella, usted	ellos, ellas, ustedes

Usted y *ustedes* son formales y sirven para mostrar respeto o distancia afectiva. Cuando el tratamiento es formal, el verbo se utiliza en tercera persona (singular o plural) en lugar de la segunda:
¿Cómo se llama (usted)?/¿Cómo te llamas (tú)?

1.1 ¿Con qué pronombre personal relacionas las siguientes imágenes?

1 ☐ Tú y yo en Europa.

2 ☐ Luisa, Santi, Marcelo, Sandra, Patri y Marcos en la playa

3 ☐ Carla y Paula en Turquía.

a. ellos | b. nosotros | c. ellas

RAE GRAMÁTICA

- En Hispanoamérica y en algunas zonas de España (Canarias y Andalucía occidental) los pronombres vosotros/as no se usan; en su lugar, se usa ustedes:
  ¿Y ustedes qué comen ahora?
- En Argentina, Uruguay y Paraguay la forma para tú es vos:
  Me gustaría saber algo de vos.
- En otras partes de Hispanoamérica (México, América Central, Caribe) se usan las formas: tú, usted y vos.

2 Verbos *llamarse, ser, tener, vivir* y *trabajar*: forma y usos

	Llamarse	Ser	Tener	Vivir	Trabajar
yo	**me** llamo	**soy**	**tengo**	vivo	trabajo
tú	**te** llamas	**eres**	tienes	vives	trabajas
él, ella, usted	**se** llama	**es**	tiene	vive	trabaja
nosotros/as	**nos** llamamos	**somos**	tenemos	vivimos	trabajamos
vosotros/as	**os** llamáis	**sois**	tenéis	vivís	trabajáis
ellos, ellas, ustedes	**se** llaman	**son**	tienen	viven	trabajan

- Para **preguntar y decir el nombre** se usan los verbos *llamarse* y *ser*:
  ▶ *¿Cómo te llamas?*
  ▷ *Me llamo/Soy Ricardo.*
- Para **decir la edad** se utiliza el verbo *tener*:
  Tengo 39 años.
- Para **decir el lugar donde residimos** se usa el verbo *vivir + en*:
  Vivo en Roma.
- Para **decir la nacionalidad** se usa el verbo *ser* + adjetivo/*de* + lugar de origen:
  ▶ *¿De dónde eres?*
  ▷ *Soy colombiana, de Barranquilla.*
- Para **decir la profesión** se utiliza el verbo *ser*:
  Soy taxista.
- Para **decir el lugar de trabajo** o de **estudios** utilizamos los verbos *trabajar/estudiar + en*:
  Trabajo en un museo.

6 | seis — Unidad 1 | Nos presentamos

1

2.1 Marca los pronombres personales correspondientes a los siguientes verbos.

	Yo	Tú	Él, ella, usted	Nosotros/as	Vosotros/as	Ellos, ellas, ustedes
tenemos						
son						
tengo						
vivís						
te llamas						
trabaja						

2.2 Relaciona la información con la persona correcta.

1		2
☐	Vive en Valencia.	☑
☑	Vive en Caracas.	☐
☐	Es médico.	☐
☐	Se llama María.	☐
☐	Tiene 62 años.	☐
☐	Trabaja en una clínica privada.	☐
☐	Tiene 25 años.	☐
☐	Trabaja en una farmacia.	☐
☐	Se llama Mario.	☐
☐	Es española.	☐
☐	Es farmacéutica.	☐
☐	Es venezolano.	☐

3 Interrogativos

Para hacer preguntas puedes usar:
- *cómo, dónde, cuántos* + verbo
- *cuál/cuáles* + verbo
- *qué* + verbo/nombre

3.1 **En parejas** Haz estas preguntas a tu compañero/a y anota sus respuestas.

1. ¿Cómo te llamas?
2. ¿De dónde eres?
3. ¿De qué ciudad eres?
4. ¿Dónde vives?
5. ¿Cuántos años tienes?
6. ¿Cuál es tu profesión?/¿Qué haces?
7. ¿Dónde trabajas?

Unidad 1 | Nos presentamos siete | 7

2.1. Una vez realizada la actividad, puede continuar con esta dinámica proponiendo a sus estudiantes una batería de formas verbales, a partir de los verbos presentados en la actividad 2 *(llamarse, ser, tener, vivir* y *trabajar)*, de la siguiente manera: diga o muestre una tarjeta con la forma *trabajan* y sus estudiantes deben decir *ellos, ellas, ustedes*, y así sucesivamente.
tenemos: nosotros/as; **son:** ellos, ellas, ustedes; **tengo:** yo; **vivís:** vosotros/as; **te llamas:** tú; **trabaja:** él, ella, usted.

2.2. El objetivo de la actividad es que los estudiantes discriminen la información teniendo en cuenta la alternancia de género, así como el contenido que se desprende de las imágenes. Haga que sus estudiantes se fijen en que él es mayor que ella, en que a ella se la ve manipulando medicamentos, en que él lleva un fonendoscopio y en que *española* hace referencia a una mujer. Para la corrección de esta actividad puede usar la **proyección 2**.
1. Vive en Caracas; Es médico; Tiene 62 años; Trabaja en una clínica privada; Se llama Mario; Es venezolano. **2.** Vive en Valencia; Se llama María; Tiene 25 años; Trabaja en una farmacia; Es española; Es farmacéutica.

Mario y María

[2]

Para la corrección de la actividad 2.2, proyecte la lámina y explique la solución haciendo que sus estudiantes se fijen en los diferentes aspectos marcados.

Nombre: *Mario* es un nombre de hombre y *María*, de mujer; **Nacionalidad:** Terminación en *-o* para el masculino *(venezolano)* y terminación en *-a* para el femenino *(española)*; **Profesión:** Terminación en *-o* para el masculino *(médico*, no *médica)* y terminación en *-a* para el femenino *(farmacéutica*, no *farmacéutico)*. Además, se ve que Mario lleva un fonendoscopio, una herramienta de trabajo propia de las personas que se dedican a la medicina, y que María está manipulando medicamentos, algo habitual en los profesionales de farmacia; **Lugar de trabajo:** La *farmacéutica* trabaja en una *farmacia*. Hágales notar la relación de ambas palabras mediante el lexema *farmac-*; **Edad:** En la imagen se ve que Mario es mayor que María. Por tanto, María, con 25 años, es la de menor edad.

3. Presente los interrogativos siguiendo la explicación del cuadro y aporte algunos ejemplos para explicar su uso. Asimismo, aproveche la ocasión para recordar a sus estudiantes que, en español, los signos de interrogación y exclamación se escriben al comienzo y al final de la frase.

3.1. Esta actividad tiene por objetivo que los estudiantes interaccionen utilizando los interrogativos vistos en la actividad anterior y los verbos presentados en la actividad 2. Si sus estudiantes son todos del mismo país y se conocen, pídales que adopten una personalidad ficticia, que escriban en una ficha sus datos personales y que contesten a las siete preguntas para poder hacer un intercambio de información significativo.

Para trabajar estos contenidos, realice las actividades **10-14**, pp. **6-7** del *Libro de ejercicios*.

Unidad 1

Practica en contexto

1. [5] Actividad de comprensión auditiva en la que, a través de cinco presentaciones, deben completar las fichas de las personas que se presentan con la información que falta. Antes de la escucha, lea con ellos las fichas respectivas y aclare el vocabulario si es necesario. El objetivo de esta actividad es que sus estudiantes pongan en funcionamiento lo aprendido hasta el momento haciendo una presentación completa: nombre, edad, profesión, nacionalidad, lugar de residencia y trabajo. A continuación ponga el audio dos veces y corrija en grupo.
1. Paula, 33 años, Lima; **2.** 48 años, ucraniana; **3.** cocinero, danés, restaurante; **4.** francesa, Burdeos, panadería; **5.** Carlos, informático, Barcelona.

1.1. En esta actividad deben completar las preguntas sobre las personas anteriores. Después explique los exponentes que se presentan en la banda lateral para preguntar por otra persona y dar información sobre ella. Dirija su atención al cuadro de la RAE, donde se muestran algunas diferencias léxicas en el campo de las profesiones entre España e Hispanoamérica. Después realice la actividad propuesta en la proyección 3.
1. Se llama Sara; **2.** Tiene 40 años; **3.** Es informático; **4.** Vive en Kiev; **5.** Trabaja en una empresa de publicidad.

Presentaciones
[3]

Elija a uno de sus estudiantes y pídale que presente a una de las personas que aparecen en la proyección. A continuación escoja a otros estudiantes para que presenten al resto de personas que aparecen.

Posible respuesta:
1. Se llama Sabine, tiene 50 años y es arquitecta. Es alemana, pero vive en Toronto; **2.** Se llama Patrick, es estudiante, tiene 14 años, es colombiano y vive en Los Ángeles; **3.** Se llama Adelina, es argentina y tiene 39 años. Es médica y vive en Marsella, Francia; **4.** Sophia es policía y tiene 32 años. Es británica y vive en Londres; **5.** Liulin es chino y es informático. Tiene 25 años y vive en Shanghái; **6.** Se llama Kamal. Tiene 33 años y es actor. Vive en Melbourne, pero es indio.

Practica en contexto

1 [5] Escucha estas presentaciones de profesionales y completa la información que falta.

	1	2	3	4	5
Nombre:		Marina	Malthe	Sara	
Edad:			40 años	30 años	27 años
Profesión:	diseñadora gráfica	conductora		panadera	
Nacionalidad:	peruana				mexicano
Lugar de residencia:		Kiev	Madrid		
Lugar de trabajo:	empresa de publicidad	empresa de transporte de viajeros			compañía multinacional

Preguntar y dar información personal
- ¿Cómo se llama?
- ¿Cuántos años tiene?
- ¿De dónde es?
- ¿Dónde vive/trabaja?
- *¿Cuál es la profesión de* + nombre?
- *Se llama* + nombre
- *Tiene* + edad
- *Es* + nacionalidad/*Es de* + país
- *Vive/Trabaja/Estudia en* + lugar
- *Es* + profesión

Presentarte
- *Me llamo* + nombre
- *Tengo* + edad
- *Soy* + profesión
- *Soy* + nacionalidad/*Soy de* + país/ciudad
- *Vivo en* + ciudad/país
- *Trabajo/Estudio en* + nombre de la empresa/lugar de trabajo o estudios

Presentar a otro
- Mira/Mire, este/esta es...
- Te/Le presento a...

Responder a una presentación
- ¡Hola!
- Encantado/a (de conocerte/lo/la).
- Mucho gusto.

1.1 Contesta a las siguientes preguntas.
1. ¿Cómo se llama la panadera? ....
2. ¿Cuántos años tiene Malthe? ....
3. ¿Cuál es la profesión de Carlos? ....
4. ¿Dónde vive Marina? ....
5. ¿Dónde trabaja Paula? ....

RAE LÉXICO
Español de España › conductor, chófer: *Se tarda entre 30 y 40 minutos; indicad al **conductor** que vais a las ruinas...*
Español de América › chofer: *El **chofer** mira por el espejo retrovisor a la última pasajera.*

1.2 **En parejas** Ahora preséntate a tu compañero/a.
Ejemplo: *Hola, soy Amelia. Tengo 27 años. Soy argentina, pero vivo en Madrid. Trabajo en una tienda de celulares y soy dependienta.*

1.3 **Todo el grupo** Levántate y presenta a tu compañero/a a otros estudiantes. Responde a las diferentes presentaciones. Ellos tienen que saludar y responder al saludo.

8 | ocho

1.2. Pida a sus estudiantes que preparen su propia presentación tomando como modelo las que aparecen en la actividad 1 y en la proyección 3. Antes de comenzar, explique los exponentes que aparecen en la banda lateral y dígales que se apoyen en ellos para realizar la tarea. Cuando vea que ya están preparados, preséntese usted a la clase e invítelos a que hagan lo mismo. Al finalizar, puede ampliar la actividad haciéndoles preguntas sobre la información que han dado los propios estudiantes.
Una alternativa a la actividad es que adopten una personalidad inventada, con nombres y apellidos españoles, y de ciudades y países hispanos. También se puede proponer llevar a clase perfiles de personajes famosos y que adopten uno de ellos para hacer la presentación.

1.3. Tras presentarse a sí mismos en la actividad anterior, pasamos a la práctica de las formas para presentar a otra persona y responder a la presentación. Primero, dígales que se fijen en los exponentes que se dan en la banda lateral y que presenten a uno de sus compañeros. Deberán responder a la presentación interactuando de forma alterna.

2 **En parejas** Lee estas tarjetas profesionales y contesta a las preguntas de tu compañero/a.

Estudiante A

1. ¿Cuál es el móvil de la actriz?
2. ¿Cuál es la dirección del psicólogo?
3. ¿Cuál es el código postal del fisioterapeuta?
4. ¿Cuál es la dirección de correo electrónico de Kim?
5. ¿Cuál es la profesión de Kim?
6. ¿Cuáles son los apellidos de Ernesto?

Estudiante B

1. ¿Cuál es la página web de la clínica?
2. ¿Cuál es el correo electrónico de Carolina?
3. ¿Cuál es el apellido de la actriz?
4. ¿Cuál es el móvil de la profesora de inglés?
5. ¿Cuál es el código postal de Samuel?
6. ¿Cuál es la dirección del fisioterapeuta?

Preguntar por datos personales

- **¿Cuál es** el móvil/el celular/la dirección/el código postal/el correo electrónico/el sitio web... de...?
- **¿Cuáles son** los apellidos de...?

En las tarjetas profesionales pueden aparecer las siguientes abreviaturas y signos:

- **C/** › calle
- **Av./Avd./Avda.** › avenida
- **Pl./Plza./Pza.** › plaza
- **Tfno./Tel./Teléf.** › teléfono
- **Móv.** › móvil
- **Cel.** › celular
- **@** › arroba
- **www** › uve doble, uve doble, uve doble; doble u, doble u, doble u; tres uves dobles; triple uve doble; triple doble u.
- **.** › punto
- **-** › guion, guion medio
- **_** › guion bajo, barra baja
- **/** › barra

Pedir aclaraciones

- ¿Puedes repetir, por favor?
- Más despacio, por favor.
- ¿Cómo se dice en español "@"?
- ¿Qué significa *Pza.*?

RAE LÉXICO

Español de España › móvil : *¿Para qué quieres el* ***móvil****? ¿No lees los mensajes?*
Español de América › celular : *–Voy a llamar por el* ***celular*** *–dijo Richard–. ¡Aj! ¡No hay recepción!*

3 Escucha el audio y marca con una X si saludan o se despiden. [6]

	Saludos	Despedidas		Saludos	Despedidas
1.	☐	☐	3.	☐	☐
2.	☐	☐	4.	☐	☐

Saludar

- ¡Hola!/¿Qué tal?/¿Cómo estás?
- Buenos días./Buenas tardes./Buenas noches.

Despedirse

- Adiós (+ buenos días/buenas tardes/buenas noches).
- Hasta mañana./Hasta luego.

2. Antes de realizar la actividad, explique la información de los cuadros que aparecen en la banda lateral sobre abreviaturas y signos frecuentes en las tarjetas profesionales. Puede utilizar la proyección 4 para focalizar la atención de los estudiantes en las explicaciones.

Abreviaturas y signos

[4]

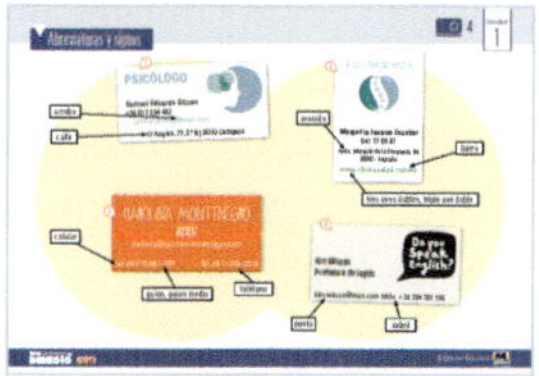

Proyecte la lámina y explique las diferentes abreviaturas y signos que aparecen en ella. Resuelva las dudas de sus estudiantes si fuese necesario. Déjela proyectada mientras realizan la actividad 2.

Agrupe a sus estudiantes en parejas, asígneles un papel (A o B) y pídales que respondan a las preguntas de su compañero/a. Anímelos a que utilicen los exponentes que aparecen en la banda lateral para pedir aclaraciones o repeticiones como estrategia comunicativa. Lea el cuadro de la RAE para seguir aprendiendo las diferencias léxicas entre España e Hispanoamérica. Una vez terminada la actividad, haga reflexionar a sus estudiantes sobre el uso de *cuál* y *cuáles* y los exponentes empleados para preguntar por datos. Como actividad complementaria, pídales que creen su propia tarjeta profesional usando las abreviaturas y signos que han aprendido y la personalidad inventada de la actividad 1.2.
Respuestas estudiante A: 1. www.clinicasalud.com/es; **2.** contrata@carolina-montenegro.com; **3.** Montenegro; **4.** +34 784 301 196; **5.** 30310; **6.** Avda. Marqués de la Ensenada, 94.
Respuestas estudiante B: 1. + 54 9 15-6863-3557; **2.** C/ Amparo, 77, 2.º B; **3.** 26003; **4.** kim.wilson@mail.com; **5.** Profesora de inglés; **6.** Fuentes Escobar.

3. [6] Antes de reproducir el audio, explique las formas *usted/ustedes* y su valor, y las fórmulas para saludar y despedirse que se presentan en el cuadro de la banda lateral. A continuación explíqueles que van a escuchar a algunas personas y que tienen que identificar si se saludan o se despiden.
En la conversación 4, aunque la fiesta comienza, el interlocutor, después de agradecer la presencia de los invitados, se despide.
Despedidas: 1, 3, 4; **Saludos:** 2.

Para trabajar estos contenidos, realice las actividades **15-17**, p. **7-8** del *Libro de ejercicios*.

Cultura

1. Antes de empezar con la actividad, pregunte a sus estudiantes qué saben del idioma español, qué lugar creen que ocupa en el mundo y en qué países se habla; anote en la pizarra sus respuestas. A continuación pídales que lean el texto para que comprueben sus hipótesis.

2. Pregúnteles qué ciudades conocen del mundo hispano y, después, si saben el nombre de las capitales de los cuatro países destacados en la actividad. Si no las conocen, invítelos a que trabajen en parejas para que hagan la búsqueda en internet. **México:** Ciudad de México; **Colombia:** Bogotá; **Argentina:** Buenos Aires; **España:** Madrid.

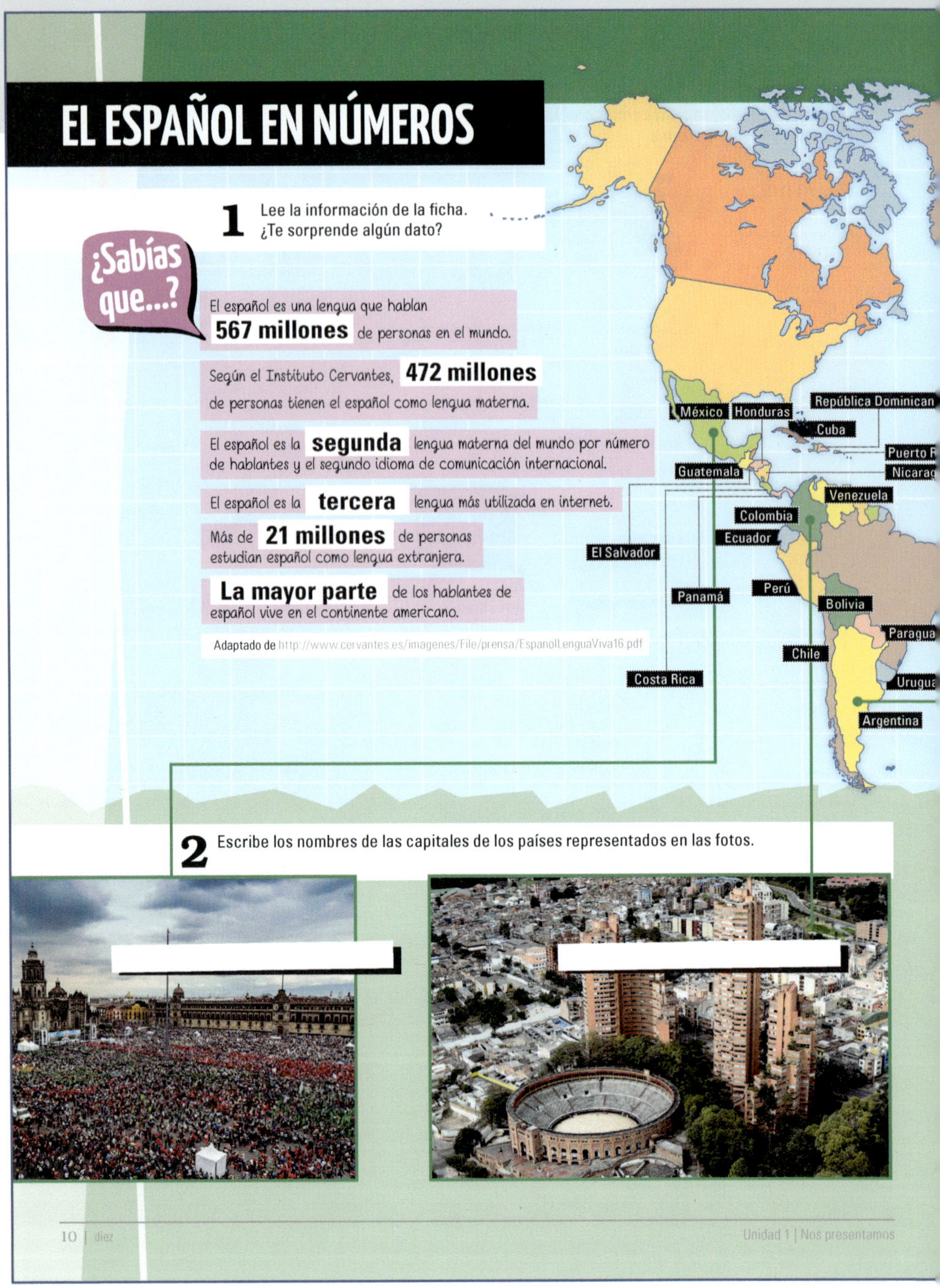

EL ESPAÑOL EN NÚMEROS

1 Lee la información de la ficha. ¿Te sorprende algún dato?

¿Sabías que...?

El español es una lengua que hablan **567 millones** de personas en el mundo.

Según el Instituto Cervantes, **472 millones** de personas tienen el español como lengua materna.

El español es la **segunda** lengua materna del mundo por número de hablantes y el segundo idioma de comunicación internacional.

El español es la **tercera** lengua más utilizada en internet.

Más de **21 millones** de personas estudian español como lengua extranjera.

La mayor parte de los hablantes de español vive en el continente americano.

Adaptado de http://www.cervantes.es/imagenes/File/prensa/EspanolLenguaViva16.pdf

2 Escribe los nombres de las capitales de los países representados en las fotos.

10 | diez

Unidad 1 | Nos presentamos

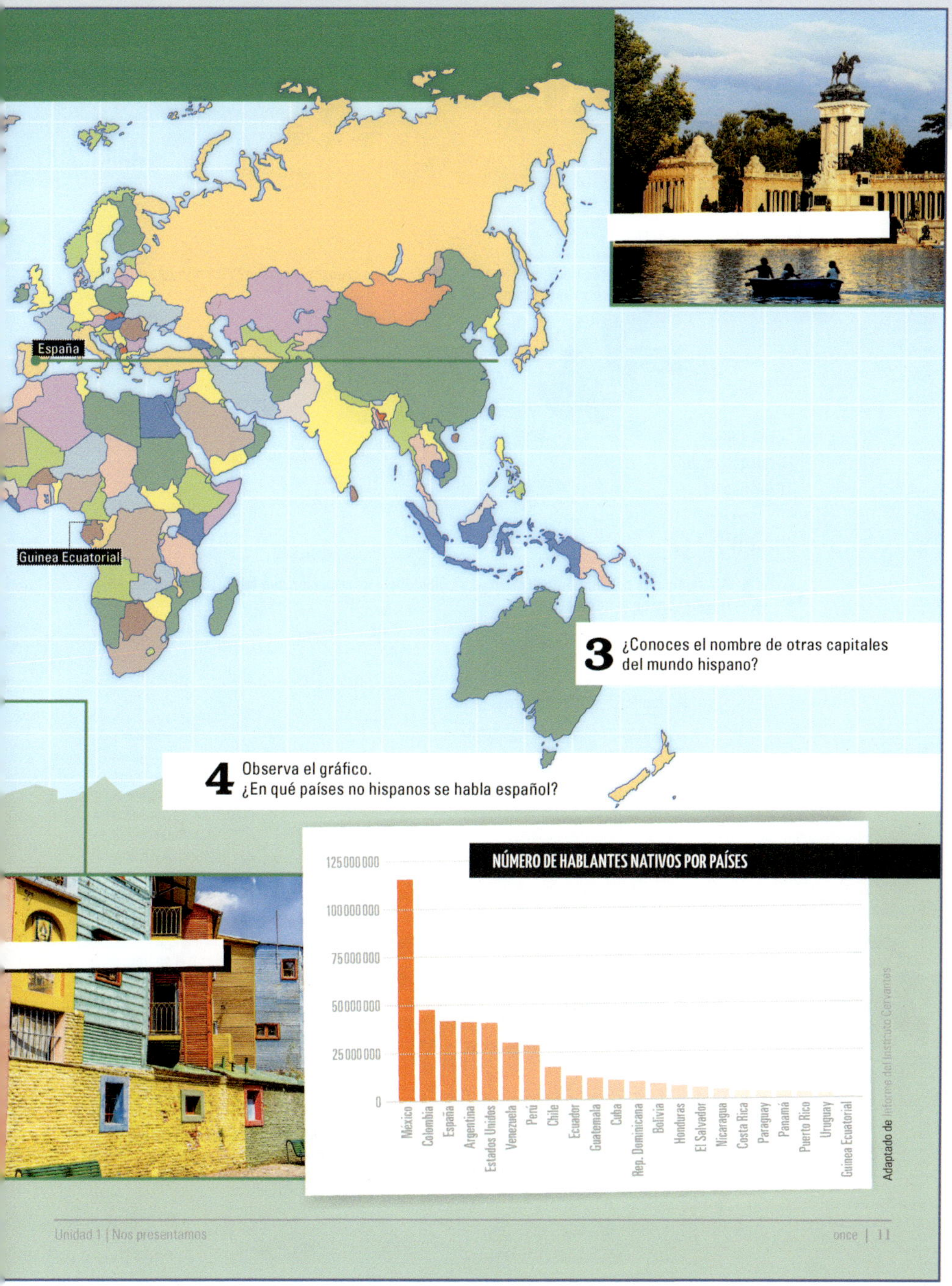

3. Distribuya a la clase en pequeños grupos y haga que trabajen cooperativamente para buscar en internet las capitales de los países donde el español es lengua oficial.
   Honduras (Tegucigalpa); Guatemala (Ciudad de Guatemala); El Salvador (San Salvador); Nicaragua (Managua); Costa Rica (San José); Panamá (Ciudad de Panamá); Cuba (La Habana); República Dominicana (Santo Domingo); Puerto Rico (San Juan); Venezuela (Caracas); Ecuador (Quito); Perú (Lima); Chile (Santiago); Bolivia (La Paz); Paraguay (Asunción); Uruguay (Montevideo); Guinea Ecuatorial (Malabo).

4. Antes de dirigir su atención al gráfico, pregunte a sus estudiantes si saben cuáles son los cinco países con mayor número de hablantes nativos de español y si conocen algún país no hispano donde se hable dicha lengua. Luego permítales mirar el gráfico para comprobar sus hipótesis.
   Destaque que, en Estados Unidos, por ejemplo, aunque no es un país hispano y el español no es una lengua oficial, hay casi tantos hispanohablantes como en Argentina o en España. Además, explique que en Guinea Ecuatorial el español es lengua oficial junto con el portugués y el francés. Por último, coménteles que Puerto Rico es un Estado Libre Asociado de Estados Unidos y que tiene dos idiomas oficiales: en primer lugar, el español y, en segundo lugar, el inglés.

Para trabajar estos contenidos, realice las actividades **18-20**, p. **9** del *Libro de ejercicios*.

Si lo considera oportuno, puede ampliar la actividad comentando el número de estudiantes de español como lengua extranjera que hay actualmente en el mundo.
Sugiérales que, en grupos, busquen información en internet y hagan un resumen de los países donde más se estudia español. Después cierre la actividad con la pregunta: *¿Cuál es el futuro del español?*

> Hay más de 21 millones de personas que estudian español como lengua extranjera. Estados Unidos, Brasil y Francia están a la cabeza en números absolutos. Si nos centramos en Europa, además de Francia, es en Italia, Alemania y Reino Unido donde encontramos mayor número de estudiantes. También destaca en este sentido el aumento de estudiantes de español en el África subsahariana. Los países del área con mayor número de estudiantes de español son Benín, Costa de Marfil, Senegal, Gabón y Guinea Ecuatorial. Además, el porcentaje de población mundial que habla español como lengua nativa está incrementando, mientras que la proporción de hablantes de chino e inglés ha disminuido en los últimos tiempos.
>
> **El futuro del español**
>
> Se estima que, en 2030, los hispanohablantes seguirán siendo el 7.8 % de la población mundial. Sin embargo, también se prevé que, en 2100, este porcentaje se situará en el 6.6 %, debido fundamentalmente al descenso de la población de los países hispanohablantes. Otro dato interesante es que, en 2060, Estados Unidos será el segundo país hispanohablante del mundo, después de México. El español ya es un idioma global.

Adaptado de https://siele.org/web/blog/espanol-en-el-mundo

Vídeo

Antes de empezar y a modo de introducción, pregunte a sus estudiantes si saben qué es un *hostal* y qué diferencias hay con un *hotel*. Después pregunte por el tipo de personas que creen que suele alojarse en el primero.

> **Hotel:** Establecimiento de hostelería capaz de alojar con comodidad a huéspedes o viajeros.
> **Hostal:** Establecimiento hotelero de categoría inferior a la del hotel.

1. Presente a sus estudiantes a las tres protagonistas del hostal Babel que aparecen en las fotografías y anímelos a hacer hipótesis sobre su edad, su nacionalidad y su profesión.

2. Visione el fragmento 01:40 ▷ 02:42 y pídales que completen la información que falta en la tabla. A continuación, comparan la información con sus hipótesis de la actividad anterior.
Edad: Carla, 24; Tere, 19; **Profesión:** Carla, estudiante de una maestría de Filosofía y moza (camarera) en una cafetería. Tere, estudiante de Dirección de Empresas; **Nacionalidad:** Carla, argentina.

3. Vuelva a visionar el fragmento 01:40 ▷ 02:20 y pida que completen la información que falta en la transcripción de la conversación.
Después remítalos al cuadro de atención y explíqueles el uso de los demostrativos *este/esta* para presentar a alguien, así como los usos y costumbres en las presentaciones formales e informales en España e Hispanoamérica. Si lo desea, puede volver a visionar el fragmento para ilustrar estas explicaciones. Una vez terminada la actividad, permita que visualicen el vídeo completo.
1. Hola; **2.** este es Hugo; **3.** ¡Hola!; **4.** encantada; **5.** Soy; **6.** Mucho gusto; **7.** Yo soy Carla; **8.** Mucho gusto en conocerte.

4. Para finalizar la sección, anímelos a que expliquen cómo son las presentaciones formales e informales en su país. Se trata de una actividad en la que se fomenta el aprendizaje intercultural y que les servirá para interactuar de forma óptima en una situación real.

Vídeo

HOSTAL Babel

¡Bienvenido al hostal Babel!

Antes del vídeo

1 Estas son las protagonistas de *Hostal Babel*. ¿Cuántos años crees que tienen? ¿De dónde crees que son? ¿Cuáles crees que son sus profesiones?

Creo que tiene... ...... años ...... años ...... años
Creo que es de...
Creo que es...

Durante el vídeo

2 Ahora visiona el fragmento 01:40 ▷ 02:42 y completa la información que falta. ¿Coincide con tus respuestas de la actividad 1?

Nombre	Bea	Carla	Tere
Edad	33		
Profesión	hostelera		
Nacionalidad	española		española

3 Visiona de nuevo el fragmento 01:40 ▷ 02:20 y completa los espacios en blanco de la conversación.

Bea: [1] ...., chicas, [2] ....
Tere y Carla: [3] ....
Bea: Es nuestro nuevo huésped. Es de México.
Hugo: Sí, acabo de llegar a España. Del aeropuerto directamente al hostal Babel.
Tere: Pues [4] ...., Hugo. [5] .... Tere. Soy estudiante y tengo 19 años.
Hugo: ¡[6] ...., Tere! ¿Qué estás estudiando?
Tere: Dirección de Empresas.
Hugo: ¡Ah, qué buena onda, muy interesante!
Carla: [7] .... Tengo 24 años y estudio Filosofía. Bueno, ya acabé la carrera. Ahora estoy haciendo una maestría y trabajando.
Hugo: [8] ...., Carla. ¿En qué trabajas?

> Recuerda:
> - Cuando presentamos a alguien, utilizamos ***este/esta es*** + nombre, señalando a la persona con la mano extendida:
>   *Hola, chicas, este es Hugo.*
> - En España e Hispanoamérica, cuando te presentan a alguien, se da la mano en situaciones formales o si se trata de dos hombres, y dos besos en situaciones informales o familiares. También es frecuente hacer un gesto con la mano como saludo.

Después del vídeo

4 **Todo el grupo** Como ves, en España y en la mayoría de países hispanohablantes las personas se dan dos besos al presentarse cuando la situación es informal o familiar. Sin embargo, en situaciones formales se dan la mano. ¿Es igual en tu país? Explícaselo a tus compañeros.

12 | doce Unidad 1 | Nos presentamos

Evaluación

1

1 ¿Dónde trabajan estas personas? Relaciona la información de las columnas. Puede haber más de una opción válida.

1. Una médica	trabaja en	a. un bufete de abogados.
2. Una abogada		b. un hospital.
3. Un fisioterapeuta		c. un espá.
4. Una ingeniera		d. una farmacia.
5. Un farmacéutico		e. una empresa multinacional.

2 [7] Escucha y escribe los números en cifras.

12

3 Completa con los verbos *ser* o *tener*.

1. Me llamo Patricia y .... 22 años.
2. ¡Hola! Yo .... Alfredo, ¿y tú?
3. Mónica no .... 30 años, ... 29.
4. Justin y Daniel .... ingleses.
5. Tú y yo .... españoles.
6. Marga y Luis .... una cafetería en el centro.
7. Carolina .... de Ciudad de México.

4 Completa las frases con el interrogativo adecuado.

1. ¿.................. años tiene Juan?
2. ¿.................. es la profesión de Walter?
3. ¿.................. vivís Mercedes y tú?
4. ¿De .... ciudad eres?
5. ¿.................. se llama usted?

5 ¿Cuáles de estas palabras conoces? ¿Existen en tu lengua?

- ☐ café
- ☐ taxi
- ☐ banco
- ☐ teatro
- ☐ menú
- ☐ aeropuerto
- ☐ estación
- ☐ biblioteca
- ☐ móvil
- ☐ cine
- ☐ tren
- ☐ hospital

Comparar palabras del español con palabras de otras lenguas te puede ayudar a reconocer su significado.

6 [8] Escucha y escribe las siguientes letras. Después ordénalas para descubrir el nombre del país e indica a qué zona de América pertenece cada uno: América Central, América del Sur o Caribe.

1. ☐☐☐☐☐☐☐☐☐ › ....
2. ☐☐☐☐☐☐☐ › ....
3. ☐☐☐☐☐☐☐☐ › ....
4. ☐☐☐☐ › ....
5. ☐☐☐☐☐☐☐☐ › ....

Unidad 1 | Nos presentamos trece | 13

Evaluación

1. **1.** b; **2.** a, e; **3.** b, c; **4.** e; **5.** b, d.

2. [7] 12, 94, 11, 6, 63, 84, 76, 2, 49, 14, 1, 19, 71, 55, 28, 16.

3. **1.** tengo; **2.** soy; **3.** tiene, tiene; **4.** son; **5.** somos; **6.** tienen; **7.** es.

4. **1.** Cuántos; **2.** Cuál; **3.** Dónde; **4.** qué; **5.** Cómo.

5. Respuesta abierta.

6. [8] **1.** LUEZVEANE › Venezuela, América del Sur; **2.** VALIBIO › Bolivia, América del Sur; **3.** SARDUHNO › Honduras, América Central; **4.** BUAC › Cuba, Caribe; **5.** YUARAGPA › Paraguay, América del Sur.

Mi casa, mi barrio

Pregunte a sus estudiantes si reconocen la foto principal y si saben de qué ciudad se trata. Si no lo saben, acláreles que es la Gran Vía de Madrid, una de las calles más famosas y populares del centro de la ciudad. En la imagen se ve la estación de metro de Callao, uno de los lugares más concurridos de Madrid. Si alguno reconoce la calle, anímelo a que les cuente a sus compañeros qué hay y que se puede hacer en ella *(ver un musical, ir al cine, comprar ropa y libros, comer, pasear, hacer fotos...)*. A continuación explíqueles el significado de la palabra *barrio* y después hágales las preguntas propuestas con el fin de motivarlos y activar sus conocimientos previos sobre el tema.
Si lo desea, puede añadir otros conceptos relacionados con la vivienda como *pueblo* o *casa de pueblo*.

¿Qué sabes?

1 **Todo el grupo** ¿Qué hay en un barrio? Habla con tus compañeros.

2 **En parejas** Relaciona los tipos de vivienda con las fotos.

edificio de pisos | urbanización | casa con jardín y piscina | casa con patio | chalé adosado | casa baja

1 .... 2 .... 3 ....

4 .... 5 .... 6 ....

RAE LÉXICO

Español de España › apartamento/piso : *Gloria quiere vender el **piso** en el que ha vivido toda su vida para irse al extranjero a trabajar.*
Español de América › departamento : *Laura y Consuelo, jóvenes que comparten **departamento**.*

Español de España › piscina : *La urbanización dispone de zonas comunes con jardines, **piscinas** y pistas de pádel.*
Español de México › alberca : *Una casa inmensa, terraza con vista a la playa, **alberca** y un piso con sala de estar.*
Español de Argentina › pileta : *Por ejemplo, nunca meterse en la **pileta** sin avisar a los mayores.*

2.1 **Todo el grupo** ¿Hay viviendas similares en tu país? ¿En qué tipo de casa vives? Busca una imagen y enséñasela al resto de la clase.

Unidad 2 | Mi casa, mi barrio — quince | 15

¿Qué sabes?

1. Antes de llevar a cabo la interacción oral, dirija la atención de sus estudiantes a las imágenes relacionando los lugares del barrio que aparecen con las acciones que se representan *(comer en un restaurante, llevar a los niños al colegio, correr por el parque, comprar el pan en una panadería, circular por el carril bici, hacer la compra en el supermercado, ir al hospital, ir a estudiar en metro…)*. A continuación pídales que añadan otros lugares públicos que suele haber en un barrio típico de su ciudad y que los comparen con los que aparecen en la actividad, para ver las diferencias. Por ejemplo, no en todos los barrios hay un hospital y no todas las ciudades tienen metro o carriles bici.

2. En esta actividad se presenta el léxico relacionado con los tipos de vivienda más comunes en España. Pídales que realicen la actividad en parejas sin mirar el diccionario, intentando adivinar el significado de las palabras propuestas observando las imágenes. Dirija la atención de los estudiantes al cuadro de la RAE, en el que se reseñan algunas diferencias léxicas entre España e Hispanoamérica en este campo léxico con sus ejemplos correspondientes. Después permita que comparen el resultado con otra pareja y deles la oportunidad de rectificar sus respuestas si lo necesitan. Luego corrija en plenario. **1.** chalé adosado (propio de las afueras de una ciudad); **2.** casa baja (propia de los pueblos y de barrios antiguos en algunas ciudades españolas); **3.** casa con jardín y piscina (generalmente fuera de las ciudades y para personas de alto poder adquisitivo); **4.** casa con patio (generalmente en la mitad sur de España); **5.** edificio de pisos (principalmente en ciudades y pueblos grandes); **6.** urbanización (mayoritariamente en las afueras de las ciudades y en zonas de nueva construcción; la urbanización no es propiamente un tipo de vivienda, sino una zona residencial construida con una planificación determinada).

2.1. En este caso, el objetivo es que los estudiantes practiquen el vocabulario adquirido en la actividad anterior describiendo el tipo de vivienda en el que residen. Para facilitarles la tarea, escriba en la pizarra *Yo vivo en un/a…* Puede pedirles que muestren fotos de su casa a sus compañeros. Una vez terminada la actividad, reflexione con ellos sobre las diferencias que existen entre los tipos de vivienda en España y los de su país. Puede hacerles preguntas como:

- *¿Qué tipo de vivienda es más frecuente en tu país?*
- *¿Hay algún tipo de vivienda español que no existe allí? ¿Cuál?*
- *¿Hay algún tipo de vivienda típico de tu país que no existe en España?*

Palabras

1. Con esta actividad se presenta el léxico principal relacionado con la vivienda a través de dos anuncios inmobiliarios. Antes de empezar, pregunte a sus estudiantes qué creen que es más frecuente en España: la compra o el alquiler de la vivienda. Después explíqueles que van a leer dos anuncios de alquiler en un portal inmobiliario a los que les faltan algunas palabras relacionadas con el tipo de vivienda, las partes de la casa, algunos muebles y electrodomésticos, y otros elementos comunes del edificio. A continuación distribuya a los estudiantes en parejas y pídales que busquen en el diccionario las palabras extraídas de los textos. Por último, deberán completar los anuncios con las palabras. No dé todavía la solución de esta actividad, ya que proponemos corregirla con el audio de la actividad siguiente. Presente el cuadro de la RAE y comente las diferencias que hay entre el español de España e Hispanoamérica en este campo léxico. Si lo cree conveniente, puede pedirles que utilicen la variante hispana para que se familiaricen con ella.

1.1. [9] Antes de poner el audio, explíqueles que van a escuchar la información que dos agentes inmobiliarios han dado a dos clientes para comentarles las dos ofertas que les pueden interesar: la del piso en la calle Viriato y la del chalé en la urbanización Miramar. A continuación ponga el audio para que comprueben las respuestas de la actividad 1.
Después haga una puesta en común y aproveche para resolver las dudas que hayan podido surgir respecto a las palabras de los anuncios.
Si lo desea, puede preguntarles si el precio de las viviendas es similar a los precios de alquiler de su país.
Anuncio A: 1. Piso; **2.** dormitorios; **3.** baño; **4.** ascensor; **5.** Nevera; **6.** Calefacción;
Anuncio B: 1. chalé; **2.** salón-comedor; **3.** garaje; **4.** armarios; **5.** sillas; **6.** microondas.
Antes de continuar, puede hacer las actividades de ampliación de vocabulario que se presentan en las **proyecciones 5a** y **5b**.

Palabras

1 **En parejas** Lee la información de estos anuncios de alquiler y complétalos con las palabras de la tabla. Puedes usar el diccionario.

Tipo de vivienda	Partes de la casa	Muebles	Electrodomésticos	Otros
chalé piso	baño dormitorios salón-comedor	armarios sillas	microondas nevera	garaje calefacción ascensor

A

CALLE VIRIATO
965 €/mes
65 m² | 2.º piso
Alquiler

[1] .... de 65 m², exterior, muy céntrico y luminoso. Dos [2] ...., salón, cocina, [3] .... y tres balcones. Sin amueblar.

Características

Edificio
- Cuatro plantas.
- Sin [4] ....

Equipamiento
- Cocina de gas.
- [5] ....
- Lavadora.
- Aire acondicionado.
- [6] .... central.

B

URBANIZACIÓN MIRAMAR
790 €/mes
125 m²
Alquiler

Precioso [1] .... de 125 m². Dos plantas, vistas al mar, primera línea de playa. Tiene tres dormitorios, [2] ...., cocina, dos baños, terraza de 35 m² y [3] .... para dos coches.

Equipamiento
- Muebles: camas, [4] ...., dos sofás, sillón, televisión, mesa y [5] ....
- Aire acondicionado.
- Cocina equipada: cocina eléctrica, nevera, lavadora, lavavajillas, horno y [6] ....

RAE **LÉXICO**
Español de España › dormitorio/habitación :
*Una cocina de considerables dimensiones, un cuarto de baño y tres **dormitorios** perfectamente amueblados.*
Español de América › recámara/dormitorio/cuarto : *Alrededor del patio están las **recámaras**, la sala-comedor y la cocina.*
Español de España › salón : *El **salón** es espacioso y [está] amueblado con refinamiento.*
Español de América › *living* /sala : *Toman el café recién preparado en el* **living**.
Español de España › nevera/frigorífico :
*Junto a la **nevera** abierta, Ángela llena un vaso de agua con un botellón de agua de cinco litros.*
Español de América › heladera/refrigerador : *Marta abre la **heladera** y saca la leche.*
Español de España › lavadora : *Hay que hacer compra, preparar a los niños para el colegio, poner **lavadoras**, planchar...*
Español de América › lavarropas :
*Para la ropa, blanqueadores, desmanchadores y los detergentes baja espuma para los **lavarropas** automáticos.*

1.1 [9] **Escucha a estos agentes inmobiliarios y comprueba tus respuestas.**

16 | dieciséis   Unidad 2 | Mi casa, mi barrio

Las partes de la casa y el mobiliaro

[5a]
[5b]

Proyecte la lámina 5a para fijar el léxico relacionado con las partes de la casa que han visto en los anuncios, pero esta vez apoyándose en la imagen del plano de una vivienda. Luego deles una copia de la lámina 5b y dígales que, en parejas, escriban el nombre de los objetos y muebles de la casa que aparecen señalados con un número. Antes de corregir la actividad, pídales que comparen su lámina con la de otra pareja y que anoten las palabras que no tengan. Corrija la actividad en plenario.
1. lámpara; **2.** mesilla; **3.** cama; **4.** ventana; **5.** estantería; **6.** armario; **7.** ducha; **8.** toalla; **9.** espejo; **10.** lavabo; **11.** váter o inodoro; **12.** ordenador; **13.** escritorio; **14.** silla de escritorio; **15.** papelera; **16.** librería; **17.** televisión; **18.** reloj; **19.** aire acondicionado; **20.** sillón; **21.** escalera; **22.** mesa; **23.** silla; **24.** frigorífico/nevera; **25.** (horno) microondas; **26.** armario de cocina; **27.** cocina.

2 **En parejas** Observa las imágenes, lee las palabras y describe estos barrios.

residencial | céntrico | moderno | tranquilo | antiguo | ruidoso

Ejemplo: *El barrio de la foto 1 es…*

1 

2 

3 

3 **En parejas** Mira el plano de este barrio y haz una lista de los edificios y de los establecimientos que hay. Puedes usar el diccionario si no sabes su significado. Trabaja con tu compañero/a.

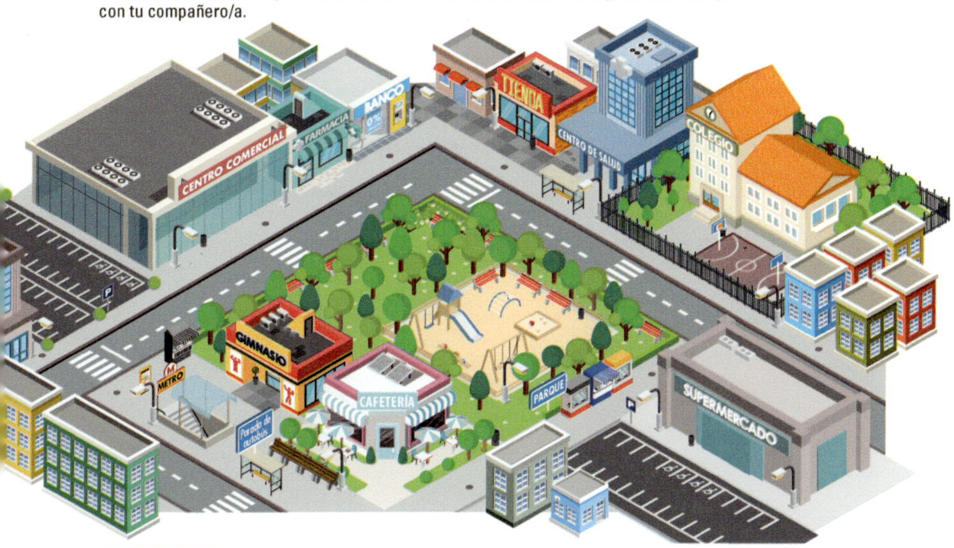

3.1 **Todo el grupo** ¿Qué hay en tu barrio? ¿Qué no hay?

Ejemplo: *En mi barrio hay dos cafeterías, un supermercado, una farmacia y una parada de autobús, pero no hay centro de salud.*

RAE LÉXICO
Español de España y América › supermercado : *Quiero ir a un* ***supermercado*** *para conseguir algunas provisiones.*
Español de Venezuela › automercado : *Carmen de López estaba haciendo sus compras en el* ***automercado*** *San Diego de la Zona Industrial.*

2. El objetivo de esta actividad es dotar a sus estudiantes de algunos adjetivos básicos para que sean capaces de describir, en líneas generales, cómo es su barrio. Para ello, presente los adjetivos propuestos y resuelva las dudas que puedan tener. A continuación agrúpelos en parejas y pídales que piensen en los adjetivos que pueden caracterizar los barrios representados en las fotos. Avíseles de que puede haber más de una solución.
Posible respuesta:
1. céntrico, moderno, ruidoso; **2.** residencial, tranquilo; **3.** céntrico, tranquilo, antiguo.

3. En esta actividad se introduce el léxico relacionado con el barrio. Para ello, se presenta una ilustración con los nombres de los edificios y establecimientos más comunes y otros elementos relacionados con el transporte y el urbanismo. Individualmente, los estudiantes deberán escribir una lista de los establecimientos y edificios que aparecen.
Centro comercial, farmacia, banco, tienda, centro de salud, colegio, supermercado, aparcamiento, parque, cafetería, gimnasio, parada de autobús, estación/boca de metro.

3.1. Una vez realizada la actividad 3, déjeles un poco de tiempo para que ordenen la información y, a continuación, pídales que cuenten al grupo lo que hay en su barrio y lo que no. Para facilitarles la tarea, escriba en la pizarra *En mi barrio hay un/a…* y, debajo, *En mi barrio no hay…* Si lo desea, puede pedirles que busquen su barrio en Google Maps para ayudarlos a recordar lo que hay y para ilustrar su descripción. Si cuenta con un proyector y un ordenador o con una pizarra digital, pueden describir su barrio con estos medios ante el resto de la clase a modo de presentación. Muéstreles el cuadro de la RAE para seguir aprendiendo las variantes léxicas del español de España e Hispanoamérica en este campo léxico. Para terminar, puede preguntarles si el barrio que se presenta en la actividad 3 es similar a los barrios de su país.

Para trabajar estos contenidos, realice las actividades **1-8**, pp. **10-11** del *Libro de ejercicios.*

Unidad 2

Gramática

1. Explique el género y el número de los nombres y los adjetivos siguiendo las explicaciones del cuadro. Puede ampliar en la pizarra los ejemplos de cada apartado si lo considera oportuno, destacando las excepciones resaltadas en los cuadros de atención y los cambios ortográficos de algunos nombres y adjetivos como *lápiz- lápices* o *feliz-felices*, así como los cambios de acentuación en el plural en nombres como *habitación- habitaciones*. Antes de realizar la actividad 1.1, utilice la proyección 6 para practicar este contenido.

El género de los nombres

[6]

Proyecte la lámina y señale los distintos objetos para que digan su género. Llame su atención sobre las excepciones y las palabras terminadas en *-e* y *-aje*, así como las terminadas en *-ción*, *-sión* y *-dad*. Como actividad de ampliación, puede pedirles que formen también los plurales de esas mismas palabras. Aproveche para solucionar las dudas que puedan tener.
Masculino: proyector, cuaderno, bolígrafo, mapa, maquillaje, café, tomate, reloj; **Femenino:** radio, leche, flor, moto, mano, televisión, electricidad, canción, fuente.

1.1. Para hacer más lúdica la actividad, puede escribir los siguientes términos en la pizarra: *masculino singular, masculino plural, femenino singular, femenino plural.* A continuación explique a sus estudiantes que va a decir una palabra y que ellos deberán levantarse y señalar la opción correcta en la pizarra. Anote el nombre de estos estudiantes y dé una recompensa (un aplauso, por ejemplo) a quien haya acertado más.
Masculino: apartamento, garaje, piso, sofá, idioma, restaurante, caballo; **Femenino:** madre, habitación, ciudad, televisión, calefacción; **Plural:** apartamentos, garajes, pisos, sofás, idiomas, restaurantes, caballos, madres, habitaciones, ciudades, televisiones, calefacciones.

Gramática

1 Género y número de los nombres y los adjetivos

- Género **masculino**
  - Nombres terminados en *-o*: *apartamento, niño, lavabo...*
  - Nombres terminados en *-aje*: *garaje, viaje...*

  Excepciones: *la mano, la foto, la moto, la radio...*
- Género **femenino**
  - Nombres terminados en *-a*: *casa, niña, computadora...*
  - Nombres terminados en *-ción, -sión, -dad*: *estación, televisión, nacionalidad...*

  Excepciones: *el día, el problema, el idioma, el tema, el sofá...*
- Los nombres referidos a **personas y animales** generalmente tienen los dos géneros: *niño/niña, gato/gata...*
- Hay nombres que usan **palabras diferentes** para el masculino y el femenino: *hombre/mujer, padre/madre, caballo/yegua...*
- Los nombres que se refieren a **cosas** tienen **un solo género**: *el libro, la casa...*
- Los nombres terminados en **consonante** o en *-e* pueden ser masculinos o femeninos: *el lápiz, la pared, el puente, el restaurante, el coche, la fuente, la noche, la calle...*
- Formación del **plural**
  - Cuando el nombre termina en **vocal**, se añade *-s*: *piso › pisos; gato › gatos*
  - Cuando el nombre termina en **consonante**, se añade *-es*: *móvil › móviles; televisión › televisiones*

  Fíjate: *lápiz › lápices*
- Los **adjetivos concuerdan** en género y número **con el nombre** al que acompañan: *un barrio bonito/una tienda moderna/unos apartamentos céntricos/unas casas ruidosas...*
- Los adjetivos terminados en **consonante** o en *-e* no varían en el género: *interesante, agradable, dulce, difícil, fácil, útil...: el libro es interesante/la película es interesante...*

1.1 Clasifica estos nombres en su lugar correspondiente de la tabla. Después escribe el plural.

apartamento | madre | habitación | ciudad | televisión | garaje | piso | sofá | idioma | calefacción | restaurante | caballo

Masculino	Femenino	Plural	

1.2 Escribe un nombre para cada uno de los siguientes adjetivos.

Ejemplo: *piso* moderno

1. .... interesante
2. .... buenas
3. .... útil
4. .... luminoso
5. .... agradable
6. .... fácil
7. .... céntrico
8. .... tranquilos

18 | dieciocho — Unidad 2 | Mi casa, mi barrio

1.2. Posible respuesta:
1. libro interesante; **2.** tiendas buenas; **3.** diccionario útil; **4.** apartamento luminoso; **5.** restaurante agradable; **6.** idioma fácil; **7.** piso céntrico; **8.** barrios tranquilos.

Para trabajar estos contenidos, realice las actividades **9-13**, p. **12** del *Libro de ejercicios*.

2 Artículo indeterminado y artículo determinado

En español hay dos artículos:

	Indeterminado		Determinado	
	Masculino	**Femenino**	**Masculino**	**Femenino**
Singular	**un** restaurante	**una** cafetería	**el** restaurante	**la** cafetería
Plural	**unos** restaurantes	**unas** cafeterías	**los** restaurantes	**las** cafeterías

- Sirve para hablar **por primera vez** de un nombre que es desconocido por nuestro interlocutor:
  Tengo un apartamento en Ibiza.
- Sirve para hablar de un nombre **ya conocido** por el interlocutor:
  El apartamento tiene dos dormitorios.

2.1 Escribe los artículos adecuados delante de cada nombre.

un	*el*	bolígrafo			relojes			coche
unas	*las*	mesas			madre			fuentes
		días			problemas			calle
		calefacción			cocinas			nacionalidad
		viaje			sillón			mujeres
		fotos			sofás			móvil
		idioma			televisión			garajes

Para conocer el género de los nombres puedes fijarte en la información que hay en el diccionario:
Mujer Del lat. *mulier, -ĕris.* 1 **f.** Persona del sexo femenino.

3 Contraste *hay/está(n)*

- Para expresar la **existencia** de algo o de alguien y de su cantidad, se usa la estructura ***hay** + (un/una/unos/unas)* + nombre. ***Hay*** tiene una sola forma para singular y plural:
  *En mi barrio **hay un** restaurante, **una** peluquería, **tres** escuelas, cafeterías, y árboles y plantas por todas partes.*
- También se usa para hablar de una **cantidad indeterminada**: *Hay + mucho/a/os/as - poco/a/os/as* + nombre:
  *En mi barrio hay **muchos** restaurantes pero **pocas** farmacias.*
- Para **localizar** algo o a alguien, se usa: ***el/la/los/las*** + nombre + ***está(n)***:
  *Los niños **están** en la escuela.*

*~~Un~~ **El** garaje **está** al lado de la peluquería.*
*En mi barrio **hay** ~~la~~ **una** farmacia.*

Para expresar cantidad, usamos los **cuantificadores** *mucho/a/os/as* y *poco/a/os/as* + nombre:
*En mi casa hay **mucho** ruido y **poca** luz.*
*La casa tiene **muchas** habitaciones y **pocos** armarios.*

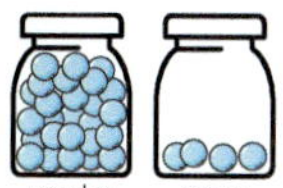

3.1 Completa el texto con *hay* o *está/están.*

Mi apartamento [1] .... en el centro de la ciudad. [2] .... una estación de metro en la plaza y también [3] .... un parque. Al lado de la escuela [4] .... muchos restaurantes. El garaje [5] .... en el mismo edificio. En mi apartamento [6] .... una cocina, un salón, un cuarto de baño y un dormitorio. Es pequeño y [7] .... pocos muebles. La mesa y las sillas [8] .... en la cocina. El sofá y la televisión [9] .... en el salón. [10] .... calefacción pero no [11] .... aire acondicionado.

Unidad 2 | Mi casa, mi barrio   diecinueve | 19

2. Explique el artículo indeterminado y determinado según se indica en el cuadro. Si lo considera necesario, amplíe los ejemplos en la pizarra.

2.1. Sugiera a sus estudiantes que usen el diccionario para saber el género de los nombres que no conozcan.
Unos/los días; una/la calefacción; un/el viaje; unas/las fotos; un/el idioma; unos/los relojes; una/la madre; unos/los problemas; unas/las cocinas; un/el sillón; unos/los sofás; una/la televisión; un/el coche; unas/las fuentes; una/la calle; una/la nacionalidad; unas/las mujeres; un/el móvil; unos/los garajes.
Una dinámica más lúdica, si dispone de tiempo suficiente, es llevar varias tarjetas plastificadas con los artículos determinados o indeterminados escritos en ellas (por lo menos dos tarjetas de cada género y de cada número). Para llevar a cabo esta actividad, ponga las tarjetas sobre la mesa y explíqueles que va a decir una palabra y que ellos deberán coger rápidamente el artículo que le corresponde según su género y su número. Ejemplo: usted dice *piso* y ellos cogen la tarjeta *el* o *un*.

Para trabajar estos contenidos, realice las actividades **14** y **15**, pp. **12-13** del *Libro de ejercicios*.

3. Explique el contraste entre las formas *hay, está/están* según se indica en el cuadro, haciendo hincapié en la necesidad de usar el artículo o no según el verbo del que se trate.
Para la explicación del verbo *haber* escriba en la pizarra *En mi barrio hay...* y los siguientes sintagmas, subrayando las partes que están en negrita:
- **un** restaurante y **una** peluquería.
- **tres** escuelas.
- **muchas** cafeterías y **muchos** restaurantes.
- **pocos** colegios y **pocas** tiendas.
- tiendas.

Hágales notar que la forma *hay* sirve para hablar de existencia o inexistencia de algo o de alguien y siempre debe hacer referencia a un lugar *(En mi barrio...; Aquí...; Delante de...)*. Además, coménteles que puede combinarse con los artículos indeterminados *(un, una, unos, unas)*, con cuantificadores numerales *(dos, tres, cuatro...)* y con cuantificadores evaluativos *(mucho/a/os/as* y *poco/a/os/as)*. Asimismo, se suele eliminar el artículo indeterminado cuando el nombre es plural *(En mi barrio hay tiendas)*.
Por otro lado, el verbo *estar* debe hacer referencia a un lugar, pero, a diferencia del verbo *haber*, se usa para localizar algo o a alguien del que ya se conoce su existencia; con este verbo se usan los artículos determinados *(el, la, los, las)*. Para ejemplificar el contraste, escriba en la pizarra este ejemplo: *En el parque hay muchos niños. Los niños están en los columpios.*

3.1. Dirija la atención de los estudiantes al cuadro lateral, en el que se explica la concordancia en género y número de los cuantificadores con respecto al nombre al que acompañan (*mucho/a* con nombres incontables y *muchos/as* con nombres contables).
1. está; **2.** Hay; **3.** hay; **4.** hay; **5.** está; **6.** hay; **7.** hay; **8.** están; **9.** están; **10.** Hay; **11.** hay.

Para trabajar estos contenidos, realice las actividades **16-22**, pp. **13-14** del *Libro de ejercicios*.

Unidad 2

Practica en contexto

1. El objetivo de esta actividad es que los estudiantes usen las locuciones prepositivas que se presentan, al mismo tiempo que ponen en práctica el léxico del barrio presentado en la actividad 3 del apartado "Palabras".
Antes de comenzar la actividad de práctica oral, presente el verbo *estar* completo y explique su relación con la preposición *en* y las locuciones prepositivas para localizar en el espacio según se indica en el cuadro de la banda lateral. Haga hincapié en las contracciones *al* y *del*, así como en los valores de la preposición *en* con el significado de *encima de* y *dentro de*.
Asigne a cada pareja un papel (A o B). A continuación pídales que oculten el dibujo contrario y que se pregunten por la información que les falta. Dígales que lo hagan de manera alterna para poder tener suficientes referencias espaciales que les ayuden a situar los elementos.
Después utilice la proyección 7 para hacer la corrección en plenario y aclarar las dudas que puedan surgirles.

¿Dónde está...?
[7]

Proyecte la lámina para corregir la actividad 1. Comience la corrección por el estudiante A y marque los lugares que se mencionan en la clave. Después corrija las respuestas del estudiante B. Tenga en cuenta que, al ver la proyección completa, puede haber más de una solución.
Posible respuesta:
Estudiante A: El supermercado está debajo de la peluquería; El coche está en el/dentro del garaje; El centro de salud está detrás del supermercado; La estación de metro está delante del supermercado.
Estudiante B: La farmacia está a la derecha del supermercado; El hotel está detrás de la farmacia; El gimnasio está encima del garaje; La parada del 43 está al lado de la farmacia (o delante del hotel o a la derecha de la farmacia).

Practica en contexto

Verbo *estar*

- El verbo *estar* es un verbo irregular:

yo	**estoy**
tú	**estás**
él, ella, usted	**está**
nosotros/as	estamos
vosotros/as	estáis
ellos, ellas, ustedes	**están**

- El verbo *estar* se utiliza para **localizar en el espacio** y se combina con la preposición *en* y otras expresiones de lugar:
  *El lápiz **está al lado del** libro.*
  *El libro **está dentro del** baúl.*
- La preposición *en* puede sustituir a *encima de* y *dentro de*:
  *El libro está **en/encima de** la mesa.*
  *Los platos están **en el/dentro del** armario.*
- Estas son las expresiones de lugar más comunes:

1 **En parejas** Pregúntale a tu compañero/a dónde están los siguientes lugares del barrio y completa tu plano. Después compara la ubicación de los lugares para comprobar si está bien.

Estudiante A
- el supermercado
- el coche
- el centro de salud
- la estación de metro

Estudiante B
- la farmacia
- el hotel
- el gimnasio
- la parada de autobús del 43

Fíjate:
a + el › **al**
de + el › **del**

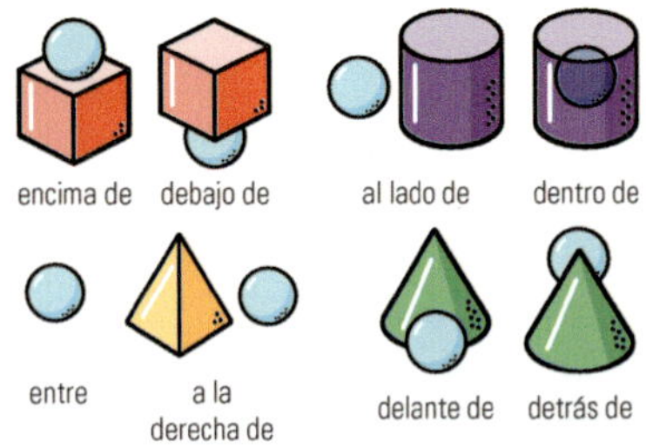

2 [10] **En parejas** Escucha a estas personas y anota las características de la casa que necesitan. Después compara tus notas con las de tu compañero/a.

20 | veinte Unidad 2 | Mi casa, mi barrio

2. [10] Antes de poner el audio, explique a sus estudiantes que van a escuchar a seis personas que describen las características de la vivienda que necesitan. Para facilitar la comprensión, escriba en la pizarra los aspectos importantes en los que deben fijarse: tipo de vivienda que quieren (piso, chalé, casa, estudio o habitación), características (exterior, interior, céntrico, bien comunicado, tranquilo, amueblado o sin amueblar) y servicios del barrio donde esté ubicada (tiendas, restaurantes, colegios...). A continuación ponga el audio y dígales que tomen notas de lo que dice cada persona. Repita la audición si lo cree necesario y, por último, pídales que comparen sus notas en parejas para completar la información que les falte.
1. un chalé con jardín; **2.** una habitación amueblada; **3.** un estudio sin amueblar con cocina equipada; **4.** un piso sin amueblar, 2 dormitorios, con ascensor; **5.** un piso, 2 dormitorios, con ascensor; **6.** una casa con jardín y garaje.

2

2.1 Ahora lee estos anuncios de venta y alquiler de casas. Puedes usar el diccionario si no entiendes alguna palabra. ¿Qué vivienda es más adecuada para las personas de la actividad anterior? ¿Por qué?

a) Venta de estudios y pisos de 2 dormitorios en zona centro
Céntricos, interiores y exteriores, con ascensor, garaje y trastero.
Amueblados, con cocina equipada y calefacción central.
Tiendas y supermercados.
Cafeterías y restaurantes.
Colegios y zonas verdes.
Más información en www.vendealquila.com

b) ¡Nueva promoción!
Alquiler y venta de estudios en el barrio de Buenos Aires (a 5 minutos del centro en metro).
Interiores/exteriores.
Plaza de garaje (opcional).
Zona con supermercados, bares y tiendas de barrio.
Ver más en info@alquinova.es

c) Alquilo habitación en zona universitaria
Bien comunicada.
Habitación interior con cama, escritorio y armario.
250 €/mes.
(Preguntar por Ana).
Tel.: 698 74 25 36.

d) Inmobiliaria Los Peñotes
Venta y alquiler de chalés en urbanización La Casona (a 50 km del centro).
1 planta + garaje (2 plazas).
3 dormitorios.
2 baños.
Jardín de 155 m².
Zonas comerciales.
Colegios.
Alquiler desde 900 €.
Ver precios de venta en www.inmopeñotes.es

e) Iberinmo alquila pisos desde 700 €
Bien comunicados.
2 o 3 dormitorios.
Exteriores o interiores.
Calefacción central.
Ascensor.
Sin amueblar.
Barrio con colegios, parques, tiendas y supermercados.
Contacto: info@iberinmo.es

f) Inmobiliaria Villar
Venta de chalé adosado de 185 m² en la urbanización Los Pinares (a 30 km del centro).
2 plantas + garaje (1 plaza).
3 dormitorios.
2 baños.
Jardín de 100 m².
Urbanización privada.
Colegios.
Zonas comerciales.
310 000 €.
Contacto: 658 45 78 92.

m² se dice *metros cuadrados*.

Números desde 100

- 100 cien
- 101 ciento un(o)/una
- 102 ciento dos
- 115 ciento quince
- 168 ciento sesenta y ocho
- 200 doscientos/as
- 300 trescientos/as
- 400 cuatrocientos/as
- 500 quinientos/as
- 600 seiscientos/as
- 700 setecientos/as
- 793 setecientos/as noventa y tres
- 800 ochocientos/as
- 900 novecientos/as
- 1000 mil
- 1001 mil un(o)/a
- 1439 mil cuatrocientos/as treinta y nueve

Fíjate:
ciento un euros/ciento una personas
doscientos euros/doscientas personas

Números ordinales

Para indicar el orden de los elementos, se usan los **números ordinales**. Los números ordinales tienen el mismo género y número del nombre al que acompañan o al que se refieren:

- 1.º (er)/a/os/as › **primero** (primer)/a/os/as
- 2.º/a/os/as › **segundo**/a/os/as
- 3.º (er)/a/os/as › **tercero** (tercer)/a/os/as
- 4.º/a/os/as › **cuarto**/a/os/as
- 5.º/a/os/as › **quinto**/a/os/as
- 6.º/a/os/as › **sexto**/a/os/as
- 7.º/a/os/as › **séptimo**/a/os/as
- 8.º/a/os/as › **octavo**/a/os/as
- 9.º/a/os/as › **noveno**/a/os/as
- 10.º/a/os/as › **décimo**/a/os/as

*Vivo en la **décima** planta de este edificio.*
*Somos los **terceros** de la clase.*

Fíjate:
piso **primero** › **primer** piso
piso **tercero** › **tercer** piso

2.2 Escribe un anuncio como los de la actividad 2.1 de tu casa. Incluye los datos que aparecen en el cuadro y ponle un precio.

tipo de vivienda | metros cuadrados | localización | equipamiento
número de habitaciones | características del barrio | en qué planta está

3 **Todo el grupo** ¿Cómo es la vivienda en tu país? Habla con tus compañeros. Explica las diferencias.

2.1. Actividad de lectura comprensiva. Antes de la lectura, explique rápidamente la formación de los números a partir de 100. Recuérdeles que la conjunción *y* solo se usa en las decenas. Practique escribiendo algunos números en la pizarra, pero no se entretenga porque posteriormente hay una actividad específica para la práctica de los números. Luego pídales que lean los anuncios y recuérdeles que, después, tendrán que elegir los que crean más adecuados para las personas de la actividad 2. Una vez leídos los anuncios, resuelva las dudas de vocabulario que pueda haber. Si lo desea, puede aprovechar la actividad para explicar las características de los anuncios breves de venta o alquiler de viviendas, ya que en la actividad 2.2 de este apartado los estudiantes deberán escribir un anuncio similar.
Una vez que hayan leído los anuncios, pídales que vuelvan a leer las notas que han tomado en la actividad 2 para decidir cuál es la vivienda ideal para cada persona.
Si las notas que han tomado sus estudiantes están incompletas o son insuficientes, entrégueles la transcripción del audio para facilitar la elección de las viviendas y su justificación.
1. f; **2.** c; **3.** b; **4.** e; **5.** a; **6.** d.

Los anuncios de venta o alquiler de viviendas ofrecen información breve para describir las características de la vivienda y su ubicación, el teléfono y la dirección de una persona de contacto o el nombre de la empresa anunciadora. Este tipo de anuncios puede encontrarse en portales inmobiliarios de internet, en tablones de anuncios o en los periódicos.

Para trabajar estos contenidos, realice la actividad **23** y **24**, p. **14** del *Libro de ejercicios*.

2.2. Pida a sus estudiantes que escriban un pequeño anuncio de venta o alquiler siguiendo el modelo de la actividad 2.1 y las convenciones de los anuncios de venta o alquiler que ha explicado anteriormente. Explique la formación de los números ordinales, recalcando su cambio de género y número según la palabra a la que acompañen o se refieran. Si lo desea, puede dejar esta tarea como deberes para casa.

3. Como actividad final de este apartado, proponga la pregunta del enunciado a toda la clase con el fin de conocer las similitudes y diferencias culturales con respecto a la vivienda. Guíe la conversación y haga preguntas como las siguientes: *¿qué tipo de vivienda es la preferida?, ¿cuántas habitaciones hay en las casas?, ¿dónde está la lavadora?, ¿cuántos baños suele haber?, ¿están separados los servicios del baño?, ¿hay garaje?, ¿y trastero?, ¿hay pisos interiores?...*

Unidad 2

Cultura

1. Antes de empezar con la actividad, pregunte a sus estudiantes si han estado alguna vez en Barcelona, qué saben de esta ciudad y si conocen las Ramblas. Después invítelos a leer el texto.

> La Rambla recibe distintos nombres en sus diferentes tramos. Por eso, también son conocidas como *las Ramblas* (en catalán, *les Rambles*). Desde la plaza de Cataluña los diferentes tramos reciben los siguientes nombres:
>
> – Rambla de Canaletas.
> – Rambla de los Estudios.
> – Rambla de San José.
> – Rambla de los Capuchinos.
> – Rambla de Santa Mónica.
> – Rambla del Mar.

Como actividad extra de comprensión, haga las siguientes preguntas sobre el texto:

1. *¿Cuántas personas visitan las Ramblas cada año?*
2. *¿Cómo se llama la fuente donde los aficionados del F. C. Barcelona celebran sus victorias?*
3. *¿Qué forma tiene el mosaico de Joan Miró?*
4. *¿Cuál es el elemento decorativo más llamativo de la Casa de los Paraguas?*
5. *¿Cuántos metros cuadrados tiene el mercado de la Boquería?*
6. *¿Qué género musical es el más habitual en El Gran Teatro del Liceo de Barcelona?*
7. *¿En qué número de la calle está la farmacia Nadal?*

1. Unos 78 millones de personas; **2.** Fuente de Canaletas; **3.** Tiene forma de círculo irregular; **4.** El gran dragón chino de la fachada; **5.** Tiene 2583 m^2; **6.** La ópera; **7.** En el número 121 de las Ramblas.

Las Ramblas

1 Aquí tienes una de las calles más populares de Barcelona. Lee la información.

Las Ramblas es una de las calles más emblemáticas de Barcelona. Está entre la plaza de Cataluña y el monumento a Colón. Cada año la visitan unos 78 millones de personas. En las Ramblas siempre hay mucha gente. También hay muchos quioscos de prensa y flores, actores callejeros, cafeterías, restaurantes y tiendas. En las Ramblas puedes visitar los siguientes lugares:

Farmacia Nadal

La farmacia Nadal está situada en el número 121 de las Ramblas. Es un lugar que, al igual que la Casa de los Paraguas, representa el estilo modernista catalán.

Mercado de la Boquería

El Mercat de Sant Josep, popularmente conocido como *La Boquería*, tiene una superficie de 2583 m^2 con más de 300 puestos que ofrecen una gran variedad de productos locales y exóticos.

Teatro del Liceo

El Gran Teatro del Liceo de Barcelona, conocido como *el Liceu*, es el teatro en activo más antiguo y prestigioso de Barcelona y uno de los más importantes del mundo. Se usa sobre todo como teatro de ópera.

22 | veintidós Unidad 2 | Mi casa, mi barrio

2

Fuente de Canaletas

Es uno de los lugares más emblemáticos de la ciudad para los aficionados del F. C. Barcelona, ya que allí celebran sus victorias.

Casa de los Paraguas

La Casa Bruno Cuadros de Barcelona, conocida como *la Casa de los Paraguas*, es un buen ejemplo del modernismo catalán. En el edificio se mezclan elementos decorativos chinos, japoneses y egipcios. Lo más llamativo es el gran dragón chino de la fachada.

Mosaico de Joan Miró

El mosaico está en la plaza de la Boquería, en la parte central de las Ramblas. Tiene unos 8 metros de diámetro y tiene forma de círculo irregular. Los colores del mosaico son cinco: blanco, negro, azul, rojo y amarillo.

1.1 **Todo el grupo** ¿Hay una calle similar en tu ciudad? Busca fotos en internet y descríbela en clase.

- ¿Cómo se llama?
- ¿Qué tipo de tiendas, comercios y establecimientos hay?
- ¿Dónde está?
- ¿Qué edificios interesantes se pueden visitar?

1.1. Una vez leído el texto, explique a sus estudiantes que van a hacer una exposición sobre la calle más emblemática de su ciudad. Para ello, sugiérales que utilicen como esquema de la presentación las preguntas que se plantean en la actividad. Déjeles unos minutos para preparar su exposición y buscar fotos en internet. Si la escuela cuenta con herramientas como un proyector o una pizarra digital, invítelos a que las utilicen para sus exposiciones. Si sus estudiantes son de la misma ciudad, puede proponerles que hablen de la calle que más les gusta.

Para trabajar estos contenidos, realice las actividades **25-27**, p. **15** del *Libro de ejercicios*.

También puede pedir a los estudiantes que, en pequeños grupos, hagan una búsqueda en internet sobre alguna calle de cualquier país hispano que tenga la misma relevancia que las Ramblas de Barcelona. Deberán hacer la exposición tal y como se plantea en la actividad, con la información que obtengan. Si lo considera oportuno, puede darles este texto a modo de ejemplo.

> **La emblemática avenida de Mayo, Buenos Aires, Argentina**
> La avenida de Mayo, eje del viejo barrio de Monserrat, es uno de los grandes símbolos de Buenos Aires. Inaugurada hace más de 100 años y llena de historia, la avenida va desde el Congreso Nacional hasta la Casa Rosada o Casa de Gobierno. Flanqueada por espectaculares edificios *art nouveau* y neoclásicos, en un principio fue diseñada como un bulevar parisino. A comienzos del siglo XX, la mayor parte de la inmigración española se concentró en los alrededores. Dedicados a los negocios de comestibles, bares y hoteles, la avenida de Mayo pasó a ser símbolo de España en tierras argentinas. De ahí que todavía sus bares, hoteles y restaurantes más entrañables tengan sabor español. Son diez preciosas cuadras sombreadas por grandes plátanos. Hay que caminarlas despacio, disfrutando de El Túnel y La Calesita, dos librerías famosas, de cafés o bares como el Tortoni, el Iberia y el London City, teatros como el Avenida, donde García Lorca estrenó *Bodas de sangre*, restaurantes populares con un enorme acento español como el Hispano y espectaculares palacios como el Barolo y La Inmobiliaria.
>
> Adaptado de https://www.minube.com/rincon/avenida-de-mayo-barrio-de-monserrat-a115178

Vídeo

1. Pida a sus estudiantes que observen la fotografía de la cocina del hostal Babel. A continuación, indíqueles que marquen las palabras de la lista que reconozcan en la foto.
   Lámpara, nevera, sillas, plantas, armario, horno, mesa.

2. Pídales ahora que describan la cocina del hostal ayudándose de las palabras seleccionadas en la actividad. Como ampliación, anímelos a que hablen de otros elementos de la cocina *(ventana, botellas, cuchillos...)* y a buscar las palabras que desconozcan en el diccionario.
   Posible respuesta:
   grande, totalmente equipada, luminosa, moderna.

3. Explique que, en el fragmento que van a ver 00:30 ▶ 03:25, Carla y Tere le van a dar a Hugo información sobre los establecimientos que hay en el barrio donde se encuentra el hostal. Antes del visionado, lea con sus estudiantes las palabras para resolver las dudas que puedan tener. A continuación, visione el fragmento y pídales que marquen las palabras relacionadas con el barrio que se mencionan en la conversación.
   Entrada de metro, estudio de yoga, discoteca, gimnasio, hostal, biblioteca, parada de autobús (colectivo), tienda de alimentos ecológicos (naturistas), restaurante vegano, supermercado.

4. Pida a sus estudiantes que vuelvan a leer la lista de establecimientos de la actividad 3. A continuación, divídalos en parejas y deles unos segundos para identificar los tres establecimientos que se mencionan en el fragmento 01:09 ▶ 03:10 pero que no hay en el barrio donde se encuentra el hostal. Después visione el fragmento para que ellos mismos comprueben sus respuestas.
   Un restaurante vegano, un estudio de yoga, una tienda de alimentos ecológicos (naturistas).
   Antes de seguir con la actividad 5 y como actividad alternativa, puede pedirles que visionen el fragmento 03:24 ▶ 04:00 para que se fijen en cómo Tere presenta a Hugo. Después del visionado, pídales que presenten a los otros miembros del hostal Babel siguiendo el modelo de Tere.

5. Antes de realizar la actividad, deje que lean la información de las columnas y, si fuera necesario, recuérdeles las preposiciones y locuciones prepositivas estudiadas en la unidad. Después visione el fragmento 04:20 ▶ 04:40 y realice la actividad. Una vez terminada, ponga el vídeo completo.
   1. c; **2.** d; **3.** b; **4.** a.

6. Pida a sus estudiantes que dibujen en un papel el plano de su casa. Una vez que lo hayan dibujado, divídalos en pequeños grupos y pídales que les expliquen a sus compañeros cómo es su casa y dónde está su habitación siguiendo el ejemplo.

7. Para terminar, plantee la pregunta propuesta en la actividad y trátela con todo el grupo favoreciendo la participación de todos.

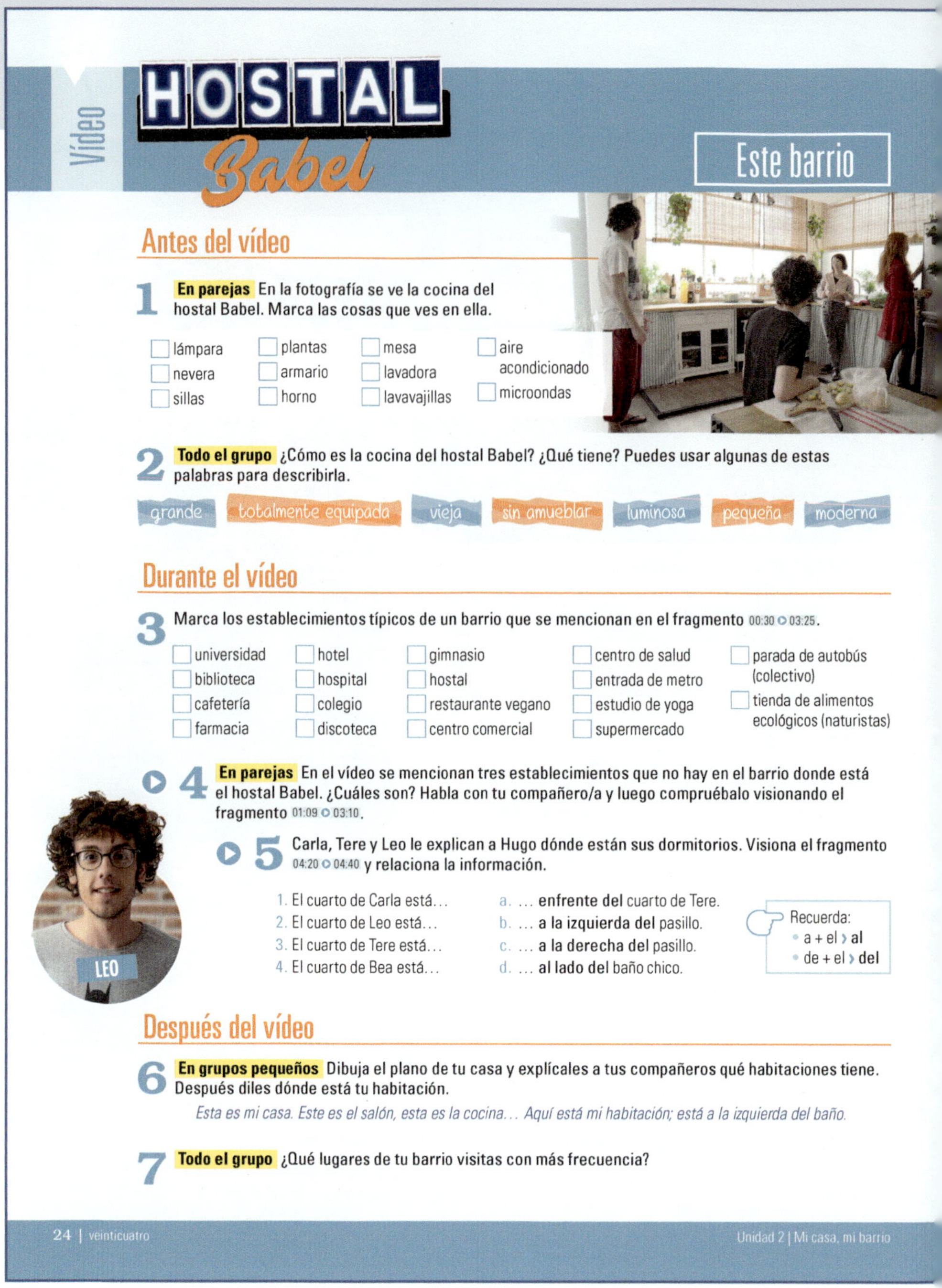

Vídeo

HOSTAL Babel

Este barrio

Antes del vídeo

1 **En parejas** En la fotografía se ve la cocina del hostal Babel. Marca las cosas que ves en ella.

☐ lámpara	☐ plantas	☐ mesa	☐ aire acondicionado
☐ nevera	☐ armario	☐ lavadora	☐ microondas
☐ sillas	☐ horno	☐ lavavajillas	

2 **Todo el grupo** ¿Cómo es la cocina del hostal Babel? ¿Qué tiene? Puedes usar algunas de estas palabras para describirla.

grande · totalmente equipada · vieja · sin amueblar · luminosa · pequeña · moderna

Durante el vídeo

3 Marca los establecimientos típicos de un barrio que se mencionan en el fragmento 00:30 ▶ 03:25.

☐ universidad	☐ hotel	☐ gimnasio	☐ centro de salud	☐ parada de autobús (colectivo)
☐ biblioteca	☐ hospital	☐ hostal	☐ entrada de metro	☐ tienda de alimentos ecológicos (naturistas)
☐ cafetería	☐ colegio	☐ restaurante vegano	☐ estudio de yoga	
☐ farmacia	☐ discoteca	☐ centro comercial	☐ supermercado	

LEO

4 **En parejas** En el vídeo se mencionan tres establecimientos que no hay en el barrio donde está el hostal Babel. ¿Cuáles son? Habla con tu compañero/a y luego compruébalo visionando el fragmento 01:09 ▶ 03:10.

5 Carla, Tere y Leo le explican a Hugo dónde están sus dormitorios. Visiona el fragmento 04:20 ▶ 04:40 y relaciona la información.

1. El cuarto de Carla está...
2. El cuarto de Leo está...
3. El cuarto de Tere está...
4. El cuarto de Bea está...

a. ... **enfrente del** cuarto de Tere.
b. ... **a la izquierda del** pasillo.
c. ... **a la derecha del** pasillo.
d. ... **al lado del** baño chico.

Recuerda:
- a + el › **al**
- de + el › **del**

Después del vídeo

6 **En grupos pequeños** Dibuja el plano de tu casa y explícales a tus compañeros qué habitaciones tiene. Después diles dónde está tu habitación.

Esta es mi casa. Este es el salón, esta es la cocina... Aquí está mi habitación; está a la izquierda del baño.

7 **Todo el grupo** ¿Qué lugares de tu barrio visitas con más frecuencia?

24 | veinticuatro — Unidad 2 | Mi casa, mi barrio

Evaluación

2

1 **Elige la opción correcta.**

1. **El/La** sofá es cómod**o/a**.
2. **Los/Las** problemas son difíciles.
3. Alquilo **un/una** piso exterior.
4. Hay **una/la** tienda de ropa en mi calle.
5. **Los/Las** restaurantes son modern**as/os**.
6. **El/La** foto es bonit**o/a**.

2 **Escribe en letras los siguientes números. Cuidado con la concordancia.**

314 .... personas. 568 .... libros.
271 .... euros. 981 .... viviendas.

3 **Combina los elementos de las columnas para formar frases.**

1. Los libros	está	al lado de la lavadora.
2. El barrio	están	en el centro de la ciudad.
3. En mi barrio	hay	ascensor.
4. La nevera		encima de la mesa.
5. En el edificio no		muchas tiendas.

4 [11] **Escucha el diálogo. ¿De qué oferta hablan?**

① Se alquila piso con muebles. 2 dormitorios. Exterior. Calefacción individual. En el centro de la ciudad. Precio: 900 €/mes.

② Alquilo piso amueblado en Las Rosas. 2 dormitorios, exterior, con ascensor y calefacción central. Bien comunicado. Precio: 900 €/mes.

③ Alquiler: piso exterior y amueblado en zona centro. 2 dormitorios, con ascensor y calefacción central. Precio: 900 €/mes.

5 **Responde a este correo electrónico dándole a la persona la información que pide y que aparece debajo.**

Hola, buenos días:
Estoy interesado en el piso de alquiler, pero necesito alguna información más. ¿Cómo es el piso? ¿Tiene garaje? ¿Cómo es el barrio?
Muchas gracias. Un saludo,
Carlos Pérez

Hola, Carlos:
El piso está ....
El piso es ....
El barrio es ....
Un saludo,
....

- Piso:
  - calle Cartagena, 15, 5.ª planta
  - conserje 24 horas
  - dos dormitorios, garaje
- Barrio:
  - residencial y tranquilo
  - con zonas verdes
  - 1 estación de metro
  - 2 paradas de autobús
  - 2 supermercados
  - 1 panadería
  - 1 centro comercial
  - 1 colegio
  - 1 farmacia 24 horas

Evaluación

1. **1.** El sofá es cómodo; **2.** Los problemas son difíciles; **3.** Alquilo un piso exterior; **4.** Hay una tienda de ropa en mi calle; **5.** Los restaurantes son modernos; **6.** La foto es bonita.

2. **314 personas:** trescientas catorce personas; **271 euros:** doscientos setenta y un euros; **568 libros:** quinientos sesenta y ocho libros; **981 viviendas:** novecientas ochenta y una viviendas.

3. **1.** Los libros están encima de la mesa; **2.** El barrio está en el centro de la ciudad; **3.** En mi barrio hay muchas tiendas; **4.** La nevera está al lado de la lavadora; **5.** En el edificio no hay ascensor.

4. [11] Los estudiantes deberán leer los tres textos de ofertas de pisos y, después, escuchar la audición para seleccionar la oferta de la que se habla.
Oferta 2.

5. Posible respuesta:
Hola, Carlos:
El piso está en la calle Cartagena, 15, 5.ª planta.
El piso es de dos dormitorios y tiene garaje; además el edificio tiene conserje 24 horas.
El barrio es residencial y tranquilo, y tiene zonas verdes. Hay una estación de metro, dos paradas de autobús, dos supermercados, una panadería, un centro comercial, un colegio y una farmacia 24 horas.
Un saludo,
Olivia Martínez

Unidad 3

Unidad

3 Vamos de viaje

¿Te gusta viajar? ¿A dónde?

¿Cómo viajas?

¿Con quién viajas?

¿Qué llevas siempre en tu maleta?

En esta unidad vas a. . .

- Localizar personas, objetos y lugares
- Expresar preferencias
- Pedir y dar instrucciones para traslados en medios de transporte
- Pedir y dar información espacial
- Preguntar y decir el precio
- Conocer Ciudad de México

Vamos de viaje

Antes de comenzar con este apartado, lea en voz alta el título de la unidad 3, *Vamos de viaje*, y pregúnteles qué les sugiere el título. A continuación hágales las preguntas propuestas en la portadilla con el fin de motivarlos y activar los conocimientos previos que tengan los estudiantes sobre el tema. Utilice la proyección 8.

Vamos de viaje

[8]

Proyecte la lámina y pregunte a sus estudiantes por los objetos que aparecen en la foto para activar e introducir el léxico que se va a trabajar en la unidad. Es probable que desconozcan la mayoría de las palabras, por lo que será aconsejable que los anime a usar el diccionario. Pregúnteles, para finalizar, qué objetos suelen llevar cuando van de viaje aparte de los que aparecen en la imagen.

Mapa, sombrero, gafas de sol, cámara fotográfica, reloj, móvil, pasaporte (está debajo del móvil), brújula, pulsera, auriculares, avión, zapatillas deportivas, cuaderno, bolígrafo.

1 **Todo el grupo** ¿Conoces estos medios de transporte? Escribe el nombre debajo de cada imagen y busca fotografías para los otros tres. ¿Cuál prefieres y por qué?

barco | tren | metro | avión | autobús | bicicleta | coche | taxi

¿Qué sabes?

1 2 3 4 5

RAE

LÉXICO

Español de España › coche : *Creo que está en el* ***coche****...*
Español de América › carro/auto : *Ramón, tú a mi* ***carro*** *no subes.*

Español de España › metro : *Teodoro mueve la cabeza, baja ahora las escaleras del* ***metro*** *y no quiere pensar en Carlos.*
Español de Argentina › subte : *Con toda la gente que viaja en* ***subte****, el colectivo estará vacío.*

Español de España (península) › autobús : *De nuevo en el* ***autobús*** *de regreso a casa.*
Español de México › camión : *Son las 11 de la noche. Un* ***camión*** *azul recorre las calles...*

2 **En parejas** Cuando viajas, ¿qué buscas? ¿Coincides con tu compañero/a?

Cuando viajo, busco...

bienestar | naturaleza | tranquilidad | diversión

sol y playa | gastronomía | cultura | aventura

3 **En grupos pequeños** ¿Qué tipos de alojamiento conoces? ¿Cuál prefieres? ¿Dónde te alojas cuando viajas?

Unidad 3 | Vamos de viaje

veintisiete | 27

¿Qué sabes?

1. Pida a sus estudiantes que relacionen las palabras del recuadro con las fotos. Haga una corrección en común y después pídales que busquen fotografías para ilustrar las tres palabras que no han relacionado con las imágenes. A continuación pídales que cuenten cuáles son los medios de transporte que más utilizan y por qué. Para ayudarlos a justificar su elección, escriba en la pizarra los siguientes adjetivos y explique su significado: *rápido/a*, *barato/a*, *seguro/a*, *cómodo/a* y *divertido/a*.
   Por último, pregúnteles si conocen otros medios de transporte *(motocicleta, tranvía, monopatín...)* y escriba sus respuestas en la pizarra. Comente el cuadro de la RAE sobre las diferencias léxicas entre España e Hispanoamérica para nombrar los diferentes medios de transporte.
   1. taxi; 2. autobús; 3. bicicleta; 4. metro; 5. avión.

2. Agrupe a sus estudiantes en parejas y haga que se fijen en las fotografías para deducir el significado de las palabras con el fin de intercambiar información repitiendo la estructura propuesta en el libro: *Cuando viajo, busco...* Si los estudiantes demuestran capacidad de expresar más, pregúnteles por las situaciones de las fotos (dónde están las personas, qué están haciendo, etc.).

3. Distribuya a sus estudiantes en pequeños grupos para que realicen la actividad. Luego haga una puesta en común con todo el grupo. También puede hablar de los nuevos modelos de alojamiento como los que plantean aplicaciones móviles como Airbnb, Couchsurfing o HomeAway.

> Cuando surja la palabra *campin,* explique que es la adaptación fonética de la voz inglesa *camping* recomendada tanto en el *Diccionario panhispánico de dudas* como en la nueva *Ortografía de la lengua española* de la RAE. No obstante, lo habitual es encontrar la palabra *camping* sin adaptar al español.

Unidad 3

Palabras

1. En el apartado "Palabras" se continúa con el vocabulario relacionado con los viajes, esta vez los lugares de interés turístico. Puede hacer esta actividad en grupo plenario, pidiéndoles que le expliquen lo que ven en las fotos y relacionándolas con las palabras que las identifican. La actividad está pensada para que los estudiantes reconozcan el léxico con ayuda de las imágenes y los cognados, es decir, las palabras que puedan ser similares en su lengua.
1. museo; **2.** ruinas; **3.** parque; **4.** iglesia; **5.** plaza; **6.** mirador.

1.1. [12] Antes de reproducir el audio, explique a sus estudiantes que van a escuchar una conversación entre dos personas en la que una de ellas habla sobre las fotos de sus últimas vacaciones. Después de la audición y de la corrección, puede ampliar la información diciéndoles el nombre de los lugares mencionados en el audio: el parque Tres de Febrero (conocido popularmente como *Bosques de Palermo*), la plaza de Mayo, con la Casa Rosada al fondo, y el Museo Nacional de Bellas Artes. Todos ellos se encuentran en la ciudad de Buenos Aires, en Argentina. Dígales que el resto de las fotos pertenecen a Guatemala.
Fotos 1, 3 y 5. Buenos Aires, Argentina.

1.2. Con esta actividad se pretende que los estudiantes utilicen el léxico aprendido y que lo activen al llevarlo a su plano personal. Ayúdelos con léxico nuevo referido a otros lugares de interés o monumentos si lo necesitan: *estatua*, *parque de atracciones*, *catedral*, *botánico*, etc. Puede pedirles que busquen imágenes en internet si disponen de medios para ello. Luego haga una votación para decidir entre todos cuáles son los lugares de interés más importantes de su ciudad o lugar de residencia.

Para trabajar estos contenidos, realice las actividades **1-4**, p. **16** del *Libro de ejercicios*.

Palabras

1 Cuando viajamos, estos son algunos de los lugares de interés que encontramos. Relaciona las imágenes con la palabra correspondiente.

museo | iglesia | ruinas
plaza | parque | mirador

1.1 [12] Escucha el audio y di de qué fotos hablan. ¿Sabes de qué país son?

Hablan de las fotos ...., ... y ....
El país es ....

1.2 **Todo el grupo** ¿Qué monumentos hay en tu ciudad? Cuéntaselo a la clase.

2 Relaciona los iconos con su significado.

a. aparcamiento | b. restaurante | c. duchas | d. recepción 24 h | e. wifi | f. baños | g. piscina | h. parque infantil | i. supermercado | j. zona de acampada

2.1 **En parejas** Mira el plano del *camping* Albatros y pregúntale a tu compañero/a dónde están estos lugares.

Estudiante A
1. las duchas
2. la piscina
3. el aparcamiento
4. la recepción

28 | veintiocho   Unidad 3 | Vamos de viaje

2. Esta actividad ofrece a los estudiantes la posibilidad de conocer las palabras relacionadas con los servicios que puede haber en los diferentes alojamientos turísticos. Pídales que relacionen las palabras con los iconos a los que se refieren sin utilizar el diccionario. Si dispone de tiempo, deje que comparen el resultado con su compañero/a y que completen y rectifiquen en caso necesario. Proceda luego con la corrección en plenario.
1. j; **2.** g; **3.** b; **4.** e; **5.** f; **6.** a; **7.** c; **8.** i; **9.** h; **10.** d.

3

3 **En parejas** ¿Con qué tipo de turismo relacionas estas actividades? Escríbelas en el lugar que corresponde.

Ir a la playa. | Ir a la montaña. | Ver un espectáculo. | Descansar. | Visitar/Ver un parque natural. | Hacer una excursión. | Hacer surf. | Visitar/Ver un museo. | Ir a un mercado de artesanía. | Tomar el sol. | Ver animales. | Ver monumentos. | Hacer submarinismo.

Turismo de naturaleza	Turismo cultural	Turismo de sol y playa

Para hablar de cercanía o lejanía usamos *cerca (de)* y *lejos (de)*. Recuerda:
- **delante (de)/detrás (de)**
- **a la izquierda (de)/a la derecha (de)**
- **entre… y…**

Estudiante B: 1. la zona de acampada 2. el parque infantil 3. los aseos 4. el restaurante

3.1 **Todo el grupo** ¿Qué prefieres hacer cuando viajas? Cuéntaselo a la clase.

Unidad 3 | Vamos de viaje — veintinueve | 29

2.1. El objetivo de esta actividad es que los estudiantes usen las locuciones prepositivas que se presentan en esta unidad *(cerca de* y *lejos de)* y que revisen las que aprendieron en la unidad 2, al tiempo que ponen en práctica el léxico de la actividad anterior.
Agrupe a sus estudiantes en parejas y asígneles un papel (A o B). A continuación pídales que oculten el dibujo contrario y que se pregunten por la información que les falta en el dibujo. Dígales que hagan la actividad de manera alterna para poder tener suficientes referencias espaciales que les ayuden a situar los elementos. La actividad resultará más fácil si la empieza el estudiante B o si toman como referencia el coche azul que está cerca de la entrada. Una vez que hayan terminado, pídales que comparen sus planos para ver si han comprendido bien las instrucciones.
Posible respuesta:
Estudiante A: 1. La zona de acampada está delante del supermercado; **2.** El parque infantil está entre la playa y la carretera, a la izquierda de la zona de acampada, entre unos árboles; **3.** Los aseos están entre el parque infantil y la carretera, lejos de la playa; **4.** El restaurante está cerca de la zona de acampada, a la derecha, en la playa.
Estudiante B: 1. Las duchas están delante del coche azul, entre la playa y la carretera; **2.** La piscina está a la izquierda de las duchas; **3.** El aparcamiento está a la derecha del supermercado, cerca de la carretera; **4.** La recepción está a la izquierda, cerca del coche azul y de la piscina.

Para trabajar estos contenidos, realice las actividades **5** y **6**, pp. **16-17** del *Libro de ejercicios.*

3. Ponga a sus estudiantes a trabajar en parejas y pídales que busquen las palabras que no conozcan en el diccionario. Una vez que tengan claro su significado, pídales que decidan con qué tipo de turismo las relacionan y hágales ver que puede haber más de una solución (por ejemplo, *hacer submarinismo* puede ser turismo de sol y playa o turismo de naturaleza, o *hacer una excursión* puede clasificarse como turismo de naturaleza o turismo cultural).
Posible respuesta:
Turismo de naturaleza: ir a la montaña, visitar/ver un parque natural, hacer una excursión, ver animales…; **Turismo de sol y playa:** ir a la playa, descansar, hacer surf, tomar el sol, hacer submarinismo…; **Turismo cultural:** ver un espectáculo, visitar/ver un museo, ir a un mercado de artesanía, ver monumentos…

3.1. Para cerrar este apartado, pida a sus estudiantes que hablen de sus preferencias al viajar con el fin de que intercambien impresiones y activen el léxico aprendido de la actividad anterior. Después de escuchar las preferencias de sus estudiantes, pregúnteles a quiénes elegirían para hacer juntos un viaje, teniendo en cuenta sus preferencias.

Para trabajar estos contenidos, realice las actividades **7-10**, p. **17** del *Libro de ejercicios.*

Unidad 3

Gramática

1. y **2.** Explique la conjugación del presente de indicativo de los dos verbos. Hágales ver que el verbo *viajar* es regular y aproveche para explicar las desinencias del modelo de la primera conjugación, que se verán en la unidad siguiente junto con los verbos de la segunda y tercera conjugación.
A continuación explique los valores de las preposiciones *a* y *en* según se indica en el segundo cuadro. Para que los conceptos queden más claros, utilice la proyección 9.

Las preposiciones *a* y *en*

[9]

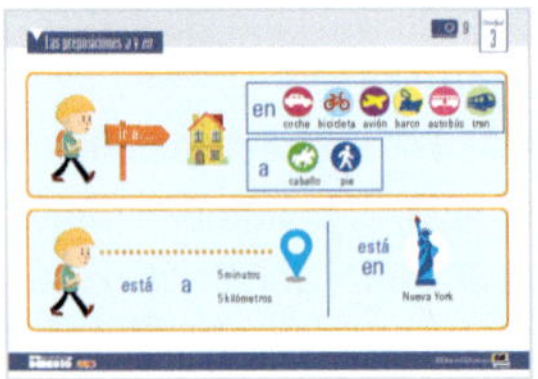

Proyecte la lámina y, con ayuda de la representación conceptual, explique el uso de las preposiciones. Hágales notar que el verbo *ir* se usa con la preposición *a* para expresar la dirección o el destino y con la preposición *en* para expresar el medio de transporte *(Voy al trabajo en metro)*. Asimismo, explique que el verbo *estar* puede usarse con esas mismas preposiciones, pero con usos diferentes: para expresar la distancia o el tiempo que separa un lugar de otro *(El centro está a 5 kilómetros/minutos del hotel)* y para expresar localización *(La Estatua de la Libertad está en Nueva York)*.

2.1. Agrupe a sus estudiantes en parejas e invítelos a que se hagan las preguntas propuestas. Supervise la interacción y haga pequeñas correcciones si fuera necesario. Ponga énfasis en la contracción *al* y el uso de las preposiciones.

2.2. Una vez terminada la actividad 2.1, pregunte a cada pareja por las coincidencias. Dado que van a tener que usar la forma *nosotros/as*, aproveche el momento para introducir otras formas de hablar en primera persona del plural como *los/las dos* o *mi compañero/a y yo*. Indíqueles que en español, en este último caso, la forma *yo* siempre va al final por cortesía.

2.3. Explique que para completar la actividad deben centrarse en la dirección o el destino, en la localización y en el medio de transporte. Además, recuérdeles que algunos de los artículos del texto deben transformarse en el artículo contracto *al*.

Gramática

Observa:
- El verbo *ir* es completamente irregular.
- El verbo *viajar* es un verbo regular. Fíjate en las terminaciones.

1 Verbos *ir* y *viajar*

	Ir	Viajar
yo	**voy**	viaj**o**
tú	**vas**	viaj**as**
él, ella, usted	**va**	viaj**a**
nosotros/as	**vamos**	viaj**amos**
vosotros/as	**vais**	viaj**áis**
ellos, ellas, ustedes	**van**	viaj**an**

2 Preposiciones *a* y *en*

La preposición ***a*** sirve para:
- Expresar la **dirección** y el **destino**:
  Este verano voy a Cuba.
  Recuerda: *a* + *el* › ***al***:
  *Pueden ir **al** centro andando.*
- Expresar la **distancia** o el **tiempo**:
  *El centro está **a tres kilómetros** del hotel, pero hay una estación de metro **a** cinco minutos de aquí.*

La preposición ***en*** sirve para:
- **Localizar** personas, lugares u objetos:
  *El hotel está **en** el centro de la ciudad.*
- Hablar del **medio de transporte**:
  *¿Por qué no vas a Sevilla **en** tren?*

Fíjate en estas excepciones:
ir **a** pie - ir **andando** - ir **a** caballo

2.1 **En parejas** ¿Qué medio de transporte utiliza tu compañero/a en su vida diaria para ir a estos lugares? Pregúntaselo y anota su respuesta.
- la universidad
- el centro
- el supermercado
- el cine
- un restaurante
- la casa de tu familia
- ...

Ejemplo: ▶ *¿Cómo vas **al** trabajo?*
▷ *Voy **en** metro.*

2.2 **Todo el grupo** ¿En qué coincides con él/ella? Cuéntaselo al resto de la clase.

2.3 Lee el programa de un viaje a Buenos Aires y completa con las preposiciones *a* o *en*.

Viaje a Buenos Aires

Día 1
Vuelo de España [1] .... Buenos Aires y recepción [2] .... el aeropuerto.

Día 2
Visita panorámica [3] .... autobús para ver la plaza Rosada, la plaza de Mayo y Puerto Madero. Comida [4] .... el barrio de San Telmo y vuelta [5] .... el hotel. Tarde libre.

Día 3
Visita [6] .... el barrio de Palermo y [7] .... el Jardín Japonés. Tiempo libre para comer [8] .... Palermo y visita guiada [9] .... el cementerio de la Recoleta.

Día 4
Excursión [10] .... el barrio de La Boca y tarde libre. Espectáculo de tango [11] .... el café Tortoni.

Día 5
Excursión por el río Tigre [12] .... barco.

Día 6
Vuelo [13] .... España.

30 | treinta — Unidad 3 | Vamos de viaje

Luego deje que sus estudiantes hagan individualmente la actividad y observe cómo la resuelven. Durante la corrección, explique a modo de estrategia que hay palabras como *vuelo, recepción, visita, comida, vuelta* o *excursión* que nos ayudan a seleccionar adecuadamente la preposición.
Para trabajar las preposiciones de otra manera, y si dispone de medios, abra la aplicación Google Maps e introduzca dos direcciones (por ejemplo, la dirección de la escuela donde van sus estudiantes y su casa, fíjese en el ejemplo que tiene en la página de la derecha) para saber cómo llegar. En el resultado aparecen diferentes medios de transporte para hacer el recorrido, el tiempo y la distancia. Utilice estos datos que ofrece la aplicación para hacerles preguntas como: *¿A qué distancia está tu casa de la escuela?* De esta manera, los estudiantes podrán expresar la distancia en tiempo en combinación con el medio de transporte usando ambas preposiciones: *Mi casa está a 9 minutos a pie de la escuela.* O solo la distancia: *Mi casa está a 700 metros de la escuela,* por ejemplo.
1. a; **2.** en; **3.** en; **4.** en; **5.** al; **6.** al; **7.** al; **8.** en; **9.** al; **10.** al; **11.** en; **12.** en; **13.** a.

3

3 Verbos *poder* y *preferir*

Poder	Preferir
puedo	prefiero
puedes	prefieres
puede	prefiere
podemos	preferimos
podéis	preferís
pueden	prefieren

- *Poder* + infinitivo expresa **posibilidad**:

  *En Guatemala **puedes ver** volcanes, ruinas y **visitar** una ciudad como Antigua.*

- *Preferir* + nombre/infinitivo se usa para hablar de **preferencias**:

  *Yo **prefiero el viaje/viajar** a Punta Cana porque es muy barato.*

Estos verbos son irregulares en la raíz verbal.

3.1 **Todo el grupo** Cuenta a la clase cuáles son tus preferencias cuando viajas y justifica por qué.

Cuando viajo, prefiero	ir en avión ir en tren ir en coche ir en autobús ir a casa de un amigo ir a un *camping* dormir en un hotel ir a la playa ir al campo ir a la montaña visitar una ciudad comer en un restaurante …	porque	es (más)	divertido. barato. relajante. interesante. variado. rápido. cómodo. seguro. …
			puedes	pasear. ver animales. disfrutar de la naturaleza. hacer una excursión. hacer turismo. tomar el sol. …

RAE LÉXICO
Los adjetivos más frecuentes en español asociados a medios de transporte son: *ecológico, rápido, lento, caro, peligroso, cansado, práctico, seguro, cómodo, económico, puntual, contaminante, barato.*

4 *Hay, ser* y *estar*

- *Hay* se usa para hablar de la **existencia** o **inexistencia** de algo:

  *Cerca del museo **hay** un parque.*

  *En el hotel no **hay** restaurante.*

- *Ser* + adjetivo se usa para **describir** objetos, lugares y personas:

  *El hotel **es** céntrico/grande/pequeño/limpio.*

- *Estar* se usa para **localizar** lugares, personas y objetos en el espacio:

  ▶ *¿Dónde **está** la estación de trenes?*

  ▷ ***Está** cerca del hotel.*

4.1 **En parejas** Completa los comentarios con los verbos *ser, estar* o *hay.*

infoHotel
Hotel NovoLuxe
★★★

El hotel [1] .... en el centro y [2] .... una parada de autobús delante. En las habitaciones dobles [3] .... aire acondicionado y minibar, pero la conexión wifi, aunque [4] .... gratuita, no [5] .... muy buena. El restaurante [6] .... agradable. [7] .... en la primera planta del hotel. [8] .... pequeño, pero la atención [9] .... muy buena. [10] .... un bufé libre muy variado. El hotel tiene categoría de tres estrellas.

La excursión a Antigua [11] .... muy interesante. En la ciudad [12] .... muchas iglesias, ruinas y museos, y puedes visitar el volcán de Agua y el cerro de la Cruz, un mirador que [13] .... a 10 minutos en coche del centro. Al cerro de la Cruz puedes ir en taxi o andando y al volcán de Agua puedes ir en taxi ([14] .... a 11 kilómetros más o menos).

Unidad 3 | Vamos de viaje   treinta y uno | 31

3. Explique la conjugación del presente de indicativo de los dos verbos, así como sus posibles combinaciones. Hágales ver que son irregulares en la raíz y, si lo considera oportuno, explique que las desinencias son las mismas que las de los verbos regulares de la segunda y tercera conjugación.

3.1. El objetivo de esta actividad es que los estudiantes sean capaces de producir oraciones completas con el vocabulario visto en el apartado "Palabras" y con los verbos que se presentan en la actividad 3. Deberán expresar sus preferencias de viaje utilizando las palabras que se dan en cada una de las columnas. Antes de comenzar la actividad, pregunte las dudas de vocabulario que pueda haber y haga que se fijen en el cuadro de la RAE: allí aparecen los adjetivos más frecuentes en español asociados a los medios de transporte.

4. Repase primero el contraste *hay/está(n)* (existencia/localización) que vieron en la unidad anterior y explique después que el verbo *ser* se usa para describir personas, cosas y lugares.

4.1. Explíqueles que los textos que tienen que completar son valoraciones aparecidas en la web sobre un hotel y la ciudad de Antigua (Guatemala), respectivamente. Esta actividad de práctica les pone en contacto con un modelo textual real que, actualmente, pueden encontrar fácilmente en internet.
1. está; **2.** hay; **3.** hay; **4.** es; **5.** es; **6.** es; **7.** Está; **8.** Es; **9.** es; **10.** Hay; **11.** es; **12.** hay; **13.** está; **14.** está.

Para trabajar estos contenidos, realice las actividades **11-22**, pp. **18-20** del *Libro de ejercicios*.

Practica en contexto

1. [13] El objetivo de esta comprensión auditiva es que los estudiantes discriminen información relevante para más tarde realizar la actividad 1.1. Antes de comenzar, la escucha, explique la estructura *querer* + infinitivo, que se usa para expresar deseos (dirija su atención a la irregularidad del verbo *querer*), lea en voz alta los ítems en los que tienen que fijar su atención y resuelva las dudas de vocabulario que les pudieran surgir. A continuación ponga el audio. Lo puede reproducir dos veces si es necesario.
Marta: 1, 3, 6; Antonio: 2, 5, 9; Los dos: 4, 7, 8.

1.1. Una vez realizada la audición de la actividad 1, pida a sus estudiantes que hagan una lectura intensiva de las tres ofertas de viaje que se ofrecen y que decidan el viaje ideal para cada uno de los personajes. Es preferible que lean las tres ofertas individualmente y que, a continuación, decidan en parejas la mejor opción justificando su respuesta. Tome el ejemplo propuesto en el libro como modelo *(El viaje ideal para Marta es… porque…)* y, si lo cree necesario, escríbalo en la pizarra. Anímelos a usar el diccionario. Se propone usar la proyección 10.

Ofertas de viaje
[10]

Para que sus estudiantes tengan más información sobre los lugares que pueden visitar en cada uno de los viajes, ponga la proyección como estímulo visual mientras realizan la actividad.

Practica en contexto

1 [13] Escucha a estas dos personas y marca la información que se refiere a Marta, a Antonio o a los dos.

Expresar deseos
Para hablar de **deseos**, utilizamos el verbo *querer* + nombre/infinitivo:
quiero
quieres
quiere
queremos
queréis
quieren

El verbo *querer* es irregular.

*Marta **quiere** un viaje cultural y visitar museos.*

	Antonio	Marta
1. Tiene poco dinero.	☐	☐
2. Quiere ir a una ciudad.	☐	☐
3. Busca relax.	☐	☐
4. Quiere viajar en barco.	☐	☐
5. Quiere un viaje cultural.	☐	☐
6. Tiene muchos días de vacaciones.	☐	☐
7. Quiere conocer una cultura diferente.	☐	☐
8. Busca naturaleza.	☐	☐
9. Tiene pocos días de vacaciones.	☐	☐

1.1 **En parejas** Lee la información de estas tres ofertas y decide cuál es el viaje ideal para Marta y cuál para Antonio y por qué. Puedes buscar en el diccionario las palabras que no entiendes.
El viaje ideal para Marta es… porque…

Altiplano guatemalteco con Tikal y Antigua

Si buscas historia y el encanto de las antiguas civilizaciones, las ciudades coloniales y los mercados autóctonos, no te pierdas este itinerario por Guatemala. Ruinas mayas, arquitectura colonial, selva, volcanes, baños termales, paseo en barco por el lago Atitlán… Todo esto y mucho más te espera en el corazón de América.

Descubre el mejor Caribe

Conoce la cultura dominicana y su deliciosa gastronomía. Disfruta del color de las espectaculares playas de Punta Cana, los arrecifes de coral en isla Saona, la naturaleza del parque nacional de Cotubanamá. Visita la ciudad colonial de Santo Domingo, declarada Patrimonio de la Humanidad por la Unesco.

Mi Buenos Aires querido

¿Quieres visitar el colorido barrio de La Boca, las tiendas de San Telmo, las diferentes zonas de Palermo y el cementerio de la Recoleta? ¿Quieres hacer una excursión en barco por el río Tigre o disfrutar de un espectáculo de tango? Tu destino es, sin duda, Buenos Aires.

¿Por qué…? se usa para **preguntar** por la causa y *porque* para **responder**:
▶ *¿Por qué prefieres viajar en avión?*
▷ *Porque es más seguro.*

1.2 **En parejas** ¿Cuál de los tres destinos prefieres para ti? ¿Por qué?

1.3 **Todo el grupo** ¿Cuáles son los destinos más turísticos de tu país? ¿Qué buscan normalmente los turistas que lo visitan? Cuéntaselo a tus compañeros.

32 | treinta y dos — Unidad 3 | Vamos de viaje

El viaje ideal para Marta es la oferta 2, República Dominicana, porque puede descansar, disfrutar de la naturaleza, viajar en barco a la isla Saona, visitar el parque nacional de Cotubanamá y conocer una cultura diferente.
El viaje ideal de Antonio es la oferta 1, Guatemala, porque cumple con casi todos los requisitos: conocer una cultura diferente (mercados indígenas), visitar ciudades coloniales, viajar en barco por el lago Atitlán, hacer un viaje cultural (ruinas mayas)… El único requisito que no cumple es que es el viaje más largo de las tres ofertas y Antonio tiene pocos días de vacaciones. Por esta razón, también podría ser válida la oferta 3, Buenos Aires, porque visita una ciudad y hay una excursión al río Tigre en barco. En cualquier caso, las dos opciones serían ideales.

1.2. Antes de preguntar por las preferencias a sus estudiantes, recuérdeles, si es preciso, la forma del presente de indicativo del verbo *preferir* y sus posibles combinaciones con un infinitivo o un nombre. Asimismo, haga hincapié en los adjetivos que podrían usar *(divertido, barato, relajante, variado, interesante…)*. Puede repasar con ellos la actividad 3.1 del apartado "Gramática". Explique también el contraste *¿por qué…?* y *porque* para preguntar y responder.

1.3. Como actividad final, dígales que van a hablar de un destino turístico interesante de su país y lo que los turistas buscan allí (repase con ellos la actividad 2 del apartado "¿Qué sabes?" si es necesario). Deles unos minutos para que preparen su intervención, de forma que puedan buscar imágenes o vídeos en internet que apoyen sus palabras. Invítelos a salir al centro de la clase para que hagan su exposición. Es posible también que trabajen en parejas o en grupos pequeños.

3

2 [14] Juan y Ana están en Antigua, en el hotel Quetzal. Escucha la conversación con el recepcionista y completa la información de la tabla.

Pueden visitar...	Pueden ir...	¿Está lejos?	¿Cuánto cuesta?
el centro histórico			
el cerro de la Cruz			
el volcán de Agua			
las plantaciones de café			

RAE LÉXICO
Español de España › coger : *Tú coges poco el metro...*
Español de América › tomar/agarrar : *Sale corriendo y toma el autobús...*

Pedir/dar información para ir a un lugar
- Perdón/Por favor, **¿cómo puedo/podemos ir a...?**
- ***Puede(s)/Pueden* + *tomar/coger/ir en* +** medio de transporte
  - ▶ *¿Cómo podemos ir a plaza Central?*
  - ▷ *Pueden coger el metro o ir en el autobús número 3.*

Preguntar/decir el precio
Usamos el verbo ***costar***:
- ▶ *¿Cuánto cuesta la excursión?*
- ▷ *Cuesta 20 €.*

3 [15] Juan y Ana van a visitar la iglesia de la Merced. Señala en el plano de Antigua el recorrido, según las indicaciones.

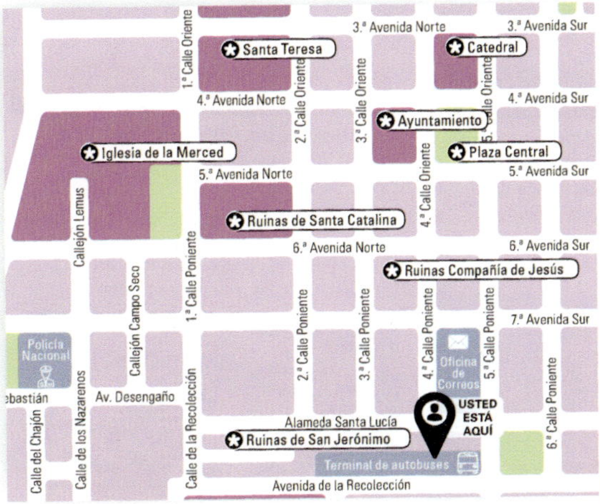

Pedir/dar información espacial
- Perdón/Por favor, **¿dónde está/están...?**
- (Mira/Mire),
  - **gira/gire** a la derecha/izquierda... en...
  - **cruza/cruce** la calle...
  - **sigue/siga** todo recto por esta/la calle... hasta...
  - **allí/allá está/están...**
  - ▶ *Por favor, ¿dónde está la oficina de información?*
  - ▷ *Mira, **sigue todo recto** hasta la segunda calle, **gira a la derecha** y **cruza** la calle. **Allí está** la oficina de información.*

En español, para expresar cercanía o lejanía, se utilizan estos adverbios:
- **aquí** (más cerca del hablante)
- **ahí** (distancia intermedia)
- **allí** (más lejos del hablante)

En Hispanoamérica se prefieren las formas ***acá*** y ***allá***, en lugar de ***aquí*** y ***allí***.

RAE LÉXICO
Español de España › manzana :
Sí, está justo a dos manzanas.
Español de América › cuadra :
Camina de una esquina a otra de la cuadra.

3.1 **En parejas** Pide indicaciones a tu compañero/a para llegar a los siguientes lugares. Después marca con una línea el recorrido en el plano de la actividad anterior.

Estás en...	Quieres ir a...
la terminal de autobuses.	la catedral.
la plaza Central.	Santa Teresa.
las ruinas de Santa Catalina.	la iglesia de la Merced.
las ruinas de San Jerónimo.	el ayuntamiento.

- Las formas ***mira, gira, cruza*** y ***sigue*** son informales: se usan con ***tú***.
- ***Mire, gire, cruce*** y ***siga*** son formales: se usan con ***usted***.

Unidad 3 | Vamos de viaje — treinta y tres | 33

2. [14] Antes de comenzar la escucha, explique el cuadro de la banda lateral para pedir y dar información sobre la forma de ir a un lugar y para hablar del precio. Dígales que la conversación transcurre en Guatemala, donde se usa *camioneta* en lugar de *autobús* y *carro* en lugar de *coche*, y recuérdeles el cuadro de la RAE del apartado "¿Qué sabes?", en los que se presentan las variantes para hablar de los medios de transporte en Hispanoamérica. Por último, ponga el audio y repítalo si lo cree pertinente.
Clave: Ver cuadro al final de la página.*

3. [15] Antes de la escucha, ponga la proyección 11 y haga que sus estudiantes observen el mapa. A continuación explique el cuadro de la banda lateral para pedir y dar información espacial, prestando especial atención a los verbos en imperativo. Presente también el concepto de *cuadra-manzana* apoyándose en el cuadro de la RAE, ya que lo escucharán en la audición. Luego ponga el audio y pídales que indiquen el recorrido en el mapa. Como actividad extra, puede proponerles que, a partir del recorrido que han señalado en su libro, den las mismas indicaciones, pero con la forma *tú*. Utilice también la proyección 11 para la corrección de la actividad.

Dar información espacial
[11]

Proyecte la lámina y lea con sus estudiantes el nombre de las calles y de los principales monumentos y lugares de interés de la ciudad de Antigua. Si lo cree conveniente, puede mantener la imagen del plano de Antigua proyectada en la pizarra para realizar la actividad 3.1 y hacerla en grupo grande en lugar de en parejas.

3.1. La finalidad de esta actividad es poner en práctica los exponentes que han aprendido en la actividad anterior. Para ello, agrupe a sus estudiantes en parejas y deles la opción de elegir la forma *tú* o *usted*. Recuérdeles que deben pedirse y darse la información de forma alterna, de manera que cada miembro de la pareja dé instrucciones dos veces. Luego supervise la práctica y compruebe que sus estudiantes usan correctamente las expresiones aprendidas.

Para trabajar estos contenidos, realice la actividad **23**, p. **20** del *Libro de ejercicios*.
Realice a continuación la actividad **24**, p. **20** del *Libro de ejercicios*, para practicar todos los contenidos de este apartado.

*Clave de actividad 2

Pueden visitar...	Pueden ir...	¿Está lejos?	¿Cuánto cuesta?
el centro histórico	caminando	No	Es gratis
el cerro de la Cruz	caminando/en taxi	No	Es gratis
el volcán de Agua	en camioneta/en carro privado	Sí	90-175 $
las plantaciones de café	en camioneta/en carro privado	No mucho (pero más lejos que el centro y el cerro de la Cruz)	18 $

Unidad 3

Cultura

1. Antes de empezar con la actividad, pregunte a sus estudiantes si han estado alguna vez en México y qué saben de este país. Anote lo que vayan diciendo en la pizarra. Luego invítelos a leer el texto y a completar la ficha en parejas. Por último, sugiérales que cotejen sus resultados con otra pareja. Compare lo que anotó en la pizarra con la información que ofrece el libro para ver si coinciden en algo y pregúnteles qué les ha llamado más la atención de todo lo que han leído.
   Monumentos para visitar en el centro histórico: la plaza de la Constitución (conocida como *el Zócalo*), la Catedral Metropolitana, el Palacio Nacional, la basílica de Guadalupe y la plaza Garibaldi.
   Lugares de interés fuera del centro histórico: la Casa Azul (Museo Frida Kahlo), las pirámides de Teotihuacán y Mundo Chocolate (MUCHO).
   Comidas típicas: tortillas, quesadillas, moles y tacos.
   Medios de transporte y precio: taxis, metro (5 pesos), camiones (5 o 6 pesos), ciclotaxis (entre 20 y 30 pesos), bicibuses (gratis).

Para trabajar estos contenidos, realice las actividades **25-27**, p. **21** del *Libro de ejercicios*.

Puede ampliar la actividad de la siguiente manera: pídales que formen pequeños grupos y que, navegando por internet, recopilen información curiosa de Ciudad de México. Con la información obtenida tienen que realizar una presentación. Sugiérales que ofrezcan también imágenes para hacerla más amena. Si la escuela cuenta con herramientas como un proyector o una pizarra digital, invítelos a que las utilicen para sus exposiciones. En la página siguiente tiene una lista de curiosidades y datos interesantes sobre la capital de México.

México lindo y bonito

1 **En parejas** En la revista *Viajeros* encontramos este artículo sobre Ciudad de México. Léelo y completa la ficha.

¿Qué visitar?

Centro histórico. La plaza de la Constitución –el Zócalo–, la Catedral Metropolitana, el Palacio Nacional y la basílica de Guadalupe. A unas cuadras está la plaza Garibaldi, donde se puede comer y escuchar música de mariachis.

Basílica de Guadalupe

Plaza de Garibaldi

¿Qué comer?

La gastronomía mexicana es rica en sabores. Hay restaurantes tradicionales para probar la comida típica y cotidiana. El maíz, los frijoles, el arroz y los chiles son los alimentos básicos y nunca pueden faltar en una mesa las tortillas, las quesadillas, los moles o los tacos.

Quesadillas

Recuerda:
Observar las imágenes ayuda a comprender el texto.

3

La **plaza de la Constitución**, informalmente conocida como *el Zócalo*, es la plaza principal de Ciudad de México. En ella se encuentra la Catedral Metropolitana de la Asunción de María de México (Patrimonio de la Humanidad desde 1987).

¿Cómo trasladarse?

Taxis. Los taxis autorizados tienen tarifas fijas. Se recomienda comprar el boleto en los puestos oficiales.

Metro. El boleto cuesta 5 pesos mexicanos.

Camiones. El boleto cuesta 5 pesos para una distancia de hasta 5 kilómetros y 6 pesos para más de 5 kilómetros.

Ciclotaxis. Para una o dos personas. Los ciclotaxis son muy cómodos y no demasiado caros: un viaje cuesta entre 20 y 30 pesos.

Bicibuses. Pueden ir hasta 11 personas y… ¡son gratuitos!

No te lo puedes perder

La Casa Azul, en el distrito de Coyoacán, a solo 11 km del centro de Ciudad de México, donde está el Museo Frida Kahlo, reconocida pintora mexicana.

Las pirámides de Teotihuacán, a 78 kilómetros al noreste de la capital mexicana. Son Patrimonio de la Humanidad.

Mundo Chocolate (MUCHO), un museo dedicado al chocolate. Un placer para los cinco sentidos. Hay talleres para dos adultos y dos niños por 180 pesos.

Teotihuacán

Casa Azul

¡Te encantará!

Ficha

Monumentos para visitar en el centro histórico: ……

Lugares de interés fuera del centro histórico: ……

Comidas típicas: ……

Medios de transporte y precio: ……

Unidad 3 | Vamos de viaje

treinta y cinco | 35

Curiosidades de Ciudad de México

1. El bosque de Chapultepec es el segundo parque urbano más grande de Latinoamérica y el quinto en el mundo, y es dos veces mayor que Central Park, en Nueva York.
2. Es la segunda ciudad con más museos en el mundo, solo superada por Londres. Tiene 151 museos reconocidos y más de 200 que aún no tienen reconocimiento oficial.
3. No es ni la más grande ni la más poblada. Su zona metropolitana es la tercera en población en el mundo con casi 27 millones de habitantes (después de Tokio y Seúl) y también la tercera en extensión con 7854 km^2 (después de Nueva York y Tokio).
4. El estadio Azteca es el tercero más grande del mundo y además el único que ha albergado dos finales de la Copa del Mundo.
5. El 19 de septiembre de 1985 un terremoto devastó la ciudad. Alcanzó una magnitud de 8.1 en la escala MW y se catalogó de grado IX en la escala de Mercalli (muy destructivo).
6. La basílica de Guadalupe es el segundo santuario católico más visitado del mundo. El primero es la Capilla Sixtina.
7. La ciudad se levanta sobre un lago. Los aztecas la construyeron sobre una serie de islas artificiales y el lago fue drenado después por los españoles. Esta es la causa por la que la ciudad se hunde poco a poco.
8. El metro de esta ciudad es el más grande de América Latina, con 12 líneas, 226 kilómetros y 195 estaciones.
9. La ensalada César no tiene su origen en la antigua Roma, sino en Tijuana, México. La receta surgió en 1942, en el restaurante de César Cardini; de ahí su nombre.
10. México es el país con más hispanohablantes del mundo, con una población de aproximadamente 130 millones de habitantes.

Adaptado de https://listas.20minutos.es/lista/curiosidades-de-la-ciudad-de-mexico-396899/

Vídeo

1. Pida a sus estudiantes que relacionen las fotografías con las ciudades marcadas en el mapa.
A continuación, pregúnteles si han estado en alguna de estas ciudades.
1. b; **2.** a; **3.** c; **4.** d.

1.1. Divida la clase en pequeños grupos. Dígales que elijan un lugar de los vistos en la actividad anterior para pasar unos días de vacaciones. Anímelos a explicar el porqué de su elección y a compartir sus ideas con el resto de la clase.

1.2. Agrupe a sus estudiantes en pequeños grupos y pídales que hagan hipótesis sobre el destino que han elegido para sus vacaciones los personajes del hostal Babel, justificando sus respuestas. Si ve que no recuerdan alguna información sobre estos personajes, remítalos la sección de vídeo de las unidades anteriores.

Vídeo

HOSTAL Babel

Días de fiesta

Antes del vídeo

1 **En parejas** Mira las siguientes fotografías. ¿Conoces estos lugares? Relaciona las imágenes con los sitios señalados en el mapa.

1.1 **En grupos pequeños** ¿Cuál de estos lugares prefieres para pasar unos días? ¿Por qué?
Ejemplo: *Yo prefiero ir a Cádiz, porque tiene playa y puedes tomar el sol.*

1.2 **En grupos pequeños** Ya conoces a los cuatro huéspedes del hostal Babel. ¿A cuál de estos lugares crees que va a viajar cada uno? ¿Por qué?

Durante el vídeo

2 Visiona el fragmento 00:30 ▶ 02:04 y marca las frases que se refieren a Tere (T) o a Hugo (H).

- Va a Cádiz. ☐
- Viaja a Barcelona. ☐
- Va con unas amigas. ☐
- Va en furgoneta. ☐
- Tiene una reserva para alojarse en un albergue. ☐
- Ya tiene los billetes (boletos) de avión. ☐
- Quiere dormir poco. ☐

3 Ahora visiona el fragmento 02:36 ▶ 04:52 y marca las frases que se refieren a Leo (L) o a Carla (C).

Fíjate: ¿Cómo llama Carla a la furgoneta?

- Viaja a Londres. ☐
- Va a Cudillero. ☐
- Va en avión. ☐
- Prefiere viajar con comodidades. ☐
- Viaja con un grupo de compañeros de la maestría. ☐
- Quiere hacer una reservación en un hotel de lujo. ☐
- Los billetes cuestan 35 €. ☐

4 En el último fragmento (04:52 ▶ final) Bea cuenta qué va a hacer durante el puente. ¿A dónde va? ¿Qué va a hacer? Explica si te parece un buen plan o no y por qué.

Después del vídeo

5 **Todo el grupo** ¿Dónde quieres viajar las próximas vacaciones? ¿En qué medio de transporte? ¿Dónde quieres alojarte? ¿Qué quieres hacer en ese lugar? Cuéntaselo a la clase.

36 | treinta y seis — Unidad 3 | Vamos de viaje

2. Explíqueles que, en el fragmento que van a ver, Tere y Hugo cuentan sus planes para las vacaciones. A continuación, déjeles tiempo para que lean la información. Después visione el fragmento 00:30 ▶ 02:04 y déjeles unos minutos para resolver la actividad antes de corregir en plenario.
Tere: Va a Cádiz. Va con unas amigas. Va en furgoneta. Tiene una reserva para alojarse en un albergue. Quiere dormir poco; **Hugo:** Viaja a Barcelona. Ya tiene los billetes (boletos) de avión.

3. Explique que, en este fragmento, Carla y Leo van a hablar también de sus planes para las vacaciones. A continuación, déjeles un tiempo para que lean la información y pídales que marquen la que se refiere a Carla o a Leo mientras visionan el fragmento 02:36 ▶ 04:52.
Leo: Viaja a Londres, Va en avión, Los billetes cuestan 35€; **Carla:** Va a Cudillero, Prefiere viajar con comodidades, Viaja con un grupo de compañeros de la maestría, Quiere hacer una reservación en un hotel de lujo.

> **Fíjate:**
> ¿Cómo llama Carla al dinero? Plata.

4. Explique que en este último fragmento será Bea la que explique sus planes para las vacaciones. A continuación, pídales que tomen notas del lugar al que va a ir, así como de lo que va a hacer mientras visionan el fragmento 04:52 ▶ final. Por último, pregúnteles si les parece un buen plan y por qué. Una vez terminada la actividad, ponga el episodio completo.
Bea no va a viajar a ningún sitio. Se va a quedar sola en el hostal.

5. Para terminar la sección, plantee las preguntas de la actividad y trátelas en plenario favoreciendo la participación de todos.

Evaluación

3

1 **Relaciona las palabras de las dos columnas.**

1. todo	a. wifi	1. ....
2. habitación	b. al aeropuerto	2. ....
3. hotel	c. de viaje	3. ....
4. vuelo	d. por cable	4. ....
5. seguro	e. incluido	5. ....
6. pagar	f. individual/doble	6. ....
7. TV	g. de 4 estrellas	7. ....
8. conexión	h. de ida y vuelta	8. ....
9. traslado	i. con tarjeta	9. ....

2 **¿Qué expresan las preposiciones de las siguientes frases?**

dirección | medio de transporte | distancia | tiempo | localización | destino

1. Prefiero viajar **en** autobús porque es más barato. ....
2. El hotel está **a** 5 minutos. ....
3. Día 4: Visita **al** centro histórico de la ciudad. ....
4. La isla Saona está **en** el parque nacional de Cotubanamá. ....
5. El aeropuerto está **a** 20 kilómetros del hotel. ....
6. Yo quiero viajar **a** Buenos Aires porque es una ciudad muy interesante. ....

3 **Combina los adjetivos con los siguientes nombres. Puede haber más de una posibilidad.**

práctico | agradable | barato | lento | cómodo
pequeño | rápido | económico | bonito | seguro | caro | grande

- restaurante ....
- hotel ....
- medio de transporte ....

4 **Mira el recorrido en el plano del centro histórico de Ciudad de México y completa el diálogo.**

▶ Perdón, ¿cómo puedo ir a la plaza Garibaldi? ¿Está muy lejos?
▷ No, no, se puede ir caminando. Está a unos 20 minutos de acá, del Zócalo. Mire, [1] .... por la calle República de Brasil hasta la calle Tacuba. Es muy fácil: a la derecha está la catedral. Allá [2] .... y después [3] .... hasta la calle Lázaro Cárdenas. Allá [4] .... y [5] .... cinco cuadras. La plaza está a la derecha.
▶ Muchas gracias.
▷ De nada.

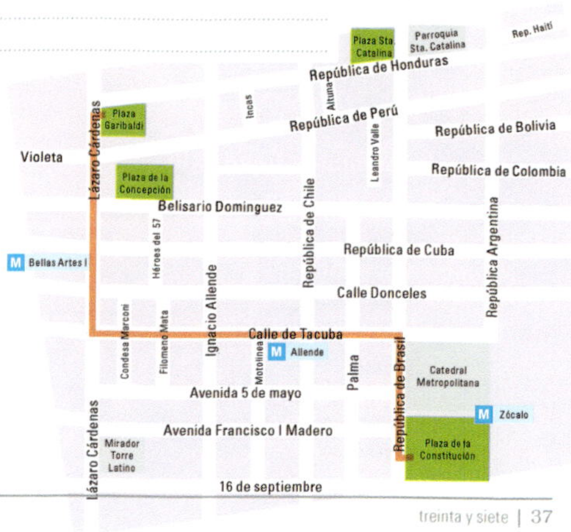

Evaluación

1. **1.** e; **2.** f; **3.** g; **4.** h; **5.** c; **6.** i; **7.** d; **8.** a; **9.** b.

2. **1.** medio de transporte; **2.** tiempo; **3.** dirección; **4.** localización; **5.** distancia; **6.** destino.

3. **1.** restaurante: agradable, barato, cómodo, pequeño, económico, bonito, caro, grande; **2.** hotel: agradable, barato, cómodo, pequeño, económico, bonito, caro, grande; **3.** medio de transporte: práctico, barato, lento, cómodo, rápido, económico, seguro, caro.

4. **1.** siga todo recto; **2.** gire a la izquierda; **3.** siga todo recto; **4.** gire a la derecha; **5.** siga todo recto.

Unidad 4

En familia

¿Cuántos miembros tiene esta familia? ¿Y tu familia?

¿Cómo van vestidos?

¿Están alegres o tristes?

En esta unidad vas a. . .

- Hablar de la familia
- Hablar de acciones cotidianas relacionadas con la familia
- Describir personas: descripción física y de carácter
- Describir la ropa
- Expresar posesión y pertenencia
- Hablar de las acciones que se están realizando
- Conocer a diseñadores de moda del mundo hispano

En familia

Antes de comenzar, lea en voz alta el título de la unidad, *En familia*, y pregúnteles si su familia es similar a la de la foto o, simplemente, si tienen una familia grande o pequeña. Si lo considera oportuno, puede pedirles que traigan una foto de su familia para enseñársela a la clase.
A continuación distribuya a sus estudiantes en pequeños grupos, pídales que observen la imagen de la portada y que en dos minutos escriban todas las palabras que se les ocurran relacionadas con lo que ven. Luego haga una puesta en común con toda la clase para que comparen las palabras; así activarán léxico que van a ver luego en la unidad.
Por último, hágales las preguntas propuestas con el fin de motivarlos y activar los conocimientos previos que tengan sobre el tema.

Posible respuesta:

1. Seis miembros; **2.** Con ropa de verano/con ropa informal; **3.** Están alegres.

¿Qué sabes?

1 **En parejas** ¿Conoces a estos famosos? Di su nombre y a qué se dedican. Todos ellos tienen en común que uno de sus familiares es también famoso. ¿Sabes quién es y qué hace? Con tu compañero/a, busca en internet esta información.

1

2

3

4

5

6

2 **En parejas** ¿Cómo crees que son las personas de las fotos anteriores? Ponte de acuerdo con tu compañero/a. Puedes usar el diccionario si no conoces alguna palabra.

alegre | serio/a | sociable | divertido/a | abierto/a | clásico/a | trabajador/a | moderno/a

2.1 **En grupos pequeños** Y tú, ¿cómo eres?

3 **En parejas** Fíjate otra vez en las imágenes. ¿Cómo crees que es el estilo de vestir de esas personas? ¿Moderno, informal, elegante, *fashion*, clásico, deportivo, alegre...?

3.1 **Todo el grupo** Y tú, ¿cómo te vistes normalmente? ¿Con qué foto o fotos te identificas más?

Unidad 4 | En familia

treinta y nueve | 39

¿Qué sabes?

1. Pregunte a sus estudiantes si conocen a alguno de los personajes famosos que se presentan en la actividad. Es muy probable que conozcan a alguno, pero no a todos, por lo que usted puede facilitarles los nombres y profesiones o proponerles que lo busquen en internet.
1. Pau Gasol, jugador de baloncesto español; **2.** Javier Bardem, actor español; **3.** Shakira, cantante colombiana; **4.** Penélope Cruz, actriz española; **5.** Isabel Allende, escritora chilena; **6.** Rafael Nadal, tenista español.

Explíqueles que todos ellos tienen algún familiar que también es famoso y pídales que, en parejas, hagan una búsqueda en internet para descubrir quiénes son y por qué son famosos. Haga una puesta en común con los resultados obtenidos por la clase y luego compruébelos con la **proyección 12**.

Famosos y familiares
[12]

Coménteles que algunos de ellos tienen otros familiares famosos, además de los que se muestran en la proyección.
1. Marc Gasol, hermano de Pau, es también jugador de baloncesto; **2.** Carlos Bardem, hermano de Javier, es actor, guionista y escritor. Otros familiares: Pilar Bardem, su madre, fue también actriz. Su tío, Juan Antonio Bardem, fue director de cine. La mujer de Javier Bardem, Penélope Cruz, es actriz; **3.** Gerard Piqué, futbolista español, es la pareja de Shakira y el padre de sus dos hijos. Otros familiares: su prima Valerie Domínguez Tarud es modelo; **4.** Mónica Cruz, hermana menor de Penélope, es actriz. Otros familiares: Eduardo Cruz, su hermano menor, es cantante; **5.** Salvador Allende, tío de Isabel, fue presidente de Chile desde 1970 hasta 1973; **6.** Toni Nadal, tío de Rafael, es extenista y entrenador de su sobrino. Otros familiares: Miguel Ángel Nadal, tío asimismo de Rafael, fue jugador del F. C. Barcelona y del R. C. D. Mallorca.

2. Distribuya a sus estudiantes en parejas y pídales que, después de observar de nuevo las fotografías, discutan sobre los adjetivos de carácter que mejor definen a esos personajes famosos.
Posible respuesta:
1. serio, trabajador; **2.** alegre, clásico, sociable; **3.** alegre, sociable, divertida, abierta, moderna; **4.** alegre, abierta, clásica; **5.** seria, trabajadora; **6.** serio, moderno.

2.1. Invite a sus estudiantes a que se describan con al menos tres adjetivos de los presentados en la actividad anterior escribiéndolos en un papel con su nombre. Luego recójalos y léalos de uno en uno para que intenten averiguar de quién se trata.

3. y **3.1.** Pídales a sus estudiantes que se fijen otra vez en las fotografías y haga hincapié en que los adjetivos que se presentan en esta actividad están relacionados con la manera de vestir.
Posible respuesta:
1. deportivo, informal; **2.** formal, clásico; **3.** informal, *fashion*, alegre; **4.** *fashion*, elegante; **5.** moderno, informal; **6.** informal, clásico.

Unidad 4

Palabras

1. Pida a sus estudiantes que lean el texto individualmente y, con ayuda del árbol genealógico, completen por escrito la actividad. Tras la corrección, explique el cuadro de atención y deténgase en algunos aspectos más complejos de la descripción del texto, como los adjetivos *mayor* y *menor* y *estar casado/a con*.
1. Clara; **2.** Begoña, Ángela y Sergio; **3.** Mateo; **4.** Luisa; **5.** Julia.

1.1. Diga a sus estudiantes que dibujen el árbol genealógico de su familia y que lo expongan a la clase. Si el grupo es muy numeroso, distribúyalos en pequeños grupos. Sugiérales que aporten más información (nombre, edad, profesión, lugar de residencia…). Pueden completar la presentación con alguna fotografía de su familia.

2. Proponga a sus estudiantes que, por separado, relacionen las fotografías con los textos. Anímelos a que utilicen el diccionario para resolver las dudas que puedan tener. Recuérdeles que hay un error en cada definición y que deben corregirlo. Luego, en parejas, deben comprobar sus hipótesis.
1. B. El error es que dice que Daniel "tiene los ojos oscuros" y debe decir que "tiene los ojos claros"; **2.** C. El error es que dice "son muy serios" y debe decir que "son muy alegres"; **3.** A. El error es que dice "tiene el pelo rizado" y debe decir que "tiene el pelo liso".

2.1. Mantenga las parejas de la actividad anterior y pídales que clasifiquen las palabras resaltadas en el texto según se refieran Descripción física y de carácter o al carácter. Dibuje en la pizarra dos columnas como se muestra en la clave. Por último, haga la corrección con todo el grupo en la pizarra. Después se recomienda trabajar la **proyección 13**.

	Aspecto físico	Carácter
1.	– es alta – es delgada – tiene el pelo moreno y los ojos marrones – es castaño y tiene los ojos claros (en el texto, *oscuros*)	– son muy simpáticos
2.	– tiene el pelo blanco – lleva barba y bigote – tiene el pelo corto – es delgada	– son muy alegres (en el texto, *serios*) y activos
3.	– tiene el pelo liso (en el texto, *rizado*) y rubio – tiene los ojos azules	– es muy inteligente – es un poco tímida

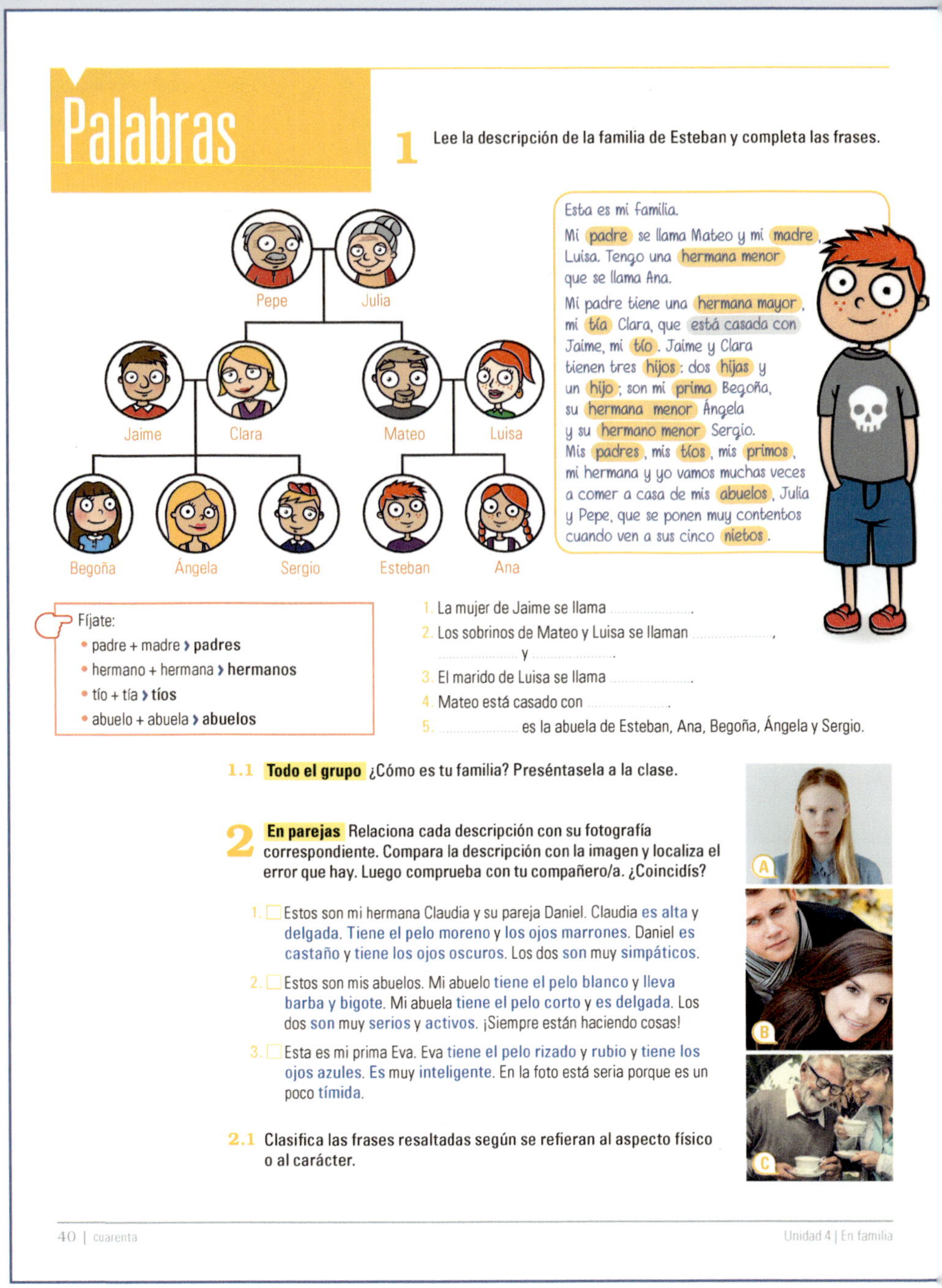

Palabras

1 Lee la descripción de la familia de Esteban y completa las frases.

Pepe, Julia, Jaime, Clara, Mateo, Luisa, Begoña, Ángela, Sergio, Esteban, Ana

Esta es mi familia.
Mi padre se llama Mateo y mi madre, Luisa. Tengo una hermana menor que se llama Ana.
Mi padre tiene una hermana mayor, mi tía Clara, que está casada con Jaime, mi tío. Jaime y Clara tienen tres hijos: dos hijas y un hijo; son mi prima Begoña, su hermana menor Ángela y su hermano menor Sergio.
Mis padres, mis tíos, mis primos, mi hermana y yo vamos muchas veces a comer a casa de mis abuelos, Julia y Pepe, que se ponen muy contentos cuando ven a sus cinco nietos.

Fíjate:
- padre + madre › **padres**
- hermano + hermana › **hermanos**
- tío + tía › **tíos**
- abuelo + abuela › **abuelos**

1. La mujer de Jaime se llama ....
2. Los sobrinos de Mateo y Luisa se llaman .... , ... y ....
3. El marido de Luisa se llama ....
4. Mateo está casado con ....
5. .... es la abuela de Esteban, Ana, Begoña, Ángela y Sergio.

1.1 **Todo el grupo** ¿Cómo es tu familia? Preséntasela a la clase.

2 **En parejas** Relaciona cada descripción con su fotografía correspondiente. Compara la descripción con la imagen y localiza el error que hay. Luego comprueba con tu compañero/a. ¿Coincidís?

1. ☐ Estos son mi hermana Claudia y su pareja Daniel. Claudia es alta y delgada. Tiene el pelo moreno y los ojos marrones. Daniel es castaño y tiene los ojos oscuros. Los dos son muy simpáticos.
2. ☐ Estos son mis abuelos. Mi abuelo tiene el pelo blanco y lleva barba y bigote. Mi abuela tiene el pelo corto y es delgada. Los dos son muy serios y activos. ¡Siempre están haciendo cosas!
3. ☐ Esta es mi prima Eva. Eva tiene el pelo rizado y rubio y tiene los ojos azules. Es muy inteligente. En la foto está seria porque es un poco tímida.

A B C

2.1 Clasifica las frases resaltadas según se refieran al aspecto físico o al carácter.

40 | cuarenta   Unidad 4 | En familia

Descripción física y de carácter

[13]

Tras la corrección de la actividad 2.1, ponga la proyección y presente los adjetivos con sus antónimos, haciendo hincapié en el uso del verbo *ser* para describir el físico y el carácter. Luego trabaje la descripción física con los verbos *tener* y *llevar*, y mencione que el segundo suele combinarse con aspectos físicos susceptibles de cambio.

Para trabajar estos contenidos, realice las actividades **1-3**, p. **22** del *Libro de ejercicios*.

3 [16] Mira las ofertas de ropa de tuarmario.com y escucha la conversación. ¿Qué ropa quiere comprar Luis? ¿Y Maite?

tuarmario.com

Mujer
Pantalones vaqueros
15 € ~~39.99 €~~ -40%

Mujer
Jersey de lana rojo
45 €

Hombre
Abrigo negro
145 €

Hombre
Camisa de manga larga de diferentes colores
35 € ENVÍO 48 h

Niño
Camiseta de diferentes colores (blanca, azul, roja, amarilla y naranja)
12 € ENVÍO 48 h

Hombre
Pantalones cortos de diferentes colores
29.99 €

Mujer
Falda corta de rayas de algodón
25 € ENVÍO 48 h

Mujer
Bolsos de cuero desde 29.99 €

Mujer
Zapatos verdes de tacón
75 €

Niño
Zapatillas de diferentes modelos y colores
desde 14.99 €

Hombre
Zapatos marrones de piel
120 €

Ver ofertas exclusivas online

Estos son los nombres en español de los tejidos más comunes:
algodón
lana
piel/cuero
seda

RAE LÉXICO

Español de España
- zapatillas deportivas/de deporte: *Observé que seguía calzado con las mismas **zapatillas deportivas**.*
- abrigo: *Se puso el **abrigo** para salir a llevar la carta.*
- camiseta: *Sabemos que viste unos pantalones cortos y una **camiseta** azul.*
- falda: *Llevaba una **falda** negra y una hermosa blusa de seda blanca.*

Español de América
- tenis: *Los dos iban de blue jeans y **tenis**, parecían turistas.*
- tapado (tapadito): *Caridad Canelón iba por la calle con un **tapado** corto de piel de conejo.*
- remera: *Para bailar uso el mismo jeans con una **remera** más llamativa.*
- pollera: *La miré –ojos marrones, pelo castaño, blusa verde, **pollera** negra...*

3.1 **Todo el grupo** ¿Qué ropa llevas tú normalmente cuando vas a estos lugares?

al trabajo | al gimnasio | a cenar a un restaurante | a la universidad/escuela | a una fiesta

Ejemplo: *Cuando voy al trabajo llevo...*

3. [16] Antes de poner el audio, y para facilitar su comprensión, pida a sus estudiantes que observen la página web y hágales algunas preguntas previas como:
- *¿Qué ropa podemos comprar en esta web?*
- *¿Qué ropa es de hombre? ¿Y de mujer? ¿Y de niño?*
- *¿De qué color es el jersey de mujer?*
- *¿De qué colores puedes comprar camisetas de niño?*
- *¿Cómo es la falda?*

A continuación explíqueles que van a escuchar a dos personas que hablan de la ropa que quieren comprar en la web y que deben anotar lo que compra cada uno. Ponga el audio. Una vez terminada la actividad, deténgase en el cuadro de la RAE sobre las variantes geográficas en este campo léxico.

Luis quiere comprar unos zapatos negros, una camisa y unos pantalones cortos. Al final compra una camisa azul y unos pantalones cortos.

Maite quiere comprar una o dos camisetas y unas zapatillas para su hijo, y unos vaqueros para ella. Al final compra unas zapatillas rojas y una camiseta blanca para su hijo, y unos vaqueros para ella.

3.1. Una vez trabajado el vocabulario de la ropa, invite a sus estudiantes a describir la ropa que llevan cuando van a los lugares propuestos en la actividad. Deles tiempo para buscar las palabras que necesiten y resuelva sus dudas si es necesario. Si lo desea, puede empezar usted siguiendo el ejemplo para darles una pauta.

Para trabajar estos contenidos, realice las actividades **4-6**, p. **23** del *Libro de ejercicios*.

Para trabajar los contenidos de todo el apartado, realice la actividades **7** y **8**, p. **23** del *Libro de ejercicios*.

Unidad 4

Gramática

1. Explique el paradigma de los verbos regulares en presente de indicativo y su uso, tal y como se indica en el cuadro. Haga hincapié en las terminaciones de cada conjugación y en que estas se dan también en la mayoría de los verbos irregulares de este tiempo verbal. Resuelva todas las dudas que surjan. Comente el cuadro de la RAE. Hágales notar que la forma *vos* se utiliza en lugar de *tú* en algunos países de Hispanoamérica y que, respecto a los verbos, presentan formas voseantes el presente de indicativo y el imperativo.

1.1. **1.** llevan; **2.** cenas; **3.** cocináis; **4.** compra; **5.** lee; **6.** comen; **7.** bebéis; **8.** corres; **9.** vivís; **10.** abro; **11.** escribe; **12.** subimos.

Para trabajar estos contenidos, realice las actividades **9-11**, p. **24** del *Libro de ejercicios*.

2. y **2.1.** Explique la perífrasis *estar* + gerundio como se indica en el cuadro, haciendo hincapié en la formación del gerundio regular. A continuación haga la actividad 2.1, para consolidar el aprendizaje. Después de realizar la actividad, proponemos ampliarla con la **proyección 14**.
1. Los niños están jugando a la pelota; **2.** La niña está bebiendo agua; **3.** Las personas están subiendo las escaleras.

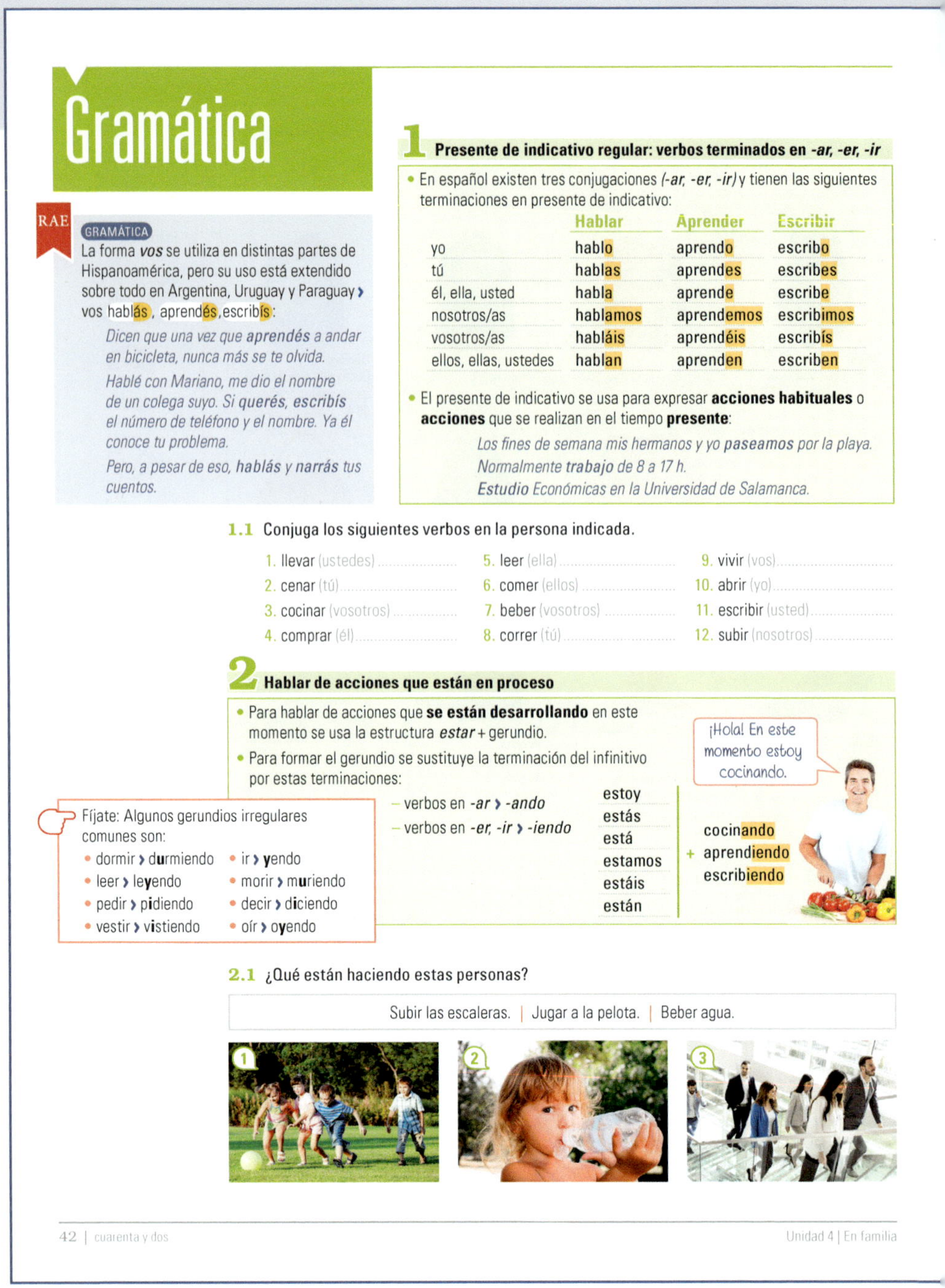

GRAMÁTICA

1 Presente de indicativo regular: verbos terminados en *-ar, -er, -ir*

- En español existen tres conjugaciones (*-ar, -er, -ir*) y tienen las siguientes terminaciones en presente de indicativo:

	Hablar	Aprender	Escribir
yo	hablo	aprendo	escribo
tú	hablas	aprendes	escribes
él, ella, usted	habla	aprende	escribe
nosotros/as	hablamos	aprendemos	escribimos
vosotros/as	habláis	aprendéis	escribís
ellos, ellas, ustedes	hablan	aprenden	escriben

- El presente de indicativo se usa para expresar **acciones habituales** o **acciones** que se realizan en el tiempo **presente**:
  *Los fines de semana mis hermanos y yo **paseamos** por la playa.*
  *Normalmente **trabajo** de 8 a 17 h.*
  ***Estudio** Económicas en la Universidad de Salamanca.*

RAE — GRAMÁTICA
La forma ***vos*** se utiliza en distintas partes de Hispanoamérica, pero su uso está extendido sobre todo en Argentina, Uruguay y Paraguay › vos hablás, aprendés, escribís:
*Dicen que una vez que **aprendés** a andar en bicicleta, nunca más se te olvida.*
*Hablé con Mariano, me dio el nombre de un colega suyo. Si **querés**, **escribís** el número de teléfono y el nombre. Ya él conoce tu problema.*
*Pero, a pesar de eso, **hablás** y **narrás** tus cuentos.*

1.1 Conjuga los siguientes verbos en la persona indicada.

1. llevar (ustedes) ....
2. cenar (tú) ....
3. cocinar (vosotros) ....
4. comprar (él) ....
5. leer (ella) ....
6. comer (ellos) ....
7. beber (vosotros) ....
8. correr (tú) ....
9. vivir (vos) ....
10. abrir (yo) ....
11. escribir (usted) ....
12. subir (nosotros) ....

2 Hablar de acciones que están en proceso

- Para hablar de acciones que **se están desarrollando** en este momento se usa la estructura *estar* + gerundio.
- Para formar el gerundio se sustituye la terminación del infinitivo por estas terminaciones:
  – verbos en *-ar* › *-ando*
  – verbos en *-er, -ir* › *-iendo*

estoy / estás / está / estamos / estáis / están + cocinando / aprendiendo / escribiendo

Fíjate: Algunos gerundios irregulares comunes son:
- dormir › durmiendo
- leer › leyendo
- pedir › pidiendo
- vestir › vistiendo
- ir › yendo
- morir › muriendo
- decir › diciendo
- oír › oyendo

2.1 ¿Qué están haciendo estas personas?

Subir las escaleras. | Jugar a la pelota. | Beber agua.

1 2 3

42 | cuarenta y dos — Unidad 4 | En familia

¿Qué están haciendo?
[14]

Distribuya a sus estudiantes en pequeños grupos. Deles tiempo para buscar en el diccionario el vocabulario que necesiten y pídales que describan qué están haciendo las personas de las imágenes. Corrija la actividad con toda la clase.
Posible respuesta:
1. Los chicos están bailando; **2.** Las personas están corriendo un maratón; **3.** El chico está escribiendo en un cuaderno y está bebiendo un refresco; **4.** La pareja está comiendo *pizza*; **5.** El hombre está conduciendo un coche.

Para trabajar estos contenidos, realice las actividades **12-14**, pp. **24-25** del *Libro de ejercicios*.

3 Adjetivos y pronombres demostrativos

Los demostrativos sirven para indicar **la distancia** entre los interlocutores y el objeto o persona a los que se refieren. Pueden utilizarse como adjetivos (si acompañan al nombre) o como pronombres (si van solos):

	Masc. singular	Fem. singular	Masc. plural	Fem. plural
Aquí	este	esta	estos	estas
Ahí	ese	esa	esos	esas
Allí	aquel	aquella	aquellos	aquellas

(+ nombre)

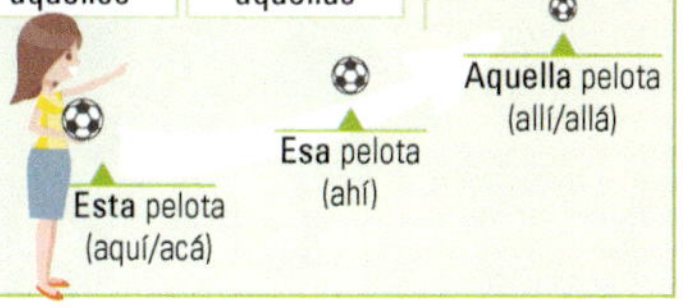

Esta pelota (aquí/acá)

Esa pelota (ahí)

Aquella pelota (allí/allá)

Es frecuente utilizar las manos para señalar el objeto del que estamos hablando, reforzando así la idea de cercanía o lejanía.

3.1 Completa con el demostrativo adecuado teniendo en cuenta la distancia que se indica.

1. ▶ ¿Te gustan .... pantalones? (Ahí)
   ▷ No, prefiero comprar .... Son más bonitos. (Allí)
2. Quiero .... falda roja. (Aquí)
3. Necesito unas zapatillas para hacer deporte. ¡.................... son perfectas! (Aquí)
4. ¡.................... bolso de piel es muy bonito! (Allí)
5. ¿Cuánto cuesta .... abrigo rojo de ahí?

4 Adjetivos posesivos

- Los posesivos indican **de quién** es un objeto o la relación de **parentesco** entre las personas:

	Singular	Plural	
Un poseedor	mi tu su	mis tus sus	(yo) (tú) (él, ella, usted)
Varios poseedores	nuestro/a vuestro/a su	nuestros/as vuestros/as sus	(nosotros/as) (vosotros/as) (ellos, ellas, ustedes)

- El posesivo concuerda en género y número con la persona o cosa poseída:

  *Ella lleva **nuestros libros** en una bolsa.*

  *Estos son **mis padres**.*

- El posesivo ***su*** puede referirse a uno o a varios poseedores:

  *Voy a **su casa**.* (Puede ser la casa *de él, de ella, de ellos, de ellas, de usted* o *de ustedes*)

4.1 Completa el diálogo con el posesivo adecuado.

▶ Tus hermanas están casadas, ¿no?
▷ [1] .... hermana Eva no está casada, pero Luisa sí. [2] .... marido es de Canadá y tienen dos hijos de 4 y 5 años. Son muy guapos.
▶ ¿Y en qué lengua hablan con [3] .... hijos?
▷ En inglés y en español.
▶ ¡Qué suerte tienen [4] .... sobrinos! Yo tengo 35 años y hablo muy mal inglés…

3. y **3.1.** Explique los demostrativos según se indica en el cuadro. Focalice la atención de sus estudiantes en la ilustración para que relacionen los demostrativos con los conceptos de cercanía y lejanía. Indíqueles que es importante conocer y hacer el gesto para reforzar la comunicación verbal. A continuación pídales que hagan la actividad 3.1.
1. esos, aquellos; **2.** esta; **3.** Estas; **4.** Aquel; **5.** ese.

Para trabajar estos contenidos, realice la actividad **16**, p. **26** del *Libro de ejercicios*.

4. y **4.1.** Explique los posesivos siguiendo la información del cuadro. Para facilitarles la comprensión del uso de los posesivos, añada un nombre a cada posesivo, poniendo especial atención en la concordancia de los posesivos *nuestro/a/os/as* y *vuestro/a/os/as*. Luego pídales que hagan la actividad 4.1 para consolidar lo aprendido.
1. Mi; **2.** Su; **3.** sus; **4.** tus.

Para trabajar estos contenidos, realice la actividad **17**, p. **26** del *Libro de ejercicios*.

Unidad 4

Practica en contexto

1. y **1.1.** Agrupe a sus estudiantes en parejas. Pídales que lean la información de los cinco miembros de la familia y que escriban sus nombres con la ayuda de la descripción de los textos y de la ilustración. Antes remítales al cuadro de la banda lateral para recordar las estructuras que se usan para describir el físico, la ropa y los complementos, así como los colores. En el cuadro de la RAE se muestran las variantes léxicas de España e Hispanoamérica. Utilice la **proyección 15** para corregir la actividad 1 y resuelva las dudas que se planteen.

La familia de Patricia

[15]

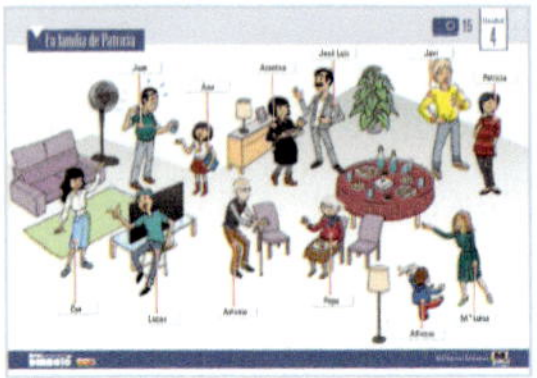

Primero, pídales a los estudiantes que describan físicamente a María Luisa, Juan, Lucas, Patricia y Ana, y que describan la ropa que llevan Juan, Lucas y Patricia. Después pueden pasar a resolver la actividad 1.1. Si lo desea, y como actividad de ampliación, puede plantear a sus estudiantes que elijan a un miembro de la familia y, sin decir su nombre, lo describan para que el resto de la clase adivine de quién se trata.

1.1. Este es el árbol genealógico:

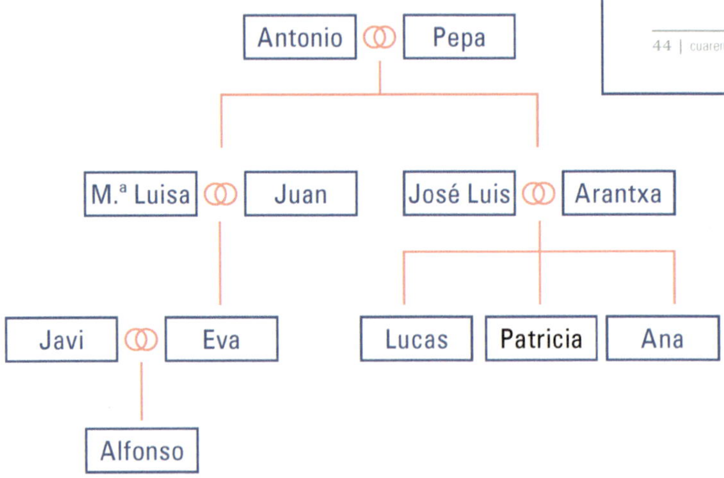

Practica en contexto

Describir el físico
- **Es** alto/a, bajo/a, gordo/a, delgado/a, guapo/a, feo/a…
- **Tiene** los ojos verdes, negros, marrones, oscuros…
- **Tiene** el pelo rubio, moreno, blanco, castaño, negro, largo, corto, liso, rizado…
- **Tiene/lleva** barba, bigote…

Describir la ropa y los complementos
- **Llevar** + prenda de ropa o complemento
  Lleva unos pantalones vaqueros y una camiseta roja.
  ¿Llevas gafas?
- Estos son algunos **colores** que puedes usar:

negro/a	gris	rosa
blanco/a	azul	marrón
rojo/a	verde	amarillo/a

1 **En parejas** ¿Quién es quién en esta reunión familiar? Lee las descripciones y escribe el nombre de cada miembro de la familia.

LUCAS
Es el hermano mayor de Patricia. Está hablando con su prima Eva, la hija del tío Juan, una chica morena, alta y muy guapa que lleva una falda vaquera azul y una camisa blanca.

ANA
Es la hermana menor de Patricia. Lleva una falda roja y una camiseta blanca. A la izquierda está el tío Juan, el hermano mayor de su padre, que está bebiendo agua al lado del ventilador porque tiene mucho calor.

JOSÉ LUIS Y ARANTXA
Son los padres de Patricia. Están comiendo unos canapés cerca del mueble. Su padre es alto, moreno y tiene bigote, y su madre es morena y un poco bajita. José Luis lleva un traje gris y Arantxa un vestido negro. Cerca de ellos están los abuelos de Patricia, Antonio y Pepa, que también están comiendo unos canapés. Su abuelo tiene el pelo blanco y lleva bigote. Su abuela tiene también el pelo blanco y lleva gafas.

M.ª LUISA
Es su tía, la mujer de su tío Juan. Es una mujer muy elegante que lleva un vestido verde. Está jugando con su nieto, Alfonso, que tiene 3 años. Detrás está Javi, el marido de Eva. Es alto, rubio y lleva unos vaqueros y una camiseta amarilla. Está hablando con Patricia sobre su hijo.

RAE **LÉXICO**
Español de España › vaquero(s):
*Solía vestirse con pantalones **vaqueros** y chaquetas muy elegantes.*
Español de América › *jean(s)*, bluyín (bluyines):
*Malena cambió la minifalda por **bluyines**.*

1.1 **En parejas** Ahora completa el árbol genealógico de Patricia.

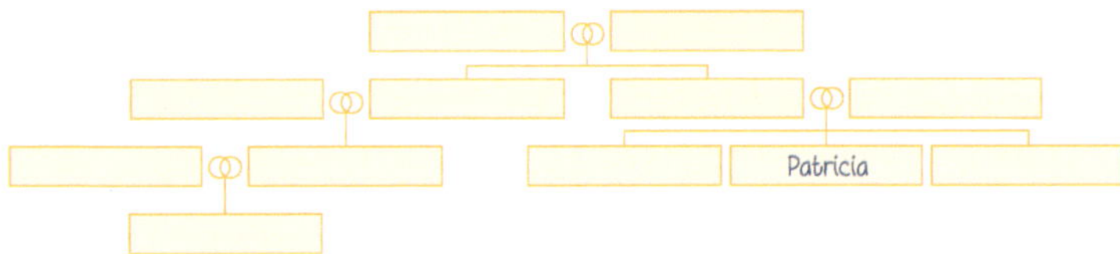

44 | cuarenta y cuatro — Unidad 4 | En familia

4

2 **En parejas** Haz el siguiente test a tu compañero/a y toma notas.

1. ¿A qué miembro/s de la familia ves con más frecuencia? ¿Por qué?
2. ¿Qué haces con tu familia normalmente?
3. ¿Visitas normalmente a tus tíos, primos o abuelos? ¿Cuándo? ¿Qué haces normalmente con ellos?
4. ¿Con quién celebras los cumpleaños? ¿Qué haces normalmente para celebrarlos?

Expresar frecuencia

\+
- siempre
- normalmente
- a menudo
- con frecuencia
- a veces
- (casi) nunca

–

Fíjate:
Cuando una pregunta comienza con una preposición, se usa la misma preposición para responder:
▶ *¿Con quién celebras tu cumpleaños?*
▷ *Con mi familia y mis amigos.*

2.1 **Todo el grupo** ¿Crees que tu compañero/a es una persona familiar? ¿Por qué? Justifica tu respuesta.

2.2 **Todo el grupo** ¿La familia en tu país es muy extensa? ¿La familia se ve con frecuencia? ¿En qué ocasiones?

3 Escucha las conversaciones y relaciona las descripciones con las fotos.

[17]

3.1 [17] Vuelve a escuchar el audio y marca en el cuadro los adjetivos de carácter con los que se describe a estas personas. Luego busca los adjetivos contrarios.

	Ernesto es...	Juan es...	Julia es...	Claudia es...
simpático/a				
sociable				
divertido/a				
trabajador/a				
tímido/a				
alegre				
inteligente				

Describir el carácter

Para describir el carácter de las personas utilizamos el verbo ***ser*** y un adjetivo de carácter:
- Es...
  - alegre ≠ serio/a
  - simpático/a ≠ antipático/a
  - sociable ≠ tímido/a

Eva es alegre pero muy tímida.

3.2 **Todo el grupo** Busca una foto de algún familiar o amigo y después cuenta a la clase cómo se llama esa persona, cómo es físicamente, cómo es su carácter y qué está haciendo en la foto.
Esta es una foto de mi/mis...

2. Antes de comenzar la actividad, explique las expresiones que aparecen en el cuadro lateral. Agrupe a sus estudiantes en parejas y pídales que se hagan el test sobre su familia. Asimismo, dígales que tomen algunas notas, ya que estas les servirán para la actividad siguiente.

2.1. Haga la puesta en común de la actividad anterior con el grupo clase. Deben decir si consideran que su compañero/a es una persona familiar y justificar su respuesta.

2.2. El objetivo de esta actividad es que los estudiantes reflexionen sobre el valor de la familia en España en comparación con su país de origen. Guíe la conversación para que sea enriquecedora desde el punto de vista intercultural.

Para trabajar estos contenidos, realice las actividades **18** y **19**, p. **26** del *Libro de ejercicios.*

3. [17] Explique a sus estudiantes que van a escuchar cuatro conversaciones en las que se describe a las personas de las fotografías. Dígales que las observen durante un par de minutos. A continuación ponga el audio para que puedan relacionar la información con la imagen correspondiente.
1. D; **2.** A; **3.** C; **4.** B.

3.1. Vuelva a poner el audio para seguir con la actividad de comprensión auditiva. Dígales que, ahora, tendrán que fijarse en los adjetivos que se utilizan para describir el carácter de estas personas e identificar cuál se refiere a cada uno de ellos.
Ernesto: alegre, tímido; **Juan:** divertido, sociable, simpático; **Julia:** inteligente, sociable; **Claudia:** inteligente, trabajadora, tímida.
Después de corregir la actividad, deténgase en el cuadro de la derecha para que vean los antónimos de los adjetivos presentados. Aproveche para aconsejarles que agrupar el léxico por sinónimos o antónimos ayuda a memorizar la forma y su significado.

3.2. Antes de comenzar esta actividad, pregunte a sus estudiantes cuáles de los adjetivos de la actividad anterior tienen un marcado carácter negativo (*serio/a* y *tímido/a*). A continuación realice la actividad.

Para trabajar estos contenidos, realice las actividades **15**, p. **25** del *Libro de ejercicios.*

Unidad 4

Cultura

Antes de pedirles que lean la información de este apartado, pregúnteles si les interesa el mundo de la moda, si tienen ropa, zapatos o complementos de algún diseñador famoso y si han estado alguna vez en un evento de moda. A continuación pregúnteles si conocen a alguno de los personajes que aparecen en las fotografías y si saben a qué se dedican. Generado el interés por el tema del apartado, pídales que lean los textos de los cuatro diseñadores y pregúnteles cuál de los diseños que aparecen en las fotografías les gusta más y por qué. Por último, realice la actividad 1.

1. Si lo cree conveniente, puede dividir la clase en pequeños grupos para que cada uno hable de un diseñador diferente. Finalizada la actividad, haga una puesta en común con los diseñadores elegidos. Si disponen de medios, dígales que acompañen sus exposiciones con imágenes.

Para trabajar estos contenidos, realice las actividades **20-22**, p. **27** del *Libro de ejercicios*.

Podemos ampliar la actividad hablando sobre las semanas de la moda (Fashion Weeks). Pídales que comenten todo lo que sepan sobre estos eventos. En las semanas de la moda que se celebran en todo el mundo se dan a conocer las nuevas tendencias en la moda para cada temporada (otoño-invierno y primavera-verano). Su celebración tiene una gran repercusión social, ya que tanto la televisión como las revistas y las redes sociales dedican parte de su información a algunos de los desfiles más relevantes.
Cada país se preocupa de organizar su propia semana de la moda, en la que algunos de los diseñadores de moda más influyentes del momento muestran sus colecciones.
Forme pequeños grupos. Cada grupo debe elegir una de las diez semanas de la moda más importantes del mundo (París, Nueva York, Milán, Londres, Tokio, Berlín, Madrid, Australia, India y Los Ángeles) y buscar información en internet sobre dónde se celebra, cuándo, qué diseñadores suelen presentar sus colecciones, qué público suele asistir a los pases, qué modelos desfilan, etc., para luego presentarlo al resto de la clase. Sugiérales que ofrezcan también imágenes para ilustrar su exposición.

DISEÑADORES de aquí y de allá

Michelle Obama durante el discurso de su marido, Barack Obama, en Chicago (vestido diseñado por Narciso Rodríguez)

Lady Gaga en una visita al Empire State Building (vestido de Carolina Herrera)

Renée Zellweger en Nueva York en el estreno de *Miss Potter* (vestido de Carolina Herrera y zapatos de Manolo Blahnik)

Narciso Rodríguez

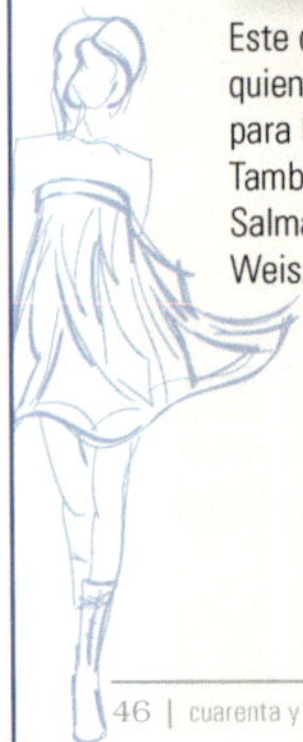

Este diseñador de padres cubanos fue quien diseñó el vestido de Michelle Obama para la inauguración presidencial de 2008. También llevan sus diseños actrices como Salma Hayek, Sarah Jessica Parker, Rachel Weisz o Sônia Braga.

Carolina Herrera

Carolina Herrera, nacida en Venezuela, es la diseñadora hispana más reconocida mundialmente. Llevan sus diseños celebridades como Nicole Kidman, Jessica Alba, Angelina Jolie, Salma Hayek, Lucy Liu, Renée Zellweger y Lady Gaga, entre otras. Sus líneas de maquillaje y perfumes también son muy famosas.

4

Custo Dalmau

Custo Dalmau y su hermano David tienen su propia marca, Custo Barcelona, por la que son mundialmente conocidos. Sus camisetas, con un estilo diferente y colorido, son famosas por series de televisión como *Friends*. Las camisetas son su producto estrella, pero en la actualidad Custo Barcelona tiene también una línea completa de moda.

Zapato de Manolo Blahnik exhibido en el Museo Kampa de Praga en la exposición *Manolo Blahnik: The Art of Shoes*

Manolo Blahnik

Hijo de padre checo y de madre canaria, Manuel Blahnik Rodríguez, más conocido como Manolo Blahnik, es un diseñador de moda español. Es el fundador de una de las marcas de zapatos más prestigiosas del mundo.

Tienda de Custo Barcelona en la Diagonal (Barcelona)

1 **Todo el grupo** ¿Hay algún diseñador de moda famoso en tu país? Preséntaselo al resto de la clase.

Unidad 4 | En familia cuarenta y siete | 47

Si disponen del tiempo suficiente, les proponemos otra actividad, esta vez de interacción oral y producción escrita compartida sobre la moda de bajo coste *(low cost)*. Distribuya a sus estudiantes en pequeños grupos y escriba las siguientes preguntas en la pizarra:

- *¿Qué calidad tiene la ropa de bajo coste?*
- *¿Qué tipo de productos se venden con este nombre?*
- *¿La ropa de bajo coste sigue siempre la moda?*
- *¿Se compra más ropa de la necesaria si vas a las tiendas de bajo coste?*
- *¿Dónde encuentras ese tipo de tiendas?*
- *¿Puedes comprar* online*?*
- *¿Qué ventajas y desventajas tiene comprar* online*?*
- *¿Qué política de devolución tienen estas tiendas?*
- *¿Puedes decir el nombre de, al menos, tres marcas de ropa de bajo coste?*

Pídales que respondan a las preguntas y que comenten sus ideas a modo de debate. Deben llegar a un acuerdo. Si necesitan más información pueden consultar internet. Después deben producir un texto que resuma las ideas y opiniones que han comentado. Para realizar la tarea de expresión escrita compartida debe explicarles que, en un solo papel y por orden, cada uno de los integrantes del grupo debe escribir la respuesta que han acordado a cada una de las preguntas anteriores. Una vez terminado el borrador, deben leerlo y hacer las correcciones y cambios necesarios para darle coherencia y cohesión antes de entregarlo.

La ropa de bajo coste o *low cost*, también conocida como moda *barata* o *rápida*, es aquella ropa que sigue la moda a bajo precio.
La moda de bajo coste es la que se encuentra en tiendas muy conocidas o populares como Zara, H&M, Primark, Mango, Uniqlo, Bershka, TopShop, Massimo Dutti, Pull&Bear, Stradivarius, Lefties, Forever 21 o Target. En ellas es posible encontrar prendas que, solas o combinadas con otras de mayor precio, te permiten estar a la última sin gastar mucho dinero.
Estas tiendas se encuentran en las ciudades más importantes del mundo y operan también en internet, y es que la mayoría de ellas cuentan con tiendas *online* en las que se encuentra toda clase de prendas para mujer, hombre o niños, además de complementos como zapatos, bolsos, ropa interior, maquillaje e, incluso, bisutería.
Su política de devolución es inmejorable. Nadie pregunta por qué devuelves una prenda: solo necesitas tener el tique, devolverlo dentro del plazo establecido y, obviamente, no haberla usado.
El bajo precio, el atractivo de su diseño y las facilidades que ofrecen hacen que este tipo de tiendas sean populares en todo el mundo y sus cifras de venta astronómicas.
Sus desventajas: la sostenibilidad del planeta y la explotación laboral en países del tercer mundo donde se fabrican millones de prendas a un precio mínimo para vender en Europa y Estados Unidos.

Adaptado de https://www.onmujer.com/ventajas-de-la-moda-low-cost-en-tiendas-economicas y de https://elpais.com/economia/2015/04/25/actualidad/1429976663_730824.html

Unidad 4

Vídeo

1. Pida a sus estudiantes que observen la fotografía y, a continuación, pregúnteles qué están haciendo los personajes, pero no dé la respuesta aún.
Están decorando un árbol de Navidad.

1.1. Pregúnteles si suelen adornar su casa durante esas fiestas y, en caso afirmativo, cómo lo hacen. Deles unos minutos para que busquen las palabras que necesiten y anímelos a que ilustren su explicación con alguna foto (si cuentan con ella). Haga una puesta en común.

2. Visione el fragmento 00:30 ▶ 01:00 del vídeo para confirmar sus respuestas anteriores. Antes de pasar a la actividad 3, puede preguntar a modo de sondeo si conocen algo de la Navidad en España y cuáles son los días más señalados.

3. Antes de ver el fragmento, indíqueles que lean las diferentes descripciones de los familiares de Hugo con el fin de facilitarles el léxico que puedan desconocer. A continuación, visione el fragmento 01:53 ▶ 04:22 para que realicen la actividad.
Su madre: tiene el pelo largo y negro, tiene 46 años; **Su tía:** es gordita, es simpática; **Su padre:** es un poco serio, tiene bigote, lleva corbata; **Su hermano:** es muy tímido, tiene el pelo corto; **Su primo:** lleva una camiseta de cuadros; **Su prima:** tiene el pelo largo y rubio.

4. Explique que, en este último fragmento, Bea y Hugo van a proponerle varios planes a Carla para hacer más alegre su Navidad fuera de Argentina. Visione el fragmento 04:22 ▶ final y pida que completen la información. Terminada la actividad, ponga el vídeo completo.
1. Bea propone cenar todos juntos en el hotel; **2.** Bea y Hugo van a preparar platos típicos de México y Argentina; **3.** Hugo propone en Nochevieja salir de fiesta; **4.** Bea propone ir juntas de compras.

Vídeo

HOSTAL Babel

Navidad en Babel

Antes del vídeo

1 Fíjate en la fotografía. ¿Qué están haciendo Carla y Leo? ¿Qué están preparando?

1.1 **En parejas** ¿Adornas tu casa en estas fechas? ¿Cómo?

Durante el vídeo

2 Comprueba tus respuestas de la actividad 1 visionando el primer fragmento (00:30 ▶ 01:00).

3 Hugo siempre se reúne con su familia en Navidad. Visiona el fragmento 01:53 ▶ 04:22 y marca la información correspondiente a cada familiar.

	Su madre	Su tía	Su padre	Su hermano	Su primo	Su prima
Lleva una camiseta de cuadros.	☐	☐	☐	☐	☐	☐
Es gordita.	☐	☐	☐	☐	☐	☐
Tiene el pelo largo y rubio.	☐	☐	☐	☐	☐	☐
Es un poco serio.	☐	☐	☐	☐	☐	☐
Lleva corbata.	☐	☐	☐	☐	☐	☐
Es muy tímido.	☐	☐	☐	☐	☐	☐
Tiene el pelo corto.	☐	☐	☐	☐	☐	☐
Tiene bigote.	☐	☐	☐	☐	☐	☐
Tiene el pelo largo y negro.	☐	☐	☐	☐	☐	☐
Es simpática.	☐	☐	☐	☐	☐	☐
Lleva una camisa azul.	☐	☐	☐	☐	☐	☐
Tiene 46 años.	☐	☐	☐	☐	☐	☐

4 Carla está un poco triste porque está lejos de su familia. Visiona la última parte del vídeo (04:22 ▶ final) y escribe qué planes proponen y quién para animar a Carla.

Fíjate: ¿Cómo llama Hugo a los platos típicos de México? ....

1. .... juntos en el hostal.
2. .... platos típicos de México y Argentina.
3. .... de fiesta.
4. .... de compras.

Después del vídeo

5 **En grupos pequeños** Después de ver este episodio, ya conoces un poco mejor a los habitantes del hostal Babel. ¿Puedes describir cómo son? ¿Qué llevan hoy? Si es necesario, puedes volver a ver el vídeo. Luego compara tu descripción con la de tus compañeros.

6 **Todo el grupo** ¿Tú también celebras la Navidad? ¿Con qué familiares la celebras normalmente? ¿Dónde la celebras? ¿Qué ropa te pones?

48 | cuarenta y ocho — Unidad 4 | En familia

Fíjate:
¿Cómo llama Hugo a los platos típicos de México? Platillos.

5. Visione los primeros minutos del vídeo para que sus estudiantes puedan tomar notas de la ropa que llevan los personajes. Después divídalos en pequeños grupos y pídales que, entre todos, escriban una descripción completa (físico, carácter y ropa) de Bea, Hugo, Carla y Leo. Cuando la hayan terminado, pídales que comparen sus descripciones con las de otro grupo.
Posible respuesta:
Bea: Es simpática, tiene el pelo largo y los ojos claros, y es pelirroja. Lleva un jersey de cuello vuelto y una chaqueta de punto de color violeta; **Hugo:** Es alto y alegre y tiene el pelo rizado y castaño y los ojos claros. Lleva vaqueros, un polo verde, una chaqueta también verde y una cinta de pelo del mismo color; **Leo:** Es un poco tímido, tiene el pelo rizado y castaño y lleva gafas. Lleva una camiseta y un pantalón negros, y un gorro de Papá Noel; **Carla:** Es abierta y estudiosa, lleva gafas y tiene el pelo liso y castaño. Lleva una camiseta oscura de manga larga, un pantalón vaquero gris y una cinta morada para sujetarse el pelo.

6. Para terminar la sección, plantee las preguntas propuestas en la actividad y trátelas en plenario favoreciendo la participación de todos.

Evaluación

4

1 Describe a las personas de las fotografías, fíjate también en la ropa que llevan.

① 

② 

2 Completa las frases con el posesivo adecuado.

mi | vuestros | mis | tus | nuestros | sus

1. ▶ ¿Estas son .... gafas? Las estás buscando, ¿verdad?
   ▷ Sí, sí, son .... gafas. ¡Gracias!
2. ▶ ¿Sabes que las hermanas de Shakira son modelos?
   ▷ No, no, las modelos son .... primas.
3. ▶ Oye, Carmen, ¿quién es tu hermano? ¿El de la camisa verde?
   ▷ ¿.................... hermano? No, es el que está hablando por teléfono.
4. ▶ Juan, Ana, ¿son esos .... padres?
   ▷ Sí, esos son .... padres. Ven, que te los presentamos.

3 Elige el demostrativo adecuado.

1. ▶ ¿Quiénes son tus tíos?
   ▷ **Estos/Aquellos**. En esta foto están muy guapos, ¿no?
   ▶ ¿Y **esa/esta** niña de aquí?
   ▷ Es mi prima Carolina. Es un poco tímida, pero es muy simpática.
2. ▶ ¿De quién es **esta/aquella** camisa de allí?
   ▷ Es de Luis.
3. ▶ ¿Qué podemos regalarle a Marta? **Aquel/Este** jersey de aquí es muy alegre, ¿no?
   ▷ Yo prefiero algo más clásico. ¿Y si le compramos **aquella/esta** falda azul de allí?
4. ▶ **Aquella/Esa** chica de allí lleva unos pantalones muy bonitos, ¿la ves?
   ▷ Sí, es verdad. **Estos/Esos** que llevo yo también son bonitos y muy cómodos.

4 Completa el texto con los verbos en presente de indicativo.

Mi familia [1] .... (ser) muy especial. [2] .... (Ser, nosotros) tres hermanos y todos [3] .... (estar) muy unidos. Mis padres [4] .... (tener) una casa muy grande en el campo y normalmente [5] .... (ir, nosotros) allí porque hay mucho espacio. Mis hermanos ya no [6] .... (vivir) en casa, pero yo sí porque [7] .... (tener) 15 años y todavía [8] .... (estar) estudiando. A veces [9] .... (comer) todos juntos y [10] .... (hablar) de las historias de la familia o [11] .... (pasear) por el campo.

Unidad 4 | En familia   cuarenta y nueve | 49

Evaluación

1. Posible respuesta:
1. Es moreno, tiene el pelo liso y los ojos marrones. Tiene bigote y barba y es guapo. Parece serio. Lleva gafas, jersey gris, camisa y pantalones negros.
2. Es rubia, tiene el pelo largo y liso. Tiene los ojos azules. Lleva camisa blanca, chaqueta rosa y falda negra.

2. **1.** tus, mis; **2.** sus; **3.** Mi; **4.** vuestros, nuestros.

3. **1.** Estos, esta; **2.** aquella; **3.** Este, aquella; **4.** Aquella, estos.

4. **1.** es; **2.** Somos; **3.** estamos; **4.** tienen; **5.** vamos; **6.** viven; **7.** tengo; **8.** estoy; **9.** comemos; **10.** hablamos; **11.** paseamos.

Unidad

5

Igual que todos los días

¿A qué hora te levantas?
¿Temprano o tarde?

¿Dónde desayunas normalmente?

¿Cuál es tu día favorito de la semana?
¿Y tu mes?

En esta unidad vas a…

- Decir la hora
- Hablar de acciones habituales
- Hablar de horarios, fechas y partes del día
- Situar las acciones en el tiempo
- Expresar frecuencia y el número de veces que se hace algo
- Conocer el horario de los españoles

Igual que todos los días

Antes de comenzar la unidad, lea en voz alta el título, *Igual que todos los días*, y pregunte a sus estudiantes qué les sugiere. A continuación hágales las preguntas propuestas en la portadilla con el fin de motivarlos y activar los conocimientos previos que tengan sobre el tema. Comente con ellos la foto y relaciónela con el tema de la unidad. Haga una lluvia de ideas con el vocabulario que les sugiera la imagen y escríbalas en la pizarra *(reloj, despertador, cama, dormir, levantarse, etc.)*. Puede llevar fotos que muestren otras situaciones del día a día para ampliar el léxico relacionado con el tema de la unidad. Por último presente los contenidos que se trabajarán en la unidad.

¿Qué sabes?

1 ¿Sabes decir la hora en español? Fíjate en las imágenes y relaciónalas con las frases.

a. Son las nueve en punto.
b. Son las dos **y** media.
c. Son las cuatro **y** cuarto.
d. Son las seis **y** dos.
e. Es la una **menos** cuarto.
f. Son las doce **menos** cinco.

1.1 **En parejas** Completa el esquema de las horas con ayuda de la actividad anterior.

cuarto | y media | y | menos | cuarto | en punto

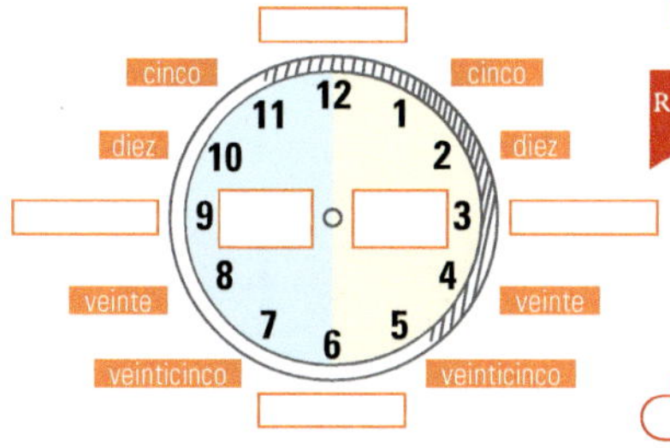

Para preguntar la hora decimos:
¿Qué hora es?/¿Sabes qué hora es?

RAE — COMUNICACIÓN
Español de América › ¿Qué horas son? : *–¿Qué horas son, compañero? –Van a dar las cinco.*
Español de América › *Son (un)/Falta un cuarto para* + hora : *Sí, son cuarto para las doce de la noche.*

~~*Son*~~ *Es la una y veinte.*

- Para **decir la parte del día** en la que situamos una acción se usa ***por** la mañana/tarde/noche* y ***a** mediodía*:
  *Voy a clase **por** la mañana.*
- Para **concretar la hora** se usa: hora + ***de** la mañana/tarde/noche*:
  *En Madrid son las cinco y media **de** la tarde y en Los Ángeles son las ocho y media **de** la mañana.*
- En contextos formales se usa el formato 24 horas para expresar la hora:
  *El tren sale a **las** 17:30.* ("El tren sale a **las diecisiete treinta horas**").

2 **En parejas** ¿Cuándo realizas estas actividades? Clasifícalas según el momento del día y compáralas con tu compañero/a.

Dormir. | Tomar un sándwich. | Hacer deporte. | Escuchar música. | Estudiar. | Lavarte los dientes. | Tomar café. | Leer un libro. | Hacer la compra. | Salir con amigos/as.

Por la mañana	A mediodía	Por la tarde	Por la noche

2.1 **En parejas** ¿Qué otras actividades realizas tú en las diferentes partes del día? Amplía la tabla de la actividad anterior.

Unidad 5 | Igual que todos los días — cincuenta y uno | 51

¿Qué sabes?

1. Dígales que van a aprender a decir la hora en español. A continuación lea las frases en voz alta y deles tiempo para que las relacionen con los relojes de la imagen. Después corrija la actividad con el grupo haciendo hincapié en las dos estructuras principales: *y/menos*. Luego pregúnteles qué hora es. El objetivo es que sus estudiantes se fijen en las estructuras para decir la hora con el fin de completar el esquema de la actividad 1.1.
1. d; **2.** f; **3.** a; **4.** c; **5.** e; **6.** b.

1.1. Una vez terminada la actividad 1, anímelos a completar en parejas el esquema propuesto en la actividad. Deles tiempo para que entiendan la división y el uso de *y*, *menos*, las medias horas, los cuartos de hora y las horas en punto. Después haga una puesta en común y vuelva a leer las frases de la actividad 1 para fijar las estructuras. Insista en el uso del verbo en singular y en plural *(es la una/son las dos)*, así como en el uso del artículo *(la una/las dos)*. Comente el cuadro de la RAE, en el que se muestran las diferentes maneras de preguntar y decir la hora en España e Hispanoamérica.
Si lo cree necesario, escriba en la pizarra algunas horas y pregúnteles qué hora es para resolver las dudas que puedan tener. Dado que suele ser habitual que los estudiantes produzcan frases como **Son las ocho **por** la mañana*, explíqueles la división de las partes del día, así como la forma de hablar de horas concretas dentro de cada parte, poniendo especial atención en el uso de las preposiciones *por* y *de*, respectivamente *(Las clases son **por** la mañana./Las clases empiezan a las 9 **de** la mañana)*. Explíqueles, asimismo, que en contextos oficiales (estaciones de trenes, aeropuertos, etc.), las horas se expresan con el formato de 24 horas y los minutos se expresan con el número, prescindiendo de *y/menos* (17:45 › *diecisiete cuarenta y cinco*, no **dieciocho menos cuarto*).

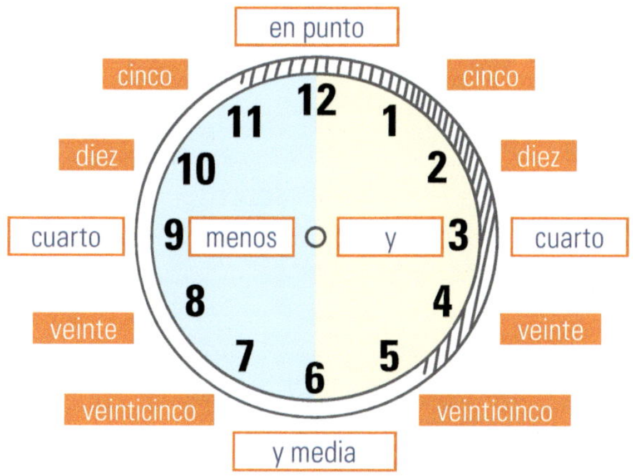

Para trabajar estos contenidos, realice la actividad **1**, p. **28** del *Libro de ejercicios*.

2. El objetivo de la actividad es que los estudiantes diferencien las partes del día y las utilicen para hablar del momento en el que realizan esas actividades, sin hablar de horas concretas. Deje bien claro que no es importante la hora, sino la parte del día, y que para ello deben usar la preposición *por*. Asimismo, comente que aunque el mediodía marca una hora concreta del día (las 12:00), en España y en la mayoría de los países de Hispanoamérica es un periodo de tiempo que incluye la hora de la comida (entre las 12:00 y las 15:00 h).
Resuelva las dudas de vocabulario si es necesario.

2.1. Esta actividad amplía la anterior. Pida a sus estudiantes que piensen en otras actividades que hacen cotidianamente y que las añadan a la tabla. Anímelos a usar el diccionario y resuélvales las dudas de léxico que les pudieran surgir. Finalmente haga una puesta en común con todo el grupo.

Unidad 5

Palabras

1. Pida a sus estudiantes que lean los comentarios de las personas de las fotografías y anímelos a deducir el significado de las acciones que comentan con ayuda de las imágenes. A continuación pídales que identifiquen en los comentarios los días de la semana para escribirlos debajo. Después remítalos al cuadro de atención y explíqueles, las abreviaturas de los días de la semana. Hágales notar también que la expresión *fin de semana* se utiliza para referirse al sábado y al domingo.
Por último, explíqueles que la estructura *soler* + infinitivo la usamos para expresar acciones habituales.
Lunes, martes, miércoles, jueves, viernes, sábado, domingo.

1.1. El objetivo de esta actividad es que los estudiantes activen el vocabulario de acciones cotidianas que han visto en la actividad anterior. No es necesario que explique el paradigma de los verbos reflexivos, ya que estos se tratarán en profundidad en el apartado "Gramática". Dirija su atención al cuadro donde se presentan algunas estructuras para hablar de los horarios. Para realizar la actividad, distribuya a sus estudiantes en parejas y pídales que se hagan el cuestionario para conocer sus rutinas. Una vez que todos se hayan hecho las preguntas propuestas, pídales que cuenten al resto de la clase las diferencias y coincidencias que han encontrado. Puede sugerirles que usen fórmulas como *Mi compañero se levanta a las..., pero yo me levanto a las...* o *Los dos nos levantamos a las...*

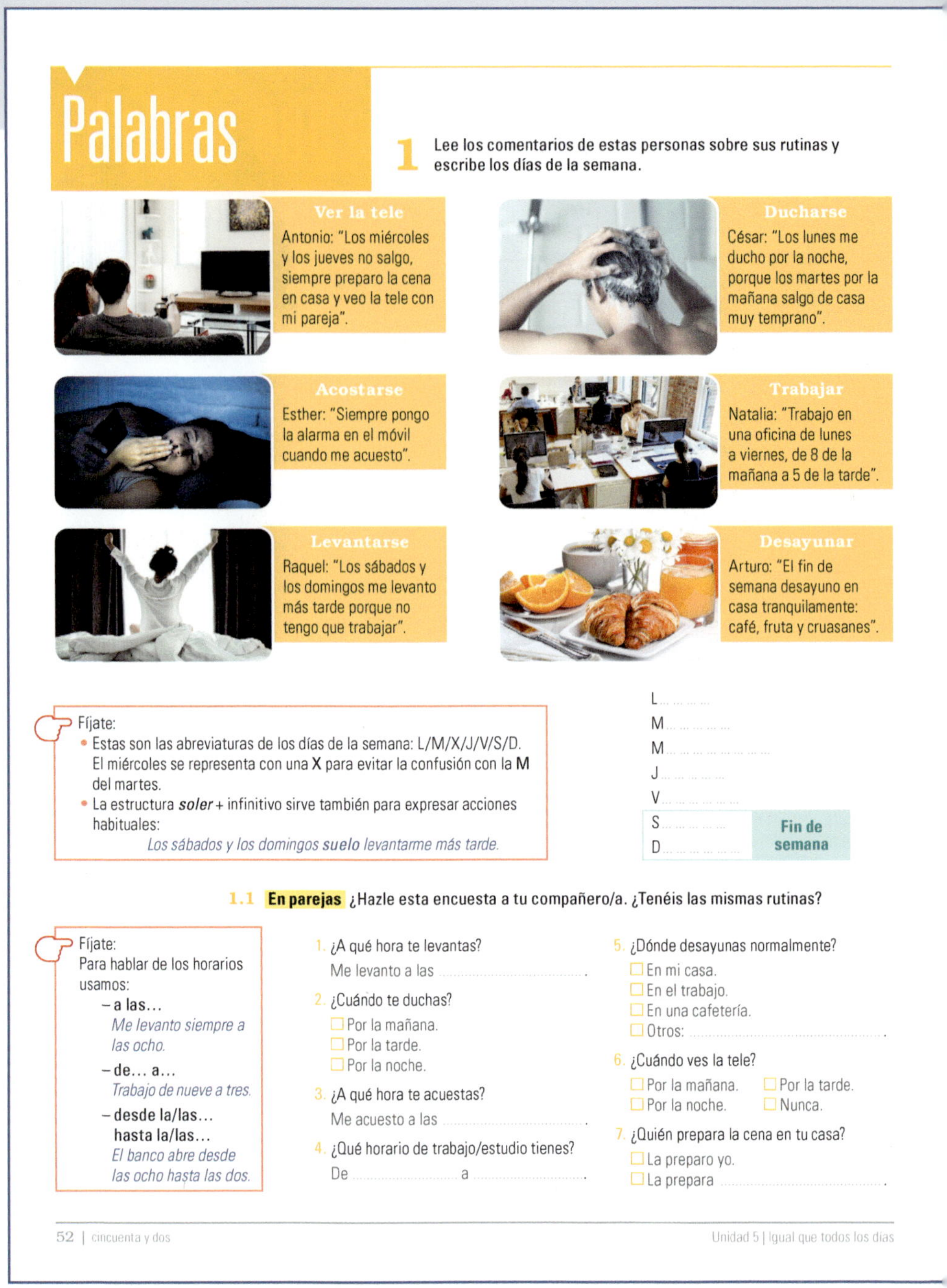

Palabras

1 Lee los comentarios de estas personas sobre sus rutinas y escribe los días de la semana.

Ver la tele
Antonio: "Los miércoles y los jueves no salgo, siempre preparo la cena en casa y veo la tele con mi pareja".

Ducharse
César: "Los lunes me ducho por la noche, porque los martes por la mañana salgo de casa muy temprano".

Acostarse
Esther: "Siempre pongo la alarma en el móvil cuando me acuesto".

Trabajar
Natalia: "Trabajo en una oficina de lunes a viernes, de 8 de la mañana a 5 de la tarde".

Levantarse
Raquel: "Los sábados y los domingos me levanto más tarde porque no tengo que trabajar".

Desayunar
Arturo: "El fin de semana desayuno en casa tranquilamente: café, fruta y cruasanes".

Fíjate:
- Estas son las abreviaturas de los días de la semana: L/M/X/J/V/S/D. El miércoles se representa con una **X** para evitar la confusión con la **M** del martes.
- La estructura *soler* + infinitivo sirve también para expresar acciones habituales:
  *Los sábados y los domingos **suelo** levantarme más tarde.*

L..........
M..........
M..........
J..........
V..........
S.......... **Fin de semana**
D..........

1.1 **En parejas** ¿Hazle esta encuesta a tu compañero/a. ¿Tenéis las mismas rutinas?

Fíjate:
Para hablar de los horarios usamos:
- **a las...**
  Me levanto siempre a las ocho.
- **de... a...**
  Trabajo de nueve a tres.
- **desde la/las... hasta la/las...**
  El banco abre desde las ocho hasta las dos.

1. ¿A qué hora te levantas?
   Me levanto a las ....
2. ¿Cuándo te duchas?
   ☐ Por la mañana.
   ☐ Por la tarde.
   ☐ Por la noche.
3. ¿A qué hora te acuestas?
   Me acuesto a las ....
4. ¿Qué horario de trabajo/estudio tienes?
   De .... a ....
5. ¿Dónde desayunas normalmente?
   ☐ En mi casa.
   ☐ En el trabajo.
   ☐ En una cafetería.
   ☐ Otros: ....
6. ¿Cuándo ves la tele?
   ☐ Por la mañana. ☐ Por la tarde.
   ☐ Por la noche. ☐ Nunca.
7. ¿Quién prepara la cena en tu casa?
   ☐ La preparo yo.
   ☐ La prepara ....

52 | cincuenta y dos — Unidad 5 | Igual que todos los días

5

2 [18] Escucha lo que dicen estas personas sobre lo que hacen a diario y escribe las acciones debajo de la foto correspondiente.

A B C D E F G H I

2.1 [18] Vuelve a escuchar el audio y numera las imágenes según el orden en que realizan las acciones Sebastián, Julia y Andrea.

2.2 **En parejas** ¿Qué otras acciones cotidianas conoces asociadas a estos verbos? Haz una lista con tu compañero/a.

Leer *un libro*
Hacer
Tomar
Lavarse
Jugar
Salir

Asociar palabras a un verbo te ayuda a recordar sus posibles combinaciones y a fijar otras nuevas.

Unidad 5 | Igual que todos los días — cincuenta y tres | 53

2. [18] Explique a sus estudiantes que van a escuchar a tres personas que hablan de algunas acciones que realizan cada día. Antes de poner el audio, y para facilitar su comprensión, hágales estas preguntas: *¿qué está haciendo el señor mayor?, ¿dónde está el grupo de amigos?, ¿en qué parte de la casa está la chica del pijama?, ¿qué está haciendo la chica de la mesa?, ¿dónde está la chica de las gafas?, ¿qué está leyendo el hombre?, ¿qué deporte practica la mujer de la camiseta roja?, ¿a qué juega la chica joven?* o *¿qué hay en la taza?* La tarea consiste en escribir las acciones de las que hablan debajo de la imagen correspondiente. Adviértales de que no todas las acciones que mencionan están representadas en las fotos.
Una alternativa a la actividad es que escriban ellos previamente las acciones y que comprueben su respuesta escuchando el audio.
A. Dormir la siesta; **B.** Salir a cenar; **C.** Lavarse la cara; **D.** Estudiar en la biblioteca; **E.** Trabajar; **F.** Leer el periódico; **G.** Jugar al tenis; **H.** Jugar a la Play; **I.** Tomar un café con leche y galletas.

2.1. [18] Vuelva a poner el audio para una segunda escucha. Los estudiantes tendrán que focalizar su atención en las acciones y en el orden en el que las realiza cada persona, por lo que deberán marcar con 1, 2 o 3 las imágenes de cada uno. Si lo desea, puede repetir cada intervención dos veces antes de continuar con la siguiente persona. Una vez terminada la audición, haga una puesta en común y fije en la pizarra las combinaciones con los verbos *leer, hacer, tomar(se), jugar, lavarse* y *salir*, que se mencionan en el audio y que se ampliarán en la actividad 2.2. Las acciones que se mencionan en el audio son las siguientes: *leer el periódico/el correo, hacer la compra, tomarse un café, jugar al tenis/jugar con la Play, lavarse la cara, salir a cenar.*
Como opción alternativa, puede utilizar la transcripción y pedir a sus estudiantes que busquen las combinaciones posibles con los verbos mencionados anteriormente y fijarlos después en la pizarra.
Sebastián: 1. F; **2.** A; **3.** I. **Julia: 1.** E; **2.** G; **3.** C.
Andrea: 1. D; **2.** B; **3.** H.

2.2. Una vez fijadas en la pizarra las acciones relacionadas con los verbos *leer, hacer, tomar(se), jugar, lavarse* y *salir*, distribuya a sus estudiantes en parejas y pídales que busquen otras palabras que se puedan combinar con ellos *(leer un libro, tomar un refresco, jugar al fútbol, jugar con el ordenador, hacer los deberes, lavarse las manos, salir a comer…)*.
Posible respuesta:
Leer un libro, el periódico, una revista, el correo…; **Tomar** un café, un sándwich, un refresco, algo…; **Jugar** al tenis, a/con la Play, con el ordenador/móvil…; **Salir** con los amigos, a cenar, al cine…; **Hacer** deporte, la compra, los deberes/las tareas de la universidad; **Lavarse** la cara, los dientes, las manos…

Para trabajar estos contenidos, realice las actividades **2-9**, pp. **28-29** del *Libro de ejercicios*.

Unidad 5

Gramática

1. Explique el paradigma de los verbos con irregularidad vocálica valiéndose de la **proyección 16**.

Presente irregular

[16]

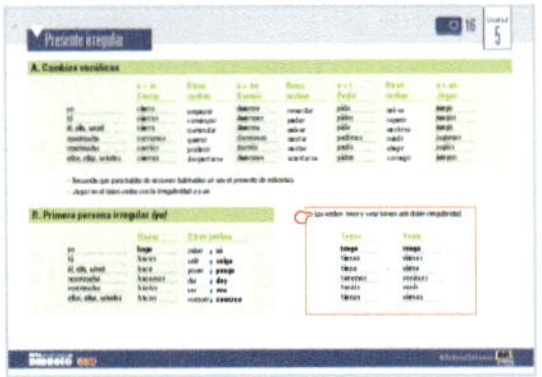

Proyecte la lámina y explique las irregularidades en el presente de indicativo. Recuérdeles que los verbos *ser*, *estar* e *ir*, que ya conocen, tienen una irregularidad propia. Asimismo, hágales notar que las formas *nosotros/as* y *vosotros/as* se mantienen regulares.

Como actividad de ampliación, puede dividir la clase en pequeños grupos, darles un dado (el 1 es *yo*, el 2 es *tú*, el 3 es *él/ella/usted*, el 4 es *nosotros/as*, el cinco *vosotros/as* y el 6 *ellos/ellas/ustedes*): tienen que tirar el dado y conjugar los verbos que aparecen en el cuadro gramatical sin conjugar *(empezar, contar, corregir...)* según la persona que corresponde al número del dado que han sacado. Por último, con el cuadro de la RAE, recuérdeles el uso de *vos* y sus formas en presente de indicativo.

Gramática

1 Presente de indicativo: verbos irregulares

A. Verbos con irregularidad vocálica

	e > ie Cerrar	Otros verbos	o > ue Dormir	Otros verbos
yo	cierro	empezar	duermo	recordar
tú	cierras	comenzar	duermes	poder
él, ella, usted	cierra	merendar	duerme	volver
nosotros/as	cerramos	querer	dormimos	contar
vosotros/as	cerráis	preferir	dormís	costar
ellos, ellas, ustedes	cierran	despertarse	duermen	acostarse

	e > i Pedir	Otros verbos	u > ue Jugar
yo	pido	reírse	juego
tú	pides	repetir	juegas
él, ella, usted	pide	vestirse	juega
nosotros/as	pedimos	medir	jugamos
vosotros/as	pedís	elegir	jugáis
ellos, ellas, ustedes	piden	corregir	juegan

Fíjate:
Algunos verbos tienen un cambio ortográfico para conservar el sonido original del infinitivo. Este cambio no se considera una irregularidad:
coger > cojo; convencer > convenzo; seguir > sigo...

Fíjate:
Jugar es el único verbo con la irregularidad *u > ue*.

RAE GRAMÁTICA
Recuerda que la forma vos se usa principalmente en Argentina, Uruguay y Paraguay.
El presente de la forma ***vos*** es regular: *vos* pensás, tenés, dormís, jugás, pedís, decís ...:
Vos pensás así porque no tenés hijos...
Eso que vos decís es lo mismo que decís que decía Perón...

- Los verbos *tener* y *venir* tienen doble irregularidad:
  ***tengo**, tienes, tiene, tenemos, tenéis, tienen*
  ***vengo**, vienes, viene, venimos, venís, vienen*
- Recuerda que los verbos *ser*, *estar* e *ir* tienen una irregularidad propia:
  ***soy**, **eres**, **es**...; **estoy**, **estás**, **está**...; **voy**, **vas**, **va**...*

B. Verbos que tienen la primera persona *(yo)* irregular

Hacer	Otros verbos
hago	saber > sé
haces	salir > salgo
hace	poner > pongo
hacemos	dar > doy
hacéis	ver > veo
hacen	conocer > conozco

1.1 Completa el cuadro según el modelo.

Forma	Persona	Infinitivo	Irregularidad
cuenta	*él, ella, usted*	*contar*	*o > ue*
salgo			
duermen			
empiezas			
pongo			
juegas			
piden			

54 | cincuenta y cuatro — Unidad 5 | Igual que todos los días

1.1.

Forma	Persona	Infinitivo	Irregularidad
cuenta	él, ella, usted	contar	o > ue
salgo	yo	salir	primera persona irregular
duermen	ellos, ellas, ustedes	dormir	o > ue
empiezas	tú	empezar	e > ie
pongo	yo	poner	primera persona irregular
juegas	tú	jugar	u > ue
piden	ellos, ellas, ustedes	pedir	e > i

5

2 Verbos reflexivos

- Los verbos reflexivos se forman añadiendo los siguientes pronombres:

	Ducharse
yo	**me** ducho
tú	**te** duchas
él, ella, usted	**se** ducha
nosotros/as	**nos** duchamos
vosotros/as	**os** ducháis
ellos, ellas, ustedes	**se** duchan

Levantarse, lavarse, despertarse, acostarse, vestirse, apellidarse, llamarse... también son reflexivos:

Yo me ducho dos veces al día, una por la mañana y otra por la noche.

2.1 Completa las formas que faltan de cada verbo.

e > ie Despertarse	e > i Vestirse
me despierto	......
......	se viste
......	......
os despertáis	......
......	se visten

o > ue Acostarse	1.ª persona irregular Caerse
......	......
te acuestas	te caes
nos acostamos	......
......	......
......	se caen

3 Relaciona los siguientes infinitivos con el nombre adecuado.

1. Hacer	a. un cuento.
2. Poner	b. la lavadora.
3. Pedir	c. de casa.
4. Contar	d. la cama.
5. Dar	e. un paseo.
6. Salir	f. una *pizza*.

3.1 [19] Escucha lo que dicen estas personas sobre su día a día para comprobar tu respuesta anterior.

3.2 [19] Vuelve a escuchar y relaciona a las personas con las imágenes a través de las acciones que realizan.

A Persona .... B Persona .... C Persona .... D Persona .... E Persona .... F Persona ....

4 Lee el texto y completa con las formas adecuadas de los verbos.

¡Hola! [1] .... (Llamarse) Javier. [2] .... (Tener) 39 años y [3] .... (vivir) en Cali. Por la mañana [4] .... (levantarse), [5] .... (desayunar) y [6] .... (ducharse). A las siete y media [7] .... (salir) de casa porque [8] .... (empezar) a trabajar a las ocho. [9] .... (Trabajar) hasta las cuatro. A la una del mediodía [10] .... (hacer) un descanso y [11] .... (tomar) un sándwich y una fruta. Por la tarde, [12] .... (volver) a casa. A veces, cuando [13] .... (llegar) cansado, [14] .... (dormir) un rato o [15] .... (escuchar) música. Si no [16] .... (estar) cansado, [17] .... (dar) un paseo, [18] .... (ir) al gimnasio, [19] .... (hacer) la compra... Por la noche, [20] .... (preparar) la cena y después [21] .... (leer) un poco o [22] .... (ver) la tele. Normalmente [23] .... (acostarse) a las once de la noche, porque al día siguiente [24] .... (despertarse) muy pronto.

2. Explique el paradigma de los verbos reflexivos según se indica en el cuadro.

2.1. Antes de realizar la actividad, haga que sus estudiantes se fijen en las irregularidades de los verbos que tienen que completar y explíqueles que estos se comportan de la misma manera que los verbos presentados en la actividad 1. Para completar la forma del verbo *caerse*, anímelos a que busquen el verbo en algún conjugador *online* para que vayan familiarizándose con este tipo de recursos.

e>ie Despertarse	e>i Vestirse
me despierto	me visto
te despiertas	te vistes
se despierta	se viste
nos despertamos	nos vestimos
os despertáis	os vestís
se despiertan	se visten

o>ue Acostarse	1.ª persona irregular Caerse
me acuesto	me caigo
te acuestas	te caes
se acuesta	se cae
nos acostamos	nos caemos
os acostáis	os caéis
se acuestan	se caen

3. Pida a sus estudiantes que piensen en la combinación posible de los verbos y las palabras de la columna de la derecha. Después explíqueles que dichas combinaciones forman acciones que realizamos en nuestro día a día. Recuérdeles que asociar verbos y nombres es una buena estrategia para aprender léxico. A continuación dígales que deberán comprobar sus respuestas con el audio de la actividad 3.1.

3.1. Ponga el audio para realizar la corrección de la actividad 3.
[19] **1.** d; **2.** b; **3.** f; **4.** a; **5.** e; **6.** c.

3.2. Para completar la secuencia de estas actividades de comprensión auditiva, vuelva a poner el audio y explique a sus estudiantes que, en esta ocasión, deberán relacionar las acciones que se realizan con las imágenes que las representan.
[19] **A.** Persona 1; **B.** Persona 5; **C.** Persona 4; **D.** Persona 3; **E.** Persona 6; **F.** Persona 2.

4. Actividad para la consolidación de las formas verbales estudiadas.
1. Me llamo; **2.** Tengo; **3.** vivo; **4.** me levanto; **5.** desayuno; **6.** me ducho; **7.** salgo; **8.** empiezo; **9.** Trabajo; **10.** hago; **11.** tomo; **12.** vuelvo; **13.** llego; **14.** duermo; **15.** escucho; **16.** estoy; **17.** doy; **18.** voy; **19.** hago; **20.** preparo; **21.** leo; **22.** veo; **23.** me acuesto; **24.** me despierto.

Para trabajar estos contenidos, realice las actividades **10-17**, pp. **30-31** del *Libro de ejercicios*.

Unidad 5

Practica en contexto

1. [20] El objetivo de esta actividad es que sus estudiantes tengan una muestra contextualizada del día a día de dos personas: una ingeniera y un estudiante. Antes de escuchar el audio, lea con sus estudiantes la información de la columna central y después explíqueles que van a escuchar a las dos personas de las fotografías contando cómo es un día normal para ellos a través de una encuesta que realiza un periodista en la calle. Adviértales de que alguna información puede corresponder a los dos. Ponga el audio y corrija con todo el grupo.
Gema: 2, 3, 4, 7, 9, 10, 12; **Ernesto:** 1, 5, 6, 8, 9, 11.

1.1. Antes de realizar la actividad, agrupe a sus estudiantes en parejas y facilíteles la transcripción del audio anterior. A continuación explíqueles las estructuras para relacionar dos acciones temporalmente que se presentan en el cuadro de la banda lateral y pídales que busquen las mismas estructuras en el texto y las marquen. Luego pregúnteles qué actividades de las que se mencionan en la actividad anterior hacen y cuáles no. Puede utilizar la **proyección 17** para practicar las horas y las acciones habituales antes de continuar.

¿A qué hora...? [17]

Ponga la proyección y pregunte a sus estudiantes si hay algún verbo irregular en las acciones que se presentan en la lámina. Si tienen problemas, recuérdeles las irregularidades de los verbos *despertarse, salir, empezar, volver, hacer* y *acostarse*. Seguidamente pídales que le cuenten al resto de la clase qué hacen en un día normal y a qué hora. Si lo considera oportuno, plantee la actividad en parejas a modo de cuestionario.

Practica en contexto

1 [20] Escucha lo que hacen Gema y Ernesto un día normal y marca la información correspondiente a cada uno.

Gema
35 años. Ingeniera

- ☐ 1. Se despierta a las 7:00. ☐
- ☐ 2. Se despierta a las 6:30. ☐
- ☐ 3. Se ducha por la mañana. ☐
- ☐ 4. Come a las 14:00. ☐
- ☐ 5. Come a media mañana. ☐
- ☐ 6. Duerme la siesta después de comer. ☐
- ☐ 7. Corre. ☐
- ☐ 8. Da un paseo. ☐
- ☐ 9. Se ducha antes de cenar. ☐
- ☐ 10. Pide una *pizza*. ☐
- ☐ 11. Juega con el ordenador. ☐
- ☐ 12. Se acuesta pronto. ☐

Ernesto
16 años. Estudiante

Relacionar dos acciones temporalmente
- ***después de*** + infinitivo/nombre
  Después de ducharme/la ducha me visto.
- ***antes de*** + infinitivo/nombre
  *Todos los días corro por el parque **antes de** cenar/la cena.*

1.1 **En parejas** ¿Tú haces estas cosas habitualmente? ¿Cuáles sí y cuáles no? ¿A qué hora?

2 Carolina y Javi son compañeros de piso y por la mañana cada uno tiene rutinas diferentes. Lee la información, ordena las acciones de cada uno y completa.

☐ Ducharse: 8:30 ☐ Maquillarse: 8:50 ☐ Vestirse: 8:45
☐ Salir de casa: 9:00 ☐ Desayunar: 8:00

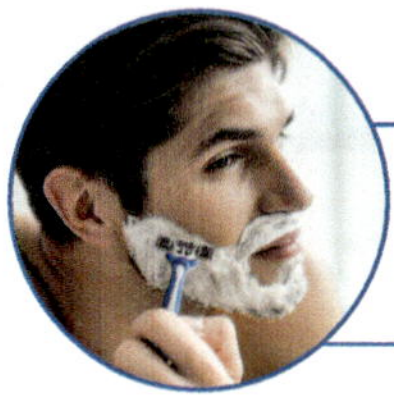

☐ Salir de casa: 9:00 ☐ Vestirse: 8:25 ☐ Afeitarse: 8:15
☐ Ducharse: 8:00 ☐ Desayunar: 8:40

Ordenar las acciones en el tiempo
- primero
- luego/después
- por último

*Primero desayuno, **luego** me ducho, **después** me visto y, **por último**, me lavo los dientes.*

Carolina primero ...., luego .... y ...., después .... y, por último, ...
Javi primero ...., luego .... y ...., después .... y, por último, ...

2.1 **Todo el grupo** Piensa en tu rutina y cuéntale a la clase lo que haces y en qué orden en un día normal.

2. Explique a sus estudiantes que van a ver información de dos compañeros de piso que organizan de manera diferente su rutina de primera hora de la mañana. Para ello, haga que se fijen bien en las horas a las que cada uno realiza las actividades y pídales que las numeren del 1 al 5 para ordenarlas cronológicamente. A continuación dirija su atención al cuadro de la banda lateral para ordenar las acciones en el tiempo y dígales que completen los textos.
Carolina: 1. Desayunar; **2.** Ducharse; **3.** Vestirse; **4.** Maquillarse; **5.** Salir de casa; **Javi: 1.** Ducharse; **2.** Afeitarse; **3.** Vestirse; **4.** Desayunar; **5.** Salir de casa.
Carolina primero desayuna, luego se ducha y se viste, después se maquilla y, por último, sale de casa.
Javi primero se ducha, luego se afeita y se viste, después desayuna y, por último, sale de casa.

2.1. Una vez corregida la actividad anterior, pida a sus estudiantes que les cuenten a sus compañeros/as lo que hacen por la mañana en un día normal y el orden en el que lo hacen siguiendo el modelo de la actividad 2. Como actividad complementaria, puede sugerirles otros contextos que requieran un orden cronológico, como por ejemplo qué hacen después de salir de casa, qué hacen antes de acostarse, qué hacen después de salir de clase, etc.

3 **En parejas** Observa la agenda de este mes de Sara. ¿Con qué frecuencia realiza estas actividades? Fíjate en el ejemplo.

Ejemplo: *Sara* ***estudia*** *en la biblioteca* ***dos veces a la semana****.*

JUNIO

Lunes	Martes	Miércoles	Jueves	Viernes	Sábado	Domingo
Biblioteca 1	Salsa 2	Piscina 3	Tenis 4	Biblioteca 5	Súper Cine con Virginia y Santi 6	Celebrar mi cumpleaños 7
Biblioteca 8	Salsa 9	Piscina 10	Club de lectura 11	Biblioteca 12	Súper 13	Tapas con amigos 14
Biblioteca 15	Salsa 16	Piscina 17	Tenis 18	Biblioteca 19	Súper 20	Comida familiar 21
Biblioteca 22	Salsa 23	Piscina 24	Tenis Club de lectura 25	Biblioteca 26	Súper Cena de amigas 27	Reunión amigos universidad 28
Biblioteca 29	Salsa 30	1	2	3	4	5

Hablar de la frecuencia

- ***los*** + día de la semana
  Los lunes voy al gimnasio por la tarde.
  el lunes › **los** lunes
  el sábado › **los** sábados
- (casi) **todos los** días/meses/años/fines de semana
- (casi) **todas las** mañanas/tardes/noches/semanas
- **una vez/n.º de veces al** día/**a la** semana/**al** mes/al año
- **normalmente**
- **a veces**
- (casi) **siempre**
- (casi) **nunca**

Fíjate:
No tomo café ***nunca****.*
› ***Nunca*** *tomo café.*

Los meses del año

- **enero**
- **febrero**
- **marzo**
- **abril**
- **mayo**
- **junio**
- **julio**
- **agosto**
- **septiembre**
- **octubre**
- **noviembre**
- **diciembre**

Actividades		Frecuencia	
1. Estudiar en la biblioteca.	6. Jugar al tenis.	los miércoles	tres veces al mes
2. Bailar salsa.	7. Reunirse en el club de lectura.	una vez a la semana	una vez al año
3. Celebrar el cumpleaños.	8. Comer en casa de sus padres.	una vez al mes	casi todos los fines de semana
4. Hacer la compra.	9. Ir a la piscina.	dos veces al mes	todos los sábados
5. Salir con los amigos.		dos veces a la semana	

3.1 **Todo el grupo** Marca la frecuencia con la que tú realizas estas actividades. Después cuéntaselo a la clase.

	Todos los días	Casi todos los días	A veces	Casi nunca	Nunca	Una vez al día/a la semana/al mes/al año	N.º de veces al día / a la semana/al mes/al año
Hacer la compra.	☐	☐	☐	☐	☐	☐	☐
Lavarte los dientes.	☐	☐	☐	☐	☐	☐	☐
Ir al dentista.	☐	☐	☐	☐	☐	☐	☐
Ir a la biblioteca.	☐	☐	☐	☐	☐	☐	☐
Cocinar.	☐	☐	☐	☐	☐	☐	☐
Tomar café.	☐	☐	☐	☐	☐	☐	☐
Acostarte pronto.	☐	☐	☐	☐	☐	☐	☐
Pedir una *pizza*.	☐	☐	☐	☐	☐	☐	☐
Comer en un restaurante.	☐	☐	☐	☐	☐	☐	☐
Poner la lavadora.	☐	☐	☐	☐	☐	☐	☐

3. El objetivo de esta actividad es que sus estudiantes aprendan las estructuras para hablar de la frecuencia. Para ello, agrúpelos en parejas y pídales que lean la información de la agenda de Sara y la de la tabla que hay debajo del calendario. Después pídales que completen la tabla con las actividades de Sara y la frecuencia con que las hace siguiendo la frase del ejemplo y apoyándose en la información del cuadro de la banda lateral. Mientras los estudiantes realizan la actividad, paséese por las mesas y aclare las dudas que puedan tener sobre el léxico o los marcadores de frecuencia. Por último, haga una puesta en común y corrija la actividad con la proyección 18.

Marcadores de frecuencia

[18]

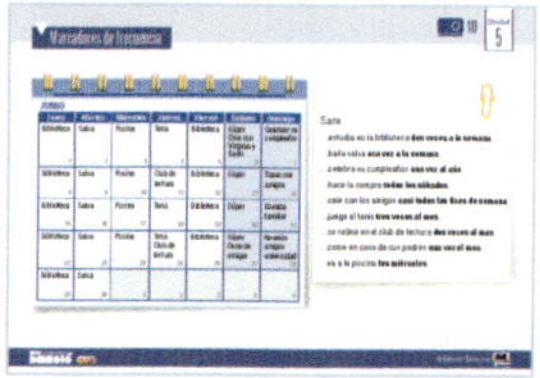

Proyecte la lámina y corrija la actividad 3 haciendo énfasis en los marcadores de frecuencia, así como en los verbos en presente.

3.1. Antes de realizar la actividad, repase con sus estudiantes los marcadores de frecuencia del cuadro, haciendo hincapié en las formas negativas *(casi nunca* y *nunca)* y en la doble negación según la posición del marcador de frecuencia. A continuación pídales que marquen en la tabla la frecuencia con la que realizan las acciones propuestas. Cuando hayan marcado las acciones, deles unos minutos para organizar la información y pídales que la compartan con sus compañeros.

Para trabajar estos contenidos, realice las actividades **18-22**, pp. **31-32** del *Libro de ejercicios*.

Unidad 5

Cultura

1. Antes de comenzar la actividad, ponga la proyección 19 y pida que observen las fotografías. A continuación plantéeles las preguntas propuestas en la explotación de la proyección para introducir el tema del apartado y luego explíqueles que van a leer un artículo en el que se habla de los horarios de comida de los españoles.

Los horarios de los españoles
[19]

Haga a sus estudiantes las siguientes preguntas sobre las fotografías:

1. *¿Dónde están?*
2. *¿Qué parte del día crees que es?*
3. *¿Qué están haciendo estas personas?*

Posible respuesta:

1. El chico, la chica y la familia están en casa; los niños en el parque/en el jardín; 2. Son diferentes momentos del día: por la mañana (desayuno), a mediodía (comida, almuerzo), por la tarde (merienda) y por la noche (cena); 3. La chica está desayunando, el chico está comiendo/almorzando, los niños están merendando y la familia está cenando.

1.1. Una vez leído el texto, pídales que comenten en parejas las preguntas propuestas y después haga una puesta en común para saber más acerca de sus horarios.

HORARIOS ESPAÑOLES

1 Lee el siguiente texto de la revista *Comida y salud* sobre las costumbres de los españoles en horarios y comidas.

¿Cuántas veces comen al día los españoles?

Los españoles realizan mayoritariamente tres comidas diarias: el desayuno, la comida del mediodía y la cena, y solo el 28 % toma algo a media mañana y merienda a media tarde. En días laborables el desayuno lo hace un 95.4 % de los españoles. Un dato curioso es que los estudiantes son los que menos desayunan. La merienda es la comida menos importante: normalmente solo meriendan los menores de 12 años y los mayores de 60.

¿Dónde comen?

La mayoría de los españoles desayuna y cena en su casa. El trabajo es la razón principal para comer fuera de lunes a viernes. Las comidas que más se hacen fuera de casa a diario son, especialmente, el almuerzo o el desayuno de media mañana, que suelen realizarse en el trabajo o en una cafetería. Los fines de semana muchos españoles comen o cenan fuera de casa para disfrutar de su tiempo libre.

¿Cómo comen?

Los españoles invierten alrededor de 15 minutos en el desayuno y entre 30 y 40 minutos en las comidas y las cenas.

Las dos comidas principales (la del mediodía y la cena) se hacen tranquilamente, sentados y conversando, tanto a diario como los fines de semana. Sin embargo, los menores de 30 años normalmente comen y cenan viendo la televisión o están con el móvil..

¿Cuándo comen?

Los horarios dependen del tipo de trabajo, pero una cosa está clara: en España todo ocurre más tarde que en otros países. Normalmente los españoles desayunan entre las siete y media y las nueve de la mañana. A mediodía comen entre la una y media y las tres y media de la tarde. Por la noche cenan entre las nueve y las once. ¿Qué te parece?

1.1 **En parejas** Comenta las siguientes cuestiones con tu compañero/a. ¿Coincidís?

- ¿Dónde comes normalmente?
- ¿Cuántas veces comes al día?
- ¿Cuánto tiempo dedicas a las comidas?
- ¿Ves la televisión o estás con el móvil cuando comes?

58 | cincuenta y ocho — Unidad 5 | Igual que todos los días

5

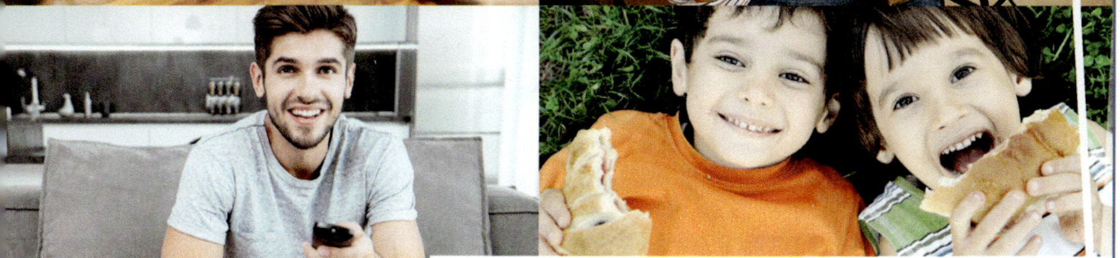

2 **En parejas** Fíjate en el gráfico de los horarios. ¿Qué diferencias hay entre España y los otros países?

2.1 **Todo el grupo** Completa la columna "Mi país" y explícale al resto de la clase cómo se reparte el tiempo en el lugar donde vives.

En mi país la gente duerme hasta las...

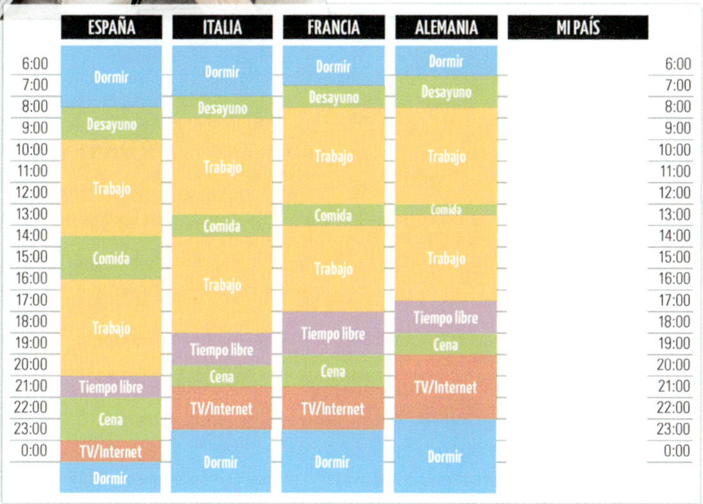

Datos procedentes de elpais.com (https://verne.elpais.com/verne/2016/03/18/articulo/1458309794_132930.html).

Unidad 5 | Igual que todos los días   cincuenta y nueve | 59

2. Invite a sus estudiantes a leer la información presentada en los gráficos y anímelos a que comenten en parejas las diferencias entre los países seleccionados y España. Procure que no se fijen únicamente en los horarios, sino también en la cantidad de horas que se dedican a las diferentes actividades. Por último, haga una puesta en común para contrastar las conclusiones de cada pareja.

Posible respuesta:

Los españoles, por ejemplo, desayunan y empiezan a trabajar más tarde que los italianos, franceses y alemanes, pero también salen de trabajar y se acuestan más tarde. Comen mucho más tarde y tienen menos tiempo libre. Dedican mucho más tiempo a las comidas y menos a ver la televisión o a navegar por internet.

2.1. Una vez analizada y comentada la información, pídales a sus estudiantes que dibujen un gráfico similar con información de su país para compararlo después con sus compañeros y ver si coinciden. Si lo desea, puede sugerirles también que amplíen su explicación con información similar a la que han leído en el texto (las veces que comen al día, los lugares donde comen o el tiempo que invierten en comer). Como actividad de ampliación, puede pedir a los estudiantes que, entre todos, realicen un gráfico similar al de la actividad 2.1 con los horarios de cada estudiante y que los comparen para ver las semejanzas y diferencias.

Para trabajar estos contenidos, realice las actividades **23** y **24**, p. **33** del *Libro de ejercicios*.

Si lo considera oportuno, puede ampliar la actividad trabajando los horarios de comida de un país hispano. Proponemos, a modo de ejemplo, Costa Rica, pero puede dejarlo abierto a cualquier país.
Pídales que, en pequeños grupos, busquen información en internet sobre los horarios y costumbres alimenticias que tienen los costarricenses, partiendo de las siguientes preguntas: *¿cuántas veces comen al día?, ¿dónde comen?, ¿qué comen?*
Siguiendo el modelo de texto de los horarios españoles, los estudiantes deberán completar la información. Al terminar, haga una puesta en común para comprobar los resultados. Si han tomado la opción de trabajar con otros países, resultará interesante ver las semejanzas y diferencias.

1. Tienen tres tiempos de comida: desayuno al iniciar la mañana, almuerzo entre las 12:00 del mediodía y la 1:00 de la madrugada, y cena entre las 7:00 y las 9:00 de la noche. Entre las 3:00 y las 5:00 de la tarde, se acostumbra a tomar café y acompañarlo con algo de comer, puede ser dulce o salado.
2. Suelen realizar las comidas en casa, aunque últimamente ha aumentado el número de personas que toma el almuerzo en restaurantes o cantinas.
3. El plato típico para desayunar se llama *gallo pinto*: una combinación de arroz con frijoles acompañada de huevo, frutas, queso, tortillas de maíz, plátano maduro y un buen café nacional.
   Para el almuerzo toman, entre otros platos: el casado (plato combinado a base de frijoles, arroz, verduras y carne o pescado) y la olla de carne (un guiso hecho con trozos de carne, papas, zanahorias y plátanos, entre otros ingredientes). Para la cena, las bocas: pequeñas porciones de comida que comúnmente se consumen en cantinas, acompañadas de bebidas nacionales.

Adaptado de https://www.google.es/search?q=horario+de+comidas+de+costa+rica&ie=&oe=

Vídeo

1. Pida a sus estudiantes que se fijen en la fotografía y pregúnteles por la parte del día que es, justificando su respuesta.
   Es por la mañana porque se ve claridad fuera, porque hay zumo y tostadas encima de la mesa y porque Tere lleva un pijama.

2. Divídalos en parejas y pídales que confeccionen una lista de los alimentos que se ven encima de la mesa. Sugiérales que usen el diccionario en caso de que tengan dudas de vocabulario.
   Zumo de naranja, tostadas, mermelada, fruta, leche y cereales.

3. Visione el fragmento 00:46 ▶ 01:23 y pídales que respondan a las preguntas.
   1. A las 8 de la mañana; **2.** A las 9:30; **3.** A las 7:15; **4.** Porque a las 8:45 tiene una reunión con el director de su maestría; **5.** A las 10:46.

4. y 4.1. Antes de ver el siguiente fragmento, pida a sus estudiantes que hagan hipótesis sobre la rutina de Bea utilizando los verbos que aparecen en las cajas. Luego proceda al visionado del fragmento 01:29 ▶ 01:51 para que corrijan sus suposiciones.
1. se levanta; **2.** se ducha; **3.** desayuna; **4.** va al gimnasio; **5.** empieza a trabajar.

5-5.2. Pida a sus estudiantes que, de manera individual, ordenen la conversación entre Tere, Carla y Bea. Luego pídales que la comparen con su compañero/a. A continuación, ponga el fragmento 03:00 ▶ 03:42 sin sonido con el fin de hacer las modificaciones que fueran necesarias, teniendo en cuenta la gestualidad de los actores. Por último, visione el fragmento con sonido y corrija el orden de la conversación. Si lo considera oportuno, vuelva a poner el fragmento y haga una reflexión con todo el grupo sobre la importancia de los gestos y de la comunicación no verbal en general a la hora de facilitar la comprensión de un mensaje.
10, 2, 9, 6, 4, 5, 7, 1, 3, 8.

6. Para terminar la sección, plantee a sus estudiantes las preguntas propuestas en la actividad y pídales que hablen de ello en pequeños grupos. Luego, si lo considera oportuno, haga una puesta en común en plenario. Por último haga un visionado completo del vídeo sin pausas.

Vídeo

HOSTAL Babel

El olor de tu café

Antes del vídeo

1 **Todo el grupo** Observa la fotografía. ¿Qué parte del día crees que es? ¿Por qué?

2 **En parejas** Haz con tu compañero/a una lista de los alimentos que hay en la mesa.

Durante el vídeo

3 Visiona el fragmento 00:46 ▶ 01:23 y contesta a las preguntas.

1. ¿A qué hora se despierta normalmente Carla?
2. ¿A qué hora desayuna normalmente Carla?
3. ¿A qué hora están desayunando hoy en el hostal Babel?
4. ¿Por qué tiene que levantarse hoy más temprano Carla?
5. ¿A qué hora empieza a trabajar hoy Carla?

4 ¿En qué orden crees que hace estas cosas Bea?

☐ Desayunar ☐ Ducharse ☐ Levantarse ☐ Ir al gimnasio ☐ Empezar a trabajar

4.1 Ahora visiona el fragmento 01:29 ▶ 01:51, completa la información y comprueba tu respuesta anterior.

Primero [1] ...., luego [2] .... y [3] .... y después [4] .... Por último, [5] ....

5 **En parejas** Aquí tienes un fragmento de la conversación entre Tere, Carla y Bea. Ordénalo. Luego compara con tu compañero/a.

- ☐ Tere: Tengo cita con el dentista.
- ☐ Carla: ¡Mirá, hablando de chicas estudiosas y responsables!
- ☐ Carla: ¿Y por qué te levantás tan temprano hoy, Tere?
- ☐ Tere: ¡Qué bien huele! ¿Puedo ponerme un café?
- ☐ Tere: ¡Ni yo! Nunca me levanto tan pronto.
- ☐ Bea: Lo sé, lo sé.
- ☐ Bea: Claro. Nunca pruebas mi café cuando está recién hecho.
- [1] Tere: ¿Eso que huelo es el café de Bea?
- ☐ Bea: ¡Qué temprano estás hoy levantada, Tere! ¡No puedo creerlo!
- ☐ Tere: Sí. Yo creo que es la primera vez desde que estoy en este hostal. ¡Me encanta tu café, Bea!

5.1 Visiona el fragmento 03:00 ▶ 03:42 sin sonido y haz los cambios necesarios según los gestos que observas.

5.2 Ahora visiónalo con sonido para comprobar. ¿Te ha ayudado verlo sin sonido para ordenarlo? ¿Cómo?

Después del vídeo

6 **En grupos pequeños** ¿Qué desayunas tú normalmente? ¿Con quién sueles desayunar? ¿Es diferente el desayuno de los días de diario al de los fines de semana? Cuéntaselo a tus compañeros.

60 | sesenta — Unidad 5 | Igual que todos los días

5

Evaluación

1 Escucha los siguientes diálogos y selecciona las horas que se dicen.

[21]

1. ☐ 11:50 – ☐ 1:50
2. ☐ 13:45 – ☐ 4:15
3. ☐ 15:20 – ☐ 4:40
4. ☐ 12:55 – ☐ 11:05
5. ☐ 16:30 – ☐ 6:30
6. ☐ 18:00 – ☐ 6:00

2 Completa el texto con el verbo adecuado en presente.

acostarse | cenar | quedar | tomar | desayunar | despertarse | dormirse | ducharse
empezar | trabajar | irse | jugar | hacer | salir | vestirse | volver (2)

Ana [1] .... a las siete, [2] .... en cinco minutos, [3] .... un café y una tostada, [4] .... y [5] .... a la universidad. Las clases [6] .... a las ocho y media. A las once y media [7] .... una pausa para el café y veinticinco minutos más tarde [8] .... a clase. A las dos [9] .... un bocadillo y una fruta con sus compañeros mientras hablan un rato. Por la tarde [10] .... de camarera en una cafetería. Cuando [11] .... a las ocho, [12] .... con sus amigas y [13] .... al baloncesto. Por la noche, a las nueve y media, [14] .... a casa y [15] .... con sus padres. A las once y media [16] .... [17] .... en un instante porque está cansadísima.

3 **En parejas** Clasifica los verbos de la actividad anterior en su lugar correspondiente de la tabla.

Regulares	Irregulares
....	e › ie: ...., ...
....	o › ue: ...., ..., ...
....	u › ue: ....
....	e › i: ....
....	Otros: ...., ..., ...
....	

4 Escribe ahora lo que haces tú en un día normal.

....

....

5 Completa las frases con las preposiciones *a, de, por, desde, hasta, entre.*

1. Siempre me ducho .... la mañana.
2. Los bancos abren .... las 3 .... la tarde.
3. ¿.............. qué hora cierra el supermercado?
4. Los restaurantes abren normalmente .... el martes .... el domingo, ... 12:30 .... 16.00 y .... 20:00 .... 23:30.
5. Siempre ceno .... las nueve y las diez .... la noche.
6. Mi cumpleaños es el 28 .... noviembre.

Unidad 5 | Igual que todos los días — sesenta y uno | 61

Evaluación

1. **1.** 11:50/23:50; **2.** 4:15/16:15; **3.** 4:40/16:40; **4.** 12:55/00:55; **5.** 6:30; **6.** 18.00.

[21]

2. **1.** se despierta; **2.** se ducha; **3.** desayuna; **4.** se viste; **5.** se va; **6.** empiezan; **7.** hace; **8.** vuelve; **9.** toma; **10.** trabaja; **11.** sale; **12.** queda; **13.** juega; **14.** vuelve; **15.** cena; **16.** se acuesta; **17.** se duerme.

3. **Regulares:** ducharse, desayunar, tomar, quedar, trabajar, cenar; **Irregulares: e > ie:** despertarse, empezar; **o > ue:** volver, dormir, acostarse; **u > ue:** jugar; **e > i:** vestirse; **Otros:** irse, hacer, salir.

4. Respuesta abierta.

5. **1.** por; **2.** a, de; **3.** A; **4.** desde, hasta, de, a, de, a; **5.** a, de; **6.** de.

Unidad

6

¡Me encanta!

¿Qué te gusta hacer en tu tiempo libre?

¿Normalmente comes en bares?

¿Sabes qué son las *tapas*?

En esta unidad vas a...

- Expresar gustos, intereses y preferencias
- Preguntar por gustos, intereses y preferencias
- Expresar acuerdo y desacuerdo
- Pedir en el restaurante
- Conocer algunas tapas típicas

¡Me encanta!

Lea en voz alta el título de la unidad *¡Me encanta!* y pregunte a sus estudiantes qué representa la imagen (un bar). A continuación pregúnteles si en su país la gente suele ir a menudo a los bares. Luego, hágales las preguntas propuestas en la portadilla para motivarlos y activar los conocimientos previos que tengan los estudiantes sobre el tema. Por último presente los contenidos que se trabajarán en la unidad.

1 Todo el grupo ¿Qué actividades puedes hacer en estos lugares?

Ver una exposición. | Leer. | Comer/cenar. | Escuchar música. | Hacer senderismo. | Ver una película. | Practicar deporte. | Cantar. | Esquiar. | Ver una obra de teatro. | Bailar. | Dormir. | Montar en bicicleta. | Hacer fotos. | Otras: ....

2 En parejas ¿Sabes qué es el *menú del día*? Aquí tienes uno. Complétalo con estas palabras.

Segundo plato | refresco | Tortilla | Pan | Pollo asado con patatas
Helado | a la plancha | Sopa de marisco | Postre

MENÚ — Jueves, 20 de abril

PRIMER PLATO
- [1] .... de patata.
- [2] ....
- Ensalada mixta.
- Parrillada de verduras.

[3] ....
- Hamburguesa con queso.
- [4] ....
- Paella mixta.
- Filete de merluza [5] ....

[6] ....
- Fruta del tiempo.
- Flan casero.
- [7] ....

([8] .... , agua, [9] .... u otra bebida incluidos).

11,50€

2.1 Todo el grupo ¿Existe el menú del día en tu país? ¿Qué platos suelen ser los primeros? ¿Y los segundos? ¿Cuáles son los postres típicos? ¿El precio incluye la bebida y el pan? Cuéntaselo a la clase.

Ejemplo: *En mi país el menú tiene...*

Unidad 6 | ¡Me encanta! sesenta y tres | 63

¿Qué sabes?

¿Qué sabes?

1. Pida a sus estudiantes que lean las actividades de ocio y tiempo libre que se mencionan y que busquen en el diccionario las palabras que no conozcan. Después anímelos a que piensen en otras actividades de ocio y escríbalas en la pizarra. Para terminar, pregúnteles en qué lugares se realizan esas actividades.
Posible respuesta:
El bar: comer/cenar, escuchar música, leer; **Tu casa:** comer/cenar, escuchar música, bailar, ver una película, cantar, leer, dormir; **El cine:** ver una película; **La discoteca:** escuchar música, bailar, cantar; **La montaña:** hacer senderismo, hacer fotos, esquiar, montar en bicicleta; **El museo:** ver una exposición; **El teatro:** ver una obra de teatro; **El parque:** practicar deporte, leer, hacer fotos, montar en bicicleta.

> Para trabajar estos contenidos, realice las actividades **1** y **2**, p. **34** del *Libro de ejercicios*.

2. Distribuya a sus estudiantes en parejas y pídales que completen el menú. Puede explicar el léxico ayudándose de las imágenes que aparecen en los márgenes laterales. Después corrija la actividad con todo el grupo. Si lo desea, puede realizar una búsqueda en internet de imágenes de diferentes menús del día, para que sus estudiantes vean modelos reales de diferentes países.
1. Tortilla; **2.** Sopa de marisco; **3.** Segundo plato; **4.** Pollo asado con patatas; **5.** a la plancha; **6.** Postre; **7.** Helado; **8.** Pan; **9.** refresco.

2.1. El objetivo de esta actividad es que los estudiantes reflexionen sobre las propias costumbres a la hora de comer fuera de casa. Anímelos a que hablen de los menús típicos de su ciudad o país. Pregúnteles si los restaurantes ofrecen menú del día, si este se parece o no al que ofrecen los restaurantes españoles, cuáles son las semejanzas y diferencias y, si no existe esta costumbre, pídales que opinen sobre qué les parece la idea. Una vez finalizada la conversación, dígales que escriban un menú del lugar donde viven con la información que han compartido.

> Para trabajar estos contenidos, realice la actividad **3**, p. **34** del *Libro de ejercicios*.

Unidad 6

Palabras

1. Antes de empezar este apartado, pregunte a sus estudiantes si saben en qué parte de España está la ciudad de Bilbao. Puede usar la proyección 20 para situar la ciudad en el mapa.

Mapa de España

[20]

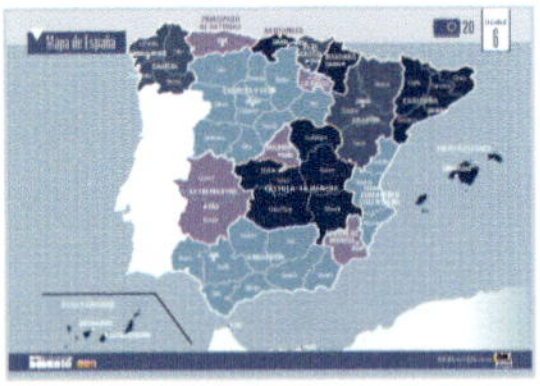

Proyecte el mapa de España y sitúe la ciudad de Bilbao. Si le parece oportuno, recuérdeles que España está dividida en 17 comunidades autónomas y que Bilbao está en el País Vasco.

> La comunidad autónoma del País Vasco está constituida por tres provincias: Álava, cuya capital es Vitoria-Gasteiz; Guipúzcoa, cuya capital es San Sebastián (Donostia, en vasco); y Vizcaya, cuya capital es Bilbao.

Luego pregúnteles qué saben sobre esta ciudad y anote sus respuestas en la pizarra. Puede darles la siguiente información:

> La ciudad de Bilbao tiene alrededor de 345 000 habitantes, aunque el Gran Bilbao (la ciudad de Bilbao y su área de influencia) tiene más de 850 000. Bilbao es la capital de la provincia de Vizcaya, la cual pertenece al País Vasco (Euskadi, en vasco). Además del español, el vasco (euskera) es también lengua oficial en esta zona.

Palabras

1 **En parejas** Lee la oferta de ocio de la ciudad de Bilbao y completa el cuadro con las actividades de tiempo libre que se pueden realizar. Luego compara tu clasificación con la de tu compañero/a.

Playa de Arrietara
Una de las playas preferidas por los surferos donde se puede **hacer surf, pasear por la playa** y **jugar al voleibol**.

Museo Guggenheim
En este museo podemos **ver una exposición** o ver la colección propia del museo, que tiene obras de algunos de los principales artistas del siglo XX. También puedes **hacer fotos** del museo desde diversos puntos y a diferentes horas del día.

Auditorio Mitxelena
En el auditorio Mitxelena podemos **escuchar un concierto de** ***jazz***, algo muy habitual en el País Vasco. El auditorio está dentro del edificio Bizcaia Aretoa de la Universidad del País Vasco.

Estadio de San Mamés
Si eres amante del fútbol, lo mejor es **visitar el museo del Athletic Club** y, por supuesto, **ver un partido de fútbol** en el Estadio de San Mamés.

64 | sesenta y cuatro — Unidad 6 | ¡Me encanta!

A continuación explíqueles que van a leer varios textos con información sobre la oferta de ocio de Bilbao y sus alrededores. Una vez que los hayan leído y resueltas las dudas de vocabulario, pídales que, en parejas, localicen todas las actividades y ofertas de ocio que aparecen para clasificarlas en la tabla. Adviértales de que hay actividades que se pueden clasificar en varios apartados.

Actividades culturales: ver una exposición, hacer fotos, escuchar un concierto de *jazz*, visitar el museo del Athletic Club, hacer una visita guiada, ver obras de teatro, espectáculos de danza, musicales y conciertos; **Deporte:** hacer surf, jugar al voleibol, ver un partido de fútbol, practicar deportes de riesgo; **Comida y bebida:** tomar pinchos, tomar algo de beber; **Actividades al aire libre:** hacer surf, pasear por la playa, jugar al voleibol, hacer fotos, ver un partido de fútbol, descansar, disfrutar de la naturaleza, pasear por el puente, hacer una visita guiada, practicar deportes de riesgo.

El Casco Viejo

También conocido como *las 7 calles de Bilbao*, el Casco Viejo tiene más de 200 bares y restaurantes donde podemos **tomar pinchos** y **algo de beber**.

Parque de Doña Casilda

En este parque podemos **descansar** y **disfrutar de la naturaleza** en el corazón de la ciudad. Se trata de un jardín de estilo inglés construido en 1907. Dentro se encuentra el Museo de Bellas Artes de Bilbao.

Puente Colgante de Vizcaya

Declarado Patrimonio de la Humanidad, es un puente transbordador que funciona como transporte de personas y vehículos. También se puede **pasear por el puente**, **hacer una visita guiada** o **practicar deportes de riesgo** (escalada, rápel, etc.).

Teatro Arriaga

El Teatro Arriaga es uno de los centros culturales más importantes de Bilbao. En él actúan orquestas de todo el mundo. También podemos **ver obras de teatro**, **espectáculos de danza**, **musicales** y **conciertos**.

Actividades culturales	Deporte	Comida y bebida	Actividades al aire libre

1.1 [22] **Íñigo es de Bilbao y nos va a contar lo que hace en su tiempo libre. Marca en la lista las actividades que menciona.**

1. ☐ Pasear por la playa.
2. ☐ Ver una película.
3. ☐ Tomar pinchos.
4. ☐ Jugar al voleibol.
5. ☐ Ver un partido de fútbol.
6. ☐ Descansar.
7. ☐ Ver un partido de baloncesto.
8. ☐ Ir a un concierto.
9. ☐ Hacer fotos.
10. ☐ Ver una exposición.

1.2 **Todo el grupo** ¿Cuál es la oferta de ocio en tu ciudad? Cuéntaselo a la clase.

Fíjate: **tomar** = **comer** o **beber**

1.1. [22] Actividad de comprensión auditiva para fijar las expresiones relacionadas con el ocio y el tiempo libre. Dígales que Íñigo es de Bilbao (haga que se fijen en su acento) y que en el audio habla de lo que hace en su tiempo libre. La actividad consiste en marcar en el cuadro las actividades que Íñigo realiza. Puede poner el audio dos veces si lo considera oportuno.
2. (Ver una película); **3.** (Tomar pinchos); **5.** (Ver un partido de fútbol); **8.** (Ir a un concierto); **10.** (Ver una exposición).

1.2. Pida a sus estudiantes que piensen en las diferentes propuestas de ocio de su ciudad (actividades culturales, deportes que se pueden practicar, zonas donde se puede comer o tomar algo y actividades que se pueden realizar al aire libre). Deles unos minutos para que organicen sus exposiciones y después pídales que se lo cuenten al resto de la clase. Si dispone de medios para ello, anímelos a que ilustren sus exposiciones con imágenes. Si todos sus estudiantes viven en la misma ciudad, puede llevar a cabo la actividad de la siguiente manera: distribuya a los estudiantes en cuatro grupos y asígneles a cada uno un tipo de actividad (cultura, deportes, etc.). Pídales que recopilen información sobre el tema que les ha tocado y que la expongan ante la clase con un plano de la ciudad donde viven para que indiquen los lugares donde se llevan a cabo las diferentes actividades.

Para trabajar estos contenidos, realice las actividades **4-10**, pp. **34-35** del *Libro de ejercicios*.

Unidad 6

Gramática

1. Escriba en la pizarra las siguientes frases: *Me gusta el café*, *Me gusta jugar al tenis* y *Me gustan los coches deportivos*. Explique, en primer lugar, la estructura particular del verbo *gustar*, haciéndoles ver que este verbo normalmente no se usa como los verbos que han estudiado en las unidades precedentes, sino que se usa con pronombres personales de objeto indirecto. Escriba bajo la palabra *me* el resto de los pronombres *(te, le, nos, os, les)* y hágales ver que la forma verbal no varía en las dos primeras frases, pero sí en la última, puesto que el nombre está en plural.
Asimismo, párese en el cuadro de atención y explíqueles que el pronombre personal átono de objeto indirecto debe aparecer siempre y que se puede reforzar con la preposición *a* y los pronombres personales tónicos. Explique también que, en el caso de la tercera persona, cuando desconocemos a la persona implicada, se usa la forma con preposición *(A ella/A María le gusta ir al cine)* para evitar la ambigüedad.
Por último, dígales que hay otros verbos que se construyen de esta misma manera, como es el caso de los verbos *encantar* e *interesar*. Si lo cree conveniente, escriba en la pizarra otros ejemplos con estos verbos.

1.1. Actividad de práctica controlada para realizar en parejas. Haga que se fijen en la protagonista, Marta, y en las imágenes que aparecen alrededor. Dígales que las que aparecen tachadas son actividades que no le gusta hacer. Deben fijarse en el modelo para realizar la actividad. Paséese por la clase por si tienen alguna duda o pregunta. Luego corrija la actividad en plenario. Haga referencia al cuadro de la RAE. Pídales que lean la información de las variantes que se ofrecen y aclare las dudas que puedan tener.
A Marta le gusta hacer fotos, le gustan las flores amarillas, le gusta el baloncesto; A Marta no le gusta ir de compras, no le gusta el surf, no le gustan las palomitas, no le gusta montar en bicicleta; A Marta le encantan los juegos de mesa.

Gramática

Fíjate:
A mí me gusta el café o *Me gusta el café*, pero ~~*A mí gusta el café*~~.

1 *Gustar, encantar* e *interesar*

- Para **expresar gustos** usamos los verbos *gustar* y *encantar* y para **expresar intereses** el verbo *interesar*. Estos verbos tienen una construcción especial:

(a mí)	(no)	me	+	gusta	+ infinitivo/nombre singular
(a ti)		te		encanta	
(a él, ella, usted)		le		interesa	
(a nosotros/as)		nos		gustan	+ nombre plural
(a vosotros/as)		os		encantan	
(a ellos, ellas, ustedes)		les		interesan	

Me gusta jugar al tenis.
Me encanta el café.
Me interesan los libros de historia.

- El verbo *encantar* expresa el gusto en grado máximo: significa 'me gusta mucho'.

1.1 **En parejas** ¿Qué cosas le gustan a Marta? ¿Qué cosas no le gustan? ¿Y qué le encanta?
Ejemplo: *A Marta le gusta(n).../A Marta no le gusta(n)...*

RAE — LÉXICO
Español de España › baloncesto: *David me espera solo en la pista de **baloncesto**, jugando a encestar con su pelota naranja de la NBA.*
Español de América › básquet, básquetbol: *Yo estoy lo más bien. Hago de todo, **básquet** y fútbol incluidos.*
Español de España › montar: *Complementen este ejercicio con deportes como correr, nadar o **montar** en bicicleta.*
Español de América › andar: *Caminar, **andar** en bicicleta, patinar, bailar o jugar a la pelota o con la raqueta son buenas maneras de quemar calorías y mantenerse en forma.*

66 | sesenta y seis — Unidad 6 | ¡Me encanta!

1.2 **Completa las frases con el pronombre y la forma adecuada de los verbos *gustar, encantar* o *interesar*.**

1. .... (encantar, a mí) ir a exposiciones.
2. A Pedro .... (interesar) mucho el cine.
3. A nosotros .... (encantar) las hamburguesas con queso.
4. ▶ ¿........................ (gustar, a ti) la sopa de marisco?
   ▷ ¡........................! (encantar, a mí)
5. El arte no .... (interesar) mucho a mis amigos. A ellos .... (gustar) más el fútbol.
6. A vosotros .... (gustar) mucho las tapas, ¿verdad?
7. A Sonia y a Paco .... (gustar) dormir la siesta después de comer.
8. A mi hermana y a mí .... (encantar) bailar.
9. ¿........................ (interesar, a ustedes) la fotografía? Es que hay una exposición muy buena en el Museo de Arte Contemporáneo.
10. No .... (gustar, a mí) nada cantar en público.

2 Adverbios *mucho, bastante, poco, nada*

- Para graduar los gustos o intereses podemos usar los adverbios ***mucho, bastante, poco*** o ***nada***:
  *Me gusta **mucho** el fútbol.*
  *Me gusta **bastante** cocinar.*
  *Me gusta **poco** bailar. = **No** me gusta **mucho** bailar.*
  ***No** me gustan **nada** los deportes de riesgo.*
- Con el verbo ***encantar*** no se usan estos adverbios, porque ***encantar*** indica el grado máximo de satisfacción y, por tanto, no se puede graduar:
  Me encanta ~~mucho~~ el cine.

2.1 [23] **Escucha la entrevista a la famosa escritora Aurora Valle sobre sus gustos y completa la tabla.**

	Mucho	Bastante	Poco	Nada
El cine	☐	☐	☐	☐
Ver películas en casa	☐	☐	☐	☐
La televisión	☐	☐	☐	☐
Las series	☐	☐	☐	☐

2.2 **En parejas** **Completa las siguientes frases según tus gustos. Luego compara con tu compañero/a. ¿Coincides con él/ella?**

Comer palomitas en el cine | La tele | Las series | Ver películas en casa | Los documentales | El cine

1. .... me encanta(n).
2. .... me gusta(n) mucho.
3. .... me gusta(n) bastante.
4. .... me gusta(n) poco.
5. .... no me gusta(n) mucho.
6. .... no me gusta(n) nada.

1.2. Actividad de consolidación de los contenidos presentados.
1. Me encanta; **2.** le interesa; **3.** nos encantan; **4.** Te gusta, Me encanta; **5.** les interesa, les gusta; **6.** os gustan; **7.** les gusta; **8.** nos encanta; **9.** Les interesa; **10.** me gusta.

2. Explique los adverbios cuantificadores según el cuadro, poniendo especial atención en la equivalencia de las expresiones *(me gusta poco = no me gusta mucho)*, en la doble negación *(no... nada)* y en el verbo *encantar*, ya que no admite estos adverbios. A continuación ponga la **proyección 21** y realice las actividades que se proponen.

Marta y Rocío

[21]

Proyecte la lámina y cuente a sus estudiantes que Marta tiene una hermana que se llama Rocío y que, a pesar de su parecido físico, tienen diferentes gustos. Haga que se fijen en los emoticonos para poder hablar de los gustos de ambas usando los cuantificadores.
Posible respuesta:
A Marta le gusta mucho/le encanta la fotografía/hacer fotos; A Marta le gusta poco/no le gusta mucho el pescado; A Marta le gusta mucho/le encanta el flan; A Marta no le gustan nada las discotecas; A Marta le gusta bastante el teatro/ir al teatro.
A Rocío no le gustan mucho los museos; A Rocío le gusta mucho/le encanta el cine/ir al cine; A Rocío no le gustan nada los helados; A Rocío le gusta ir a la montaña y hacer senderismo; A Rocío no le gustan nada las verduras.

2.1. Actividad de comprensión auditiva para la práctica controlada de los adverbios de cantidad. Diga a sus estudiantes que lean la información del cuadro antes de la audición para que realicen una escucha selectiva.
[23] **El cine:** mucho; **Ver películas en casa:** poco; **La televisión:** nada; **Las series:** bastante.

2.2. Actividad controlada de respuesta abierta en la que los estudiantes, en parejas, expresan sus gustos con respecto a las actividades de ocio propuestas graduándolos de acuerdo a las expresiones que acaban de aprender.

Para trabajar los contenidos de este apartado, realice las actividades **11-18**, pp. **36-37** del *Libro de ejercicios*.

Unidad 6

Practica en contexto

1. Explique a sus estudiantes que van a escuchar una entrevista en la que dos personas hablan sobre sus gustos. Deben marcar en la tabla cuáles son. Recuérdeles los adverbios que se usan para graduar la intensidad y dígales que se fijen en la leyenda de los emoticonos. A continuación ponga el audio.
[24]
A **él:** le gusta mucho chatear; le gusta salir con amigos, ir al cine, salir a correr e ir un concierto; no le gusta pasear por la ciudad, ir a discotecas ni ver la televisión.
A **ella:** le gusta mucho salir con amigos, ir al cine, pasear por la ciudad, salir a correr y chatear; le gusta ir a discotecas e ir a un concierto; no le gusta nada ver la televisión.

1.1. Antes de volver a escuchar la entrevista, pida a sus estudiantes que lean el cuadro de la banda lateral para expresar gustos iguales y gustos diferentes. Después ponga el audio para que resuelvan la actividad.
[24]
1. Salir con amigos: Sí; **2.** Ir al cine: Sí; **3.** Pasear por la ciudad: No; **4.** Salir a correr: Sí; **5.** Ir a discotecas: No; **6.** Ir a un concierto: Sí; **7.** Ver la televisión: Sí; **8.** Chatear: Sí.
Después de realizar la actividad, utilice la **proyección 22** para ampliar la explicación del cuadro de la banda lateral con otros ejemplos.

¡A mí también!
[22]

Practica en contexto

Expresar gustos iguales

- Yo/A mí también
  - ▶ *Yo voy al cine./Me gusta el cine.*
  - ▷ *Yo también./A mí también.*
- Yo/A mí tampoco
  - ▶ *Yo no tomo café./No me gusta el café.*
  - ▷ *Yo tampoco./A mí tampoco.*

Expresar gustos diferentes

- Yo/A mí sí
  - ▶ *Yo no tomo café./No me gusta el café.*
  - ▷ *Yo sí./A mí sí.*
- Yo/A mí no
  - ▶ *Yo tomo café./Me gusta el café.*
  - ▷ *Yo no./A mí no.*

RAE LÉXICO
Español de España y América › tarta/pastel : *De postre una **tarta** de almendras excelente.*
Español de América › torta : *La torta de boda tiene cuatro enormes pisos.*
Español de España › patata : *Alrededor del pollo se ponen las **patatas**, el tocino y las cebollitas, colocándolos encima del pollo.*
Español de América › papa : *Voy a asar carne de puerco con **papas**.*

1 [24] Escucha la entrevista que realizan a estas personas y completa la tabla.

Le gusta mucho · Le gusta · No le gusta · No le gusta nada

Actividades	Él: Le gusta mucho	Él: Le gusta	Él: No le gusta	Él: No le gusta nada	Ella: Le gusta mucho	Ella: Le gusta	Ella: No le gusta	Ella: No le gusta nada
Salir con amigos	☐	☐	☐	☐	☐	☐	☐	☐
Ir al cine	☐	☐	☐	☐	☐	☐	☐	☐
Pasear por la ciudad	☐	☐	☐	☐	☐	☐	☐	☐
Salir a correr	☐	☐	☐	☐	☐	☐	☐	☐
Ir a discotecas	☐	☐	☐	☐	☐	☐	☐	☐
Ir a un concierto	☐	☐	☐	☐	☐	☐	☐	☐
Ver la televisión	☐	☐	☐	☐	☐	☐	☐	☐
Chatear	☐	☐	☐	☐	☐	☐	☐	☐

1.1 [24] Vuelve a escuchar el audio y anota en qué gustos coinciden y en cuáles no.

Salir con amigos	SÍ	NO	Ir a discotecas	SÍ	NO
Ir al cine	SÍ	NO	ir a un concierto	SÍ	NO
Pasear por la ciudad	SÍ	NO	Ver la televisión	SÍ	NO
Salir a correr	SÍ	NO	Chatear	SÍ	NO

2 **Todo el grupo** Diles a tus compañeros lo que te gusta y no te gusta hacer en tu tiempo libre y reacciona a lo que ellos te cuentan.

3 Lee el menú del día del restaurante San Isidro. ¿Qué platos son de carne? ¿Y de pescado? ¿Qué fruta puedes comer?

Menú del día

PRIMEROS
- Huevos Benedictine
- Paella de marisco
- Crema de verduras
- Tortilla de patatas

SEGUNDOS
- Salmón a la plancha
- Pollo asado con patatas
- Entrecot de ternera con salsa de setas
- Merluza con cebolla y pimientos

POSTRE
- Flan casero
- Tarta casera de chocolate
- Arroz con leche casero
- Piña, naranja o melón naturales

Precio: **11.90 €**
El precio incluye pan, bebida y postre o café.

68 | sesenta y ocho — Unidad 6 | ¡Me encanta!

Proyecte la lámina y presente a sus estudiantes los diálogos que se proponen a fin de fijar las estructuras que se emplean para expresar gustos iguales y gustos diferentes. Haga hincapié en las frases que tienen el verbo *gustar* y las que no lo tienen, y recuérdeles los verbos que funcionan como *gustar (interesar, encantar)*. A continuación haga a sus estudiantes la siguiente batería de preguntas para practicar las estructuras estudiadas:
Yo soy profesor/a, ¿y tú?; A mí me gusta el pescado, ¿y a ti?; Yo tengo dos gatos, ¿y tú?; Yo no tengo animales, ¿y tú?; A mí no me gusta el baloncesto, ¿y a ti?; A mí me encanta el teatro, ¿y a ti?; A mí no me interesa el arte, ¿y a ti?; Yo no tengo hermanos, ¿y tú?; Normalmente no voy a discotecas, ¿y tú?; A mí me encantan los conciertos de música clásica, ¿y a ti?; A mí no me gusta nada bailar, ¿y a ti?

2. En esta actividad de interacción oral se pretende que los estudiantes comenten qué actividades les gusta realizar en su tiempo libre y cuáles no.

Para trabajar estos contenidos, realice las actividades **19** y **19a**, p. **37** del *Libro de ejercicios*.

3. Pregúnteles a sus estudiantes si han visto el menú del día de algún restaurante. Si no es así, coménteles que van a leer el menú del restaurante San Isidro. A continuación pídales que lo lean y que contesten a las preguntas. Déjeles usar el diccionario o resuelva usted posibles dudas. Trabaje con sus estudiantes el cuadro de la RAE sobre las variantes del español en este campo léxico. El objetivo es que puedan reconocer estas palabras y que se familiaricen con ellas.
1. Pollo asado con patatas y entrecot de ternera con salsa de setas; **2.** Paella de marisco, salmón a la plancha; **3.** Piña, naranja y melón.

6

3.1 **En grupos pequeños** Imagina que es la hora de comer y vas al restaurante San Isidro. Elige con tus compañeros una situación y pide la comida y la bebida que quieres tomar. Otro/a compañero/a hará de camarero/a.

Estás con una amiga. Tú eres vegetariano/a y no te gustan nada los dulces. A tu amiga no le gustan las verduras y le gusta tomar un café después de comer.	Hoy tienes tiempo para comer tranquilamente con tu pareja. Tú tienes alergia al marisco. A tu pareja no le gusta mucho la carne y prefiere el pescado.
Vas al bar con tu compañero de trabajo. A ti te encanta el pescado, pero no te gusta la cebolla. A tu compañero le encanta la tortilla de patatas.	
Te gusta la carne, pero con patatas. A tu amiga le encantan las verduras y las tartas. A los dos os gustan mucho los refrescos de naranja.	Vas con un amigo. A ti te gusta el pescado y a tu amigo no le gustan los huevos. Estás a dieta y no comes dulces. No os gusta tomar refrescos.

Preguntar por la comida y la bebida (camarero/a)
- **¿Qué quieres/queréis** tomar? (Informal). **¿Qué quiere/quieren** tomar? (Formal).
- **¿Y de** segundo/beber/postre?
- **¿Quieres/Queréis** tomar café/**algo más**? (Informal).
- **¿Quiere/Quieren** tomar café/algo más? (Formal).

Pedir en bares y restaurantes (cliente)
- **(De** primero/segundo/beber/postre) **Yo** (quiero)...
- **Para mí**...

Pedir una explicación
- **¿De qué es** la tarta de la casa/son los bocadillos?
- **Una pregunta:** ¿qué es/son...?

Pedir la cuenta
- **¿Cuánto es (todo)?** (Informal).
- **La cuenta,** por favor.
- **¿Me/Nos trae la cuenta,** por favor? (Formal).

4 ¿Sabes qué es la *comida rápida*? Completa esta encuesta para una cadena de restaurantes de comida rápida.

ENCUESTA SOBRE CONSUMO DE COMIDA RÁPIDA

TACOS CAFÉ

1. ¿Con qué frecuencia consume comida rápida a la semana?
   □ 1 o 2 días. □ 3 o 4 días.
   □ 5 o más días. □ Nunca.
2. ¿Dónde come normalmente comida rápida?
3. ¿Qué opina de la comida rápida?
   □ Me gusta mucho. □ Me gusta.
   □ No me gusta mucho. □ No me gusta nada.
4. ¿Qué le parece más importante cuando consume comida rápida? Puntúe de 4 (muy importante) a 1 (poco importante).
   Sabor □ Calidad □ Precio □
5. Puntúe estos productos de comida rápida de 5 (me encanta) a 1 (no me gusta nada).
   Hamburguesa □ *Pizza* □ Sándwich □ Perrito caliente □
6. ¿Cuándo consume productos de comida rápida?
   □ Por la mañana. □ A mediodía. □ Por la tarde. □ Por la noche.
7. ¿Cuánto dinero gasta de media a la semana en comida rápida? ....
8. ¿Cuál es el restaurante de comida rápida que prefiere? ....

4.1 **Todo el grupo** Ahora compara la encuesta con la de tus compañeros.

¿Cuántos comen comida rápida? ¿Con qué frecuencia?

¿A cuántos les gusta la comida rápida? ¿Dónde la comen? ¿Cuándo?

¿Se consume comida rápida porque es más barata, porque está más rica o por su calidad?

¿Cuáles son las conclusiones?

Unidad 6 | ¡Me encanta! sesenta y nueve | 69

3.1. Antes de realizar la actividad, explique la información del cuadro funcional situado a la derecha, poniendo énfasis en los diferentes papeles (camarero/a y cliente). Luego distribuya a sus estudiantes en grupos de tres y pídales que elijan una de las situaciones que se proponen. Asígneles un papel (cliente A, cliente B y camarero/a) y deles unos minutos para prepararlo. Por último, pídales que lo representen.

4. Antes de hacer la actividad, ponga la proyección 23.

¿Comida rápida o comida basura?

[23]

Pregunte a sus estudiantes si saben cuál es la diferencia entre comida rápida y comida basura y escuche sus respuestas. Luego proyecte la lámina y pídales que clasifiquen los diferentes platos en comida rápida, comida basura y comida saludable. Por último, pregúnteles si conocen otros platos que se podrían añadir a la clasificación.

Comida rápida: es un estilo de alimentación en el que el alimento se prepara y se sirve para ser consumido rápidamente en establecimientos callejeros o a pie de calle.
Comida basura: comida que contiene altos niveles de grasas, sal, condimentos o azúcares y que es perjudicial para la salud.

Posible respuesta:
Comida rápida: bocadillo, *pizza*, sándwich, tacos, empanadas argentinas, anticuchos, perrito caliente, hamburguesa con patatas fritas; **Comida basura:** sándwich, perrito caliente, hamburguesa con patatas fritas; **Comida saludable:** ensalada, plato de pasta, sándwich, sopa de verduras, gazpacho.

Una vez aclarados los términos, pídales que hagan el cuestionario de la actividad 4 de manera individual.

4.1. Distribuya a sus estudiantes en pequeños grupos. Pídales que comparen sus respuestas con las de sus compañeros y que comenten las preguntas que se plantean en la actividad. Por último, pídales que compartan sus conclusiones en plenario.

Para trabajar estos contenidos, realice las actividades **20-23**, p. **38** del *Libro de ejercicios*.

Unidad 6

Cultura

1. Antes de empezar este apartado, dirija la atención de sus estudiantes hacia la imagen de la pizarra del bar en la que están escritos los nombres de las tapas. Pregúnteles si saben lo que son y si han probado alguna. Como actividad de ampliación, puede sugerirles que busquen imágenes en internet de las tapas que aparecen en la pizarra y que las clasifiquen en tapas de carne, tapas de pescado y otros. Ayúdelos si tienen dudas.
Tapas de carne: jamón ibérico, choricitos picantes; **Tapas de pescado:** pescadito, chipirones, buñuelos de bacalao, pulpo a la gallega, calamares a la romana, mejillones a la marinera, almejas a la marinera, anchoas, boquerones, gambita salteada, cigalitas salteadas, cañaíllas, bígaros, navajas, berberechos; **Otros:** patatas bravas, tortilla de patata, pimientos de Padrón.

A continuación, realice la actividad 1 y lea el texto titulado *¿Sabías que...?* para aclarar los términos *tapa*, *ración* y *pincho*, así como las expresiones *tapear* e *ir de tapas*.
Es una tapa el plato de la fotografía 3, porque las otras fotografías representan platos. La fotografía 1 es un segundo plato (salmón a la plancha con verduras) y la fotografía 2 es un primero (lentejas estofadas con chorizo).

Una vez hayan contestado, y antes de seguir adelante, le sugerimos usar la **proyección 24**.

1 Solo uno de estos platos es una tapa, ¿cuál? ¿Por qué?

1 2 3

¿Sabías que...?
Una tapa es un aperitivo que se sirve con la bebida. En algunas ciudades la tapa es gratuita. La tapa de mayor tamaño y que se comparte entre varias personas se llama ración. Es bastante habitual salir a cenar o a comer tapas los fines de semana; esta forma de comer se llama tapear o ir de tapas. En algunas zonas del norte de España las tapas se llaman pinchos (*pintxos* en euskera) y no son gratuitos.

RAE LÉXICO
Español de España › tapa : *El restaurante de moda es un bar español de **tapas** que se llama "La Tasca".*
Español de América › botana : *Para abrir el apetito te presentamos esta gran variedad de **botanas**.*

70 | setenta — Unidad 6 | ¡Me encanta!

¿Tapas, raciones o pinchos?

[24]

Ponga la proyección y pregunte a sus estudiantes si lo que ven son tapas, raciones o pinchos y que justifiquen su respuesta. Aproveche la ocasión para explicarles que los pinchos suelen llevar un palillo para sujetar los ingredientes, pero que los palillos también se pueden utilizar en lugar del tenedor para tomar tapas y raciones. Acláreles también que, en muchos casos, existen diferentes formas de servir estos alimentos, aunque en la imagen solo aparezca la más habitual.
1. Pincho; **2.** Pincho; **3.** Ración; **4.** Ración; **5.** Tapa; **6.** Tapa o ración; **7.** Pincho; **8.** Ración.
Después de realizar estas actividades, pídales que lean las descripciones de las tapas que se presentan en la página siguiente y pregúnteles cuál les gustaría probar.

Croquetas

Son porciones de masa hecha con bechamel y un picadillo de diversos ingredientes que se rebozan en huevo y pan rallado y se fríen en aceite. Las más populares son las de jamón, bacalao y pollo.

Pulpo a la gallega

Es un plato típico de Galicia, aunque se come en toda España. El pulpo se cuece, se trocea y se sirve con pimentón por encima. A veces también se sirve con patatas cocidas.

Patatas bravas

Son patatas fritas que se sirven con una salsa picante, llamada salsa brava. Se sirven calientes y en algunas zonas de España se añade salsa alioli.

Pimientos de Padrón

Son pimientos verdes pequeños que suelen hacerse a la plancha o fritos. Algunos son particularmente picantes. Por eso, suele decirse que "los pimientos de Padrón, unos pican y otros no".

Huevos estrellados

Son huevos fritos acompañados generalmente de patatas fritas y jamón ibérico. A veces el jamón se sustituye por otros ingredientes como chorizo o setas.

2 **Todo el grupo** ¿Es habitual en tu país comer tapas? ¿Existe algo similar? ¿Es habitual comer en los bares?

3 **Todo el grupo** Vamos a hacer un listado de tapas de la clase. Piensa en un plato de tu país que se pueda servir como tapa y preséntaselo a la clase. Luego tu profesor/a recogerá todas las propuestas para hacer una lista con las tapas que se ofrecen.

Nombre de la tapa	Ingredientes	Precio

2. Plantee las preguntas de esta actividad favoreciendo el intercambio cultural.

3. Anime a sus estudiantes a que piensen en un plato de su país que podría servirse como tapa. Tienen que ponerle un nombre a la tapa, decir qué ingredientes lleva y, por último, establecer un precio justo. Para terminar, haga que sus estudiantes creen un póster con el listado de tapas de la clase.

Como actividad complementaria, puede llevar a cabo la siguiente secuencia sobre las botanas mexicanas (las tapas de México) para seguir practicando los contenidos aprendidos y para conocer la gastronomía de otro país hispano. Organice a sus estudiantes en grupos pequeños. Escriba en la pizarra la palabra *botana* y pídales que la definan. Pueden usar el diccionario o consultar en internet.

> Término que se usa para designar una gran variedad de alimentos, por lo general salados, que tienen la característica de servirse en pequeñas porciones y que se consumen principalmente mientras se platica en una reunión informal en casa, en un bar o restaurante, fiesta o reunión entre amigos.
>
> Fuente: https://laroussecocina.mx/palabra/botana/

A continuación dígales que busquen información en internet sobre algunas botanas muy típicas (escriba el listado que ofrecemos abajo). Cada grupo puede elegir las que va a trabajar. Invítelos a hacer sus presentaciones con imágenes ante el resto de la clase utilizando los medios que tengan a su disposición.

- **Jalapeños rellenos:** chile (pimiento) relleno de queso cheddar.
- **Empanadas rellenas:** pasta o masa en forma de media luna rellena de ingredientes dulces o salados que se fríe en abundante aceite.
- **Chapulines:** saltamontes asados.
- **Tostadas:** tortilla de maíz crujiente. Se sirven con otros ingredientes encima dependiendo del lugar o del estilo: mariscos, pescado, frijoles, guacamole, pollo... y salsa.
- **Chicharrón de queso o costra de queso:** tortilla frita crujiente o semicrujiente de queso.
- **Guacamole:** salsa preparada a base de aguacate y chile.
- **Flautas/tacos dorados:** tortilla enrollada que contiene algún tipo de relleno, normalmente a base de carne de ternera o pollo.
- **Jamóndigas:** albóndigas de carne o jamón picado, en forma de bola, que se cocinan en el horno en una salsa a base de vinagre y mostaza.

Para terminar, cada grupo debe realizar su presentación de las botanas elegidas. Compruebe los resultados y aclare las dudas. También puede abrir un debate para comparar las botanas con las tapas españolas y expresar sus gustos o decir cuáles han probado.

Para trabajar estos contenidos, realice las actividades **24-26**, p. **39** del *Libro de ejercicios*.

Unidad 6

Vídeo

1. Divida a sus estudiantes en pequeños grupos y pídales que respondan a las preguntas que se plantean en la actividad. Paséese por los grupos y procure que participen todos.

2. Antes de visionar el fragmento 00:30 ▶ 01:15, indique a sus estudiantes que van a ver una conversación entre Hugo y Tere en la que hablan sobre lo que opina Carla de la cafetería en la que trabaja. Luego pídales que completen las tres frases con la información que falta.
1. gusta mucho; **2.** se come; **3.** camarera.

> Fíjate:
> ¿Qué palabra utiliza Hugo para hablar de la profesión de Carla? Mesera.

3. Antes de ver el fragmento 02:06 ▶ final, pídales que lean el menú para familiarizarse con el vocabulario. A continuación, dígales que en la conversación participan Tere, Hugo y Carla, que están decidiendo los platos que van a pedir. Adviértales de que tienen que marcar todos los platos que se mencionan, no solo los que piden.
Tapa de paella, pincho de tortilla, tabla de quesos, sándwich vegetal y hamburguesa especial (con cebolla, lechuga, pepinillo y tomate) acompañada de patatas hervidas y ensalada.

4. Vuelva a poner el fragmento 02:06 ▶ final para que escriban lo que Tere y Hugo piden finalmente.

   Tere: pincho de tortilla, tapa de paella y un refresco de cola; **Hugo:** hamburguesa especial con todo excepto carne y pan y agua.

5. y 5.1. Antes de iniciar la actividad, recuerde con sus estudiantes cuáles son los alimentos que no puede comer Hugo: carne, pan blanco, pescado, huevos, queso, leche o cualquier producto de origen animal. A continuación, divídalos en pequeños grupos y pídales que confeccionen una carta apta para veganos. Paséese por los grupos y ayúdelos si lo necesitan. Una vez que hayan terminado, un portavoz de cada grupo presentará su carta al resto de la clase. Finalmente, puede pedir que elijan la que crean que es la mejor por ser más completa o variada.

Vídeo

HOSTAL Babel

Unas tapas muy ricas

Antes del vídeo

1 **En grupos pequeños** ¿Te gusta esta cafetería? ¿Cómo se llama tu cafetería favorita? ¿Cómo es? ¿Qué se puede tomar en ella? Cuéntaselo a tus compañeros de grupo.

Durante el vídeo

2 Visiona el fragmento 00:30 ▶ 01:15. ¿Qué dice siempre Carla?

1. "Me .... la cafetería donde trabajo".
2. "En la cafetería .... muy bien".
3. "Trabajo de ....".

> Fíjate:
> ¿Qué palabra utiliza Hugo para hablar de la profesión de Carla?
> ....

3 ¿De qué comidas hablan Tere, Carla y Hugo? Visiona el fragmento 02:06 ▶ final y márcalas en el siguiente menú.

TAPAS
- jamón ibérico
- paella de marisco
- huevos estrellados
- pincho de tortilla
- patatas bravas
- croquetas
- tabla de quesos
- pulpo a la gallega

SÁNDWICHES
- mixto
- mixto con huevo
- vegetal

HAMBURGUESAS
- normal (lechuga, tomate y cebolla)
- normal con queso
- especial (cebolla, lechuga, pepinillo y tomate)

(Todas las hamburguesas se sirven acompañadas de patatas hervidas y ensalada).

4 ¿Qué pide Tere? ¿Y Hugo? Visiona de nuevo el fragmento y escríbelo.

	Tere	Hugo
De beber		
De comer		

Después del vídeo

5 **En grupos pequeños** Como ves, Hugo tiene muchos problemas para comer cuando sale. ¿Puedes ayudarlo? Piensa con tus compañeros en la carta de una cafetería en la que pueda comer una persona vegana.

5.1 **Todo el grupo** Ahora presentad vuestra propuesta a la clase.

72 | setenta y dos Unidad 6 | ¡Me encanta!

Evaluación

6

1 Relaciona las palabras de las columnas.

1. flan	a. mixto
2. tarta	b. con gas/sin gas
3. agua	c. de patatas/francesa
4. pescado/carne/verduras	d. casero
5. sopa/crema	e. con patatas/con ensalada
6. tortilla	f. de chocolate
7. pollo	g. de marisco/de verduras
8. sándwich	h. a la plancha/a la parrilla

2 Elige la forma adecuada de los verbos *gustar, encantar* e *interesar*.

1. Me **encanta/encantan** tomar pinchos con los amigos el fin de semana.
2. A mi vecina le **interesa/interesan** los documentales de animales.
3. A mis gatos no les **gusta/gustan** mucho el pescado, prefieren comer carne.
4. A mi hija le **gusta/gustan** los dibujos animados de Peppa Pig.
5. A mis perros les **encanta/encantan** salir a dar paseos por el campo.
6. No me **interesa/interesan** los deportes, solo un poco el tenis.

3 Lee las frases y reacciona según tus gustos con *a mí también, a mí tampoco, a mí sí, a mí no*.

1. ▶ No me gusta la carne. ▷ ....
2. ▶ A mis amigos y a mí nos gusta ir al cine. ▷ ....
3. ▶ A Rocío le gusta bailar. ▷ ....
4. ▶ Me encantan los coches deportivos. ▷ ....
5. ▶ A mi profesora le interesa la literatura rusa. ▷ ....

4 Completa el siguiente diálogo entre un camarero y unos clientes.

¿Y de segundo? | ¿Y de beber? | ¿La paella es de marisco? | Sin gas, por favor. | Para mí, agua. | Yo, de primero, quiero la ensalada mixta.

▶ Hola, buenos días.
▷ Buenos días.
▶ ¿Qué quieren tomar?
▷ [1] ....
▶ Muy bien. ¿Y usted?
▷ Para mí las verduras a la parrilla.
▶ [2] ....
▷ Para mí la merluza a la plancha.
▷ [3] ....
▶ Sí.
▷ Pues yo quiero la paella.
▶ [4] ....
▷ Yo, un refresco de naranja.
▶ ¿Y para usted?
▷ [5] ....
▶ ¿Con gas o sin gas?
▷ [6] ....
▶ Muy bien, pues ahora mismo les traigo la bebida.
▷ Gracias.

Evaluación

1. **1.** d; **2.** f; **3.** b; **4.** h; **5.** g; **6.** c; **7.** e; **8.** a.

2. **1.** Me **encanta** tomar pinchos con los amigos; **2.** A mi vecina le **interesan** los documentales de animales; **3.** A mis gatos no les **gusta** mucho el pescado; **4.** A mi hija le **gustan** los dibujos animados de Peppa Pig; **5.** A mis perros les **encanta** salir a dar paseos; **6.** No me **interesan** los deportes.

3. Respuesta abierta.

4. **1.** Yo, de primero, quiero la ensalada mixta; **2.** ¿Y de segundo?; **3.** ¿La paella es de marisco?; **4.** ¿Y de beber?; **5.** Para mí, agua; **6.** Sin gas, por favor.

Unidad

7

Buenas intenciones

¿Qué planes tienes para las próximas vacaciones?

¿Qué obligaciones tienes?

¿Piensas hacer algún cambio en tu vida?

En esta unidad vas a. . .

- Hablar de planes y proyectos en un futuro inmediato
- Expresar intenciones, deseos y obligaciones
- Hacer sugerencias
- Proponer un plan, aceptarlo o rechazarlo
- Expresar opinión y valoración
- Conocer el parque nacional Canaima (Venezuela)

Buenas intenciones

Lea en voz alta el título de la unidad, *Buenas intenciones*, y pregunte al grupo qué acciones les sugiere la imagen *(comprar una casa, cambiar de coche, viajar, estudiar, tener un hijo, ganar dinero. . .)*. A continuación pregúnteles cuáles de esas imágenes forman parte de sus planes para el futuro. Luego, haga las preguntas propuestas en la portadilla con el fin de motivarlos y activar los conocimientos previos que tengan los estudiantes sobre el tema. Por último presente los contenidos que se trabajarán en la unidad.

¿Qué sabes?

1 [25] Vas a escuchar tres diálogos en los que Ramón, Susana y Ángel nos hablan de deseos, de obligaciones y de planes. Escucha el audio y corrige la información falsa.

1.1 **Todo el grupo** Mira las imágenes de la actividad anterior y completa la tabla. ¿Coincides con tus compañeros?

¿Quién habla de deseos?	¿Quién habla de obligación?	¿Quién habla de planes?
☐ Ramón	☐ Ramón	☐ Ramón
☐ Susana	☐ Susana	☐ Susana
☐ Ángel	☐ Ángel	☐ Ángel

1.2 Piensa en un deseo que tienes, en una obligación y en un plan. Luego compártelo con tus compañeros.

Unidad 7 | Buenas intenciones   setenta y cinco | 75

¿Qué sabes?

1. [25] Primero lea con sus estudiantes las frases que aparecen alrededor de cada personaje y explíqueles que una de las tres informaciones que se dan es incorrecta, por lo que deberán corregirla. Después ponga el audio y corrija la actividad con la proyección 25.

Deseos, obligaciones y planes
[25]

Proyecte la imagen, en la que aparecen los tres personajes con la información incorrecta tachada y la información correcta, para que sus estudiantes comprueben sus respuestas. Mantenga la lámina proyectada para realizar la actividad 1.1 y anticipar así las estructuras que aprenderán a lo largo de la unidad.

1.1. Antes de realizar la actividad, asegúrese de que sus estudiantes conocen el significado de las palabras claves de esta actividad: deseos, obligaciones y planes.
¿Quién habla de deseos?: Ángel; **¿Quién habla de obligación?:** Ramón; **¿Quién habla de planes?:** Susana.

1.2. Esta actividad de práctica controlada permitirá que sus estudiantes se enfrenten a la necesidad de usar estructuras gramaticales que aprenderán en la unidad. En plenario, pídales que compartan con sus compañeros un deseo, una obligación y un plan que tengan.

Unidad 7

Palabras

1. Presente la actividad preguntando a sus estudiantes si, cuando realizan un viaje corto, como una excursión o un viaje a la playa, son de los que llevan muchas o pocas cosas. Después de interesarse por sus respuestas, distribuya a sus estudiantes en pequeños grupos y haga que trabajen cooperativamente para resolver la actividad. Corrija en plenario.
1. gorra; **2.** botas de montaña; **3.** sombrero; **4.** chanclas; **5.** gafas de sol; **6.** bañador; **7.** crema solar; **8.** linterna; **9.** toalla; **10.** tienda de campaña; **11.** prismáticos; **12.** impermeable/chubasquero; **13.** cámara fotográfica.

1.1. Con el fin de ampliar el vocabulario presentado en la actividad anterior, reagrupe a sus estudiantes en parejas y pídales que confeccionen una lista con otras cosas que ellos llevan cuando van de excursión. Haga una puesta en común y resuelva las dudas. Por último, y antes de pasar a la actividad siguiente, llame su atención sobre el cuadro de la RAE, en el que se consignan algunas diferencias de vocabulario que hay entre el español de España y de América con respecto a este campo semántico.

1.2. [26] Diga a sus estudiantes que van a escuchar una conversación en la que una amiga le cuenta a otra sus planes para el fin de semana: hacer una travesía en piragua por el río Guadiela. Antes de poner el audio, pídales que lean la información del programa y resuelva sus dudas de léxico. Explíqueles que deben completar el texto con la información que van a oír. Por último, ponga el audio para realizar la actividad.
Toalla; bañador; gorra; tienda de campaña.

> Para trabajar estos contenidos, realice las actividades **1-3**, p. **40** del *Libro de ejercicios*.

Palabras

1 **En grupos pequeños** Estos son algunos objetos que llevamos normalmente cuando hacemos una excursión o vamos a la playa. ¿Sabes cómo se llaman en español? Con tus compañeros de grupo, escribe el nombre correspondiente.

① ....
② ....
③ ....
④ ....
⑤ ....
⑥ ....
⑦ ....
⑧ ....
⑨ ....
⑩ ....
⑪ ....
⑫ ....
⑬ ....

1.1 **En parejas** ¿Qué otras cosas se pueden llevar de excursión? Piensa en las excursiones que haces normalmente y haz una lista con tu compañero/a.

RAE LÉXICO
Español de España › linterna : *El garaje está como boca de lobo. Tengo que comprarme una **linterna** para estos casos.*
Español de México › lámpara : *Trae guantes, botas altas, un arnés en el pecho y una **lámpara** en el casco, que le protege la cabeza.*
Español de España › bañador/traje de baño : *Regresábamos a casa con los **bañadores** todavía húmedos.*
Español de Argentina › malla : *Marta se compró la **malla** de baño.*

1.2 [26] Escucha la conversación entre Inma y una amiga suya sobre la excursión que va a hacer este fin de semana y completa la información del programa con lo que tiene que llevar.

TRAVESÍA EN PIRAGUA
2 días con acampada en el río Guadiela (Cuenca) - 90€/persona
Recorrido total de 25 km en dos etapas con comidas incluidas.

En esta excursión vamos a:
- recorrer la parte más bonita y espectacular del río Guadiela;
- observar el vuelo de los buitres;
- acampar bajo las estrellas;
- bañarnos en el río.

Material necesario:
- ropa cómoda, ..., ... y chanclas;
- protector solar y ....;
- calzado deportivo y ropa de abrigo para la noche;
- linterna;
- ....;
- prismáticos.

2 **Todo el grupo** Lee los comentarios de estos estudiantes sobre lo que les gusta y lo que no les gusta hacer en la clase de español. ¿Con quién te identificas? ¿Por qué?

"A mí me gusta mucho trabajar en parejas porque también aprendo mucho de mis compañeros. También me gusta hablar en clase y escribir mensajes en las redes sociales".

"Yo prefiero estudiar gramática y vocabulario en casa por internet. Hay muchas aplicaciones que son gratis. En clase me gusta hablar y hacer ejercicios".

"A mí me gusta ir a clase para escuchar y preguntar las dudas al profesor. También me gusta hacer los deberes en casa, leer libros y escribir mi diario en español".

"A mí me gusta repetir la lección en casa y hacer actividades interactivas en el ordenador".

"A mí me gusta practicar mi español en cualquier situación y hacer intercambios de idiomas, pero odio hacer exámenes".

"Yo siempre busco en el diccionario las palabras que no entiendo, pero no es útil para entender los audios clase. Por eso, mi profesora dice que tengo que escuchar la radio y ver más la tele para mejorar".

2.1 **En parejas** ¿Qué combinaciones de palabras se pueden hacer con estos verbos? Escríbelas en la tabla. Puede haber varias combinaciones. Trabaja con tu compañero/a.

a un/a compañero/a | los deberes | comentarios | preguntas | en grupo | ejercicios
la radio | música | al/a la profesor/a | una actividad | notas | gramática | con un/a nativo/a
información en internet | un intercambio con un/a nativo/a | de mis compañeros | palabras
libros y revistas | mensajes | canciones | palabras en el diccionario | en clase | en parejas

Hacer	Hablar	Leer	Escribir	Escuchar	Preguntar	Aprender	Buscar	Trabajar
			a un/a compañero/a	a un/a compañero/a	a un/a compañero/a			

2.2 **En grupos pequeños** Y a ti, ¿qué te gusta hacer en la clase de español? ¿Qué no? Utiliza las combinaciones de palabras anteriores.

2. Secuencia de actividades de reflexión sobre el aprendizaje de lenguas que le permitirá conocer un poco mejor con qué tipo de actividades se sienten más cómodos sus estudiantes y con cuáles de ellas aprenden mejor. Explíqueles que van a leer los comentarios de seis estudiantes de español que hablan sobre lo que les gusta hacer en clase y lo que no. Pídales que lean los comentarios y a continuación pregúnteles si se identifican con alguno de ellos. Deben justificar su respuesta.

2.1. Actividad de vocabulario sobre el tema anterior, en el que se practican diferentes combinaciones léxicas. Distribuya a sus estudiantes en parejas y pídales que vuelvan a leer los textos, esta vez focalizándose en las combinaciones de palabras que se utilizan en los comentarios. Luego pídales que completen la tabla con las diferentes opciones. Adviértales de que algunas palabras o expresiones pueden combinarse con diferentes verbos. Para ayudar a la corrección, le sugerimos usar la proyección 26.

¿Qué te gusta hacer en la clase de español?

[26]

Proyecte la lámina para corregir la actividad. Es posible que sus estudiantes hagan combinaciones como *leer preguntas* o *escuchar palabras*, que son correctas; sin embargo, el objetivo es encontrar combinaciones con las que puedan expresar lo que les gusta y no les gusta hacer para aprender español.

2.2. Para realizar esta actividad, mantenga proyectada la tabla de la proyección 26, de manera que puedan ver bien las combinaciones de palabras, y pregunte a sus estudiantes qué les gusta hacer a ellos a la hora de aprender español. Dígales que sigan el modelo de los comentarios que aparecen en la actividad 2. Aproveche este momento para reflexionar con ellos sobre la mejor manera de aprender una lengua o aspectos concretos como léxico, gramática, funciones o cultura, por ejemplo.

Para trabajar estos contenidos, realice las actividades **4-6**, p. **41** del *Libro de ejercicios*.

Gramática

1. Explique la perífrasis *ir a* + infinitivo siguiendo la explicación del cuadro gramatical. Si lo desea, puede volver a la actividad 1 del apartado "¿Qué sabes?" y tomar el modelo de Susana para ejemplificar la estructura. Recuérdeles la forma irregular del verbo *ir* en presente. Dígales que esta estructura se utiliza tanto para hablar de planes y proyectos como para hablar de algo que va a ocurrir de forma inminente. Asimismo, haga hincapié en los marcadores temporales que expresan futuro. Explique que, además de la estructura *ir a* + infinitivo, se puede hablar de una acción futura usando la forma del presente de indicativo cuando el emisor da una información como segura.

1.1. Actividad de práctica controlada en la que los estudiantes, en parejas y por turnos, deben expresar qué planes tiene Silvia para el fin de semana interpretando las imágenes que se presentan y usando la perífrasis *ir a* + infinitivo.
Este fin de semana Silvia... va a ir a un concierto; va a ir de compras; va a hacer fotografías; va a nadar en la piscina; va a limpiar la casa; va a ver una película en casa con sus amigas.

1.2. Actividad de interacción oral. Pida a un estudiante que elija a un/a compañero/a para hacerle la siguiente pregunta: *¿qué vas a hacer este fin de semana?* Este/a responde y hace la pregunta a otro/a compañero/a, y así sucesivamente hasta que todos hayan tenido la oportunidad de contestar.

Gramática

Recuerda:
- Los días de la semana son *lunes, martes, miércoles, jueves, viernes, sábado* y *domingo.*
- Los meses del año son *enero, febrero, marzo, abril, mayo, junio, julio, agosto, septiembre, octubre, noviembre* y *diciembre.*

Fíjate:
Las estaciones del año son *primavera, verano, otoño* e *invierno.*

1 ***Ir a* + infinitivo**

- Para **hablar de planes y proyectos en un futuro próximo** puedes utilizar *ir a* + infinitivo:
  *Este fin de semana **voy a ir** a la playa.*
  También se usa esta estructura cuando algo va a ocurrir de manera inminente:
  *El tren **va a salir**.*
  Recuerda que el verbo *ir* es irregular en presente:
  voy, vas, va, vamos, vais, van.
- Para hablar del **futuro** puedes utilizar **marcadores temporales** como:
  - esta tarde/noche
  - este fin de semana/verano/lunes…
  - el próximo año/la próxima semana…
  - el año/la semana que viene…
  - el lunes, el martes…
  - en enero/febrero…
  - en verano/invierno…
  - mañana

  Con estos marcadores se puede usar el presente de indicativo para **hablar de futuro** cuando lo presentamos como algo seguro:
  ***El domingo como** con mis padres.*

1.1 **En parejas** Observa la imagen. ¿Qué va a hacer Silvia este fin de semana?

Este fin de semana Silvia…

1.2 **Todo el grupo** ¿Y tú? ¿Qué vas a hacer este fin de semana? Cuéntaselo a la clase.

78 | setenta y ocho   Unidad 7 | Buenas intenciones

2 *Tener que* + infinitivo

- Para expresar **obligación** o **necesidad** puedes utilizar *tener que* + infinitivo:
  Tengo que hacer los deberes para mañana. (Obligación)
  Tengo que hacer la compra sin falta porque no hay nada en la nevera. (Necesidad)

Recuerda que el verbo *tener* es irregular en presente: *tengo, tienes, tiene, tenemos, tenéis, tienen.*

2.1 Pablo es guía turístico. Mira su agenda y escribe en tu cuaderno las cosas que tiene que hacer esta semana.

Lunes	Martes	Miércoles	Jueves	Viernes
10:00 Recoger al grupo de Japón en el aeropuerto.	11:00 Visita al museo arqueológico.	9:00 Visita guiada a bodegas.	9:30 Recorrido por el centro de la ciudad.	12:00 Llevar al grupo de Japón al aeropuerto.
Tarde Supermercado: leche, huevos, carne, pescado.	15:00 Recoger a los niños de la escuela. 17:30 Dentista.	17:30 Llevar a mamá al médico.	Tarde Cumpleaños de Carlota: ¡¡llamar!!	Tarde Comprar zapatos a los niños.

Ejemplo: *El lunes por la mañana Pablo tiene que...*

2.2 **En parejas** Escribe una lista con las cosas que tienes que hacer esta semana. Después compárala con la de tu compañero/a.

3 *Querer* + infinitivo

- Para expresar **deseos** puedes utilizar *querer* + infinitivo:
  *El próximo año **quiero trabajar** menos y **viajar** más.*

Recuerda que el verbo *querer* es irregular en presente: *quiero, quieres, quiere, queremos, queréis, quieren.*

3.1 Relaciona los deseos con las personas de las imágenes.

1 
2 
3 
4 

a. Quieren ir al cine.
b. Quieren estudiar chino.
c. Quieren comer *pizza*.
d. Quieren ser cocineros.
e. Quieren beber algo.
f. Quieren acabar un proyecto.
g. Quieren hacer un pícnic.
h. Quieren ir de compras.
i. Quieren viajar.

3.2 **Todo el grupo** ¿Qué deseos tienes tú? Escribe en un papel tres cosas que quieres y dáselo a tu profesor/a. Él/Ella leerá los deseos sin decir el nombre de la persona que los ha escrito. ¿De quién crees que son los deseos? ¿Por qué?

Unidad 7 | Buenas intenciones setenta y nueve | 79

2. Explique la perífrasis *tener que* + infinitivo siguiendo la explicación del cuadro gramatical. Si lo desea, puede volver a la actividad 1 del apartado "¿Qué sabes?" y tomar el modelo de Ramón para ejemplificar la estructura. Recuérdeles la forma irregular del verbo *tener* en presente. Dígales que esta perífrasis se utiliza tanto para expresar obligación como para expresar necesidad, dependiendo de la situación. Por ejemplo, si alguien dice *Tengo que trabajar*, se puede entender como una obligación (si esa persona tiene trabajo) o como una necesidad (si esa persona no lo tiene).

2.1. Actividad de expresión escrita para practicar la perífrasis *tener que* + infinitivo. Para ello, los estudiantes van a leer la agenda de Pablo, un guía turístico, y, siguiéndola, deben redactar un texto en el que expliquen qué tiene que hacer Pablo esta semana.

Posible respuesta:

El lunes por la mañana, a las 10:00, Pablo tiene que recoger a un grupo de Japón en el aeropuerto y, por la tarde, tiene que ir al supermercado para comprar leche, huevos, carne y pescado.

El martes por la mañana, a las 11:00, tiene que hacer una visita al museo arqueológico y, por la tarde, tiene que recoger a los niños a las 15:00. A las 17:30 tiene que ir al dentista.

El miércoles por la mañana, a las 9:00, tiene que hacer una visita guiada a unas bodegas y, por la tarde, a las 17:30, tiene que llevar a su madre al médico.

El jueves por la mañana, a las 9:30, tiene que hacer un recorrido por el centro de la ciudad y, por la tarde, tiene que llamar a Carlota para felicitarla porque es su cumpleaños.

El viernes por la mañana, a las 12:00, tiene que volver al aeropuerto para llevar al grupo de Japón y, por la tarde, tiene que comprar zapatos a sus hijos.

2.2. Pida a sus estudiantes que diseñen en su cuaderno una agenda similar a la de la actividad 2.1 pensando en las cosas que tienen que hacer esa semana. Una vez que hayan completado su agenda individualmente, haga que la comparen con la de su compañero/a.

3. Explique la estructura *querer* + infinitivo siguiendo la explicación del cuadro gramatical. Si lo desea, puede volver a la actividad 1 del apartado "¿Qué sabes?" y tomar el modelo de Ángel para ejemplificar la estructura. Recuérdeles la forma irregular del verbo *querer* en presente. Dígales que esta estructura se utiliza para expresar deseos.

3.1. A través de las fotografías que se muestran, los estudiantes deberán elegir el deseo que representan.
1. g; **2.** d; **3.** f; **4.** c.

3.2. Se plantea una actividad lúdica de producción oral. La práctica consiste en escribir deseos (según la estructura aprendida) y adivinar quién los ha escrito, justificando la respuesta.

Para trabajar estos contenidos, realice las actividades **7-9**, pp. **42-43** del *Libro de ejercicios*.

Practica en contexto

1. Antes de empezar la actividad, pregunte a sus estudiantes si conocen alguno de los lugares que se mencionan. Si no es así, pídales que los busquen en internet para situarlos en el mapa de España (puede usar la **proyección 20**). A continuación explíqueles que van a leer información sobre tres excursiones de fin de semana a estos lugares para realizar diferentes actividades y que deben señalar qué afirmación es correcta. Deben justificar su respuesta. Solo es verdadera la afirmación 3. La 1 es incorrecta porque la cesta y la navaja están incluidas en el precio y la 2 también porque no hay transporte público durante varios meses al año.

1.1. [27] Antes de poner el audio, explique el cuadro de la banda lateral para preguntar por planes e intenciones, proponer y sugerir planes, y aceptar o rechazar una propuesta o invitación. No olvide comentarles que, culturalmente, es necesario justificar el rechazo a una propuesta o invitación, y que para ello se usa *es que*. Dígales que durante la escucha se fijen en el plan que se propone y en si la persona lo acepta o lo rechaza.
Persona 1: Visitar las islas Cíes. Acepta el plan; **Persona 2:** Ir a coger setas al bosque. No acepta el plan; **Persona 3:** Visitar las cuevas del Drach. Acepta el plan.

1.2. Dígales que piensen individualmente en un plan que podrían hacer con su compañero/a. Luego pídales que, en parejas, se pregunten y respondan según sus gustos y su agenda usando los exponentes aprendidos del cuadro de la banda lateral.

Practica en contexto

1 Lee la información de estas excursiones para el fin de semana y señala las afirmaciones verdaderas.

CUEVAS DEL DRACH
(Islas Baleares)
Incluye un paseo en barca a través del lago Martel y un concierto de música clásica.
- Duración de la visita: 1 hora.
- Información práctica: la temperatura interior es de unos 21 °C y la humedad del 80 %. Las visitas son colectivas pero no guiadas.

COVALEDA Y NAVALENO
(Soria)
Respira entre pinos y aprende a recolectar setas con la ayuda de expertos.
- Material necesario para la actividad: agua, botas, mochila, ropa cómoda, ropa de abrigo.
- Precio: 20 € (el precio incluye la cesta y la navaja).

PARQUE NATURAL ISLAS CÍES
(Pontevedra)
Puedes bañarte en sus playas de aguas azules y bucear, hacer senderismo, excursiones en kayak y ver aves y fauna marinas.
Ten en cuenta que solo se puede llegar por mar. Los ferris hacen rutas diarias de junio a septiembre, en Semana Santa y los fines de semana de mayo.

1. ☐ Hay que llevar navaja y cesta para coger setas.
2. ☐ Puedes visitar el parque natural en transporte público durante todo el año.
3. ☐ La visita a las cuevas no incluye un/a guía.

Preguntar por planes e intenciones
- *¿Va(s) a* + infinitivo?
  ¿Vas a estar aquí el fin de semana?
- **¿Verbo en presente + marcador temporal de futuro?**
  ¿Haces algo mañana?

Proponer y sugerir planes
- *¿Quiere(s)* + infinitivo/nombre?
  ¿Quieres ir conmigo al teatro?
- *¿Te/Le apetece* + infinitivo/nombre?
  ¿Te apetece un paseo por el parque?

Aceptar una propuesta o invitación
- (Sí,) Vale.
- De acuerdo.
- Vale, ¿por qué no?
- Bueno, vale, pero...

Rechazar una propuesta o invitación
- *(No,) Lo siento, es que* + explicación
  ▶ *¿Quieres salir a tomar algo?*
  ▷ *No, lo siento, es que tengo que estudiar.*

Cuando se rechaza una propuesta o invitación es necesario justificar el rechazo. Lo habitual es usar ***es que***.

Puedes **expresar obligación o necesidad y dar consejos** de manera general con ***hay que*** + infinitivo:
Para aprobar hay que estudiar mucho.

1.1 [27] Escucha el audio y di qué plan le proponen a cada una de las personas y si lo aceptan o lo rechazan.

1.2 **En parejas** Piensa un plan para este fin de semana y propónselo a tu compañero/a. Él/Ella lo aceptará o lo rechazará según su agenda y sus gustos.

1.3 **En grupos pequeños** Ahora piensa con tus compañeros de grupo en una excursión para este fin de semana. ¿Dónde vais a ir? ¿En qué medio de transporte? ¿Qué vais a hacer? ¿Dónde vais a alojaros? ¿Qué cosas vais a necesitar? Después contádselo a la clase.

2 **En grupos pequeños** ¿Qué haces para aprender un idioma extranjero? Elabora con tus compañeros una lista de cinco consejos para aprender idiomas.

Para aprender bien un idioma...
- hay que hablar con nativos;
- ....
- ....
- ....
- ....

80 | ochenta — Unidad 7 | Buenas intenciones

1.3. Distribuya a sus estudiantes en grupos pequeños y dígales que, entre todos, deberán preparar una excursión de fin de semana al lugar que ellos elijan. Para ello, pídales que piensen en los siguientes aspectos: lugar elegido, medio de transporte, actividades que van a hacer, alojamiento y cosas que van a necesitar. Por último, pida a los grupos que presenten a la clase sus propuestas de fin de semana a modo de exposición. Si quieren pueden mostrar fotos o vídeos del lugar elegido.

Para trabajar estos contenidos, realice las actividades **11** y **12**, p. **43** del *Libro de ejercicios*.

2. Pida a sus estudiantes que reflexionen en pequeños grupos sobre lo que hacen para aprender un idioma extranjero. Antes explique las estructuras que se presentan en el cuadro de la banda lateral para expresar obligación o necesidad y para dar consejos y hacer sugerencias, y resuelva las dudas que pueda haber. A continuación pídales que piensen en los cinco consejos más importantes para aprender bien un idioma, según su opinión, y que los escriban utilizando las expresiones que han aprendido. Para facilitarles la tarea, puede remitirlos a las actividades 2 y 2.1 del apartado "Palabras" para recordar el léxico relacionado con las estrategias y el aprendizaje de idiomas.

Para trabajar estos contenidos, realice la actividad **10**, p. **43** del *Libro de ejercicios*.

2.1 **En grupos pequeños** El siguiente artículo da consejos para aprender idiomas. Compáralos con los de tu lista. ¿Cuáles coinciden?

7 consejos para aprender un idioma más rápido

Aprender idiomas es uno de esos propósitos de Año Nuevo que abandonamos con facilidad, como ir al gimnasio, perder peso o dejar el tabaco. Si quieres aprender un idioma, estos trucos te pueden ayudar.

1. Hay que estudiar usando solo el idioma que estás aprendiendo.
2. Tienes que ver películas o series y escuchar música o la radio en el idioma que estudias.
3. Tienes que buscar a un compañero con el que hablar o hacer intercambios para practicar idiomas.
4. Puedes usar aplicaciones móviles. Actualmente hay muchos juegos y aplicaciones para aprender idiomas.
5. Hay que relacionar todo lo que sabes con tu idioma. Puedes relacionar las palabras de tu lengua materna con palabras de la lengua que estudias para recordarlas con más facilidad.
6. Hay que hablar desde el principio. No es necesario tener muchos conocimientos de un idioma para comunicarse.
7. Hay que imitar el acento del idioma que aprendes. Para ello, tienes que escuchar a nativos y repetir lo que dicen imitándolos.

Adaptado de https://www.elconfidencial.com/alma-corazon-vida/2016-08-16/trucos-para-aprender-idiomas_1246231/

Contraste *por/para*

- Para expresar **causa** se usa *¿Por qué?* › *Porque* + frase o *por* + nombre:
  - ▶ *¿Por qué estudias español?*
  - ▷ *Estudio español porque trabajo en Argentina.*
  - *Está en la cama por la fiebre.*
- Para expresar **finalidad** se usa *¿Para qué?* › *Para* + infinitivo:
  - ▶ *¿Para qué quieres aprender español?*
  - ▷ *Quiero aprender español para viajar por Hispanoamérica.*
- Además, con la preposición ***por*** se expresa tiempo y lugar aproximado:
  - *Por la mañana voy al gimnasio.*
  - *¿Está mi libro por aquí?*
- Además, con la preposición ***para*** se expresa un plazo de tiempo y dirección:
  - *Este ejercicio es para mañana.*
  - *Vamos para Madrid.*

2.2 **Todo el grupo** ¿Qué opinas de los consejos del artículo que has leído? ¿Estás de acuerdo?

▶ *Yo creo que estudiar usando solo el español es muy difícil.*
▷ *Pues yo creo que ver películas es muy divertido.*

Dar una opinión o valorar

- (Yo) Creo que...
  - *Yo creo que aprender español uno solo no es fácil.*
- *Es (muy/bastante/un poco)* + adjetivo de valoración *(útil, necesario, bueno, malo, difícil, fácil, aburrido, divertido...)*
  - *Es muy importante preguntar al profesor las dudas.*

2.3 **Todo el grupo** En una puesta en común de todos los consejos, elige con tus compañeros los 10 mejores para confeccionar un decálogo y colgarlo en clase.

2.4 ¿Qué consejos del decálogo tienes intención de seguir? Escríbelos explicando por qué.

Para **expresar la intención de hacer algo en el futuro** puedes utilizar la estructura *pensar* + infinitivo:

El próximo año pienso estudiar francés.

Recuerda:
El verbo *pensar* es irregular en presente: *pienso, piensas, piensa, pensamos, pensáis, piensan.*

Unidad 7 | Buenas intenciones — ochenta y uno | 81

2.1. Mantenga los grupos de la actividad anterior y pídales que lean los consejos propuestos en el artículo para comprobar si coinciden con los que han escrito ellos.
Una vez terminada la actividad oral, deténgase un momento en el cuadro que aparece en la banda lateral, en el que se explica la diferencia fundamental entre *por* (causa) y *para* (finalidad): la causa es anterior; la finalidad es posterior, tiene un sentido futuro. Además, se indican otros usos fundamentales de *por* y *para*. Puede ayudarse de la proyección 27 para la explicación y hacer el pequeño ejercicio que se propone.

Por y *para*

[27]

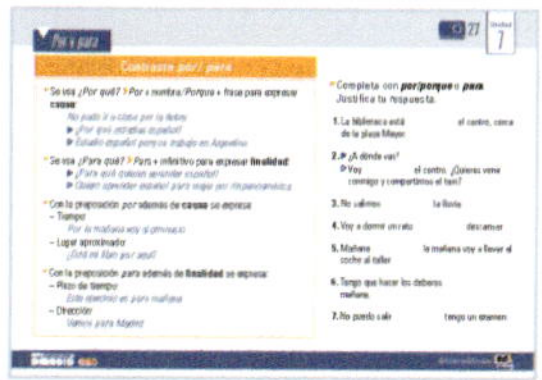

Proyecte el cuadro en el que se presentan los usos de *por* y *para* y explíquelos. A continuación realice la actividad propuesta en grupo y pídales que justifiquen el uso de *por/porque/para* en cada caso. Tras la corrección, añada otros ejemplos de cada uso si lo considera oportuno.
1. por (lugar aproximado); **2.** para (dirección); **3.** por (causa); **4.** para (finalidad); **5.** por (parte del día); **6.** para (plazo de tiempo); **7.** porque (causa).

Para trabajar estos contenidos, realice las actividades **13-16**, p. **44** del *Libro de ejercicios*.

2.2. Antes de realizar la actividad, explique las formas para dar una opinión y valorar que se presentan en el cuadro de la banda lateral. Luego pídales que den su opinión sobre los consejos que han leído en el artículo de la actividad anterior utilizando las estructuras aprendidas.

2.3. Con lo que han escrito en la actividad 2, el artículo que han leído y la discusión posterior, deben confeccionar un decálogo con los diez mejores consejos para aprender una lengua. Proporcióneles una cartulina y algunos rotuladores para hacer un cartel y cuélguelo en la clase.

2.4. Antes de pedirles que realicen esta actividad de expresión escrita, explique el contenido del cuadro que aparece en la banda lateral, así mismo dirija su atención hacia el cuadro lateral para recordarles que el presente del verbo *pensar* es irregular. A continuación pídales que escriban qué consejos del decálogo que han elaborado en la actividad anterior tienen intención y que expliquen sus motivos, de este modo, además de practicar algunas de las estructuras aprendidas en la unidad, tendrán ocasión de reflexionar acerca de sus propias estrategias de aprendizaje.

Unidad 7

Cultura

1. Antes de realizar la actividad, pregunte a sus estudiantes qué saben sobre Venezuela y escriba sus respuestas en la pizarra. Pregúnteles también si saben qué es un *parque nacional* y anímelos a que hablen del más representativo de su país. Si cuenta con pizarra digital o proyector, puede sugerirles que busquen fotografías en internet.

> Un parque nacional es un espacio natural, de alto valor ecológico y cultural, poco transformado por la explotación o actividad humana que, en razón de la belleza de sus paisajes, la representatividad de sus ecosistemas o la singularidad de su flora, de su fauna, de su geología o de sus formaciones geomorfológicas, posee unos valores ecológicos, estéticos, culturales, educativos y científicos destacados cuya conservación merece una atención preferente y se declara de interés general del Estado.
>
> (Definición del *Diccionario del español jurídico*, RAE)

2. Pida a sus estudiantes que lean el texto individualmente y resuelva las dudas de léxico que puedan tener. Explique, si lo considera necesario, la nota morfológica que aparece sobre la formación del plural de las palabras que terminan en *-y*.

VIAJAR POR LOS PARQUES NACIONALES

más bellos de Hispanoamérica

1 **Todo el grupo** ¿Sabes qué es un *parque nacional*? ¿Cuál es el más famoso de tu país?

2 Lee el siguiente texto sobre el parque nacional Canaima (Venezuela).

HOY VAMOS A ADENTRARNOS EN

EL PARQUE NACIONAL CANAIMA

El salto Ángel

DATOS

- Está situado en el estado Bolívar de Venezuela.
- Se extiende sobre una superficie de 30 000 km².
- Es el sexto parque nacional más grande del mundo.

QUÉ VER

- **Los tepuyes.** Son mesetas elevadas de roca que ocupan el 65 % del parque.
- **El Salto Ángel.** Es el salto de agua más alto del mundo, generado desde el Auyantepuy, el tepuy más grande y famoso del parque. Mide 979 metros.

FLORA

A causa del clima frío de los tepuyes, muchas de las especies que habitan allí son exclusivas de este lugar, como la *Orectanthe sceptrum*, de hojas de color verde y azulado, alargadas y terminadas en punta, que se puede ver en las cumbres de los grandes tepuyes. Existen también algunas plantas carnívoras, como la *Heliamphora chimantensis* y la *Drosera roraimae*.

FAUNA

Podemos encontrar multitud de animales como pumas, jaguares, osos hormigueros, colibríes, nutrias, anacondas, etc. También hay más de 90 especies de sapos y ranas, pero una de las más curiosas es la pequeña rana negra del Roraima. Mide unos 2 cm y se puede encontrar en la cima del tepuy Roraima, de ahí su nombre.

Fíjate:
Las palabras que terminan en *-y* tienen el plural en *-yes*:
tepuy › **tepuyes** rey › **reyes**
Pero:
jersey › **jerséis** espray › **espráis**

7

Anaconda

Colibrí

Planta carnívora *Drosera roraimae*

Planta carnívora *Heliamphora chimantensis*

Jacuzzis del monte Roraima

Orectanthe sceptrum

Oso hormiguero

Nutria

Puma

Rana negra del Roraima

...O TE PUEDES IR SIN CONOCER...

Las piscinas naturales en lo alto del monte Roraima, una maravilla de la naturaleza. Se trata de una cadena de lagos conectados que parecen grandes bañeras o *jacuzzis*. En ellos se puede disfrutar de un baño muy agradable.

3 **En grupos pequeños** Ponte de acuerdo con tus compañeros y elige uno de los parques nacionales de la lista que te damos. Después busca información sobre él en internet, completa la ficha y preséntaselo a la clase.

- Parque nacional Galápagos.
- Parque nacional de Tortuguero.
- Parque nacional Los Glaciares.

Datos
Localización:
Extensión:
Qué ver
Flora:
Fauna:
No te puedes ir sin conocer...

Unidad 7 | Buenas intenciones — ochenta y tres | 83

3. Distribuya a sus estudiantes en grupos, de manera que cada uno trabaje con un parque nacional. Si su clase es muy numerosa, puede ampliar la lista con uno o dos parques más o dejarles que elijan uno de su gusto. A continuación explíqueles la información que debe recoger la ficha y luego pídales que busquen la información. Cuando tengan todos los datos, invítelos a hacer sus presentaciones ante el resto de la clase utilizando los medios que tengan a su disposición (móviles, tabletas, ordenadores, pizarra digital, póster, cartel, fotografías, recortes...). Para terminar, puede realizar una votación para saber cuál es el parque que más les ha gustado.

Puede completar la actividad cultural trabajando el texto que se ofrece en la **proyección 28**, titulado *Peligros que afectan la biodiversidad*. Primero pídales una definición de la palabra *biodiversidad*, si es posible sin que usen el diccionario, con sus propias palabras y utilizando ejemplos.

La biodiversidad o **diversidad biológica** se refiere a la extensa variedad de seres vivos existentes en el planeta, un sistema dinámico que está en evolución constante.

Después escriba en la pizarra el título del texto. Proponga una lluvia de ideas sobre el contenido para que formulen hipótesis aprovechando sus conocimientos previos sobre el tema. Poco a poco, vaya dirigiéndolos hacia el propio contenido. Este es el momento de trabajar el vocabulario clave que puede ser difícil para la comprensión del texto como, por ejemplo, *especies, cazar, pescar, derretir, afectar, repercutir...*

Le sugerimos que escriba las palabras seleccionadas en la pizarra y que les dé un ejemplo, o pídales que las busquen en el diccionario y que sean ellos mismos quienes den los ejemplos contextualizados.

Ahora es el momento de pasar a la actividad de comprensión lectora. Divídalos en pequeños grupos y entrégueles una copia impresa de la proyección 28.

Peligros que afectan a la biodiversidad

[28]

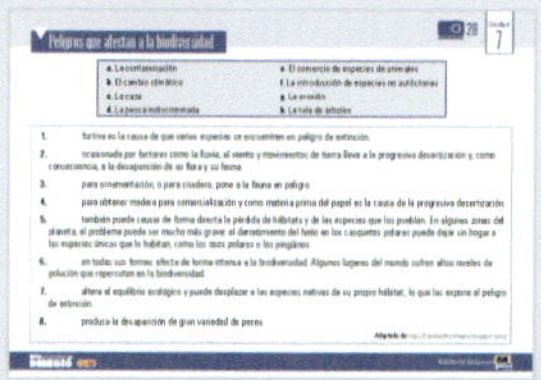

Pídales que lean el texto y que relacionen cada peligro con su texto correspondiente. Después lleve a cabo la corrección con toda la clase. Para terminar, puede abrir un debate sobre este tema.

1. c; **2.** g; **3.** e; **4.** h; **5.** b; **6.** a; **7.** f; **8.** d.

Para trabajar estos contenidos, realice las actividades **17-19**, p. **45** del *Libro de ejercicios*.

Unidad 7

1. Como actividad previa a la visualización del vídeo y para obtener información del tema, pida a sus estudiantes que hagan una lluvia de ideas sobre lo que les sugiere la imagen y, a partir del título, que digan de qué creen que trata el capítulo y qué fiesta están celebrando los amigos del hostal. Es de esperar que conozcan la respuesta, pero en caso contrario, facilite usted únicamente esta información: Se trata de la celebración de Fin de Año, en la que se comen doce uvas cuando dan las doce campanadas de medianoche.

2. Pida a los estudiantes que lean la información de la actividad que se propone y, luego, visione el fragmento 00:30 ▶ 03:36 para que puedan relacionar las dos columnas según el argumento. Después dígales que comenten las tradiciones que han relacionado y a qué país pertenece cada una de ellas. **1.** b, México; **2.** e, México; **3.** a, Argentina; **4.** f, España y México; **5.** c, Argentina; **6.** d, México.

3. Diga a los estudiantes que lean las preguntas de la actividad y, después, visione el fragmento 03:37 ▶ 05:00 para que las respondan. Puede repetir el visionado si cree que lo necesitan. **1.** Quiere comerse las uvas porque quiere salir de fiesta; **2.** Va a ir a casa de unos amigos y después a una discoteca donde hay una fiesta toda la noche; **3.** Tere, Hugo y Leo; **4.** Va a quedarse en casa porque al día siguiente quiere levantarse temprano.

4. Para terminar el capítulo, visione el último fragmento, 05:00 ▶ final, donde los protagonistas cuentan sus planes y proyectos para el año nuevo. Antes pídales que formulen hipótesis sobre el proyecto de cada personaje según lo que ya conocen sobre ellos por vídeos anteriores. Después pase al visionado para que completen la información y confirmen sus hipótesis.

Carla: Este año tiene que terminar el trabajo de su maestría; **Leo:** Piensa pasar más tiempo con sus padres; **Hugo:** Va a viajar más por España porque hay muchos lugares que quiere conocer; **Tere:** Va estudiar un poco más porque quiere aprobar todo con buena nota; **Bea:** El deseo para este año nuevo es algo muy personal y no lo quiere decir.

5. Pida a los alumnos que lean los comentarios que diferentes personas hacen sobre las costumbres para recibir el año nuevo. Comente con ellos cuál les parece más divertido, original, raro…

6. En grupos pequeños o en plenario, pídales que expliquen sus hábitos de celebración de la Nochevieja: lo que hacen, qué comen, cómo lo festejan, con quién… Si los estudiantes han tenido alguna experiencia en otro país, puede pedirles que expliquen cómo fue, qué hicieron y qué costumbre les gusta más.
Es aconsejable que antes de finalizar la clase visionen de nuevo todo el capítulo completo e incluso puede pedirles que hagan un resumen del mismo.

Vídeo

HOSTAL Babel — Uvas y campanadas

Antes del vídeo

1 **Todo el grupo** Los amigos del hostal están celebrando una fiesta. Fíjate en la imagen y en el título del episodio. ¿Sabes qué fiesta es? Justifica tu respuesta.

Durante el vídeo

2 Visiona el fragmento 00:30 ▶ 03:36 y relaciona las tradiciones con su finalidad.

1. Barrer la casa…
2. Poner dinero en los zapatos…
3. Estrenar ropa…
4. Tomar doce uvas…
5. Usar ropa blanca…
6. Caminar con una maleta…

a. para tener un buen año.
b. para eliminar malas energías y atraer buenas vibraciones.
c. como símbolo de purificación y para tener buena salud.
d. para viajar mucho durante el año.
e. para atraer la prosperidad económica.
f. para tener buena suerte.

3 Visiona ahora el fragmento donde Tere nos cuenta sus planes para Nochevieja (03:37 ▶ 05:00). Luego responde a las preguntas.

1. ¿Qué quiere hacer Tere? ....
2. ¿Adónde va a ir? ¿Qué va a hacer? ....
3. ¿Quiénes van a salir de fiesta esta noche? ....
4. ¿Qué va a hacer Carla? ¿Por qué? ....

4 En el último fragmento (05:00 ▶ final), Carla, Leo, Hugo, Tere y Bea van a contarnos sus planes, proyectos e intenciones para el año nuevo. Visiónalo y luego escribe los planes de cada uno.

Carla: ....
Leo: ....
Hugo: ....
Tere: ....
Bea: ....

Después del vídeo

5 Lee los comentarios de estas personas para saber qué costumbres tienen cuando reciben el año nuevo.

"En Japón hay que empezar el año sin deudas y con una casa purificada, así que unos días antes de Año Nuevo tenemos que ocuparnos de esos asuntos".

"En México hay que usar ropa interior amarilla, pero, si quieres tener suerte en el amor, tienes que llevar ropa interior roja".

"En Uruguay hay que tirar los calendarios antiguos por la ventana y también hay que echar agua a la calle para arrastrar todo lo malo".

"En España hay que comer doce uvas a las doce de la noche. El número doce representa los doce meses del año y simboliza la prosperidad y los buenos deseos para el año que entra".

6 **En grupos pequeños** ¿Y tú? ¿Cómo celebras la Nochevieja? ¿Qué haces de especial? Cuéntaselo a tus compañeros de grupo.

84 | ochenta y cuatro — Unidad 7 | Buenas intenciones

Evaluación

7

1 **Observa estas situaciones. ¿Qué va a pasar?**

estornudar | tener un bebé | explotar | llover | operar

1. El globo ....
2. La mujer ....
3. Los médicos .... al paciente.
4. La mujer ....
5. .... en el campo.

2 **Imagina que hoy es 31 de diciembre. ¿Cuáles son tus intenciones, planes y deseos para el próximo año? Escríbelos en tu cuaderno.**

3 **Escribe dos consejos para cada pregunta.**

1. ¿Qué hay que hacer para conocer bien a la gente de tu país?
   Consejo 1: ....
   Consejo 2: ....
2. ¿Qué hay que hacer para ser un buen amigo?
   Consejo 1: ....
   Consejo 2: ....

4 **Clasifica las expresiones en la tabla.**

1. ¿Te apetece ver una exposición este fin de semana? | 2. ¿Vas a salir? | 3. ¿Por qué no? | 4. Vale. | 5. ¿Quieres ir a bailar esta noche? | 6. De acuerdo. | 7. Lo siento, no puedo. | 8. Sí, vale. | 9. No, es que tengo que estudiar. | 10. ¿Qué haces mañana?

Preguntar por planes e intenciones	Proponer un plan	Aceptar un plan	Rechazar un plan

5 **Completa con el verbo *ir*, *querer* o *tener* en la forma adecuada.**

1. Este año Candela y Flora .... viajar a Venezuela para ver los tepuyes.
2. Mañana .... que llamar a mi amiga Sonia porque es su cumpleaños.
3. La próxima semana mis padres .... a ir al teatro.
4. Amanda, Luis, ¿....................... cenar conmigo esta noche?
5. Chema no .... a salir esta noche porque .... que estudiar.
6. Jorge y Lidia .... que aprender italiano porque el próximo año .... a estudiar en Roma con una beca Erasmus.

Evaluación

1. **1.** va a explotar; **2.** va a estornudar; **3.** van a operar; **4.** va a tener un bebé/va a dar a luz; **5.** Va a llover.

2. Respuesta abierta.

3. **Posible respuesta:**
   1. Hay que convivir con las personas de aquí; Hay que salir y hablar con la gente; **2.** Hay que apoyar a los amigos cuando lo necesitan; Hay que ser sincero/a y decirles siempre la verdad.

4. **Preguntar por planes e intenciones:** ¿Vas a salir?; ¿Qué haces mañana?; **Proponer un plan:** ¿Te apetece ver una exposición este fin de semana?; ¿Quieres ir a bailar esta noche?; **Aceptar un plan:** ¿Por qué no?; Vale; De acuerdo; Sí, vale; **Rechazar un plan:** Lo siento, no puedo; No, es que tengo que estudiar.

5. **1.** quieren; **2.** tengo; **3.** van; **4.** queréis; **5.** va, tiene; **6.** tienen, van.

Unidad 8

Unidad

8

Cuídate

¿Qué le pasa al hombre de la foto?

¿Le duele algo?

¿Qué haces cuando estás enfermo/a?

En esta unidad vas a...

- Hablar de enfermedades, dolencias y síntomas
- Hablar de los estados de ánimo
- Dar consejos, órdenes e instrucciones
- Pedir permiso, objetos y favores
- Aceptar y denegar peticiones
- Conocer la dieta mediterránea

Cuídate

Lea en voz alta el título de la unidad, *Cuídate*, y pregunte a sus estudiantes qué les ocurre a las personas de la fotografía *(están enfermas)*. Dígales que esta expresión *(Cuídate)* se usa cuando una persona está enferma. A continuación haga las preguntas propuestas a fin de motivarlos y activar sus conocimientos previos sobre los temas de la unidad. Por último presente los contenidos que se trabajarán en la unidad.

¿Qué sabes?

1 **En parejas** ¿Conoces las partes del cuerpo humano? Con tu compañero/a, completa la imagen con las palabras que faltan. Puedes usar el diccionario. Luego comprueba las respuestas con el resto de la clase.

RAE LÉXICO

Hablamos de barriga o vientre para referirnos a la parte del cuerpo correspondiente al abdomen: *–Aquí, hijo, aquí me hizo la herida. –¿En el **vientre**, abuela?*

Español de España › barriga: *Es que me duele la **barriga**.*

Español de América › panza: *MAMÁ: Le duele la panza.*

2 **Todo el grupo** Fíjate en la máquina de la imagen. ¿Sabes cómo se llaman estas máquinas en español? ¿Qué tipo de productos se venden en ellas?

2.1 **En parejas** Imagina que tienes que decidir qué alimentos se pueden comprar en las máquinas de venta automática. La condición es que tienen que ser alimentos sanos. Habla con tu compañero/a y confecciona tu lista ideal de productos.

2.2 **Todo el grupo** Ahora presenta la propuesta a tus compañeros y entre todos elegid la mejor de todas.

Unidad 8 | Cuídate ochenta y siete | 87

¿Qué sabes?

1. Explique a sus estudiantes que van a trabajar con el léxico del cuerpo humano. Agrúpelos en parejas y plantee la actividad como una competición: ver qué pareja completa antes todas las palabras. Luego haga una puesta en común para corregir la actividad. Comente con los estudiantes la información del cuadro de la RAE sobre algunas variantes en este campo léxico. Tras la corrección, ponga la proyección 29.
1. la cabeza; **2.** el pelo; **3.** la cara; **4.** la oreja; **5.** el ojo; **6.** la nariz; **7.** la boca; **8.** el cuello; **9.** el pecho; **10.** la mano; **11.** el dedo; **12.** el estómago; **13.** la pierna; **14.** el pie; **15.** el brazo; **16.** la espalda.

El cuerpo humano
[29]

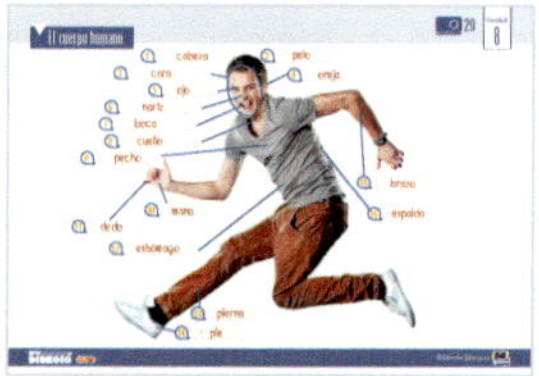

Proyecte la imagen con las respuestas correctas de la actividad 1. Para ayudarlos a memorizar el nuevo léxico, haga un juego: distribuidos en grupos pequeños, tienen un minuto para observar la imagen proyectada y memorizar las partes del cuerpo. Pasado este tiempo, pídales que cierren el libro y apague la proyección. A partir de ese momento, infórmeles de que tienen otro minuto para escribir en un papel todas las palabras que recuerden. Haga un recuento. Ganará el grupo que haya escrito un mayor número de palabras correctas.
Finalizado el juego, pídales que agrupen las palabras para designar las partes del cuerpo según su género (masculino o femenino) con el artículo determinado correspondiente, ya que, cuando vayan a usar este léxico con el verbo *doler*, será necesario usarlo.

Para trabajar estos contenidos, realice las actividades **1** y **2**, p. **46** del *Libro de ejercicios*.

2. En plenario, pídales que se fijen en la imagen y pregúnteles si saben cómo se llama ese tipo de máquinas y qué productos se venden en ellas. Se trata de máquinas expendedoras o de venta automática y ofrecen alimentos, bebidas, billetes de viaje, entradas a espectáculos, etc.

2.1. Pídales ahora que, en parejas, elaboren una lista de los alimentos que se pueden comprar en una de estas máquinas. haga hincapié en que deben ser alimentos sanos.

2.2. En plenario, pídales que presenten el listado que han confeccionados al resto de la clase para, a continuación, elegir entre todos la mejor propuesta., Incentive el debate acerca de la calidad de los alimentos que aparezcan en las distintas listas.

Para trabajar estos contenidos, realice la actividad **3** y **4**, p. **46** del *Libro de ejercicios*.

Unidad 8

Palabras

1. Con esta actividad se pretende que los estudiantes relacionen el léxico del cuerpo humano aprendido en el apartado anterior con diferentes productos y objetos. Para ello, explique el ejemplo y anímelos a que utilicen el diccionario para buscar las palabras que no conozcan.
1. crema antiarrugas: cara; **2.** pendientes: orejas; **3.** jabón: cuerpo/manos; **4.** gorro: cabeza; **5.** bufanda: cuello; **6.** pantalones: piernas; **7.** sandalias: pies; **8.** guantes: manos; **9.** anillo: dedos; **10.** bolso: brazo; **11.** pintalabios: boca; **12.** rímel: ojos; **13.** mochila: espalda; **14.** pañuelo de papel: nariz.

1.1. Como alternativa a la actividad propuesta, pida a las parejas que dibujen en un papel cinco objetos que asocian a cinco partes del cuerpo y que escriban debajo el nombre de los objetos. Después pídales que intercambien sus papeles con otra pareja para que esta escriba las partes del cuerpo con las que creen que sus compañeros han relacionado los dibujos. Cuando terminen, junte a las dos parejas para que comprueben sus hipótesis.

1.2. [28] Diga a sus estudiantes que van a escuchar cuatro conversaciones en las que las personas mencionan diferentes partes del cuerpo. La actividad consiste en anotar todas las partes del cuerpo que se dicen. Ponga el audio, haga una pausa entre conversación y conversación para que puedan escribir y corrija en plenario.
1. brazos, espalda, manos, cuello; **2.** boca; **3.** mano; **4.** ojos.

2. Pida a sus estudiantes que se fijen en las fotos y que piensen en el estado de ánimo que representan las imágenes según los gestos o la expresión de la cara de las personas que aparecen. Déjeles un tiempo para responder a las preguntas. Pueden usar el diccionario o preguntarle a usted si es necesario. Tras corregir la actividad, centre la atención de sus estudiantes en el cuadro de atención y recuérdeles la diferencia entre carácter y estado de ánimo, y cómo se expresa en español: (mediante el contraste *ser/estar*).
1. G; **2.** A; **3.** E; **4.** D; **5.** H; **6.** B; **7.** C; **8.** F.

Palabras

1 **En parejas** ¿Con qué partes del cuerpo relacionas estas palabras? Puedes usar el diccionario.

crema antiarrugas | pendientes | jabón | gorro | bufanda
pantalones | sandalias | guantes | anillo | bolso | pintalabios
rímel | mochila | pañuelo de papel

Ejemplo: *crema antiarrugas › cara*

1.1 **En parejas** Piensa con tu compañero/a en cinco palabras relacionadas con una parte del cuerpo. Tus compañeros tienen que adivinar a qué parte del cuerpo se refieren.

1.2 [28] Escucha y escribe la parte o partes del cuerpo que se mencionan.

1. .... 3. ....
2. .... 4. ....

2 Con tu compañero/a, observa los gestos de estas personas y responde a las preguntas.

1. ¿Quién está triste?	Foto:	5. ¿Quién está enfadado/a?	Foto: ....
2. ¿Quién está nervioso/a?	Foto:	6. ¿Quién está asustado/a?	Foto: ....
3. ¿Quién está aburrido/a?	Foto:	7. ¿Quién está preocupado/a?	Foto: ....
4. ¿Quién está contento/a?	Foto:	8. ¿Quién está tranquilo/a?	Foto: ....

Fíjate:
Usamos ***estar*** para hablar de los estados físicos y de ánimo y ***ser*** para describir el carácter de personas:
*Francisco **es muy tranquilo**, pero hoy **está muy nervioso** porque mañana tiene un examen.*

2.1 **Todo el grupo** ¿Cuáles de los anteriores estados de ánimo son positivos? ¿Y negativos? ¿Utilizas algún gesto concreto para expresarlos? Enséñaselo a la clase.

RAE LÉXICO
Español de España › enfadado/a : *... pero Andrés está muy **enfadado**, enfadado de verdad, y Elena tiembla de miedo.*
Español de América › enojado/a : *Estás **enojada** con Clara porque es una muchacha independiente, ¿no?*

88 | ochenta y ocho Unidad 8 | Cuídate

2.1. Después de realizar la actividad, anime a sus estudiantes a que imiten los gestos de las personas que aparecen en la actividad 2. El objetivo es que comparen cada gesto en España con el que se hace en su país, resaltando sus semejanzas y diferencias. Aproveche para señalar la importancia de conocer el lenguaje no verbal para comunicarse en otra lengua. Haga que se fijen en la variante léxica que se menciona en el cuadro de la RAE sobre el adjetivo *enfadado/a*.
Positivos: contento/a, tranquilo/a; **Negativos:** triste, nervioso/a, aburrido/a, enfadado/a, asustado/a, preocupado/a.

3 ¿Qué les pasa a las personas de las imágenes? Completa las frases con estas palabras.

la espalda | tos | los ojos | fiebre | la cabeza | el estómago | cansado/a

1. Le duele ....
2. Tiene ....
3. Está ....
4. Le duele ....
5. Le pican ....
6. Le duele ....
7. Tiene ....

3.1 **En parejas** Clasifica las siguientes palabras sobre distintos síntomas de una enfermedad en la tabla. En algunos casos puede haber más de una opción.

gripe | enfermo/a | tos | la cabeza | bien | mal | los ojos | alergia
dolor de cabeza | malo/a | un oído | cansado/a | fiebre | un resfriado
dolor de espalda | mareado/a | las muelas | la garganta | dolor de estómago | la nariz
vómitos | las piernas | el cuello | mareos | la espalda | los brazos

Tiene	Le duele/duelen	Le pica/pican	Está/Se siente

- Los verbos ***doler*** y ***picar*** se construyen como el verbo ***gustar***, en 3.ª persona de singular o plural:
  Le duele la cabeza. *Le pican los brazos.*

  Son equivalentes a las expresiones ***tener dolor de*** y ***tener picor de***, respectivamente:
  Le duelen los oídos. = Tiene dolor de oídos.
  Le pican los ojos. = Tiene picor de ojos.
- Lo mismo ocurre con verbos específicos como ***marearse, toser*** y ***vomitar***:
  Se marea. = Tiene mareos. *Tose. = Tiene tos.* *Vomita. = Tiene vómitos.*

3.2 **En parejas** Pregúntale a tu compañero/a cómo se siente en estas situaciones.

¿Cómo te sientes cuando...

no duermes?	ves mucho tiempo la tele? ....
haces un viaje largo en avión?	llevas muchas horas sin comer? ....
estás muchas horas sentado/a?	estudias toda la noche? ....
andas muchas horas?	conduces muchas horas? ....

Ejemplo: *Cuando no duermo, me pican los ojos y me duele la cabeza.*

Unidad 8 | Cuídate ochenta y nueve | 89

3. Pida a sus estudiantes que se fijen en las situaciones que se presentan en las fotografías y que completen las frases con las palabras adecuadas. Antes de comenzar, llame su atención sobre la construcción *me duele* + ***la** cabeza*; escriba lo siguiente en la pizarra y recalque que en español, cuando hablamos de las partes de nuestro cuerpo, no usamos los posesivos, sino los artículos: *Me duele ~~mi~~ cabeza* > *Me duele **la** cabeza.* Deje escrita la frase en la pizarra durante la corrección por si es necesario insistir en este tema.
1. Le duele la cabeza; **2.** Tiene tos; **3.** Está cansada; **4.** Le duele la espalda; **5.** Le pican los ojos; **6.** Le duele el estómago; **7.** Tiene fiebre.

3.1. Tras la corrección, reflexione con sus estudiantes sobre la combinatoria de los verbos seleccionados y las diferentes palabras propuestas en la tabla. Para ello, puede escribir en la pizarra el siguiente esquema:
- *Tiene* + nombre sin artículo
- *Le duele/pica* + artículo + nombre singular
- *Le duelen/pican* + artículo + nombre plural
- *Está/Se siente* + adjetivo o *bien/mal*

Por último, explique el uso específico de los verbos siguiendo la explicación del cuadro de atención. **Tiene** gripe, tos, alergia, dolor de cabeza, fiebre, dolor de espalda, dolor de estómago, vómitos, mareos; **Le duele/duelen** la cabeza, los ojos, un oído, las muelas, la garganta, las piernas, el cuello, la espalda, los brazos; **Le pica/pican** los ojos, la garganta, la nariz; **Está/Se siente** enfermo/a, bien/mal, malo/a, cansado/a, mareado/a.

3.2. Actividad de interacción oral en parejas como práctica de los contenidos aprendidos en este apartado. En parejas, los estudiantes, por turnos, se hacen las preguntas propuestas. Recalque que deben utilizar la mayor cantidad de síntomas posibles y así adquirir el léxico presentado.

Para trabajar estos contenidos, realice las actividades **5** y **6**, p. **47** y **14** y **15**, pp. **49-50** del *Libro de ejercicios*.

Unidad 8

Gramática

1. Explique la morfología y los usos del imperativo según se indica en el cuadro. Dígales que los verbos irregulares en imperativo parten del presente de indicativo, así que no les resultará difícil aprenderlos. Insista en que la forma *vosotros/as* es siempre regular. En cuanto a la ortografía, preste especial atención a los verbos terminados en *-car*, *-ger*, *-gir*, *-gar* y *-zar*, ya que se producen pequeños cambios ortográficos para respetar la correspondencia entre ortografía y fonética, como se observa en el modelo del verbo *empezar*. Asimismo, comente la pérdida de la *-d-* intervocálica en la forma *vosotros/as* de los verbos reflexivos. En cuanto a los usos, insista en que el imperativo es un modo verbal muy productivo en español y que se puede utilizar en muchos contextos en los que no implica ninguna orden. Por ejemplo, cuando decimos: *Pasa, pasa,* si alguien viene a nuestra casa, es una invitación, o si decimos: *Ve al médico, tienes una tos tremenda*, estamos dando un consejo.
   Antes de continuar, deténgase en el cuadro de la RAE, en el que se presentan las formas voseantes del imperativo. Si lo cree conveniente, puede ampliar con la siguiente información:

> Las formas voseantes de imperativo se crearon a partir de la segunda persona del plural, con pérdida de la *-d* final: *tomá (< tomad)*, *poné (< poned)*, *escribí (< escribid)*. Por esta razón, los imperativos voseantes carecen de las irregularidades propias del imperativo de segunda persona del singular de las áreas tuteantes. Así, frente a los irregulares *di*, *sal*, *ven*, *ten*, *haz*, *pon*, *mide*, *juega*, *quiere*, *oye*, etc., en las zonas de voseo se usan *decí*, *salí*, *vení*, *tené*, *hacé*, *poné*, *medí*, *jugá*, *queré*, *oí*, etc.

Gramática

1 Imperativo afirmativo

Usamos el imperativo para **dar instrucciones**, **órdenes** y **consejos**.

- **Verbos regulares**

	Hablar	Beber	Abrir
tú	habla	bebe	abre
usted	hable	beba	abra
vosotros/as	hablad	bebed	abrid
ustedes	hablen	beban	abran

- **Verbos con irregularidades vocálicas**

	Empezar (e › ie)	Volver (o › ue)	Pedir (e › i)
tú	empieza	vuelve	pide
usted	empiece	vuelva	pida
vosotros/as	empezad	volved	pedid
ustedes	empiecen	vuelvan	pidan

- **Otros verbos irregulares**

	Ser	Tener	Hacer	Poner
tú	sé	ten	haz	pon
usted	sea	tenga	haga	ponga
vosotros/as	sed	tened	haced	poned
ustedes	sean	tengan	hagan	pongan

	Ir	Venir	Salir	Decir
tú	ve	ven	sal	di
usted	vaya	venga	salga	diga
vosotros/as	id	venid	salid	decid
ustedes	vayan	vengan	salgan	digan

- Algunos verbos sufren cambios ortográficos en las formas de *usted* y *ustedes*. Son los verbos terminados en:
  - **-car**: bus**car** › bus**qu**e, bus**qu**en
  - **-gar**: car**gar** › car**gu**e, car**gu**en
  - **-ger**, **-gir**: ele**gir** › eli**j**a, eli**j**an
  - **-zar**: empe**zar** › emp**iec**e, emp**iec**en
- Los verbos reflexivos en imperativo llevan el pronombre correspondiente detrás del verbo y unido a él: *levantarse › levántate, levántese, levantaos, levántense.*
  - En los verbos reflexivos, la forma ***vosotros/as*** pierde la *-d-*: *levantados › levantaos.*

¿Diga?

Fíjate:
Las irregularidades del imperativo son las mismas que las del presente *(e › ie, o › ue, e › i)* en las formas ***tú***, ***usted*** y ***ustedes***.

Ten, para ti.

Fíjate:
Vosotros/as es siempre regular.

RAE GRAMÁTICA
- En las zonas voseantes de América, el imperativo tiene una forma propia para la persona vos *(hablá, bebé, abrí, empezá, volvé, elegí, tené, hacé, poné, vení, salí, decí…)*: ***Empezá** vos, por favor./**Comé, comé**, está muy bueno.*
- El verbo ir (imperativo ve) no suele utilizarse y se usa andá (verbo andar): ***Andá**, que es tarde.*

90 | noventa

Unidad 8 | Cuídate

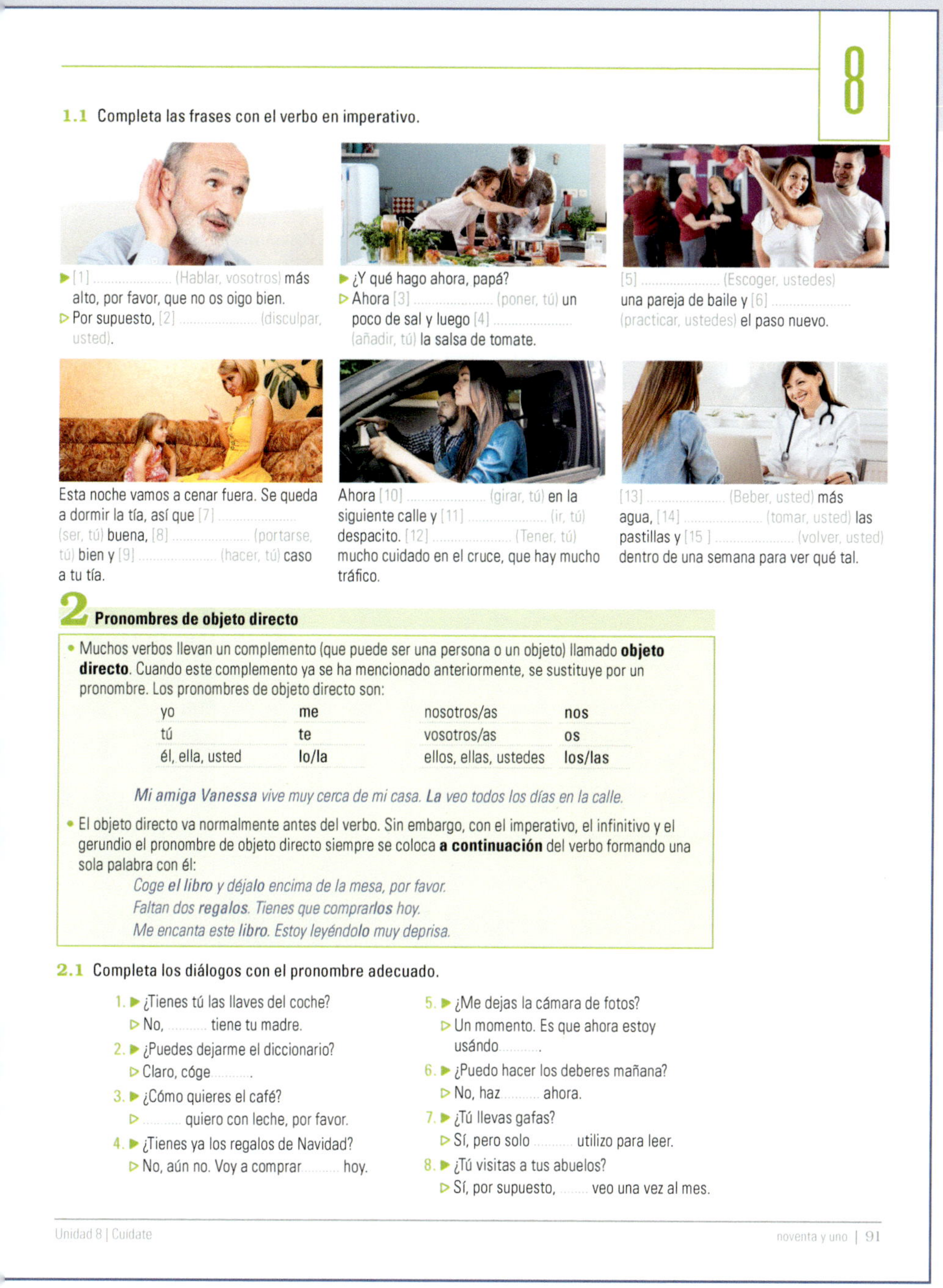
8

1.1 Completa las frases con el verbo en imperativo.

▶ [1] .... (Hablar, vosotros) más alto, por favor, que no os oigo bien.
▷ Por supuesto, [2] .... (disculpar, usted).

▶ ¿Y qué hago ahora, papá?
▷ Ahora [3] .... (poner, tú) un poco de sal y luego [4] .... (añadir, tú) la salsa de tomate.

[5] .... (Escoger, ustedes) una pareja de baile y [6] .... (practicar, ustedes) el paso nuevo.

Esta noche vamos a cenar fuera. Se queda a dormir la tía, así que [7] .... (ser, tú) buena, [8] .... (portarse, tú) bien y [9] .... (hacer, tú) caso a tu tía.

Ahora [10] .... (girar, tú) en la siguiente calle y [11] .... (ir, tú) despacito. [12] .... (Tener, tú) mucho cuidado en el cruce, que hay mucho tráfico.

[13] .... (Beber, usted) más agua, [14] .... (tomar, usted) las pastillas y [15] .... (volver, usted) dentro de una semana para ver qué tal.

2 **Pronombres de objeto directo**

- Muchos verbos llevan un complemento (que puede ser una persona o un objeto) llamado **objeto directo**. Cuando este complemento ya se ha mencionado anteriormente, se sustituye por un pronombre. Los pronombres de objeto directo son:

yo	**me**	nosotros/as	**nos**
tú	**te**	vosotros/as	**os**
él, ella, usted	**lo/la**	ellos, ellas, ustedes	**los/las**

*Mi amiga **Vanessa** vive muy cerca de mi casa. **La** veo todos los días en la calle.*

- El objeto directo va normalmente antes del verbo. Sin embargo, con el imperativo, el infinitivo y el gerundio el pronombre de objeto directo siempre se coloca **a continuación** del verbo formando una sola palabra con él:
  *Coge **el libro** y déja**lo** encima de la mesa, por favor.*
  *Faltan dos **regalos**. Tienes que comprar**los** hoy.*
  *Me encanta este **libro**. Estoy leyéndo**lo** muy deprisa.*

2.1 Completa los diálogos con el pronombre adecuado.

1. ▶ ¿Tienes tú las llaves del coche?
   ▷ No, ... tiene tu madre.
2. ▶ ¿Puedes dejarme el diccionario?
   ▷ Claro, cóge.......... .
3. ▶ ¿Cómo quieres el café?
   ▷ .... quiero con leche, por favor.
4. ▶ ¿Tienes ya los regalos de Navidad?
   ▷ No, aún no. Voy a comprar.......... hoy.
5. ▶ ¿Me dejas la cámara de fotos?
   ▷ Un momento. Es que ahora estoy usándo.......... .
6. ▶ ¿Puedo hacer los deberes mañana?
   ▷ No, haz.......... ahora.
7. ▶ ¿Tú llevas gafas?
   ▷ Sí, pero solo .... utilizo para leer.
8. ▶ ¿Tú visitas a tus abuelos?
   ▷ Sí, por supuesto, ... veo una vez al mes.

Unidad 8 | Cuídate noventa y uno | 91

1.1. Actividad de práctica controlada sobre el imperativo.
1. Hablad;2. disculpe; 3. pon; 4. añade; 5. Escojan; 6. practiquen; 7. sé; 8. pórtate; 9. haz; 10. gira; 11. ve; 12. Ten; 13. Beba; 14. tome; 15. vuelva.

Para trabajar estos contenidos, realice las actividades **7-10**, pp. **48-49** del *Libro de ejercicios*.

2. Explique la forma y los usos de los pronombres de objeto directo según se indica en el cuadro. Llame su atención sobre la posición que ocupan estos pronombres dentro de una oración (bien delante del verbo y separado de este, bien detrás del verbo y unido a él en el caso de los imperativos afirmativos, infinitivos y gerundios). Si lo considera oportuno, comente que, al añadir el pronombre de objeto directo al final de un imperativo, infinitivo o gerundio, esta nueva palabra puede convertirse en esdrújula y llevar tilde *(deja > déjalo, leyendo > leyéndolo...)*.

2.1. Actividad de práctica controlada sobre los pronombres de objeto directo.
1. las; 2. cógelo; 3. Lo; 4. comprarlos; 5. usándola; 6. hazlos; 7. las; 8. los.

Para trabajar estos contenidos, realice las actividades **11-13**, p. **49** del *Libro de ejercicios*.

Unidad 8

Practica en contexto

1. Pídales que trabajen de manera individual y que, en parejas, comparen sus respuestas justificándolas si es necesario.
Dormir bien: 1, 4, 6, 8, 9; **Llevar una dieta equilibrada:** 2, 3, 5, 7, 10.

1.1. Antes de realizar la actividad, explique el cuadro de la banda lateral, en el que se recuerdan las diferentes estructuras para dar consejos.
Posible respuesta:
Para dormir bien…
– tienes que dormir en un lugar completamente oscuro y sin ruidos;
– hay que evitar ver la televisión, trabajar o usar el móvil en la cama;
– puedes tomar algo caliente (una infusión, por ejemplo) antes de acostarte;
– debes ir al baño antes de acostarte;
– mantén los dispositivos electrónicos alejados de la cama.
Para llevar una dieta equilibrada…
– debes comer de todo, pero en su justa medida y cinco veces al día;
– haz ejercicio a diario;
– hay que reducir el consumo de alimentos precocinados y dulces;
– tienes que planificar lo que vas a comer;
– te recomiendo cocinar los alimentos a la plancha, al vapor, cocidos o al horno.

1.2. [29] Explíqueles que van a escuchar los problemas que tienen diferentes personas. Ponga el audio y pídales que piensen en algún consejo para ayudarlos. Recuérdeles que no pueden usar la estructura *hay que* + infinitivo, puesto que esta se utiliza para dar consejos de manera impersonal. Si quiere ampliar la actividad, utilice la proyección 30.
Posible respuesta:
1. Cambia de trabajo, haz yoga, trabaja menos, haz deporte…; **2.** Tienes que hacer una dieta, comer antes de ir a trabajar, hacer ejercicio…; **3.** Debes llevarlo al médico, darle medicamentos, bañarlo en agua templada…

Practica en contexto

1 **En parejas** Aquí tienes algunos consejos para dormir bien y para llevar una dieta equilibrada. Decide cuáles corresponden a cada uno. Fíjate en los ejemplos.

	Dormir bien	Llevar una dieta equilibrada
1. (Dormir) en un lugar completamente oscuro y sin ruidos.	✓	☐
2. (Comer) de todo, pero en su justa medida y cinco veces al día.	☐	☐
3. (Hacer) ejercicio a diario.	☐	☐
4. (Evitar) ver la televisión, trabajar o usar el móvil en la cama.	☐	☐
5. (Reducir) el consumo de alimentos precocinados y dulces.	☐	☐
6. (Tomar) algo caliente (una infusión, por ejemplo) antes de acostarte.	☐	☐
7. (Planificar) lo que vas a comer.	☐	✓
8. (Ir) al baño antes de acostarte.	☐	☐
9. (Mantener) los dispositivos electrónicos alejados de la cama.	☐	☐
10. (Cocinar) los alimentos a la plancha, al vapor, cocidos o al horno.	☐	☐

Dar consejos

Además del **imperativo**, puedes usar:
- ***Tener que*** + infinitivo
Tienes que ir al médico ahora mismo. Estás muy acatarrado.
- ***Hay que*** + infinitivo (para dar consejos de manera general)
*Con el resfriado **hay que beber** agua.*
- ***Deber*** + infinitivo
Debe usted ir a casa y hacer reposo.
- ***Poder*** + infinitivo
***Puedes hacer** algo de ejercicio para ayudar a la dieta de adelgazamiento.*

Recuerda:
Esta estructura se usa también para expresar posibilidad.

- ***Te/Le recomiendo/aconsejo*** + infinitivo
***Te recomiendo tomar** miel con limón para la garganta.*

1.1 **En parejas** Ahora escribe los consejos utilizando las diferentes estructuras que ya conoces.

1. ……
2. ……
3. ……
4. ……
5. ……

1. ……
2. ……
3. ……
4. ……
5. ……

1.2 [29] Escucha lo que les pasa a estas personas y piensa qué consejos puedes darles para solucionar sus problemas.

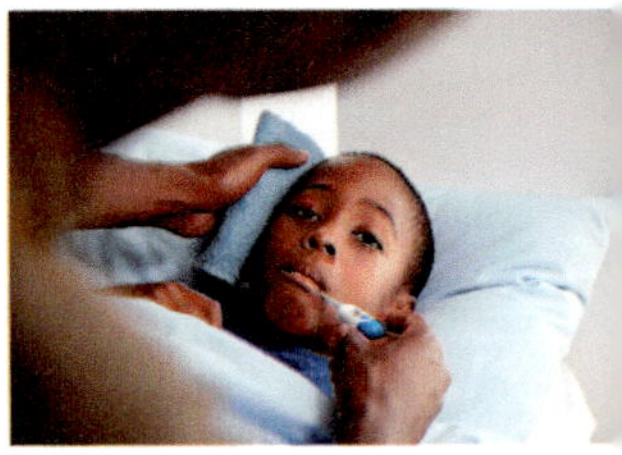

92 | noventa y dos   Unidad 8 | Cuídate

Dar consejos
[30]

Ponga la proyección y pida a sus estudiantes que, en parejas, piensen en los consejos que podrían dar a las personas que aparecen en las fotografías. Luego haga una puesta en común y corrija y comente lo que crea necesario.
Posible respuesta:
1. Te recomiendo tomar una infusión o leche caliente antes de acostarte; **2.** Haz un curso de formación y actualiza tu currículum; **3.** Puedes practicar tu español con otros estudiantes; **4.** Tienes que visitar la capital y las ciudades principales; **5.** Túmbate y pon los pies en alto; **6.** Sal a dar un paseo para relajarte y luego ponte a repasar.

Para trabajar estos contenidos, realice la actividad **16** y **17**, p. **50** del *Libro de ejercicios*.

2 Lee las instrucciones de estas máquinas y complétalas con las frases del recuadro.

Introduzca las monedas | Retire la tarjeta | Seleccione la bebida | Teclee su número PIN | Espere un momento | Retire la bebida

- Introduzca la tarjeta.
- [1] .... por favor.
- [2] ....
- Seleccione la operación deseada (sacar dinero, ingresar dinero, consultar saldo…).
- Introduzca el importe.
- [3] ....

- [4] ....
- [5] ....
- Espere mientras se prepara la bebida.
- [6] ....

2.1 **En parejas** Piensa en una máquina de este tipo y dale las instrucciones de cómo funciona a tu compañero/a. Él/ella tiene que adivinar qué máquina es.

3 Lee estas frases y marca si la persona pide un objeto (O), pide un favor (F) o pide permiso (P).

1. ¿Puedes ayudarme a mover la mesa? Pesa mucho. .... O F P
2. ¿Puedo cerrar la ventana? Es que estoy resfriada. .... O F P
3. ¿Me das una aspirina? Tengo un poco de fiebre. .... O F P
4. ¿Puedo coger una pera? Es que tengo mucha hambre. .... O F P

3.1 **En parejas** Lee estas situaciones y represéntalas con tu compañero/a según la instrucción dada.

Estudiante A

1. Estás en casa de un/a amigo/a. Tienes mucha sed y quieres beber agua.
2. Tu amigo/a necesita un euro para comprar una bebida. Tú no tienes dinero.
3. Tu compañero/a de piso está viendo la tele con el volumen muy alto y tú quieres estudiar.
4. Trabajas en una oficina y una persona te pregunta si puede usar el servicio. Tú aceptas.

Estudiante B

1. Tu amigo/a está en tu casa y quiere un vaso de agua. El agua mineral se acaba de terminar.
2. Quieres comprar un refresco pero no tienes dinero. Pide un euro a tu amigo/a.
3. Tu compañero/a de piso te pregunta si puedes bajar el volumen de la tele porque quiere estudiar. Tú aceptas.
4. Estás esperando para hacer una entrevista de trabajo y necesitas ir al servicio. Pide permiso para ir al servicio.

Pedir un favor o un objeto

- *(Por favor,)* ¿***Puede(s)*** + infinitivo?
  Por favor, ¿puedes ayudarme a hacer los deberes?
- *Por favor,* + imperativo
  Por favor, ayúdame a ordenar el salón.
  Por favor, déjame tu coche.
- *(Por favor,)* ¿***Tiene(s)*** + nombre?
- *(Por favor,)* ¿***Me da(s)/deja(s)/presta(s)*** + nombre?
  ¿Me prestas un bolígrafo, por favor?

Pedir permiso

- ¿***Puedo*** + infinitivo? *¿Puedo ir al servicio?*

Aceptar una petición

- **Sí, claro./por supuesto.**
- ***Sí,*** + imperativo
  ▶ *¿Puedo entrar?*
  ▷ *Sí, pasa, pasa.*

Fíjate:
Es habitual repetir el imperativo para conceder permiso.

Denegar una petición

- **No, lo siento, es que…**
  ▶ *¿Me dejas el diccionario? Es que el mío está en casa.*
  ▷ *No, lo siento, es que estoy usándolo yo ahora.*

2. Pida a sus estudiantes que completen las instrucciones que faltan y que escriban el nombre de las máquinas que se presentan. Pregúnteles si los verbos están en la forma *tú* o *usted*. Luego coménteles que es habitual encontrar la forma *usted* en las instrucciones de las máquinas y en los manuales de instrucciones.
1. Teclee su número PIN; **2.** Espere un momento; **3.** Retire la tarjeta. Es un cajero automático; **4.** Introduzca las monedas; **5.** Seleccione la bebida; **6.** Retire la bebida. Es una máquina de café.

2.1. Organice la clase en parejas y explíqueles que deben pensar en una máquina y darle las instrucciones de uso a su compañero/a, que tendrá que adivinar de qué máquina se trata. Pídales que den las instrucciones utilizando el imperativo y la persona *usted*.

3. Pida a sus estudiantes que, individualmente, lean las frases. Deben valorar si están pidiendo un objeto, un favor o permiso. Es una actividad de precalentamiento antes de abordar estas estructuras.
1. F; **2.** P; **3.** O; **4.** P.

Una vez introducido el concepto en la actividad 3, deténgase en el cuadro para explicar estas estructuras para pedir. Utilice la **proyección 31**.

Pedir favores, objetos y permiso

[31]

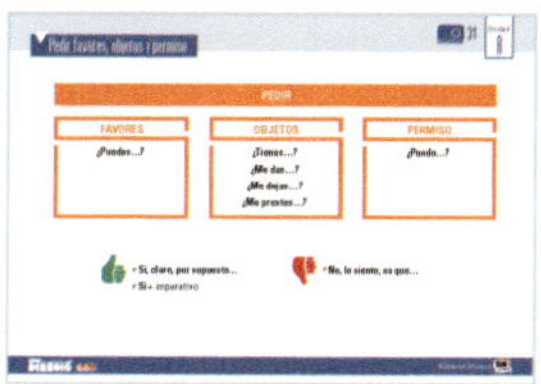

Ponga la proyección y válgase de ella para explicar los diferentes exponentes que se utilizan para pedir favores, objetos y permiso. Destaque, por un lado, que se usa el verbo *poder* tanto para pedir favores como para pedir permiso. Explique la diferencia entre el uso de *dar* (no esperamos que nos lo devuelvan) y *dejar* (sí esperamos que nos lo devuelvan). Dígales que el verbo *prestar* es un sinónimo de *dejar*.
Asimismo, focalice su atención en el exponente *es que* y menciónele que debemos dar siempre una justificación o excusa cuando rechazamos una petición, ya que culturalmente está mal visto decir "no" cuando alguien nos pide algo. Deje la proyección a la vista mientras sus estudiantes realizan la actividad 3.1.

3.1. Agrupe a sus estudiantes en parejas y asígneles un papel (A o B). Explíqueles que van a tener que representar diferentes situaciones en las que unas veces van a tener que pedir favores, objetos o permiso, y otras van a tener que, o bien aceptar, o bien rechazar la petición, según se indique en las instrucciones. Recuérdeles que, si han de denegar la petición, deberán justificarlo. Pasee por las mesas mientras sus estudiantes representan las situaciones y aproveche para corregir los errores y solucionar las dudas que puedan tener. Recuérdeles que tienen el modelo en el cuadro informativo y también en la proyección. Otra opción para terminar esta actividad es que saque a cinco parejas a la pizarra para que representen las situaciones ante la clase.

Para trabajar estos contenidos, realice las actividades **18** y **19**, p. **50** del *Libro de ejercicios*.

Cultura

1. y **1.1.** Pida a sus estudiantes que observen la fotografía y que se fijen en los productos que aparecen en ella (verduras, aceite de oliva, legumbres, pescado, frutos secos, especias, hierbas aromáticas…). Después pregunte a sus estudiantes si saben qué es la *dieta mediterránea* y pídales que elaboren en parejas una lista con los productos que es aconsejable consumir. Para comprobar su respuesta pídales que lean el texto de la actividad 1.1. A continuación ponga la proyección 32.

La dieta mediterránea

[32]

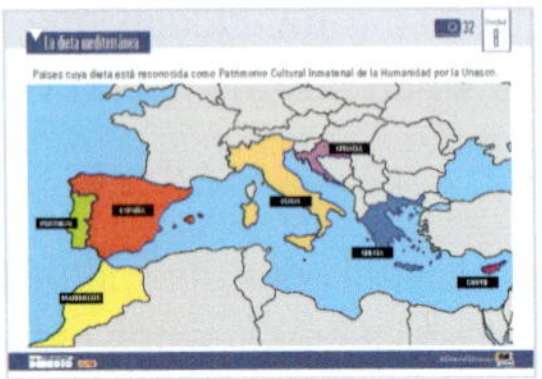

Para situar geográficamente a sus estudiantes en el área de la dieta mediterránea, proyecte el mapa e indique en líneas generales los países bañados por el mar Mediterráneo. Luego explíqueles que solo son siete los países cuya dieta está reconocida por la Unesco como Patrimonio Cultural Inmaterial de la Humanidad y que Portugal está incluido en la lista de países aunque no esté bañado por el Mediterráneo.

La dieta mediterránea

1 **En parejas** ¿Sabes qué es la *dieta mediterránea*? Haz con tu compañero/a una lista de los alimentos que hay que consumir en esta dieta.

1.1 Lee el artículo y comprueba tus hipótesis.

¿Qué es?

Es una valiosa herencia cultural que representa mucho más que una dieta nutricional rica y saludable. Es un estilo de vida equilibrado que recoge recetas, formas de cocinar, celebraciones, costumbres, productos típicos y actividades humanas diversas. Se da en los países de la cuenca mediterránea, especialmente en Chipre, Croacia, España, Grecia, Italia, Marruecos y Portugal.

¿Qué beneficios tiene?

Entre las muchas propiedades beneficiosas que esta dieta tiene para la salud, destaca el tipo de grasa que la caracteriza (aceite de oliva, pescado y frutos secos), las proporciones en los nutrientes principales de sus recetas (cereales y vegetales como base de los platos) y la riqueza en micronutrientes que contiene debido a la utilización de verduras de temporada, hierbas aromáticas y condimentos.

La dieta mediterránea es Patrimonio Cultural Inmaterial de la Humanidad desde 2013.

Adaptado de: https://dietamediterranea.com

10 CONSEJOS BÁSICOS

1. Utiliza el **aceite** de oliva como grasa principal.
2. Consume alimentos de **origen vegetal** en abundancia: frutas, verduras y frutos secos.
3. El **pan**, la **pasta** y el **arroz** tienen que formar parte de la alimentación diaria.
4. Los alimentos **poco procesados**, frescos y de temporada son los más adecuados.
5. Consume todos los días **productos lácteos**, principalmente yogur y quesos.
6. Come **carne roja** con moderación (mejor en guisos) y las carnes procesadas en cantidades pequeñas (en bocadillos).
7. Consume **pescado** en abundancia y **huevos** con moderación (3 o 4 a la semana).
8. Toma **fruta fresca** de postre y consume dulces y pasteles ocasionalmente.
9. Bebe **agua** (debes tomar entre 1.5 y 2 l al día).
10. Realiza **actividad física** todos los días.

Para ampliar los conocimientos sobre esta dieta proponemos una actividad de producción escrita sobre los principales beneficios que aporta. Primero, haga una lluvia de ideas sobre las ventajas que creen que tiene seguir esta dieta y el porqué.

La dieta mediterránea es una fuente inagotable de beneficios para nuestro organismo, ya que se basa en la ingesta de alimentos naturales como frutas, verduras, legumbres, cereales, aceite de oliva como fuente de grasa, pescado y, en cantidades más moderadas, las carnes de aves, los huevos y los lácteos.

Después escriba en la pizarra lo siguiente: *obesidad*, *diabetes*, *enfermedades cardiovasculares*, *memoria* y *fracturas óseas*.

Divídalos en grupos pequeños y pídales que busquen información en internet sobre uno o varios de los problemas de salud anteriores, dependiendo del número de estudiantes que conformen la clase. Si quiere acotar la búsqueda, dígales que escriban en el buscador "Los cinco beneficios de la dieta mediterránea". Los estudiantes, después de la búsqueda, deben escribir un texto en el que se expliquen las razones por las que la dieta mediterránea es beneficiosa para prevenir o curar el problema de salud elegido. Cuando hayan terminado, corrija los textos y pídales que hagan una exposición oral a fin de compartir la información con sus compañeros.

2 **En grupos pequeños** Elabora con tus compañeros un menú para un día siguiendo las recomendaciones de la dieta mediterránea. Tienes que hacer un menú completo: desayuno, media mañana, comida, merienda y cena.

Pirámide de la dieta mediterránea

3 **Todo el grupo** ¿Cómo es tu alimentación? ¿Sigues la dieta mediterránea?

Unidad 8 | Cuídate noventa y cinco | 95

2. Antes de realizar la actividad, lea con sus estudiantes los diez consejos básicos para llevar una dieta mediterránea adecuada y, después, explique la pirámide nutricional y resuelva las dudas que pudieran tener. A continuación distribuya a sus estudiantes en pequeños grupos y pídales que elaboren un menú completo de cinco comidas para un día (desayuno, media mañana, comida, merienda y cena) siguiendo la pirámide nutricional de la dieta mediterránea. Por último, pida a los grupos que presenten sus propuestas. Si son muchos estudiantes, puede proponerles que hagan un menú para una semana; en este caso, tendrían que ponerse de acuerdo previamente para cumplir con las raciones semanales recomendadas en la pirámide. En internet puede encontrar diferentes menús y recetas basados en la dieta mediterránea si quiere ofrecerles un modelo.

3. Tras la actividad en pequeños grupos, haga una puesta en común con toda la clase para conocer los hábitos alimentarios de sus estudiantes y concienciarlos sobre lo importante que es llevar una alimentación sana.

Puede realizar esta actividad complementaria sobre los alimentos nocivos para la salud.
Para empezar, pídales que le expliquen qué es un *alimento nocivo*.
Es un alimento que produce efectos inaceptables para la salud de la persona que lo consume o sus descendientes. Es el que nos provoca algún tipo de efecto negativo, ya sea de forma inmediata o tras ingestas repetidas.
Luego escriba las siguientes palabras en la pizarra y pídales que busquen su definición. Haga una puesta en común para corregir y aclarar dudas.
Grasa saturada: es un tipo de grasa alimenticia que se encuentra en los alimentos de origen animal, como las carnes, los embutidos o la leche y sus derivados; **Nitrato:** sal muy nociva para la salud. Se emplea en la industria; **Sodio:** es un mineral muy importante para mantener la presión arterial. El sodio también se necesita para que los nervios, los músculos y otros tejidos corporales trabajen apropiadamente. Tomado en gran cantidad es muy nocivo; **Edulcorante:** sustancia, natural o artificial, que sirve para dotar de sabor dulce a un alimento o producto. Los edulcorantes podrían ser factores de riesgo para el cáncer, la esclerosis múltiple y otras enfermedades; **Conservante:** sustancia utilizada como aditivo alimentario que, añadida a los alimentos, detiene el deterioro causado por la presencia de diferentes tipos de microorganismos (bacterias, levaduras y mohos). A largo plazo pueden causar cáncer, diabetes o hipertensión; **Hidratos de carbono:** los hidratos de carbono, carbohidratos, glúcidos o sacáridos son las sustancias orgánicas compuestas por hidrógeno, oxígeno y carbono; consumidos en exceso, provocan obesidad e, incluso, diabetes.
Por último, pídales que, en grupos, busquen en internet cinco alimentos nocivos para la salud, a fin de presentarlos en clase, explicando el porqué e ilustrando con imágenes su exposición. Puede ponerles el siguiente ejemplo para que tengan un modelo:
Bollería industrial: apenas aporta nutrientes, tiene un alto contenido en azúcar. Son muy ricos en precursores del colesterol malo (LDL) y además son adictivos.

Para trabajar estos contenidos, realice las actividades **20** y **21**, p. **51** del *Libro de ejercicios*.

Unidad 8

Vídeo

1. Pida a sus estudiantes que observen la foto y que hagan hipótesis sobre el estado anímico de los personajes que aparecen en ella. Dígales que se pueden ayudar con las palabras del cuadro, recordándoles que hay un adjetivo que no es adecuado.
   Posible respuesta:
   Hugo está preocupado, Tere está enferma, Carla está tranquila y Leo está nervioso.
   El adjetivo que no es adecuado a la situación es *contento/a*.

2. Proyecte el fragmento del vídeo 00:30 ▶ 02:00 y a continuación dígales que, en parejas, contesten a las preguntas.
   1. Le duele el estómago porque esta mañana ha comidos tres o cuatro bolsas de patatas fritas en la universidad; **2.** Normalmente come comida basura; **3.** No come ni fruta ni verdura.

> **Fíjate:**
> ¿Cómo llama Hugo a la comida basura?
> Comida chatarra.

2.1. Explique a sus estudiantes que van a ver un fragmento del vídeo en el que Carla y Hugo le dan consejos a Leo para llevar una alimentación saludable. Pídales que antes de ver el vídeo lean las opciones para facilitarles la comprensión.
1. H; **2.** C; **3.** C; **4.** H; **5.** C; **6.** C.

2.2. Para la corrección, vuelva a leer las frases de Carla y haga que ellos se fijen en la forma que presentan los verbos *(tenés, hacele, podés, vos hacenos, comé)*. Comente con ellos el fenómeno del voseo. Como actividad de ampliación, puede sugerirles que transformen esas frases a la forma *tú*, que es la que utiliza Hugo, que es mexicano y no usa formas voseantes.
La forma *vos* en los verbos; Este fenómeno recibe el nombre de voseo; Es frecuente en Argentina, Uruguay y Paraguay; Es un trato informal.

3. Visione el fragmento 03:23 ▶ final e indique que señalen qué le sucede a Tere. Una vez corregida esta actividad, ponga el vídeo completo.
   2. Está cansada porque ha estado bailando toda la noche.

4. Divida a sus estudiantes en parejas y pídales que se hagan mutuamente el cuestionario. Paséese por la clase y asegúrese de que la interacción es adecuada. Ayúdelos si lo necesitan en sus producciones y anote errores que detecte. Una vez finalizada la tarea, corrija con ellos los errores anotados.

Vídeo

HOSTAL Babel

¿Enferma?

Antes del vídeo

1 **En parejas** Fíjate en esta escena del episodio de hoy. ¿Qué pasa? ¿Cómo se sienten los personajes? Utiliza estos adjetivos para describir su estado de ánimo. Hay un adjetivo que no es adecuado. ¿Cuál?

preocupado/a | enfermo/a | contento/a | nervioso/a | tranquilo/a

Durante el vídeo

2 **En parejas** Visiona el primer fragmento del episodio (00:30 ▶ 02:00) y responde a las siguientes preguntas.

1. ¿Qué le duele a Leo? ¿Por qué? ....
2. ¿Qué tipo de comida come normalmente Leo? ....
3. ¿Qué alimentos no come Leo nunca? ....

> Fíjate:
> ¿Cómo llama Hugo a la comida basura?
> ....

2.1 ¿Quién crees que da estos consejos a Leo? Señala si es Hugo (H) o Carla (C). Luego visiona el fragmento 01:22 ▶ 02:00 para comprobar tu respuesta.

1. No debes comer eso. .... H C
2. Tenés que alimentarte bien. .... H C
3. En serio, hacele caso a Hugo. .... H C
4. Tienes que comer más proteínas y sobre todo mucha verdura. .... H C
5. ¡No podés comer solo papas fritas! .... H C
6. Vos hacenos caso y comé bien. .... H C

2.2 ¿Qué te ha ayudado a diferenciar los consejos de Carla de los de Hugo? ¿Recuerdas cómo se llama este fenómeno lingüístico? ¿En qué países es más frecuente? ¿Es para un trato formal o informal?

3 Visiona el fragmento 03:23 ▶ final. ¿Qué le pasa a Tere en realidad?

1. ☐ Está enferma.
2. ☐ Está cansada porque ha estado bailando toda la noche.
3. ☐ Ha dormido mucho.
4. ☐ Se ha levantado esta mañana muy temprano.

Después del vídeo

4 **En parejas** Hazle el siguiente cuestionario a tu compañero/a.

1. ¿Qué parte del cuerpo te duele con más frecuencia? ¿Por qué?
2. ¿Qué haces cuando te duele la cabeza?
3. ¿Tienes algún remedio para cuando no puedes dormir?
4. ¿Con qué frecuencia vas al dentista?
5. ¿Llevas una dieta equilibrada?
6. ¿Qué haces cuando estás nervioso/a?

Evaluación

1 Escribe tres consejos usando imperativos para cada una de estas situaciones.

Hacer bien una entrevista de trabajo	Llevarte bien con tus compañeros de piso

2 Lee los siguientes mensajes y relaciónalos con las imágenes.

1. ☐ Por favor, apaguen sus teléfonos móviles, la función va a empezar.
2. ☐ Coja número y espere su turno.
3. ☐ Al salir, tengan cuidado con las puertas.
4. ☐ Lea las instrucciones y, en caso de duda, consulte con su farmacéutico.
5. ☐ ¿Te queda poca batería? Carga aquí tu móvil.
6. ☐ Vamos, chicos, subid despacio y en orden.

3 Completa estas frases con el imperativo y el pronombre de objeto directo adecuados.

1. ¿Puedo usar tu móvil? Sí, ... (tomar, tú).
2. ¿Podemos abrir las ventanas? Sí, ... (abrir, vosotros).
3. ¿Puedo poner la tele? Sí, ... (poner, tú).
4. ¿Puedes dejarme los auriculares? Claro, ... (coger, tú).

3.1 Ahora escribe los imperativos anteriores en las formas *usted* y *ustedes*.

1. ....
2. ....
3. ....
4. ....

4 Completa las frases según tus reacciones.

1. Cuando estoy nervioso/a, *muevo los pies.*
2. Cuando estoy triste, ...
3. Cuando estoy contento/a, ...
4. Cuando estoy preocupado/a, ...
5. Cuando estoy aburrido/a, ...
6. Cuando estoy cansado/a, ...

5 ¿Crees que has aprendido muchas cosas en esta unidad? Escribe...

1. tres palabras relacionadas con la dieta mediterránea: ....;
2. tres palabras del cuerpo humano: ....;
3. tres imperativos irregulares: ....;
4. tres enfermedades: ....;
5. tres síntomas: ....;
6. tres estados de ánimo: ....

Evaluación

1. **Posible respuesta:**
Hacer bien una entrevista de trabajo:
Sé puntual.
Ve correctamente vestido/a y contesta a todas las preguntas.
Muestra mucho interés por el puesto de trabajo.

Llevarte bien con tus compañeros de piso:
Respeta a todos tus compañeros.
Ayúdales si lo necesitan.
Participa en todas las actividades.

2. **1.** D; **2.** F; **3.** E; **4.** C; **5.** A; **6.** B.

3. **1.** tómalo; **2.** abridlas; **3.** ponla; **4.** cógelos.

3.1. **1.** tómelo, tómenlo; **2.** ábranlas, ábrala; **3.** póngala, pónganla; **4.** cójalos, cójanlos.

4. **Posible respuesta:**
1. ... muevo los pies; **2.** ... como chocolate; **3.** ... salgo con mis amigos; **4.** ... doy un paseo por el parque; **5.** ... veo películas; **6.** ... me tumbo en la cama.

5. **Posible respuesta:**
1. verdura, cereales, aceite de oliva; **2.** brazo, pierna, ojo; **3.** ven, ten, haz; **4.** gripe, resfriado, faringitis; **5.** picor de ojos, dolor de garganta, fiebre; **6.** nervioso/a, preocupado/a, enfadado/a.

Unidad
9
¡Vaya día!

¿Qué crees que ha hecho hoy la mujer de la imagen?

¿Tú tienes días así?

En esta unidad vas a. . .

- Hablar de acciones terminadas en un tiempo no terminado
- Hablar de la existencia o no de algo o de alguien
- Hacer valoraciones
- Conocer lugares insólitos de Hispanoamérica

¡Vaya día!

Lea en voz alta el título de la unidad, *¡Vaya día!*, y pregunte a sus estudiantes si saben en qué contexto se usa esa expresión. Una vez que le hayan presentado sus hipótesis, explíqueles que normalmente decimos *¡vaya día!* cuando tenemos o hemos tenido un día muy duro, con mucho trabajo o con muchas complicaciones. A continuación siga con el resto de las preguntas propuestas para motivarlos y activar los conocimientos previos que tengan sobre los temas propuestos. Por último presente los contenidos que se trabajarán en la unidad.

¿Qué sabes?

1 **En parejas** Gregorio está jubilado y durante su primer año de jubilación ha cambiado mucho su vida. Fíjate en las fotos y marca las cosas que ha hecho.

1. ☐ Ha empezado a hacer yoga.
2. ☐ Ha colaborado como voluntario en una ONG.
3. ☐ Ha empezado a ir a clase de pilates.
4. ☐ Ha hecho un crucero por el Caribe.
5. ☐ Ha sido abuelo por tercera vez.
6. ☐ Ha participado en una carrera solidaria.
7. ☐ Se ha apuntado a un curso de pintura.
8. ☐ Ha vuelto a la universidad para estudiar Historia, su verdadera pasión.
9. ☐ Ha hecho un safari en Kenia.
10. ☐ Ha hecho un curso de Informática.

Gregorio, 66 años, profesor de Matemáticas jubilado

1.1 **Todo el grupo** ¿Conoces a alguna persona jubilada? ¿Hace las mismas cosas que Gregorio? ¿Qué hace normalmente la gente mayor de tu país?

RAE

LÉXICO

- En el español de España se utilizan expresiones como gente mayor, personas mayores o los mayores para referirse a las personas de edad avanzada. Utilizar el adjetivo viejo/a se considera descortés:
  *Entré en el vagón y me senté. A mi lado había un señor **mayor**, de esos que a la primera de cambio te cuentan su vida...*
- En el español de América se usa viejo/a afectuosamente para dirigirse a una persona de confianza:
  *(...) porque cree que su **vieja** es más feliz ahora que le mandó el televisor...*
  También para referirse o llamar al padre o a la madre cariñosamente: *¿Lo sabe tu **viejo**?*

2 **Todo el grupo** ¿Qué ha cambiado este año en tu vida?

Ejemplo: ▶ *Pues yo he empezado a aprender español.*
▷ *Yo también. Además, he terminado la universidad.*

¿Qué sabes?

1. A través de esta actividad se introduce el tema principal de la unidad: hablar de acciones terminadas en un tiempo todavía no terminado y un nuevo tiempo verbal: el pretérito perfecto. Agrupe a sus estudiantes en parejas y preséntelos al protagonista de la actividad, Gregorio. Dígales que desde que se jubiló su vida ha cambiado mucho. A continuación, para practicar la comprensión del texto a través de la imagen, pídales que se fijen en las fotos y que marquen lo que ha hecho el protagonista en este último año. Solucione las dudas de léxico que puedan surgirles.
2, 3, 5, 6, 7, 9, 10.

1.1. Actividad de interacción oral en la que se les pide que cuenten si conocen a alguna persona jubilada y que la comparen con Gregorio, indicando sus semejanzas y diferencias en cuanto a las actividades que realizan. Pregúnteles también qué hace normalmente la gente mayor en su país. Antes de realizar la actividad, lea con ellos el cuadro de la RAE y explique las connotaciones socioculturales de utilizar la palabra *viejo/a* para referirse a una persona de edad avanzada en según qué lugares del ámbito hispano.

2. Plantee la pregunta de la actividad como se enuncia en el libro del estudiante. Como aún no se les ha presentado el pretérito perfecto, puede escribir la forma en la pizarra para que empiecen a familiarizarse con ella: *Este año yo he ido/estado/viajado...* Es importante que tomen conciencia de que necesitan esta forma verbal de pasado para hablar de experiencias recientes.

Unidad 9

Palabras

1. Antes de poner el audio, pida a sus estudiantes que observen los productos que se presentan en la actividad, su precio y si se venden por unidades o por kilos. Después explíqueles que van a escuchar una conversación entre una mujer y un hombre en la que se mencionarán algunos de los productos que aparecen en las imágenes. Por último, ponga el audio para realizar la actividad y corríjala.
[30]
Harina, manzanas, aceitunas, patatas fritas, atún, lechuga, tomates, leche, huevos, pan, aceite de oliva y jamón.

1.1. Antes de volver a escuchar el audio para hacer esta actividad, fije la atención de los estudiantes en el cuadro que presenta los envases y medidas más habituales de los alimentos. Comente con sus estudiantes las dudas que puedan surgir. Después ponga el audio de nuevo para que, en una escucha intensiva, anoten los productos que ha comprado Juan, los que tiene que comprar y la cantidad. Puede sugerirles una autocorrección con el cuadro de envases y medidas que han trabajado anteriormente.
[30]
Ha comprado dos paquetes de harina, un kilo de manzanas, una bolsa de patatas fritas, un bote de aceitunas, una lata de atún, dos lechugas, medio kilo de tomates, seis briks de leche; **Tiene que comprar** una docena de huevos, una barra de pan, una botella de aceite de oliva, doscientos gramos de jamón.

1.2. Pida a sus estudiantes que trabajen en parejas y haga la corrección en grupo, ya que caben varias soluciones posibles.
Posible respuesta:
Un paquete de pasta; un paquete/kilo de azúcar; una botella/un litro de agua; un bote de mermelada; una lata de sardinas; un brik/una botella/un litro de zumo; un paquete/kilo de arroz; un kilo de cebollas; un paquete/bote de salchichas/trescientos gramos de salchichas.

1.3. Actividad final de secuencia en la que los estudiantes comparan los envases y medidas de España y su país para encontrar las semejanzas y las diferencias. Cuénteles que en España no se puede comprar un huevo, o cien gramos de manzanas, por ejemplo. Sí se puede comprar la fruta por piezas: una manzana, dos naranjas..., aunque no es habitual. La carne también se compra por kilos, generalmente; el pollo por unidades si es entero; el pescado por unidades si es grande, pero por kilos si es pequeño (una merluza, un kilo de boquerones), etc.

Palabras

1 Escucha la conversación entre María y Juan y señala los productos de los que hablan. [30]

Fíjate:

Envases
- una botella de...
- una lata de...
- un paquete de...
- un brik de...
- una bolsa de...
- un bote de...

Medidas
- una/media docena de...
- un/medio litro de...
- un kilo/medio (kilo)/(un) cuarto (de kilo) de...
- 100/200/300... gramos de...
- una barra de pan

1.1 Escucha de nuevo la conversación. ¿Qué productos ha comprado Juan? ¿Qué tiene que comprar? [30]

Ha comprado	Tiene que comprar
2 paquetes de harina	

1.2 **En parejas** ¿Con qué envases o medidas relacionas estas palabras? Puede haber más de una opción.

pasta | azúcar | agua | mermelada | sardinas | zumo | arroz | cebollas | salchichas

1.3 **Todo el grupo** ¿Se envasan estos productos de la misma manera en tu país?

RAE LÉXICO
Español de América (Puerto Rico, El Salvador, Guatemala, Cuba, Ecuador y Panamá) › libra (una libra equivale a 500 g):
*1/2 **libra** (250 g) de papa criolla; 2 **libras** (1 kilo) de papas; 1 1/2 **libras** (750 g) de carne molida.*
En España la libra equivale a 453 g. Su uso actual es poco frecuente:
*Vendían frutas escarchadas y chocolate en medias **libras** de fabricación propia.*
Español de América (Guatemala, Panamá, Honduras, Nicaragua, El Salvador, Colombia, México...) › galón de agua o leche (un galón equivale a 3785 litros):
*Pienso ahora en Miller, al que le bastaban diez **galones** de agua, bebidos sin interrupción.*
Español de México › bote: *Le pasó un **bote** de jugo de papaya.*
Español de América (Argentina, Uruguay, Paraguay...) › *sachet* (envase de plástico en forma de bolsa o bolsita):
*Pensé que pronto volvería con un **sachet** de leche.*
Español de México › cartera (envase de 24 huevos), media cartera (envase de 12 huevos):
*Se acerca a la tienda y compra media **cartera** de huevos.*

100 | cien — Unidad 9 | ¡Vaya día!

Cabe destacar el cuadro de la RAE, en el que se reflejan las diferentes palabras de este campo léxico según la zona geográfica. Preséntelo antes de realizar la actividad para que puedan comentarlo o usarlo si han estado en alguno de estos países hispanos.

Para trabajar estos contenidos, realice las actividades **1-6**, pp. **52-53** del *Libro de ejercicios*.

2 ¿Sabes qué es un *banco de alimentos*? Esta es la web de un banco de alimentos que quiere hacer una "Gran Recogida de Alimentos" para Navidad. Lee la información y comprueba tu respuesta.

granrecogidadenavidad.com

QUIÉNES SOMOS | GRAN RECOGIDA DE ALIMENTOS | QUIERO DONAR | HAZTE VOLUNTARIO | CONTACTO

¿SABES LO QUE SE PUEDE HACER CON LOS PRODUCTOS Y ALIMENTOS QUE DONAS? ¡NI TE LO IMAGINAS!

Un banco de alimentos es una organización benéfica sin ánimo de lucro que recoge alimentos para donarlos y distribuirlos de manera gratuita entre diferentes entidades benéficas y así dar de comer a personas sin recursos.

Recuerda:

GRAN RECOGIDA DE ALIMENTOS
Zaragoza - 1, 2 y 3 de diciembre

2.1 **Todo el grupo** ¿Hay bancos de alimentos en tu ciudad? ¿Colaboras con ellos? ¿Con qué productos? Cuéntaselo a la clase.

2.2 **En parejas** Clasifica los alimentos de las actividades 1 y 1.2 en la siguiente tabla. Luego compara con tu compañero/a.

Alimentos perecederos	Alimentos no perecederos o en conserva
huevos,	*lata de atún,*

2.3 **En parejas** Ahora vas a elaborar con tu compañero/a una cesta de donación de aproximadamente 20 €. Elige los productos mirando los precios que aparecen en la actividad 1 y algún folleto o página web del supermercado que quieras.

CESTA		20 €
Descripción	Unidades	Precio
paquete de pasta	*1*	*0,95 €*

2.4 **Todo el grupo** ¿Qué pareja tiene más productos en su cesta? ¿Qué pareja ha elaborado la cesta más variada?

2. Pregunte a sus estudiantes qué es un *banco de alimentos*. Deje que ellos formulen sus hipótesis. Es muy probable que también exista en su país y que ellos hayan colaborado alguna vez comprando alimentos para sus campañas. Deje que lean el texto para comprobar sus respuestas y resuelva las dudas de vocabulario. Si quiere ampliar la información, puede proporcionarles estos otros datos:

> Un **banco de alimentos** es una organización de voluntarios cuyo objetivo es recoger alimentos, especialmente no perecederos, de empresas, supermercados y particulares, para dar de comer a personas necesitadas a través de ONG, comedores sociales o mediante la entrega periódica de comida a familias necesitadas. También se recogen otros artículos de primera necesidad: productos de aseo personal, alimentos infantiles, pañales…

2.1. Pida a sus estudiantes que comenten si en su ciudad o país hay organizaciones como esta y si colaboran de alguna manera con ellas cuando se hacen recogidas.

2.2. Actividad de práctica y consolidación del léxico aprendido. Acláreles que los alimentos no perecederos tardan mucho tiempo en caducar, como por ejemplo la pasta, y que otros se conservan mucho tiempo al estar envasados en latas o en botes. Los estudiantes, en parejas, deben clasificar los alimentos que han salido en este apartado en función de este criterio. A la hora de corregir, si hay disparidad de opiniones, tienen que justificar su respuesta. **Alimentos perecederos:** huevos, manzanas, pan, lechuga, tomates, zanahorias, mantequilla, jamón, cebollas, salchichas; **Alimentos no perecederos o en conserva:** lata de atún, paquete de harina, bote de aceitunas, botella de aceite, paquete de pasta, paquete de azúcar, bote de mermelada, lata de sardinas, brik de zumo, brik de leche, paquete de arroz, bolsa de patatas fritas, botella de agua.

2.3. y **2.4.** Mantenga la agrupación en parejas de la actividad anterior y propóngales que elaboren una cesta de donación con un precio de aproximadamente 20 €. Si usted dispone de folletos de algún supermercado, llévelos para que sus estudiantes tengan una referencia de los precios. También pueden obtener la información en internet. Supervise la actividad de cada pareja y, una vez que hayan elaborado sus cestas, pídales que escriban en la pizarra los productos que han seleccionado. A continuación dígales que hagan la actividad 2.4 y decidan entre todos qué cesta tiene más productos y cuál es la que tiene más variedad.

Para trabajar estos contenidos, realice las actividades **7** y **8**, p. **53** del *Libro de ejercicios*.

Gramática

1. Presente el pretérito perfecto siguiendo la explicación del cuadro. Haga hincapié en la formación del participio a partir del infinitivo en los verbos regulares. Luego presente los participios irregulares. Para que sus estudiantes se familiaricen con ellos, puede preparar unas tarjetas a modo de juego de memoria (9 tarjetas con los infinitivos y otras 9 tarjetas con los participios irregulares correspondientes) para relacionar el infinitivo con el participio irregular. Asimismo, destaque los marcadores temporales que suelen aparecer con esta nueva forma verbal. Trabaje el cuadro de la RAE con sus estudiantes para que vean los diferentes usos de este tiempo en las distintas variantes. Quizá algún estudiante haya estado en contacto con alguna persona de estas zonas y esté habituado a utilizar el pretérito indefinido, lo que, en cualquier caso, es correcto.

1.1. Actividad de consolidación de los conocimientos recién adquiridos.
1. ha comprado; **2.** han tomado; **3.** habéis roto; **4.** ha leído; **5.** hemos visto; **6.** ha sido; **7.** has oído; **8.** han salido; **9.** he abierto; **10.** ha escrito.

1.2. (página siguiente) Pídales que completen las frases y que, en parejas, se pregunten y contesten a las cuestiones por turnos. Pregunte a sus estudiantes qué marcadores temporales aparecen en las cuatro frases *(este mes, este año, hoy)*. Haga hincapié en la primera de ellas, en la que no aparece ningún marcador, ya que, por el contexto, se sobreentiende que el marcador es *hoy*. A continuación ponga la **proyección 33** como actividad de práctica controlada complementaria.
1. has venido; **2.** Has ido; **3.** Has hecho; **4.** te has despertado.

Gramática

1 Pretérito perfecto regular e irregular

- El **pretérito perfecto** de indicativo es un **tiempo del pasado** que se forma con el **presente** del verbo *haber* y el **participio** del verbo principal.
- El **participio regular** de los verbos se forma sustituyendo la terminación *-ar* por *-ado* y las terminaciones *-er* e *-ir* por *-ido*:

	Hablar	Comer	Vivir
yo	**he** hablado	**he** comido	**he** vivido
tú	**has** hablado	**has** comido	**has** vivido
él, ella, usted	**ha** hablado	**ha** comido	**ha** vivido
nosotros/as	**hemos** hablado	**hemos** comido	**hemos** vivido
vosotros/as	**habéis** hablado	**habéis** comido	**habéis** vivido
ellos, ellas, ustedes	**han** hablado	**han** comido	**han** vivido

> Fíjate:
> En los verbos reflexivos, el pronombre se coloca delante del verbo *haber*:
> ***me** he duchado, **te** has perdido, **nos** hemos vestido...*

- Algunos verbos tienen un participio irregular:

abrir	› **abierto**	hacer	› **hecho**	romper	› **roto**
decir	› **dicho**	morir	› **muerto**	ver	› **visto**
escribir	› **escrito**	poner	› **puesto**	volver	› **vuelto**

- Usamos el pretérito perfecto para hablar de **acciones terminadas** en un **pasado no terminado**:
  ***Esta mañana he desayunado** una tostada con aceite de oliva y tomate.* (La acción es pasada, pero el tiempo es presente, pues el día aún no ha terminado).
  ***Este año he ido** de vacaciones a Estados Unidos. He visitado Nueva York y la capital, Washington.* (También en este caso el tiempo es presente).
- Los **marcadores temporales** más usados con pretérito perfecto son:
  – hoy
  – este mes/año/verano/otoño/invierno...
  – esta mañana/tarde/noche/semana/primavera...

RAE GRAMÁTICA
En el español de América y en el español de España de las zonas de Galicia, Asturias, parte de León y Canarias es más frecuente el uso del pretérito indefinido en lugar del pretérito perfecto para hablar de acciones terminadas en un tiempo no terminado:
Español de América: *Estoy muy cansado porque esta mañana **salí** de casa muy temprano y no **llegué** hasta las nueve de la noche. **Fue** un día muy largo.*
En el español de España (salvo en las zonas mencionadas anteriormente) se dice: *Estoy muy cansado porque esta mañana **he salido** de casa muy temprano y no **he llegado** hasta las nueve de la noche. **Ha sido** un día muy largo.*

1.1 Conjuga los siguientes verbos en pretérito perfecto en la persona indicada.

1. comprar (él)
2. tomar (ellos)
3. romper (vosotros)
4. leer (ella)
5. ver (nosotros)
6. ser (ella)
7. oír (tú)
8. salir (ellas)
9. abrir (yo)
10. escribir (usted)

102 | ciento dos — Unidad 9 | ¡Vaya día!

¿Qué ha hecho Mónica este mes?

[33]

Proyecte la lámina 33 y pida a sus estudiantes que, en parejas, escriban las cosas que ha hecho Mónica este mes con la ayuda de las frases del cuadro. Si lo prefiere, haga la actividad de manera oral y con todo el grupo. En este caso, elija algunos estudiantes al azar para realizar la actividad.
1. Mónica ha viajado a Ibiza; **2.** Mónica ha comprado un sofá nuevo; **3.** Mónica ha celebrado su cumpleaños; **4.** Mónica ha ido al teatro; **5.** Mónica ha hecho un curso de cocina; **6.** Mónica ha visto la segunda temporada de su serie favorita.

9

1.2 **En parejas** Hazle estas preguntas a tu compañero/a.

1. ¿Cómo (venir, tú) .... a clase?
2. ¿(Ir, tú) .... al cine este mes?
3. ¿(Hacer, tú) .... los deberes esta tarde?
4. ¿A qué hora (despertarse, tú) .... hoy?

1.3 [31] Escucha y marca lo que ha hecho Alfredo esta semana.

1. ☐ Ha estado en Londres por trabajo.
2. ☐ Ha visto una exposición de fotografía.
3. ☐ Ha comprado los regalos de Navidad.
4. ☐ Ha celebrado el cumpleaños de su hijo.
5. ☐ Ha hecho un examen de alemán.

2 Adjetivos y pronombres indefinidos

- Los indefinidos hablan de la **existencia** o **inexistencia** de personas o cosas. Hacen referencia a una cantidad indeterminada. Pueden acompañar a un nombre (adjetivos) o ir solos (pronombres):

	Existencia		Inexistencia	
	Masculino	Femenino	Masculino	Femenino
Singular	*algún* + nombre m. alguno	alguna	*ningún* + nombre m. ninguno	ninguna
Plural	algunos	algunas	ningunos	ningunas

▶ *Antonio, ¿hay **algún problema**?*
▷ *No, **ninguno**. = No, **ningún problema**.*

▶ *¿Hay **alguna chica** rusa en clase?*
▷ *No, en este curso **no** hay **ninguna (chica rusa)**.*

- Además, hay cuatro pronombres indefinidos especiales que se refieren solo a personas y cosas:

	Existencia	Inexistencia
Personas	alguien	nadie
Cosas	algo	nada

▶ *¿Hay **alguien** en casa?*
▷ *No, creo que **no** hay **nadie**.*
▶ *¿Quiere **algo** más?*
▷ *No, gracias, **no** quiero **nada** más.*

Cuando usamos los indefinidos de inexistencia se incluye ***no*** delante del verbo.

Fíjate:
Ningunos/ningunas solo se usan con palabras que se construyen en plural:
*Ningunos **pantalones** me valen.*
▶ *¿Tienes unas tijeras?*
▷ *No, lo siento, no tengo **ningunas**.*

2.1 Completa los siguientes diálogos con los indefinidos adecuados.

1. ▶ He ido a la sala de reuniones y no he visto a ....
   ▷ Pues qué raro, porque siempre hay .... a esta hora.
2. ▶ ¿Has hecho .... plan para este fin de semana?
   ▷ No, no, todavía no tengo .... plan.
3. ▶ ¿Has hecho .... esta semana?
   ▷ No, no he hecho ....
4. ▶ ¿Has comprado ya los regalos de Navidad?
   ▷ Sí, he comprado .... regalos, pero aún tengo que comprar más cosas.
   ▶ ¿Y tienes .... idea?
   ▷ Bueno, sí, tengo ....…
   ▶ Jo, pues yo no tengo ....

2.2 [32] Ahora escucha y comprueba tus respuestas.

1.3. [31] Explique a sus estudiantes que van a escuchar una conversación entre dos personas. Previamente, pídales que lean las frases. Ponga el audio y déjeles un tiempo para responder. Luego vuelva a poner el audio para corregir la actividad. Si quiere ampliarla, puede pedirles que expliquen por qué las afirmaciones 2 y 4 son falsas.
1, 3, 5. La afirmación 2 es falsa porque la exposición que ha visto es de pintura. La 4 también es falsa porque el cumpleaños de su hijo es al día siguiente y aún no lo han celebrado.

Para trabajar estos contenidos, realice las actividades **9-11**, p. **54** del *Libro de ejercicios*.

2. Explique la forma y el uso de los adjetivos y pronombres indefinidos siguiendo la explicación del cuadro. Insista en que *algún* y *ningún* solo se usan delante de nombres masculinos en singular. Asimismo, llame su atención sobre el fenómeno de la doble negación que aparece en el cuadro destacado.

2.1. y **2.2.** [32] Actividad de práctica controlada sobre los indefinidos. Déjeles unos minutos para resolver la actividad y luego ponga el audio para corregirla. A continuación, y como actividad de ampliación, aconsejamos utilizar la **proyección 34**.
1. nadie, alguien; **2.** algún, ningún; **3.** algo, nada; **4.** algunos, alguna, algunas, ninguna.

Los indefinidos
[34]

Proyecte la lámina 34 y pida a sus estudiantes que contesten a las preguntas utilizando los indefinidos que han estudiado y apoyándose en la información que se desprende de las imágenes.
Posible respuesta:
1. (En la caja no hay) nada; **2.** (No hay) ninguna (niña); **3.** algunos; **4.** alguien; **5.** algo; **6.** No, (no hay) nadie; **7.** No hay ningún brik de zumo./(No hay) ninguno; **8.** (En la caja fuerte hay) algunas monedas.

Para trabajar estos contenidos, realice las actividades **12** y **13**, p. **54** del *Libro de ejercicios*.

Practica en contexto

1. y **1.1.** Agrupe a sus estudiantes en parejas y pídales que escriban las frases del recuadro debajo de su imagen correspondiente usando el pretérito perfecto. Recuérdeles que en la actividad aparecen varios participios irregulares. Luego dígales que tienen que ordenar las acciones cronológicamente, según su criterio. Después haga una puesta en común para corregir la actividad y ver qué orden han dado a las fotos señalando las diferencias que haya entre unas parejas y otras. A continuación ponga el audio para que comprueben su respuesta.

[33]

1. G - Se ha levantado pronto; **2.** A - Ha ido al trabajo; **3.** D - Ha tenido una reunión de trabajo; **4.** C - Ha comido con los compañeros de trabajo; **5.** J - Ha escrito unos informes; **6.** F - Ha ido a clase de yoga; **7.** E - Ha hecho la compra; **8.** L - Ha vuelto a casa; **9.** I - Ha puesto el lavavajillas; **10.** B - Ha pedido una *pizza* para cenar; **11.** H - Ha visto la televisión; **12.** K - Ha hablado con su madre por teléfono.

Una alternativa a la actividad es poner el audio en primer lugar y pedirles que ordenen las imágenes de acuerdo a lo que se dice. Una vez ordenadas las acciones, pídales que las escriban en pretérito perfecto.

1.2. Anime a sus estudiantes a que piensen en las acciones que han realizado a lo largo del día (despertarse, ducharse, desayunar, salir de casa...) y que las escriban en un papel usando el pretérito perfecto. Luego pídales que se intercambien los papeles y que comprueben si han realizado las mismas acciones. Como todos sus estudiantes, por razones obvias, se habrán levantado y habrán ido a clase, pídales que concreten las acciones con detalles como la hora, el medio de transporte que han utilizado para ir a clase, lo que han desayunado, etc. También puede pedirles que le digan qué han hecho durante el fin de semana.

Practica en contexto

1 **En parejas** Hoy Pilar ha tenido un día muy completo. Mira las fotografías y escribe debajo su actividad correspondiente. Luego ordénalas cronológicamente según tu criterio. Trabaja con tu compañero/a.

Comer con los compañeros de trabajo. | Escribir unos informes. | Hablar con su madre por teléfono. | Hacer la compra. | Ir a clase yoga. | Ir al trabajo. | Levantarse pronto. | Pedir una *pizza* para cenar. | Poner el lavavajillas. | Tener una reunión de trabajo. | Ver la televisión. | Volver a casa.

Se ha levantado pronto.

1.1 [33] Ahora escucha la conversación entre Pilar y su madre y comprueba tus respuestas anteriores.

1.2 **En parejas** ¿Qué has hecho tú hoy? Escríbelo en un papel y dáselo a tu compañero/a. ¿Habéis coincidido en algunas cosas los dos?

Ejemplo: *Los dos hemos desayunado leche con cereales.*

104 | ciento cuatro   Unidad 9 | ¡Vaya día!

9

2 **En parejas** Pilar esta semana ha colaborado en un banco de alimentos. Lee el correo que ha escrito a unos amigos para contárselo y ordena sus partes.

De: Pilar Para: Víctor, Ana, Jesús Asunto: Banco de alimentos

[1] Hola, chicos:
¿Qué tal? No he podido escribiros antes; es que esta semana he estado muy ocupada porque,

[ ] He conocido a gente de Colombia, de Marruecos... Muchas de esas personas solo pueden ofrecer su tiempo porque ellas mismas necesitan ayuda. Lo que hemos hecho principalmente...

[ ] Ha sido increíble ver gestos como este, comprobar que la gente se preocupa por los demás. Pero bueno, ya os cuento más la próxima vez, que ahora voy a descansar. Escribid pronto. Un fuerte abrazo, Pilar

[ ] como veis en la foto que os mando, he dedicado todo mi tiempo libre a colaborar como voluntaria en un banco de alimentos de mi barrio. ¡Qué pena! Hay tanta gente que necesita comida... Ha sido agotador, pero me ha encantado porque he comprendido que ayudar a los demás produce mucha satisfacción. Os cuento, así seguro que os animáis a hacerlo vosotros también.

[ ] paquetes de arroz, de harina, de azúcar, de pasta; más de doscientos litros en briks de leche, casi quinientas latas de sardinas y atún, botes de tomate, de aceitunas, de mermelada; también algún alimento perecedero, entre otros, fruta y unas 50 docenas de huevos... Un niño de ocho años nos ha llevado esta tarde un brik de zumo y una manzana de su almuerzo en el colegio.

[ ] ha sido organizar una recogida de alimentos que ha durado tres días. Muchos vecinos del barrio han colaborado donando todo tipo de alimentos. Hemos recogido unas cien botellas de aceite, algunas de cinco litros;

[ ] En el banco de alimentos he trabajado con gente de todas las edades; hay voluntarios de hasta ochenta años, ¡es increíble! También he estado con personas de muchas profesiones diferentes (estudiantes, enfermeras, músicos, etc.) y de distintos países.

Hacer valoraciones
- (No) **Me ha gustado mucho.**
- **Me ha encantado.**
- ***Es/Ha sido*** + adjetivo de valoración
  - ► *¿Te ha gustado el concierto?*
  - ▷ *Sí, **ha sido increíble**. El cantante **es muy bueno**.*

Reacciones valorando
¡**Qué** bien/mal/(mala) suerte/bonito/envidia/pena/barato/caro!
- ► *¡Ay, Dios mío! He perdido el tren...*
- ▷ *¡**Qué** mala suerte!*

2.1 Fíjate en las imágenes y marca los alimentos que no menciona Pilar en su correo.

1 [ ] 
2 [ ] 
3 [ ] 
4 [ ] 
5 [ ] 
6 [ ] 

2.2 Imagina que eres uno de los amigos de Pilar, contesta a su correo contándole lo más interesante que has hecho esta semana.

Para: Pilar De: Asunto: Esta semana

2.3 **Todo el grupo** Comparte con tus compañeros lo que has escrito. ¿Quién ha tenido la semana más interesante?

2.4 **Todo el grupo** ¿Has hecho voluntariado durante el último año? Cuéntaselo a tus compañeros.

Unidad 9 | ¡Vaya día! ciento cinco | 105

2. Se trata de una actividad de comprensión lectora en la que, además de enfrentarse a un texto en el que predomina el uso del pretérito perfecto, se presenta buena parte del vocabulario que han aprendido en el apartado "Palabras". Explíqueles a sus estudiantes que Pilar ha escrito un correo a sus amigos para contarles su reciente experiencia en un banco de alimentos. Pídales que lean el texto y que, en parejas, ordenen sus partes. Anímelos a que pregunten al resto de la clase cualquier palabra que no entiendan, así fomentará la interacción y les hará explicar con sus propias palabras el significado.
1. Hola, chicos...; **2.** como veis en la foto que os mando...; **3.** En el banco de alimentos...; **4.** He conocido a gente...; **5.** ha sido organizar una recogida...; **6.** paquetes de arroz, de harina...; **7.** Ha sido increíble...

2.1. Pídales que se fijen en las fotografías y pregúnteles el nombre de los alimentos que aparecen en ellas. Tome nota de los nombres que le digan, pero aún no corrija en el caso de que sean incorrectos. Luego, pídales que marquen las imágenes que muestran alimentos que Pilar no menciona en su correo. Para ello, sugiérales que subrayen en el texto los alimentos que sí se mencionan.
1, 4, 6.

2.2. y **2.3.** Esta actividad de expresión escrita tiene como fin que produzcan un texto articulado en torno al contenido principal que han estudiado en el apartado "Gramática": el pretérito perfecto y su uso. Explíqueles que, individualmente, deben contestar al correo de Pilar, como si fueran uno de sus amigos, y contarle lo más interesante que han hecho esta semana. Pídales que tomen como modelo el correo de Pilar y que, en su respuesta, tengan en cuenta las cosas que ha contado ella. Deles un tiempo para que redacten el correo. En tanto, usted muévase por el aula para solucionar posibles dudas o corregir errores que puedan hacer. Por último, pídales que compartan con el resto de la clase su texto y que, entre todos, decidan quién ha tenido la semana más interesante.

2.4. Termine el apartado ampliando el tema tratado en el texto de la actividad 2: el voluntariado y la cooperación solidaria. Para ello, pregunte a sus estudiantes si, durante el último año, han realizado algún tipo de voluntariado. Pídales que cuenten a sus compañeros cómo ha sido la experiencia, con qué organización han colaborado y qué actividades han realizado.

Para trabajar estos contenidos, realice las actividades **14-19**, pp. **55-56** del *Libro de ejercicios*.

Unidad 9

Cultura

1. Antes de realizar la actividad, pregunte a sus estudiantes si reconocen el lugar que aparece en la imagen central del apartado. Si ninguno reconoce este lugar, dígales que se trata del glaciar Perito Moreno, situado en el parque nacional de los Glaciares (Argentina). Después explíqueles qué significa el adjetivo *insólito* (raro, extraño, poco común) y a continuación hágales las preguntas que se plantean en la actividad.

1.1. Antes de empezar, es aconsejable hacer un trabajo de vocabulario previo, en grupos pequeños. Dígales que, entre todos los miembros del grupo, subrayen aquellas palabras de los textos que no conocen y que traten de escribir una definición de cada una de ellas, según el contexto. Si quiere, puede proponerles las siguientes:
1. Rareza geográfica: accidente que se produce en la tierra extraordinario o poco común; **2.** Desecación: lugar u objeto que pierde la humedad; **3.** Depósitos: lugar o recipiente donde se almacena o guarda algo; **4.** Reserva: espacio natural donde se acumulan ciertos elementos y que son objeto de protección legal para garantizar su conservación; **5.** Minerales del suelo: sustancia inorgánica que se halla en la superficie o en las diversas capas de la corteza terrestre; **6.** Época seca: temporada que no llueve; **7.** Pozas de agua: charca o concavidad en que hay agua detenida; **8.** Inframundo: mundo de los muertos y de los espíritus; **9.** Buceo arqueológico: inmersión en el agua para encontrar restos de animales, pueblos antiguos, objetos del pasado...

Después lleve a cabo una puesta en común para conocer las definiciones que han dado y rectificarlas si es necesario. A continuación pueden realizar individualmente la actividad de leer y relacionar los textos. Para terminar, corrija la actividad con el grupo y pregúnteles por la fotografía que no se corresponde con ningún texto. Aunque es muy probable que alguno de sus estudiantes reconozca el lugar, anímelos a que busquen más información sobre él en internet, como, por ejemplo, su nombre, su ubicación o el país al que pertenece la isla.

Lugares

1 **Todo el grupo** ¿Has estado en algún país de Hispanoamérica? ¿Conoces algún lugar insólito de esta parte del mundo? Coméntalo con tus compañeros.

1.1 Aquí tienes tres lugares insólitos de Hispanoamérica. Lee los textos y relaciónalos con las imágenes. Hay una imagen que sobra. ¿Cuál es? ¿Conoces este lugar? ¿Sabes cómo se llama y dónde está?

El Salar de Uyuni, un desierto de sal

Con una extensión de casi once mil kilómetros cuadrados, el Salar de Uyuni se encuentra a una altura de 3663 metros sobre el nivel del mar. Esta rareza geográfica se debe a la desecación de unos lagos prehistóricos que han dejado sus depósitos ricos en sal. Es la mayor reserva de litio del mundo y un sitio ideal para los amantes de la fotografía.

1 2 3 4

Vinicunca, la montaña de los siete colores

Es una montaña que está en los Andes de Perú, en la región de Cuzco, con una altitud de 5200 metros. Sus increíbles colores se deben a los minerales del suelo. La mejor época del año para visitarla es en agosto, ya que es la estación seca y los colores destacan más.

Cenotes, depósitos de agua dulce

Son pozas de agua cristalina que existen en pocos lugares del mundo. La península de Yucatán contiene la mayor extensión de cenotes, con aproximadamente unos seis mil distribuidos en su territorio. Los cenotes eran la fuente de los antiguos mayas, quienes además los consideraban la entrada al mundo de los muertos. Gracias a los cenotes se ha desarrollado el buceo arqueológico y, como consecuencia, se han encontrado tesoros muy antiguos y restos de animales prehistóricos de incalculable valor: elefantes, mastodontes, tigres dientes de sable y armadillos gigantes.

106 | ciento seis — Unidad 9 | ¡Vaya día!

1. El Salar de Uyuni; **2.** Vinicunca; **3.** Los moáis (la imagen que sobra) son gigantescas estatuas monolíticas que solo se encuentran en la isla de Pascua o Rapa Nui, que pertenece a la región de Valparaíso (Chile), pero que está en la Polinesia, en medio del océano Pacífico, a 3700 km del continente americano. Los moáis son el principal atractivo turístico de dicha isla; **4.** Cenotes (concretamente el cenote Ik Kil, a 3 km de Chichén Itzá).

9

insólitos de Hispanoamérica

2 Completa este test para comprobar cuánto sabes de Hispanoamérica.

1. La capital más alta del mundo es...
   - a Quito.
   - b. Lima.
   - c. La Paz.
2. El segundo exportador mundial de flores es...
   - a. México.
   - b. Colombia.
   - c. Guatemala.
3. ¿Cuál de estos países no tiene ejército?
   - a. Costa Rica.
   - b. Cuba.
   - c. Nicaragua.
4. ¿Cuál de los siguientes países es uno de los principales exportadores mundiales de esmeraldas?
   - a. Panamá.
   - b. Colombia.
   - c. Cuba.
5. Una de las mayores obras de ingeniería del mundo es...
   - a. Machu Picchu.
   - b. Las pirámides de Tikal.
   - c. El canal de Panamá.
6. ¿Cuál es el país más pequeño de Centroamérica?
   - a. Honduras.
   - b. Costa Rica.
   - c. El Salvador.
7. Uno de los glaciares más espectaculares del mundo está en...
   - a. Chile.
   - b. Cuba.
   - c. Argentina.
8. La isla de Pascua, también conocida como Rapa Nui, pertenece a...
   - a. Chile.
   - b. Ecuador.
   - c. Perú.
9. El Aconcagua, la montaña más alta de América, se encuentra en...
   - a. Perú.
   - b. Argentina.
   - c. Chile.
10. El desierto más seco del mundo, el desierto de Atacama, está en...
    - a. Chile.
    - b. Perú.
    - c. Bolivia.

2.1 **Todo el grupo** Corrige el test con toda la clase. ¿Cuántas preguntas has acertado?

Unidad 9 | ¡Vaya día! ciento siete | 107

2. y **2.1.** Pida a sus estudiantes que realicen el test de manera individual sin consultar internet. A continuación utilice la proyección 35, que sirve para llevar a cabo la corrección, así como para ampliar la información.
1. c; **2.** b; **3.** a; **4.** b; **5.** c; **6.** c; **7.** c; **8.** a; **9.** b; **10.** a.

Test sobre Hispanoamérica

[35]

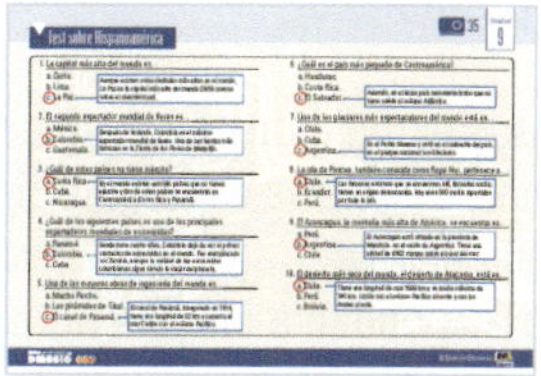

Proyecte la lámina 35 para la corrección del test. Comente con sus estudiantes la información complementaria de la proyección. Asimismo, resuelva las dudas de vocabulario que pudieran surgirles.

Como actividad de ampliación se propone un trabajo de carácter cooperativo. Divídalos en grupos. El objetivo es conocer un lugar insólito de España. Los miembros del grupo se reparten las tareas para conseguir información, mapas, imágenes y preparar una exposición con todos los medios que tengan a su alcance para presentarla al grupo de clase.

Las pautas a seguir son las siguientes:
1. Elegir un lugar y justificar su elección.
2. Repartirse la tarea de búsqueda.
3. Tomar nota de lo más relevante.
4. Buscar imágenes representativas.
5. Situar en el mapa de España el lugar insólito que han elegido.

Le sugerimos que pasee por los grupos para ver el trabajo que han elaborado y hacer algunas aclaraciones y correcciones si las necesitan.
Un vez que hayan acabado el trabajo, pueden empezar las presentaciones. Dígales que deben tomar notas, pues después deberán elegir el lugar más insólito o curioso que se haya presentado.

Para trabajar estos contenidos, realice las actividades **20-22**, p. **57** del *Libro de ejercicios*.

Unidad 9

Vídeo

1. Antes de comenzar con la actividad, escriba en la pizarra la expresión idiomática *tener un día de locos*. Después pregunte a sus estudiantes si saben qué significa y si creen que es positiva o negativa. A continuación hágales las preguntas que propone la actividad con el fin de comprender la expresión idiomática presentada.

2. Explique a sus estudiantes que van a ver a Carla y a Leo hablando mientras esperan a Tere, que llega tarde. Luego ponga el fragmento 00:30 ▶ 01:29 y pídales que respondan a las preguntas.
1. Porque ha perdido el autobús; **2.** Toma un batido de chocolate y menta; **3.** Toma un mate cocido; **4.** Están esperando a Tere; **5.** Van a ir al cine; **6.** Invita Tere.

3. Explíqueles que, en el fragmento que van a ver, Leo y Carla se cuentan lo que han hecho los dos antes de ir a la cafetería. Luego dígales que lean las preguntas y que observen las imágenes para facilitarles la comprensión antes del visionado. Por último, póngales el fragmento 01:35 ▶ 03:24 y pídales que respondan a las preguntas.
1. c (en un banco de alimentos); **2.** b (en una librería).

4. Pida a sus estudiantes que lean las frases y que subrayen la información relevante para facilitarles la tarea. Pueden usar el diccionario si lo necesitan. Ponga el fragmento 03:24 ▶ final para realizar la actividad. Una vez que hayan terminado, haga una puesta en común para la corrección y reproduzca el vídeo completo.
7, 8, 2, 1, 5, 3, 6, 4.

5. Distribuya a sus estudiantes en grupos pequeños y pídales que lleven a cabo una interacción oral contestando a las preguntas que se plantean. Paséese por los grupos para intervenir si fuera necesario.

Vídeo

HOSTAL Babel — Cajas y cajas y cajas...

Antes del vídeo

1 **En parejas** Cuando alguien dice que ha tenido "un día de locos", ¿cómo crees que ha sido su día? ¿Qué cosas crees que le han pasado?

Durante el vídeo

2 **En parejas** Visiona el primer fragmento del episodio (00:30 ▶ 01:29) y responde a las siguientes preguntas.

1. ¿Por qué llega tarde Leo?
2. ¿Qué toma Leo?
3. ¿Qué toma Carla?
4. ¿A quién están esperando?
5. ¿Qué van a hacer los tres?
6. ¿Quién invita?

3 Visiona el fragmento 01:35 ▶ 03:24 y elige la opción correcta.

1. ¿Dónde ha estado Leo?

a. 
b. 
c. 

2. ¿Dónde ha estado Carla?

a. 
b. 
c. 

4 Lee lo que ha hecho Tere hoy. Después visiona el último fragmento del vídeo (03:24 ▶ final) y ordena las frases.

- ☐ Ha vuelto a su casa para cambiarse de ropa y ha cogido otra vez un autobús para ir a la cafetería.
- ☐ El autobús se ha estropeado y ha tenido que esperar al siguiente.
- ☐ Ha tenido una reunión con su profesor y ha estado en su despacho una hora.
- ☐ Ha tenido clases toda la mañana.
- ☐ Ha ido a la biblioteca porque necesitaba unos libros.
- ☐ Ha perdido el autobús y ha tenido que ir corriendo a su casa.
- ☐ Ha cogido un café de la máquina y se le ha caído encima.
- ☐ Se ha preparado la comida y ha tenido que comer muy rápido.

Después del vídeo

5 **En grupos pequeños** ¿Y tú? ¿Has tenido hoy un día de locos como Tere o ha sido un día tranquilo? ¿Cómo son normalmente tus días? Cuéntaselo a tus compañeros de grupo.

108 | ciento ocho — Unidad 9 | ¡Vaya día!

9

Evaluación

1 Observa la fotografía y di qué productos hay en esta caja solidaria de alimentos.

Una botella de agua, ...

2 Escribe en tu cuaderno un correo electrónico contando a un amigo lo que has hecho hoy.

3 Relaciona cada frase con su valoración correspondiente.

1. ¿Te ha gustado la película?
2. ¿Qué tal tu vuelo?
3. He suspendido el examen.
4. He comprado un billete de avión por 10 €.
5. ¿Has terminado ya el libro?
6. ¡Me ha tocado la lotería!

a. Sí, pero no me ha gustado mucho.
b. ¡Qué pena!
c. ¡Qué barato!
d. Ha sido horrible. Hemos tenido muchas turbulencias.
e. ¡Qué suerte!
f. Me ha encantado. Es muy buena.

4 Observa el billete de tren de Ramón y responde a las siguientes preguntas.

Núm. Billete: 2787600281177
Localizador: V2TWL3 Tarifa PROMO **renfe**

Salida	Valencia - Joaquín Sorolla	08:15
Llegada	Madrid - Puerta de Atocha	09:55
AVE	05161	Turista
Coche	7	Plaza: 04C
		Total: 21.95 €

Cierre del acceso al tren 2 minutos antes de la salida

1. ¿A dónde ha llegado y a qué hora?
2. ¿De dónde ha salido y a qué hora?
3. ¿Cómo se llama la estación de origen?
4. ¿Cómo se llama la estación de destino?
5. ¿En qué coche ha viajado? ¿En qué asiento?
6. ¿Cuánto ha pagado por el billete?

Recuerda que para hablar del origen utilizamos la preposición ***de*** y para hablar del destino la preposición ***a***. También usamos ***a*** para hablar de la hora.

5 [34] Escucha la conversación entre dos compañeros de trabajo que hablan sobre lo que han hecho este fin de semana y señala qué actividades ha realizado cada uno.

1. Ha estado con su familia. .... P ... C
2. Ha visitado a unos amigos. .... P ... C
3. Ha visitado la mezquita. .... P ... C
4. Ha montado a caballo. .... P ... C
5. Ha estado en Córdoba. .... P ... C
6. Ha descansado. .... P ... C
7. Ha visto los patios de flores. .... P ... C
8. Ha comido tapas. .... P ... C
9. Ha paseado por la sierra. .... P ... C
10. Ha estado en un pueblo. .... P ... C

Unidad 9 | ¡Vaya día! ciento nueve | 109

Evaluación

1. **Posible respuesta:**
Una botella de agua, una botella de aceite, dos paquetes de pan, un paquete de pasta, cuatro latas de conserva, dos botes de legumbres (un bote de lentejas y un bote de garbanzos), un bote de tomate frito, una bolsa de patatas fritas, un paquete de galletas.

2. Respuesta abierta.

3. **1.** f; **2.** d; **3.** b; **4.** c; **5.** a; **6.** e.

4. **1.** Ha llegado a Madrid a las diez menos cinco de la mañana; **2.** Ha salido de Valencia a las ocho y cuarto de la mañana; **3.** La estación de origen se llama Joaquín Sorolla; **4.** La estación de destino se llama Puerta de Atocha; **5.** Ha viajado en el coche 7, en el asiento 4C; **6.** Ha pagado 21.95 € por el billete.

5. [34] **1.** P; **2.** C; **3.** C; **4.** P; **5.** C; **6.** P; **7.** C; **8.** C; **9.** P; **10.** P.

Unidad

10

Estamos de fiesta

Estamos de fiesta

Como introducción a la unidad, pida a sus estudiantes que se fijen bien en la imagen de la portadilla, que la describan con detalle y que deduzcan, a través de ella, cuál es el tema en torno al cual girarán los contenidos de esta unidad. A continuación hágales las preguntas propuestas. Puede ampliar la actividad preguntándoles también cuál ha sido la última fiesta a la que han asistido, si alguna vez les han hecho una fiesta sorpresa o han participado en una... Pregúnteles si tienen fotografías de alguna fiesta a la que hayan ido recientemente y, en caso afirmativo, anímelos a que las compartan con el resto de la clase y cuenten qué se estaba celebrando, quiénes son las personas que se ven en ellas, dónde fue, cómo lo pasaron, etc. Por último, llame su atención sobre los contenidos presentados en la portadilla que se van trabajar en la unidad.

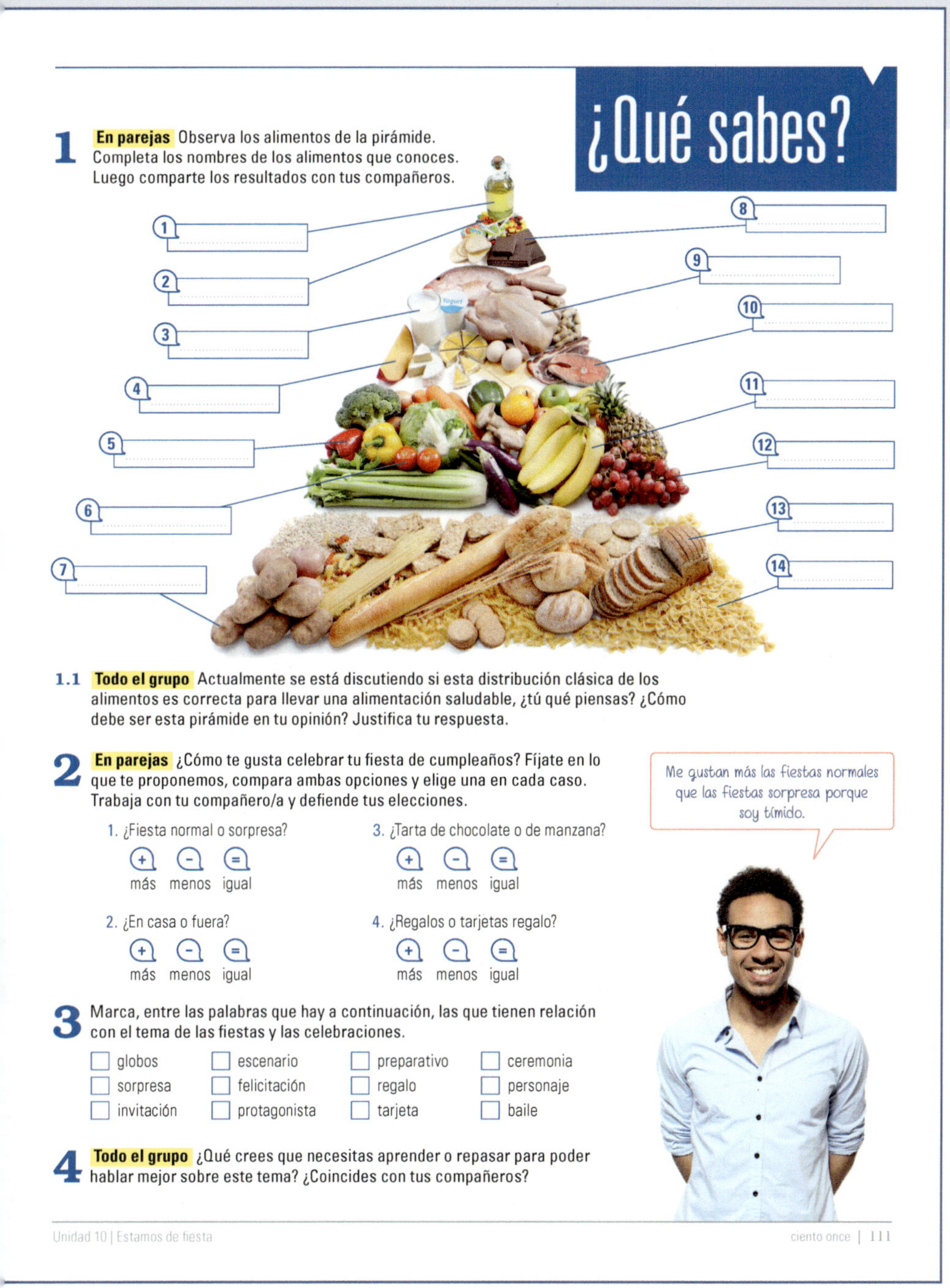

¿Qué sabes?

1 **En parejas** Observa los alimentos de la pirámide. Completa los nombres de los alimentos que conoces. Luego comparte los resultados con tus compañeros.

1.1 **Todo el grupo** Actualmente se está discutiendo si esta distribución clásica de los alimentos es correcta para llevar una alimentación saludable, ¿tú qué piensas? ¿Cómo debe ser esta pirámide en tu opinión? Justifica tu respuesta.

2 **En parejas** ¿Cómo te gusta celebrar tu fiesta de cumpleaños? Fíjate en lo que te proponemos, compara ambas opciones y elige una en cada caso. Trabaja con tu compañero/a y defiende tus elecciones.

1. ¿Fiesta normal o sorpresa? + más − menos = igual
2. ¿En casa o fuera? + más − menos = igual
3. ¿Tarta de chocolate o de manzana? + más − menos = igual
4. ¿Regalos o tarjetas regalo? + más − menos = igual

3 Marca, entre las palabras que hay a continuación, las que tienen relación con el tema de las fiestas y las celebraciones.

☐ globos	☐ escenario	☐ preparativo	☐ ceremonia
☐ sorpresa	☐ felicitación	☐ regalo	☐ personaje
☐ invitación	☐ protagonista	☐ tarjeta	☐ baile

4 **Todo el grupo** ¿Qué crees que necesitas aprender o repasar para poder hablar mejor sobre este tema? ¿Coincides con tus compañeros?

Unidad 10 | Estamos de fiesta ciento once | 111

¿Qué sabes?

1. Antes de empezar, ponga la **proyección 36** para fijar la atención de sus estudiantes. El objetivo de esta actividad es comprobar qué vocabulario relacionado con la alimentación conocen y, también, recordar el que se vio en el nivel anterior. Pídales que se fijen en la pirámide alimentaria de la imagen y que, en parejas, escriban primero los nombres que conozcan de los catorce alimentos señalados; luego pueden añadir el de cualquier otro alimento que sepan de los que aparecen en la pirámide.

Pirámide alimentaria
[36]

1. aceite; **2.** caramelos; **3.** leche; **4.** queso; **5.** pimientos; **6.** tomates; **7.** patatas; **8.** chocolate; **9.** pollo/carne; **10.** pescado; **11.** plátanos; **12.** uvas; **13.** pan; **14.** pasta.

Puede plantear un pequeño debate en torno a la adecuación o no de la pirámide tradicional de los alimentos hoy en día, para usar el léxico aprendido. Para fomentar la interacción oral, puede añadir las siguientes preguntas: *¿pensáis que los cereales deben estar en la base de la pirámide?, ¿y el aceite de oliva en la cúspide?, ¿están bien situadas la fruta y la verdura?, ¿creéis que falta algún otro elemento en la pirámide, además de los alimentos?* (hábitos relacionados con el ejercicio, el descanso...).

Puede encontrar información al respecto y alternativas a esta pirámide en los siguientes enlaces:
https://fundaciondelcorazon.com/nutricion/piramide-de-alimentacion.html y
https://maldita.es/malditaciencia/20210730/piramide-alimenticia-errores-guia-alimentacion-saludable/

2. El objetivo de esta actividad comunicativa es, por un lado, introducir el tema de las fiestas, que vertebra los distintos apartados de la unidad, y, por otro, ver de una manera funcional uno de los contenidos que se trabajarán en el apartado "Gramática": la comparación. Pídales que, en parejas, completen el cuestionario haciéndose todas las preguntas el uno al otro y argumentando cada respuesta. Una vez que lo hayan completado, amplíe la actividad proponiéndoles que cada uno comparta con el resto de la clase las respuestas de su pareja y, así, comprobar los gustos más comunes y los más raros entre el grupo. Aunque corrija los errores que puedan cometer, evite explicar las construcciones comparativas; por el momento, se trata solo de prepararlos antes de que se enfrenten a los contenidos de la unidad.

3. Con esta actividad entramos de lleno en el campo semántico relativo a las fiestas y celebraciones, que se suma al que ha aparecido en la actividad 2. Una vez corregida, pregúnteles qué otras palabras conocen relacionadas con las fiestas y las celebraciones.
Posible respuesta:
Globos, sorpresa, invitación, felicitación, preparativo, regalo, tarjeta, sorpresa, ceremonia, baile.

4. Aproveche esta reflexión en plenario para elaborar una lista de contenidos que los estudiantes consideran necesarios para hablar de las fiestas. Una vez completada la unidad, podrá comprobar si estos se han trabajado o no en alguno de sus apartados. Podrá, entonces, hacer una reflexión ulterior con ellos acerca de los motivos por los que se han trabajado determinados contenidos y no otros.

Unidad 10

Palabras

1. Actividad para ampliar el vocabulario relacionado con los alimentos que ya se introdujo en la actividad 1 del apartado anterior. Disponga a sus estudiantes en parejas y pídales que clasifiquen los dieciséis alimentos de acuerdo con las seis categorías representadas en las imágenes. Puede pedirles que incluyan también los nombres que añadieron ellos a la pirámide alimentaria de la actividad 1 de "¿Qué sabes?" Amplíe el vocabulario preguntándoles el nombre de otros alimentos que aparecen en las imágenes, como pueden ser: *pera* (imagen A), *chorizo* y *salchichón* (imagen B), *macarrones* (imagen C), *fresas* (imagen D), *huevo* y *pan tostado* (imagen E) o *piña* y *coliflor* (imagen F).
A. 3, 10, 13; **B.** 14; **C.** 2, 5; **D.** 9, 15; **E.** 6, 16; **F.** 4, 7, 8, 11, 12.

1.1. Para realizar esta actividad, puede ser interesante volver a visualizar la **proyección 36** de la pirámide alimentaria y, antes de relacionar las imágenes con las palabras propuestas, comprobar si estas palabras se corresponden con las que dijeron cuando se comentaron los tipos de alimentos que había en la pirámide. A continuación pídales que, en parejas, realicen la actividad. Puede ampliarla preguntándoles por otros tipos de alimentos que se clasificarían en otras categorías como *carne*, *pescado*, *hortalizas* y *cereales*.
Verdura: F; **fruta:** A; **dulces:** D; **lácteos:** B; **embutidos:** B; **pasta y legumbres:** C.
La imagen E no se clasificaría en ninguna de las categorías porque en realidad no muestra un tipo de alimento, como las demás, sino una forma de prepararlos y presentarlos.

Palabras

1 **En parejas** Con tu compañero/a, clasifica las palabras en su imagen correspondiente. ¿Sabes el nombre de otros alimentos que aparecen en las fotografías?

1. cebolla	5. arroz	9. tarta	13. plátano
2. espagueti	6. jamón	10. naranja	14. queso
3. manzana	7. zanahoria	11. ajo	15. helado
4. tomate	8. patata	12. lechuga	16. tapa

A

B

C

D

E

F

1.1 **En parejas** Relaciona las imágenes anteriores con las siguientes palabras. ¿Cuál de ellas no se puede clasificar en ninguna categoría? ¿Por qué? Justifica tu respuesta.

☐ verdura ☐ fruta ☐ dulces ☐ lácteos ☐ embutidos ☐ pasta y legumbres

1.2 **Todo el grupo** De los alimentos anteriores, ¿cuáles son tus preferidos? ¿Cuáles comes con más frecuencia y cuáles con menos?

RAE
LÉXICO
Español de España › patata : *Tenemos el tiempo justo para comprar de camino pollo y **patatas** fritas.*
Español de España (Canarias) y español de América › papas :
*Rosa aparece con el plato del día: huevos estrellados, bistec, **papas** francesas, chiles jalapeños y frijoles refritos.*
Español de España y América › tomate :
*En la cafetería de la prensa se sirven ensaladas de **tomate** y mozzarella con albahaca y aceite de oliva.*
Español de México › jitomate : *Pique finamente los **jitomates**, la cebolla y dos dientes de ajo y fríalos en aceite caliente.*
Español de España › plátano : *Elisa pidió arroz con **plátanos** fritos y un bistec.*
Español de América › banana : *Es una bebida hecha con trozos de frutas de la época: **banana**, uva, piña, melón, naranja.*
Español de España › pimiento : *Basilio te prepara una cesta de tomates, **pimientos** y hortalizas.*
Español de América › chile : *Ellos comen con hambre albóndigas de liebre, carne con **chile** y papas, frijoles y tortillas de trigo.*

112 | ciento doce   Unidad 10 | Estamos de fiesta

1.2. Ahora, que sus estudiantes ya conocen ampliamente el vocabulario de los alimentos, haga que lo practiquen planteándoles las preguntas propuestas en esta actividad comunicativa. Puede ampliar esta práctica añadiendo las siguientes preguntas: *¿cuál de estos alimentos te gusta menos?, ¿cuáles crees que son más sanos y cuáles menos?, ¿cuál no has probado nunca?* Será útil tener proyectada, en todo momento, la pirámide alimentaria. Antes de pasar a la siguiente actividad, presente el cuadro de la RAE, en el que se explican distintas variantes de este campo léxico entre España e Hispanoamérica. Pregúnteles si conocen o están familiarizados con alguna de estas palabras.

Para trabajar estos contenidos, realice las actividades **1** y **2**, p. **58** del *Libro de ejercicios*.

2 **En parejas** En cada grupo de palabras hay dos intrusos. Descúbrelos. Luego compara con tu compañero/a.

Bebidas			Utensilios		
con/sin alcohol	cerveza	con/sin hielo	botella	cuchillo	tenedor
con/sin gas	refresco	agua (mineral)	plato	taza	infusión
champán	cuchara	servilleta	vaso	zumo	copa

2.1 **Todo el grupo** ¿Qué alimentos y bebidas de las actividades 1 y 2 relacionas con algún tipo de celebración u ocasión especial?

3 **En parejas** Observa las imágenes. ¿Sabes cómo se llaman estas celebraciones? Escribe el nombre en cada imagen. Luego compara con tu compañero/a.

① ______

② ______

③ ______

3.1 Fíjate ahora en las siguientes expresiones y clasifícalas en su celebración correspondiente. Piensa en otras situaciones donde se pueden usar las expresiones que no puedes clasificar en estos contextos.

	1	2	3	Otras situaciones:
¡Muy bien!	☐	☐	☐	
¡(Muchas) Felicidades!	☐	☐	☐	
¡Enhorabuena!	☐	☐	☐	
¡Feliz cumpleaños!	☐	☐	☐	
¡Felices fiestas!	☐	☐	☐	
¡(Buena/Mucha) Suerte!	☐	☐	☐	
¡Buen viaje!	☐	☐	☐	
¡Felices vacaciones!	☐	☐	☐	
¡Buen provecho! ¡Que aproveche!	☐	☐	☐	

3.2 **Todo el grupo** Comparte tus resultados con el resto de la clase. ¿Coincidís?

3.3 [35] Escucha y relaciona cada diálogo con una celebración.

	1	2	3
Diálogo 1	☐	☐	☐
Diálogo 2	☐	☐	☐
Diálogo 3	☐	☐	☐

3.4 [35] Escucha de nuevo y señala cuáles de las expresiones de 3.1 se han usado y si se corresponden con la celebración que has marcado previamente.

3.5 **Todo el grupo** ¿Cómo se felicita en tu idioma? ¿Cómo se desea suerte o se desea buen viaje? ¿Se parecen las expresiones a las que se usan en español?

2. Para trabajar el vocabulario de las bebidas y de los utensilios para comer o beber, pídales que, en parejas, busquen en cada categoría de palabras los dos intrusos. Resuelva, después, posibles dudas de vocabulario.
Bebidas: cuchara, servilleta; **Utensilios:** zumo, infusión.

2.1. Actividad comunicativa en la que integrarán el vocabulario visto en las actividades 1 y 2.

> Para trabajar estos contenidos, realice las actividades **3** y **3a**, pp. **58-59** del *Libro de ejercicios*.

3. Pida que se fijen bien en las imágenes y escriban el nombre de las celebraciones que muestran. Deje que comparen en parejas y, si ve que desconocen el nombre en español de estas celebraciones, propóngales que averigüen las palabras con el juego del ahorcado.
1. cumpleaños; **2.** graduación; **3.** boda.

3.1. y **3.2.** Actividades para aprender algunas expresiones idiomáticas que se usan comúnmente para felicitar o para expresar buenos deseos en distintos tipos de celebración. Indíqueles que, individualmente, relacionen las expresiones con las celebraciones de la actividad 3 y, si consideran que alguna no se adecúa a ninguna de ellas, escriban el contexto en el que se emplearía. Advierta que algunas pueden usarse en más de una situación. Deje que comparen sus respuestas en plenario y resuelva posibles dudas. Por último, explique que, al emplear estas expresiones, es importante darles la entonación adecuada. Léalas usted y haga que las repitan.
¡Muy bien!: graduación; **¡(Muchas) Felicidades!:** cumpleaños, graduación, boda; **¡Enhorabuena!:** graduación, boda; **¡Feliz cumpleaños!:** cumpleaños; **¡Felices fiestas!:** en ninguno de los tres casos; se suele usar para felicitar la Navidad; **¡(Buena/Mucha) Suerte!:** boda; puede usarse para desear suerte a los recién casados, pero es más frecuente ante una entrevista de trabajo o un examen; **¡Buen viaje!:** podría ser en la boda, en el viaje de luna de miel; se usa cuando alguien emprende un viaje o se va de vacaciones; **¡Felices vacaciones!:** en ninguno de los tres casos; se utiliza solo cuando alguien se va de vacaciones; **¡Buen provecho! ¡Que aproveche!:** no se usan específicamente en ninguno de los tres casos, sino que se emplean siempre que alguien va a empezar a comer, para desearle que el alimento le resulte provechoso y saludable.

3.3. El objetivo de esta actividad es que oigan en contexto algunas de las expresiones de la actividad 3.1. Ponga el audio y pídales que relacionen cada diálogo con una de las tres celebraciones de la actividad 3.
[35] **Diálogo 1:** graduación; **Diálogo 2:** cumpleaños; **Diálogo 3:** boda.

3.4. Ponga de nuevo el audio y pídales ahora que indiquen las expresiones de la actividad 3.1 que se han usado en los diálogos. Si es necesario, haga una segunda escucha para que aprecien la entonación enfática con la que suelen decirse estas expresiones.
[35] **Diálogo 1:** ¡Enhorabuena!; **Diálogo 2:** ¡muchas felicidades!, feliz cumpleaños; **Diálogo 3:** ¡enhorabuena!, buen viaje, mucha suerte.

3.5. Actividad para que reflexionen sobre las similitudes y diferencias que puede haber entre su lengua y el español, y adquirir, así, una mayor conciencia de que los mecanismos de comparación pueden facilitar el proceso de aprendizaje.

> Para trabajar estos contenidos, realice las actividades **4-6**, p. **59** del *Libro de ejercicios*.

Unidad 10

Gramática

1. Explique el cuadro gramatical en el que se presentan los comparativos y sus tres grados. Si le parece oportuno, retome la actividad 2 del apartado "¿Qué sabes?" y revísela ahora ampliándola con las explicaciones. Haga que se fijen bien en los comparativos de superioridad irregulares y explique también el cuadro de atención sobre el uso de *mayor* y *menor*.

1.1. El objetivo de esta actividad es que, mediante una comprensión lectora, asimilen las formas comparativas aprendidas. Indíqueles que, en parejas, lean con atención los tres textos, que subrayen en ellos todas las estructuras comparativas que aparecen y que se fijen muy bien en las imágenes a fin de establecer las comparaciones y averiguar, así, quiénes han escrito los textos. Corrija en plenario para asegurarse de que identifican y comprenden la estructura de las expresiones subrayadas.
1. John; **2.** David; **3.** Tina.

1.2. Con esta actividad se propone una práctica controlada de las estructuras comparativas que han visto en el cuadro gramatical. Pida a los estudiantes que, individualmente, piensen en un/a compañero/a de la clase y escriban frases usando los tres grados estudiados para compararlo/a con otros. Luego, en una puesta en común, rételos a adivinar de quién se trata en cada caso. Puede escribir en la pizarra las frases más complicadas o aquellas que necesiten mayor corrección para que todos puedan reflexionar sobre ellas y anotarlas. Se puede ampliar esta actividad utilizando distintas variantes: comparar gente famosa, países, ciudades, películas, animales, etc. Puede hacerles preguntas que los obliguen a usar los comparativos irregulares: *¿es mayor...?, ¿es menor...?, ¿es mejor...?, ¿es peor...?*

Gramática

1 Comparativos

Cuando **comparamos** algo, podemos establecer tres grados:

- De **superioridad** (+) › *más... que*: *Laura es **más** morena **que** tú.*
- De **inferioridad** (-) › *menos... que*: *Hoy hay **menos** gente **que** ayer.*
- De **igualdad** (=) › – *tan* + adjetivo + *como*: *Javi es **tan** alto **como** yo.*
  – *tanto-a-os-as* + nombre + *como*:
  *Hoy hace **tanto** calor **como** ayer.*
  *Tienen **tanta** hambre **como** yo.*
  *Sara no tiene **tantos** libros **como** Julia.*
  *Tengo **tantas** amigas **como** amigos.*
  – verbo + *tanto* + *como*:
  *Mario gana **tanto como** yo.*

Hay cuatro comparativos de superioridad irregulares:

- + bueno › *mejor*: *Esta canción es **mejor** que la anterior.*
- + malo › *peor*: *Hoy el tiempo está **peor** que ayer.*
- + grande › *mayor*: *Mi madre es **mayor** que la tuya.*
- + pequeño › *menor*: *David es un año **menor** que nosotras.*

Fíjate:
Los comparativos ***mayor*** y ***menor*** se usan para referirse a la edad. Para comparar tamaños es más habitual usar ***más grande/ más pequeño***:
*Tu casa es **más grande** que la de Juan, sin duda.*

1.1 **En parejas** Tres de estos estudiantes han escrito textos para practicar la comparación. Subraya las expresiones que usan para ello y señala quiénes han sido.

2. ....
Lena tiene el pelo más liso que Tina y casi tan largo como ella, yo lo tengo un poco más oscuro y más corto que ellas. Mi camiseta es más clara que la de John, pero menos que la de Tina. Sara es tan alta como yo, pero yo soy un poco más joven.

1. ....
Sara es más alta que yo. Ella es tan alta como Sam, quizá un poco más que él. Lena es más delgada que yo y también tiene el pelo más largo, pero yo lo tengo más rizado que ella y casi tan largo como Sara. Sam es más moreno que yo y también tiene más barba. Yo tengo muy poca.

3. ....
Eva tiene el pelo más claro que yo, yo lo tengo tan oscuro como Lena, pero un poco más largo que ella. Sam y Sara son un poco mayores que los demás y son también más altos que nosotros. John es tan alto como yo y Lena un poco más baja.

1.2 **Todo el grupo** Piensa en alguien de la clase y escribe tres frases comparándolo con otros. Los demás tendrán que adivinar quién es.

\+ ....
– ....
= ....

1.3 En diez años cambian muchas cosas. Piensa en tu vida y escribe una redacción de ochenta palabras explicando qué cosas son *más... que* antes, cuáles *menos... que* y qué es *tan... como* antes.

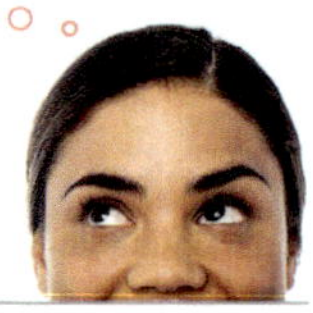

1.3. Antes de realizar esta actividad de expresión escrita, si lo considera necesario, puede repasar los adjetivos que ya conocen para hablar del carácter de las personas y para hacer descripciones físicas. Luego pídales que escriban sobre los cambios que se han producido en sus vidas en los últimos diez años. Insista en que deben usar los tres grados de comparación. Deles un tiempo para que escriban su redacción y ayúdelos con las dudas. Por último, reparta todos los textos al azar para que los lean y adivinen a quién corresponde cada uno. Si lo prefiere, también puede dejar esta actividad como tarea para casa.

Para trabajar estos contenidos, realice las actividades **7-9**, p. **60** del *Libro de ejercicios*.

2 Contraste *ser* y *estar*

Usamos el verbo *ser* para hablar de las **características** que definen a las personas, las cosas y los lugares. Con el verbo *ser*:

- **Identificamos:**
  *David **es** mi profesor.* *Mi chaqueta **es** la azul.*
- **Describimos** personas, cosas y lugares:
  ***Eres** muy alta.*
  *La mesa **es** redonda y **es** de madera.*
- Describimos el **carácter** de las personas y la **calidad** de las cosas:
  ***Son** chicos inteligentes y serios.*
  *Esa película **es** muy buena.*
- Expresamos la **nacionalidad** y el **origen**:
  ***Soy** chileno, **soy** de Santiago.*
  *El ceviche **es** peruano.*
- Decimos la **profesión** y la ocupación:
  *Yo **soy** veterinaria, ¿tú qué **eres**?* *Soy estudiante.*
- Hablamos de las **relaciones personales** y de **pertenencia**:
  *Juan **es** mi primo y Ana y yo **somos** amigos.*
  *Este libro **es** de Raúl.*

Usamos el verbo *estar* para referirnos a **características temporales** o que se refieren a un estado. Con el verbo *estar* hablamos de:

- Estados **físicos**:
  *No **estoy** enfermo, **estoy** cansado.*
- Estados **de ánimo**:
  *Marta **está** muy contenta y Javi **está** nervioso.*
- Estado o situación **provisional**:
  ***Estoy** de vacaciones.*
- **Ubicación** y **posición**:
  *Juan **está** de pie, **está** a la derecha de Luis.*
- El **resultado** de una **acción**:
  *La puerta **está** cerrada.*

Fíjate:
Con algunos adjetivos, es posible usar *ser* o *estar*:
*El coche **es** nuevo./El coche **está** nuevo.*
(Con el verbo *estar*, el coche en realidad no es nuevo, solo lo parece).

2.1 [36] **Escucha estos tres diálogos, fíjate en las imágenes y señala de qué persona, de qué coche y de qué habitación hablan. Argumenta tu elección.**

2.2 **Todo el grupo** Piensa en algo que usas todos los días, cómo es y dónde está en este momento. Tus compañeros te hacen preguntas con *ser* y *estar* hasta adivinar de qué se trata.

2. Presente los principales usos de *ser* y *estar* contrastados. Para fijar su atención, apóyese en la proyección 37 durante sus explicaciones.

Contraste *ser* y *estar*

[37]

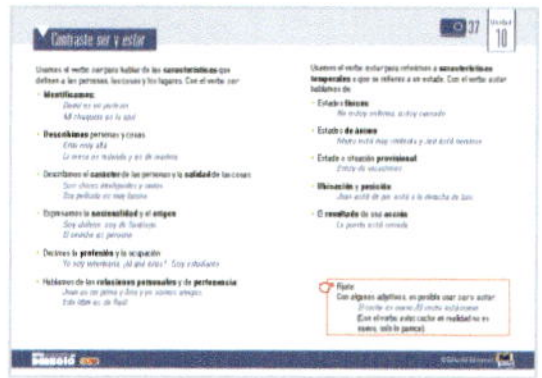

Proyecte el cuadro con el contraste entre los verbos *ser* y *estar* y vaya explicando cada uno de los puntos, invitando a sus estudiantes a que aporten otros ejemplos para asegurarse de que están entendiendo las explicaciones. Explique también la información del cuadro de atención sobre los adjetivos que pueden usarse tanto con *ser* como con *estar*. Finalmente, pregúnteles qué verbos se usan en su lengua para referirse a estos mismos usos, si se trata siempre del mismo verbo o si usan verbos diferentes.

2.1. [36] Comprensión auditiva en la que tendrán que discriminar información para identificar la persona, el coche y la habitación que se describen en los diálogos. Antes de poner el audio, deles un tiempo para que se fijen bien en las imágenes, en lo que tienen en común y en lo que las diferencia. Una vez realizada la actividad, y si quiere que sus estudiantes reflexionen sobre los usos de *ser* y *estar*, puede poner el audio una segunda vez e indicarles que tomen nota de las frases que se dicen en los diálogos que contengan dichos verbos. Recopile todas las frases escribiéndolas en la pizarra y pídales que las relacionen con los usos correspondientes de estos dos verbos que vieron en el cuadro de gramática. Otra opción es que trabajen con la transcripción del audio.

Diálogo 1: C; **Diálogo 2:** A; **Diálogo 3:** B.

2.2. Para finalizar este apartado, proponga a sus estudiantes esta actividad de carácter lúdico en la que tendrán que pensar en un objeto cotidiano y adivinar los de sus compañeros. En primer lugar, dígales que piensen individualmente en un objeto que usen todos los días: cómo es, dónde se encuentra en este momento… Una vez que todos los estudiantes hayan pensado en uno, irán adivinándolos mediante preguntas en las que aplicarán los usos de *ser* y *estar* vistos anteriormente. Indíqueles también que el estudiante cuyo objeto estén adivinando solo podrá responder a las preguntas de sus compañeros con un *sí* o un *no*. Si lo considera necesario, para que entiendan la dinámica del juego, ponga usted un ejemplo.

Para trabajar estos contenidos, realice las actividades **10-16**, pp. **61-62** del *Libro de ejercicios*.

Unidad 10

Practica en contexto

1. Antes de pasar a la actividad de interacción oral, explique detenidamente el cuadro funcional de la banda lateral, en el que se presentan estructuras para expresar la opinión y subraye los aspectos gramaticales que se detallan en él. Es importante que lo entiendan bien para que puedan desarrollar de forma provechosa la actividad. A continuación forme parejas y pídales que discutan los distintos aspectos de la fiesta y que expresen sus preferencias argumentándolas con una opinión.

1.1. Inste ahora a que cada pareja escriba las propuestas para la fiesta que han consensuado en la actividad anterior. Deles algunos minutos para que lo hagan. Para la corrección, pase a la tarea siguiente.

1.2. En primer lugar, presente el cuadro de la banda lateral y explique las construcciones para hacer propuestas o sugerir planes y para expresar acuerdo o desacuerdo. Luego pida que cada pareja exponga al resto de la clase las propuestas que ha anotado en la actividad anterior, pero ponga como condición que usen en todas ellas alguna de las formas para hacer propuestas o sugerir planes que acaban de ver en el cuadro. Asimismo, los demás deberán reaccionar usando las estructuras para expresar acuerdo o desacuerdo del mismo cuadro. Ínstelos a que argumenten por qué están de acuerdo o no, de manera que incorporen también los exponentes del cuadro funcional para expresar opinión que han visto en la página anterior y sigan practicándolos.

1.3. Continuando con la secuencia de las actividades anteriores, ahora se trata de que los estudiantes, después de haber discutido todas las opciones, voten para decir cuál será el tema de la fiesta que están preparando y llegar a un consenso. Antes de pasar a la actividad siguiente, preséntteles el cuadro de atención, donde se explica que usamos el verbo ser para decir el sitio donde una celebración, un suceso o un evento tienen lugar.

Practica en contexto

Expresar la opinión

- **Para mí...**
  Para mí, este plato es mejor que el que cenamos ayer.
- **Creo, pienso + que**
  Creo que es una buena idea.
  Pienso que los globos son más bonitos que las guirnaldas.
- ***Me parece*** + que/adjetivo/adverbio de valoración
  Me parece que han suspendido las clases.
  Me parece bien lo que dices.

Fíjate:
- ***Parecer*** se construye como el verbo ***gustar***:
  Me parecen bonitas tus fotos.
- Recuerda que ***pensar*** es irregular, cambia la ***e*** del infinitivo por ***ie***:
  *p**ie**nso, p**ie**nsas, p**ie**nsa, pensamos, pensáis, p**ie**nsan.*

Hacer propuestas o sugerir planes

- **Vamos a...**
  Vamos a hacer la fiesta con muchos globos.
- **¿Por qué no...?**
  ¿Por qué no hacemos un regalo colectivo?
- **¿Qué tal si...?**
  ¿Qué tal si ponemos tapas variadas?

Expresar acuerdo

- **Vale/Buena idea/Estoy de acuerdo. Yo también creo...**
  Vale. Nosotros también creemos que los globos son muy bonitos y decoran mucho.
- **Para mí también/tampoco...**
  Para mí también es mejor poner tapas.

Expresar desacuerdo

- (Pues) (Yo) **No estoy de acuerdo contigo/con vosotros/con...**
- Cuando se expresa desacuerdo con una propuesta o sugerencia, es frecuente dar una alternativa:
  Yo no estoy de acuerdo con vosotros. Es mejor llevar unos sándwiches.

1 **En parejas** Muy pronto va a ser el cumpleaños de tu profesor/a de español y vais a organizarle una fiesta sorpresa. Primero, toma nota de tus ideas en cada punto. Luego, discute con tu compañero/a tus preferencias. Fíjate en el ejemplo.

¿Tema de la fiesta?
¿Decoración con fotos, globos...?
¿*Photocall* o escenario?
¿Tipo de comida? ¿Tapas o cena?
¿Música personal o festiva?
¿Regalo colectivo o individual?

Yo creo que un escenario es mucho más divertido que un *photocall* y que tomar tapas está tan bien como una cena más formal. Depende...

1.1 **Todo el grupo** Presenta al resto de la clase tus propuestas y opina y reacciona expresando acuerdo o desacuerdo con las de tus compañeros.

1.2 **Todo el grupo** Después de discutirlo con la clase, ¿cuál va a ser el tema de la fiesta? Señala las demás opciones elegidas.

☐ decoración con fotos / ☐ con globos
☐ *photocall* / ☐ escenario
☐ regalo colectivo / ☐ individual
☐ cena / ☐ tapas
☐ música festiva / ☐ personal

1.3 **Todo el grupo** Vamos a empezar a organizar algunas cosas. Por ejemplo, ¿qué comidas y bebidas vais a preparar? ¿Qué regalo le vais a hacer? ¿Dónde va a ser la fiesta? ¿Vais a invitar a otros profesores?

Se dice que *la fiesta es en el salón de actos*. En este caso el verbo *ser* equivale a "celebrarse o tener lugar". Se usa con sujetos que designan celebraciones, sucesos o eventos como *fiesta, boda, funeral, conferencia*, etc.

116 | ciento dieciséis — Unidad 10 | Estamos de fiesta

10

2 Imagina que estos son algunos de los invitados a la fiesta. Primero, lee las fichas con su información personal y complétalas con *ser* o *estar*.

Serge

[1] .... profesor de tenis y [2] .... estudiando chino en la universidad. [3] .... simpático, hablador y divertido. Le encantan las películas de terror y chatear con los amigos. [4] .... adicto al móvil.

Lara

[1] .... estudiante de Veterinaria, también [2] .... vegetariana y animalista. A Lara le molesta la gente que usa el móvil cuando [3] .... en una cena o reunión. Lara [4] .... muy poco habladora.

Edgar

[1] .... fotógrafo y [2] .... de vacaciones en la ciudad. [3] .... tímido y poco hablador. Edgar [4] .... muy interesado en Eva. A Edgar le gustan los animales y también el rap.

Eva

[1] .... estudiante de Arquitectura. Le interesan el arte, la música clásica y la literatura. Le gusta [2] .... en casa con los amigos y ver películas en la tele, sobre todo si [3] .... de terror.

Joseph

Joseph [1] .... músico, tiene un grupo de rap. [2] .... un poco nervioso y también [3] .... un chico muy bromista. Además [4] .... amante de los animales y del fútbol.

Silvia

[1] .... inglesa. [2] .... una chica muy tranquila y seria, no le gustan nada las bromas. Silvia [3] .... pianista. Le encanta el fútbol y también le gustan las películas de terror.

2.1 **Todo el grupo** Comprueba con tus compañeros tus respuestas y, si es necesario, corrígelas.

2.2 **En parejas** Decide cuál es la mejor colocación de los invitados en esta mesa. Pon atención a sus afinidades y diferencias.

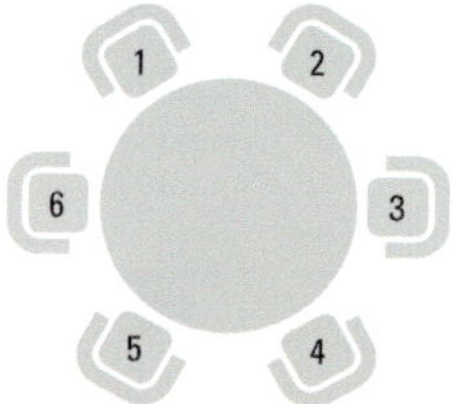

2.3 **Todo el grupo** Cuenta al resto de la clase cómo has ordenado a los invitados. Explica detalladamente tus razones.

Edgar está en la silla 1, entre Joseph y Eva. Creo que Joseph y Edgar están bien juntos porque a los dos les gustan los animales y el rap.

Contrargumentar o puntualizar

- **Sí, (es verdad,) pero...**
  - ▶ *Es una novela muy interesante.*
  - ▷ *Sí, (es verdad,) pero demasiado larga.*
- **Sí, (estoy de acuerdo,) pero...**
  - ▶ *Es un coche muy caro.*
  - ▷ *Sí, (estoy de acuerdo,) pero es más seguro que la mayoría.*

2.4 **Todo el grupo** ¿Has coincidido en muchas posiciones con tus compañeros? Y tú, ¿entre qué dos invitados preferirías estar? ¿Por qué?

2.5 **Todo el grupo** Por último, diseñad una gran tarjeta de felicitación para vuestro/a profesor/a.

2. Actividad cuyo objetivo es repasar los usos de *ser* y *estar* presentados en el apartado "Gramática". Pídales que lean los seis textos y que completen los espacios en blanco con uno de estos dos verbos. Haga la corrección en la siguiente actividad. **Serge:** Es, está, Es, Es; **Lara:** Es, es, está, es; **Edgar:** Es, está, Es, está; **Eva:** Es, estar, son; **Joseph:** es, Es, es,es; **Silvia:** Es, es, es.

2.1. Haga una puesta en común de la actividad anterior, de manera que los estudiantes se corrijan ellos mismos. Intervenga solo para preguntar y pedir que argumenten sus respuestas. Puede ir anotando en la pizarra los usos de los verbos que vayan apareciendo: *descripción*, *profesión*, etc.

2.2. Disponga a los estudiantes en parejas y pídales que lean de nuevo los textos de la actividad 2 sobre los invitados a la fiesta y que subrayen en este los datos que crean que definen mejor a cada uno de ellos, pues de lo que se trata es de que los sienten en una de las mesas de la fiesta atendiendo a sus afinidades y diferencias. Anímelos a consultar el cuadro funcional que han visto anteriormente con las formas para expresar una opinión, ya que tendrán que argumentar sus decisiones.

2.3. Antes de empezar la actividad, presente el cuadro de la banda lateral, en el que se exponen algunos de los recursos para contrargumentar una opinión o puntualizarla. A continuación pida que cada pareja presente la disposición de su mesa; los demás compañeros tendrán que contrargumentar, expresar acuerdo o puntualizar algún aspecto en el que no lo estén.

2.4. Una vez expuestas todas las posibles colocaciones de los invitados y las distintas opiniones, valore en plenario cuántas coincidencias ha habido entre ellos. Por último, pregúnteles entre qué dos invitados preferirían sentarse ellos y pídales que expliquen los motivos. Como alternativa a esta actividad, y si las características del grupo lo permiten, puede pedir que cada estudiante escriba una ficha sobre un/a compañero/a tomando como modelo las fichas de la actividad 2 y usando *ser* y *estar*. A continuación deberán buscar entre todos la posición ideal de cada uno en la mesa de la fiesta o, incluso, su posición ideal, por afinidad, dentro de la clase. Usted, por supuesto, vigilará que se hagan descripciones con un carácter positivo, atendiendo más a las afinidades que a las diferencias.

2.5. Por último, los estudiantes deberán diseñar una tarjeta de felicitación para su profesor/a. Sugiéralas que, a la hora de escribir el texto, usen las expresiones para felicitar que vieron en el apartado "Palabras". Deles una cartulina o busque en internet plantillas de tarjetas de felicitación que les puedan servir. También podría ser de ayuda, para que el resultado sea más personalizado, pedirles que busquen en la red felicitaciones en español y que las adapten al contexto en el que están trabajando. Deje que trabajen primero el texto en sus cuadernos, supervise que es correcto y que se adecúa a la situación y, finalmente, deje que lo escriban en la tarjeta que hayan creado.

Unidad 10

Cultura

1. Antes de abrir la doble página del apartado, pregunte a sus estudiantes cómo creen que será la letra de la canción *Cumpleaños feliz* en español; vaya anotando en la pizarra los versos que sugieran, atienda también a que cumplan con la métrica de la canción. Luego dígales que van a escuchar cómo se canta esa canción en diferentes partes del mundo hispano, concretamente en Argentina, España y México. Puede hacer que escuchen una primera vez sin leer la transcripción y luego otra leyéndola para comprobar que lo han entendido todo correctamente. Una vez oídas las diferentes versiones, haga que las comparen con la que ellos habían imaginado previamente y compruebe si hay alguna semejanza. Por último, pídales que expliquen cuál es la letra en su país y anímelos a cantarla.

[37]

2. Antes de realizar la actividad, y para facilitar la comprensión de la información que van a leer, escriba en la pizarra las palabras *piñata*, *mantear*, *harina* y *dar palmadas* y pregúnteles por su significado; si no lo saben, pida que las busquen en el diccionario. Puede plantearlo como un juego en el que gane el primer estudiante o grupo que dé los significados correctos. Luego dígales que van a leer información acerca de algunas costumbres relativas a la celebración del cumpleaños que existen en diferentes países de habla hispana. Pregúnteles antes si conocen ya alguna y, en caso afirmativo, pídales que la cuenten al resto de la clase. Después haga que diferentes estudiantes lean cada una de las informaciones. Una vez leídas, y habiéndose asegurado de que lo han entendido todo, pregúnteles cuál les parece más llamativa y por qué.

2.1. Por último, pregunte a sus estudiantes si en su país o en el lugar donde viven existe alguna tradición con relación al día del cumpleaños. Puede preguntarles incluso si existe alguna costumbre especial en su familia o en su grupo de amigos para ese día.

Feliz CUMPLEAÑOS

1 [37] Escucha la canción *Cumpleaños feliz* en distintos países hispanos. ¿Cómo es la canción en tu país? ¿Puedes cantarla?

Argentina

Que los cumplas feliz,
que los cumplas feliz,
que los cumplas, Roberto,
que los cumplas feliz.

España

Cumpleaños feliz,
cumpleaños feliz,
te deseamos todos
cumpleaños feliz.

México

Feliz cumpleaños a ti,
feliz cumpleaños a ti,
feliz cumpleaños,
querida Rosita,
feliz cumpleaños a ti.

2 ¿Sabes que el día que una persona cumple los años…

… en México la despiertan con la canción popular **Las mañanitas** y, en la fiesta, nunca falta la piñata?

… en España y Argentina le **tiran de las orejas** tantas veces como años cumple?

… en Puerto Rico, en cambio, **le tocan el brazo** el mismo número de veces?

… en Chile **la mantean**, es decir, la cogen de brazos y piernas y la levantan tantas veces como años cumple?

… en República Dominicana **le echan agua** encima para felicitarla?

… en Paraguay le llenan la cabeza de **harina y huevo** y le dan palmadas en la espalda?

2.1 **Todo el grupo** ¿Hay alguna tradición especial en tu país con relación a la fiesta de cumpleaños?

118 | ciento dieciocho — Unidad 10 | Estamos de fiesta

10

Los quince

3 Lee este artículo sobre una fiesta especial típica de los países hispanoamericanos.

En todos los países de Hispanoamérica, con excepción de Chile, se celebra la fiesta de los quince años, también llamada de los quince o de las quinceañeras.

Esta fiesta tiene lugar cuando una muchacha cumple quince años y es presentada en sociedad ya como una joven mujer. Se celebra, en definitiva, el paso de la infancia a la juventud de las chicas.

Es una fiesta a la que normalmente asisten decenas de invitados. Comienza cuando la quinceañera llega e inaugura el baile con un vals de la mano de su padre. Tras el baile, tiene lugar la cena y, a continuación, otro gran baile, que termina con la entrega de regalos.

Hay pequeñas variantes de un país a otro, pero en todos juegan un papel importante el baile, con música elegida por la festejada, y el llamativo vestido de princesa que viste la quinceañera.

En Bolivia el vestido suele ser blanco y en Ecuador, rosa, mientras que en México y en el Caribe son de diferentes colores, pero predominan los tonos pastel.

Últimamente se está poniendo de moda celebrar una fiesta de los quince también para los chicos. Vestidos de gala, bailan al son de su música favorita, reciben regalos y se organiza una gran fiesta.

3.1 **Todo el grupo** ¿Conoces alguna otra fiesta donde se celebre el paso de la infancia a la juventud? ¿De dónde es? ¿En qué consiste?

3.2 **Todo el grupo** Busca en internet información acerca del origen de la fiesta de los quince y compártela con tus compañeros.

Unidad 10 | Estamos de fiesta — ciento diecinueve | 119

3. Antes de pedir a sus estudiantes que lean el texto sobre la fiesta de los quince, pregúnteles si conocen esa celebración y el motivo por el que se hace. En caso de que lo ignoren, anímelos a adivinarlo pidiendo que hagan conjeturas basándose en la información que aportan las imágenes. Luego pida que lean el texto y permítales usar el diccionario para buscar las palabras que no conozcan. Finalizada la lectura, hágales algunas preguntas para asegurarse de que han comprendido correctamente, por ejemplo: *¿esta fiesta se celebra en todos los países de Hispanoamérica?, ¿cuál es el objeto de la fiesta?, ¿qué se suele hacer durante la fiesta?, ¿es igual en todos los países?, ¿los chicos tienen una fiesta similar?*

3.1. Ahora que conocen bien la fiesta de los quince, pregúnteles si en su país o en el país donde viven se celebra de algún modo el paso de la infancia a la juventud, si existe alguna fiesta o celebración de este tipo y, en caso negativo, si conocen alguna de otro país. Puede darles también algunos minutos para que busquen información en internet acerca de las costumbres que existen en diferentes culturas en torno al paso de la infancia a la edad adulta para que, a continuación, la compartan y debatan con el resto de la clase.

Para trabajar estos contenidos, realice las actividades **17-19**, p. **63** del *Libro de ejercicios.*

3.2. Para ampliar la información acerca de la fiesta de los quince, pida a sus estudiantes que busquen en internet el origen de esta fiesta y que luego compartan los datos recopilados con el resto de los compañeros. Puede utilizar la proyección 38 para que cotejen su información o la amplíen.

El origen de la celebración de las quinceañeras
[38]

Unidad 10

Vídeo

1. Pídales que, antes de leer el enunciado de la actividad, se fijen en la imagen y comenten dónde creen que están los protagonistas del vídeo, qué están organizando y por qué. A continuación, infórmeles de que están organizando una fiesta sorpresa y pregúnteles para quién y por qué creen que la quieren organizar. Puede realizar esta actividad en plenario para que todos intervengan en esta fase previa a la visualización del vídeo.

1.1. Pídales que, en parejas, decidan qué cosas de las que aparecen en la lista seleccionarían para montar una fiesta. Puede ampliar el léxico con otras palabras que sugieran.
Guirnaldas, globos, tarta, sándwiches, platos desechables, refrescos.

2. Ponga el fragmento del vídeo 00:33 ▸ 00:56 para que comprueben la respuesta de la actividad 1. Pídales que observen bien las imágenes y escuchen el diálogo con atención. Luego, pueden confirmar sus hipótesis.
Los protagonistas están en el café donde trabaja Carla porque quieren preparar una fiesta sorpresa para celebrar el cumpleaños de Bea.

3. Dígales que, antes de realizar la actividad, lean las preguntas y, después, visione el fragmento 00:55 ▸ 01:44 para que puedan responderlas. Haga una puesta en común para la corrección y resuelva las dudas.
Si quiere ampliar la actividad, puede hacer más presuntas sobre cuestiones específicas de este fragmento y extenderse en la pregunta número 4. Para ello, comente usted primero, por ejemplo, que en España no está bien visto preguntar la edad especialmente a las mujeres.
1. 33; **2.** Que Bea parece más joven que él; **3.**Que Bea es más guapa que ella.

Vídeo

HOSTAL Babel

Lo importante es la tarta

Antes del vídeo

1 **En parejas** Fíjate en la imagen. Los inquilinos del hostal Babel están organizando una fiesta sorpresa. ¿Para quién crees que será? ¿Por qué crees que celebran la fiesta? Justifica tu respuesta.

1.1 **En parejas** ¿Cuáles de estas cosas crees que necesitarán para la fiesta?

- ☐ guirnaldas
- ☐ globos
- ☐ tarta
- ☐ ajo
- ☐ infusión
- ☐ sándwiches
- ☐ cebolla
- ☐ platos desechables
- ☐ zanahoria
- ☐ refrescos

Durante el vídeo

2 Visiona el fragmento 00:33 ▸ 00:56 para comprobar la respuesta de la actividad 1.

3 Visiona el fragmento 00:55 ▸ 01:44 y contesta a estas preguntas.

1. ¿Cuántos años cumple Bea? ....
2. ¿Qué le dice de broma Leo a Hugo? ....
3. ¿Y a Tere? ....
4. ¿En tu país es de mala educación preguntarle la edad a una persona mayor? ....

4 **En parejas** Cada personaje se va a encargar de comprar algo distinto para la fiesta. ¿Qué crees que comprará cada uno? Relaciona a cada personaje con lo que crees que va a comprar.

5 Visiona ahora el fragmento 00:57 ▸ final y comprueba si has acertado.

Después del vídeo

6 ¿Alguna vez te han hecho una fiesta sorpresa o has participado en una? ¿Cómo fue? Cuéntaselo a tus compañeros.

120 | ciento veinte — Unidad 10 | Estamos de fiesta

4. Divida al grupo en parejas para realizar la actividad. Pídales que relacionen a los personajes con los productos que van a encargarse de comprar cada uno, según lo que ya saben de ellos por capítulos anteriores.
a. 2, 3; **b.** 4; **c.** 3, **d.** 4; **e.** 1; **f.** 1.

5. Pase a visionar el fragmento 00:57 ▸ final para comprobar las respuestas de la actividad anterior. Comente con los estudiantes los aciertos y errores que han cometido y pídales que justifiquen sus respuestas. Si lo cree conveniente, puede visionar el capítulo completo al final de esta actividad.

6. Actividad de interacción oral. Pídales que expliquen si alguna vez les han hecho una fiesta sorpresa o si han participado en la organización de alguna y que digan cuándo y cómo fue. Déjelos que conversen y que se hagan preguntas entre ellos.

Evaluación

10

1 **Relaciona el nombre de cada utensilio con su significado.**

1. plato
2. tenedor
3. cuchillo
4. vaso
5. servilleta

a. Es donde servimos las bebidas como el agua.
b. Puede ser de tela o de papel y la usamos para limpiarnos cuando comemos.
c. Normalmente es redondo y lo usamos para servir los alimentos.
d. Instrumento que utilizamos para comer alimentos sólidos sin tocarlos con las manos.
e. Objeto que empleamos para cortar alimentos como la carne o la fruta.

2 **¿Qué solemos decir en español cuando queremos expresar un buen deseo en estas situaciones? Escríbelo en tu cuaderno.**

1. A alguien que está comiendo.
2. A alguien que se casa.
3. A alguien que se va de viaje.
4. A alguien que va a hacer un examen.

3 [38] **Escucha los diálogos y completa con ejemplos.**

Formas usadas para...	Ejemplos
expresar la opinión	
hacer propuestas y sugerir planes	
expresar acuerdo y desacuerdo	
contrargumentar o puntualizar	

4 **Haz comparaciones usando *ser* o *estar* con los adjetivos propuestos. Fíjate en el ejemplo.**

Ejemplo: *rubio/a* › *La niña es **más** rubia **que** el niño.*

1 joven ⊖ ....

2 enfermo/a ⊜ ....

3 grande ⊕ ....

4 moderno/a ⊖ ....

5 enfadado/a ⊕ ....

6 sucio/a ⊖ ....

7 bueno/a ⊕ ....

8 abierto/a ⊖ ....

Evaluación

1. **1.** c; **2.** d; **3.** e; **4.** a; **5.** b.

2. **1.** ¡Buen provecho!/¡Que aproveche!; **2.** ¡Enhorabuena!; **3.** ¡Buen viaje!; **4.** ¡(Buena/Mucha) Suerte!.

3. [38] **Expresar la opinión:** Creo que...; Para mí...; Me parece (que)... **Hacer propuestas y sugerir planes:** ¿Por qué no...?; ¿Vamos a...?; ¿Qué tal si...? **Expresar acuerdo y desacuerdo:**: Es cierto (que)...; ¡Claro!; Ah, vale; Me parece muy buena idea; Yo también creo...; (Pues yo) No estoy de acuerdo. **Contrargumentar o puntualizar:** Es cierto, pero...

4. **1.** La chica es menos joven que la niña; **2.** Él está tan enfermo como ella; **3.** El tomate de la derecha es más grande que el de la izquierda; **4.** El teléfono de la izquierda es menos moderno que el de la derecha; **5.** Ella está más enfadada que él; **6.** Las zapatillas rojas están menos sucias que las negras; **7.** La manzana es mejor que la hamburguesa; **8.** La ventana de la derecha está menos abierta que la de la izquierda.

Unidad
11
Viajes con encanto

Piensa en tu último viaje...

¿Adónde fuiste?

¿Qué tipo de viaje fue?

En esta unidad vas a...

- Narrar acciones terminadas sin relación con el momento presente
- Describir la preparación y las acciones realizadas durante un viaje
- Aprender léxico relacionado con los viajes
- Conocer la historia de los moáis

Viajes con encanto

Introduzca esta unidad focalizando la atención de los estudiantes en el título. Escríbalo en la pizarra y pregúnteles qué es para ellos un viaje con encanto. A continuación distribuya la clase en pequeños grupos y pídales que piensen en su último viaje y que comenten adónde fueron, cuánto tiempo duró y qué tipo de viaje fue.

Indíqueles después que observen la fotografía y describan qué ven, qué tipo de viaje creen que refleja. De esta manera, estará introduciendo el eje temático de esta unidad, los viajes, al tiempo que sondea y activa sus conocimientos previos sobre el léxico relacionado.Por último, presente los contenidos que se trabajarán en la unidad.

¿Qué sabes?

1 **En parejas** ¿Sabes cómo se llaman estos objetos en español? Escribe su nombre y cuéntale a tu compañero/a cuáles están relacionados con tu último viaje.

1 2 3 4

5 6 7 8

2 **En parejas** Estos son algunos marcadores temporales que sirven para situar las acciones temporalmente. Ordénalos en una línea de tiempo.

hoy | ayer | mañana | el mes pasado | anoche | el año pasado | anteayer | la próxima semana

hoy

PASADO | PRESENTE | FUTURO

RAE LÉXICO
Español de América › antier :
*Salí de Londres hace tres semanas. **Antier** tocamos La Habana y hoy llegamos por fin al puerto de Campeche, lugar tan remoto y exótico para mí.*

2.1 **Todo el grupo** ¿Conoces otros marcadores temporales de pasado? Añádelos a la línea de tiempo anterior.

3 **En grupos pequeños** Lee estas frases. ¿Cuáles te recuerdan a tus últimos viajes? ¿Qué hiciste? ¿Cuándo?

- Viajé a una gran ciudad.
- Viajé en coche.
- Visité un museo.
- Hablé otro idioma.
- Fui a esquiar.
- Paseé por el campo.
- Tomé el sol en la playa.
- Fui a un concierto.
- Probé la comida típica.
- Hice escalada/montañismo.

¿Qué sabes?

1. Con esta actividad se pretende un primer acercamiento al léxico relacionado con los viajes. Pídales que, en parejas, observen los objetos de las fotografías y que escriban debajo de cada uno su nombre correspondiente. Corrija esta parte en plenario, resolviendo cualquier duda o pregunta y, a continuación, indíqueles que comenten con su misma pareja cuáles de estos objetos están relacionados con su último viaje, aportando algunos detalles.
1. esquís/esquíes; **2.** mochilas; **3.** cámara fotográfica/de fotos; **4.** maletas; **5.** toalla; **6.** pasaportes; **7.** tienda de campaña; **8.** mapa.

2. En esta actividad se presentan algunos marcadores temporales que sirven para situar las acciones en el tiempo. Indíqueles que, en parejas, sitúen dichos marcadores en la línea del tiempo, teniendo en cuenta que pueden referirse al pasado, presente o futuro y tomando como referencia la palabra *hoy*, que aparece ya escrita a modo de ejemplo. Aproveche el momento de la corrección para introducir la información del cuadro de la RAE, comentando que en el español de América se utiliza el marcador *antier* en lugar de *anteayer* y que en el español de España se utilizan *anteayer* y *antes de ayer* indistintamente.

PASADO	PRESENTE	FUTURO
el año pasado	hoy	mañana
el mes pasado		la próxima semana
anteayer		
ayer		
anoche		

2.1. Para cerrar esta breve introducción a los marcadores temporales, anímelos a que, entre todos, añadan en esa línea del tiempo otros marcadores de pasado que conozcan. Con el fin de facilitar el desarrollo de la actividad, puede dibujar la línea temporal en la pizarra y nombrar a un/a secretario/a para que vaya escribiendo las palabras que propongan. Puede empezar usted escribiendo *En 1990* a modo de ejemplo. Una vez hayan terminado, corrija los posibles errores y dé las explicaciones pertinentes. En el caso de que no hayan aparecido los siguientes marcadores, añádalos usted: *el jueves/lunes/domingo pasado, hace una semana, hace cinco meses, hace diez/cinco años, el otro día, en otra época*...

3. Forme pequeños grupos e indíqueles que lean las frases que las acompañan y comenten, de las actividades que se presentan, cuáles hicieron en sus últimos viajes y cuándo fue. Remítalos a la muestra de lengua para que les sirva de modelo en sus producciones. Seguramente los estudiantes advertirán que se está introduciendo un nuevo tiempo verbal en pasado que quizás no conozcan y que se presentará en el apartado "Gramática" de manera detallada. No se detenga en explicar la formación de este tiempo y simplemente asegúrese de que conocen el significado de todos los verbos. Se trata tan solo de una primera aproximación a la forma del pretérito indefinido, además de la práctica de los marcadores temporales correspondientes. En sus producciones, los estudiantes solo necesitarán usar el verbo conjugado que ya aparece dado. Paséese por la clase y tome nota de aquello que merezca ser comentado o corregido una vez hayan terminado de conversar. Para finalizar, invítelos a que compartan con el resto de la clase la información más interesante o que más ha llamado la atención en cada grupo.

Unidad 11

Palabras

1. Se inicia este apartado con una actividad ideada para llevarse a cabo en parejas en la que deben relacionar las palabras del recuadro con la fotografía correspondiente. Una vez resuelta la tarea, pregunte, en plenario, con qué parte de un viaje las relacionan.
1. guía de viaje; **2.** equipaje; **3.** hotel; **4.** seguro de viaje; **5.** billete de avión; **6.** albergue.
Parte del viaje: preparación del viaje.

1.1. Actividad para trabajar colocaciones léxicas frecuentes en relación con los viajes. Pídales que, en parejas, relacionen las dos columnas para obtener acciones relacionadas con la preparación de un viaje.
Si prefiere incrementar el grado de dificultad de la actividad, puede escribir en la pizarra los verbos de la columna de la izquierda y pedirles que, en parejas o grupos pequeños, intenten pensar en las palabras que podrían combinarse con estos, por ejemplo, *buscar... información*. Anímelos a que consulten el diccionario o internet; de esta manera, además de lograr que el estudiante se familiarice con este recurso, introducirá una nueva estrategia de adquisición de léxico. Deles un tiempo para que trabajen y corrija en plenario, resolviendo posibles dudas y dejándoles que comparen sus colocaciones con las de la actividad.
Finalmente, remítalos al cuadro de la RAE, que alude a las diferentes palabras que se utilizan en el español de América y de España para referirse a un mismo significado.
1. e; **2.** c; **3.** f; **4.** a; **5.** b; **6.** d.

Palabras

1 **En parejas** Relaciona las siguientes palabras con su imagen correspondiente. ¿Con qué parte de un viaje las relacionas?

hotel | albergue | guía de viaje
billete de avión | seguro de viaje | equipaje

① ....

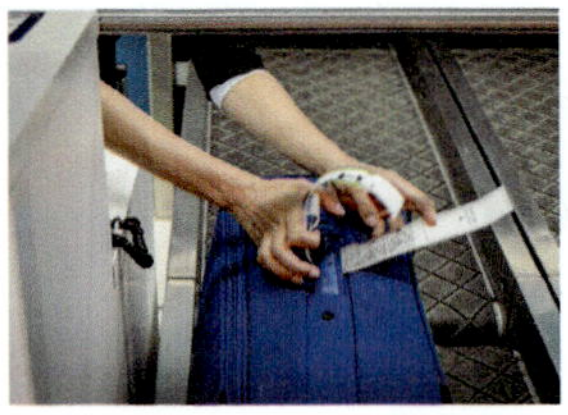

② ....

③ ....

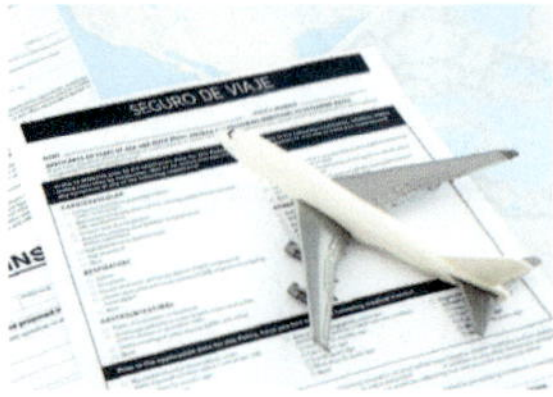

④ ....

⑤ ....

⑥ ....

RAE LÉXICO
Español de España › reservar:
*Han **reservado** habitación en el hotel Duchessa Isabella.*
Español de América › (hacer una) reservación:
*Ella se va a encargar de las **reservaciones** en los hoteles, del contrato de alquiler, del seguro, todo a nombre tuyo y de Bini.*

1.1 **En parejas** Relaciona las dos columnas.

1. Reservar	a. información.
2. Sacar	b. el seguro de viaje.
3. Consultar	c. el billete de avión.
4. Buscar	d. el equipaje.
5. Contratar	e. hotel/albergue.
6. Facturar	f. la guía de viaje.

1.2 [39] **A continuación tres personas van a hablar de la preparación de su último viaje. Escucha con atención y marca la opción correcta.**

- **Pensión completa (PC)** › Alojamiento con el desayuno y las dos comidas principales incluidas (comida y cena).
- **Media pensión (MP)** › Alojamiento que incluye el desayuno y una de las comidas principales (comida o cena).
- **Todo incluido (TI)** › Alojamiento y comida y bebida sin límite.

	1	2	3
a. Hotel con pensión completa	☐	☐	☐
b. Hotel con media pensión	☐	☐	☐
c. Albergue	☐	☐	☐
d. Reserva con antelación	☐	☐	☐
e. Seguro de viaje	☐	☐	☐
f. Equipaje de mano	☐	☐	☐

1.2. [39] Actividad de comprensión auditiva en la que escucharán a tres personas contando la preparación de su último viaje. Antes de proceder a la escucha, escriba en la pizarra *PC*, *MP* y *TI* y pregúnteles qué pueden significar estas siglas al hablar de tipos de alojamiento. Si no se les ocurre nada, escriba al lado de cada una su versión desarrollada (*pensión completa*, *media pensión* y *todo incluido*) y pídales que intenten explicar con sus palabras qué pueden significar estos conceptos. Una vez hayan comentado sus hipótesis, remítalos al cuadro de atención y confirme la información con ellos. A continuación pídales que lean las frases de la actividad e indíqueles que deberán marcar, mientras escuchan, qué información corresponde a cada persona según lo que cuentan en sus testimonios. Explíqueles que se trata de una escucha selectiva en la que no es necesario entender todas las palabras, sino localizar la información que se requiere. Proceda a una primera escucha, deje que comparen en parejas y realice una segunda escucha, si es necesario, antes de la corrección. Finalmente, puede hacer otras preguntas relacionadas con el audio; por ejemplo, si recuerdan cuál era el destino elegido por cada persona: *Argentina, Roma* y *el sur de España*.
1. d, e; **2.** b, d, f; **3.** c.

11

2 **En grupos pequeños** Varios amigos están pensando en irse de viaje y han formado un grupo de WhatsApp para organizarse. Lee la conversación y escribe debajo, junto a cada verbo, las palabras o expresiones que lo acompañan.

Marta: ¡Chic@s! ¿Por qué no nos vamos en junio a los Pirineos? ¡Tengo tantas ganas de hacer excursiones por la montaña!...

Pablo: La última vez ya estuvimos en la sierra. ¿Y si pasamos una semana en la playa? Allí podemos tomar el sol, bañarnos y alquilar una tabla de surf... ¡Vamos!

Ana: ¡Siempre lo mismo! Para vosotros solo existe campo o playa. Yo pensé en ir a alguna ciudad de Europa, como París o Ámsterdam, recorrer la ciudad a pie y visitar museos y exposiciones. ¿Qué os parece?

Rafa: Ana, la ciudad la recorremos en autobús. Ya sabes que yo me canso enseguida.

Pablo: Vale, Ana. ¡Tú ganas! ¿Reservamos el billete de avión? Vamos en avión, ¿verdad?

Marta: De acuerdo, Ana. Yo prefiero ir a París, no la conozco. ¿Vamos en tren mejor? ¡Venga, chic@s! Así podemos contemplar el paisaje.

Rafa: ¡Marta y la naturaleza! Vale, vale... ¡Vamos a París! ¿Cuántos días nos quedamos? ¿Cinco? ¡Más días no, por favor!

Ana: ¡Nos vamos a París! ¡Qué alegría! Busco hotel por internet y hago la reserva, ¿o preferís alojaros en un albergue?

- Pasar: ...
- Visitar: ...
- Reservar: ...
- Ir(se): ...
- Contemplar: ...
- Alquilar: ...
- Recorrer: ...
- Buscar: ...
- Alojarse: ...
- Hacer: ...

2.1 **En grupos pequeños** Piensa en otras palabras o expresiones relacionadas con los viajes que puedan ir acompañadas de los verbos anteriores y añádelas a la lista.

Ejemplo: *Reservar: mesa en un restaurante/ Alojarse: en un hotel...*

2.2 **Todo el grupo** ¿Qué tipo de viaje realiza el grupo de amigos de la actividad 2? ¿Qué imagen de las siguientes lo representa mejor? ¿Qué otro tipo de viajes se pueden hacer?

1 

2 

3 

4 

2. Nueva actividad para seguir trabajando las colocaciones léxicas. Indíqueles que, primero individualmente, lean la conversación de WhatsApp entre varios amigos que están organizando un viaje. A continuación, en pequeños grupos, deberán escribir junto a los verbos que aparecen en la parte inferior las palabras o expresiones que los acompañan en el texto. Pueden repartirse los verbos para la búsqueda y después compartir la información entre todos los miembros del grupo. El objetivo es que los estudiantes puedan reconocer qué palabras o expresiones suelen combinarse en español formando unidades de significado. Para corregir y ampliar la actividad, use la **proyección 39**.
Pasar: una semana en la playa; **Visitar:** museos y exposiciones; **Reservar:** el billete de avión; **Ir(se):** a los Pirineos, a alguna ciudad de Europa, en avión, a París, en tren; **Contemplar:** el paisaje; **Alquilar:** una tabla de surf; **Recorrer:** la ciudad a pie; **Buscar:** hotel por internet; **Alojarse:** en un albergue; **Hacer:** excursiones por la montaña, la reserva.

Asociación de palabras

[39]

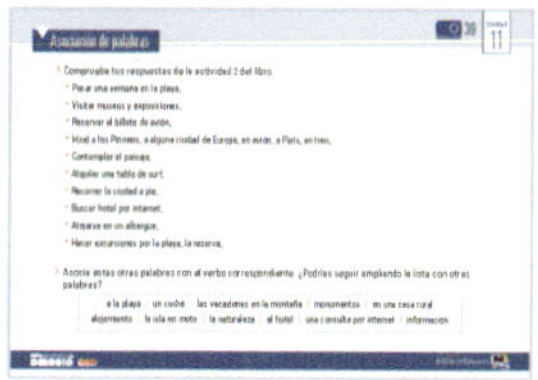

Proyecte la lámina para que comprueben sus respuestas en la actividad 2 y resuelva las posibles dudas. A continuación propóngales ampliar la lista de asociaciones combinando las nuevas palabras con el verbo correspondiente.
Pasar: las vacaciones en la montaña; **Visitar:** monumentos; **Reservar:** el hotel, alojamiento; **Ir(se):** a la playa; **Contemplar:** la naturaleza; **Alquilar:** un coche; **Recorrer:** la isla en moto; **Buscar:** alojamiento, información; **Alojarse:** en una casa rural; **Hacer:** una consulta por internet.

2.1. Propóngales ahora que sean ellos los que piensen en palabras o expresiones relacionadas con un viaje que puedan ir acompañadas de los verbos anteriores. Indíqueles que deben ser palabras o expresiones diferentes a las de la actividad anterior y a las de la lámina 39 en caso de que la haya utilizado.

2.2. Actividad en grupo que sirve de cierre de esta secuencia. Dígales que observen las imágenes y decidan cuál es la que representa mejor el viaje que han planeado el grupo de amigos de la actividad 2. Una vez que lo hayan hecho, pídales que piensen en qué otros tipos de viajes representan el resto de las imágenes y si conocen otras formas de viajar aparte de estas.
La imagen que mejor representa el tipo de viaje que realizan los amigos de la actividad 2 es la imagen 2.

Para trabajar estos contenidos, realice las actividades **1-8**, pp. **64-65** del *Libro de ejercicios*.

Unidad 11

Gramática

1. Remita a los estudiantes a las frases que vieron en el apartado "¿Qué sabes?" *(Viajé a una gran ciudad, Viajé en coche, Visité un museo...)* y pídales que se fijen en los verbos que aparecen en ellas. Pregúnteles si alguien sabe qué tiempo es y, en caso afirmativo, si recuerdan cómo se forma o sus usos. Escuche sus aportaciones y, a continuación, presente el pretérito indefinido con la proyección 40.

Pretérito indefinido regular

[40]

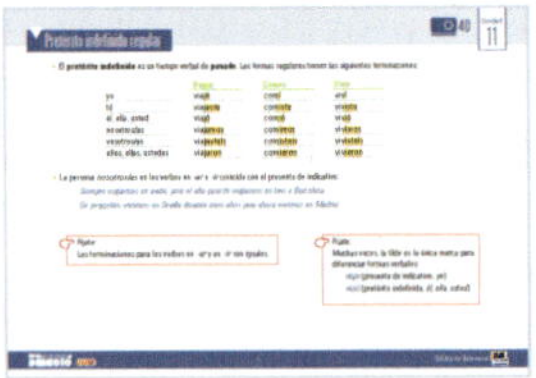

Proyecte el paradigma de las formas regulares del pretérito indefinido, pídales que se fijen en las terminaciones verbales y pregúnteles si pueden inferir alguna regla. Escuche sus respuestas y, a continuación, explique el paradigma y los cuadros de atención: la coincidencia de la forma de *nosotros/as* en los verbos en *-ar* y en *-ir* con el presente de indicativo, la coincidencia en las terminaciones de los verbos en *-er* y en *-ir* y la marca de la tilde como elemento diferenciador de las formas verbales.

1.1. Indíqueles que deben escribir los verbos que están en presente en pretérito indefinido, respetando la persona del verbo. Deje que comparen en parejas y corrija en plenario.
1. llamé; **2.** abriste; **3.** bailó; **4.** invitamos;
5. vivieron; **6.** rompiste; **7.** estudiasteis; **8.** escribiste;
9. saludasteis; **10.** bebimos; **11.** canté; **12.** salimos.

Gramática

1 Pretérito indefinido regular

- El **pretérito indefinido** es un tiempo verbal de **pasado**. Las formas regulares tienen las siguientes terminaciones:

	Viajar	Comer	Vivir
yo	viajé	comí	viví
tú	viajaste	comiste	viviste
él, ella, usted	viajó	comió	vivió
nosotros/as	viajamos	comimos	vivimos
vosotros/as	viajasteis	comisteis	vivisteis
ellos, ellas, ustedes	viajaron	comieron	vivieron

- La persona ***nosotros/as*** en los verbos en ***-ar*** e ***-ir*** coincide con el presente de indicativo:
  *Siempre **viajamos** en avión, pero el año pasado **viajamos** en tren a Barcelona.*
  *De pequeños **vivimos** en Sevilla durante unos años, pero ahora **vivimos** en Madrid.*

Fíjate:
Las terminaciones del pretérito indefinido para los verbos en *-er* y en *-ir* son iguales.

Fíjate:
Muchas veces, la tilde es la única marca que permite diferenciar formas verbales:
viajo (presente de indicativo, *yo*)
viajó (pretérito indefinido, *él, ella, usted*)

1.1 Escribe el pretérito indefinido de estas formas de presente.

1. llamo ....
2. abres ....
3. baila ....
4. invitamos ....
5. viven ....
6. rompes ....
7. estudiáis ....
8. escribes ....
9. saludáis ....
10. bebemos ....
11. canto ....
12. salimos ....

2 Pretérito indefinido irregular

- Algunos de los verbos más comunes son irregulares en pretérito indefinido:

	Ser/Ir	Tener	Hacer	Estar	Dar
yo	**fui**	**tuve**	**hice**	**estuve**	**di**
tú	**fuiste**	**tuviste**	**hiciste**	**estuviste**	**diste**
él, ella, usted	**fue**	**tuvo**	**hizo**	**estuvo**	**dio**
nosotros/as	**fuimos**	**tuvimos**	**hicimos**	**estuvimos**	**dimos**
vosotros/as	**fuisteis**	**tuvisteis**	**hicisteis**	**estuvisteis**	**disteis**
ellos, ellas, ustedes	**fueron**	**tuvieron**	**hicieron**	**estuvieron**	**dieron**

- Los verbos *ser* e *ir* comparten la misma forma en el pretérito indefinido:
  *Mi abuelo **fue** un médico muy conocido./Ana se **fue** a las cinco.*

Fíjate:
- ***Ir*** es 'moverse de un lugar a otro, desplazarse a un lugar':
  Voy a casa en coche.
  ***Fui** a Argentina el año pasado.*
- ***Irse*** es 'abandonar un lugar':
  ***Me fui de** la fiesta a las once.*

2.1 **En parejas** Observa las fotografías y escribe frases usando las formas irregulares de los verbos anteriores.

1 
El niño ....

2 
Miguel ....

3 
Ana y yo ....

4 
Mis amigos ....

126 | ciento veintiséis — Unidad 11 | Viajes con encanto

2. Se presentan ahora algunos de los verbos irregulares más frecuentes en pretérito indefinido. Pídales que se fijen en la forma de estos y pregúnteles si hay algo que les llama la atención o si pueden inferir alguna regla. Salvo los verbos *ser/ir* y *dar*, que son totalmente irregulares, el resto pertenecen al grupo de irregulares en la raíz y comparten las mismas terminaciones y una acentuación distinta a la de los regulares. Hágales ver que *ser/ir* se diferencian por el contexto y pídales que añadan algún ejemplo. Para consolidar estos irregulares, use la proyección 41.

Pretérito indefinido irregular

[41]

Pídales que cierren el libro y proyecte el paradigma de los irregulares que acaban de ver para que completen los espacios con las formas que faltan. Puede dejar que trabajen en parejas y corregir en plenario con la proyección. **Ser/Ir:** fuiste, fuimos, fuisteis; **Tener:** tuvo, tuvisteis, tuvieron; **Hacer:** hice, hicimos, hicieron; **Estar:** estuve, estuvo, estuvisteis; **Dar:** dio, dimos, dieron.

2.1. Para seguir practicando las formas irregulares del pretérito indefinido, propóngales que observen las fotografías y que, en parejas, escriban frases según lo que estén haciendo las personas que aparecen utilizando los verbos irregulares que han aprendido.
1. El niño hizo un pastel; **2.** Miguel dio un paseo con el perro; **3.** Ana y yo estuvimos viendo la televisión; **4.** Mis amigos fueron de compras.

Para trabajar estos contenidos, realice las actividades **9** y **10**, p. **66** del *Libro de ejercicios*.

11

3 Uso del pretérito indefinido

- El pretérito indefinido expresa **acciones terminadas** que se desarrollan en un **tiempo pasado** que no tiene relación con el presente:
  *Mis padres **se conocieron** en Argentina en 1970.*
  *El año pasado **viajé** por toda Europa durante dos meses.*
- Algunos **marcadores temporales** frecuentes que se usan con el pretérito indefinido son *anoche, ayer, anteayer, el otro día, la semana pasada, el mes/año pasado*...:
  ***Ayer** cené en un restaurante japonés.*
  ***El otro día** estuve con Ana en una fiesta.*

El otro día se refiere a un momento indeterminado del pasado cercano o reciente. Se usa cuando no es importante situar de manera exacta en el tiempo una acción pasada.

3.1 [40] La semana pasada fue muy intensa para Luis. Observa las fotos, utiliza tu imaginación y escribe qué hizo cada día. Luego escucha el audio, comprueba tus respuestas y corrígelas en caso necesario.

1. El lunes pasado ....
2. El martes ....
3. El miércoles ....
4. El jueves ....
5. El viernes ....
6. El sábado ....
7. El domingo ....

3.2 **En parejas** ¿Qué hizo tu compañero/a la semana pasada? Pregúntale y toma notas.

Ejemplo: ▶ *¿Qué hiciste el lunes?*
▷ *El lunes por la mañana me levanté temprano y fui a clase*...

3. Se presenta ahora el uso más frecuente del pretérito indefinido, así como los marcadores temporales que suelen acompañar a este tiempo. Antes de ver la información del cuadro gramatical, pídales que cierren los libros y escriba en la pizarra las frases que aparecen en el cuadro a modo de ejemplo (*Mis padres se conocieron*..., etc.). A continuación hágales las siguientes preguntas sobre las frases: *¿se trata de acciones terminadas?, ¿el tiempo en el que se desarrollan tiene relación con el presente o no?, ¿qué palabras con información temporal acompañan a estos verbos? (ayer, el otro día).* Realizado el sondeo, indíqueles que abran el libro y que comprueben sus respuestas. Por último, lea con ellos la información del cuadro de atención sobre el marcador *el otro día* y pídales que hagan un ejercicio de reflexión gramatical y piensen si en su propia lengua existe esta forma verbal y si se comporta del mismo modo que en español.

3.1. [40] Pídales que, de manera individual, observen las fotografías e intenten deducir qué hizo Luis cada día de la semana pasada. Deles tiempo para que escriban frases en su cuaderno utilizando el pretérito indefinido. Mientras trabajan, paséese por la clase y corrija los errores que detecte. A continuación indíqueles que van a escuchar un audio en el que Luis cuenta lo que hizo para que comprueben si coincide con lo que han escrito. Explíqueles que es posible que lo que diga Luis no se corresponda con sus suposiciones, pero que eso no significa que sus respuestas sean incorrectas.
1. El lunes pasado estuvo estudiando todo el día para el examen de Física; **2.** El martes hizo el examen; **3.** El miércoles le dieron la nota y aprobó el examen; **4.** El jueves salió de fiesta con sus amigos; **5.** El viernes preparó la maleta para hacer un viaje; **6.** El sábado Luis y su novia se bañaron, bucearon y tomaron el sol; **7.** El domingo vieron una película.

3.2. Se concluye este apartado con una actividad de interacción oral en parejas en la que practicarán, de una manera más libre, el pretérito indefinido. Indíqueles que pregunten a su compañero/a por lo que hizo todos los días de la semana pasada y que lo vayan anotando en su cuaderno. Una vez lo hayan hecho, recoja todos los escritos y repártalos de forma aleatoria. A continuación cada estudiante leerá lo que ha hecho la persona del papel que le haya tocado y los demás deberán adivinar de quién se trata.

Para trabajar estos contenidos, realice las actividades **11-12a**, pp. **66-67** del *Libro de ejercicios*.

Unidad 11

Practica en contexto

1. Se inicia el apartado proponiendo la lectura de algunas entradas en un blog de viajes que ejemplifican diferentes formas de viajar. Antes de proceder a la lectura, escriba en la pizarra *de naturaleza*, *urbano* y *cultural* y pregúnteles a qué se pueden referir estas palabras. Una vez hayan contestado que se trata de diferentes tipos de viajes, dígales que lean los textos individualmente. Resuelva posibles dudas de vocabulario y explique la información del cuadro de atención sobre la referencia temporal *hace* + cantidad de tiempo. Por último, indíqueles que comenten en parejas cuál de los lugares descritos les parece el mejor destino y que justifiquen su respuesta.

2. [41] Actividad de comprensión auditiva en la que podrán escuchar a Javier y a Marta hablar de su mejor viaje. Indíqueles previamente que lean la información que se les pide en la ficha, que será la que deberán extraer de la escucha, y remítalos también a la información del cuadro de la banda lateral, en el que se explica cómo señalar el comienzo y el final de una acción. Ponga el audio, deles tiempo para que escriban sus respuestas y las comparen en parejas y, si es necesario, proceda a una segunda escucha antes de la corrección en plenario.
Una vez realizada la actividad, puede preguntar a sus estudiantes si han estado alguna vez en Cuba o Colombia y si conocen más información sobre estos países. En caso afirmativo, permítales que la compartan con el resto de la clase; en caso de que nadie haya visitado estos destinos pero muestren interés por conocer algo más de ellos, sugiérales que busquen información en las páginas que le proponemos y que, después, la pongan en común.
Cuba: https://turismo.org/cuba/
Colombia: https://www.colombia.travel/es
Javier: 1. Cuba; 2. Doce días; 3. La isla de norte a sur, desde La Habana hasta Guantánamo: Trinidad, Santa Clara, Santiago…; 4. Trinidad es una ciudad colonial; Santiago vive al ritmo de la música; hay pueblos poco turísticos y playas desiertas; La Habana tiene calles llenas de vida, mucha música y mucho baile; 5. Es un pueblo muy amable y acogedor; 6. Los pueblos, las playas, la gente, las calles llenas de música.
Marta: 1. Colombia; 2. Dieciocho días; 3. El valle del Cocora, Bogotá (catedral, santuario de Guadalupe); 4. Variedad de paisajes, climas diferentes, playas magníficas, miles de especies de flores; 5. Son muy generosos y te ofrecen su casa; 6. Las altas palmeras del valle del Cocora, las miles de especies de flores, Bogotá y, especialmente, la gente.

Practica en contexto

1 **En parejas** ¿Qué tipo de turismo prefieres? ¿De naturaleza, urbano, cultural…? Lee este blog de viajes. Después elige un lugar y explica a tus compañeros por qué lo has elegido.

Fíjate:
En las referencias temporales usamos la palabra ***hace*** cuando la acción sucedió dos o más días, semanas, meses o años atrás:
*La semana pasada fui a Londres./**Hace** dos semanas fui a Londres.*

Noruega. Auroras boreales
Hace un año realicé un viaje a Noruega. Por primera vez visité el círculo polar ártico. Harstad, un pequeño pueblo pesquero situado 250 kilómetros al norte del círculo polar, se convirtió en el escenario de mi primer encuentro con las auroras boreales. Cenando, casi sin darme cuenta, el cielo empezó a teñirse de verde e incontables auroras, una tras otra, empezaron a bailar sobre mi cabeza.

España, mi país
El año pasado decidí descubrir mi propio país, España. Viajé por ciudades de gran importancia turística como Toledo, Córdoba o Barcelona. Paseé por rincones de capitales de provincia menos conocidas, pero que resultaron ser muy bellas: Zaragoza, Zamora, Valladolid, Cuenca… Además, tuve la oportunidad de conocer algunas joyas monumentales y culturales: la basílica de Covadonga o el Monasterio de Piedra.

Jordania. Una maravilla del mundo
El año pasado para nosotros fue un año difícil de olvidar. El lugar más increíble que visitamos fue Jordania. Primero estuvimos en Jerash, la Roma de Jordania, una ciudad llena de historia. Después fuimos a Wadi Rum, el desierto rojo, ¡fue una aventura inolvidable! También visitamos Amán, la capital, y Petra, una de las siete maravillas del mundo, un lugar que nos emocionó.

Señalar el comienzo y el final de una acción
- Para señalar el comienzo o inicio de una acción se utiliza ***empezar*** + ***a*** + infinitivo:
  ***Empecé a** trabajar en 2015.*
- Para indicar el principio de un recorrido o el momento en el que comienza algo, se utiliza ***desde***, y para expresar el final ***hasta***:
  *Estoy aquí **desde** enero **hasta** abril.*
  ***Desde** casa **hasta** el trabajo tardo una hora.*

2 [41] Javier y Marta hablan de su mejor viaje. Escucha cómo lo explican y completa la ficha según la información.

	Javier	Marta
1. Destino		
2. Duración		
3. Lugares visitados		
4. Características de los lugares		
5. Características de los habitantes y costumbres		
6. Las mejores impresiones o recuerdos		

128 | ciento veintiocho — Unidad 11 | Viajes con encanto

3 **En parejas** Ahora explica a tu compañero/a cuál fue tu mejor viaje.

Ejemplo: *Mi mejor viaje fue a Chile. Empecé a prepararlo seis meses antes y estuve allí dos meses, desde junio hasta agosto…*

3.1 Ahora escribe en tu cuaderno una entrada de blog explicando tu viaje.

Puedes ayudar a tu compañero/a haciéndole preguntas:

¿Cómo organizaste el viaje?
¿Dónde buscaste información?
¿Cuándo empezaste a prepararlo?
¿Por qué elegiste ese destino?
¿Cuánto tiempo estuviste de viaje?
¿Qué medios de transporte utilizaste?
¿Qué ciudades o lugares visitaste?
¿Cuál es el mejor recuerdo?

4 Lee la anécdota que cuenta Rosa de su viaje a Guanajuato. Ordena los párrafos y compara los resultados con tu compañero/a.

- ☐ Pues bien, desde nuestro viaje a Guanajuato no se han vuelto a quejar y es porque en ese viaje alquilamos un coche para poder visitar la ciudad, ya que nuestro hotel estaba lejos del centro.
- ☐ Después de visitar la ciudad, muy cansados, regresamos a buscar el coche para volver al hotel. No fue fácil…
- ☐ En un momento de desesperación, me senté en una acera y me puse a repasar las fotografías que hice ese día. Se me ocurrió ir hacia atrás para así recorrer fotográficamente el camino que hicimos y por fin encontré una foto con el nombre de la calle.
- ☐ Evidentemente mi familia no se volvió a quejar de mi afición por la fotografía y ahora estoy obligada a hacer una foto siempre que aparcamos.
- ☐ Estuvimos más de una hora dando vueltas para encontrarlo, ya que todas las calles nos parecían iguales. ¿Y cómo lo encontramos?
- ☐ Cuando llegamos, mi padre buscó aparcamiento y al final, después de media hora, dejamos el coche en un callejón muy cerca del teatro Juárez y todos salimos del coche.
- ☐ Jamás olvidaré mi viaje de hace seis años a Guanajuato, México. Nadie de mi familia quería ir de viaje conmigo porque me gusta hacer muchas fotos y les hago parar cada cinco minutos.

4.1 Escucha y comprueba tu respuesta anterior.
[42]

4.2 **En parejas** Lee la anécdota de Rosa. Tu compañero/a debe reaccionar adecuadamente.

4.3 **En parejas** Explícale una anécdota a tu compañero/a y reacciona a la suya con gestos y palabras.

Reaccionar en una conversación

Para mantener una conversación es importante reaccionar ante lo que los otros nos dicen y mostrar empatía. Estas son algunas de las frases más comunes:

- Mostrar **alegría**:
  - ¡Qué bien/suerte/buena noticia!
- Mostrar **fastidio o pena**:
  - ¡Qué pena/horror/lástima!
  - ¡Vaya, hombre!
- Mostrar **alivio**:
  - ¡Menos mal!
  - ¡Qué alivio/descanso!
- Mostrar **sorpresa**:
  - ¡No me digas!
  - ¿De verdad?
  - ¿En serio?

3. Es el momento de que ahora, apoyándose en los testimonios de las actividades 1 y 2, sean ellos los que cuenten sus propios viajes. Distribuya la clase en parejas y pídales que expliquen a su compañero/a cuál fue su mejor viaje. Para guiar sus producciones, remítalos a las preguntas del cuadro funcional de la banda lateral y dígales que se pueden apoyar en ellas.

3.1. Se concluye esta secuencia sobre viajes realizados y experiencias vividas con una actividad de expresión escrita para realizar de manera individual. Puede recomendarles que vuelvan a leer las entradas de blog de la actividad 1 y que, tomándolas como modelo, escriban su propia entrada, que podrán acompañar de imágenes o fotos personales. Realice una corrección individualizada para cerciorarse del buen uso de las formas del pretérito indefinido, entre otros contenidos. Una vez tengan escritos sus textos, pueden ponerlos en común: publicarlos en el blog de la escuela, si esta dispusiera de uno, o colgarlos en clase.

Para trabajar estos contenidos, realice las actividades **13-14b**, pp. **67-68** del *Libro de ejercicios*

4. Siguiendo con la temática de los viajes, se plantea una actividad de comprensión lectora en la que los estudiantes deben ordenar los párrafos de un texto atendiendo a la coherencia y cohesión textual. Explíqueles que, para realizar la actividad con éxito, es importante que lean con detenimiento y que se fijen en aquellos elementos que les puedan servir para relacionar una información con otra. Permítales que comparen sus respuestas en parejas y que justifiquen sus elecciones en el caso de que estas no coincidan. Para la corrección, pase a la actividad siguiente.

4.1. Actividad de comprensión auditiva en la que escucharán el texto original y podrán comprobar sus respuestas anteriores. Una vez que hayan escuchado, pregúnteles qué palabras y elementos los ayudaron a reconocer el orden de los párrafos.
[42] 2, 4, 6, 7, 5, 3, 1.

4.2. Aprovechando la anécdota de Rosa, introduzca aquí las distintas expresiones que se utilizan para reaccionar en una conversación. Haga hincapié en el hecho de que en España, en una conversación, es importante saber reaccionar adecuadamente a lo que nos cuentan y mostrar empatía hacia nuestro interlocutor para que este se sienta escuchado. Lea en voz alta las diferentes expresiones del cuadro funcional para mostrar alegría, fastidio o pena, alivio y sorpresa, insistiendo en la entonación que requiere cada una de ellas. A continuación pídales que formen parejas: un/a estudiante simulará ser Rosa contando la anécdota y el/la otro/a deberá reaccionar adecuadamente utilizando las expresiones presentadas. Si cree que necesitan seguir practicando el uso de estas estructuras y su entonación correspondiente, propóngales volver a representar el diálogo intercambiándose los papeles.

4.3. Cierre el apartado con otra actividad similar a la anterior, pero esta vez más libre y personalizada. Forme nuevas parejas y pídales que piensen en una anécdota que les haya ocurrido, por ejemplo, en alguno de sus viajes, a causa de un malentendido cultural o por desconocimiento del idioma. Déjeles unos minutos para que anoten algunos datos e información relevante que les ayude a organizar su discurso y, cuando estén preparados, indíqueles que se cuenten sus anécdotas y reaccionen ante ellas. Recuérdeles que no solo es importante usar las expresiones aprendidas, sino también acompañarlas de la entonación y los gestos adecuados. Por último, puede hacer una puesta en común para que compartan las anécdotas que más les hayan llamado la atención.

Unidad 11

Cultura

1. Forme pequeños grupos y pídales que observen con atención las fotografías del apartado. Pregúnteles si saben cómo se llaman esas estatuas, dónde se encuentran y si conocen algo sobre ese lugar. Escuche sus respuestas y pregúnteles si alguien de la clase ha estado alguna vez allí.
Son los moáis y se encuentran en la isla de Pascua.

1.1. Indíqueles ahora que van a leer un texto en el que podrán encontrar las respuestas a las preguntas planteadas en la actividad anterior. Pídales que lo lean con detenimiento y que, en parejas, completen la ficha con la información solicitada. Permítales usar el diccionario para que resuelvan posibles dudas de vocabulario o, si lo prefiere, resuélvalas usted.
1. Rapanuí; **2.** *Moai aringa ora*, significa 'rostro vivo de los ancestros'; **3.** Un poder espiritual que extienden los antepasados después de muertos sobre la tribu para protegerla; **4.** Suelen pesar unas 5 toneladas, aunque algunos pesan más de 10, y miden 4.5 metros; **5.** Registrados hay unos 900; **6.** Un sombrero de color rojo que llevan algunos moáis sobre la cabeza; **7.** El peinado polinésico, que consiste en recogerse el pelo en un moño teñido de ocre; **8.** En la cantera del volcán Rano Raraku.

Cuenta la leyenda...

1 **En grupos pequeños** ¿Sabes cómo se llaman y dónde se encuentran estas gigantescas estatuas?

1.1 **En parejas** Lee su historia, comprueba tus respuestas anteriores y completa la ficha. Luego compara la información con tu compañero/a.

Los moáis, las gigantescas estatuas de la isla de Pascua, isla de Chile situada en el triángulo de la Polinesia, son la expresión más importante del arte escultórico de la etnia rapanuí.

El nombre completo de sus estatuas en su idioma local es *moai aringa ora*, que significa 'rostro vivo de los ancestros'. Los rapanuís construyeron estos gigantes de piedra para representar a sus antepasados importantes con el fin de que, después de muertos, extendieran su *mana* o poder espiritual sobre la tribu para protegerla.

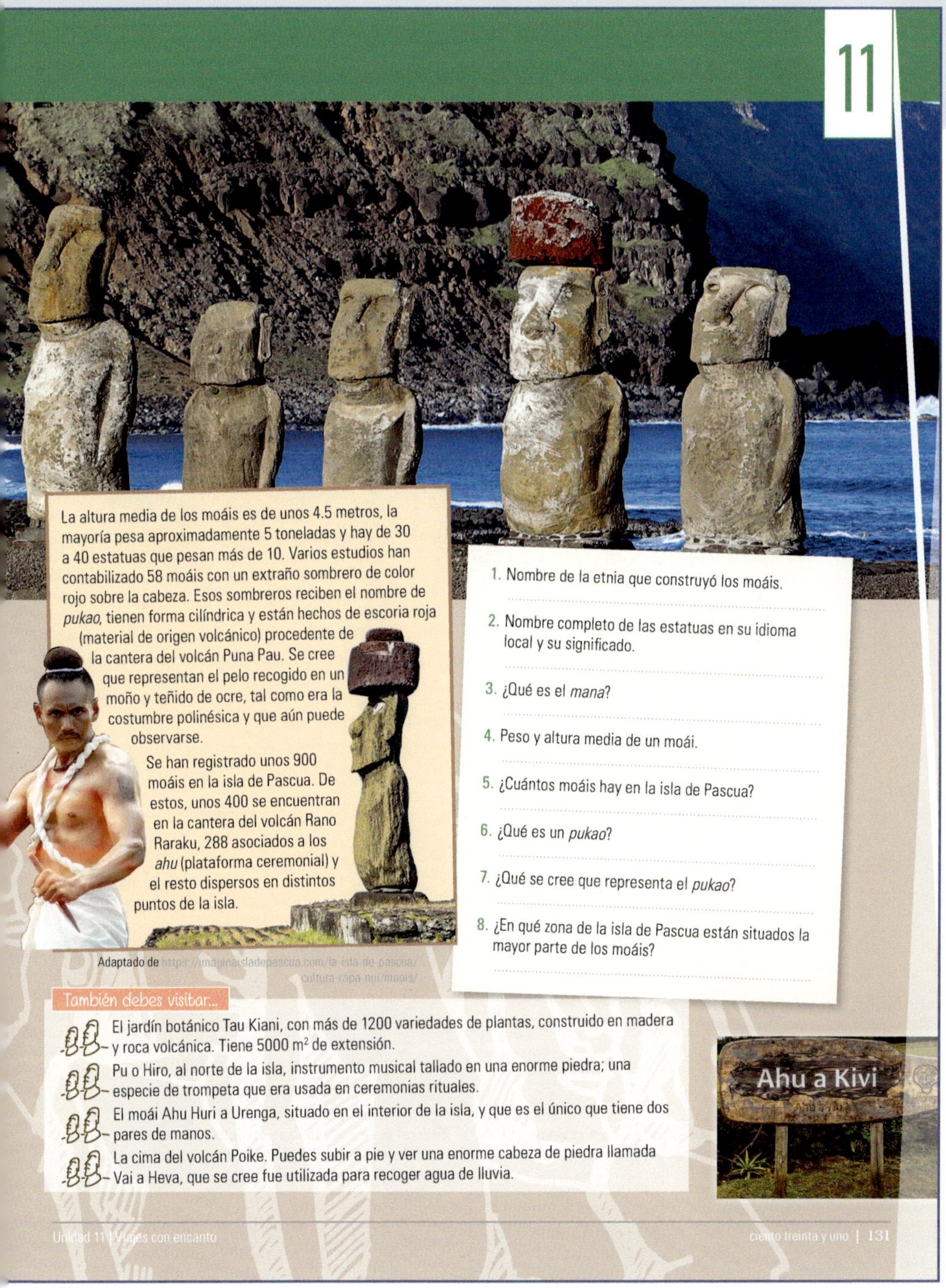

11

La altura media de los moáis es de unos 4.5 metros, la mayoría pesa aproximadamente 5 toneladas y hay de 30 a 40 estatuas que pesan más de 10. Varios estudios han contabilizado 58 moáis con un extraño sombrero de color rojo sobre la cabeza. Esos sombreros reciben el nombre de *pukao*, tienen forma cilíndrica y están hechos de escoria roja (material de origen volcánico) procedente de la cantera del volcán Puna Pau. Se cree que representan el pelo recogido en un moño y teñido de ocre, tal como era la costumbre polinésica y que aún puede observarse.

Se han registrado unos 900 moáis en la isla de Pascua. De estos, unos 400 se encuentran en la cantera del volcán Rano Raraku, 288 asociados a los *ahu* (plataforma ceremonial) y el resto dispersos en distintos puntos de la isla.

Adaptado de https://imaginaisladepascua.com/la-isla-de-pascua/cultura-rapa-nui/moais/

1. Nombre de la etnia que construyó los moáis.
2. Nombre completo de las estatuas en su idioma local y su significado.
3. ¿Qué es el *mana*?
4. Peso y altura media de un moái.
5. ¿Cuántos moáis hay en la isla de Pascua?
6. ¿Qué es un *pukao*?
7. ¿Qué se cree que representa el *pukao*?
8. ¿En qué zona de la isla de Pascua están situados la mayor parte de los moáis?

También debes visitar...

- El jardín botánico Tau Kiani, con más de 1200 variedades de plantas, construido en madera y roca volcánica. Tiene 5000 m^2 de extensión.
- Pu o Hiro, al norte de la isla, instrumento musical tallado en una enorme piedra; una especie de trompeta que era usada en ceremonias rituales.
- El moái Ahu Huri a Urenga, situado en el interior de la isla, y que es el único que tiene dos pares de manos.
- La cima del volcán Poike. Puedes subir a pie y ver una enorme cabeza de piedra llamada Vai a Heva, que se cree fue utilizada para recoger agua de lluvia.

Unidad 11 | Viajes con encanto
ciento treinta y uno | 131

Antes de finalizar este apartado, pregúnteles en plenario qué información les ha llamado más la atención o les ha parecido más sorprendente. Seguidamente anímelos a que lean la información sobre otros lugares de la isla *(También debes visitar)* y pregúnteles cuál de todos ellos les parece el más interesante.

Para trabajar estos contenidos, realice las actividades **15-18**, p. **69** del *Libro de ejercicios*.

Como ampliación del arte rapanuí en la isla de Pascua, sugiérales que busquen información e imágenes de las obras citadas a continuación.

Además de los moáis, existen otras representaciones artísticas que forman parte de la cultura pascuense. Buenos ejemplos de ello son los petroglifos repartidos por toda la isla y que abundan especialmente en Orongo, las pinturas rupestres que se han hallado en cuevas como la de Ana Kai Tangata, las figuras talladas en madera como el moái kava-kava o los curiosos símbolos aún por descifrar de las tablillas RongoRongo. Se dice que los actuales habitantes de isla de Pascua han heredado la habilidad artística de sus ancestros y continúan tatuando, tallando o pintando los símbolos clásicos de la iconografía rapanuí o creando nuevas obras inspiradas en ellos. El desarrollo turístico experimentado en la isla ha favorecido el intercambio cultural y el mestizaje artístico. La pequeña ciudad de Hanga Roa, a pesar de tener un carácter más rural que urbano, ofrece interesantes y variadas muestras de una expresión artística callejera realizadas por artistas isleños y foráneos en diferentes estilos y técnicas. Ejemplos de este arte son los siguientes murales o pinturas:

1. **Tiburón en un velero abandonado.** En el puerto pesquero de Hanga Piko se encuentra el velero La Rose, que hace años embarrancó contra las rocas antes de aproximarse al puerto. Sobre su maltrecho casco hay una original pintura de un tiburón que se asoma al espectador a través de una enorme brecha oxidada representada en la superficie.
2. **Mural con banco de atunes.** En una de las paredes interiores del restaurante Takatu Vave han pintado un animado banco de atunes. El atún es uno de los principales componentes de la gastronomía rapanuí.
3. **Rostros rapanuís con takona.** En Atamu Tekena, se puede encontrar un mural que representa a un hombre y a una mujer adornados con *takona*, la pintura corporal rapanuí.
4. **Una sirena rapanuí.** Descendiendo por Atamu Tekena se encuentra un pequeño local decorado con llamativos motivos marinos. Se trata de una oficina turística que ofrece paseos en barca con fondo transparente para poder observar el fondo del mar sin mojarse.
5. **El mural más grande de la isla.** Cerca de la obra anterior se encuentra una tienda de pintura en cuya fachada norte está representado un mural de casi 4 metros de altura. Sobre un fondo de color mostaza aparece una hermosa joven rapanuí en actitud mística. Ataviada con plumas de gallo, un collar y una diadema de *pure* o conchitas, sus ojos se elevan al cielo y de sus manos en posición de plegaria parece surgir un remolino al que rodean varios peces.

Más información en https://imaginaisladepascua.com/arte-urbano-rapanui-en-hanga-roa/

Unidad 11

Vídeo

HOSTAL Babel

Fotos y más fotos

Antes del vídeo

1 **Todo el grupo** Hugo y Tere pasaron sus vacaciones en diferentes lugares de España. ¿Quién crees que estuvo en el norte y quién en el sur teniendo en cuenta sus personalidades? Justifica tu respuesta.

2 **En parejas** Lee las siguientes palabras e identifícalas con uno de estos viajes.

1. Viaje al norte de España.
2. Viaje al sur de España.
3. Ambos.

☐ País Vasco | ☐ Cádiz | ☐ montaña | ☐ concierto | ☐ agua fría | ☐ nieve | ☐ Sevilla | ☐ tienda de campaña | ☐ rocas | ☐ mar | ☐ playa | ☐ fiesta

3 Con la información anterior, imagina y describe brevemente los viajes de Hugo y Tere. ¿Adónde fueron primero? ¿Qué hicieron? ¿Les gustó el viaje?

Durante el vídeo

4 Visiona el fragmento 00:30 ▶ 03:45, comprueba si tus respuestas anteriores son correctas y corrígelas en caso necesario.

5 Visiona todo el episodio y responde a las siguientes preguntas.

1. ¿Cuál fue el mayor problema que tuvo Hugo en el norte de España? Explícalo brevemente. ....
2. ¿Dónde durmió la mayoría de las noches Tere durante su viaje? ....
3. ¿Tuvieron alguna vivencia similar Hugo y Tere durante sus viajes? ¿Cuál? ....
4. ¿Dónde pasó sus vacaciones Leo? ....

Después del vídeo

6 Después de escuchar a Hugo y a Tere, ¿cómo crees que es el norte de España? ¿Y el sur? Escribe tres características de cada lugar.

Norte	Sur
1.	1. ....
2.	2. ....
3.	3. ....

7 **En parejas** ¿Cuál de los dos viajes te gustaría hacer? ¿Por qué?

8 **Todo el grupo** ¿Cómo son el norte y el sur de tu país? ¿Son muy diferentes? ¿A cuál de los dos lugares te gusta viajar más? ¿Por qué?

132 | ciento treinta y dos — Unidad 11 | Viajes con encanto

Vídeo

1. Pida a los estudiantes que observen la fotografía y digan el nombre de los personajes que aparecen en ella. Después ínstelos a que formulen hipótesis sobre dónde creen que estuvieron de vacaciones (en el norte o en el sur de España) teniendo en cuenta la forma de ser de cada uno, que ya conocen por los episodios anteriores. Puede realizar esta actividad en plenario, mediante una lluvia de ideas, e ir anotando sus respuestas en la pizarra.

2. Pídales que, en parejas y según lo que han comentado en la actividad anterior, identifiquen las palabras con cada uno de los viajes que se propone. Hay algunas que pueden ser comunes a ambos viajes. Haga una puesta en común de los resultados.
   1. Viaje al norte de España: País Vasco, agua fría; **2. Viaje al sur de España:** Cádiz, Sevilla; **3. Ambos:** montaña, fiesta, concierto, playa, nieve, tienda campaña, rocas, mar.

3. Actividad de expresión escrita. Pida que, con todas las hipótesis que han formulado anteriormente imaginen los viajes que han hecho los protagonistas y los describan.

4. Póngales el fragmento 00:30 ▶ 03:45 del vídeo para que comparen lo que cuentan los personajes con sus hipótesis y respuestas en 2 y 3. Luego pregúnteles por las coincidencias y diferencias entre ambas, explicándoles que el hecho de no coincidir no significa que sus respuestas sean incorrectas.

5. Haga un un visionado del capítulo completo para hacer una comprensión global. Después dígales que lean las preguntas de la actividad y haga un segundo visionado para que puedan responder a estas. Haga una puesta en común de los resultados y resuelva dudas.
   1. La comida, porque es vegano y no encontraba lugares adecuados para comer. No pudo probar la comida típica del país; **2.** En tienda de campaña, aunque muchas noches no durmió porque estaba de fiesta; **3.** Los dos encontraron mexicanos durante el viaje; **4.** En casa de sus padres.

6. Dígales que expliquen cómo creen que es el norte de España y el sur, según los comentarios de los protagonistas del vídeo que acaban de visionar. Deben escribir tres características relevantes.
   Posible respuesta:
   Norte: Tiempo frío y agua muy fría en el mar. La costa tiene rocas y acantilados; **Sur:** Hace buen clima, la gente es simpática y hay mucha fiesta. Tiene zonas de playa y de montaña y contrastes de calor y frío.

7. Ponga a los estudiantes en parejas y dígales que interactúen dando su opinión sobre cuál de los dos viajes que han descrito los personajes les gustaría hacer. Paséese por la clase para valorar las respuestas y aclarar errores que puedan cometer.

8. Para terminar, pase a personalizar la actividad oral, pidiéndoles que expliquen cómo es el norte y el sur de sus países: qué diferencias hay de paisaje, clima, forma de ser de la gente… Después pida que comenten qué lugar les gusta más para viajar y por qué.

11

Evaluación

1 Relaciona las dos columnas.

1. Facturar el equipaje.
2. Hotel con pensión completa.
3. Hotel con media pensión.
4. Equipaje de mano.
5. Guía de viaje.
6. Albergue.

a. Alojamiento.
b. Además del alojamiento y el desayuno, incluye una comida más: la comida del mediodía o la cena.
c. Registrar las maletas para trasladarlas en el avión.
d. Libro informativo sobre un país o ciudad.
e. Además del alojamiento, incluye todas las comidas.
f. Maleta o bolso que se puede llevar en el avión.

2 Completa la tabla con la forma adecuada del verbo en pretérito indefinido.

	Cantar	Beber	Escribir	Ser/Ir	Dar	Tener
yo						
tú						
él, ella, usted						
nosotros/as						
vosotros/as						
ellos, ellas, ustedes						

3 ¿Para qué se utiliza el pretérito indefinido? Explícalo con tus palabras y pon un ejemplo.

....

Ejemplo: ....

4 [43] Escucha con atención y señala qué hizo Estela ayer.

5 ¿Y tú?, ¿qué hiciste ayer? Escríbelo brevemente en tu cuaderno.

Evaluación

1. **1.** c; **2.** e; **3.** b; **4.** f; **5.** d; **6.** a.

2. **Cantar:** canté, cantaste, cantó, cantamos, cantasteis, cantaron; **Beber:** bebí, bebiste, bebió, bebimos, bebisteis, bebieron; **Escribir:** escribí, escribiste, escribió, escribimos, escribisteis, escribieron; **Ser/Ir:** fui, fuiste, fue, fuimos, fuisteis, fueron; **Dar:** di, diste, dio, dimos, disteis, dieron; **Tener:** tuve, tuviste, tuvo, tuvimos, tuvisteis, tuvieron.

3. El pretérito indefinido se utiliza para expresar acciones terminadas que se desarrollan en un tiempo pasado que no tiene relación con el presente. Ejemplo: *El año pasado viajé a Argentina.*

4. 1, 3, 5, 8.
   [43]

5. Respuesta abierta.

Unidad

12 Hemos conectado

¿Qué te sugieren el título de la unidad y la imagen?

¿Conoces todos los iconos? ¿Cuáles has usado alguna vez?

En esta unidad vas a. . .

- Hablar de experiencias personales
- Narrar acciones terminadas en un tiempo relacionado con el presente
- Expresar la negación de diferentes formas
- Conocer el voluntariado digital

Hemos conectado

Escriba en la pizarra el título de la unidad y pregunte a sus estudiantes qué les sugiere y en qué contextos creen que puede usarse esa frase. A continuación pídales que se fijen en la imagen de la portadilla, pregúnteles qué les sugiere y compruebe, en plenario, si coincide con lo que pensaron sobre el título. Explíqueles que *hemos conectado* puede referirse a tener afinidad o buen entendimiento con otra persona o, simplemente, a conectar por medio de un dispositivo o de una red informática con alguien o con una página web. Después pida que se fijen en los iconos que aparecen en la portadilla y pregúnteles qué creen que significan y cuáles usan habitualmente. Por último, lea los contenidos que se van a trabajar en la unidad y, si le parece oportuno, pregúnteles qué relación creen que hay entre estos y la imagen y preguntas que han comentado.

¿Qué sabes?

1 **En parejas** Relaciona las palabras con las imágenes.

usuario | pantalla | buscador | móvil | impresora | contraseña

① ....

② ....

③ ....

④ ....

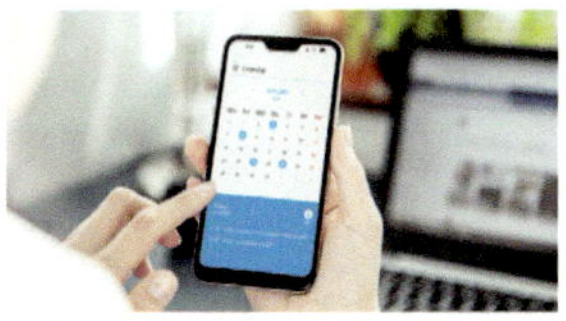

⑤ ....

⑥ ....

1.1 **En pequeños grupos** ¿Conoces otras palabras relacionadas con la informática? Haz una lista junto a tus compañeros.

2 **En parejas** Carlos y Elena discuten sobre quién depende más de la tecnología. Lee la conversación y busca el verbo correspondiente a cada definición. ¿Cómo se dicen en tu lengua?

▶ Vale, Elena, no usas tanto el portátil como yo, es verdad, pero piensa...: ¿cuántas veces te has conectado a internet esta semana?

▷ No sé, no muchas... Ya te he dicho que yo no uso el ordenador ni el móvil tanto como tú.

▶ ¿Estás segura? Yo te he visto conectada muchas veces últimamente. Has descargado y guardado las fotos del cumple de Carlos, has imprimido un billete de tren, has chateado con tu prima de Buenos Aires, hemos navegado por internet durante horas para hacer el trabajo de Historia...

▷ Sí, y he colgado en Instagram una foto de la excursión a Bilbao. Mira...

1. Poner un documento en un lugar seguro del ordenador. ....
2. Llevar un archivo de internet al ordenador. ....
3. Llevar un archivo del ordenador a internet. ....
4. Ir de una página a otra de internet. ....
5. Hablar con alguien a través de un chat. ....
6. Sacar un documento del ordenador en papel. ....

2.1 **En parejas** Y tú, ¿dependes mucho de la tecnología? ¿Cuáles de las acciones que comentan Carlos y Elena realizas más? Cuéntaselo a tu compañero/a.

¿Qué sabes?

1. Esta actividad tiene como objetivo introducir parte del contenido léxico que se trabajará en la unidad. organice la clase en parejas y pídales que lean las palabras del recuadro para, a continuación, fijarse en las fotografías y relacionar cada imagen con la palabra correspondiente. Una vez realizada la actividad, corríjala en plenario y, a continuación, pregúnteles qué tienen en común todas las palabras, de manera que quede ya definido uno de los temas que articulan la presente unidad: la informática y las nuevas tecnologías.
1. impresora; **2.** buscador; **3.** usuario; **4.** contraseña; **5.** móvil; **6.** pantalla.

1.1. Como extensión de la actividad anterior y con vistas a ampliar el léxico relacionado con las nuevas tecnologías, divida la clase en pequeños grupos y pregúnteles qué otras palabras conocen de este campo semántico. Pídales que elaboren una lista y que la compartan con el resto de la clase para elaborar una lista común que puedan usar más adelante para realizar las distintas actividades que conforman la unidad.

2. El objetivo de esta actividad es introducir algunos de los verbos que se verán en el apartado "Palabras" sobre el léxico de la informática y las nuevas tecnologías. Pídales que, en parejas, lean el diálogo y, luego, las definiciones que hay a continuación para relacionarlas con algunos de los verbos usados en el diálogo. Terminada la actividad, pídales que describan otras acciones que normalmente realizamos con el ordenador; no es necesario que usen el verbo correcto, simplemente que las definan como en la actividad. Los contenidos que se avancen en este apartado le servirán más adelante, cuando se trabajen en profundidad.
1. guardar; **2.** descargar; **3.** colgar; **4.** navegar; **5.** chatear; **6.** imprimir.

2.1. Mantenga la organización en parejas y pídales que respondan a las preguntas que propone la actividad. Si lo considera oportuno, puede animarlos a que compartan sus conclusiones con el resto de la clase con el fin de fomentar una mayor interacción entre todo el grupo.

Unidad 12

Palabras

1. Pida que, en parejas, se fijen en los iconos presentados en esta actividad. Pregúnteles dónde suelen encontrar este tipo de iconos y cuál suele ser su finalidad. Luego indíqueles que relacionen cada icono con uno de los verbos propuestos y explíqueles que esas son las acciones más comunes cuando manejamos un ordenador o un teléfono móvil. Pregúnteles después por otros iconos que conozcan y pídales que busquen los verbos que, para ellos, mejor expresen su función. Algunos ejemplos pueden ser los iconos de ajustes, contactos, cámara, reloj, calculadora, archivos, etc.
1. c; **2.** b; **3.** a; **4.** i; **5.** j; **6.** d; **7.** l; **8.** g; **9.** e; **10.** k; **11.** h; **12.** f.

1.1. Actividad para trabajar los verbos vistos en la anterior. De nuevo en parejas, deberán formar frases relacionando las partes de las dos columnas. Amplíe la actividad pidiéndoles que escriban frases con los verbos que no han aparecido: *bajar*, *compartir* y *borrar*.
1. d; **2.** f; **3.** a; **4.** b; **5.** h; **6.** c; **7.** e; **8.** g.

2. [44] Actividad de comprensión auditiva de carácter selectivo. Introdúzcala diciéndoles que van a escuchar un audio en el que una profesora de Informática les habla a sus alumnos. En esta primera escucha, solo tienen que seleccionar, entre las palabras propuestas, las seis que menciona. Deles tiempo para que lean las palabras antes de la escucha. Es importante que no usen el diccionario para buscar el significado de las palabras que no conozcan y que tampoco las explique usted, pues se trabajarán en la siguiente actividad.
Contraseña, usuario, enlace, programa, dispositivo, aplicación.

Palabras

1 **En parejas** Relaciona cada verbo con un icono. ¿Dónde los sueles encontrar?

a. navegar	d. chatear	g. copiar	j. buscar
b. pegar	e. descargar, bajar	h. guardar	k. imprimir
c. subir	f. compartir	i. cortar	l. borrar

1.1 **En parejas** Forma frases con un elemento de cada columna.

1. Rubén chatea cada día...	a. ¿por qué no la imprimes?
2. Para pegar el documento...	b. a menudo para no tener problemas.
3. Si quieres la foto en papel,...	c. de una página web a otra.
4. Conviene darle a guardar...	d. con sus amigos de Uruguay.
5. Busca en el navegador,...	e. y así los puedes ver.
6. Me paso las horas navegando...	f. antes debes copiarlo o cortarlo.
7. Luego subimos los vídeos...	g. dos películas a la semana.
8. Si pagas, puedes descargar...	h. seguro que encuentras algo.

2 [44] Escucha a esta profesora de Informática y señala, entre las palabras que tienes debajo, las seis que menciona.

contraseña | celular | usuario | teclado | enlace
programa | ratón | dispositivo | pantalla | aplicación

2.1 [44] Vuelve a escuchar y escribe con tus palabras la definición de cada una.

1. ...
2. ...
3. ...
4. ...
5. ...
6. ...

2.2 **En parejas** ¿Sabes qué significan las otras cuatro palabras? Busca en internet imágenes que las representen y muéstraselas al resto de la clase.

136 | ciento treinta y seis — Unidad 12 | Hemos conectado

2.1. [44] Ahora es el momento de ver el significado de las seis palabras que han marcado en la actividad anterior. Ponga de nuevo el audio y, a continuación, pídales que escriban con sus propias palabras el significado o una breve definición de estas. Haga una puesta en común, compruebe que han entendido correctamente lo que decía el audio y corrija los posibles errores.
1. Contraseña: es la clave personal que permite a cada usuario acceder a su ordenador, a su correo, etc. Suele formarse con letras y números y es secreta; **2.** Usuario: es la persona que utiliza el ordenador u otro dispositivo para usar algún servicio en particular: ver el correo, acceder a una red social, trabajar con un documento... Se identifica con un nombre o un apodo; **3.** Enlace: es un texto o una imagen que sirve para unir diferentes partes de un documento o diferentes páginas web, como un puente para ir a otro sitio; **4.** Programa: es un recurso que permite desarrollar diferentes tareas en el ordenador: escribir un documento, escuchar música, ver vídeos...; en resumen, realizar multitud de tareas y operaciones; **5.** Dispositivo: es un aparato vinculado al funcionamiento de un ordenador: una memoria externa, una impresora, una cámara web...; **6.** Aplicación: son los programas de los teléfonos móviles.

2.2. Dirija de nuevo la atención del grupo hacia el recuadro con palabras de la actividad 2 y pregúnteles si alguien sabe el significado de las cuatro que no han marcado. Luego pídales que, en parejas, busquen en internet imágenes que las representen y que las muestren al resto de la clase. Puede ampliar la actividad pidiendo que escriban una definición también para cada una de estas palabras.

Para trabajar estos contenidos, realice las actividades **1-6**, pp. **70-71** del *Libro de ejercicios*.

RAE

LÉXICO

Español de España

› móvil: *No había **móviles** ni teníamos tarjetas de crédito.*

› ordenador: *Me instalé ante el **ordenador** y le di la orden de bajar el correo.*

› ratón: *[...] internet que permite pasar de una página a otra haciendo clic con el puntero del **ratón** sobre una serie de iconos.*

Español de América

› celular: *Los llamaré por el **celular** mañana y hablaré con Ovidio.*

› computadora: *Flammarie se sentó frente a la **computadora**, comenzó su relato.*

› *mouse*: *Para colorear las palabritas primero se pinta con el* **mouse** *el texto elegido y luego se va a la función "Resaltar".*

3 **En parejas** Relaciona estos iconos con las fotografías. Escribe la palabra que representa cada imagen y reflexiona: ¿por qué crees que se ha usado esa palabra en el campo de la tecnología? ¿Coincides con la opinión de tu compañero/a?

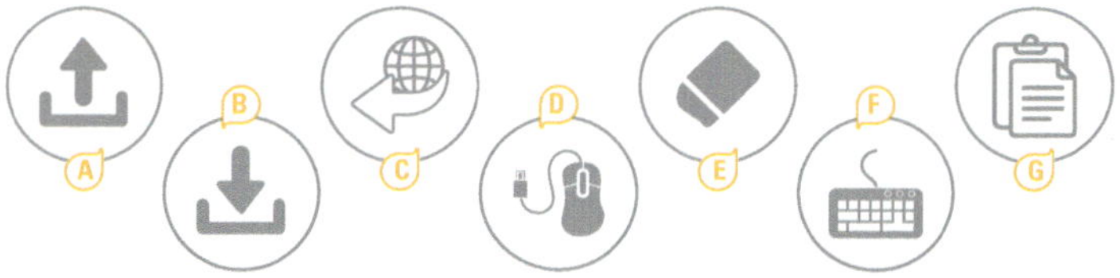

3.1 **Todo el grupo** ¿En tu idioma sucede lo mismo con estas palabras?

3.2 **Todo el grupo** Las palabras anteriores son polisémicas. ¿Conoces en español otras palabras con más de un significado y la misma forma? Si no conoces ninguna, busca dos en internet y lleva a clase imágenes que representen los dos significados de cada término. Por último, con las palabras de todos, haced un cartel para colgar en la clase.

Presente el cuadro de la RAE, en el que se muestran las diferentes palabras que se usan en España y en Hispanoamérica para referirse al móvil, al ordenador y al ratón. No olvide leer los ejemplos que acompañan a las palabras para ilustrarlas.

3. En primer lugar, pídales que, en parejas, se fijen en las fotografías inferiores y que escriban lo que muestra cada una de ellas. Una vez haya comprobado que han escrito las palabras correctas, pídales que observen ahora las imágenes de los iconos y que las relacionen con las fotografías que acaban de etiquetar. Luego pregúnteles por qué creen que se han usado esas palabras ya existentes con otro significado para definir objetos y acciones de las nuevas tecnologías. Corrija en plenario y resuelva posibles dudas.
1. F, teclado; **2.** C, navegar; **3.** E, borrar; **4.** A, subir; **5.** G, pegar; **6.** D, ratón; **7.** B, bajar/descargar.

3.1. Pregúnteles si en su lengua también se ha seguido un proceso parecido para referirse a estas nuevas realidades que plantea la tecnología, si en algún caso se usan palabras equivalentes a las que utilizamos en español, como puede ser, por ejemplo, *mouse* en inglés.

3.2. Explíqueles ahora que las palabras que han visto en la actividad 3 son polisémicas (haga referencia a las imágenes), es decir, se trata de palabras con una misma forma pero con más de un significado. Pregúnteles si conocen alguna otra palabra polisémica en español; si no conocen ninguna, deberán buscar en internet dos y presentarlas al resto de la clase junto con dos imágenes que representen sus diferentes significados. Después de haber revisado las palabras propuestas por sus estudiantes, utilice la **proyección 42**.

Palabras polisémicas

[42]

Proyecte la lámina, en la que aparecen nuevas imágenes que representan palabras polisémicas. Se trata de escribir el nombre correspondiente debajo de las imágenes de la fila superior y, luego, relacionarlas con aquella imagen de la fila inferior con la que comparten ese mismo nombre. Es posible que algunas de estas palabras coincidan con las que buscaron en la actividad 3.2.
1. café, b; **2.** banco, f; **3.** botón, a; **4.** manzana, c; **5.** chile, d; **6.** muñeca, e.

Para trabajar estos contenidos, realice las actividades **7** y **8**, p. **71** del *Libro de ejercicios*.

Unidad 12

Gramática

1. Explique a sus estudiantes que van a repasar las formas y usos del pretérito perfecto de indicativo que ya aprendieron en la unidad 9, además de estudiar un uso nuevo de este tiempo. Si lo considera oportuno, puede usar la **proyección 43** para repasar punto por punto el pretérito perfecto. Una vez hecho el repaso con la proyección de la morfología y del uso que estudiaron anteriormente, presente el último punto del cuadro gramatical, donde se explica que el pretérito perfecto se usa también para hablar de experiencias vividas o no sin una idea de tiempo, de manera general. Haga que se fijen en los marcadores que aparecen en los ejemplos y anímelos a que propongan otros ejemplos usándolos.
Por último, explíqueles también el cuadro de atención, en el que se recuerda que, en los verbos reflexivos, el pronombre se coloca delante del verbo.

Pretérito perfecto

[43]

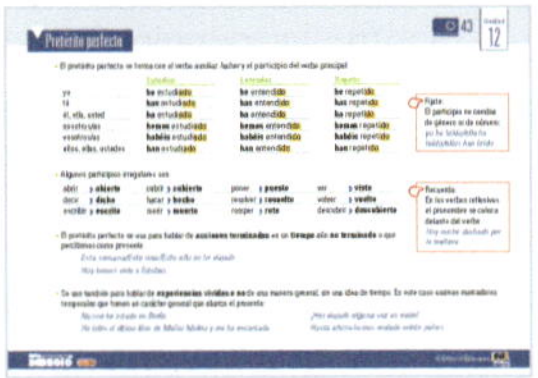

1.1. En primer lugar, pídales en plenario que se fijen en las imágenes y pregúnteles qué hacen las personas que aparecen en ellas. Las acciones son: *ir de compras, tomar un café en una cafetería, sacar dinero de un cajero automático, quedar con amigos, jugar a un videojuego* e *ir al gimnasio*. Una vez activado el vocabulario necesario para realizar la actividad, indíqueles que comenten en parejas si han realizado alguna de estas acciones durante la semana en la que se encuentran y que usen, para ello, el pretérito perfecto. Puede proponerles también que se pregunten por otras acciones cotidianas.

> Para trabajar estos contenidos, realice las actividades **9-12**, p. **72** del *Libro de ejercicios*.

Gramática

1 Pretérito perfecto: hablar de experiencias

- Recuerda que el pretérito perfecto se forma con el verbo auxiliar ***haber*** y el **participio** del verbo principal:
  *Esta mañana **he ido** a trabajar y después **he comido** con unos amigos.*
  *Hoy **hemos quedado** para ir a la sierra.*
  – El participio no cambia de género ni de número:
  *He **leído** un libro muy interesante. / Hemos **leído** un libro muy interesante.*

> Recuerda:
> En los verbos reflexivos el pronombre se coloca delante del verbo:
> *Hoy **me he** duchado por la mañana.*

> Recuerda:
> Algunos participios **irregulares** son:
>
> | | | | |
> |---|---|---|---|
> | abrir › **abierto** | hacer › **hecho** | romper › **roto** |
> | decir › **dicho** | morir › **muerto** | ver › **visto** |
> | escribir › **escrito** | poner › **puesto** | volver › **vuelto** |
> | cubrir › **cubierto** | resolver › **resuelto** | descubrir › **descubierto** |
>
> *¿Dónde **habéis puesto** el portátil?* *Marisa **ha vuelto** hace poco.*

- Como ya sabes, el pretérito perfecto se usa para hablar de **acciones terminadas** en un **tiempo** aún **no terminado** o que percibimos como presente. En este caso es frecuente encontrar el pretérito perfecto acompañado de expresiones temporales que están relacionadas con el presente:
  ***Esta semana/Este mes/Este año** no he viajado.*
  ***Hoy** hemos visto a Esteban.*
- Además, el pretérito perfecto se utiliza para hablar de **experiencias vividas o no** de una manera general, sin una idea de tiempo.
  He leído el último libro de Muñoz Molina y me ha encantado.
  – En este caso, o bien no hay marcadores temporales, como en el ejemplo anterior, o se usan marcadores que tienen un carácter general que abarca el presente:
  ***Nunca** he estado en Berlín.* ***Hasta ahora** hemos visitado veinte países.*
  *¿Has viajado **alguna vez** en avión?* *He venido **muchas veces** a esta playa.*

1.1 **En parejas** Fíjate en las imágenes. ¿Has hecho alguna de estas cosas esta semana? ¿Cuáles?

138 | ciento treinta y ocho — Unidad 12 | Hemos conectado

1.2. (página siguiente) Pregúnteles qué acciones se llevan a cabo normalmente en una red social; anote en la pizarra las que le sugieran y, a continuación, compruebe con ellos si son las mismas que se presentan en la actividad. Explíqueles que van a escuchar una encuesta a un chico sobre el uso de las redes sociales y que tendrán que marcar la frecuencia con la que este realiza cada una de las acciones. Ponga el audio una vez, deje que comparen en parejas y realice una segunda escucha antes de la corrección en plenario.
[45]
Comentar en un blog: muchas veces; **Compartir fotos:** muchas veces; **Subir vídeos personales:** alguna vez; **Chatear con desconocidos:** alguna vez; **Quedar con un amigo virtual:** nunca.

12

1.2 [45] A Miguel le han hecho una encuesta sobre el uso de las redes sociales. Escucha y completa la tabla.

	Nunca	Alguna vez	Muchas veces
Comentar en un blog.	☐	☐	☐
Compartir fotos.	☐	☐	☐
Subir vídeos personales.	☐	☐	☐
Chatear con desconocidos.	☐	☐	☐
Quedar con un amigo virtual.	☐	☐	☐

1.3 **En parejas** Y tú, ¿cómo responderías a esta encuesta? Comparte los resultados con tu compañero/a.

2 Contraste *ya/todavía no, aún no*

Cuando hablamos de planes realizados o no, usamos ***ya*** para preguntar o confirmar su realización y ***todavía no, aún no*** para preguntar o indicar su no realización hasta el momento:

▶ *¿Has terminado **ya** el ejercicio?*
▷ *Sí, **ya** lo he terminado hace rato.*

▶ *¿**Todavía no** has visto el concurso de Tele 5?*
▷ *No, **aún no** lo he visto.*

2.1 **En parejas** Juan tiene una lista de buenas intenciones y planes para este año y ha marcado con una X todo lo que ha cumplido hasta ahora. Responde a las preguntas.

1. ¿Ha dejado ya de mirar el móvil a todas horas?
2. ¿Ha aprendido ya a cocinar?
3. ¿Se ha comprado ya un ordenador?
4. ¿Ha adoptado ya un perro?
5. ¿Se ha cambiado ya de casa?
6. ¿Ha visitado ya Barcelona?

2.2 **Todo el grupo** Y tú, ¿has cumplido alguno de tus planes para este año? ¿Cuáles tienes aún pendientes? Cuéntaselo a tus compañeros.

3 Contraste *conocer/saber*

Usamos el verbo *conocer* para referirnos a **experiencias**: lugares donde hemos estado, personas que hemos encontrado, cosas que hemos experimentado antes. El verbo *saber* sirve, en cambio, para hablar de **conocimientos** y **habilidades**:

No conozco a Juan.
¿Conoces mi país?
¿Sabes hablar francés?
No sé dónde está Ana.

3.1 Completa la frase con el verbo *saber* o *conocer* y pregunta a tu compañero/a.

1. ¿.................... Salamanca?
2. ¿.................... de dónde es Almodóvar?
3. ¿.................... a alguien de Perú?
4. ¿.................... cómo se apellida el profesor?
5. ¿Qué países .... ?
6. ¿.................... tocar algún instrumento?

1.3. Pídales ahora que, en parejas, respondan ellos a la encuesta que han escuchado. Como ampliación, pregúnteles por la frecuencia con la que realizan las acciones que sugirieron ellos al principio de la actividad 1.2.

2. Explíqueles el cuadro gramatical sobre el contraste entre *ya* y *todavía no, aún no*. Para asegurarse de que lo han entendido, hágales algunas preguntas de respuesta previsible en plenario, por ejemplo: *¿Habéis hecho ya la pausa de la mañana?* o *¿Habéis tenido ya clase de Historia esta semana?*

2.1. Actividad para practicar el contraste entre *ya* y *todavía no*. Pídales que se fijen en la nota en la que aparecen una serie de acciones, algunas marcadas con una X; explíqueles que son los buenos propósitos de Juan para este año y que los señalados son los realizados. En parejas, deberán responder a las preguntas según la información de la nota.
1. Sí, ya ha dejado de mirar el móvil a todas horas; **2.** No, todavía/aún no ha aprendido a cocinar; **3.** No, todavía/aún no se ha comprado un ordenador; **4.** Sí, ya ha adoptado un perro; **5.** Sí, ya se ha cambiado de casa; **6.** No, todavía/aún no ha visitado Barcelona.

2.2. Pregúnteles por su lista de propósitos para este año y pídales que expliquen al resto de los compañeros cuáles han realizado ya y cuáles todavía no. Asegúrese de que usan el pretérito perfecto y las expresiones *ya/todavía no, aún no*. Como ampliación, y para seguir trabajando este contenido, use la proyección 44.

Ya/Todavía no

[44]

Proyecte la lámina y pídales que, en parejas o pequeños grupos, se pregunten cuáles de la actividades que muestran las imágenes han realizado ya y cuáles no o todavía no. Si le parece conveniente, haga aquí también una puesta en común previa para consensuar cuáles son las actividades representadas. Recuérdeles también que es posible que algunas de ellas no las hayan realizado pero tampoco tengan intención de hacerlo, en cuyo caso deberán emplear las partículas *no* o *nunca* en lugar de *todavía no* o *aún no*.

Para trabajar estos contenidos, realice las actividades **13-17**, pp. **73-74** del *Libro de ejercicios*.

3. Presente el cuadro en el que se explica el contraste entre los verbos *conocer* y *saber*. Dígales que, a veces, se trata de una diferencia muy sutil que irán apreciando mejor con la práctica.

3.1. Actividad para practicar lo que acaban de aprender sobre los verbos *conocer* y *saber*. Puede ampliarla dividiendo la clase en parejas y pidiéndoles que escriban preguntas para su compañero/a usando estos dos verbos y contestando a las que les hagan.
1. Conoces; **2.** Sabes; **3.** Conoces; **4.** Sabes; **5.** conoces; **6.** Sabes.

Para trabajar estos contenidos, realice las actividades **18-19a**, p. **74** del *Libro de ejercicios*.

Unidad 12

Practica en contexto

1. Pregunte a sus estudiantes si saben qué es una *experiencia vital* y pídales que elijan, entre las tres definiciones que se ofrecen, la que consideran correcta según su opinión. Fomente la discusión entre ellos para que argumenten sus ideas.
1, Cualquier experiencia vivida que tiene un significado especial.

1.1. Antes de introducir esta actividad, explíqueles el cuadro funcional sobre la negación. Asegúrese de que entienden los puntos presentados, especialmente el que trata de la doble negación. Si lo considera necesario, pídales que aporten ejemplos de cada uno de los puntos del cuadro. Luego distribuya la clase en parejas e indíqueles que lean los textos, en los que cinco personas hablan de experiencias que han sido vitales para ellas, y que, a continuación, completen la tabla con la información requerida: experiencia vital de cada uno, otras experiencias ya vividas y, por último, las que no han vivido aún. Aclare que en algunos casos las casillas quedarán en blanco.
Nadia: vivir en otro país, ya ha sido madre y ha trabajado en cosas muy diferentes, todavía no ha vuelto a su país; **Mirian:** estudiar en la universidad, ya ha vivido sola, todavía no ha terminado sus estudios; **Julia:** empezar a trabajar, todavía no se ha ido a vivir sola ni ha formado una familia; **Iván:** un viaje especial, todavía no ha encontrado el amor ni el trabajo de su vida; **David:** irse a vivir solo y vivir por sus propios medios, todavía no se ha casado ni ha sido padre.

Practica en contexto

La negación

- Para negar en español, además del adverbio *no*, podemos usar otros elementos, como ***nunca, jamás, tampoco, nadie...***:
  Nunca hemos viajado en barco.
- Cuando estas expresiones negativas van después del verbo, se construyen con el adverbio *no*. Es la doble negación:
  No hemos viajado nunca en barco.
- La conjunción *ni* equivale a *y no*:
  No lo he hecho ni lo voy a hacer.
- También es posible usar ***ni... ni***, que hace la negación más enfática:
  No han venido ni Marta ni Luisa.

1 **Todo el grupo** ¿Sabes qué es una *experiencia vital*? ¿Cuál de estas tres definiciones crees que es la correcta? Coméntalo con tus compañeros.

1. ☐ Cualquier experiencia vivida que tiene un significado especial.
2. ☐ Cualquier experiencia que cambia la vida positivamente.
3. ☐ Cualquier experiencia que cambia la vida negativamente.

1.1 **En parejas** Lee lo que dicen estas personas acerca de sus experiencias vitales y, con tu compañero/a, completa la tabla.

Nadia
La experiencia que más ha cambiado mi vida ha sido salir de mi país y pasar un tiempo fuera. Ya he sido madre y he trabajado en cosas muy diferentes, pero nada me ha cambiado tanto como vivir en otro país porque he aprendido otra lengua, he conocido otras costumbres y he hecho muchos nuevos amigos. Todavía no he vuelto a mi país y no sé si lo voy a hacer algún día.

Mirian
Ya he vivido sola, pero la experiencia más interesante para mí ha sido estudiar en la universidad. ¡He aprendido tanto y he hecho tantos amigos...! Todavía no he terminado mis estudios, pero sé que estos años nunca los voy a olvidar porque, en ellos, he tomado algunas de las decisiones más importantes de mi vida.

Julia
Para mí la experiencia más importante que he vivido hasta ahora ha sido empezar a trabajar. Es verdad que soy muy joven y que todavía no me he ido a vivir sola ni tampoco he formado una familia, pero empezar a trabajar ha significado dar el primer paso de una nueva vida.

Iván
Yo no he encontrado todavía el amor ni el trabajo de mi vida, pero sí he hecho el viaje de mi vida y puedo decir que me ha cambiado completamente. Este verano he viajado a la India y siento que ahora soy otra persona, que mi forma de ver el mundo y a las demás personas ha cambiado.

David
Soy joven y hay muchas cosas que todavía no he vivido, como casarme o ser padre, pero creo que la experiencia más importante hasta ahora ha sido irme a vivir solo, salir de casa de mis padres y vivir por mis propios medios. Ha sido difícil, pero también he aprendido muchas cosas y me he convertido en una persona más responsable.

	Experiencia vital	Ya...	Todavía no...
Nadia			
Míriam			
Julia			
Iván			
David			

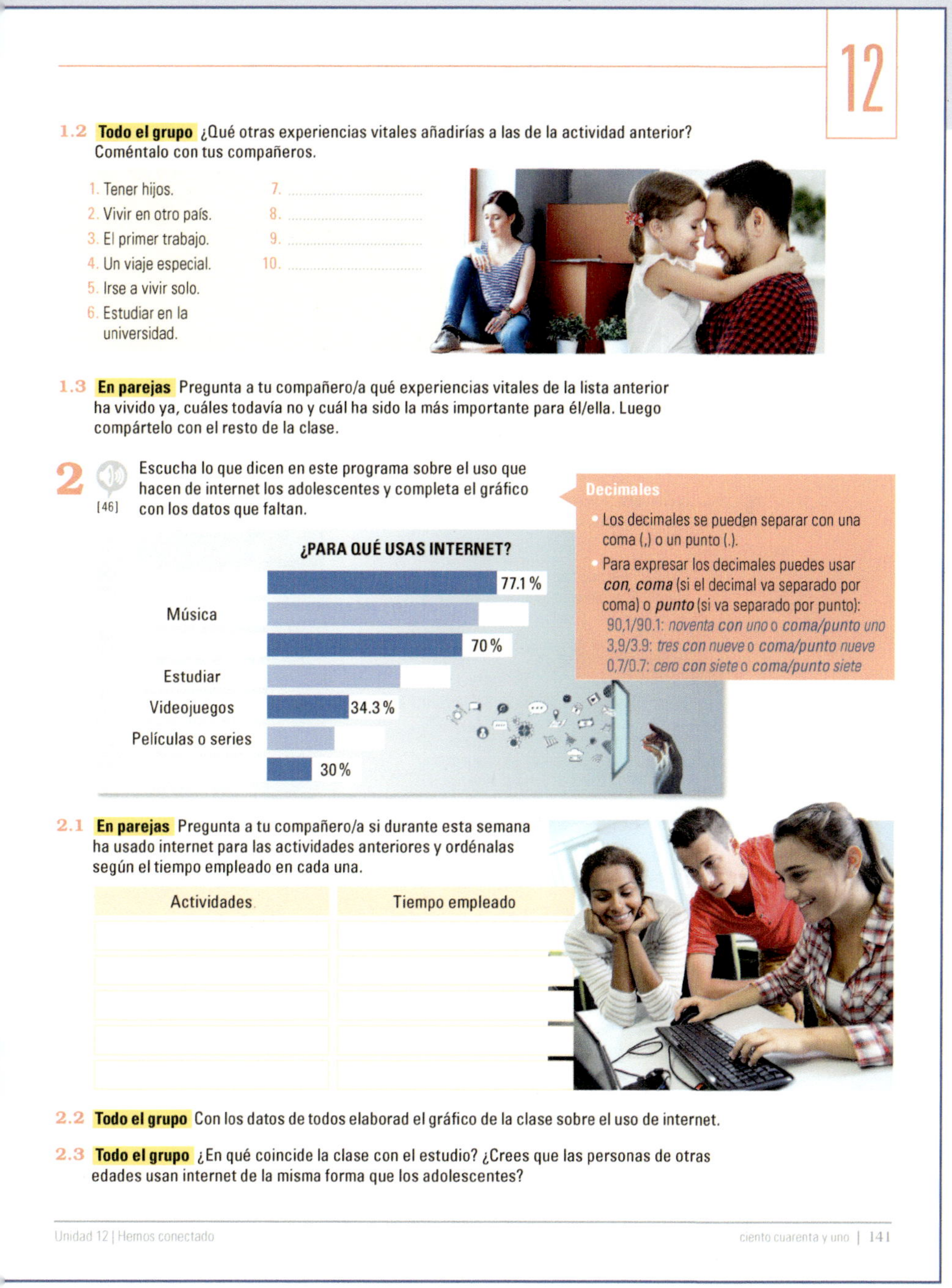

12

1.2 **Todo el grupo** ¿Qué otras experiencias vitales añadirías a las de la actividad anterior? Coméntalo con tus compañeros.

1. Tener hijos.
2. Vivir en otro país.
3. El primer trabajo.
4. Un viaje especial.
5. Irse a vivir solo.
6. Estudiar en la universidad.
7. ....
8. ....
9. ....
10. ....

1.3 **En parejas** Pregunta a tu compañero/a qué experiencias vitales de la lista anterior ha vivido ya, cuáles todavía no y cuál ha sido la más importante para él/ella. Luego compártelo con el resto de la clase.

2 [46] Escucha lo que dicen en este programa sobre el uso que hacen de internet los adolescentes y completa el gráfico con los datos que faltan.

¿PARA QUÉ USAS INTERNET?

Música
Estudiar
Videojuegos
Películas o series
77.1 %
70 %
34.3 %
30 %

Decimales
- Los decimales se pueden separar con una coma (,) o un punto (.).
- Para expresar los decimales puedes usar *con*, *coma* (si el decimal va separado por coma) o *punto* (si va separado por punto):
  90,1/90.1: *noventa con uno* o *coma/punto uno*
  3,9/3.9: *tres con nueve* o *coma/punto nueve*
  0,7/0.7: *cero con siete* o *coma/punto siete*

2.1 **En parejas** Pregunta a tu compañero/a si durante esta semana ha usado internet para las actividades anteriores y ordénalas según el tiempo empleado en cada una.

Actividades	Tiempo empleado

2.2 **Todo el grupo** Con los datos de todos elabora el gráfico de la clase sobre el uso de internet.

2.3 **Todo el grupo** ¿En qué coincide la clase con el estudio? ¿Crees que las personas de otras edades usan internet de la misma forma que los adolescentes?

Unidad 12 | Hemos conectado ciento cuarenta y uno | 141

1.2. En esta actividad se recogen las experiencias vitales que han mencionado los personajes de la actividad anterior. Pídales que, entre todos, añadan a esa lista de experiencias otras nuevas que, en su opinión, puedan tener un significado especial en la vida de cualquier persona. Anímelos a que expliquen por qué les parece que esas experiencias son vitales o más trascendentales que otras.

1.3. Actividad de interacción oral cuyo objetivo es que, continuando con el tema de la secuencia, practiquen tanto el pretérito perfecto como los marcadores *ya* y *todavía/aún no*. Distribuya la clase en parejas y pídales que pregunten a su compañero/a cuáles de las experiencias que forman la lista de la actividad 1.2 han vivido ya y cuáles aún no o simplemente no están en sus planes y que expliquen, además, cuál de todas las experiencias vividas ha sido la más importante para ellos.

2. [46] En primer lugar, presente el cuadro de la banda lateral, en el que se explica cómo se escriben y leen los decimales en español, pues será de utilidad para la realización del ejercicio al tratarse de una comprensión auditiva en la que se habla de varios porcentajes expresados con decimales. A continuación dígales que se fijen en los datos que aparecen en el gráfico y que deberán escribir los que faltan a partir de la escucha de un fragmento de un programa de radio en el que comentan el uso que hacen de internet los adolescentes. Ponga el audio, deje que comparen en parejas y haga una segunda escucha, si lo considera necesario, antes de la corrección en plenario.

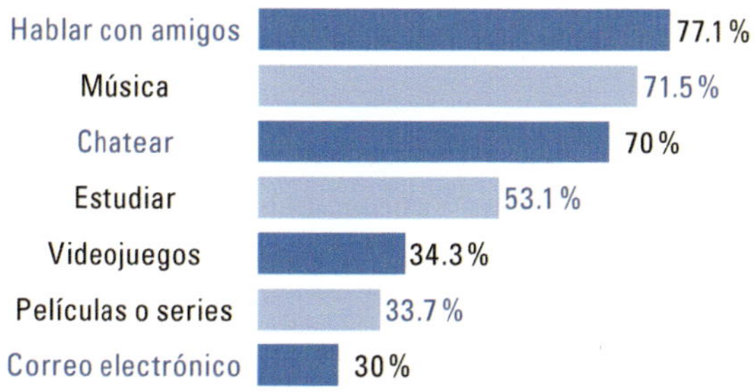

2.1. Pídales que, en parejas, se pregunten si durante esta semana han utilizado internet para alguna de las actividades presentadas en la actividad 2 y, en caso afirmativo, cuánto tiempo le han dedicado a cada una. Indíqueles que tomen nota y que ordenen las actividades de más a menos tiempo invertido.

2.2. Ahora cada pareja tiene que compartir la información recabada con el resto de los compañeros para elaborar, entre todos, el gráfico de la clase sobre el uso de internet. Uno de los estudiantes puede encargarse de dibujar el gráfico en la pizarra, en el que se recojan las actividades, el número de estudiantes que las han realizado en la última semana y el porcentaje que esa cantidad supone sobre el total de la clase.

2.3. Una vez elaborado el gráfico de la clase, pídales que comparen los datos con los del gráfico presentado en la actividad 2. Anímelos para que debatan sobre las causas de las diferencias que pueda haber entre ambos gráficos. Puede continuar el debate preguntándoles si creen que las personas de otras edades hacen un uso muy diferente de internet del que hacen los adolescentes.

Unidad 12

Cultura

1. Antes de abrir la doble página del apartado, escriba en la pizarra las siguientes palabras: *plataforma*, *ONG*, *voluntario*, *virtual* y *difusión*. Pregúnteles por su significado e invítelos a que den una posible definición para cada una. A continuación indíqueles que abran el libro y que lean las definiciones que se dan en este para comprobar si coinciden con las suyas. Una vez tengan claro el significado de estas palabras, dígales que deben completar el texto con ellas.
   1. ONG; 2. virtual; 3. plataforma; 4. voluntarios; 5. difusión.

2. Pregunte a sus estudiantes si alguna vez se habían planteado que se pudiera hacer voluntariado desde casa, usando simplemente el ordenador y la conexión a internet, y qué creen que se podría hacer o de qué manera se podría ayudar a otras personas o colectivos utilizando solo esos medios. Anime la discusión y vaya anotando las ideas que surjan. Luego explíqueles que van a leer tres textos sobre organizaciones que dan su ayuda a través de internet. Déjeles usar el diccionario para buscar el significado de las palabras que no conozcan. El primero de los textos habla de un campus solidario en el que los voluntarios comparten sus conocimientos con personas de pocos recursos; el segundo, del programa de voluntariado *online* de la Cruz Roja, y el último, también de un campus donde los voluntarios imparten talleres y asesoran a microempresas. Una vez que hayan leído los textos, pregúnteles cuál les ha parecido más interesante y por qué.

Hemos CONECTADO

1 Lee y completa el texto con las palabras que tienes a la derecha. Luego compara con tu compañero/a.

Cada vez son más las [1] .... que dan la posibilidad de colaborar con ellas de manera [2] .... , desde una [3] .... digital, sin necesidad de movernos de casa.

Los [4] .... pueden realizar desde su ordenador muchas tareas importantes de [5] .... y apoyo y, también, participar en proyectos fundamentales para el desarrollo de las regiones más necesitadas.

Plataforma: Entorno informático.
ONG: Siglas de *organización no gubernamental*, como Unicef, Cruz Roja, Greenpeace, etc.
Voluntario: Persona que colabora con una ONG u otras organizaciones sin recibir dinero por su trabajo.
Virtual: Sin presencia física.
Difusión: Acción de dar a conocer una información entre la gente.

2 **Todo el grupo** ¿Cuál de estas tres organizaciones te parece más interesante? Razona tu respuesta.

http://campusolidario.unir.net/

unir[1] campus solidario

"El que enseña aprende dos veces".
Si eres bueno en contabilidad, puedes enseñar a un grupo de mujeres en Perú a gestionar sus microcréditos.
Si sabes de educación, puedes mejorar la docencia de un grupo de profesores en Guatemala.
Si lo tuyo es la comunicación, puedes enseñar habilidades sociales a jóvenes inmigrantes en España.
Con tan solo dos o tres horas al mes puedes mejorar la vida de otras personas. Además, no lo haces solo: trabajas en equipo, dentro de un grupo en el que os ayudáis unos a otros.

[1]UNIR son las siglas de la Universidad Internacional de La Rioja (España).

La **Universidad Internacional de La Rioja, UNIR** es uno de los principales centros privados de España que imparte postgrados en modalidad *online*. Con base en Logroño (La Rioja), tiene sedes en México y Colombia.
Además de su actividad formativa, desarrolla importantes programas de investigación y desarrollo científico, cátedras institucionales y convenios de colaboración internacional para el intercambio de conocimientos.

Fundada en 1863, la **Cruz Roja** es un movimiento humanitario mundial cuya misión es trabajar por la prevención y mitigación del sufrimiento humano. Por ello, se encarga de proteger la vida y la dignidad de las víctimas de los conflictos armados y de otras situaciones de emergencia. La prevención de las enfermedades, la promoción del bienestar social y el fomento del trabajo voluntario son otros de sus objetivos.

El **Instituto Tecnológico y de Estudios Superiores de Monterrey (ITESM)**, popularmente conocido como Tecnológico de Monterrey, es una universidad privada con sede principal en Monterrey, Nuevo León, México.
Universidad de gran prestigio en Iberoamérica, destaca en las áreas de negocio y de innovación tecnológica en ingeniería, así como por sus investigaciones en campos como la biotecnología, la salud o el sector automotriz.

12

http://www.cruzroja.es/

Conéct@te al V+luntariado Digital

¿No puedes hacer voluntariado presencial? Cruz Roja abre nuevas posibilidades a través del voluntariado digital o voluntariado *online*. Te ponemos algunos ejemplos de cómo ofrecer solidaridad en nuevos espacios y tiempos. Tú también puedes hacerlo.

Rubén tuvo un accidente de tráfico y reside en un centro de recuperación de personas con discapacidad, donde estudia informática. Desde allí se conecta para contar historias con moraleja a los niños y a las niñas del Centro Infantil de Cruz Roja.

Aurélien ayuda con la informática a personas mayores de cualquier lugar de España desde su casa en París. Estudia Traducción e Interpretación y también pertenece al Equipo de Traductores y Traductoras de Cruz Roja.

Anabel mantiene el Facebook del proyecto VIH-Sida de Cruz Roja. Semanalmente le dedica dos horas desde Ceuta, donde reside actualmente. "Soy gestora de redes sociales y sigo enganchada a Cruz Roja".

Adaptado de http://www.cruzroja.es/principal/web/voluntariado/voluntariado-digital

https://tec.mx/

Tecnológico de Monterrey[2]

¿Quién puede ser voluntario?

Cualquier persona que tenga principios solidarios, una formación básica y una buena dosis de voluntad.

Voluntario es toda persona que, de una manera reflexiva, solidaria, desinteresada y no remunerada, desarrolla una actividad en beneficio de la comunidad dentro de una organización.

El Tecnológico de Monterrey, Campus Hidalgo, te invita a participar como voluntario…

Asesorando a microempresas en:

- Estrategia de ventas
- Contabilidad
- Páginas web
- Planes de negocios

O impartiendo talleres de:

- Servicio a clientes
- Control de calidad
- Comercio en línea
- Derecho laboral
- Finanzas

[2]El Tecnológico de Monterrey es un instituto tecnológico de estudios superiores ubicado en Monterrey (México).

3 **Todo el grupo** ¿Qué otras cosas crees que pueden hacerse desde un ordenador para ayudar a otras personas?

4 **Todo el grupo** ¿Has colaborado alguna vez con una ONG o conoces a alguien que lo hace? Cuéntaselo a tus compañeros.

Unidad 12 | Hemos conectado   ciento cuarenta y tres | 143

3. Después de haber conocido las tres organizaciones, retome las ideas que mencionaron ellos en relación con las acciones que se podían llevar a cabo desde un ordenador para ayudar a otras personas y pregúnteles si alguna coincidía con las mencionadas en los textos. A continuación pregúnteles si se les ocurren nuevas ideas para ayudar a mejorar la vida de los demás sin tener que salir de casa. Puede ampliar esta actividad haciendo que busquen en internet si existen ya organizaciones que se dedican a realizar las actividades que ellos hayan propuesto.

Como actividad complementaria, puede llevar al aula esta propuesta de trabajo cooperativo en grupos proponiéndoles viajar gratis haciendo un voluntariado. Fotocopie la actividad y repártala entre los integrantes de cada grupo.

1. Busca información sobre cómo puedes viajar gratis haciendo voluntariado: qué ventajas aporta, qué te ofrecen, a qué lugares puedes ir, qué tipos de trabajo voluntario se pueden realizar, cuánto tiempo se necesita, dónde te puedes alojar…
2. Poned en común los resultados y comentad vuestros gustos o preferencias al respecto.
3. Ahora, entra en internet en las siguientes plataformas y consulta qué ofrece cada una de ellas. Piensa también cuál te interesaría más: Helpx, WWOOF, Workaway, Volunteers Base, Worldpackers, Couchsurfing, Help Stay, Go Cambio, Staydu, Moving Worlds.
4. Poned en común los resultados de 3. Comentad ventajas y desventajas de las diferentes plataformas y vuestras preferencias, y llegad a un acuerdo para viajar juntos. Acordad estos aspectos: lugar, tiempo, duración de la estancia, tipo de voluntariado…
5. Una vez tomada la decisión, preparad una exposición en la que tenéis que comentar al resto de la clase cuál será vuestro viaje y voluntariado, y las razones por las que lo habéis elegido.

Esta fórmula de viajar gratis a cambio de ofrecer trabajo voluntario se ha ido popularizando y tiene muchas ventajas como, por ejemplo, tener alojamiento y comida gratuitos, viajar a cualquier parte del planeta (ya que se ofrece la posibilidad de trabajo en los cinco continentes), prolongar la duración del viaje, convivir con familias y anfitriones locales (por lo que la inmersión cultural es total), aprender o mejorar idiomas… También los tipos de voluntariado que se ofrecen a cambio de alojamiento son diversos: granjas orgánicas y huertos, hostales y albergues, ONG y proyectos sociales, centros de conservación de fauna, orfanatos y escuelas rurales, ayuda a familias, construcción y reparación de infraestructuras, proyectos ecológicos…

4. Para terminar, pregunte a sus estudiantes si colaboran o han colaborado alguna vez con una ONG o si conocen a alguien que lo haga. Pídales que cuenten su experiencia, qué significó para ellos y qué creen que aportaron a las personas para quienes trabajaron. Recupere el listado de actividades y posibles organizaciones que hayan encontrado en internet en la actividad 3 o en la tarea cooperativa y pregúnteles con cuál se identifican más y en cuál de esas actividades u organizaciones les parece que podrían desempeñar una buena labor y por qué.

Para trabajar estos contenidos, realice las actividades **20-22**, p. **75** del *Libro de ejercicios*.

Vídeo

1. Pídales que se fijen en la foto y pregúnteles qué creen que está haciendo Bea con el ordenador. Escuche sus hipótesis y, a continuación, pídales que, en parejas, respondan a la pregunta.
   2. Poner un anuncio del hostal en internet.

2. y 3. Explique que Bea necesita ayuda porque tiene un problema con el ordenador. Pídales que vuelvan a hacer hipótesis sobre cuál puede ser su problema y si creen que lo va a solucionar Tere o van a tener que pedir ayuda. A continuación, realice la actividad 3 visionando el fragmento 00:30 ▶ 03:00 y resuelva las preguntas de las actividades 1 y 2.
No puede subir un anuncio del hostal a la página de Hostales acogedores. Tienen que pedir ayuda a Leo.

4. Visione el fragmento 01:25 ▶ 02:10 y pida que, de manera individual, marquen las cosas que ha hecho Bea. Luego pídales que comparen sus respuestas con su compañero/a antes de la puesta en común.
   1, 2, 3, 5, 6, 8, 9.

5. Por último, visione el fragmento 04:06 ▶ final y pídales que elijan la respuesta correcta.
   1. b; **2.** a; **3.** c; **4.** a.

6. Dígales que tienen que marcar todas las palabras que hayan aparecido en el vídeo. Después divídalos en parejas para que comprueben sus respuestas. Por último, entregue la transcripción del vídeo y póngalo de nuevo para que puedan corregir la actividad.
   Enlace, ordenador, página, navegador, registro, archivo, subir, mensaje, informática, contraseña, navegar.

7. Actividad de interacción oral con todo el grupo. Pídales que expliquen qué problemas han tenido navegando por internet y cómo los solucionaron. Fomente la participación de todos los estudiantes.

Vídeo

HOSTAL Babel

Un mensaje que dice: "Error"

Antes del vídeo

1 **En parejas** ¿Qué crees que está haciendo Bea con el ordenador?

1. Chatear con amigos.
2. Poner un anuncio del hostal en internet.
3. Comprar algo *online*.

2 Bea tiene un problema con el ordenador y necesita ayuda. ¿Crees que Tere lo puede solucionar o que van a pedir ayuda?

Durante el vídeo

3 **En parejas** Visiona el fragmento 00:30 ▶ 03:00 y comprueba las respuestas de las actividades 1 y 2.

4 Visiona el fragmento 01:25 ▶ 02:10 y marca las cosas que ha hecho Bea.

1. ☐ Ha intentado subir el anuncio.
2. ☐ Ha seguido todas las instrucciones.
3. ☐ Se ha registrado correctamente.
4. ☐ Ha pagado por el anuncio.
5. ☐ Ha puesto su correo electrónico.
6. ☐ Ha escrito todos los datos que le han pedido.
7. ☐ Ha pedido ayuda al soporte técnico.
8. ☐ Ha subido las fotos del hostal.
9. ☐ Ha puesto la contraseña.
10. ☐ Ha puesto una foto suya.

5 Visiona el fragmento 04:06 ▶ final y marca la opción correcta.

1. Bea ha subido los archivos con las fotos.
   a. Está segura.
   b. Eso cree.
   c. No se acuerda.
2. En un primer momento, Leo cree que...
   a. el enlace de subida no funciona.
   b. los archivos pesan demasiado.
   c. algún dato es incorrecto.
3. El problema es el navegador porque...
   a. no reconoce los archivos.
   b. los enlaces están rotos.
   c. la versión es vieja y no está actualizada.
4. Leo propone...
   a. hacerlo en su ordenador.
   b. cambiar de navegador.
   c. hacerlo más tarde.

Después del vídeo

6 **En parejas** Marca las palabras que han usado los personajes. Puedes volver a ver el vídeo completo si es necesario.

☐ enlace	☐ navegador	☐ bajar	☐ subir	☐ impresora
☐ ordenador	☐ ratón	☐ archivo	☐ mensaje	☐ contraseña
☐ página	☐ registro	☐ teclado	☐ informática	☐ navegar

7 **Todo el grupo** ¿Alguna vez has tenido un problema al navegar por internet? ¿Cuál? ¿Cómo lo solucionaste?

144 | ciento cuarenta y cuatro — Unidad 12 | Hemos conectado

Evaluación

12

1 **Completa el texto con las palabras del recuadro.**

aplicación | contraseña | imprimir | bajar | chatear | usuario | ordenador | guardar

Para descargar de internet esa [1] ...., tienes que registrarte primero en la página web. Es muy simple: creas un [2] .... y una [3] .... y ya tienes un perfil para entrar siempre. Es un sitio fantástico, es posible [4] .... todo tipo de programas y también tutoriales que puedes [5] .... en el [6] .... o [7] .... si los quieres en papel. También hay un foro de usuarios y puedes [8] .... con ellos cada vez que tienes un problema.

2 **Mira las notas que Pedro ha escrito en su agenda para esta semana. Fíjate en las casillas marcadas y escribe lo que ya ha hecho y lo que no ha hecho aún.**

- [x] Ir al dentista.
- [ ] Ver a Pepa.
- [ ] Escribir a Ana.
- [x] Hacer la compra.
- [x] Llamar a Luis.
- [x] Ir a la biblioteca.
- [x] Comer con papá.
- [ ] Comprar una bici.
- [ ] Terminar el libro.
- [ ] Quedar con Dani.
- [ ] Empezar a estudiar.
- [x] Ir a nadar.

3 **Escribe las preguntas a estas respuestas.**

1. ¿ ....? Sí, he estado en Buenos Aires un par de veces.
2. ¿ ....? No, no la he visto todavía; dicen que está muy bien.
3. ¿ ....? Sí, ya lo hemos hecho.
4. ¿ ....? No, no ha estado nunca aquí.
5. ¿ ....? Sí, dos o tres veces.
6. ¿ ....? No, aún no lo he encontrado.
7. ¿ ....? Sí, ya lo sé, me he enterado esta mañana.
8. ¿ ....? No, no hay nada.

4 **Responde negativamente a estas preguntas.**

1. ¿Has estado alguna vez en Montevideo? ....
2. ¿Ha llegado ya Luis? ¿Y Marta? ....
3. ¿Has hecho la compra y preparado la cena? ....
4. ¿Ha preguntado alguien por mí? ....
5. ¿Necesitáis algo? ....
6. ¿Se lo has contado a Elvira? ¿Y a Raúl? ....
7. ¿Has tenido algún problema? ....
8. ¿Han terminado ya? ....
9. ¿Has encontrado algún libro interesante? ....

Evaluación

1. **1.** aplicación; **2.** usuario; **3.** contraseña; **4.** bajar; **5.** guardar; **6.** ordenador; **7.** imprimir; **8.** chatear.

2. Pedro ya ha ido al dentista, ya ha hecho la compra, ya ha llamado a Luis, ya ha ido a la biblioteca, ya ha comido con su padre, ya ha ido a nadar. Pedro todavía/aún no ha visto a Pepa, todavía/aún no ha escrito a Ana, todavía/aún no ha comprado una bici, todavía/aún no ha terminado el libro, todavía/aún no ha quedado con Dani, todavía/aún no ha empezado a estudiar.

3. **Posible respuesta:**
1. ¿Has estado alguna vez en Buenos Aires?; **2.** ¿Has visto la última película de Amenábar?; **3.** ¿Habéis hecho ya el ejercicio?; **4.** ¿Ha visto ya Marta tu casa?; **5.** ¿Has ido ya a las clases de yoga?; **6.** ¿Has encontrado el diccionario?; **7.** ¿Te has enterado de que Juan se casa?; **8.** ¿Hay algo para comer en el frigorífico?

4. **Posible respuesta:**
1. No, no he estado nunca; **2.** No, no ha llegado ninguno; **3.** No, no he hecho la compra ni preparado la cena; **4.** No, no ha preguntado nadie; **5.** No, no necesitamos nada; **6.** No, no se lo he contado ni a Elvira ni a Raúl; **7.** No, no he tenido ninguno; **8.** No, no hemos terminado todavía; **9.** No, no he encontrado ninguno.

Vivencias

Introduzca la unidad escribiendo en la pizarra su título, *Vivencias*, y a su alrededor las siguientes palabras: *nostalgia*, *tristeza*, *alegría*, *soledad*, *amigos*, *familias* y *viajes*. A continuación pida a sus estudiantes que piensen en alguna vivencia que les haya marcado y que la asocien a alguna de las palabras escritas. Deles un tiempo para pensar en ello y para que escriban algún apunte e invítelos a que, después, compartan su información con el resto de la clase. Una vez haya introducido el tema vertebrador de la unidad, focalice su atención en las preguntas de la portadilla y pídales que, en plenario o en pequeños grupos, las comenten. Por último, presente los contenidos que trabajarán.

¿Qué sabes?

1 **En parejas** ¿Sabes qué es una *biografía*? ¿Qué tiempo verbal se utiliza cuando se redacta una?

1.1 **En parejas** ¿Conoces a estos dos personajes? ¿A qué se dedicaron? ¿Sabes a cuál de los dos se refieren las imágenes? Justifica tu respuesta.

Ⓐ Chavela Vargas

① ☐

② ☐

Ⓑ Salvador Dalí

③ ☐

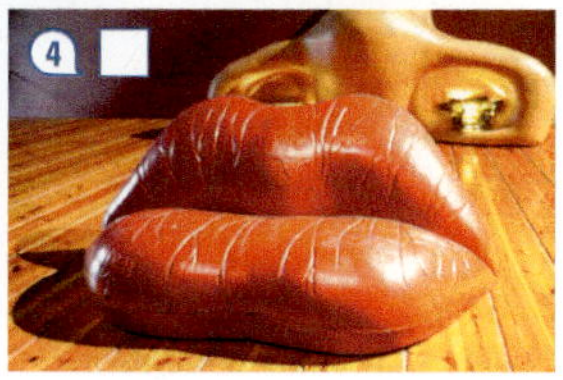

④ ☐

1.2 **Todo el grupo** Tu profesor/a va a dividir la clase en dos grupos (A y B). El grupo A va a elaborar una lista con las cosas que sabe de Chavela Vargas y el grupo B, de Salvador Dalí. Luego intercambiad la información.

Chavela Vargas (grupo Ⓐ)	Salvador Dalí (grupo Ⓑ)

2 **En parejas** Pregúntale a tu compañero/a qué ha hecho o hizo y completa la tabla.

Hoy	Esta semana	Hace diez minutos	Ayer	El año pasado	Hace tres meses

¿Qué sabes?

1. Pídales que, en parejas, comenten si saben qué es una *biografía*. Haga una puesta en común de sus definiciones y escriba en la pizarra la que más se ajuste a su significado. A continuación pregúnteles qué tiempo verbal se utiliza a la hora de redactar una biografía y pídales que justifiquen su respuesta. En el caso de que todos sus estudiantes digan que el tiempo utilizado es el pretérito indefinido, hágales dudar sobre si se podría utilizar el pretérito perfecto y escuche sus respuestas. De esta manera, hará una breve introducción al contraste pretérito perfecto/pretérito indefinido, el cual se presentará y practicará a lo largo de la unidad.
Definición de biografía: 'historia de la vida de una persona' (definición del *Diccionario de la lengua española*, *DLE*); **Tiempo verbal utilizado:** pretérito indefinido.

1.1. Mantenga las mismas parejas y remítalos a las fotografías de los dos personajes (A y B): Chavela Vargas y Salvador Dalí. Pregúnteles si los conocen y si saben cuáles fueron sus profesiones. Si no saben nada de ellos, sugiérales que observen bien las imágenes: sus rostros, cómo van vestidos… A continuación remítalos al resto de imágenes (1 a 4) e ínstelos a que comenten cuáles relacionan con cada personaje y por qué. Corrija en plenario.
A. Chavela Vargas: cantante, imágenes 2 (guitarra española, instrumento con el que la artista acompañaba sus canciones) y 3 (ponchos tejidos por indígenas mexicanos); **B.** Salvador Dalí: pintor, imágenes 1 (Teatro-Museo Dalí) y 4 (obra de Dalí inspirada en la actriz Mae West).

1.2. Forme dos equipos. El equipo A deberá elaborar un listado con los datos que conozcan de Chavela Vargas, mientras que el grupo B hará lo mismo con Salvador Dalí. Para ampliar la lista, propóngales que busquen más información en internet. Haga una puesta en común para que intercambien sus datos y, finalmente, pregúnteles cuáles les han parecido más interesantes o les han llamado más la atención.

> **Chavela Vargas** (San Joaquín de Flores, Costa Rica, 1919 - Cuernavaca, México, 2012) fue una cantante de origen costarricense. Tras una infancia difícil, marcada por la enfermedad, los conflictos familiares y las carencias afectivas, se trasladó a los 17 años a México, país que adoptó como patria. Después de desempeñar varios oficios, a los 30 años inició su actividad como cantante profesional. En 1961 editó su primer álbum y grabó más de ochenta discos en su carrera musical. Con su voz áspera dramatizó las rancheras, género musical tradicionalmente cantado por hombres.
> **Salvador Dalí** (Figueras, 1904 - 1989) fue un pintor español y el más conocido representante del surrealismo europeo. Inició sus estudios en la Academia de Bellas Artes de Madrid, donde conoció a Federico García Lorca y a Luis Buñuel y se introdujo en el grupo de artistas llamados *surrealistas*. De 1929 a 1936, etapa más fecunda y significativa de su vida, usó su método paranoico-crítico: pintaba recuerdos de su infancia o cualquier "pensamiento automático" que le pasara por la cabeza. El amor de su vida, Gala, fue su fuente de inspiración. Convirtió el antiguo teatro de Figueras en su propio museo.
> Adaptado de https://www.biografiasyvidas.com/biografia/v/vargas_chavela.htm y *Dalí para niños*, Marina García, editorial Libros del Zorro Rojo

2. Para cerrar esta secuencia de actividades sobre el uso del pretérito perfecto y el pretérito indefinido, indíqueles que, en parejas, se pregunten qué han hecho o hicieron en los momentos que se indican en la tabla y que escriban la información usando el tiempo del pasado correspondiente. Paséese por la clase mientras trabajan para asegurarse de que emplean los pasados correctamente y corregir posibles errores.

Unidad 13

Palabras

1. Inicie este apartado con una actividad en la que deben unir palabras relacionadas con la historia con su significado correspondiente. En primer lugar, con el libro cerrado, escriba las palabras de la columna izquierda en la pizarra y pregúnteles qué creen que tienen en común todas ellas; es de esperar que alguno de sus estudiantes conteste que se trata de palabras relacionadas con la historia. A continuación pídales que, en parejas o en plenario, intenten definirlas con sus propias palabras. Escuche sus intervenciones sin interferir y, finalmente, indíqueles que abran el libro y relacionen dichas palabras con su definición correspondiente. Corrija en una puesta en común y resuelva las dudas que le puedan plantear.
1. c; **2.** a; **3.** b; **4.** f; **5.** d; **6.** h; **7.** e; **8.** g.

1.1. Actividad cuyo objetivo es la contextualización del léxico presentado anteriormente. En primer lugar, dirija su atención a las imágenes que aparecen y pregúnteles a qué hacen alusión o con qué léxico de la actividad 1 las relacionan. Escuche sin confirmar sus hipótesis y, a continuación, indíqueles que lean las frases y, en parejas, las completen con la palabra adecuada de la actividad 1. Permítales comparar sus resultados con otra pareja antes de la corrección en plenario. Una vez hayan corregido, comente con ellos las imágenes: la invención del teléfono, Pitágoras y la llegada del hombre a la Luna.
1. invento; **2.** humanidad; **3.** siglo; **4.** documentos; **5.** fecha; **6.** personaje; **7.** acontecimiento; **8.** protagonista.

Para trabajar estos contenidos, realice las actividades **1-3**, p. **76** del *Libro de ejercicios*.

Palabras

1 **En parejas** Lee las siguientes palabras y relaciónalas con su significado.

1. personaje	a. Persona, animal o cosa que interpreta el papel principal en una historia.
2. protagonista	b. Tiempo en que se hace o sucede algo.
3. fecha	c. Ser real o imaginario.
4. siglo	d. Escrito que contiene datos de un determinado hecho histórico.
5. documento	e. Conjunto de todas las personas.
6. acontecimiento	f. Periodo de 100 años.
7. humanidad	g. Cosa que se crea, se diseña, se idea o se produce por primera vez.
8. invento	h. Hecho o suceso.

1.1 **En parejas** Completa las frases con las palabras anteriores.

1. Para mí, el .... más importante del siglo XIX fue el teléfono. Nos permite hablar con las personas a miles de kilómetros de distancia.
2. La historia de la .... está llena de descubrimientos.
3. Diego Rivera fue un reconocido muralista mexicano del .... XX.
4. Gracias a la gran cantidad de .... históricos que hay de esa época, se ha podido conocer la historia del país con gran exactitud.
5. No sé la .... en la que nació el pintor Salvador Dalí.
6. Yo creo que Pitágoras es el .... más importante de la historia de las matemáticas.
7. La llegada del hombre a la Luna fue un .... histórico.
8. El .... de esta historia es Johannes Gutenberg, el inventor de la imprenta.

2 **En parejas** Fíjate en los siguientes objetos; ¿cómo se llaman y para qué sirven? ¿Qué crees que han aportado estos inventos a la vida de las personas?

1
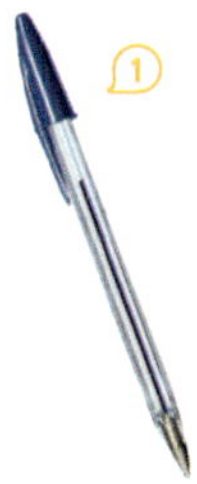
2

3

4
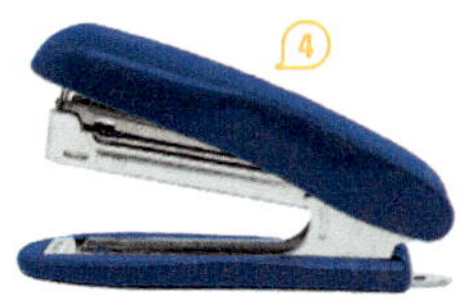

148 | ciento cuarenta y ocho — Unidad 13 | Vivencias

2. Se inicia una secuencia de actividades centrada en los inventos. Pídales que, en parejas o en pequeños grupos, observen los objetos que aparecen y contesten a las preguntas planteadas: cómo se llaman, para qué sirven y qué creen que aportaron a la historia de la humanidad. Deje que comenten lo que saben, pero no corrija ni confirme nada, pues se seguirá trabajando sobre ello en la siguiente actividad.
1. bolígrafo; **2.** fregona; **3.** televisión; **4.** grapadora.

13

RAE **LÉXICO**

Español de España › fregona : *En la habitación de Guillermo, Elena pasa la **fregona**, guarda los libros, retira las sábanas, suspira.*
Español de Argentina › escurridor : *Rosa entra con un balde y un **escurridor**.*
Español de México › trapeador :
*No se preocupe por la gotera en el baño, aquí el agua se seca rápido –Rosa mueve el **trapeador** con el pie.*
Español de Venezuela › coleto : *Estaba limpiando, y al sacar la silla para pasar el **coleto** por debajo de la mesa cayó la bolsa.*

En el español de Costa Rica, Ecuador, Guatemala, Honduras, México y Nicaragua, fregar significa 'molestar, enfadar, fastidiar': *CHICO: Eh, no me **fregués**. Y yo me fui.*

Español de España › grapadora : *García: Dame eso* (García le coge la **grapadora** de las manos).
Español de Argentina › abrochadora : *¿Vos tenés una **abrochadora**? Tengo que coser este pliego.*
Español de Colombia › cosedora : *La **cosedora** y la recogedora de pliegos tienen un precio muy alto.*
Español de México › engrapadora :
*Te organizas para tener el material necesario y procuras no pedir cosas como lápices, papel, **engrapadora**, etcétera.*

2.1 [47] **Escucha con atención el audio y completa la ficha sobre los inventos anteriores.**

1
Invento: ...
Inventor: ...
Nacionalidad: ...
Fecha: ...

2
Invento: ...
Inventor: ...
Nacionalidad: ...
Fecha: ...

3
Invento: ...
Inventor: ...
Nacionalidad: ...
Fecha: ...

4
Invento: ...
Inventores: ...
Nacionalidad: *españoles*
Fecha: ...

Para resolver con éxito una actividad de este tipo, es muy importante que leas con atención las instrucciones y que entiendas qué información se pide. Haz una escucha selectiva del audio centrándote en las palabras y en la información necesarias para completar la tarea.

3 **En grupos pequeños** Piensa en un invento importante para la historia de la humanidad según tu opinión y completa la ficha.

Nombre del invento y breve descripción: ...
Nombre del inventor y fecha del invento: ...
Profesión del inventor: ...
Otros datos de interés: ...

3.1 **Todo el grupo** Ahora, compartid con el resto de la clase la información del invento pero sin decir el nombre. Vuestros compañeros tienen que adivinar de qué se trata. ¿Cuál es el invento que te parece imprescindible hoy en día? ¿Por qué?

Ejemplo: ▶ *Se inventó en 1879. Estuvo encendida durante 48 horas seguidas.*
▷ *¡La bombilla!*

Unidad 13 | Vivencias ciento cuarenta y nueve | 149

Para complementar la actividad 2, dibuje dos columnas en la pizarra: en la de la derecha escriba *escurridor, cosedora, abrochadora* y *coleto* y en la de la izquierda, *fregona* y *grapadora*. A continuación dígales que en el español de algunos países de América utilizan las palabras de la derecha para referirse a las que ya conocen, *fregona* y *grapadora*, y que intenten identificar cuáles se refieren a una o a otra, respectivamente. Escuche sus respuestas y remítalos después al cuadro de la RAE para que lo comprueben.

2.1. [47] Actividad que les servirá para comprobar las respuestas de la activad 2, así como para conocer otros datos relacionados con los inventos trabajados. Recomiéndeles que previamente lean el cuadro de atención, en el que se dan estrategias para resolver con éxito una tarea de comprensión auditiva selectiva. Una vez hayan leído las instrucciones y sepan qué tienen que hacer, ponga el audio para que completen la ficha. Deje que comparen en parejas antes de realizar una segunda escucha y corrija en plenario, resolviendo las posibles dudas.
Si desea ampliar la lista de inventos, use la **proyección 45**.
1. Invento: bolígrafo; Inventor: Ladislao José Biró; Nacionalidad: argentina (nacido en Hungría); Fecha: 1940; **2.** Invento: fregona; Inventor: Manuel Jalón Corominas; Nacionalidad: española; Fecha: 1956; **3.** Invento: televisión en color; Inventor: Guillermo González Camarena; Nacionalidad: mexicana; Fecha: 19 de agosto de 1940; **4.** Invento: grapadora; **Inventores:** Juan Solozábal y Juan Olivé; Nacionalidad: española; Fecha: 1929.

Grandes inventos

[45]

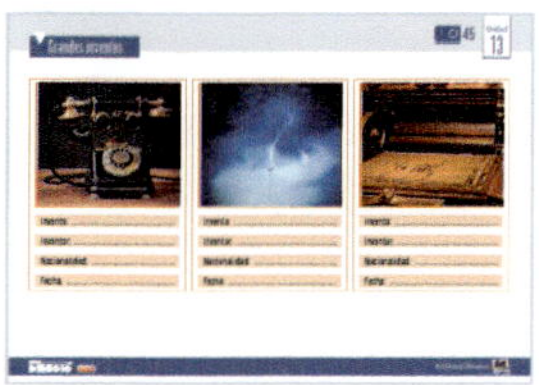

Proyecte la lámina y pídales que, en pequeños grupos, completen las fichas sobre otros tres importantes inventos. Permítales usar internet para recabar la información que desconozcan y haga una puesta en común con los resultados. Asegúrese previamente de que tienen claro qué inventos representan las imágenes proyectadas.
1. Invento: teléfono; Inventor: Antonio Meucci; Nacionalidad: italiana; Fecha: 1854; **2.** Invento: pararrayos; Inventor: Benjamin Franklin; Nacionalidad: estadounidense; Fecha: 1753; **3.** Invento: imprenta; Inventor: Johannes Gutenberg; Nacionalidad: alemana; Fecha: 1440.

3. Coménteles que ahora, en pequeños grupos, serán ellos los que piensen en un invento de la historia de la humanidad que no se haya nombrado en clase todavía y que consideren muy importante, y que deberán completar su ficha con la información correspondiente. Mientras trabajan, revise sus textos y corrija cuando sea necesario.

3.1. Se finaliza la secuencia sobre los inventos con una actividad en plenario en la que cada grupo debe compartir la información recabada sobre su invento sin decir el nombre de este para que el resto de la clase lo adivine. Finalmente, invítelos a que decidan cuál de los inventos mencionados les parece el más interesante o imprescindible hoy en día y que justifiquen su respuesta.

Para trabajar estos contenidos, realice las actividades **4-7a**, p. **77** del *Libro de ejercicios*.

Unidad 13

Gramática

1. Se inicia este apartado con la presentación de otro grupo de irregulares en pretérito indefinido: los verbos con irregularidad en la tercera persona. Focalice su atención en el cuadro gramatical que diferencia los tipos de irregularidades: irregularidad vocálica en la raíz (*e>i* y *o>u*) e irregularidad en la terminación de la tercera persona *(i>y)*. Explique que, en ambos casos, esta irregularidad afecta tanto a la tercera persona del singular como a la del plural. A continuación remítalos al cuadro de atención de la banda lateral y hágales ver que los verbos que sufren cambios en la terminación son aquellos cuya raíz acaba en vocal, como *leer* o *construir*. Consolide estas irregularidades con la proyección 46.

Pretérito indefinido irregular: verbos irregulares en la 3.ª persona
[46]

Proyecte la tabla con algunos verbos irregulares en la tercera persona e indíqueles que, individualmente, la completen con las formas que faltan tomando como referencia el cuadro gramatical de la actividad 1. Deje que comparen en parejas antes de la corrección en plenario.
Medir: mediste, midió, medisteis, midieron; **Morir:** moriste, murió, morimos, murieron; **Construir:** construí, construyó, construimos, construyeron; **Leer:** leyó, leímos, leísteis, leyeron; **Caerse:** me caí, te caíste, se cayó, se cayeron.

Gramática

1 Pretérito indefinido irregular: verbos con irregularidad en la tercera persona

Hay un grupo numeroso de verbos que tienen una **irregularidad vocálica** en la raíz o en la terminación de la **tercera persona** singular y plural del pretérito indefinido:

	En la raíz		En la terminación	
	e › i	o › u	i › y	
	Pedir	Dormir	Oír	Creer
yo	pedí	dormí	oí	creí
tú	pediste	dormiste	oíste	creíste
él, ella, usted	**pidió**	**durmió**	**oyó**	**creyó**
nosotros/as	pedimos	dormimos	oímos	creímos
vosotros/as	pedisteis	dormisteis	oísteis	creísteis
ellos, ellas, ustedes	**pidieron**	**durmieron**	**oyeron**	**creyeron**

- Otros verbos con irregularidad **e › i**: pref**e**rir, el**e**gir, m**e**dir, m**e**ntir, corr**e**gir...
- Otro verbo con irregularidad **o › u**: m**o**rir.
- Otros verbos con la terminación irregular: constru**ir**, destru**ir**, inclu**ir**, distribu**ir**, ca**er**, le**er**...

Fíjate:
Los cambios en la terminación se producen en los verbos que tienen la raíz terminada en vocal:
*l**e-er** › ~~leió~~ › le**y**ó; constr**u-ir** › ~~construió~~ › constru**y**ó; c**a-er** › ~~caió~~ › ca**y**ó...*

1.1 **En parejas** Escribe la tercera persona del singular y del plural del pretérito indefinido de los siguientes verbos según su irregularidad.

1. morir: ...., ...
2. reír: ...., ...
3. incluir: ...., ...
4. preferir: ...., ...
5. destruir: ...., ...
6. mentir: ...., ...

2 Marcadores temporales de pretérito indefinido

En una biografía se encuentran **indicaciones temporales** (fechas, periodos, edades) y expresiones para relacionar unos hechos con otros.

- Para hablar de una **fecha**:
  - en...
  - el 17 de abril de 1919
  - *a los/con* + edad

  En 2011 lanzó un álbum con poemas de su amigo Federico García Lorca.
  *Nació **el 17 de abril de 1919**.*
  ***A los** 42 años publicó su primer álbum,* Noche bohemia.
- Para hablar de la **duración** de una acción:
  - desde... hasta...
  - de... a...

  *Chavela Vargas vivió en Costa Rica **desde/de** 1919 **hasta/a** 1935.*
- Para **relacionar** dos momentos del pasado:
  - al cabo de...
  - después de...
  - a los dos días/tres meses
  - a las cinco semanas
  - a la mañana/al día siguiente
  - poco (tiempo)/dos días/un mes/un año **más tarde/después (de)**

  *Diez años **después de** su llegada a México se hizo famosa.*
  ***Al cabo de** 10 años apareció en la película* Frida *interpretando "La llorona".*

150 | ciento cincuenta — Unidad 13 | Vivencias

1.1. Pídales que, en parejas, escriban las terceras personas de los verbos propuestos. Corrija en plenario y resuelva posibles dudas.
1. murió, murieron; **2.** rio, rieron; **3.** incluyó, incluyeron; **4.** prefirió, prefirieron; **5.** destruyó, destruyeron; **6.** mintió, mintieron.

2. Se presentan ahora otros marcadores temporales propios del pretérito indefinido diferentes a los que vieron en el apartado "¿Qué sabes?". Para introducirlos, antes de abordar las explicaciones del cuadro gramatical, use la proyección 47.

Marcadores temporales de pretérito indefinido
[47]

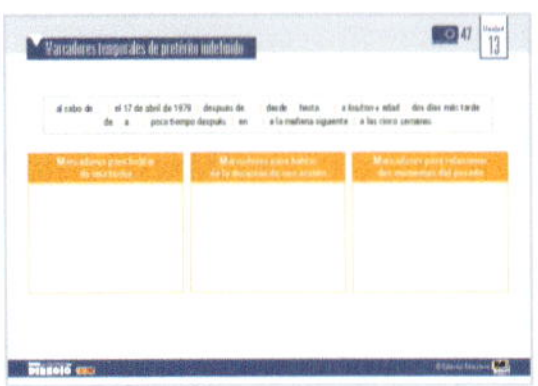

Indíqueles que, en pequeños grupos, clasifiquen los marcadores temporales en la columna correspondiente según se usen para hablar de una fecha, para hablar de la duración de una acción o para relacionar dos momentos del pasado. Una vez clasificados, remítalos al cuadro gramatical para que comprueben sus respuestas y vean estos marcadores en contexto. Explique el cuadro dando las explicaciones y los ejemplos necesarios.
Marcadores para hablar de una fecha: el 17 de abril de 1979, *a los/con* + edad, en...; **Marcadores para hablar de la duración de una acción:** desde... hasta..., de... a...; **Marcadores para relacionar dos momentos del pasado:** al cabo de..., después de..., dos días más tarde, poco tiempo después, a la mañana siguiente, a las cinco semanas.

2.1 **Completa la biografía de la cantante Chavela Vargas con la forma adecuada del pretérito indefinido de los siguientes verbos.**

estar (2) | vestirse | hacer | nacer | irse | ponerse | lanzar | morir | construir | hacerse | ir

Chavela Vargas [1] .... en San Joaquín de Flores, Costa Rica, el 17 de abril de 1919. [2] .... a vivir a México en su adolescencia para buscar mejores oportunidades musicales. Durante sus primeros años [3] .... cantando por las calles y [4] .... su imagen: [5] .... de hombre y [6] .... un poncho rojo. Diez años después de su llegada a México [7] .... famosa y con 42 años [8] .... su primer álbum, *Noche bohemia*. [9] .... muchos años sin actuar, pero en la década de los 90 [10] .... a España y reapareció en algunas películas de Pedro Almodóvar. Al cabo de 10 años [11] .... una intervención en la película *Frida* interpretando la canción *La llorona* y en 2011 publicó un álbum con poemas de Federico García Lorca. [12] .... el 5 de agosto de 2012 en Cuernavaca, México.

2.2 [48] **Alberto nos cuenta datos de su vida. Escucha y completa la información.**

1. Alberto nació ....
2. .... se fue con su familia a Madrid.
3. Vivió en Madrid ....
4. .... se fue a Estados Unidos.
5. .... regresó con su familia a Madrid.
6. .... su regreso a Madrid, murió su padre.

3 Contraste pretérito perfecto/pretérito indefinido

- Se utiliza el **pretérito perfecto** para hablar de **acciones terminadas** en un **tiempo no terminado** o de **experiencias vividas** sin importar el momento concreto en el que sucedió la acción:
  - ***Esta tarde** he estado en casa de mis padres.*
  - ***Nunca** he estudiado japonés.* (No he tenido la experiencia hasta ahora).
- El **pretérito indefinido** es un tiempo del pasado que expresa **acciones terminadas** en un **tiempo terminado**; por eso se usa para dar información sobre la vida de alguien, hablar de hechos históricos y acontecimientos del pasado o informar del tiempo que separa dos acciones:
  - *Nació **en el año 2002**.*
  - ***Ocho años después** regresó a su país.*
  - *La guerra civil española comenzó **en el año 1936** y terminó **en 1939**.*

3.1 **En parejas** **¿Qué has hecho hoy? ¿Qué hiciste ayer? Elabora una frase con cada marcador utilizando el tiempo verbal adecuado. ¿En qué coincides con tu compañero/a y en qué no?**

hoy	el otro día
ayer	esta semana
el año pasado	hace tres meses
nunca	hace diez minutos

RAE GRAMÁTICA
Como ya sabes, en los países de Hispanoamérica y en algunas zonas de España como Galicia, Asturias, parte de León y Canarias, se usa el pretérito indefinido en lugar del pretérito perfecto para hablar de acciones terminadas en un tiempo no terminado: *Estoy muy cansado porque **esta mañana salí** de casa muy temprano y **no llegué** hasta las nueve de la noche. **Fue** un día muy largo.*
En español de España se diría: *Estoy muy cansado porque **esta mañana he salido** de casa muy temprano y **no he llegado** hasta las nueve de la noche. **Ha sido** un día muy largo.*

2.1. Pregúnteles si recuerdan los nombres de los personajes sobre los que trabajaron en el apartado "¿Qué sabes?" Una vez que mencionen a Chavela Vargas, haga una lluvia de ideas sobre los datos que recuerdan de la artista. A continuación dígales que van a leer su biografía y que deberán completarla con los verbos propuestos en la forma correcta del pretérito indefinido. Se trata de una práctica controlada de las formas irregulares que acaban de aprender, así como de una aproximación a los marcadores temporales vistos en la actividad 2, esta vez en el contexto de una biografía. Deje que comparen en parejas antes de la corrección en plenario. Finalmente, puede proponerles que localicen en el texto los marcadores temporales que han estudiado y comenten qué indica cada uno de ellos.
1. nació; **2.** Se fue; **3.** estuvo; **4.** construyó; **5.** se vistió; **6.** se puso; **7.** se hizo; **8.** lanzó; **9.** Estuvo; **10.** fue; **11.** hizo; **12.** Murió.

2.2. [48] Esta actividad tiene una doble función: por un lado, practicar la comprensión auditiva y, por otro, consolidar los marcadores temporales presentados en este apartado. Indíqueles que van a escuchar la biografía de una persona, Alberto, y que a partir de esta deberán completar las frases con los marcadores temporales adecuados. Deje que lean antes de la escucha y, una vez estén preparados, ponga el audio para que completen. Después de la corrección, y si lo cree conveniente, puede preguntarles aquí también por la función de los marcadores empleados.
1. el 3 de septiembre de 1980 en Cádiz; **2.** A los 5 años; **3.** desde 1985 hasta 1988; **4.** En 1988; **5.** En el año 2010; **6.** A las dos semanas de.

Para trabajar estos contenidos, realice las actividades **8-10**, p. **78** del *Libro de ejercicios*.

3. Antes de presentar el cuadro gramatical con la explicación del contraste entre los usos del pretérito perfecto y del pretérito indefinido, sondee, en plenario, sus conocimientos sobre el tema llegado este punto. Escuche sus intervenciones y, a continuación, proceda a comentar las explicaciones del cuadro y a resolver las dudas o malentendidos si los hubiera. Finalmente, anímelos a reflexionar si en su lengua utilizan estas dos formas verbales del pasado y si se usan del mismo modo que en español.

3.1. Interacción oral para practicar el contraste entre el pretérito perfecto y el pretérito indefinido en combinación con determinados marcadores temporales. Pídales que, en parejas, se pregunten qué han hecho hoy y qué hicieron ayer buscando coincidencias entre ambos. Para intensificar la práctica del contraste entre los dos tiempos, dígales que deben encontrar algo en común para cada marcador temporal, de modo que hasta que no lo hayan hecho no pasen al marcador siguiente. Haga una puesta en común para corregir posibles errores y pregúnteles por la información más interesante que hayan compartido.
Finalmente, pregúnteles si recuerdan si en alguna zona hispanohablante no se hace esta distinción entre el pretérito perfecto y el pretérito indefinido. Escuche sus comentarios y, a continuación, remítalos al cuadro de la RAE, en el que se hace alusión a las zonas que usan solo el pretérito indefinido para hablar de acciones terminadas en un tiempo no terminado.

Para trabajar estos contenidos, realice las actividades **11-13**, pp. **78-79** del *Libro de ejercicios*.

Practica en contexto

1. Se inicia este apartado retomando el concepto de *biografía*. Pídales de nuevo que intenten definir este término con sus palabras y pregúnteles cuál es la función de los marcadores temporales en esta. Luego remítalos a los cuadros laterales en los que se da información sobre ello.
Distribuya la clase en parejas e indíqueles que van a conocer la información más relevante sobre la vida del pintor del que ya hablaron en el apartado "¿Qué sabes?", Salvador Dalí. Ínstelos a que hagan una primera lectura de todos los datos, consulten en el diccionario aquellas palabras que no conozcan y, a continuación, elaboren en parejas una biografía utilizando los marcadores temporales adecuados. Una vez hayan escrito su biografía, propóngales que la intercambien con otra pareja de la clase y la lean con atención para comprobar si han utilizado los marcadores correctamente. Supervíselos mientras trabajan y, en caso necesario, haga una puesta en común para resolver posibles dudas.

1.1. Forme grupos pequeños y explíqueles que deben escoger a un personaje famoso a nivel internacional del ámbito que más les interese: pintura, música, cine, televisión, deportes… Una vez elegido el personaje de mutuo acuerdo, deben buscar en internet los datos más relevantes de su vida y elaborar una lista de fechas siguiendo el modelo de la actividad 1.

1.2. A continuación cada grupo le cuenta al resto de la clase la biografía de su personaje, utilizando los marcadores temporales adecuados y sin desvelar el nombre de este, para que adivinen de quién se trata. Si ve que es muy difícil que lo adivinen, propóngales que se hagan preguntas hasta averiguarlo. Finalmente, pregúnteles en plenario qué biografía les parece más interesante y por qué.

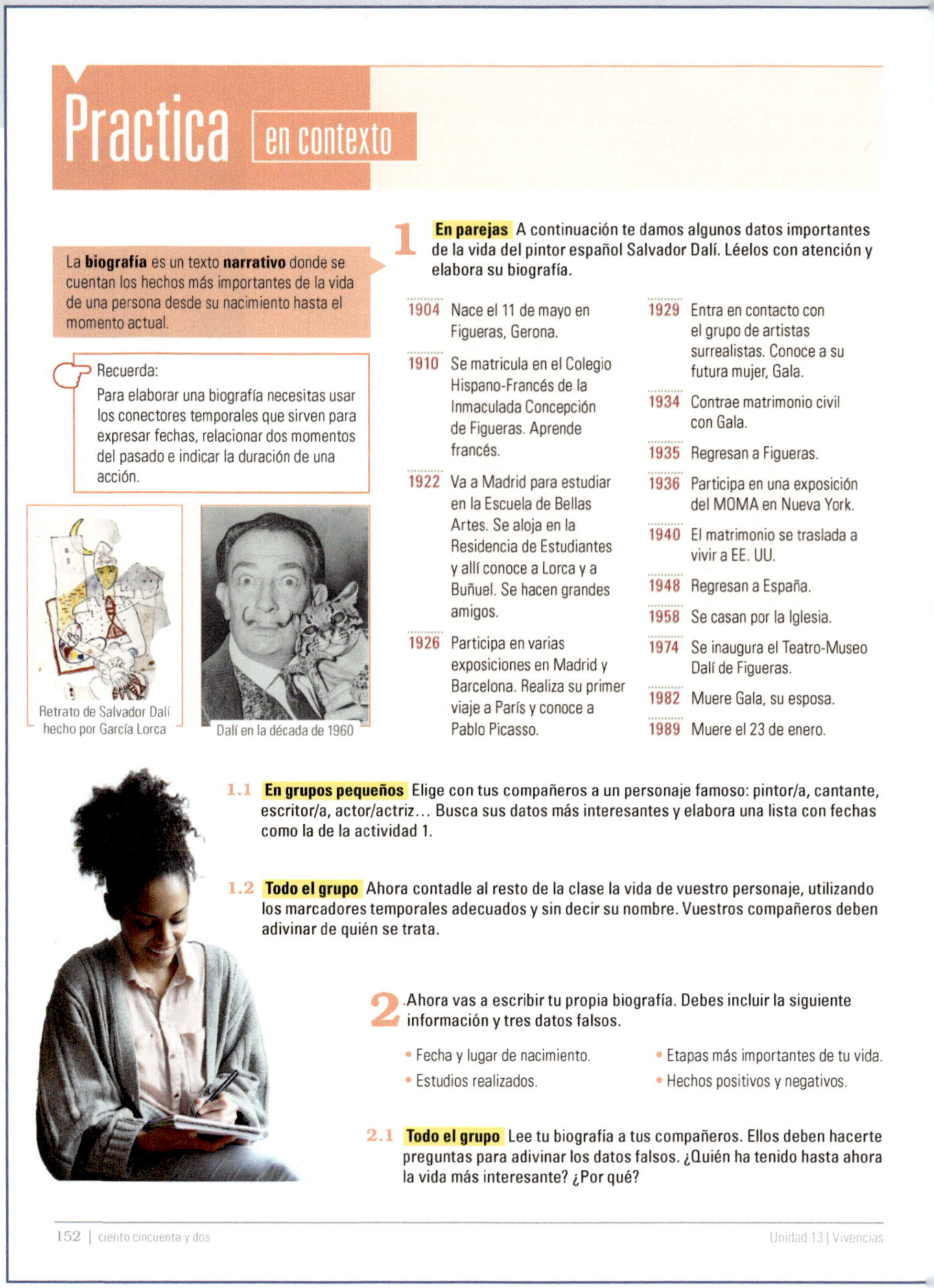

Practica en contexto

La **biografía** es un texto **narrativo** donde se cuentan los hechos más importantes de la vida de una persona desde su nacimiento hasta el momento actual.

Recuerda:
Para elaborar una biografía necesitas usar los conectores temporales que sirven para expresar fechas, relacionar dos momentos del pasado e indicar la duración de una acción.

Retrato de Salvador Dalí hecho por García Lorca

Dalí en la década de 1960

1 **En parejas** A continuación te damos algunos datos importantes de la vida del pintor español Salvador Dalí. Léelos con atención y elabora su biografía.

- 1904 Nace el 11 de mayo en Figueras, Gerona.
- 1910 Se matricula en el Colegio Hispano-Francés de la Inmaculada Concepción de Figueras. Aprende francés.
- 1922 Va a Madrid para estudiar en la Escuela de Bellas Artes. Se aloja en la Residencia de Estudiantes y allí conoce a Lorca y a Buñuel. Se hacen grandes amigos.
- 1926 Participa en varias exposiciones en Madrid y Barcelona. Realiza su primer viaje a París y conoce a Pablo Picasso.
- 1929 Entra en contacto con el grupo de artistas surrealistas. Conoce a su futura mujer, Gala.
- 1934 Contrae matrimonio civil con Gala.
- 1935 Regresan a Figueras.
- 1936 Participa en una exposición del MOMA en Nueva York.
- 1940 El matrimonio se traslada a vivir a EE. UU.
- 1948 Regresan a España.
- 1958 Se casan por la Iglesia.
- 1974 Se inaugura el Teatro-Museo Dalí de Figueras.
- 1982 Muere Gala, su esposa.
- 1989 Muere el 23 de enero.

1.1 **En grupos pequeños** Elige con tus compañeros a un personaje famoso: pintor/a, cantante, escritor/a, actor/actriz… Busca sus datos más interesantes y elabora una lista con fechas como la de la actividad 1.

1.2 **Todo el grupo** Ahora contadle al resto de la clase la vida de vuestro personaje, utilizando los marcadores temporales adecuados y sin decir su nombre. Vuestros compañeros deben adivinar de quién se trata.

2 Ahora vas a escribir tu propia biografía. Debes incluir la siguiente información y tres datos falsos.

- Fecha y lugar de nacimiento.
- Estudios realizados.
- Etapas más importantes de tu vida.
- Hechos positivos y negativos.

2.1 **Todo el grupo** Lee tu biografía a tus compañeros. Ellos deben hacerte preguntas para adivinar los datos falsos. ¿Quién ha tenido hasta ahora la vida más interesante? ¿Por qué?

152 | ciento cincuenta y dos — Unidad 13 | Vivencias

2. Antes de comenzar, escriba en la pizarra seis datos de su biografía, de los cuales tres deben ser falsos. En plenario, anímelos a que le hagan preguntas para intentar averiguar cuál es esa información falsa. Una vez lo hayan descubierto, y siguiendo su ejemplo, indíqueles que ahora deberán ser ellos los que, de manera individual, escriban aspectos de su biografía, según la información que se les pide, entre los cuales deben aparecer tres datos falsos. Mientras escriben, supervise su trabajo y corrija los errores que detecte.

2.1. Termine la secuencia animando a sus estudiantes a leer sus biografías para que el resto de la clase adivine los datos falsos. Ínstelos a que se hagan las preguntas necesarias hasta dar con dicha información. Una vez finalizada la actividad, pregúnteles qué compañero/a de la clase creen que ha tenido una vida más interesante hasta ahora y por qué.

3 **En parejas** Lee las anécdotas que han vivido estas personas en distintos países y comenta con tu compañero/a qué crees que sucedió.

① Ana

¿A que no sabes qué me pasó el año pasado cuando estuve en Japón visitando a unos amigos? Pues resulta que un día fuimos a comer a casa de otros amigos y contaron un chiste. Me hizo tanta gracia que me reí abiertamente, a carcajadas. Noté que me miraron extrañados y no sé el motivo.

③ Ayaka y Nori

Pues resulta que mi mujer y yo vivimos diez años en Argentina. Recién llegados al país, unos conocidos aparecieron en nuestra casa por sorpresa: "Hemos venido a visitaros porque seguro que estáis solos y no conocéis a nadie". Nos pareció tan extraño…

② Víctor

Te voy a contar una cosa que me ocurrió cuando estuve en Tailandia viajando por todo el país. Resulta que un día, en el tren, vi a un niño muy simpático. Le hablé y le hice un gesto cariñoso tocándole la cabeza. Enseguida me di cuenta de que su padre me miró con desconfianza y me puso muy mala cara.

④ Sara y sus amigos

Verás lo que me pasó en mi viaje a la India y Pakistán. El primer día entramos en un restaurante y, como soy zurda, comí con la mano izquierda. Noté que el camarero me miró de una manera extraña.

Contar una anécdota

- Una **anécdota** es un **relato breve** sobre algún acontecimiento **curioso** o **divertido**.
- En la conversación es frecuente introducir la anécdota con expresiones como:
  - **¿Sabes lo que me pasó** ayer/el lunes/el otro día/cuando llegué a…?
  - **Te voy a contar una cosa** que me pasó ayer/el lunes/el otro día/cuando llegué a…
  - **Pues resulta que** ayer/el lunes/el otro día/cuando llegué a…
- El interlocutor contesta con:
  - **¿Qué te pasó?**
  - **Cuenta, cuenta…**
- Y reacciona a lo largo del relato con expresiones como:
  - **¡No me digas!**
  - **¡Qué bien/mal/(buena) suerte/mala suerte…!**
  - **¡Es increíble!**

Recuerda:
En español es necesario ir reaccionando ante lo que narra el interlocutor. El silencio absoluto se interpreta como falta de interés.

3.1 [49] Ahora escucha las explicaciones que dan estos mediadores culturales y comprueba tus respuestas anteriores.

3.2 **Todo el grupo** ¿Te ha sucedido alguna vez algo similar? Cuéntaselo a tus compañeros. ¿Sabes a qué se debió el malentendido?

4 [50] Lucía es una joven andaluza que vive en Madrid desde hace dos meses. Escucha los mensajes de voz que les manda a dos amigos y luego escribe en tu cuaderno.

Tres cosas que ya ha hecho Lucía hoy y tres cosas que todavía no ha hecho	Seis cosas que hizo Lucía el fin de semana pasado

5 **Todo el grupo** Piensa en cuatro experiencias que has vivido relacionadas con tu aprendizaje del español y descríbelas brevemente por escrito. Da información de la fecha, el lugar de la experiencia y explica cómo te sentiste. Luego compártelas con tus compañeros.

Ejemplo: *He vivido varias veces en países de habla hispana. La primera vez fue en Argentina, en…*

3. En primer lugar, escriba *anécdota* en la pizarra y pídales que, en parejas, comenten qué significa este término e intenten definirlo con sus palabras. A continuación, remítalos al cuadro de la banda lateral en el que encontrarán la definición de *anécdota* y las estructuras que se utilizan en una conversación a la hora de introducirla, así como aquellas que le sirven al interlocutor para contestar o reaccionar. Luego, indíqueles que lean las anécdotas que han vivido varias personas en otros países y que comenten en parejas lo que creen que ha sucedido para que se produzca un malentendido o se dé lugar a una situación incómoda o que no se comprende.

3.1. [49] Indíqueles que van a escuchar a varios mediadores culturales explicando a qué se deben los malentendidos de las anécdotas anteriores. Una vez finalizado el audio, pregúnteles si acertaron en sus hipótesis.
1. En algunos países de Asia oriental, no está bien visto enseñar los dientes al sonreír. Para que no se considere una falta de educación, lo habitual es taparse la boca; **2.** En muchos países del sudeste de Asia, tocarle la cabeza a alguien es una grave ofensa. Los budistas consideran la cabeza como la parte más sagrada del cuerpo; **3.** Las visitas no anunciadas en países como México o Argentina son bastante frecuentes y son siempre muy bien recibidas; **4.** En India y Pakistán, la mano izquierda es impura: es la que tradicionalmente se ocupa de la higiene personal. Por eso, comer o saludar debe hacerse siempre con la mano derecha.

3.2. En plenario, pídales que comenten si han vivido alguna experiencia similar u otra experiencia causada por un malentendido cultural y anímelos a que comenten, después, cuál les ha parecido la más divertida.

Para trabajar estos contenidos, realice las actividades **15-17**, p. **80** del *Libro de ejercicios*.

4. [50] Explíqueles que van a escuchar a Lucía, una joven que vive en Madrid desde hace dos meses, y que deben escribir, por un lado, las cosas que ya ha hecho y que todavía no ha hecho en la ciudad y, por otro, lo que hizo la semana pasada. La finalidad es reconocer e identificar la información que se pide y afianzar los usos del pretérito perfecto y del pretérito indefinido, respectivamente. Ponga el audio por primera vez, deje que comparen en parejas y realice una segunda escucha antes de la corrección en plenario.
Posible respuesta:
Tres cosas que ya ha hecho Lucía hoy y tres cosas que todavía no ha hecho: Ha ido al Museo del Prado, ha dado un paseo con María por el Retiro, han tomado café en una terracita. Todavía no han ido al Museo Reina Sofía, no han ido aún a casa de los padres de Javi y no han ido aún al teatro.
Seis cosas que hizo Lucía el fin de semana pasado: Alquiló un coche con Marta y Bruno, visitaron el Monasterio de El Escorial y comieron cerca; también viajaron a Toledo, entraron por la Puerta de la Bisagra y visitaron la ciudad.

Para trabajar estos contenidos, realice la actividad **14**, p. **79** del Libro de ejercicios.

5. Se continúa trabajando la narración de experiencias, pero esta vez relacionadas con el aprendizaje del español. Se trata de una actividad de corte estratégico en la que los estudiantes tienen la oportunidad de reflexionar sobre su proceso de aprendizaje y compartir, después, sus impresiones con otros compañeros de clase.

Unidad 13

Cultura

1. Antes de empezar este apartado, pregunte a sus estudiantes si conocen Cuba, si la han visitado alguna vez y qué saben sobre este lugar. A continuación forme pequeños grupos y pídales que observen las fotografías de esta página y que, después, lean las frases de la actividad y señalen la opción que crean que es correcta en cada caso. Por último, ínstelos a que escriban alguna información adicional que conozcan sobre La Habana. No se detenga en corregir la actividad, pues conocerán las respuestas en las actividades sucesivas.
1. alegre; **2.** antigua; **3.** muy abiertos; **4.** por su música.

1.1. Diga a sus estudiantes que van a conocer las impresiones que escribió en Instagram una chica española que visitó La Habana. Antes, pídales que observen las imágenes que acompañan al texto y que, por lo que intuyen o se desprende de ellas, contesten a las siguientes preguntas: *¿cómo se llama a los autobuses de La Habana?, ¿qué creéis que son las* guaguas*?, ¿cómo se llama el paseo marítimo de la ciudad?, ¿qué es un* paladar*?* Una vez escuchadas sus hipótesis, pídales que lean el texto para confirmarlas y para que puedan comprobar también las respuestas de la actividad 1 y corregirlas en caso necesario.

¡AZÚCAR!

1 **En grupos pequeños** Observa las siguientes fotografías de La Habana. ¿Cómo crees que es? Con tus suposiciones, elige la opción correcta.

1. La Habana es una ciudad **alegre/seria**.
2. Es una ciudad **antigua/moderna**.
3. Sus habitantes son **muy abiertos/reservados**.
4. Es famosa **por su música/por su comida**.
5. Añade otros datos que sabes sobre La Habana.

1.1 **En parejas** Eva es una chica española que el año pasado visitó La Habana. Mira las fotos que ha colgado y lo que ha escrito en Instagram.

Eva_instagram

Bailando salsa
Turistas en La Bodeguita del Medio

Eva_instagram La Habana es una ciudad maravillosa, uno de esos lugares donde puedes sentir la vida en la calle: las voces de la gente, las bicicletas, las motos, los originales cocotaxis, las *guaguas* (como se les llama acá a los buses)... Es una ciudad multicultural en la que conviven diferentes razas, además del turismo procedente de todo el mundo: estadounidenses, franceses, alemanes, italianos, españoles...

154 | ciento cincuenta y cuatro — Unidad 13 | Vivencias

Puede proponer una actividad para que amplíen la información sobre La Habana y los lugares más emblemáticos de la ciudad. Forme dos grupos, A y B, y reparta a cada uno unas preguntas para que busquen las respuestas en internet y luego las compartan con el resto de la clase. Para guiar más la actividad, propóngales consultar este blog de viaje: https://elviajenotermina.com/la-habana/#more-2543

Equipo A
Con tus compañeros, busca en internet la respuesta a las siguientes preguntas sobre La Habana. Después, compartid con el resto de la clase la información que habéis encontrado.

1. *¿Qué extensión tiene el Malecón de La Habana? ¿Qué podemos encontrar en él?*
2. *¿Cuál es la institución artística más antigua de América Latina? ¿Qué tiene de especial?*
3. *¿Qué barrio de La Habana es Patrimonio de la Humanidad? ¿Por qué se caracteriza?*
4. *¿Cuál es la plaza más antigua de la ciudad? ¿Por qué es importante?*

Equipo B
Con tus compañeros, busca en internet la respuesta a las siguientes preguntas sobre La Habana. Después, compartid con el resto de la clase la información que habéis encontrado.

1. *¿Cuál es la plaza más "revolucionaria" de La Habana? ¿Qué tiene de especial?*
2. *¿En qué barrio podemos descubrir la verdadera vida de los cubanos? ¿Cómo es este barrio?*
3. *¿Cuál es el barrio más moderno de La Habana? ¿Cómo es y qué hay en él?*
4. *¿Cómo se llama la Catedral de La Habana? ¿Quién la construyó? ¿En qué año? ¿Cuáles son sus características?*

13

cocotaxi

paladar

La Habana Vieja

Ayer estuvimos en La Habana Vieja, el casco antiguo de la ciudad, que se caracteriza por sus calles rectas, los bonitos edificios de la época colonial, sus casas de diferentes colores y los automóviles americanos de los años 40 y 50.

Esta mañana hemos paseado por el Malecón, el paseo marítimo de la ciudad, y ahora vamos a cenar en un *paladar*, una casa particular donde se sirven comidas. La ciudad tiene una vida nocturna muy intensa: cines, teatros, salas de baile, clubs de *jazz*… Lo tiene todo, pero lo que más me gusta es lo simpática y cercana que es su gente, siempre tan alegre, tocando música por las calles y siempre sonriendo.

1.2 **En parejas** ¿Sabes por qué este apartado se llama *Azúcar*? Elige una de estas tres explicaciones.

- ☐ Porque La Habana es famosa por su café con azúcar.
- ☐ Porque Cuba es el primer productor mundial de azúcar.
- ☐ Porque una cantante de salsa introducía en sus canciones el grito de "¡azúcar!".

1.3 [51] Ahora escucha y comprueba tus respuestas anteriores.

1.4 **Todo el grupo** Revisa tus respuestas de la actividad 1. ¿Qué información nueva tienes sobre La Habana? ¿Te gustaría visitar Cuba? ¿Por qué? Justifica tu respuesta.

Unidad 13 | Vivencias   ciento cincuenta y cinco | 155

1.2. Con el libro cerrado, escriba en la pizarra el título de este apartado y pídales que, en parejas, comenten porqué creen que se ha elegido este título para hablar sobre Cuba y qué relación puede tener este con la isla. Escuche sus hipótesis en plenario y, a continuación, indíqueles que abran el libro, lean las opciones que se dan en la actividad y marquen la que consideren correcta. Antes de corregir, pase a la actividad 1.3.
Porque una cantante de salsa introducía en sus canciones el grito de "¡azúcar!".

1.3. [51] Comprensión auditiva cuya finalidad es la identificación de la respuesta correcta a la pregunta de la actividad anterior. Una vez que hayan confirmado la respuesta, pregúnteles si les ha sorprendido. Si dispone de los medios, le sugerimos que visualice en clase alguna canción o intervención de la artista en la que diga esa mítica expresión.

1.4. Se finaliza este apartado con una actividad de interacción oral en la que compartirán lo que han aprendido de La Habana y Cuba. Remítalos de nuevo a la actividad 1 y a lo que respondieron entonces y pídales que comenten qué información nueva saben ahora de La Habana y si les gustaría visitar la isla después de conocerla mejor y por qué.
Si sus estudiantes muestran mucho interés por seguir conociendo más sobre este país, puede sugerir que entren en el Portal del Turismo de Cuba (https://www.cuba.travel/) y que busquen qué otros destinos ofrece la isla y qué caracteriza a cada uno de ellos. Algunos de los lugares destacados son, además de La Habana, Santiago de Cuba, Varadero, Viñales, Trinidad, Cienfuegos, Santa Clara, Camagüey, Holguín…

Para trabajar estos contenidos, realice las actividades **18-19**, p. **81** del *Libro de ejercicios*.

Equipo A
1. Más de ocho kilómetros. Al ser uno de los centros neurálgicos de la vida de la ciudad, podemos encontrar a gente pescando, parejas y amigos charlando y músicos tocando; **2.** El Gran Teatro de La Habana. Es un impresionante edificio inaugurado en 1838, actualmente es la sede del Ballet Nacional de Cuba; **3.** La Habana Vieja. Por sus calles estrechas, sus edificios históricos de estilo colonial y neoclásico, sus iglesias, restos de fortalezas y plazas. Fue declarado Patrimonio de la Humanidad en 1982 por la Unesco; **4.** La plaza de Armas data de 1520. Es importante porque en esta plaza tuvo su origen la ciudad de La Habana. Hoy en día suele haber un mercado de libros de segunda mano y alberga la estatua de Carlos Manuel de Céspedes, que en 1868 dio los primeros pasos hacia la independencia de Cuba.
Equipo B
1. La plaza de la Revolución o plaza José Martí. En su gran explanada se llevan a cabo todas las manifestaciones políticas y sociales. Está considerada una de las plazas públicas más grandes del mundo. Aquí se encuentra la estatua de José Martí y las famosas imágenes del Che Guevara y de Camilo Cienfuegos en los edificios de los ministerios; **2.** En Centro Habana. Barrio principalmente residencial, más decadente, con calles y casas peor conservadas; no hay monumentos ni lugares turísticos, pero sí muchas casas de huéspedes donde alojarse; **3.** Vedado. Barrio comercial y residencial, con grandes hoteles, grandes avenidas y casas señoriales, además de tener mucho ambiente. Aquí se ubica el famoso cementerio de Colón, la plaza de la Revolución, el Hotel Nacional, el Hotel Habana Libre, la heladería Coppelia y, al norte, el Malecón; **4.** Catedral de San Cristobal de La Habana, ubicada en La Habana Vieja, data de 1748 y fue diseñada por Borromini. De estilo barroco, tanto la fachada, con sus dos torres desiguales, como la plaza que la alberga son realmente bellas.

Unidad 13

Vídeo

1. Pida a sus estudiantes que se fijen en la fotografía y pregúnteles qué están haciendo Tere y Bea. A continuación, visione el primer fragmento del vídeo 00:00 ▶ 02:02 y pase a la actividad 2.
   Tere y Bea están doblando las sábanas y charlando.

2. Explique que, en el vídeo que van a ver a continuación, Bea va a contar la historia del hostal Babel a Tere mientras doblan las sábanas. Pídales que antes relacionen las columnas según su opinión. A continuación, agrúpelos en parejas y pídales que comparen sus respuestas. No corrija de momento, pues lo harán después de visionar el fragmento de la actividad 3.
   1. f; **2.** e; **3.** d; **4.** b; **5.** c; **6.** a.

3. Indíqueles que lean la historia desordenada del hostal Babel y que, en parejas, intenten ordenarla. Déjeles un tiempo para hacerlo y, a continuación, ponga el fragmento del vídeo 02:04 ▶ final.
   Deje que revisen sus respuestas y visione el fragmento por segunda vez para que comprueben tanto estas como las que dieron en la actividad 2.
   9, 4, 2, 10, 7, 5, 1, 3, 6, 8, 11, 12.

4. Visione de nuevo el fragmento 02:04 ▶ final y pídales que anoten en su cuaderno al menos tres expresiones que dice Tere mientras escucha la historia de Bea. A continuación, pregúnteles por qué creen que las usa.
   Posible respuesta:
   1. ¡Qué interesante!; **2.** ¡Qué emocionante!; **3.** ¡Me encanta! También utiliza otras expresiones: *Cuéntame esa historia, ¿Y qué pasó (luego)?...*, o adelanta las respuestas de Bea. Todos estos recursos los usa para mostrar interés y para expresar emociones a lo largo de la historia.

5. Para finalizar, pregúnteles si ellos o algún miembro de su familia han heredado algún objeto o propiedad. Fomente la participación de todos los estudiantes para que cuenten sus historias. Si la clase es muy numerosa, divídalos en pequeños grupos y supervise la interacción.

Vídeo

HOSTAL Babel

Hostal Mabel

Antes del vídeo

1 Observa la imagen y di qué están haciendo Tere y Bea.

2 En este momento, alrededor de las sábanas, Bea cuenta la historia del hostal Babel a Tere. Relaciona las columnas según tu opinión. Compara con tu compañero/a.

1. ¿De quién era el hostal Babel?	a. Bea.
2. ¿Cuándo se abrió por primera vez este negocio?	b. 2011.
3. ¿Cómo se llamaba el hostal?	c. 15 de mayo de 2016.
4. ¿Cuándo cerró?	d. Mabel.
5. ¿Cuándo se volvió a abrir?	e. 1967.
6. ¿Quién es la dueña del hostal ahora?	f. Los abuelos de Bea.

Durante el vídeo

3 **En parejas** Ordena la historia del hostal Babel con la ayuda de tu compañero/a. Luego visiona el fragmento 02:04 ▶ final y comprueba si el orden es correcto. ¿Has relacionado bien la información de la actividad anterior?

- [ ] En el 2011 cerró sus puertas y estuvo vacío durante cinco años, hasta 2016.
- [ ] Al principio no les fue bien el negocio y estuvieron a punto de cerrarlo.
- [ ] Sus abuelos heredaron el edificio de un tío de su abuela.
- [ ] Bea volvió del extranjero y decidió encargarse del negocio con la ayuda de su abuela.
- [ ] Cuando el abuelo murió, Mabel se hizo cargo del negocio ella sola hasta que se jubiló.
- [ ] En los años 70 en España hubo un *boom* turístico y el hostal empezó a llenarse de huéspedes.
- [*1*] El hostal abrió sus puertas en 1967 con el nombre de *Hostal Mabel*, porque su abuela se llamaba María Isabel.
- [ ] Decidieron reformar el edificio para convertirlo en un hostal.
- [ ] Gracias al negocio los abuelos pudieron mantener a sus seis hijos.
- [ ] Ninguno de sus hijos quiso seguir con el negocio.
- [ ] Bea invirtió mucho dinero en reformar el local y convertirlo en un hostal para estudiantes.
- [*12*] Le cambió el nombre y la primera invitada de honor fue su abuela Mabel.

4 Tere reacciona utilizando algunas expresiones cuando Bea cuenta la historia. Visiona de nuevo el fragmento y anota en tu cuaderno al menos tres de las que dice. ¿Por qué crees que lo hace?

1. .... 2. .... 3. ....

Después del vídeo

5 **Todo el grupo** ¿Tu familia ha heredado algún objeto o propiedad? Cuenta la historia a tus compañeros.

156 | ciento cincuenta y seis — Unidad 13 | Vivencias

Evaluación

1 Piensa en tres palabras que has aprendido en esta unidad relacionadas con la historia y elabora una frase con cada una de ellas.

1. ....
2. ....
3. ....

2 Escribe tres datos biográficos de Chavela Vargas y de Salvador Dalí.

Chavela Vargas

1. ....
2. ....
3. ....

Salvador Dalí

1. ....
2. ....
3. ....

3 Escribe la tercera persona del singular y del plural del pretérito indefinido de los siguientes verbos.

Elegir	Morir	Caer	Oír

4 Elige la opción correcta.

1. ¿Has visto mi abrigo?
   a. La semana pasada.
   b. Hoy.
2. Bailaron muchísimo.
   a. En la fiesta de esta noche.
   b. En la fiesta del fin de semana pasado.
3. He conocido a Alberto.
   a. Esta semana.
   b. El mes pasado.
4. Ana no dijo nada.
   a. Esta mañana.
   b. Ayer.
5. Han comprado toda la comida.
   a. Para la cena de esta noche.
   b. Para la cena de ayer.
6. Viajó a Tailandia.
   a. El verano pasado.
   b. Este mes.

5 [52] Escucha la biografía de Celia Cruz y completa con la información correcta.

1. .... a estudiar Magisterio, pero no se ....
2. Los primeros años .... en algunas orquestas y .... en espectáculos de teatro.
3. Desde 1960 .... en Estados Unidos, donde .... en julio de 2003.
4. Siempre .... y .... sus conciertos gritando: "¡azúcar!".
5. Los 5 premios Grammy .... los premios más importantes que ....

Evaluación

1. Respuesta abierta.

2. Respuesta abierta.

3. **Elegir:** eligió, eligieron; **Morir:** murió, murieron; **Caer:** cayó, cayeron; **Oír:** oyó, oyeron.6.

4. **1.** b; **2.** b; **3.** a; **4.** b; **5.** a; **6.** a.

5. [52] **1.** Empezó, graduó; **2.** cantó, participó; **3.** vivió, murió; **4.** empezó, terminó; **5.** fueron, ganó.

Unidad

14

¿Cómo era antes?

Fíjate en la imagen. ¿Qué objeto es?
¿Como se llama y para que sirve?
¿Qué está haciendo la persona con el bolígrafo?

En esta unidad vas a. . .

- Hacer descripciones en pasado
- Narrar sucesos e historias en pasado
- Hablar del tiempo atmosférico
- Conocer el mapa político de España y sus lenguas

¿Cómo era antes?

Pregunte a sus estudiantes qué les sugiere el título de la unidad. Luego pídales que se fijen en la imagen y pregúnteles si la pueden relacionar de algún modo con este. A continuación pregúnteles si saben cómo se escuchaba la música antes, en qué soporte y con qué dispositivos. Puede ampliar la actividad añadiendo estas preguntas: *¿Tienes discos en vinilo?, ¿conoces alguna tienda de discos de vinilo?, ¿sabes cómo se grababa antes la música?, ¿tienes alguna cinta de casete?* Finalmente, presente los contenidos de la unidad.

¿Qué sabes?

1 **En parejas** Lee los diálogos y subraya los verbos conjugados.

1.1 **En parejas** Clasifica cada verbo de los diálogos anteriores en su lugar correspondiente de la tabla. Trabaja con tu compañero/a.

Presente	Pretérito perfecto	Pretérito indefinido	Otros tiempos

1.2 **En parejas** ¿Sabes qué tiempos son los verbos que aparecen en la última casilla de la tabla? ¿Crees que expresan acciones en presente, pasado o futuro?

1.3 **En parejas** Di tres cosas que han cambiado en el mundo desde que eras pequeño/a.

1.4 **En parejas** Escribe a continuación todas las palabras y expresiones, de los diálogos anteriores, que hacen referencia al clima. Si conoces otras, anótalas también.

¿Qué sabes?

1. El objetivo de esta secuencia de actividades es introducir, a partir de una comprensión lectora y por contraste con los tiempos verbales que ya conocen, dos tiempos nuevos: el pretérito imperfecto y el pretérito pluscuamperfecto. En esta primera actividad, de nuevo en parejas, tendrán que subrayar todos los verbos conjugados que aparecen en los cuatro diálogos. Como el vocabulario que van a ver no es especialmente complicado, sugiera que se pregunten entre ellos si tienen alguna duda al respecto.
Diálogo 1: hablamos, Sabes, es, ha subido, llovía, había; **Diálogo 2:** Es, era, sabíamos, pasaba, podéis; **Diálogo 3:** estuvimos, ha empezado, hace, está; **Diálogo 4:** tuve, Había, veía, Pasé, había, he salido, se había quitado.

1.1. Una vez que hayan subrayado todos los verbos de la actividad 1, pídales que, con su misma pareja, los clasifiquen en su lugar correspondiente de la tabla según estén conjugados en presente, pretérito perfecto, pretérito indefinido o, como cuarta opción, en otros tiempos. En realidad, lo que se pretende ahora es que identifiquen los pretéritos imperfecto y pluscuamperfecto. Aunque las formas de estos tiempos todavía no les resulten familiares, sí deberían ser capaces de discriminarlos respecto a otros tiempos verbales que sí conocen. Haga una puesta en común para corregir la actividad y explíqueles las posibles dudas.
Presente: Sabes, es, Es, podéis, hace, está; **Pretérito perfecto:** ha subido, ha empezado, he salido; **Pretérito indefinido:** hablamos, estuvimos, tuve, Pasé; **Otros tiempos:** llovía, había, era, sabíamos, pasaba, Había, veía, había, se había quitado.

1.2. Una vez corregida la actividad 1.1, dirija la atención de sus estudiantes hacia la columna "Otros tiempos" y pídales que, en parejas, comenten si saben los tiempos a los que que pertenecen los verbos que han escrito en ella y si estos expresan acciones en presente, pasado o futuro. Anímelos a que argumenten sus respuestas. Recuerde que, en este apartado, se trata solo de recabar información y activar posibles conocimientos previos, por lo que, de momento, no es necesario que explique nada más sobre estos tiempos, que estudiarán en profundidad en el apartado "Gramática".
Se trata de los pretéritos imperfecto y pluscuamperfecto de indicativo y expresan acciones en pasado.

1.3. Proponga esta actividad de expresión oral para que le cuenten a la misma pareja con la que han trabajado tres cosas que han cambiado en el mundo desde su infancia y que ahora sean muy distintas. Tome nota de los temas que mencionen y que le puedan resultar interesantes, así como de los verbos que utilicen de forma incorrecta, para retomarlos y comentarlos cuando explique los usos del pretérito imperfecto y su relación con los otros tiempos del pasado. Por el momento, se trata de ir introduciendo el concepto del contraste entre *antes* y *ahora*, y no de que produzcan de forma correcta un tiempo que todavía no han estudiado.

1.4. Mantenga la clase en parejas para realizar esta actividad de vocabulario que tiene como objetivo introducir uno de los contenidos léxicos que trabajarán en el apartado "Palabras". Pídales que escriban todas las palabras y expresiones relativas al clima que encuentren en los diálogos de la actividad 1 y que, además, añadan cualquier otra que conozcan. Tome nota de todas ellas para comprobar, más adelante, si aparecen en "Palabras".

Unidad 14

Palabras

1. Para introducir uno de los temas de este apartado, pida a sus estudiantes que se fijen en la imagen que acompaña a la actividad y pregúnteles si saben cómo se llama ese tipo de publicación y, también, si conocen el nombre de alguna de sus secciones. Escriba en la pizarra sus respuestas para luego compararlas con las palabras que se presentarán en la siguiente actividad. En caso de que nadie mencione el nombre de la publicación, esto es, *periódico*, puede guiarlos proponiendo el juego del ahorcado. Escriba P _ _ I Ó _ _ C _ o simplemente las líneas sin pistas en la pizarra y haga que le vayan diciendo letras hasta dar con la palabra.
Se trata de un periódico.

1.1. Disponga a los estudiantes en parejas y explíqueles que, en el recuadro, pueden leer los nombres de algunas de las secciones más importantes que suele haber en un periódico. Pídales que relacionen cada sección con la imagen correspondiente y que, además, escriban en su cuaderno una frase que describa los contenidos que trata cada sección. Muévase por la clase para comprobar el correcto desarrollo de la actividad y ayudarlos si fuera necesario. Por último, corrija haciendo una puesta en común. Puede ampliar la actividad preguntándoles si conocen otras secciones de un periódico y pidiéndoles que comenten qué contenidos tratan y que busquen en internet imágenes que las ilustren.
1. Economía; **2.** Sociedad; **3.** Política; **4.** Cultura y espectáculos; **5.** Ciencia y salud; **6.** Opinión; **7.** El tiempo; **8.** Anuncios por palabras; **9.** Deportes.

1.2. El objetivo de esta actividad de interacción oral es que practiquen el vocabulario relativo a los periódicos y sus secciones: pídales que contesten a las preguntas propuestas argumentando siempre sus respuestas. Además, puede ampliar la actividad pidiéndoles que busquen en internet imágenes del periódico que hayan mencionado y las compartan con sus compañeros y preguntándoles si conocen algún periódico en español. Si no conocen ninguno, puede darles algunos minutos para que hagan una búsqueda en internet de los periódicos más leídos en el mundo hispano y pedirles, después, que compartan la información recabada con el resto de la clase.

Para trabajar estos contenidos, realice las actividades **1-2**, p. **82** del *Libro de ejercicios*.

Palabras

1 **En parejas** ¿Sabes cómo se llama en español lo que lee el hombre de la foto? ¿Conoces el nombre de alguna de sus secciones?

1.1 **En parejas** Pon el nombre de cada sección del periódico debajo de la imagen correspondiente y escribe una frase indicando qué contenidos trata. Compara con tus compañeros.

El tiempo | Política | Economía | Deportes | Sociedad | Cultura y espectáculos | Ciencia y salud | Anuncios por palabras | Opinión

1 ______ 2 ______ 3 ______
4 ______ 5 ______ 6 ______
7 ______ 8 ______ 9 ______

1.2 **Todo el grupo** ¿Cuál es tu periódico preferido? ¿Con qué frecuencia lo lees? ¿Lo lees en papel o en formato digital? ¿Por qué? ¿Cuál es tu sección favorita? ¿Y la que menos te interesa? Argumenta tus respuestas.

160 | ciento sesenta — Unidad 14 | ¿Cómo era antes?

2. (página siguiente) Pídales que se fijen en los símbolos presentados y pregúnteles dónde suelen ver ese tipo de imágenes. Es de esperar que mencionen la sección del tiempo en el periódico o el parte meteorológico en la televisión. Explíqueles que, efectivamente, van a aprender algunas de las palabras de uso más común para hablar del tiempo meteorológico. A continuación pídales que, en parejas, lean las palabras del recuadro y las escriban al lado del símbolo correspondiente. Pregúnteles si conocen otros símbolos que se usen en las noticias del tiempo y pídales que los dibujen y expliquen qué indican.
1. sol; **2.** sol y nubes; **3.** nublado; **4.** lluvia; **5.** tormenta; **6.** nieve; **7.** frío; **8.** calor; **9.** norte; **10.** sur; **11.** este; **12.** oeste.

2 **En parejas** En la sección del tiempo de cualquier periódico puedes encontrar símbolos como estos. Relaciona cada símbolo con su nombre correspondiente.

sur | sol | calor | nublado | nieve | norte | tormenta | este | sol y nubes | frío | oeste | lluvia

2.1 [53] Escucha y dibuja cada símbolo donde corresponda. Fíjate bien en los nombres que hay en el mapa.

Fíjate:

- Los verbos que usamos para hablar del tiempo, como *llover, nevar, hacer frío/calor/sol...*, solo se usan en la tercera persona del singular:
  *Antes **llovía** más que ahora.* *Ayer **nevó** un poco.* ***Hace** mucho sol hoy.*
- Los nombres de las estaciones son ***primavera, verano, otoño*** e ***invierno***.
- Se puede hablar del tiempo de manera general con las expresiones ***hace buen tiempo*** (si hace sol o calor) y ***hace mal tiempo*** (si llueve o hace frío).
- Para hablar de las características del **clima** o el **tiempo** de un lugar, una estación o un mes del año, puedes usar estos adjetivos:
  - Relacionados con el **tipo de clima**: mediterráneo/oceánico/continental...
  - Relacionados con la **temperatura**: frío(a)/templado(a)/cálido(a)/suave/duro(a)/extremo(a)...
  - Relacionados con la **lluvia**: húmedo(a)/seco(a).

  *La primavera en Madrid es muy **húmeda**.* *Agosto en Sevilla es muy **cálido**.*
  *En Valencia hay clima **mediterráneo**.* *La temperatura en septiembre es **templada**.*

2.2 **Todo el grupo** ¿Cómo es el clima de tu país? ¿Cuál es tu estación favorita? ¿Por qué?

2.1. [53] Dígales que se fijen primero en los símbolos del recuadro, cuyo significado acaban de ver, y en el mapa de España con los nombres de siete comunidades autónomas. Indíqueles que se fijen bien dónde están situadas geográficamente, ya que van a escuchar a una persona contando cómo es el tiempo en España y tendrán que dibujar en cada comunidad el símbolo o los símbolos que correspondan. Después de la primera escucha, deje que comparen en parejas y, si es necesario, vuelva a poner el audio. Una vez corregida la actividad, escriba en la pizarra las palabras relacionadas con el tiempo que han escuchado: *nublado, frío, sol, nubes, despejado,* y pregúnteles si recuerdan con qué verbos se combinaban en el audio. Si no los mencionan, escriba los verbos *está, hace* y *hay* para que hagan las combinaciones correctas. A continuación remítalos al cuadro de atención, en el que se explican estas y otras estructuras relacionadas con el tiempo, así como el funcionamiento de los verbos que expresan fenómenos meteorológicos. Siga practicando estas combinaciones con la proyección 48.

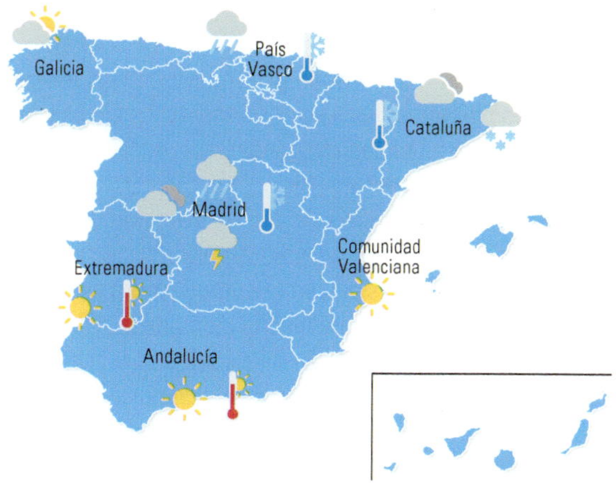

Mapa de Hispanoamérica

[48]

Proyecte de nuevo el mapa de Hispanoamérica y pídales que describan el tiempo que hace en esos momentos en sus países. Para que sus descripciones seas más precisas, indíqueles que se fijen en qué parte (norte, sur...) de estos están situados los símbolos. Ínstelos a usar las combinaciones y el léxico aprendidos.

Posible respuesta:

En el norte de México hay sol y hace calor. En la República Dominicana hace calor y hay sol. En el norte de Venezuela hace calor. En el centro de Colombia hay sol y nubes. En Ecuador y Perú hay sol y nubes. En Bolivia y Paraguay está muy nublado. Llueve en el norte de Chile y en el norte de Argentina. Hace frío en el centro de Chile y de Argentina y en Uruguay. Nieva en el sur de Chile y en el sur de Argentina.

2.2. Actividad oral para practicar el léxico y estructuras aprendidos. Pídales que cuenten al resto de la clase cómo es el tiempo en sus países y cuál es su estación favorita y por qué. Cierre el apartado preguntándoles, según los datos obtenidos, cuál es la estación preferida de la clase.

Para trabajar estos contenidos, realice las actividades **3-7**, p. **83** del *Libro de ejercicios*.

Unidad 14

Gramática

1. Explique el cuadro de gramática en el que se presenta la morfología y los principales usos del pretérito imperfecto de indicativo. Explique que este tiempo solo tiene dos terminaciones, una para los verbos de la primera conjugación y otra, común, para los de la segunda y la tercera. Haga que se fijen en las terminaciones de los paradigmas verbales, léalos en voz alta y haga que los repitan. A continuación presente los tres usos más frecuentes del pretérito imperfecto y, para terminar la explicación, remítalos a los cuadros de atención y hágales notar que este tiempo solo tiene tres verbos irregulares, *ser*, *ir* y *ver*, y también el uso, menos frecuente, que hacemos de este tiempo para pedir cosas con cortesía.

1.1. Con esta actividad comenzarán a practicar uno de los usos del pretérito imperfecto presentados en el cuadro de gramática: la descripción en pasado. En plenario, pídales que se fijen en los dos pares de imágenes y que describan con el mayor detalle posible la diferencia entre *antes* y *ahora*. Si lo considera necesario, para favorecer la fluidez en sus producciones usando este nuevo tiempo verbal, guíelos preguntándoles sobre diferentes elementos que aparecen en las imágenes.

Posible respuesta:

A. Antes el salón era más clásico y antiguo, ahora es más moderno; antes las paredes eran grises, ahora son violetas; antes el sofá era verde, ahora es color crema; antes había una mesita de madera, ahora hay una mesa de cristal…; B. Antes era una niña de 9 o 10 años, ahora es una chica joven, de unos 25 años; antes tenía el pelo largo y llevaba trenzas, ahora tiene el pelo corto; antes iba al colegio, ahora también va al colegio, pero es profesora…

Gramática

El pretérito imperfecto solo tiene **tres verbos irregulares**:

Ser	Ir	Ver
era	**iba**	**veía**
eras	**ibas**	**veías**
era	**iba**	**veía**
éramos	**íbamos**	**veíamos**
erais	**ibais**	**veíais**
eran	**iban**	**veían**

Fíjate:
El imperfecto se usa también para pedir algo con **cortesía**. En este caso, el imperfecto equivale al presente:
▶ *Quería pedirte un favor…*
▷ *Dime. Si puedo ayudarte, lo haré.*

1 Pretérito imperfecto de indicativo

- El **pretérito imperfecto** tiene dos terminaciones distintas, una para los verbos que terminan en *-ar* y otra para los que terminan en *-er* e *-ir*:

	Hablar	Leer	Escribir
yo	hablaba	leía	escribía
tú	hablabas	leías	escribías
él, ella, usted	hablaba	leía	escribía
nosotros/as	hablábamos	leíamos	escribíamos
vosotros/as	hablabais	leíais	escribíais
ellos, ellas, ustedes	hablaban	leían	escribían

- El **pretérito imperfecto** es un tiempo del pasado que se usa para:
  - **Describir** en pasado:
    *La clase **era** grande. La profesora **se llamaba** Inés y **era** chilena.*
  - Hablar de **acciones habituales** en el pasado:
    ***Me levantaba** a las ocho, **salía** a las nueve y **cogía** el autobús.*
  - Hablar de una **acción** en pasado **interrumpida** por otra acción en pasado:
    Veía una película cuando me llamaste. (La acción de *ver* es interrumpida por la acción de *llamar*).

1.1 **Todo el grupo** Fíjate en las imágenes y describe la diferencia entre antes y ahora.

A

B

1.2 **En grupos pequeños** ¿Cómo eras hace cinco años? Piensa en cinco cosas que ahora son diferentes y cuéntaselas a tus compañeros.

1.3 Completa la explicación con los nombres de los tiempos correspondientes. Luego escribe el imperfecto de los verbos del ejemplo.

> El pretérito .... presenta la acción en un tiempo pasado, pero sin especificar el comienzo o el final. Por esta razón, es el tiempo que usamos para la descripción, para hablar de las circunstancias que rodean a los hechos o acciones. La narración la forman los acontecimientos que se expresan en pretérito .... (acciones terminadas en relación con el presente) o en .... (terminadas en relación con el pasado):
> .... *(Llover) mucho. La calle .... (estar) desierta. De repente, un coche se detuvo, la ventanilla del conductor se abrió y vi que .... (ser) Luisa, una compañera de la universidad. Desde aquella noche no nos hemos separado.*

162 | ciento sesenta y dos — Unidad 14 | ¿Cómo era antes?

1.2. Distribuya a los estudiantes en grupos pequeños para que se cuenten entre ellos cómo eran hace cinco años. Pídales que piensen en cinco cosas que eran diferentes en aquel entonces. Puede darles algunos minutos para que escriban sus notas. Luego, cuando compartan su descripción con los demás componentes del grupo, anímelos para que se pidan más información al respecto, de manera que se consigan descripciones más detalladas y, por lo tanto, se practique más el pretérito imperfecto. Sería interesante que se mostraran alguna fotografía de esa época que les permitiera corroborar los cambios; así, no solo estaría fomentando la interacción, sino también reforzando el vínculo emocional entre ellos.

1.3. Esta actividad tiene como fin presentar el contraste entre los pretéritos perfecto, indefinido e imperfecto. Pida a sus estudiantes que lean la explicación y que la completen con los nombres de los tiempos. De este modo, ellos mismos tendrán que deducir el uso de cada uno. Pídales que pongan ejemplos. Por último, deberán conjugar en pretérito imperfecto los verbos que aparecen en el ejemplo que acompaña la explicación.
imperfecto, perfecto, indefinido; *Llovía, estaba, era.*

Para trabajar estos contenidos, realice las actividades **8-15**, pp. **84-86** del *Libro de ejercicios.*

2 Pretérito pluscuamperfecto

- El **pretérito pluscuamperfecto** es un tiempo compuesto del pasado que se forma con el pretérito imperfecto de *haber* y el participio del verbo principal. Esta es su conjugación regular:

Estudiar	Entender	Repetir
había estudiado	**había** entendido	**había** repetido
habías estudiado	**habías** entendido	**habías** repetido
había estudiado	**había** entendido	**había** repetido
habíamos estudiado	**habíamos** entendido	**habíamos** repetido
habíais estudiado	**habíais** entendido	**habíais** repetido
habían estudiado	**habían** entendido	**habían** repetido

Recuerda:
Hay participios que son irregulares: *visto, escrito, vuelto*, etc.

- El pretérito pluscuamperfecto se usa, para expresar una acción anterior a otra acción también pasada. Es un **antepasado**:
  Cuando llegué a casa, mis padres ya ***habían cenado****.*
  (La acción de cenar es anterior a la acción de llegar, que también es pasada).

2.1 **Completa las frases con la forma adecuada del pretérito pluscuamperfecto.**

1. Cuando llegamos a Huesca, el albergue ya .... (cerrar).
2. Al entrar en la habitación, nos dimos cuenta de que no la .... (limpiar).
3. ¡Me encantó Sevilla! Nunca .... (estar).
4. No escuché el mensaje porque ya .... (dormirse).
5. Suspendiste el examen porque no .... (estudiar) mucho.
6. Mi madre reservó ese hotel porque ya lo .... (ver).
7. Fue un viaje muy especial porque nunca antes .... (hacer, nosotros) un crucero.

3 Marcadores temporales

Los marcadores temporales *antes, después, mientras, siempre* y *cuando* son un recurso fundamental de la narración porque relacionan dos acciones y permiten saber en qué momento ocurre cada una de ellas:

- ***Antes*** se usa para indicar una acción que precede a otra u otras:
  Juan ha llegado ***antes****, luego he venido yo.*
- ***Después*** sirve para expresar posterioridad; equivale a *más tarde, luego*:
  Ayer comí y ***después*** *me fui a clase.*
- ***Mientras*** se utiliza para hablar de acciones simultáneas:
  Mientras *cenábamos, vimos las noticias.*
- ***Siempre***, que significa 'en todo o cualquier tiempo', se usa para hablar de hábitos:
  Siempre *se duchaba antes de acostarse.*
- ***Cuando*** sirve para indicar el tiempo en el que ocurre algo:
  Cuando *nací, mi madre tenía 27 años.*

3.1 **Completa las frases con el marcador temporal correcto.**

1. .... he llegado a clase, la profesora no estaba.
2. Estuvimos en el cine y .... volvimos a casa porque era muy tarde.
3. .... tú pasabas la aspiradora, yo planché la ropa.
4. Cuando era pequeño, los domingos .... comía en casa de mis abuelos.
5. Habíamos comido algo ...., por eso no teníamos hambre.

2. Explique la formación del pretérito pluscuamperfecto y su uso a partir del cuadro. Una vez explicado, haga hincapié en los participios irregulares que se explican en el cuadro de atención. Después pase a la práctica de la actividad 2.1.

2.1. Actividad de consolidación de la forma del pretérito pluscuamperfecto.
1. había cerrado; **2.** habían limpiado; **3.** había estado; **4.** me había dormido; **5.** habías estudiado; **6.** había visto; **7.** habíamos hecho.

Para trabajar estos contenidos, realice la actividad **16**, p. **86** del *Libro de ejercicios*.

3. Presente el cuadro de los marcadores temporales y explique la importancia que tienen estos y cómo nos ayudan a articular la narración de un modo lógico y ordenado. A medida que explique la función temporal de cada marcador y lea los ejemplos, puede pedirles que aporten ellos otros, así les facilitará la comprensión de los conceptos y usted se asegurará de que han entendido correctamente.

3.1. Proponga ahora esta práctica controlada para trabajar los marcadores temporales que han visto en el cuadro gramatical.
1. Cuando; **2.** después; **3.** Mientras; **4.** siempre; **5.** antes.

Para trabajar estos contenidos, realice la actividad **17**, p. **86** del *Libro de ejercicios*.

Unidad 14

Practica en contexto

1. Explique a sus estudiantes que van a leer un texto sobre cómo era el mundo antes de la aparición de internet, pero que previamente deben leer las seis afirmaciones que lo preceden y marcar las que consideren que son ciertas. Una vez que las hayan marcado, puede fomentar un pequeño debate en el que argumenten sus respuestas. Luego haga que lean el texto y pídales que vayan subrayando en él los fragmentos en los que se confirman o no las afirmaciones que han visto previamente. Deje que usen el diccionario si no conocen alguna palabra. Por último dirija su atención hacia las palabras *caricaturas* y *nomás*, y pregúnteles si saben qué significan y dónde se usan. En caso de que no lo sepan, dirija la atención de la clase al cuadro de la RAE, donde se explica su significado.
2, 3, 5, 6.

2. Distribuya a los estudiantes en grupos pequeños y explique que, antes de que existieran los teléfonos móviles e internet, muchas otras cosas eran distintas, pero que tendrán que ser ellos quienes traten de describir cómo eran. Indíqueles que lean las ocho acciones propuestas y que, juntos, imaginen cómo se llevaban a cabo en esa época analógica. Sugiérales que un miembro de cada grupo tome nota de todas las ideas y explicaciones que surjan. Para la corrección, pase a la siguiente actividad.

2.1. (página siguiente) Actividad de comprensión auditiva cuyo objetivo, además del trabajo propio de esta destreza interpretativa, es comprobar si han acertado en sus suposiciones de la actividad 2. Explique que van a escuchar a una madre hablando con su hijo sobre cómo se hacían determinadas cosas en aquel tiempo. Ponga el audio sin detenerlo en ningún momento y, después, ínstelos a que, con los mismos compañeros de la actividad anterior, comparen lo que han escuchado con lo que habían imaginado previamente. Si le parece necesario, proceda a una segunda escucha, esta vez pausándola, para confirmar la información.
[54]
1. Se usaban mapas de papel; **2.** Se buscaba en la calle una cabina telefónica; **3.** La gente se sabía de memoria los números de teléfono de las personas más cercanas y los demás los apuntaba en una agenda de papel; **4.** Se solía ir a agencias de viajes que lo organizaban todo: el hotel, el viaje, las excursiones…; **5.** Compraban en las tiendas; **6.** Iban al banco a realizar cualquier gestión; **7.** Conocían a la gente en persona, en el trabajo, en clase, en los bares, a través de amigos comunes…; a veces conocían por carta a la gente de otros lugares; **8.** Se alquilaban películas en los videoclubs.

3. Antes de realizar la actividad, explique el cuadro donde se presentan recursos para introducir una anécdota y para reaccionar a la misma mostrando interés y expresando sorpresa o incredulidad. Luego, en plenario, pídales que se fijen en las frases que que hay en la actividad y que cuenten a sus compañeros una vez en que se dieron esas circunstancias.

Practica en contexto

1 Aquí tienes un artículo sobre el mundo antes de internet. Antes de leer, marca las afirmaciones que te parecen ciertas. Luego lee el texto y comprueba las respuestas.

1. ☐ Antes la gente hablaba mucho menos por teléfono.
2. ☐ Las únicas redes sociales eran los bares, el trabajo, la clase y las calles.
3. ☐ Había que sacar las fotos en papel para verlas.
4. ☐ En el cine y en la televisión había más *spoilers*.
5. ☐ Existían tiendas de discos donde se compraba la música.
6. ☐ Los estudiantes iban a bibliotecas y librerías cuando necesitaban información para sus trabajos.

Así era la vida antes de internet

¿Cómo era el mundo en 1991, antes de la aparición de internet? Porque sí, hubo un tiempo en que vivíamos sin internet, sin wifi, sin teléfonos inteligentes…, porque aún no los habían inventado. Un tiempo en que teníamos que describir con nuestras palabras lo que ocurría a nuestro alrededor porque no existían enlaces que compartir en ningún lado. Los bares, el trabajo, la clase y las calles eran las únicas redes sociales. Muchas acciones habituales eran diferentes: no nos mandábamos correos ni wasaps, hablábamos mucho por teléfono y nos escribíamos cartas; no existía la Wikipedia, por eso íbamos a bibliotecas y librerías cuando necesitábamos información para los trabajos de clase; tomábamos las fotos con películas que debíamos llevar a las tiendas de fotografía, donde las revelaban y nos las daban en papel; la música se compraba en tiendas en las que los discos estaban ordenados por géneros y en orden alfabético; veíamos caricaturas o telenovelas en la tele y nadie hacía *spoilers* de las series porque todos las veíamos al mismo tiempo. ¿Vivíamos desconectados? No, antes de 1991 compartíamos todo de otra manera: en persona y con nuestra voz. No, la vida no era mejor. Nomás era distinta.

Adaptado de Javier Martínez Staines http://www.univision.com/estilo-de-vida/trending/asi-era-la-vida-antes-de-internet

RAE
LÉXICO
La RAE define la palabra caricatura como 'un dibujo satírico en que se deforman las facciones y el aspecto de alguien':
*Tenía enmarcada una **caricatura** que le había hecho un compañero de facultad y que no tenía demasiado parecido con el modelo.*
Sin embargo, en el español de El Salvador y México la palabra caricaturas equivale en español de España a dibujos animados, cómics o tebeos: *Ahí los encontraba correteando con otros niños, o leyendo cuentos de **caricaturas** que alquilaban por unos centavos en el quiosco de revistas.*
Español de España › solamente: *En el vestuario del gimnasio hay **solamente** un banco largo y estrecho.*
Español de América › nomás: *Como estaban también muy cerca de esa estación, a unas cuadras **nomás**, después de una ducha y de haberse cambiado de ropas, Marisa propuso ir caminando.*

2 **En grupos pequeños** Antes de la llegada de internet y de los móviles, muchas otras cosas también eran diferentes. ¿Cómo imaginas que se hacía lo que tienes a continuación?

1. Viajar sin la ayuda de mapas digitales ni GPS.
2. Hablar por teléfono cuando estabas fuera de casa.
3. Guardar los números de teléfono y datos de contacto de amigos y conocidos.
4. Organizar los viajes y las vacaciones: reservar vuelos, hoteles, etc.
5. Comprar ropa y otras cosas donde había pocas tiendas o ninguna.
6. Consultar tus cuentas bancarias, hacer transferencias, etc.
7. Conocer a gente de otros lugares.
8. Ver películas que no ponían ni en los cines ni en la televisión.

14

2.1 [54] **En grupos pequeños** Arancha le explica a su hijo cómo se hacían esas cosas en aquel tiempo. Escuchad y tomad notas. ¿Habéis acertado en vuestras suposiciones anteriores?

3 **Todo el grupo** Cuenta a tus compañeros aquella vez que...

- Estabas muy nervioso/a.
- Te enfadaste mucho.
- Estabas muy preocupado/a.
- Te divertiste mucho.
- Tenías ganas de llorar.
- Te sentías feliz.
- No podías parar de reír.
- Estabas muy cansado/a.

Recursos para introducir una anécdota
- ¿Sabes qué me pasó/ha pasado...?
- ¿A que no sabes qué me pasó/ha pasado?

Mostrar interés
- ¿Y qué pasó/ha pasado después?
- Sigue, sigue.../Cuenta, cuenta...

Expresar sorpresa o incredulidad
- ¿Ah, sí?
- ¡No me lo puedo creer!
- ¡Qué me dices!
- ¿De verdad?

4 **En parejas** Lee la siguiente noticia y completa la tabla.

El pasado mes de julio, un grupo de niños de la localidad de Exeter, en Inglaterra, protestó contra el estricto código de vestuario de su escuela llevando faldas, la dirección les había prohibido usar pantalones cortos a pesar de las elevadas temperaturas veraniegas. Un día antes, un niño había sido expulsado de la escuela por llevar pantalones cortos.

Al parecer, la directora del centro escolar había hecho el comentario sarcástico de que podían usar falda si tenían tanto calor, pero no esperaba que los estudiantes le tomaran la palabra.

La televisión local pudo grabar la escena cuando el jueves por la mañana las niñas les entregaban faldas a sus compañeros de clase. Uno de ellos declaró que usar falda escocesa era "bastante refrescante".

Los británicos no están acostumbrados a unas temperaturas tan altas, pero sí a ver hombres con falda. Esta prenda forma parte del traje nacional escocés y no es raro ver a escoceses usarla por las calles de Gran Bretaña.

Adaptado de http://www.telemundo.com/noticias/2017/06/23/ninos-protestan-con-faldas-prohibicion-de-usar-shorts-pese-al-calor

¿Qué pasó?	¿Quiénes?	¿Dónde?	¿Cuándo?	¿Por qué?

4.1 **En grupos pequeños** Los titulares que aparecen a continuación son reales. Elige uno y escribe la noticia como la imaginas y usando los nuevos tiempos que has aprendido. Trabaja con tus compañeros de grupo.

Unos ladrones robaron un coche con un niño dentro y lo llevaron a la escuela.

Una anciana aprendió a leer y escribir hace dos años y ya ha publicado 35 cuentos.

Un pingüino recorre 8000 km cada año para ver al hombre que le salvó la vida.

Un hombre estuvo durante dos años metiendo sus cartas en un contenedor de basura convencido de que era un buzón.

Un joven australiano despertó del coma hablando chino.

Una mujer de 91 años ha conseguido lo que muchos desean: trabajar en Silicon Valley.

4.2 **Todo el grupo** Comparte la noticia con tus compañeros. Después comparad vuestra noticia con la real que os va a dar vuestro profesor/a. ¿Se parecen?

4. Forme parejas y dígales que lean el artículo de prensa. Permita que se pregunten entre ellos el significado de las palabras que no entiendan. Después de la lectura, explique que una noticia siempre responde a seis preguntas, las que encuentran en la tabla que hay debajo del artículo: *¿Qué pasó?, ¿Quiénes?, ¿Dónde?, ¿Cuándo?* y *¿Por qué?* Pídales que lean de nuevo el texto y que completen la tabla con la información que da respuesta a cada pregunta. Cuando hayan terminado, haga una puesta en común para corregir.
Puede ampliar la actividad preguntándoles qué les ha parecido el artículo y la decisión que tomaron los niños y, también, si conocen algún otro caso de "rebeldía" tan original y divertido como el de los protagonistas de la noticia.
Posible respuesta:
¿Qué pasó?: Protestaron contra el estricto código de vestuario de su escuela llevando las faldas que les dejaron las niñas; **¿Quiénes?:** Un grupo de niños; **¿Dónde?:** En Exeter, Inglaterra; **¿Cuándo?:** El pasado mes de julio; **¿Por qué?:** Porque no les permitieron usar pantalones cortos a pesar de las elevadas temperaturas veraniegas y un niño que los llevó fue expulsado del colegio.

4.1. Con la clase dispuesta en pequeños grupos, introduzca esta actividad de expresión escrita en la que tendrán que elegir uno de los seis titulares propuestos y, a partir de él, escribir la noticia tal y como creen que se publicó. Recuérdeles que el artículo resultante debe responder a las seis preguntas que han visto en la actividad anterior (*¿Qué pasó?, ¿Quiénes?, ¿Dónde?, ¿Cuándo?* y *¿Por qué?*) y también que el uso de los marcadores temporales vistos en el apartado "Gramática" los ayudará a organizar la información para que esta resulte más clara. Mientras trabajan, supervise sus producciones.

4.2. Pídales a cada uno de los grupos que ha formado para realizar la actividad 4.1 que lean su noticia al resto de la clase. Cuando se hayan leído todas las noticias, pídales que decidan entre todos cuál de ellas merecería estar en la portada de un periódico e ínstelos a explicar los motivos de su decisión. Por último, ponga las proyecciones 49a y 49b, en las que podrán leer las noticias auténticas.

Noticias reales

[49a] [49b]

Proyecte la lámina en la que aparecen las noticias reales correspondientes a los titulares de la actividad 4.1 y pídales que las lean y las comparen con las que ellos han escrito. Haga que se fijen en los aspectos en los que se parecen, respecto tanto al contenido como a la forma, y también en aquellos otros aspectos en los que se diferencian.

Unidad 14

Cultura

Antes de abrir la doble página del apartado, escriba en la pizarra el título del apartado y pregúnteles qué les sugiere y sobre qué tema creen que tratará este. Escuche las ideas que le sugieran y, luego, pídales que abran el libro y que lean la información que aparece junto a la pregunta *¿Sabías que...?* Pregúnteles si conocían alguno de los datos, si saben el nombre de las dos ciudades españolas que están en el norte de África y si reconocen cuáles son esas otras tres lenguas que tienen carácter oficial en el territorio español. A continuación remítalos a la imagen en la que cuatro jóvenes dicen algo en cuatro lenguas diferentes y pídales que escriban el nombre de cada una de ellas (*castellano*, *catalán*, *gallego* y *vasco* o *euskera*). Quizá deba explicar que el castellano es otro nombre con el que, por su origen, conocemos también al español.

1. [55] En primer lugar, pídales que lean los nombres que aparecen listados en la actividad. Explíqueles que se trata de algunas de las comunidades autónomas españolas y de dos ciudades autónomas, y que deberán, a partir de la escucha de un audio en el que se habla de la división territorial de España y de las diferentes lenguas que se hablan en el país, ubicarlas en el mapa, en el que ya aparecen localizadas otras comunidades como Galicia, el País Vasco o Cataluña. Se trata de que escriban junto a cada nombre el número correspondiente de los que aparecen en el mapa, de modo que, al final de la actividad, tengan localizadas todas las comunidades y las dos ciudades autónomas del norte de África. Ponga el audio, deje que comparen y discutan sus respuestas en parejas y haga una segunda escucha, si procede, antes de la corrección en plenario.
Por último, y como anécdota, presente el cuadro de la RAE, en el que se explica que en Argentina a los españoles los llaman *gallegos* porque los primeros emigrantes españoles que llegaron a ese país procedían de esta región.
1. Asturias; **2.** Cantabria; **3.** Navarra; **4.** La Rioja; **5.** Castilla y León; **6.** Aragón; **7.** Castilla-La Mancha; **8.** Islas Baleares; **9.** Región de Murcia; **10.** Islas Canarias; **11.** Ceuta; **12.** Melilla.

Para trabajar estos contenidos, realice las actividades **18-18b**, p. **87** del *Libro de ejercicios*.

2. (página siguiente) Actividad en la que recabarán información sobre algunos monumentos y, con ello, sobre la historia de algunos lugares de España. Pídales que se fijen en las imágenes y pregúnteles si saben en qué comunidad autónoma se encuentran. A continuación indíqueles que lean el nombre de cada lugar y que busquen en internet dónde se encuentran y otros datos de interés. Una vez que tengan la información, anímelos a cotejarla con el resto de la clase para elaborar una ficha de cada monumento.
Sagrada Familia: Cataluña (en Barcelona); **Alcázar de Segovia:** Castilla y León (en Segovia); **Plaza de Cibeles:** Comunidad de Madrid (en Madrid); **Palacio de la Alhambra:** Andalucía (en Granada); **Muralla romana de Lugo:** Galicia (en Lugo); **Museo Guggenheim:** País Vasco (en Bilbao); **Ciudad de las Artes y las Ciencias:** Comunidad Valenciana (en Valencia); **Molinos de viento de Consuegra:** Castilla-La Mancha (en la provincia de Toledo).

14

2 **Todo el grupo** Busca en internet en qué comunidad autónoma se encuentran estos lugares y alguna información sobre ellos. Compártela con tus compañeros.

2.1 **Todo el grupo** ¿Conocías alguno de estos lugares? ¿Cuál te llama más la atención y te gustaría visitar? ¿Por qué?

2.2 **Todo el grupo** ¿Cuántas regiones o estados tiene tu país? ¿Cuántas lenguas se hablan en él?

Amplíe la actividad sugiriéndoles profundizar en dos de los lugares vistos. Reparta las preguntas correspondientes a cada grupo, A o B, para que busquen la información en internet. Para terminar, cada grupo expondrá sus resultados al resto de la clase.

A. La Sagrada Familia de Barcelona

1. *¿Por qué se llama* Sagrada Familia*?*
2. *¿Qué estilo arquitectónico tiene?*
3. *¿Cuándo se inició su construcción?*
4. *¿Cuántas torres va a tener este edificio?*
5. *¿Cuál es su altura?*
6. *¿Quién fue el arquitecto?*
7. *¿Cuáles son las cinco obras maestras de Gaudí en Barcelona?*

B. La Alhambra de Granada

1. *¿Qué es* la Alhambra *y cuántas partes tiene?*
2. *¿Dónde está situada?*
3. *¿Qué tamaño tiene?*
4. *¿Cuándo se construyó?*
5. *¿Qué son los* Palacios Nazaríes*?*
6. *¿Qué es* la Alcazaba*?*
7. *¿Qué es* el Generalife*?*

La Sagrada Familia de Barcelona: 1. Porque está compuesta por José, María y Jesús según la Iglesia católica; 2. Modernismo catalán; 3. El 19 de marzo de 1882; 4. Cuando su construcción haya finalizado, contará con 16 torres en total. Actualmente se han completado las 8 torres de las fachadas, está pendiente la construcción de las 8 torres centrales; 5. 172 m; 6. Antoni Gaudí (Reus, 1852-Barcelona, 1926) fue un arquitecto español, máximo representante del modernismo catalán; 7. Finca Güell (1883-1887), Casa Vicens (1883-1888), Parque Güell (1900-1914), Casa Batlló (1904-1906) y Casa Milá o "La Pedrera" (1906-1912).

La Alhambra de Granada: 1. Una fortaleza grande y roja en lo alto de una ciudad. Tiene tres partes: la Alcazaba, el Generalife y los Palacios Nazaríes; 2. En el centro de Granada, en lo alto de una colina a unos 75 metros de la plaza Nueva; 3. Unos 140 000 m²; 4. Empezó a construirse en el siglo IX, durante el reino de Abdullah ibn Muhammad (888-912). Luego quedó abandonada hasta el siglo XI, cuando retomó la reconstrucción la dinastía nazarí (1212-1492); 5. Son los famosos palacios y patios interiores, como el Patio de los Leones. Tienen celosías intrincadas y diseños de cerámica espectaculares; 6. Es la zona residencial militar donde vivieron los guardias reales y los soldados. Se construyó para defender la Alhambra; 7. Es la finca, los palacios y jardines veraniegos donde descansaba la familia real.

2.1. Pregunte ahora si conocen alguno de esos lugares y si los han llegado a visitar. En el caso afirmativo, ínstelos a comentar sus experiencias con el resto de la clase: cuándo fue, qué les pareció, qué fue lo que más les gustó, si había mucha gente, etc. Luego pídales que cada uno explique cuál de esos lugares le ha parecido más interesante y cuál le gustaría visitar y por qué.

2.2. Para concluir este apartado, pídales que expliquen al resto de la clase cuántas regiones o estados forman su país y cuántas lenguas se hablan en él. Permítales que busquen en internet un mapa que ilustre la división territorial y lingüística, si la hay, y también algunas imágenes que muestren los lugares significativos de algunas regiones o estados de su país, como han visto en las actividades anteriores sobre España.

Unidad 14

Vídeo

HOSTAL *Babel*

Tarde de lluvia

Antes del vídeo

1 **En parejas** Visiona sin sonido el fragmento 00:30 ▶ 01:03 y escribe con tu compañero/a un diálogo fijándote en los gestos y en las intervenciones de los personajes.

Durante el vídeo

2 Visiona de nuevo ese fragmento, ahora con sonido. ¿Se parece en algo el diálogo que mantienen con el que habéis inventado vosotros?

3 Visiona el fragmento 01:27 ▶ 02:00 y relaciona cada intervención con un personaje: Bea (B) o Tere (T). Luego ordena el diálogo.

- ☐ a. ¿Has vivido en Galicia? .... B T
- ☐ b. Sí, recuerdo que cuando era niña llovía más. .... B T
- ☐ c. Pues imagínate yo, que pasé parte de mi infancia en Galicia. .... B T
- ☐ d. Durante cuatro años de mi vida, viví allí con mi familia. .... B T
- ☐ e. La verdad es que antes llovía más que ahora. .... B T
- ☐ f. Y entonces llovía más aún. Muchas veces hasta nevaba. .... B T
- ☐ g. A mí no me gusta nada la nieve. .... B T
- ☐ h. Y allí llueve mucho, ¿verdad? .... B T

4 Visiona el fragmento 02:00 ▶ 03:07 e indica si estas afirmaciones son verdaderas (V) o falsas (F).

1. Tere es del sur y por eso casi nunca ha visto la nieve. .... V F
2. Bea le propone hacer una excursión para esquiar. .... V F
3. Bea explica a Carla que estaban de compras cerca de la cafetería. .... V F
4. Tere añade que, como ha empezado a nevar, han pasado a verla. .... V F
5. Bea quiere tomar un café con leche. .... V F
6. Tere quiere merendar chocolate caliente. .... V F

5 Visiona el fragmento 03:16 ▶ 03:57 y completa las frases.

1. El padre de Bea era médico y ....
2. Así que toda la familia ....
3. Bea todavía recuerda ....
4. Bea dice que siempre llovía ....
5. Tere dice que le encantan ....

6 **En parejas** Ahora observa la secuencia final 03:58 ▶ final y luego nárrala con tus propias palabras.

Después del vídeo

7 **Todo el grupo** ¿Te gustan los días de lluvia? ¿Por qué? ¿Qué te gusta hacer cuando llueve?

168 | ciento sesenta y ocho — Unidad 14 | ¿Cómo era antes?

Vídeo

1. Divida a los estudiantes en parejas y dígales que van a visionar el fragmento 00:30 ▶ 01:03 del vídeo sin sonido. Lea el título del episodio y pídales que imaginen de qué están hablando Bea y Tere y que escriban después del visionado sin sonido un posible diálogo entre ellas.

2. Vuelva a visionar el mismo fragmento ahora con sonido para que comparen su versión con la auténtica. Haga una puesta en común para comprobar cuál es la versión que más se parece al original.

3. Visione el fragmento 01:27 ▶ 02:00 y pídales que relacionen cada intervención con el personaje correspondiente. Después del primer visionado, permítales que, en parejas, comparen sus respuestas. Ponga el fragmento de nuevo y pídales que comprueben si sus respuestas son correctas y que ordenen el diálogo.
   1. La verdad es que antes llovía más que ahora. (B); 2. Sí, recuerdo que cuando era niña llovía más. (T); 3. Pues imagínate yo, que pasé parte de mi infancia en Galicia. (B); 4. ¿Has vivido en Galicia? (T); 5. Durante cuatro años de mi vida, viví allí con mi familia. (B); 6. Y allí llueve mucho, ¿verdad? (T); 7. Y entonces llovía más aún. Y muchas veces hasta nevaba. (B); 8. A mí no me gusta nada la nieve. (T)

4. Visione el fragmento 02:00 ▶ 03:07 y pídales que indiquen si las afirmaciones son verdaderas o falsas justificando sus respuestas.
   1. V; **2.** V; **3.** V; **4.** F; **5.** V; **6.** F.

5. Ponga el fragmento 03:16 ▶ 03:57 del vídeo y pídales que completen las frases con la información correcta. Deje que comparen sus respuestas en parejas antes de la corrección en plenario.
   1. El padre de Bea era médico y lo destinaron a Vigo; **2.** Así que toda la familia se fue a vivir allí; **3.** Bea todavía recuerda a algunas compañeras que tenía en el cole; **4.** Bea dice que siempre llovía: en primavera, invierno, otoño y verano; **5.** Tere dice que le encantan los sitios con lluvia.

6. Dígales que van a ver la última parte del vídeo 03:58 ▶ final. Explique que usted va a salir de clase y no va a ver esta secuencia y que ellos tendrán que explicarle con sus propias palabras qué es lo que sucede. Después de que vean el fragmento del vídeo, deles unos minutos para que hablen entre ellos y pongan en común sus ideas. A continuación, deje que le expliquen lo que han visto.

7. Hable con sus estudiantes sobre las preguntas de la actividad. Fomente la participación de todos y anímelos a que usen las estructuras estudiadas a lo largo de la unidad.

Evaluación

14

1 **Sustituye los símbolos por palabras.**

De: Inés Para: Carol Asunto: Tiempo

¡Hola! ¿Qué tal por allí?

He visto en el periódico que [1] ...., ¡qué suerte! Aquí [2] .... y hoy no hemos podido ir a la playa. Ayer [3] ...., pero se estaba muy bien y nos bañamos varias veces. Por la tarde, tuvimos que volver al hotel porque [4] .... Este sitio tiene un tiempo muy inestable, por el día [5] .... y por la noche [6] ...., pero bueno, estamos descansando... ¡Nos vemos muy pronto!

Un abrazo, Inés

2 **Completa con el marcador adecuado.**

antes | mientras | siempre | cuando | después

[1] .... salíamos de casa juntos. Raúl llegaba a la oficina a las 9, yo entraba en el hospital [2] ...., a las 8:30. [3] ...., a mediodía, quedábamos en algún restaurante del centro para almorzar. [4] .... comíamos, hablábamos de nuestras cosas. [5] .... terminábamos de comer, él volvía a la oficina y yo me iba de nuevo al hospital.

3 **Conjuga los verbos entre paréntesis de esta noticia en el tiempo adecuado.**

Carmelo Flores, el hombre más viejo del mundo, cumplió 123 años

Carmelo Flores [1] .... (cumplir) 123 años el pasado 16 de julio. Es indio aimara y siempre [2] .... (vivir) en un pequeño pueblo de los Andes bolivianos, a 4000 metros sobre el nivel del mar. Toda su vida [3] .... (comer) alimentos naturales que él mismo [4] .... (cultivar) porque, como nos [5] .... (contar), antes no [6] .... (haber) tiendas ni supermercados. Carmelo recuerda que una vez, cuando [7] .... (ser) joven, [8] .... (ir) al médico, aunque no recuerda por qué.
Según el *Libro Guinness de los récords*, la persona más longeva de la historia [9] .... (ser) la francesa Jeanne Calment, que [10] .... (morir) en 1997: [11] .... (tener) 122 años. Antes de ella, no [12] .... (registrase) a nadie con esa edad. El *Libro Guinness* todavía no [13] .... (incluir) a Carmelo Flores como el hombre más longevo del mundo.

Adaptado de http://www.eldia.com.ar/edis/20130815/El-hombre-mas-viejo-mundo-tiene-anos-vive-Bolivia-mts-altura-informaciongeneral6.htm

4 **Completa las frases libremente.**

1. Ayer, cuando salía de clase, ...
2. Luis es vegetariano, pero antes ....
3. Anoche había salido cuando ....
4. Cuando hemos salido esta mañana ....
5. Siempre que nos veíamos ....

Evaluación

1. **1.** hace sol; **2.** llueve; **3.** estaba nublado; **4.** había tormenta; **5.** hace calor; **6.** hace frío.

2. **1.** Siempre; **2.** antes; **3.** Después; **4.** Mientras; **5.** Cuando.

3. **1.** cumplió; **2.** ha vivido; **3.** ha comido; **4.** cultivaba; **5.** contó/ha contado; **6.** había; **7.** era; **8.** fue; **9.** fue; **10.** murió; **11.** tenía; **12.** se había registrado; **13.** ha incluido.

4. Respuesta abierta.

Unidad 15

Dentro de 50 años

Pida a sus estudiantes que observen la imagen de la portadilla, que la describan con detalle y que deduzcan, a través de ella, cuál es el tema en torno al cual girarán los contenidos de esta unidad. A continuación hágales la pregunta propuesta: *¿creéis que podemos hacer algo por cambiar el futuro del planeta?* Ínstelos a que formulen hipótesis y expliquen todo lo que crean sobre la manera de mejorar el medioambiente. Por último, llame su atención sobre los contenidos, presentados en la portadilla, que se van trabajar en la unidad. Puede aprovechar este momento para que comenten el significado de las palabras *ecología*, *medioambiente*, *reciclaje* y *economía circular*.

¿Qué sabes?

1 **En parejas** Escribe en la tabla dos términos relacionados con cada una de estas palabras que tengan que ver con el tema del medioambiente.

Naturaleza	Reciclaje	Océanos	Clima

1.1 **Todo el grupo** Di las palabras de tu lista y completa con las palabras de tus compañeros. ¿Conoces todas? ¿Sabes qué significan?

2 Fíjate en la imagen de la derecha. ¿Sabes a qué concepto relacionado con el medioambiente se refiere? Una pista: tiene que ver con una tendencia ecológica que va más allá del reciclaje.

3 [56] Estas personas hablan sobre sus planes en relación con el medioambiente. ¿Qué van a hacer? Escucha y completa los bocadillos.

① Voy a ....

② Pienso ....

③ Vamos a ....

④ Quiero ....

3.1 [56] Vuelve a escuchar y completa estas frases.

1. Voy a ir a clase en bici; así .... deporte todos los días.
2. Voy a limpiar la playa y, de esta manera, ... a mejorar la calidad del agua.
3. Vamos a ahorrar en calefacción, no contaminaremos y el aire .... más limpio.
4. En mi tienda .... de todo: muebles, ropa, objetos de papelería..., todo hecho a partir de productos reciclados.

3.2 **En parejas** Analiza las formas que has anotado. ¿A qué tiempo se refieren las acciones? ¿Conocías este tiempo verbal?

> Recuerda:
> Para hablar del futuro puedes usar las estructuras: *ir a*, *querer* o *pensar* + infinitivo.

¿Qué sabes?

1. Distribuya a los estudiantes en parejas y dígales que escriban en la tabla dos términos que conozcan relacionados con cada una de las palabras anteriores y que tengan que ver con el tema general que están trabajando.
Posible respuesta:
Naturaleza: bosques, árboles, ríos...; **Reciclaje:** basura, contenedores, residuos...; **Océanos:** fondo marino, peces, mar...; **Clima:** cambio climático, huracán, inundaciones...

1.1. Una vez que cada pareja haya escrito sus palabras en 1, haga una puesta en común para que las compartan y amplíen la lista con las aportadas por sus compañeros. Asegúrese de que entienden el significado de cada una de ellas y, en caso contrario, anímelos a que se lo expliquen entre ellos o a que se ayuden del diccionario.

2. Dirija la atención de sus estudiantes hacia la imagen que acompaña a la actividad y pídales que, en plenario, la describan y expliquen de qué se trata. Una vez hayan descrito el objeto o dicho la palabra *taburete*, ínstelos a responder a la pregunta planteada: *¿a qué concepto relacionado con el medioambiente se refiere?* Si sus estudiantes no lo aciertan, deles algunas pistas usando las siguientes palabras: *lineal, circular, economía, ciclo cerrado o abierto, las 5 erres, residuos...*
Se refiere a la reutilización de materiales, es decir, darles una segunda vida y un nuevo uso distinto a aquel para el que fueron creados. En este caso, las piezas de una bicicleta han servido para fabricar un taburete.

3. [56] Ponga el audio en el que varias personas nos cuentan sus planes con relación al medioambiente e indique que completen los bocadillos con la información. Se trata de resumir su principal plan, por lo que acláreles que deberán ceñirse a lo que se pide y no escribir todo lo que oigan. Corrija en plenario. Por último, pregúnteles qué verbos introducen estos planes y cuál es la estructura completa para expresarlos: *ir a*, *pensar* o *querer* + infinitivo.
1. Voy a ir a clase en bici; **2.** Pienso ir de voluntario a limpiar la playa; **3.** Vamos a poner paneles solares en casa; **4.** Quiero abrir una tienda en línea de comercio sostenible.

3.1. [56] En esta actividad los estudiantes volverán a escuchar el audio y, esta vez, deberán completar algunas de las frases que resumen parte de su contenido con el verbo que falta. Deje que primero lean las frases y, después, ponga el audio para que completen. Compruebe que han escrito bien los verbos y pase a la actividad siguiente sin reflexionar todavía sobre ello.
1. haré; **2.** contribuiré; **3.** será; **4.** habrá.

3.2. Pídales que, en parejas, analicen la forma de los verbos con los que han completado las frases de la actividad anterior y pregúnteles a qué tiempo se refieren y si lo conocían. Una vez hayan determinado que dichas formas se refieren a un tiempo futuro, indíqueles que, efectivamente, se trata del futuro simple y que lo trabajarán en más detalle en el apartado "Gramática". Por último, remítalos al cuadro de atención para que recuerden otras estructuras, que ya conocen y que han visto en la actividad 3, que también sirven para hablar del futuro: *ir a*, *querer* o *pensar* + infinitivo.
Las acciones se refieren a un tiempo futuro.

Unidad 15

Palabras

1. La siguiente secuencia de actividades versa en torno al sistema de reciclaje. Introduzca esta actividad escribiendo en la pizarra la palabra *contenedor* y preguntándoles si conocen su significado. Una vez aclarado que se trata de un recipiente en el que depositamos la basura, pídales que lean los diferentes contenedores que existen y que los relacionen con el tipo de residuos que podemos depositar en ellos dependiendo del color de los primeros. Asegúrese previamente de que conocen el significado de palabras como *desechos*, *basura*, *residuos*, *contenedor*... u otras que crea puedan tener dificultad y pídales que realicen la actividad de forma individual y que comparen después en parejas. Tenga en cuenta que no en todos los países la forma de recoger la basura y residuos para reciclar es igual. Para la corrección pase a la actividad siguiente.
1. b; **2.** c; **3.** e; **4.** f; **5.** a; **6.** d.

1.1. [57] Explíqueles que, para comprobar si sus respuestas anteriores eran correctas, van a escuchar a una madre que explica a sus hijos cómo deben reciclar. Haga una primera escucha y deje que comenten los resultados con la pareja con la que trabajaron en la actividad anterior. Corrija en plenario y, si es necesario, vuelva a poner el audio y vaya deteniéndolo a medida que se desvela la información.

1.2. Continúe la secuencia pidiéndoles que ahora, en parejas, clasifiquen los diferentes desechos del recuadro en el contenedor correspondiente según lo que han aprendido. Compruebe previamente en una puesta en común que comprenden el significado de todas las palabras. Lea también la información del cuadro de atención para aclarar qué es un *punto limpio* en España y qué desechos son los que se reciclan allí. Si lo cree necesario, ponga de nuevo el audio antes de realizar la actividad. Una vez hayan clasificado todos los residuos, proceda a la corrección en plenario y resuelva posibles dudas. Como ampliación, le recomendamos usar la proyección 50.
Contenedor azul: caja de cartón, periódico, libro viejo; **Contenedor rojo:** jeringuilla usada; **Contenedor amarillo:** brik de leche, bolsa de plástico, lata de refresco, bolsa de patatas fritas; **Contenedor gris:** bayeta, pañal; **Contenedor verde:** botella de vidrio de zumo de naranja; **Contenedor marrón:** tapón de corcho, papel de cocina usado, restos de plantas y hojas, trozo de carne; **Punto limpio:** ordenador roto.

Palabras

1 **En parejas** ¿En qué contenedor reciclas esta basura? Relaciona y compara con tu compañero/a.

1. desechos en general
2. basura orgánica
3. vidrio
4. plástico y latas
5. papel
6. residuos peligrosos

a. contenedor azul
b. contenedor gris
c. contenedor marrón
d. contenedor rojo
e. contenedor verde
f. contenedor amarillo

1.1 [57] Vanessa está muy concienciada con el medioambiente y les explicó a sus hijos con un juego cómo reciclar los residuos. Escucha sus explicaciones y comprueba tu respuesta anterior.

1.2 **En parejas** Clasifica los siguientes desechos en su contenedor correspondiente. Puedes volver a escuchar el audio si lo necesitas.

brik de leche | botella de vidrio de zumo de naranja | ordenador roto | tapón de corcho | bayeta | papel de cocina usado | bolsa de plástico | lata de refresco | caja de cartón | jeringuilla usada | bolsa de patatas fritas | periódico | restos de plantas y hojas | trozo de carne | libro viejo | pañal

Fíjate:
En España, los residuos que no se pueden reciclar en ninguno de estos contenedores se llevan al "punto limpio". En este lugar se someten a un proceso de reciclaje específico o se eliminan de forma segura.

1.3 **Todo el grupo** ¿Cómo se recicla en tu país? ¿Se utilizan los mismos colores para reciclar los residuos anteriores? Coméntalo con tus compañeros.

1.4 **Todo el grupo** ¿Reciclas habitualmente? ¿Por qué?

172 | ciento setenta y dos — Unidad 15 | Dentro de 50 años

¿Qué debes llevar al punto limpio?

[50]

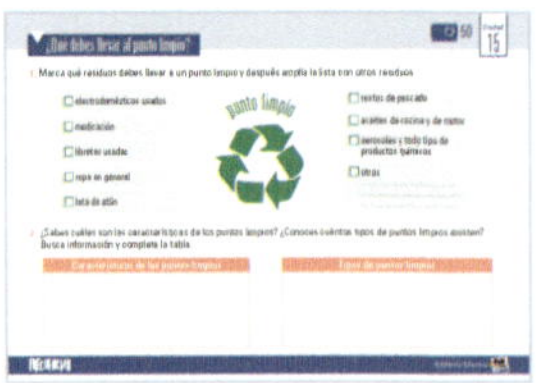

Pídales que, en parejas, marquen qué tipos de residuos deben llevarse a un punto limpio, expliquen por qué y amplíen la lista con otros residuos. Proyecte la lámina para corregir y, a continuación, propóngales que busquen en internet cuáles son las características y los diferentes tipos de puntos limpios en España.

1. Electrodomésticos usados; medicación; ropa en general; aceites de cocina y de motor; aerosoles y todo tipo de productos químicos.
2. Características de los puntos limpios: En los puntos limpios se recogen y almacenan temporalmente y de forma separada aquellos residuos que podrían ser demasiado grandes o peligrosos si se arrojasen en los contenedores convencionales.

15

2 **En grupos pequeños** ¿Conoces las 5 erres de la ecología? Relaciónalas con estas acciones.

1. Regalar un jersey que te queda pequeño.
2. Llevar una bolsa de tela al mercado.
3. Arreglar una lavadora que se ha estropeado.
4. Tirar la lata de refresco al contenedor amarillo.
5. Utilizar una botella de vidrio para confeccionar una lámpara.

2.1 **En parejas** Ahora lee estos textos y escribe cuál de las 5 erres describe cada uno.

① ______ Casi todo se puede arreglar: ropa, productos electrónicos, mobiliario, calzado, móviles... pueden repararse y alargar así su vida útil.

② ______ Menos consumo en todos los sentidos: menos desperdicio, menos peso y distancia para el transporte, menos energía, menos productos no degradables o no reciclables...

③ ______ De algunos objetos de desecho se pueden rescatar algunos de sus componentes para ser utilizados nuevamente; un buen ejemplo son los metales, que pueden ser separados de los distintos objetos que desechamos y ser utilizados de nuevo.

④ ______ Crear un artículo nuevo usando materiales reciclados o reciclables siempre que sea posible. El papel, por ejemplo, es una de las industrias que más utiliza este principio.

⑤ ______ Hay ropa, calzado, libros y objetos de papelería, envases, componentes electrónicos que pueden ser donados... Todo puede tener una segunda vida antes de terminar en la basura.

Los puntos limpios deben ser reconocibles desde el exterior, contar con horarios amplios y ser de acceso fácil para poder descargar los residuos más voluminosos. Aceptan todo tipo de residuos, siempre que sean de origen doméstico, y no deben cobrar nada a los usuarios;

Principales tipos de puntos limpios:

- Puntos limpios fijos: Son aquellos que, aun teniendo dimensiones diferentes, se encuentran en zonas no centrales de los municipios.
- Mini puntos limpios o puntos limpios de barrio: Se ubican en zonas más cercanas al usuario, para que pueda hacer mayor uso de ellos. Al ser más pequeños, no pueden aportar los mismos servicios que los primeros.
- Puntos limpios móviles: Son servicios prestados por un vehículo de recogida con compartimentos para los distintos residuos. Ofrecen, normalmente, servicio a zonas pequeñas.

Extraído de https://ecoembesdudasreciclaje.es/contenedores-de-reciclaje/punto-limpio/

1.3. (página anterior) Actividad de interacción oral en plenario en la que deberán comentar cómo se recicla en su país o ciudad, de qué colores son los contenedores destinados a cada tipo de desecho y dónde se encuentran y cómo son los puntos limpios. También puede preguntarles si pueden tirar todos los residuos diariamente o si hay días indicados para ello, a qué distancia se suelen colocar los distintos contenedores, etc.

1.4. (página anterior) Continúe con la interacción oral, esta vez llevándola a un terreno personal para que expliquen cómo reciclan ellos y por qué. Si los estudiantes son de diferentes nacionalidades, puede pedirles que preparen una exposición oral con imágenes y carteles o material proyectable en la que comenten las diferentes formas de llevar a cabo el reciclaje.

Para trabajar estos contenidos, realice las actividades **1-4a**, pp. **88-89** del *Libro de ejercicios*.

2. Antes de que abran el libro, pregúnteles en plenario si han oído hablar de las 5 erres de la ecología y si saben a qué se refieren. Escuche sus comentarios, abra el libro y remítalos a la imagen en la que aparece la respuesta: *reducir, reparar, recuperar, reutilizar* y *reciclar*. Asegúrese de que entienden el significado de estos verbos y, a continuación, dígales que, en grupos pequeños, lean las acciones que se describen a la izquierda y las relacionen con cada una de las erres. Deje que argumenten sus respuestas y corrija en plenario.
1. reutilizar; **2.** reducir; **3.** reparar; **4.** reciclar; **5.** recuperar.

2.1. Comprensión lectora de consolidación de las palabras aprendidas en la que deberán decidir qué *erre* describen diferentes actividades respetuosas con el medioambiente. Indíqueles que lean individualmente y que, después, realicen la actividad en parejas. Corrija en plenario e interésese por saber cuáles son las palabras claves que los han ayudado a dar con la respuesta en cada caso.
1. reparar; **2.** reducir; **3.** recuperar; **4.** reciclar; **5.** reutilizar.

Para trabajar estos contenidos, realice las actividades **5** y **6**, p. **89** del *Libro de ejercicios*.

Unidad 15

Gramática

1. Anote en la pizarra los verbos que escribieron en la actividad 3.1 del apartado "¿Qué sabes?" (*haré*, *contribuiré*, *será* y *habrá*) y pregúnteles si recuerdan el nombre de este nuevo tiempo verbal. Una vez que le contesten que se trata del futuro simple, presente el paradigma regular de las tres conjugaciones y pregúnteles qué les llama la atención; es de esperar que ellos mismos se den cuenta de que el futuro se forma a partir del infinitivo y que las terminaciones son iguales para las tres conjugaciones. Después pídales que le digan si hay alguna forma de las escritas en la pizarra que no sigue esta regla general: se trata de *haré* y *habrá*; dígales que, efectivamente, el futuro simple también tiene algunos verbos irregulares, pero que son solo doce (y sus compuestos). Una vez vistos estos irregulares, comente los usos principales del futuro simple: hablar de acciones y planes que se van a realizar en el futuro y hacer predicciones y promesas con *te prometo/juro + que*. Para finalizar, remítalos al cuadro de atención que explica el uso de este tiempo para hacer suposiciones referidas al tiempo presente.

1.1. Actividad de consolidación de los verbos en futuro simple. Pídales que, en parejas, busquen primero en la sopa de letras tres formas regulares y tres irregulares en este tiempo; una vez localizados los verbos, deberán completar las frases con dichas formas. Para dotar de más dinamismo a la actividad, plantéela como una competición.

1. estaré; **2.** tendrá; **3.** comerás; **4.** pondré; **5.** sabremos; **6.** Escribiré.

T	O	C	É	G	T	V	N	L	R	D	Q
F	E	S	T	A	R	É	E	N	S	N	U
U	S	Á	R	P	E	T	L	L	Á	O	E
S	U	E	E	S	I	P	O	N	D	R	É
H	A	V	S	U	M	P	A	H	A	Z	R
Í	D	B	C	B	P	A	T	E	C	D	U
T	O	C	R	É	U	S	E	S	O	T	R
E	S	I	I	E	S	E	Y	A	M	P	I
N	Ó	T	B	S	M	R	A	N	E	D	O
D	D	É	I	Ó	R	O	E	T	R	É	S
R	E	P	R	E	O	D	S	N	Á	C	H
Á	S	O	É	N	M	A	O	I	S	P	Ó

Para trabajar estos contenidos, realice las actividades **7-8a**, p. **90** del *Libro de ejercicios*.

1.2. Se trabaja ahora el contraste entre distintos usos del futuro simple: hablar de acciones futuras o hacer suposiciones referidas al presente. Pídales que lean las frases y que, en parejas, decidan a qué uso responde el verbo en futuro en cada caso.

1. Futuro; **2.** Hipótesis en presente; **3.** Futuro; **4.** Hipótesis en presente.

Gramática

1 Futuro simple

- El **futuro simple** se forma con el infinitivo y las siguientes terminaciones:

	Estudiar	Beber	Vivir
yo	estudiaré	beberé	viviré
tú	estudiarás	beberás	vivirás
él, ella, usted	estudiará	beberá	vivirá
nosotros/as	estudiaremos	beberemos	viviremos
vosotros/as	estudiaréis	beberéis	viviréis
ellos, ellas, ustedes	estudiarán	beberán	vivirán

- En este tiempo verbal solo hay doce verbos irregulares:

caber › **cabré**	saber › **sabré**	valer › **valdré**
haber › **habré**	poner › **pondré**	venir › **vendré**
poder › **podré**	salir › **saldré**	decir › **diré**
querer › **querré**	tener › **tendré**	hacer › **haré**

- Utilizamos el **futuro simple** para hablar de **acciones** y **planes** que se van a realizar en el **futuro**:

  *La próxima semana **iré** a Santiago de Chile.*

- También sirve para hacer **predicciones** y para hacer **promesas** con ***te prometo/juro + que***:

  *El próximo verano **será** muy caluroso.*

  ***Te prometo que** te **llamaré** lo antes posible.*

Fíjate:
Las terminaciones son las mismas para las tres conjugaciones, incluidos los verbos irregulares.

Fíjate:
Este tiempo se usa también para hacer **suposiciones** o **hipótesis** referidas al presente:
▶ *¿Por qué no ha venido Pedro?*
▷ *Es que está enfermo.* (Lo sé).
▷ *No sé; **estará** enfermo.* (Lo supongo).
En este caso, el futuro equivale al presente.

1.1 **En parejas** Encuentra en esta sopa de letras tres formas regulares y tres formas irregulares de futuro simple y completa las frases con ellas.

1. Yo creo que .... estudiando todo el fin de semana. El lunes tengo un examen.
2. La próxima semana Raúl .... mucho tiempo libre. Solo trabaja por las mañanas.
3. Si vas por el norte de España, ... muy bien. ¡Está todo riquísimo!
4. Hoy me quedo en casa. Ordenaré y .... todos los libros en la estantería.
5. Tranquilo, pronto .... la verdad.
6. .... un correo a Julita para contarle lo que ha pasado.

T	O	C	É	G	T	V	N	L	R	D	Q
F	E	S	T	A	R	É	E	N	S	N	U
U	S	Á	R	P	E	T	L	L	Á	O	E
S	U	E	E	S	I	P	O	N	D	R	É
H	A	V	S	U	M	P	A	H	A	Z	R
Í	D	B	C	B	P	A	T	E	C	D	U
T	O	C	R	É	U	S	E	S	O	T	R
E	S	I	I	E	S	E	Y	A	M	P	I
N	Ó	T	B	S	M	R	A	N	E	D	O
D	D	É	I	Ó	R	O	E	T	R	É	S
R	E	P	R	E	O	D	S	N	Á	C	H
Á	S	O	É	N	M	A	O	I	S	P	Ó

1.2 **En parejas** Decide si el verbo se refiere al futuro o a una hipótesis en presente.

1. ¿Vendréis a visitarme a Irlanda?
2. No es buena idea ir ahora a la biblioteca, estará llena de gente.
3. Esta tarde llegarán los nuevos diccionarios.
4. Imagino que el director estará reunido, no contesta el teléfono.

174 | ciento setenta y cuatro   Unidad 15 | Dentro de 50 años

Para consolidar las formas irregulares y los usos de este tiempo, utilice la proyección 51.

Futuro simple irregular

[51]

Actividad controlada propuesta para consolidar las formas irregulares del futuro. Reparta una copia por parejas y pídales que completen las frases con el verbo adecuado del recuadro en futuro simple. Use la proyección para hacer la corrección en plenario.

1. 1. cabrán; 2. sabremos; 3. pondré; 4. saldré, podré; 5. Habrá; 6. diremos; 7. valdrá; 8. hará; 9. vendrá; 10. tendrá.
2. Predicción sobre el futuro: 2, 4, 5, 9; Promesa: 3, 6, 8; Hipótesis sobre el presente: 1, 7, 10.

15

2 Marcadores temporales de futuro

Estos son algunos de los marcadores temporales de futuro más comunes:

- **esta** tarde/noche/semana
- la semana **próxima**
- **dentro de**...
- **este** mes/año
- el mes/año **próximo**
- **desde/a partir de**...
- **en**...
- la semana/el mes/el año **que viene**

El año que viene/próximo será un gran año.
Esta tarde iré al cine.
Este año compraremos un coche nuevo.
A partir de mañana estará de vacaciones.
Dentro de dos años viajaremos a África.
En agosto nos cambiaremos de piso.

Fíjate:
Con el demostrativo *(esta tarde, este mes)* podemos referirnos al pasado o al futuro:
*Esta tarde **iré** al cine.*
*Esta tarde **he ido** al cine.*

2.1 [58] ¿Qué planes tiene Sara? Fíjate en las imágenes; ¿qué crees que va a hacer en cada caso? Anótalo. Luego escucha, comprueba si has acertado y escribe cuándo realizará esos planes.

① ......
② ......
③ ......

④ ......
⑤ ......

2.2 **En grupos pequeños** ¿Y tú? Comenta con tus compañeros cuáles son tus planes para esta noche, esta semana, este año, el año que viene, dentro de tres años y dentro de quince años.

Recuerda:
Para hablar del futuro también puedes usar:
- **Presente de indicativo**: *Mañana **ceno** con mis amigas.*
- *Ir a* + infinitivo: *El mes que viene **voy a viajar** a Madrid.*
- *Pensar/Querer* + infinitivo: *A partir de mañana **pienso/quiero cambiar** mis hábitos de consumo.*

RAE GRAMÁTICA
En el español de América se suele utilizar más la forma *ir a* + infinitivo para hablar del futuro:
*Oficialmente, la semana que viene **van a empezar** a implementar los cambios que a usted se le ocurrieron...*

2. Explique el cuadro de los marcadores temporales que normalmente acompañan al futuro. Lea los ejemplos y pídales que pongan ellos otros con cada uno de los marcadores. Después remítalos al cuadro de atención en el que se aclara que el demostrativo *este, esta... (este mes, esta semana...)* sirve tanto para referirnos al pasado como al futuro, por lo que será el tiempo verbal el que indicará a qué marco temporal nos referimos.

2.1. [58] Para realizar esta actividad de comprensión auditiva, primero pídales que observen las imágenes y que escriban los planes que creen que tiene la protagonista según lo que ven en ellas. Recuérdeles que deben escribir los verbos en futuro simple. A continuación ponga el audio y dígales que comprueben o corrijan sus hipótesis y que escriban también el marcador temporal que acompaña a cada una de estas acciones y que nos indica el momento en el que Sara quiere realizar sus planes. Deje que comparen en parejas y haga una corrección en plenario.
1. El próximo año cambiará su coche viejo por uno nuevo; **2.** A partir de mañana correrá por la playa tres días por semana; **3.** Esta semana mejorará sus hábitos de alimentación: cambiará la comida rápida, las patatas fritas y los dulces por verduras y frutas; **4.** En otoño hará un gran viaje por el sur de Europa; **5.** El mes que viene se apuntará a un curso para mejorar su nivel de inglés.

2.2. En esta actividad de interacción oral propóngales que expliquen a sus compañeros de grupo cuáles son sus planes próximos o futuros en función de los marcadores temporales que se indican. Antes lea con ellos la información del cuadro de atención para que recuerden y utilicen, si lo prefieren, otras formas para expresar acciones en el futuro. Por último, una vez finalidad la actividad, corrija los errores que haya podido detectar y comente el cuadro de la RAE sobre la mayor frecuencia de uso de la forma *ir a* + infinitivo para hablar del futuro en el español de América.

Para trabajar estos contenidos, realice las actividades **9-12**, pp. **90-91** del *Libro de ejercicios*.

Unidad 15

Practica en contexto

1. Pídales que lean individualmente el artículo sobre la economía circular y que después, en parejas, resuman en dos líneas y con sus propias palabras el contenido de cada párrafo. Durante la lectura, permítales usar el diccionario por si no conocen el significado de alguna palabra, pero recuérdeles que para realizar la tarea no es imprescindible entenderlo todo, sino el contexto y las palabras claves.

1.1. Ínstelos ahora a que compartan con otra pareja sus resúmenes y comprueben si se han acercado en sus textos e interpretaciones. Haga una puesta en común y aclare las dudas que hayan podido quedar.
A modo de conclusión, puede remitirlos al cuadro de la RAE, en el que se presentan algunas diferencias entre las variantes del español de España y el de América en relación con este campo léxico.

2. Escriba en la pizarra la pregunta con la que se cierra el artículo que acaban de leer: *¿Qué podemos hacer con los materiales que no son biodegradables?* Indíqueles que, en pequeños grupos, van a buscar soluciones a este problema y que, a la hora de escribirlas, deberán usar la estructura de la primera condicional, que aparece en el ejemplo del recuadro y que se explica en el cuadro funcional de la banda lateral: para hablar de acciones futuras que dependen de una condición se usa la estructura *si* + presente de indicativo + futuro simple. Ponga varios ejemplos, si es necesario, antes de que escriban sus soluciones.

Practica en contexto

1 **En parejas** Lee este artículo sobre economía circular, puedes usar el diccionario. Luego resume cada párrafo en dos frases.

Está claro que el modelo económico actual –extraer, producir, consumir y tirar– no será posible en el futuro. La ONU calcula que para mediados de siglo la población mundial será de unos 9100 millones de personas: "Con estas cifras, se necesitarán casi tres planetas Tierra para conseguir los recursos naturales necesarios para mantener el modo de vida actual". Según el profesor Antonio Valero, "el ser humano tendrá que vivir de sus residuos, como hace la naturaleza".

1. ....

En el mundo natural no hay residuos: los residuos de una especie se convierten en alimento para otra. La energía proviene del sol, los seres vivos nacen y mueren, y el suelo recupera siempre los nutrientes de forma segura. Pero los seres humanos hemos adoptado siempre un enfoque lineal en la manera de producir: primero descubrimos algo, luego lo producimos, lo usamos y finalmente lo tiramos. Por ejemplo, nuestra lavadora se estropea y compramos otra... Cada vez que hacemos esto generamos residuos tóxicos que no se recuperan y contaminan el planeta.

2. ....

Pero, si adoptamos el modelo que nos ofrece la naturaleza para producir las cosas, lograremos pasar de la economía lineal a la economía circular; es decir, podremos convertir nuestros residuos en nuevos materiales en lugar de tener que desecharlos. Si volvemos a diseñar los productos, sus componentes y sus envases, crearemos materiales seguros que contribuirán a generar otros productos, o serán biodegradables y no dañarán ni contaminarán la Tierra. Aun así, tenemos que pensar qué hacer con los residuos no biodegradables.

3. ....

Adaptado de https://gestoresderesiduos.org/noticias/espana-ya-tiene-listo-el-borrador-de-su-primer-plan-de-economia-circular **y de** www.ellenmacarthurfoundation.org

RAE

LÉXICO

Español de España › nevera, frigorífico: *En la **nevera** hay de todo. Anda, haz algo, pon música.* *¿Sabes deshelar el **frigorífico**?*
Español de América › refrigerador, heladera: *No tenemos **refrigerador** ni despensa, pero puedo ofrecerles un taco de frijoles.* *Abrí la **heladera** y metí las dos botellas.*

Español de España › congelador: *Era media tarde y Mariana no había vuelto del trabajo. Extrajo del **congelador** los dos filetes de cazón que habían comprado para la semana.*
Español de América › *freezer*: *Ya hice las tartas. Las dejé en el* **freezer**.

Español de España › lavadora: *Carmen saca ropa mojada del tambor de la **lavadora** y la mete en la centrifugadora.*
Español de América › lavarropas: *Mi suéter favorito estaba totalmente arruinado. Ella lo había metido en el **lavarropas** con las toallas sin darse cuenta.*

1.1 **En grupos pequeños** Comparad vuestros resúmenes con los de otra pareja. ¿Se parecen?

Primera condicional
Para hablar de acciones futuras que dependen de una **condición** se usa la estructura ***si*** + presente de indicativo + futuro simple:
Si tengo tiempo, te llamaré.

2 **En grupos pequeños** En el último párrafo del artículo se plantea una cuestión: ¿qué podemos hacer con los materiales que no son biodegradables? Fíjate en la estructura de la siguiente frase y, siguiendo el modelo, plantea soluciones al problema.

Si volvemos a diseñar los productos, sus componentes y sus envases, crearemos materiales seguros y biodegradables que contribuirán a generar otros productos o a cultivar la tierra.

176 | ciento setenta y seis   Unidad 15 | Dentro de 50 años

2.1 **Todo el grupo** Comparte las ideas de tu grupo con la clase.

2.2 [59] Estas personas han contestado también a la pregunta. Escucha y completa sus respuestas.

Olga

1. Si .... una licencia de uso de los dispositivos electrónicos, la empresa .... los componentes al finalizar su uso.

2. Si la empresa nos .... los nuevos componentes de los dispositivos por una pequeña cantidad a cambio de los antiguos, ... la vida útil de los aparatos.

Ignacio

Pepa

3. Si se .... energías renovables en los transportes, el problema de la contaminación .... menor.

4. Si .... productos de cercanía, ... el transporte aéreo, que es el que más contamina.

Carlos

2.3 **Todo el grupo** Compara las ideas de estas personas con las vuestras. ¿Coinciden? ¿Cuáles piensas que son fáciles de aplicar y cuáles no? ¿Por qué? ¿Crees que educar y concienciar sirven para cambiar los comportamientos actuales?

3 **En parejas** ¿Cómo crees que serán dentro de 50 años la salud, los robots, los coches, la energía o los viajes espaciales? Tienes que justificar tu respuesta. Fíjate en el ejemplo.

Ejemplo: *Probablemente en 20 o 30 años la temperatura del planeta aumentará en 2 o 3 grados y por eso desaparecerán algunas especies y nacerán otras nuevas.*

Hacer predicciones

- Seguramente
- Probablemente
- Posiblemente
- Creo que
- Me imagino que
- Seguro que
- Supongo que

+ futuro simple

*Seguro que en 50 años **habrá** menos enfermedades.*

3.1 **Todo el grupo** Esto es lo que se prevé con respecto a los temas anteriores. ¿Coincides con los expertos?

José Luis Cordeiro, profesor de California, afirma: "Los avances científicos nos darán la posibilidad de curar el envejecimiento. Ya se está haciendo a nivel celular y de tejidos, pero podremos hacerlo en todo el organismo".

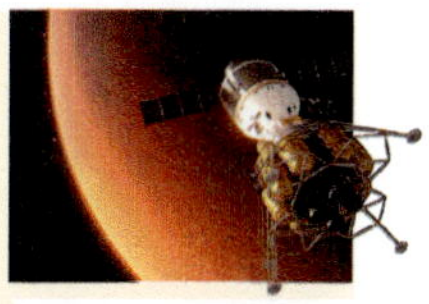

De aquí a 50 años probablemente llegaremos a Marte. Los viajes espaciales responderán a la necesidad de supervivencia de nuestra especie por el impacto negativo que estamos provocando en el planeta.

En cuanto al transporte terrestre, los coches serán autónomos y no necesitarán conductores.

Los expertos imaginan un futuro en el que el aumento de la esperanza de vida y la soledad se convertirán en un problema y la robótica jugará un importante papel para su solución.

Si alguien piensa que dentro de 50 años las energías limpias y renovables moverán el mundo, se equivoca. Eso opina el geólogo Pedro Alfaro. "Estamos viendo que el cambio a renovables va muy lento y el petróleo en 50 años no se acabará, así que es posible que sigamos igual".

Adaptado de http://www.laopiniondemalaga.es/sociedad/2017/06/12/futuro-espera-50-anos/936860.html

2.1. Pídales que compartan ahora sus ideas con el resto de la clase y mientras las comentan vaya escribiéndolas en la pizarra a modo de listado. A continuación anímelos a explicar cuáles piensan que son las mejores propuestas. No borre la lista, pues la utilizará en la actividad 2.3.

2.2. [59] Actividad de comprensión auditiva en la que se recogen las respuestas que han dado cuatro personas diferentes a la pregunta de la actividad 2 y se continúa con la práctica de la primera condicional. Pídales que, primero, observen las fotos y lean la información. Después ponga el audio y deles tiempo para escribir las respuestas. Deje que comparen en parejas antes de la corrección en plenario.
1. compramos, podrá reciclar; **2.** vende, alargaremos; **3.** utilizan, será; **4.** compramos, se reducirá.

2.3. Pídales que, a modo de debate, comenten las ideas que han dado las personas de la actividad anterior y las comparen con las suyas que están escritas en la pizarra: qué diferencias hay, cuáles coinciden, cuáles piensan que son más fáciles de llevar a la práctica… Por último, pregúnteles en qué medida creen que la concienciación y la educación pueden influir en nuestros comportamientos actuales en relación con el medioambiente.

Para trabajar estos contenidos, realice la actividad **13**, p. **91** del *Libro de ejercicios*.

3. Para consolidar el uso del futuro simple a la hora de hacer predicciones, proponga esta actividad de interacción oral. Pídales que, siguiendo el modelo, comenten con sus compañeros cómo creen que será la vida dentro de 50 años: los robots, los coches… Antes de que empiecen a hablar, remítalos también al cuadro de la banda lateral, en el que se dan las estructuras que pueden usar para hacer predicciones: *Seguramente/Posiblemente/Creo que/ Me imagino que…* + futuro simple.

3.1. Para cerrar el apartado, pídales que lean el artículo, en el que algunos expertos dan su opinión sobre lo que se prevé en un futuro con respecto a los temas tratados en esta unidad. Después de la lectura, resuelva posibles dudas de vocabulario y dígales que comenten si su opinión coincide con la de los expertos y que justifiquen su respuesta defendiendo su postura.

Para trabajar estos contenidos, realice las actividades **14-17**, pp. **91-92** del *Libro de ejercicios*.

Unidad 15

Cultura

1. Lea el título del apartado y pídales que observen las diferentes imágenes y los comentarios que las acompañan. Puede formular preguntas como: *¿conoces la ciudad de San Sebastián?, ¿conoces a los actores de la foto?, ¿los has visto en alguna película?, ¿por qué el premio del Festival Internacional de Cine de San Sebastián es una concha?* Después pídales que comenten cuáles son los festivales de cine que conocen y si les gusta seguirlos o no. A modo de ampliación, puede pedirles que busquen información en internet sobre la ciudad de San Sebastián y la playa de la Concha.

San Sebastián (en euskera, Donostia) es una ciudad y municipio español situado en la costa del golfo de Vizcaya y a 20 kilómetros de la frontera con Francia. Es la capital de la provincia de Guipúzcoa, en la comunidad autonómica del País Vasco. Sus principales actividades económicas son el comercio y el turismo: en el pasado constituyó uno de los más famosos destinos turísticos de España. Su paisaje, dominado por la bahía de la Concha, así como su arquitectura, iniciada en la segunda mitad del siglo XIX y que configuró una ciudad de corte francés y aburguesado, propiciaron su desarrollo turístico a escala europea. Todo ello, unido a eventos internacionales como el Festival Internacional de Cine de San Sebastián, el Festival de Jazz de San Sebastián, la Quincena Musical o el Festival de Cine de Terror, ha dado proyección internacional a la ciudad, a pesar de sus pequeñas dimensiones.

EL FESTIVAL DE CINE D

1 **Todo el grupo** ¿Qué festivales de cine conoces? ¿Te gusta seguirlos?

2 Lee el texto y contesta a las preguntas.

1. Nombra algún acontecimiento importante ocurrido en el Festival de San Sebastián.
2. ¿Qué categoría tiene el festival en el panorama mundial?
3. ¿Qué personajes famosos de los que se mencionan en el texto conocías?
4. ¿Qué utilidad tienen los festivales de cine?

El **Festival Internacional de Cine de San Sebastián** es un certamen cinematográfico de la máxima categoría (A) acreditada por la Federación Internacional de Asociaciones de Productores Cinematográficos (FIAPF), que lleva celebrándose desde 1953. Cada año, a finales de septiembre, un número importante de personalidades del mundo del cine acude a la ciudad vasca de San Sebastián (al norte de España) para participar en este festival de cine.

A lo largo de su historia, ha sido escenario de acontecimientos muy importantes, como el estreno internacional de dos películas de Alfred Hitchcock *(Vértigo* y *Con la muerte en los talones)* o el estreno europeo de la saga de *Star Wars*.

En su más de medio siglo de existencia, el festival ha descubierto nuevos talentos del mundo del cine impulsando las carreras de directores como Francis Ford Coppola o Pedro Almodóvar. Asimismo, todos los años acuden al festival figuras consagradas como Robert De Niro, Brad Pitt, Javier Cámara, Julia Roberts, Penélope Cruz, Javier Bardem o Ricardo Darín, entre otros muchos.

Adaptado de https://es.wikipedia.org/wiki/Festival_Internacional_de_Cine_de_San_Sebastián

ANAHÍ BERNERI

Concha de Plata a la mejor directora en la 65.ª edición del festival por su película *Alanis*. Foto: Jorge Fuembuena

178 | ciento setenta y ocho — Unidad 15 | Dentro de 50 años

2. Pídales que lean el texto, que habla sobre el Festival Internacional de Cine de San Sebastián, y que respondan a las preguntas. Aconséjeles que lean las preguntas antes que el texto para así centrar la atención en lo que realmente les interesa para responder. Si sus estudiantes muestran interés por los festivales de cine, le proponemos utilizar la **proyección 52**.
   1. El estreno internacional de dos películas de Alfred Hitchcock o el estreno europeo de la saga de *Star Wars;* **2.** Categoría A; **3.** Respuesta abierta; **4.** Ayudan a descubrir nuevos talentos del mundo del cine e impulsan las carreras de muchos directores.

15

SAN SEBASTIÁN

Los premiados en la 65.ª edición del Festival de San Sebastián. Foto: Montse Castillo

Penélope Cruz y Javier Bardem, protagonistas de la película *Loving Pablo*, en la 65.ª edición del Festival de San Sebastián. Foto: Pablo Gómez

DONOSTIA ZINEMALDIA
FESTIVAL DE SAN SEBASTIÁN
INTERNATIONAL FILM FESTIVAL

En la actualidad, el festival se ha renovado y concede especial importancia al cine independiente de calidad internacional y muy especialmente al cine latinoamericano y español, capaz de atraer a aficionados y críticos, con una mayor presencia de actores y directores conocidos por el público.

Se entregan varios premios a lo largo del certamen, pero los más importantes son:

- Concha de Oro a la mejor película (para el productor).
- Concha de Plata al mejor director.
- Concha de Plata a la mejor interpretación protagonista.
- Premio del Jurado a la mejor fotografía.
- Premio del Jurado al mejor guion.

La 65.ª edición del festival en cifras. Imagen: Ulises Proust

3 **Todo el grupo** ¿Sueles ver las películas que ganan los premios más importantes de cine en los diferentes festivales? ¿Por qué?

Unidad 15 | Dentro de 50 años ciento setenta y nueve | 179

Festivales de cine en Latinoamérica

[52]

Pídales que formen pequeños grupos y que busquen en internet los diferentes países de América Latina donde se celebran festivales de cine. A continuación deberán escoger uno y buscar información para completar su ficha. Si quiere guiar más la actividad, puede valerse del listado de festivales que facilitamos a continuación. Una vez que los equipos hayan completado su ficha, anímelos a que compartan la información con el resto de la clase. Finalmente, pregúnteles qué festival les parece más interesante y a cuál les gustaría ir.

1. **Festival Internacional de Cine Documental de Buenos Aires (FIDBA), Argentina:** Es el primer festival internacional dedicado al cine documental competitivo en Argentina.
2. **Festival de Cine de Lima PUCP, Perú:** Tiene como objetivo presentar lo mejor del cine latinoamericano y del mundo. Se lleva a cabo gracias a la organización de la Pontificia Universidad Católica del Perú.
3. **Santiago Festival Internacional de Cine (SANFIC), Chile:** Es una plataforma cinematográfica, cultural, artística, industrial y educativa; un evento representativo de la ciudad y el país.
4. **Festival de Cine Verde de Barichara (Festiver), Colombia:** Evento único en Colombia, busca generar conciencia sobre el medioambiente y el cuidado de los recursos naturales usando el cine y los medios audiovisuales como herramienta.
5. **Festival de cine de Bogotá, Colombia:** Es el evento cinematográfico, de carácter internacional, más importante de la ciudad. Se especializa en premiar directores noveles a nivel mundial.
6. **Festival Internacional del Nuevo Cine Latinoamericano de La Habana, Cuba:** Este festival busca difundir las obras cinematográficas que contribuyan al enriquecimiento y la reafirmación de la identidad cultural latinoamericana y caribeña.
7. **Buenos Aires Festival Internacional de Cine Independiente (BAFICI), Argentina:** Es el evento más grande y prestigioso para el cine independiente en América Latina. Organizado por el Ministerio de Cultura del Gobierno de la ciudad de Buenos Aires, se realiza todos los años durante el mes de abril.

3. Finalice con una actividad de interacción oral en la que comenten en plenario si les interesan las películas que ganan los premios más importantes y si las suelen ver o no.

Para trabajar estos contenidos, realice las actividades **18-20**, p. **93** del *Libro de ejercicios*.

Unidad 15

Vídeo

1. Actividad de léxico para obtener información previa sobre el tema del capítulo. Pida que completen las frases con las palabras propuestas. Es importante destacar el cuadro de estrategias que les da pautas para facilitar la comprensión lectora. Después pase a las actividad 2.
   1. plástico; **2.** residuos; **3.** bandejas; **4.** contaminantes; **5.** bolsas; **6.** tetrabrik; **7.** degradarse; **8.** desechables; **9.** de vidrio.

2. Actividad de comprensión auditiva para comprobar las respuestas de la actividad anterior. Visione el fragmento 01:53 ▶ 04:01 para llevar a cabo la corrección.

3. Pídales que lean la información del cuadro de estrategias: los gestos, al igual que otros elementos de la comunicación no verbal, ayudan a interpretar el mensaje del interlocutor. Después visione el mismo fragmento del vídeo y dígales que se fijen en los gestos específicos y expresiones de los personajes para transmitir información, emociones... y que lo vayan anotando en la tabla. Vaya parando el vídeo cuando aparezca un gesto o expresión significativos para que tengan tiempo de completar la información. Ponga como ejemplo de lo que deben hacer la intervención de Leo que aparece en la actividad. Proporcionamos el minutaje de las intervenciones del fragmento por orden cronológico. Una vez finalizada la actividad, puede trabajar la comparación gestual con la de su cultura: El gesto coincide en forma y en significado / El gesto coincide en forma pero tiene diferente significado / El gesto es diferente en forma pero tiene el mismo significado / El gesto no existe.

Vídeo

HOSTAL Babel

Dentro de mil años

Antes del vídeo

1 **Carla, Leo y Tere preparan una cena especial. Estas son algunas de las frases que aparecen en el diálogo. Complétalas con la palabra adecuada del recuadro.**

residuos | bandejas | bolsas | desechables | degradarse | de vidrio | contaminantes | tetrabrik | plástico

1. Pero... ¿qué compraron? ¡Verduras en envases de [1] ....! ¡Eso no se debe comprar nunca!
2. No es por la verdura, es por esos horribles envases. Son muy contaminantes... ¿Sabes cuántos [2] .... producirá esta cena?
3. ¡Esas [3] .... tardarán más de treinta años en degradarse! ¡Son muy [4] ....!
4. Y todas esas [5] .... de plástico están hechas de un material que se llama "polietileno".
5. ¿Jugo en [6] ....? ¿Pero tú sabes cuánto tiempo necesitará eso para [7] ....?
6. ¡Ay! No me digan que también compraron vasos [8] ....
7. ¿Para qué usamos vasos desechables si aquí en la cocina tenemos vasos [9] ....?

Durante el vídeo

2 **Visiona el fragmento 01:53 ▶ 04:01 para comprobar tus respuestas anteriores.**

Los gestos son un importante elemento de comunicación no verbal que te ayuda a interpretar correctamente la opinión que tiene cada persona sobre el tema del que se habla.

3 **Vuelve a visionar el mismo fragmento y fíjate en algunos gestos y expresiones que utilizan los personajes para transmitir información o emociones. Anota un gesto, así como la expresión que lo acompaña de cada uno de los personajes que aparecen.**

Hugo	
Tere	
Carla	
Leo	Se identifica levantando la mano con el dedo índice extendido: *Yo mismo.*

Después del vídeo

4 **Haz en tu cuaderno un resumen del episodio en cinco líneas.**

5 **En parejas** **¿Recuerdas qué significa la palabra *heladera*? ¿En qué variante del español se usa? ¿Sabes qué otras palabras sinónimas hay y en qué variante se usan?**

6 **¿Estás de acuerdo con Hugo? ¿Crees que su postura es muy exagerada, o bien realista? ¿Cómo crees que será nuestro futuro en 150 años si seguimos utilizando bolsas de plástico, tetrabriks, etc.?**

180 | ciento ochenta   Unidad 15 | Dentro de 50 años

Leo: (00:37) Se identifica levantando la mano con el dedo índice extendido: *Yo mismo*; **Carla:** (00:48) Estira la mano con el dedo índice extendido señalando: *En la heladera*; **Hugo:** (01:04) Se cruza de brazos para pedir explicaciones: *¿Qué es lo que sucede?*; **Hugo:** (01:11) Arruga el entrecejo y pone cara de extrañeza: *¿Y eso por qué?*; **Hugo:** (01:59) Se tapa con la mano la boca abierta para mostrar incredulidad, asombro: *Pero... ¿Qué compraron?*; **Tere:** (02:33) Muestra decepción o pena con la expresión de la cara, ojos caídos y boca con las comisuras hacia abajo: *¡Vaya!*; **Carla:** (02:57) Levanta la mano mostrando la palma hacia adelante como símbolo de promesa: *Te prometo que...*; **Carla:** (03:00) Estira el brazo con la palma de la mano abierta balanceándola de derecha a izquierda: *Ya no lo vamos a hacer más*; **Tere:** (03:10) Estira los dos brazos con las palmas de la mano hacia abajo, levantándolas y bajándolas lentamente y al mismo tiempo, para pedir tranquilidad o calma: *Hugo, tranquilo*; **Tere:** (03:28) Arruga la nariz y levanta un poco los hombros para expresar hartura: *Ay, hijo, ni idea.*

4. Actividad de expresión escrita. Visione el capítulo completo y pídales que tomen notas para escribir, después, un breve resumen del mismo. Haga una puesta en común de los escritos y corrija los posibles errores: contenido, expresión textual, léxico, gramática, etc.
   Posible respuesta:
   A los chicos del hostal Babel se les ha ocurrido a última hora preparar una cena especial, así que han salido a comprar todo lo que necesitaban. Hugo ha llegado tarde y, cuando se ha enterado, no se ha mostrado muy contento porque sus compañeros habían comprado todos los alimentos envasados en plástico o en tetrabrik. Él, como acérrimo defensor del medioambiente, se ha enfadado por la irresponsabilidad de sus amigos.

5. y **6.** Actividad de expresión oral. Pídales que reflexionen sobre sus respuestas a las preguntas planteadas y que, después, plenario, las comenten y expresen su opinión, acuerdo o desacuerdo. Para terminar, plantee, en plenario, las preguntas de la actividad 6.

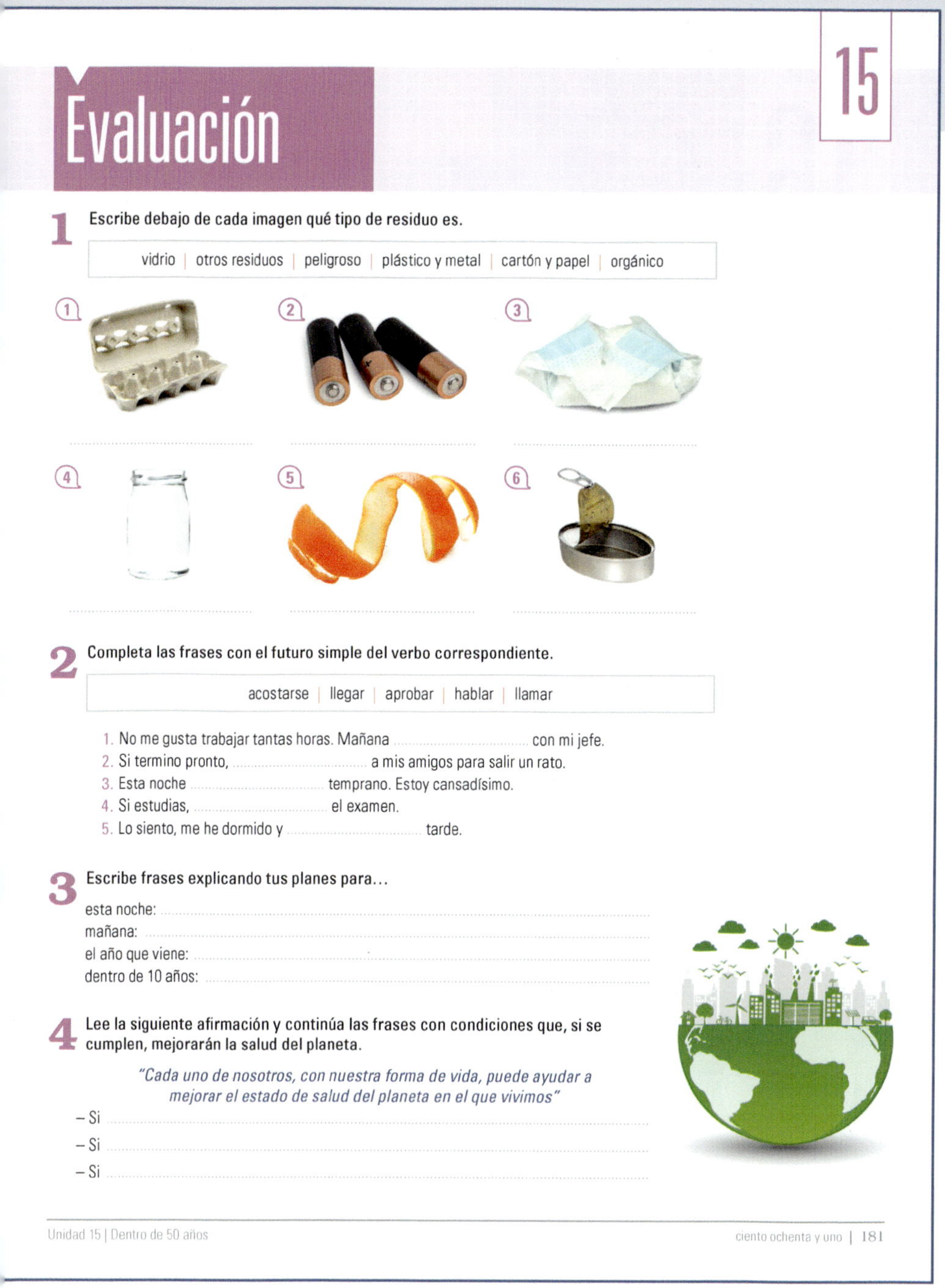

Evaluación

15

1 Escribe debajo de cada imagen qué tipo de residuo es.

vidrio | otros residuos | peligroso | plástico y metal | cartón y papel | orgánico

① ② ③ ④ ⑤ ⑥

2 Completa las frases con el futuro simple del verbo correspondiente.

acostarse | llegar | aprobar | hablar | llamar

1. No me gusta trabajar tantas horas. Mañana .... con mi jefe.
2. Si termino pronto, ... a mis amigos para salir un rato.
3. Esta noche .... temprano. Estoy cansadísimo.
4. Si estudias, ... el examen.
5. Lo siento, me he dormido y .... tarde.

3 Escribe frases explicando tus planes para...

esta noche: ....
mañana: ....
el año que viene: ....
dentro de 10 años: ....

4 Lee la siguiente afirmación y continúa las frases con condiciones que, si se cumplen, mejorarán la salud del planeta.

"Cada uno de nosotros, con nuestra forma de vida, puede ayudar a mejorar el estado de salud del planeta en el que vivimos"

– Si ....
– Si ....
– Si ....

Unidad 15 | Dentro de 50 años — ciento ochenta y uno | 181

Evaluación

1. **1.** cartón y papel; **2.** peligroso; **3.** otros residuos; **4.** vidrio; **5.** orgánico; **6.** plástico y metal.

2. **1.** hablaré; **2.** llamaré; **3.** me acostaré; **4.** aprobarás; **5.** llegaré.

3. Respuesta abierta.

4. Respuesta abierta.

Unidad 16

Unidad

16

En línea

¿Qué te sugiere el título de la unidad?

¿Qué crees que están haciendo las personas de la fotografía?

¿Sabes cómo se llaman las personas que crean publicidad?

En esta unidad vas a...

- Conocer la publicidad en línea
- Dar órdenes, instrucciones, recomendaciones y permiso
- Expresar obligación
- Saber cómo era la publicidad de los años 80 en España

En línea

Señale el título de la unidad y pregunte a sus estudiantes cuál creen que va a ser el núcleo temático y qué temas creen que se pueden derivar de este. Escriba sus propuestas en la pizarra y no las borre hasta finalizar la explotación de la portada. A continuación pídales que lean las preguntas y que las contesten en pequeños grupos para finalizar en un debate en plenario.

Retome la lista de temas que escribió en la pizarra y pídales que añadan una función comunicativa y un contenido gramatical que se podría trabajar con relación a estos. Haga una puesta en común y, a continuación, indíqueles que lean los contenidos que van a aprender en esta unidad.

¿Qué sabes?

1 **En parejas** Fíjate en las siguientes fotografías. ¿Conoces palabras relacionadas con la publicidad? ¿Cuáles? Haz una lista. Luego compártela con tu compañero/a para llegar a una lista común.

1.1 **En parejas** Lee el siguiente texto y explica de qué modo hace Miguel sus compras. Señala las palabras que te han ayudado a deducir la respuesta.

> Yo siempre hago las compras así porque es más barato, más cómodo y puedes leer información y opiniones de otros usuarios.
> Compro siempre con tarjeta de crédito porque muchas compañías protegen a los clientes que utilizan este tipo de tarjetas. También leo atentamente la información sobre privacidad de datos. ¡Hazlo siempre!

2 [60] Escucha los siguientes diálogos y completa las frases con la forma verbal que utilizan. ¿Recuerdas cómo se llama este modo verbal?

1. [1] .... el metro hasta plaza Universidad y después [2] .... andando 5 minutos hasta las Ramblas.
2. ¡[3] .... a Asturias! Es una región preciosa, con bosque y mar, y no hace mucho calor. ¡Te encantará!
3. Sí, claro. [4] .... la nevera y [5] ....
4. ¿Qué haces? ¡[6] .... aquí ahora mismo y [7] .... los deberes!

2.1 [60] Vuelve a escuchar y relaciona cada diálogo con su uso.

Diálogo 1	a. Dar permiso.
Diálogo 2	b. Dar órdenes.
Diálogo 3	c. Recomendar y aconsejar.
Diálogo 4	d. Dar instrucciones.

¿Qué sabes?

1. Se inicia este primer apartado de la unidad con una actividad que servirá para activar el conocimiento previo que puedan tener en relación con el mundo de la publicidad. Propóngales que, en parejas, elaboren una lista con las palabras que conocen pertenecientes a este campo; indíqueles también que observen con atención las fotografías para poder añadir más palabras a la lista. Una vez que hayan escrito sus palabras, haga una puesta en común hasta obtener una lista única con todas ellas.

1.1. Pídales que, en parejas, lean con atención el testimonio de Miguel y deduzcan cómo hace sus compras. Una vez hayan llegado a un consenso, indíqueles que vuelvan a leer el texto y señalen las palabras que les han servido para dar con la respuesta. Mediante este procedimiento los estudiantes llevan a cabo una reflexión sobre la existencia de palabras claves en un texto que ayudan a identificar la información relevante.
Miguel compra por internet.

2. [60] Se continúa con una tarea de comprensión auditiva. Antes de proceder a la escucha, pídales que lean las frases con atención e indíqueles que deberán completarlas con un modo verbal. Pregúnteles de qué modo creen que se trata y escuche su respuesta. A continuación ponga el audio para que completen las frases. Después de la corrección, pregúnteles si acertaron en su hipótesis.
El modo verbal que aparece en los diálogos es el imperativo.
1. Coge; **2.** ve; **3.** Ven; **4.** Abre; **5.** cógela; **6.** Ven; **7.** haz.

2.1. [60] Explíqueles que van a volver a escuchar los diálogos y que, esta vez, deberán indicar el uso que tiene el imperativo en cada uno de ellos: dar permiso, dar órdenes, recomendar y aconsejar o dar instrucciones. Una vez realizada la escucha, deje que comparen sus respuestas en parejas antes de la corrección en plenario. Finalmente, anímelos a que comenten si en su lengua el imperativo tiene los mismos usos que en español o si son diferentes.
Diálogo 1. d; **Diálogo 2.** c; **Diálogo 3.** a; **Diálogo 4.** b.

Unidad 16

Palabras

1. Se inicia una secuencia de actividades cuya finalidad es la presentación de léxico relacionado con el mundo de la publicidad e internet. Pídales que, en parejas, lean con atención las palabras que aparecen acompañando a la imagen y que intenten definirlas. Si no saben el significado de alguna de ellas, anímelos a que se lo pregunten a otras parejas. No se detenga en confirmar si sus respuestas son correctas y pase a la actividad siguiente.

1.1. Pídales ahora que lean las diferentes definiciones y que identifiquen a qué palabra de la actividad anterior se refiere cada una. Proceda a la corrección en plenario y asegúrese de que han entendido el significado de todas las palabras, pues necesitarán utilizarlas para llevar a cabo la actividad siguiente. Una vez finalizada la corrección, pregúnteles si habían oído otras palabras sinónimas de *banderola*, *etiqueta* o *tuit* y cómo se dicen en su idioma (si, en caso de que sean estudiantes de lengua no inglesa, existen términos específicos en su lengua para designar estas palabras o se utiliza el inglés). Después remítalos al cuadro de la RAE y comente la diferencia de uso de algunos de estos términos entre el español de España y el de América.
1. frecuencia; **2.** etiqueta; **3.** red social; **4.** visita; **5.** banderola o *banner*; **6.** boletín; **7.** buscador; **8.** tuit.

1.2. Actividad de consolidación del léxico anterior trabajado dentro de un contexto. Indíqueles que, en parejas, deben leer las frases e intercambiar las palabras destacadas, que se han utilizado de forma errónea, por otras que se encuentren en otras frases y que sí encajen en el contexto dado. Dígales que precisamente el contexto les servirá de pista para realizar la actividad con éxito, pues deberán fijarse en aspectos como el género o el número. Una vez haya realizado la corrección, pregúnteles qué les ha parecido esta secuencia de actividades para aprender este vocabulario, si la encuentran difícil o fácil y si añadirían alguna actividad más y cuál. Se trata de una práctica de reflexión sobre el aprendizaje y de que compartan estrategias.
1. las etiquetas; **2.** boletín; **3.** los *banners*; **4.** las redes sociales; **5.** tuit; **6.** las visitas; **7.** La frecuencia; **8.** los buscadores.

Para trabajar estos contenidos, realice las actividades **1-3a**, p. **94** del *Libro de ejercicios*.

Palabras

1 **En parejas** Estas palabras están relacionadas con internet y el mundo de la publicidad. ¿Sabes qué significan? Coméntalo con tu compañero/a.

1.1 **En parejas** Relaciona las definiciones con las palabras anteriores para comprobar tu respuesta.

1. ______ Número de veces que se publica un anuncio en un sitio web.
2. ______ Palabra o serie de palabras precedida por el símbolo de almohadilla (#).
3. ______ Página web en la que los internautas intercambian información creando una comunidad virtual.
4. ______ Acceso de una persona a un sitio web.
5. ______ Formato publicitario en internet con imágenes. A veces es interactivo y animado.
6. ______ Una publicación periódica enviada por correo electrónico a los usuarios de una web.
7. ______ Sistema informático para encontrar información almacenada en servidores web.
8. ______ Mensaje que se envía a través de la red social Twitter.

RAE
LÉXICO
Español de España
› banderola o *banner*: *Algunas organizaciones han colocado en sus páginas* ***banderolas*** *publicitarias que cualquiera puede copiar y colocar en su web.*
› etiqueta: *Navegando a través de la* ***etiqueta*** *se puede llegar a decenas de artículos sobre el mismo tema.*
› tuit: *Se pueden ver vídeos de lo que ocurre tras la cámara y una guía para seguir los* ***tuits*** *de los personajes de la serie.*
Español de América
› *banner*: *La versión gratis se financia mostrando un* **banner** *con publicidad en su interfaz.*
› *hashtag*: *El* **hashtag** *se incluye dentro del mensaje anteponiendo el símbolo # ante la palabra.*
› *tweet*: *Si se toma la decisión de usar la información de un* **tweet**, *debe referirse el nombre del usuario y textualmente lo que publicó.*

1.2 **En parejas** Lee las frases y sustituye las palabras destacadas por las correctas. Fíjate en el contexto.

1. Me encanta lo que dicen **los buscadores** del Instagram de Ana. ¡Son tan divertidas!
2. Ayer me llegó al correo electrónico el último **tuit** de tu web.
3. Lo que menos me gusta de internet son **las redes sociales**. Me pongo muy nervioso cuando aparece uno de ellos porque no me deja leer la noticia.
4. Raúl no puede vivir sin **las etiquetas**. Dice que es la mejor forma para comunicarse con amigos, conocer gente, hacer publicidad...
5. Sara ha sido muy desagradable en su último **boletín**. Ha revolucionado Twitter.
6. Para saber si una web es de calidad, debemos medir **la frecuencia**.
7. **La visita** de un anuncio en un sitio web es un factor importante para su éxito.
8. Mi vida profesional es más fácil con **los *banners***. Si tengo alguna duda o quiero buscar algo, los consulto.

184 | ciento ochenta y cuatro — Unidad 16 | En línea

16

2 **En grupos pequeños** Ana hace muchas compras en línea. Reescribe las frases utilizando las expresiones del recuadro.

- garantía por defecto
- tarjeta de crédito
- reputación
- gastos de envío
- política de devolución y reembolso del dinero

1. Me gusta saber la opinión de otros consumidores, comprobar si están satisfechos o no.
   › Me gusta investigar sobre la .... de la empresa.
2. Quiero saber qué pasa si un producto está estropeado.
   › Quiero saber si existe ....
3. Me informo sobre qué sucede si un producto no me gusta y quiero devolverlo. ¿Me ingresan el dinero en mi cuenta?
   › Me informo sobre la ....
4. Quiero saber si tengo que pagar por el envío de la compra.
   › Quiero saber si existen ....
5. No me gusta que retiren el dinero inmediatamente de mi cuenta bancaria.
   › Utilizo una ....

2.1 [61] **Ahora escucha a Ana, comprueba si las respuestas anteriores son correctas y corrígelas en caso necesario.**

2.2 [61] **Escucha de nuevo y relaciona la información.**

1. Ana busca siempre la identidad de las empresas...
2. En la página web se debe informar de si existe política de devolución...
3. Muchas compañías no informan de los gastos de envío...
4. Las tarjetas de crédito...
5. Ana quiere saber si hay una garantía en la compra del producto...

a. y luego los cobran.
b. son más seguras que las tarjetas de débito.
c. porque algunas no son conocidas.
d. porque a veces se compran cosas y al poco tiempo no funcionan.
e. y de cómo hacen el reembolso.

3 **Todo el grupo** ¿Y tú? ¿Eres de los que compran por internet como Ana? Comenta con tus compañeros lo que haces tú normalmente y por qué.

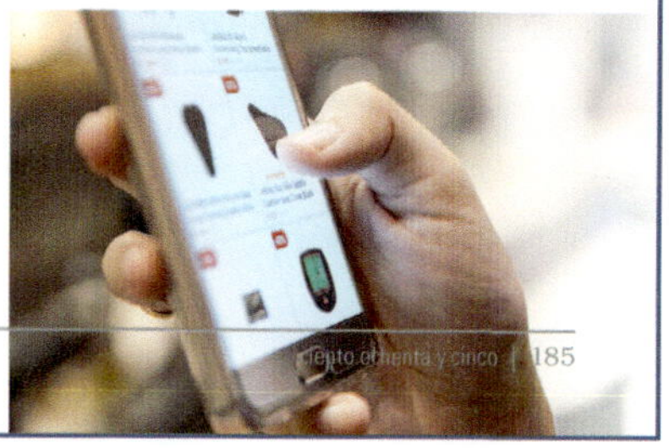

2. Forme pequeños grupos y pídales que lean las palabras del recuadro e intenten definirlas o explicarlas. Luego, para seguir reforzando sus hipótesis, indíqueles que lean las frases que aparecen a continuación y las escriban de nuevo seleccionando para cada una la palabra adecuada del recuadro. Si lo cree necesario, permítales usar el diccionario. Para la corrección, pase a la actividad siguiente.
1. reputación; **2.** garantía por defecto; **3.** política de devolución y reembolso del dinero; **4.** gastos de envío; **5.** tarjeta de crédito.

2.1. [61] Actividad de comprensión auditiva para confirmar las respuestas de la anterior. Ponga el audio y deje que comprueben sus respuestas o que las corrijan en caso necesario. Para finalizar, haga una puesta en común de los resultados y resuelva posibles dudas.

2.2. [61] Antes de poner el audio por segunda vez, dígales que lean la información de las dos columnas y que intenten relacionarla de forma lógica y según lo que recuerden de lo que escucharon en la actividad anterior. A continuación ponga el audio, deje que comparen sus respuestas en parejas y realice una corrección en plenario.
1. c; **2.** e; **3.** a; **4.** b; **5.** d.

3. Finalice la secuencia con una actividad grupal de interacción oral en la que el tema se centre en su propia experiencia. Pregúnteles si se sienten identificados con la protagonista del audio y si, como ella, suelen comprar por internet y por qué. Anímelos también a que comenten los aspectos positivos y los negativos de esta modalidad de compra.

Para trabajar estos contenidos, realice las actividades **4-5b**, p. **95** del *Libro de ejercicios*.

Unidad 16

Gramática

1. Comuníqueles que en este apartado van a repasar las formas del imperativo afirmativo que estudiaron anteriormente y a aprender las formas del imperativo negativo. Para apoyarse en sus explicaciones, use las proyecciones 53, 54a y 54b.
Finalmente, haga referencia al cuadro de la RAE sobre las formas voseantes del imperativo en los países del Cono Sur. Puede profundizar sobre este aspecto en el enlace http://aplica.rae.es/grweb/cgi-bin/v.cgi?i=wugLfLTFNQzXPyJs.

Imperativo afirmativo regular e irregular

[53]

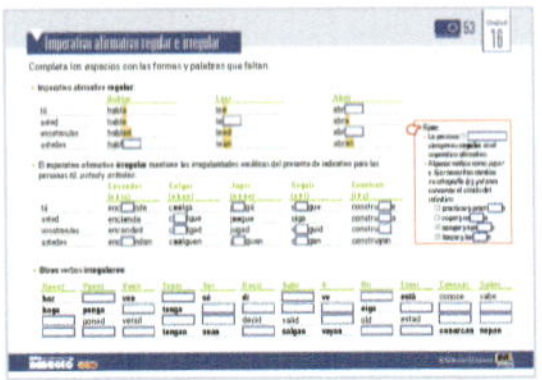

Reparta a cada pareja una copia de la lámina y pídales que completen la tabla del imperativo afirmativo con las terminaciones, formas y palabras que faltan ayudándose de la información que ya aparece dada. Cuando hayan terminado, remítalos a la parte del cuadro de gramática del libro correspondiente al imperativo afirmativo para que comparen sus respuestas y resuelva posibles dudas. Haga hincapié en que la persona *vosotros/as* es siempre regular en imperativo afirmativo y en que hay verbos que sufren cambios ortográficos para conservar el sonido del infinitivo sin que ello se considere una irregularidad. **Imperativo afirmativo regular.** Hablar: hablen; Leer: lea; Abrir: abre, abrid. **Imperativo afirmativo irregular.** Encender: enciende, enciendan; Colgar: cuelgue, colgad; Jugar: juega, jueguen; Seguir: sigue, seguid, sigan; Construir: construye, construya, construid; **Otros irregulares.** Hacer: haced, hagan; Poner: pon, pongan; Venir: venga, vengan; Tener: ten, tened; Ser: sea, sed; Decir: diga, digan; Salir: sal, salga; Ir: vaya, id; Oír: oye, oigan; Estar: esté, estén; Conocer: conozca, conoced; Saber: sepa, sabed. **1.** vosotros/as; **2.** practique; **3.** coja; **4.** apague; **5.** lance.

Gramática

1 Imperativo afirmativo y negativo

Recuerda:
- En imperativo afirmativo, la persona *vosotros/as* es siempre regular.
- Hay verbos con cambios ortográficos: *no apagues, practique, no cojas, realice...*

- **Imperativo afirmativo regular**:

	Hablar	Beber	Vivir
tú	habla	bebe	vive
usted	hable	beba	viva
vosotros/as	hablad	bebed	vivid
ustedes	hablen	beban	vivan

- El **imperativo afirmativo irregular** mantiene las irregularidades vocálicas del presente de indicativo:
  - e > ie: **pie**nsa, **pie**nse, pensad, **pie**nsen
  - o > ue: **cue**lga, **cue**lgue, colgad, **cue**lguen
  - u > ue: **jue**ga, **jue**gue, jugad, **jue**guen
  - e > i: p**i**de, p**i**da, pedid, p**i**dan
  - i > y: hu**y**e, hu**y**a, huid, hu**y**an
- Otros irregulares:
  - **sé**, **sea**, sed, **sean**
  - **ten**, **tenga**, tened, **tengan**
  - **haz**, **haga**, haced, **hagan**
  - **pon**, **ponga**, poned, **pongan**
  - **sal**, **salga**, salid, **salgan**
  - **ven**, **venga**, venid, **vengan**
  - **ve**, **vaya**, id, **vayan**
  - **di**, **diga**, decid, **digan**
  - **oye**, **oiga**, oíd, **oigan**
- El **imperativo negativo** se forma a partir de la forma *usted* del afirmativo añadiendo *-s* para *tú* e *-is* para *vosotros/as*:

	Hablar	Beber	Vivir
tú	no hables	no bebas	no vivas
usted	no hable	no beba	no viva
vosotros/as	no habléis	no bebáis	no viváis
ustedes	no hablen	no beban	no vivan

En el imperativo negativo:
- Los verbos en *e > ie, o > ue* son regulares en *vosotros/as*: *no empecéis, no volváis...*
- *Dormir* y *morir* tienen la irregularidad *o > u* en *vosotros/as*.
- Los verbos en *e > ie* terminados en *-ir (divertirse, sentir...)* cambian *e > i* en *vosotros/as*.

- El **imperativo negativo irregular** tiene, por regla general, las mismas irregularidades que la forma *usted* del imperativo afirmativo:

Empezar	Dormir	Pedir	Sentir	Tener	Salir	Decir
no empieces	no duermas	no pidas	no sientas	no **tengas**	no **salgas**	no **digas**
no empiece	no duerma	no pida	no sienta	no **tenga**	no **salga**	no **diga**
no empecéis	no durmáis	no pidáis	no sintáis	no **tengáis**	no **salgáis**	no **digáis**
no empiecen	no duerman	no pidan	no sientan	no **tengan**	no **salgan**	no **digan**

RAE GRAMÁTICA
- En el español de América, tú y vos alternan en el imperativo negativo según las zonas geográficas: *(tú) no cantes/(vos) no cantés, (tú) no comas/(vos) no comás, (tú) no partas/(vos) no partás...*
- La forma voseante del imperativo negativo, tanto regular como irregular, se forma a partir de la persona *vosotros/as* del imperativo negativo que acabas de estudiar, suprimiendo la ***i*** de la terminación: *no cantéis > no cantés; no seáis > no seás; no tengáis > no tengás; no durmáis > no durmás...*
*No **empecés** vos ahora con tu melancolía, que bastante bien te va yendo en la vida.*

1.1 Transforma los imperativos afirmativos en negativos.

1. Compra ese ordenador. ....
2. Deja encendida la pantalla. ....
3. Deme sus datos bancarios. ....
4. Volved mañana. ....
5. Responded en español. ....
6. Escribe en el libro. ....
7. Mirad las soluciones. ....
8. Haz una lista. ....

186 | ciento ochenta y seis — Unidad 16 | En línea

¿Cómo se forma el imperativo negativo?

[54a]
[54b]

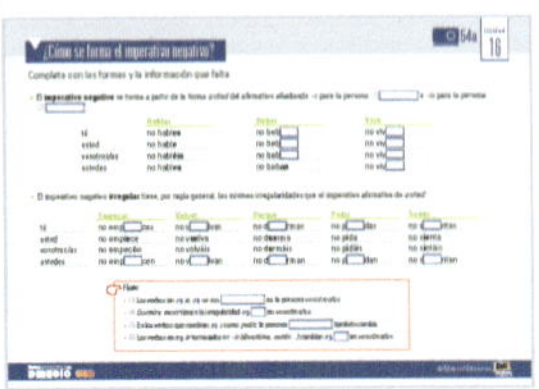

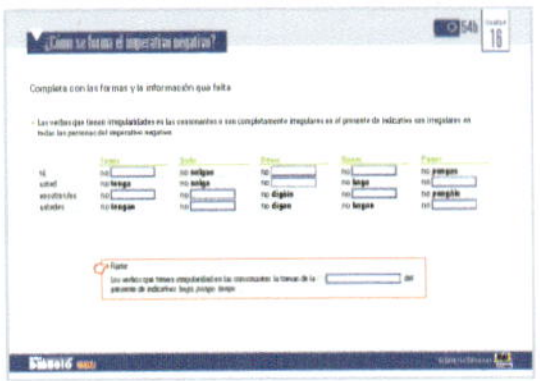

Proceda ahora a la explicación del imperativo negativo; para ello, proyecte la lámina y vaya comentando en plenario los distintos puntos para que sean ellos mismos los que deduzcan y completen la información que falta. Después remítalos al libro para que confirmen si sus respuestas son correctas y resuelva posibles dudas. **1.** tú; **2.** vosotros/as; **Beber:** no bebas, no beba, no bebáis; **Vivir:** no vivas, no viva, no viváis, no vivan; **Empezar:** no empieces, no empiecen; **Volver:** no vuelvas, no vuelvan; **Dormir:** no duermas, no duerman; **Pedir:** no pidas, no pidan; **Sentir:** no sientas, no sientan; **3.** regulares; **4.** u; **5.** vosotros/as; **6.** i; **Tener:** no tengas, no tengáis; **Salir:** no salgáis, no salgan; **Decir:** no digas, no diga; **Hacer:** no hagas, no hagáis; **Poner:** no ponga, no pongan; **7.** primera persona.

1.1. Actividad de práctica controlada de las formas del imperativo presentadas.
1. No compres; **2.** No dejes; **3.** No me dé; **4.** No volváis; **5.** No respondáis; **6.** No escribas; **7.** No miréis; **8.** No hagas.

Para trabajar estos contenidos, realice las actividades **6-11**, pp. **96-97** del *Libro de ejercicios*.

1.2 **En este diálogo ficticio, un gato, Fredy, habla con su dueño, Carlos. Reconstruye el diálogo escribiendo los verbos en imperativo afirmativo o negativo, según corresponda.**

Carlos: Fredy, ¿dónde estás?
Fredy: Aquí estoy, solo. Dentro de la maleta.
Carlos: Pues [1] .... (abrir) la maleta y [2] .... (salir).
Fredy: ¡Voy!
Carlos: ¡No, no [3] .... (salir) todavía!
Fredy: ¿Qué pasa?
Carlos: Nada, el perro del vecino. Ya se ha ido. [4] .... (Salir) ahora y [5] .... (venir) conmigo.
Fredy: Vale.
Carlos: Mira, [6] .... (subir) a lo alto de este árbol. ¿Ves ese parque que hay a lo lejos?
Fredy: Sí.
Carlos: Pues [7] .... (ir) hasta allí. Hay muchos otros gatos. ¡Cuidado! No [8] .... (pasar) por esa calle, hay mucho tráfico.
Fredy: ¡Ah! ¡Qué miedo! [9] .... (Acompañarme, tú).
Carlos: No [10] .... (ponerme) excusas. [11] .... (Ir) allí y [12] .... (relacionarse); no es bueno estar solo.

2 Imperativo y pronombres

- En el imperativo **afirmativo** los pronombres van después del verbo y forman una sola palabra con él *(ábre**la**, levánte**se**)*.
  - Cuando hay dos pronombres, uno de objeto directo y otro de objeto indirecto, el orden es: imperativo + pronombre de OI + pronombre de OD: *dímelo*.
  - Como ocurre con otras formas verbales, si el objeto indirecto es de 3.ª persona *(le, les)* y coincide con un objeto directo *(lo, la, los, las)*, ***le, les*** se sustituyen por ***se***: *díselo*.
  - Con el pronombre ***os***, la ***-d*** del imperativo afirmativo de 2.ª persona del plural desaparece: *Lava~~d~~os las manos.* › *Lava**os** las manos.*
- En el imperativo **negativo** los pronombres se colocan delante del verbo, igual que ocurre con otros tiempos verbales:
  *No **lo** comas.* *No **os** acostéis tan tarde.* *No **se lo** deis.*

2.1 **En parejas** **Nicole publica un artículo en su Facebook con instrucciones de cómo hacer una compra en línea de forma segura. Ayúdala a sustituir las palabras resaltadas por un pronombre.**

Para hacer una **buena compra por internet**, debes tener en cuenta muchos factores:

- Es importante asegurarse de que la empresa existe. Busca la empresa por internet. Mira si tiene página web y visita la página web.
- Un buen antivirus te va a ayudar a hacer la compra de manera segura. Utiliza el antivirus.
- ¿Conoces el producto que vas a comprar? Lee con mucha atención la descripción del producto y no compres el producto sin leer antes la letra pequeña.
- Tu ordenador es el mejor lugar para hacer la compra en línea. No realices compras en línea desde un ordenador ajeno o desde una red wifi abierta.
- Introduce el número de tu tarjeta de crédito o débito. Si hay gente a tu alrededor, no muestres tu número a la gente.

¡Disfruta de comprar por internet!

1.2. Pídales que lean el diálogo y que, en parejas, lo completen con la forma adecuada del imperativo afirmativo o negativo. Se trata de una práctica controlada de las formas de imperativo, esta vez en contexto.
1. abre; **2.** sal; **3.** salgas; **4.** Sal; **5.** ven; **6.** sube; **7.** ve; **8.** pases; **9.** Acompáñame; **10.** me pongas; **11.** Ve; **12.** relaciónate.

2. Presente el cuadro que hace referencia a la combinación del imperativo con los pronombres. Antes de llevar a cabo la explicación, escriba en la pizarra *levantarse* y *decírmelo*, por ejemplo, y pregúnteles cómo dirían ellos estos verbos en imperativo afirmativo y negativo y dónde colocarían los pronombres en ambos casos: antes o después del verbo. Escuche sus respuestas y, a continuación, pregúnteles si sabrían decir cuál es la función de los pronombres en un verbo como *levantarse* (reflexivo) o *decírmelo* (objeto indirecto y directo, respectivamente). Pregúnteles también si recuerdan las diferentes formas de estos pronombres y cuál es su orden de colocación cuando se combinan entre ellos. Finalmente, conteste a sus hipótesis explicando los diferentes puntos del cuadro.

2.1. Lleve a cabo una práctica controlada en parejas sobre la colocación y combinación de los pronombres de objeto directo e indirecto con el imperativo afirmativo y negativo. Pídales que lean el artículo con instrucciones sobre cómo hacer una compra en línea de forma segura y dígales que sustituyan las palabras resaltadas por uno o varios pronombres, teniendo en cuenta que deberán combinarlos con los verbos en imperativo. Deje que se apoyen en el cuadro anterior para hacer la actividad y corrija en plenario para aclarar las dudas que todavía puedan tener.
1. Búscala, visítala; **2.** Utilízalo; **3.** no lo compres; **4.** No las realices; **5.** no se lo muestres.

Para trabajar estos contenidos, realice la actividad **12**, p. **97** del *Libro de ejercicios*.

Unidad 16

Practica en contexto

1. Pídales que, en pequeños grupos, intercambien sus opiniones sobre cómo debe ser una buena publicidad y qué medio les parece más efectivo para promocionar un producto utilizando las expresiones de posibilidad y obligación aprendidas.

> Para trabajar estos contenidos, realice la actividad **13**, p. **97** del *Libro de ejercicios*.

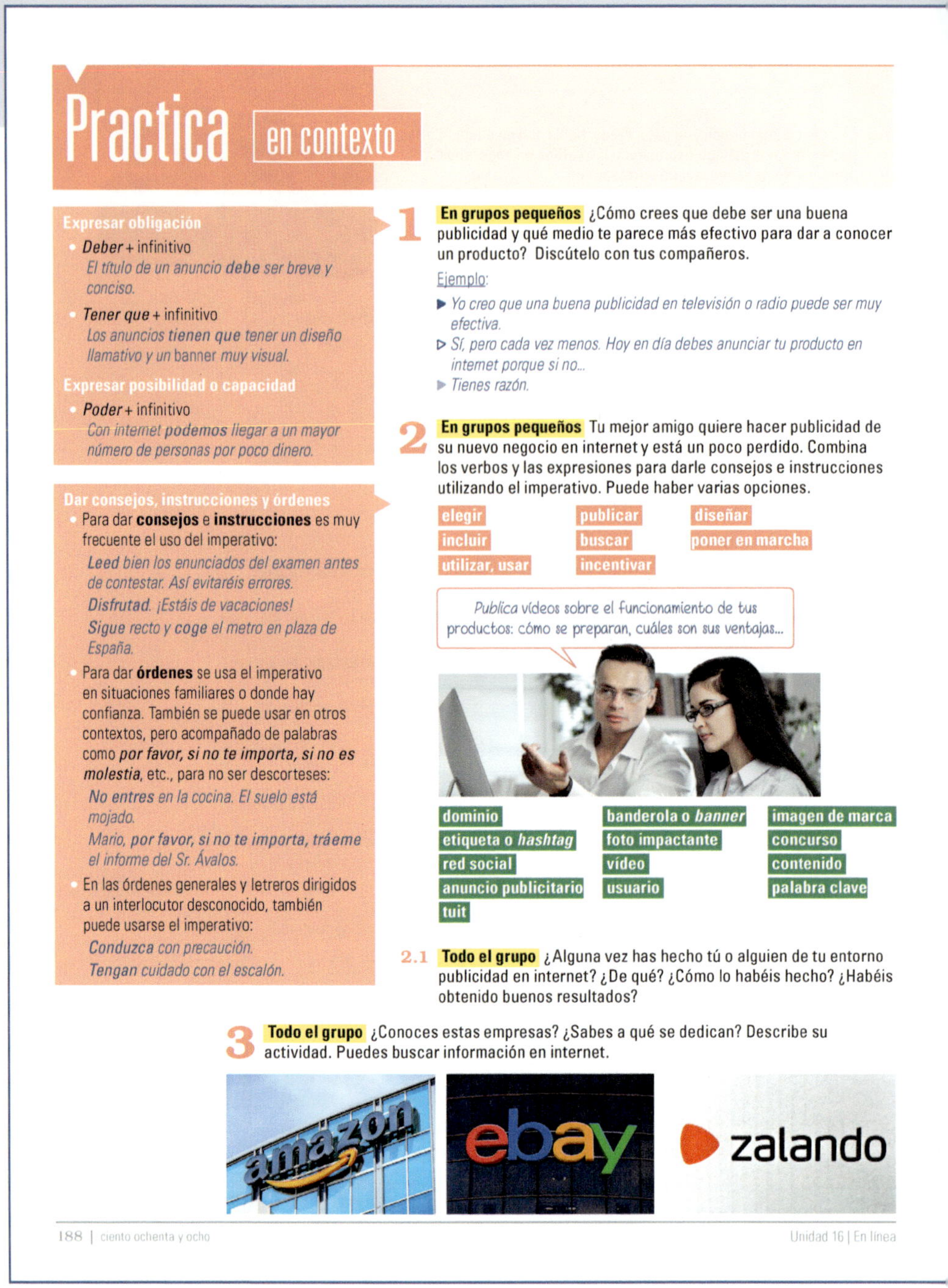

Practica en contexto

Expresar obligación

- *Deber* + infinitivo
  El título de un anuncio ***debe*** *ser breve y conciso.*
- *Tener que* + infinitivo
  Los anuncios ***tienen que*** *tener un diseño llamativo y un* banner *muy visual.*

Expresar posibilidad o capacidad

- *Poder* + infinitivo
  Con internet ***podemos*** *llegar a un mayor número de personas por poco dinero.*

Dar consejos, instrucciones y órdenes

- Para dar **consejos** e **instrucciones** es muy frecuente el uso del imperativo:
  Leed *bien los enunciados del examen antes de contestar. Así evitaréis errores.*
  Disfrutad. *¡Estáis de vacaciones!*
  Sigue *recto y* ***coge*** *el metro en plaza de España.*
- Para dar **órdenes** se usa el imperativo en situaciones familiares o donde hay confianza. También se puede usar en otros contextos, pero acompañado de palabras como ***por favor, si no te importa, si no es molestia***, etc., para no ser descorteses:
  No entres *en la cocina. El suelo está mojado.*
  Mario, ***por favor, si no te importa, tráeme*** *el informe del Sr. Ávalos.*
- En las órdenes generales y letreros dirigidos a un interlocutor desconocido, también puede usarse el imperativo:
  Conduzca *con precaución.*
  Tengan *cuidado con el escalón.*

1 **En grupos pequeños** ¿Cómo crees que debe ser una buena publicidad y qué medio te parece más efectivo para dar a conocer un producto? Discútelo con tus compañeros.

Ejemplo:

▶ *Yo creo que una buena publicidad en televisión o radio puede ser muy efectiva.*
▷ *Sí, pero cada vez menos. Hoy en día debes anunciar tu producto en internet porque si no...*
▶ *Tienes razón.*

2 **En grupos pequeños** Tu mejor amigo quiere hacer publicidad de su nuevo negocio en internet y está un poco perdido. Combina los verbos y las expresiones para darle consejos e instrucciones utilizando el imperativo. Puede haber varias opciones.

elegir	publicar	diseñar
incluir	buscar	poner en marcha
utilizar, usar	incentivar	

dominio	banderola o *banner*	imagen de marca
etiqueta o *hashtag*	foto impactante	concurso
red social	vídeo	contenido
anuncio publicitario	usuario	palabra clave
tuit		

2.1 **Todo el grupo** ¿Alguna vez has hecho tú o alguien de tu entorno publicidad en internet? ¿De qué? ¿Cómo lo habéis hecho? ¿Habéis obtenido buenos resultados?

3 **Todo el grupo** ¿Conoces estas empresas? ¿Sabes a qué se dedican? Describe su actividad. Puedes buscar información en internet.

188 | ciento ochenta y ocho — Unidad 16 | En línea

2. Antes de continuar con la secuencia de actividades, pregúnteles en plenario si recuerdan para qué se usa el imperativo. Es posible que recuerden algunos de los usos porque los estudiaron en la unidad 8. Escuche sus respuestas y, a continuación, lea con ellos la información del cuadro funcional, en el que se explican los usos del imperativo para dar consejos, instrucciones y órdenes. Seguidamente distribuya la clase en grupos pequeños y explíqueles que tienen que dar consejos a un amigo sobre cómo hacer publicidad de su negocio en internet. Para ello, deberán combinar los verbos con las expresiones que se proponen utilizando el imperativo, tal y como se hace en el ejemplo; acláreles que existen muchas posibilidades combinatorias y permítales que usen el diccionario si lo cree conveniente.

2.1. Proponga que comenten si ellos o algún conocido han hecho alguna vez publicidad en internet y que expliquen cómo fue la experiencia: qué anunciaron, de qué modo, si obtuvieron los resultados esperados... Una vez hayan compartido todas las experiencias, pregúnteles cuál les parece la publicidad más interesante de todas las que han comentado.

3. Continúe con una nueva actividad de interacción oral. Pídales que observen con atención las fotografías y que digan si conocen las empresas que aparecen en ellas y a qué se dedican. Si lo cree conveniente, puede dejarles buscar información en internet.
Amazon: Compañía estadounidense de comercio electrónico y servicios de computación en la nube a todos los niveles. Su lema es: *From A to Z* (traducido al español: 'De la A a la Z'). Fue una de las primeras grandes compañías en vender bienes a través de internet. Con presencia en un gran número de países, en la actualidad está totalmente diversificada y catalogada en diferentes líneas de productos: ofrece DVD, CD de música, *software*, videojuegos, electrónica, ropa, muebles, comida, libros, etc. Es la marca de venta al por menor más valiosa del mundo según el índice BrandZ; **eBay:** Fundado en 1995, es un sitio destinado a la subasta y comercio electrónico de productos a través de internet y uno de los pioneros en este tipo de transacciones. Desde 2002 y hasta 2015, eBay era propietario de PayPal; **Zalando:** Es una tienda de moda *online* alemana especializada en la venta de zapatos y ropa para mujer, hombre y niño. Fue creada en 2008. Adaptado de wikipedia.org

16

3.1 **En parejas** ¿Qué otras tiendas en línea conoces? ¿Cuáles usas más? ¿Por qué?

3.2 [62] Tres personas hablan de sus experiencias comprando por internet. Escúchalas con atención, lee las afirmaciones y señala a quién corresponde cada una.

	Alba	Martín	Juanjo
1. Cree que debemos desconfiar cuando un producto es demasiado barato.	☐	☐	☐
2. Lo más seguro es comprar en foros donde la comunidad es más o menos conocida.	☐	☐	☐
3. Compró un producto de segunda mano y poco después de comprarlo ya no funcionaba.	☐	☐	☐
4. Ha comprado y también ha vendido muchas cosas por internet y nunca ha tenido problemas.	☐	☐	☐
5. No ha tenido ningún problema con la compra de ropa por internet.	☐	☐	☐

3.3 ¿Has tenido tú o alguien de tu entorno alguna experiencia similar? ¿Con cuál te sientes más identificado/a? Escribe en tu cuaderno un texto donde expliques tu propia experiencia y da tus propios consejos para comprar por la red de manera segura. Toma como muestra el audio de la actividad anterior.

3.4 **Todo el grupo** Comparte con tus compañeros tu experiencia y tus consejos. ¿Cuál de ellos creéis que es el más importante?

4 **En parejas** Mira las fotos y, según la situación, pide permiso o formula peticiones a tu compañero/a o bien concédele permiso o responde afirmativamente.

Ejemplo: ▶ *¿Puedo coger tu paraguas?/Déjame tu paraguas, por favor; es que está lloviendo y tengo que salir un momento.*
▷ *Por supuesto, cógelo.*

Pedir permiso y formular peticiones

Para **pedir permiso** y **formular peticiones**, puedes usar:
- *¿Poder* + infinitivo?
  ¿Puedo pasar?
  ¿Podemos salir antes del trabajo?
- Imperativo
  Ayúdame a terminar este trabajo, por favor.
  Comprad el pan antes de volver a casa.

Conceder permiso

Para **conceder permiso** y **responder afirmativamente** a una petición, puedes usar:
- ***Sí, sí,/Claro que sí,/Desde luego,/Por supuesto,*** + imperativo
  ▶ *¿Puedo entrar?*
  ▷ *Por supuesto, pasa.*
- Imperativo **repetido**
  Sí, pasa, pasa.

3.1. Pídales que, en parejas, comenten qué otras tiendas en línea conocen y cuáles usan más y por qué. Una vez que lo hayan comentado, puede hacer una puesta en común para que amplíen su lista de tiendas en línea y para que comprueben cuál es la que más utiliza la mayoría.
Posible respuesta:
PcComponentes, Veepee, AliExpress, Privalia, ASOS, Pixmania, Wallapop...

3.2. [62] Indíqueles que van a realizar una actividad de comprensión auditiva en la que tres personas hablan de sus experiencias en relación con la compra y venta en línea. Pídales que, primero, lean con atención las afirmaciones y, a continuación, ponga el audio para que identifiquen a qué persona corresponde cada una. Antes de realizar una corrección en plenario, deje que comparen en parejas y realice una segunda escucha si es necesario.
1. Martín; **2.** Juanjo; **3.** Alba; **4.** Juanjo; **5.** Alba.

3.3. En primer lugar, pregunte a sus estudiantes si se sienten identificados con alguna de las personas de la actividad anterior y si han vivido alguna experiencia similar. Escuche sus aportaciones sin detenerse demasiado en ello y, a continuación, indíqueles que, basándose en su propia experiencia, escriban los consejos que darían ellos a la hora de comprar por la red de forma segura. Si lo cree necesario, puede entregarles la transcripción del audio para que la lean y les sirva de muestra a la hora de realizar la actividad.

3.4. Continúe la secuencia con esta actividad de interacción oral en plenario para que compartan sus experiencias y consejos sobre la compra a través de la red que escribieron en la actividad anterior y para que, entre todos, decidan cuál de los consejos dados es el más importante.

Para trabajar estos contenidos, realice las actividades **14-15**, pp. **97-98** del *Libro de ejercicios*.

4. En esta última tarea del apartado trabajarán algunas funciones que también se expresan mediante el imperativo: formular peticiones y conceder permiso. Antes de llevar a cabo la actividad, pídales en plenario que reflexionen sobre las estructuras que utilizan para pedir y conceder permiso y para formular peticiones. Escuche sus respuestas y anótelas en la pizarra. A continuación remítalos al cuadro explicativo de la banda lateral, léalo con ellos y aclare sus dudas en caso necesario. Seguidamente, para que practiquen estas expresiones, pídales que, en parejas, observen con atención las fotografías y que, según la situación que se muestra en ellas y guiándose por el ejemplo, pidan y concedan permiso o formulen peticiones y respondan afirmativamente.
Si desea seguir trabajando esta nueva función del imperativo, utilice la proyección 55.

¿Permiso?

[55]

Distribuya la clase en parejas, A y B, y entregue a cada estudiante una de las dos partes de la lámina según la letra que se le haya asignado. A continuación, y por turnos, deberán leer cada uno de los contextos y crear microdiálogos en los que pidan permiso, formulen peticiones y concedan permiso o respondan afirmativamente según proceda. Paséese por la clase mientras trabajan y corrija, después, los errores que detecte.

Unidad 16

Cultura

1. Antes de iniciar este apartado, escriba en la pizarra *Años 80* y haga una lluvia de ideas para que digan qué palabras asocian con esa década. Escuche sus respuestas y, a continuación, escriba junto a *Años 80* la palabra *publicidad*. Explíqueles que este es el tema que van a ver y anímelos a que, antes, comenten cómo creen que era la publicidad en esa década, tanto en sus países como en España. Despertado el interés, abra el libro e indíqueles que, en parejas, lean un texto desordenado sobre la publicidad de los años 80 en España y lo ordenen. Antes de la corrección en plenario, sugiérales que comparen sus respuestas con otras parejas y pregúnteles, después, qué palabras los han ayudado a cohesionar las ideas del texto. Para finalizar, dígales que se fijen en las imágenes que aparecen en la página, pregúnteles si alguna les resulta familiar y propóngales que busquen en internet qué mascotas representaron a otros países en mundiales de fútbol y qué representaban.
4, 2, 1, 3.

La publicidad de los años 80

1 **En parejas** Lee el texto y ordena los párrafos correctamente. Después compáralo con tu compañero/a.

- [ ] Prueba de ello fue Naranjito, la mascota de la Copa Mundial de Fútbol organizada por España en el año 1982. El personaje representaba una naranja, fruto típico de la zona de Valencia y Murcia.
- [ ] La publicidad siempre ha sido reflejo de las sociedades en las que nace y esos años fueron una época de apertura social y vanguardismo en España. Se vivía una buena situación económica y los anunciantes aumentaron su inversión publicitaria.
- [ ] Durante los años 80, España se convirtió en la tercera potencia mundial en materia creativa y publicitaria. Los resultados obtenidos por las agencias y marcas durante esta época han servido para inspirar a toda una generación de creativos.
- [ ] La salud empezaba a ser uno de los grandes argumentos de los productos de alimentación, con muchas marcas que concienciaban a los consumidores sobre la importancia de mantener una dieta sana y equilibrada.

190 | ciento noventa
Unidad 16 | En línea

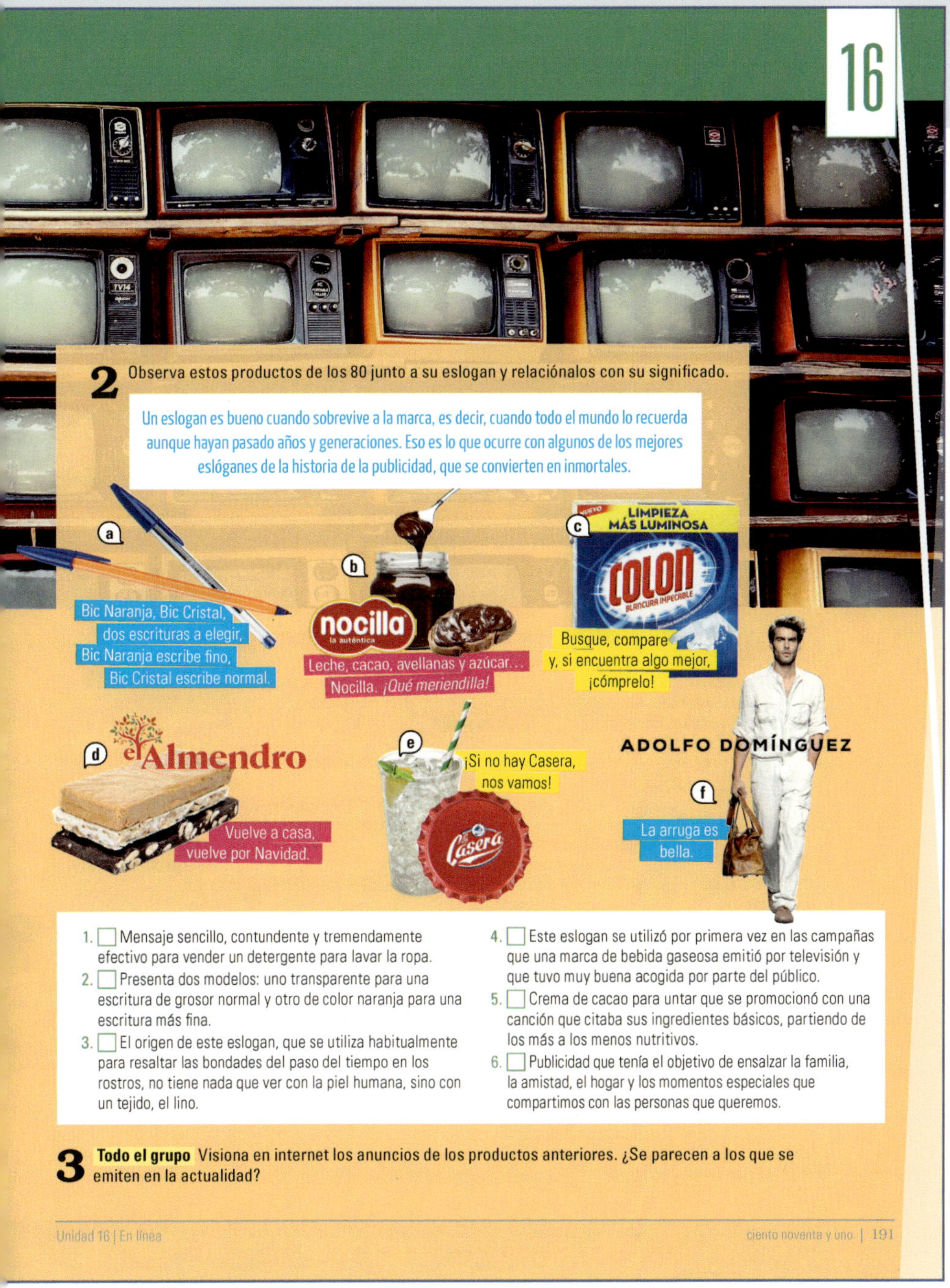

16

2 Observa estos productos de los 80 junto a su eslogan y relaciónalos con su significado.

Un eslogan es bueno cuando sobrevive a la marca, es decir, cuando todo el mundo lo recuerda aunque hayan pasado años y generaciones. Eso es lo que ocurre con algunos de los mejores eslóganes de la historia de la publicidad, que se convierten en inmortales.

1. ☐ Mensaje sencillo, contundente y tremendamente efectivo para vender un detergente para lavar la ropa.
2. ☐ Presenta dos modelos: uno transparente para una escritura de grosor normal y otro de color naranja para una escritura más fina.
3. ☐ El origen de este eslogan, que se utiliza habitualmente para resaltar las bondades del paso del tiempo en los rostros, no tiene nada que ver con la piel humana, sino con un tejido, el lino.
4. ☐ Este eslogan se utilizó por primera vez en las campañas que una marca de bebida gaseosa emitió por televisión y que tuvo muy buena acogida por parte del público.
5. ☐ Crema de cacao para untar que se promocionó con una canción que citaba sus ingredientes básicos, partiendo de los más a los menos nutritivos.
6. ☐ Publicidad que tenía el objetivo de ensalzar la familia, la amistad, el hogar y los momentos especiales que compartimos con las personas que queremos.

3 **Todo el grupo** Visiona en internet los anuncios de los productos anteriores. ¿Se parecen a los que se emiten en la actualidad?

Unidad 16 | En línea — ciento noventa y uno | 191

2. Pregunte a sus estudiantes si saben qué es un *eslogan* y qué creen que debe tener para que funcione y sea bueno. Escuche sus ideas y, después, indíqueles que lean el breve texto para comprobar si se han acercado en sus respuestas. A continuación coménteles que van a ver algunos productos de la década de los 80 con sus respectivos eslóganes y que deberán relacionarlos con el texto que hace referencia a cada uno de ellos. Deje que comparen en parejas antes de la corrección en plenario. Finalmente, pregúnteles cuál es el eslogan qué más les ha gustado y dígales que justifiquen su respuesta. Puede preguntarles también si recuerdan algún eslogan de un producto de su país que haya perdurado a lo largo del tiempo y pedirles que lo comenten con la clase y que expliquen cuál creen que ha sido el motivo de su éxito.
1. c; **2.** a; **3.** f; **4.** e; **5.** b; **6.** d.

3. Para finalizar este apartado dedicado a la publicidad, pídales que busquen en internet o visualice con ellos los anuncios publicitarios de los productos anteriores. Fomente un pequeño debate para que comenten si creen que la publicidad de ahora es muy diferente y cómo creen que se publicitarían estos productos hoy en día.

Para trabajar estos contenidos, realice las actividades **16** y **17**, p. **99** del *Libro de ejercicios*.

Unidad 16

Vídeo

1. Pídales que, según lo que les sugiere el título y con lo que ya conocen de los personajes, respondan a las preguntas. Se trata de una actividad de información previa sobre el contenido del vídeo. Pase a la actividad siguiente para comprobar los resultados.
   1. Tere; **2.** Carla; **3.** Leo; **4.** Bea; **5.** Que tengan cuidado con estas.

2. Ahora visione el fragmento 00:30 ▶ 03:15 del vídeo. Antes, llámeles la atención sobre el contenido del cuadro donde se explica para qué sirve la estrategia de tomar notas mientras se escucha y pídales que tomen notas para luego comprobar las respuestas de la actividad anterior.

3. Pase a visionar el fragmento 03:15 ▶ 04:15 y pídales que relacionen cada información con el personaje correspondiente. Para facilitar la actividad, permítales leer las frases antes de proceder al visionado.
   1. Carla; **2.** Tere; **3.** Bea.

4. Pida a los estudiantes que lean la transcripción de la última parte del diálogo del vídeo y después visione el fragmento 04:15 ▶ 05:41 para que completen el texto con las expresiones que faltan. Si lo considera necesario, proceda a un nuevo visionado del fragmento. Para comprobar los resultados es aconsejable que vean el capítulo completo.
   1. la lámpara; **2.** un banner de publicidad; **3.** Dale acá; **4.** pulsa; **5.** No te preocupes; **6.** Ignóralo; **7.** el botón; **8.** Oye; **9.** no te olvides; **10.** Anda, mira; **11.** ¡Mirad!; **12.** los gastos de envío.

5. Actividad de interacción oral. Diga a sus estudiantes que respondan a las preguntas, expliquen su experiencia y debatan con sus compañeros sobre aquello en lo que están de acuerdo o en desacuerdo.

Vídeo

HOSTAL Babel

Lámparas *online*

Antes del vídeo

1 **Todo el grupo** **Bea, Tere y Carla mantienen una conversación en la cocina del hostal sobre las redes sociales. Conociendo a los personajes, responde a estas preguntas.**

1. ¿Quién cree que Instagram es la red social que está más de moda?
2. ¿Quién prefiere usar Facebook?
3. ¿Y a quién le gusta Twitter?
4. ¿Hay algún personaje en contra de las redes sociales?
5. ¿Qué consejo les puede dar Bea a Carla y a Tere sobre las redes sociales?

Durante el vídeo

2 **En parejas** **Visiona el fragmento 00:30 ▶ 03:15, toma notas y comprueba tus respuestas anteriores.**

3 **Visiona el fragmento 03:15 ▶ 04:15 y relaciona la información con Bea (B), Tere (T) o Carla (C).**

1. ☐ No le gustan mucho las compras en línea.
2. ☐ Dice que se deben ignorar los *banners* de publicidad.
3. ☐ Es la primera vez que compra por internet y desconfía.

4 **Visiona el fragmento 04:15 ▶ 05:41 y completa el diálogo con las expresiones que faltan.**

Carla: ¿Ya encontraste [1] .... que estabas buscando?
Bea: Creo que sí. Pero mira, me sale esto que no sé qué es…
Tere: Eso es [2] .... Ignóralo.
Bea: ¿Ignorarlo? ¿Cómo?
Carla: [3] .... para cerrar.
Bea: Vale, ya. Cerrado.
Tere: Ahí tienes la lámpara. Es esa, ¿verdad? Pues [4] .... ahí para seleccionarla.
Bea: Sí, pero mira, me sale otro *banner* de esos.
Tere: [5] ...., solo es publicidad de otra lámpara. [6] .... Tú pulsa directamente en [7] .... "comprar".
Bea: Espera, en este *banner* me sale esta otra lámpara: "Flexo de lectura". [8] ...., eso parece interesante… Creo que voy a comprar este flexo para el salón.
Tere: Oye, pero eso no es lo que necesitabas, ¿no?
Bea: No, pero ya te he dicho que este catálogo *online* es muy interesante.
Carla: Pero, querida, [9] .... de lo que realmente querés comprar.
Bea: Sí, es cierto… Vamos a comprar la… ¡[10] ....! Esta otra lámpara blanca es perfecta para la cocina. ¡Es estupenda! ¡Quiero comprarla también!
Carla: ¡Pero, Bea!
Bea: [11] .... ¡Oferta de dos lámparas al precio de una! Voy a comprar las dos.
Tere: ¡Bea!
Bea: ¡Y, si compras tres, no te cobran [12] ....! ¡Qué bueno! Voy a comprar esta también.

Después del vídeo

5 **En el episodio, Bea está haciendo una compra por internet. ¿Cuál era su intención antes de entrar en la página web? ¿Y después? ¿Crees que la publicidad en internet influye para que compremos más?**

16

Evaluación

1 Escribe cuatro palabras relacionadas con los siguientes ámbitos.

Publicidad en internet	Compras en línea
1.	1. ....
2.	2. ....
3.	3. ....
4.	4. ....

2 Elige cuatro de las palabras anteriores y escribe dos frase con sentido incluyendo dos de esas palabras en cada una.

1. ....
2. ....

3 ¿Cuál es la función del imperativo en las siguientes frases?

1. Al llegar al hotel, gira a la derecha.
2. Lee el informe con calma. Es muy complicado.
3. ¡No me hables!
4. ▶ ¿Puedo ir a la fiesta, por favor?
   ▷ De acuerdo, ve, pero vuelve pronto, ¿eh?

4 Dale a tu compañero/a seis instrucciones para hacer una compra en línea segura. Pueden ser afirmativas o negativas.

1. ....
2. ....
3. ....
4. ....
5. ....
6. ....

5 Reescribe las frases sustituyendo las partes en negrita por pronombres.

1. Busca **la empresa** por internet. ....
2. No compres **los libros a tus hijos** por internet. ....
3. Paga **la compra** ahora. ....
4. No realices **pagos en línea** desde una red pública. ....
5. No muestres **tu número a la gente**. ....

6 Lee las frases y escribe el consejo que le/s puedes dar.

1. Tu padre come demasiado y últimamente ha engordado mucho. ....
2. Lucía y Nico están gritando y molestan a sus compañeros. ....
3. No hace frío y los niños van muy abrigados. ....
4. Tu amigo duerme muchas horas y luego está cansado. ....
5. La conferencia va a comenzar y ellos no han entrado aún. ....

Evaluación

1. Respuesta abierta.
2. Respuesta abierta.
3. **1.** Dar instrucciones; **2.** Hacer sugerencias, recomendaciones; **3.** Dar órdenes; **4.** Pedir permiso.
4. Respuesta abierta.
5. **1.** Búscala; **2.** No se los compres; **3.** Págala; **4.** No los realices; **5.** No se lo muestres.
6. **Posible respuesta:**
   1. Haz dieta; **2.** Hablad más bajo; **3.** Quitaos el abrigo; **4.** Duerme menos horas; **5.** Entrad ya.

Unidad

17

Compartir espacios

¿Qué está haciendo esta familia?
¿Sabes el nombre de alguna de estas tareas?

¿Hay alguna tarea del hogar que te gusta hacer?

En esta unidad vas a. . .

- Expresar deseos
- Dar consejos
- Expresar permiso y prohibición
- Conocer algunos ritmos latinos y a sus principales representantes

Unidad 17 | Compartir espacios

Compartir espacios

Escriba en la pizarra el título de la unidad: *Compartir espacios*, y pregunte a sus estudiantes qué les sugiere esta expresión y qué lugares comparten ellos en su día a día. A continuación abra el libro por la portadilla de la unidad y pregúnteles qué están haciendo los miembros de la familia que aparecen en la imagen y si saben el nombre de alguna de las tareas que están realizando. Seguidamente pregúnteles si hay alguna tarea de la casa que les guste hacer especialmente. Aunque lo trabajarán en profundidad a lo largo de la unidad, ayúdelos con el vocabulario que desconozcan si con ello facilita la comunicación. Dirija su atención después hacia el cuadro con los contenidos que se van a tratar en la unidad y preséntelos.

¿Qué sabes?

1 **En grupos pequeños** Observa la imagen de la casa y completa los nombres de las estancias y objetos señalados.

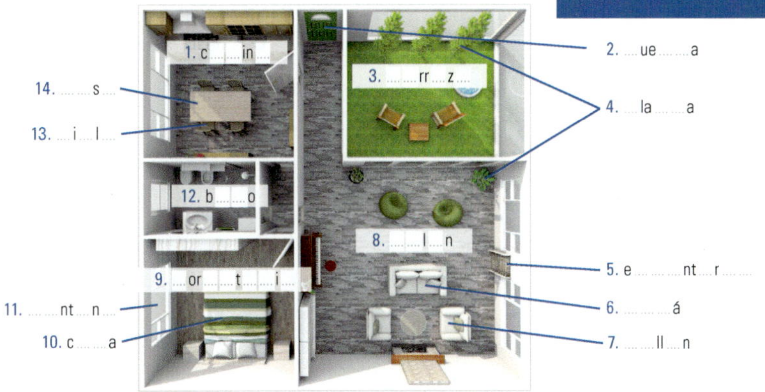

1.1 **En grupos pequeños** ¿Conoces el nombre de algún otro mueble, objeto doméstico o parte de la casa que aparece en la imagen? ¿Y de los que no están? Haz una lista e indica cuál es su sitio habitual en la casa.

Ejemplo: *El televisor lo podemos poner en el salón, pero también en el dormitorio o en la cocina porque es grande.*

2 **En parejas** Vas a ayudar a un/a amigo/a con la decoración de su salón. Dile dónde puede poner cada cosa.

Para **dar consejos** puedes usar estas expresiones:

- Te aconsejo
- Te recomiendo + infinitivo
- Puedes
- Imperativo

Puedes poner el sofá a la derecha, debajo de la ventana.
Coloca la mesa en el centro de la habitación.

RAE LÉXICO

Español de España › salón : *Nos instalamos en el salón de la casa.*
Español de América › sala : *Cruza la **sala**, desde su habitación hasta una puerta que debe de conducir al baño.*
Español de España › dormitorio : *Era un dormitorio pequeño, casi una alcoba, cuadrangular, con dos puertas.*
Español de América › cuarto : *En el corredor del primer piso las puertas de los **cuartos** están cerradas.*

¿Qué sabes?

1. En plenario, pídales que se fijen en la imagen y pregúnteles qué muestra. Una vez que mencionen que se trata del plano de una casa, dígales que, en pequeños grupos, completen con las letras que faltan las palabras que hacen alusión a diferentes muebles o estancias.
Haga una puesta en común y corrija si detecta algún error sin detenerse demasiado en dar explicaciones. De momento se trata de reactivar los conocimientos previos y este vocabulario lo verán en profundidad en el apartado siguiente. Recuérdeles que *sofá* es una palabra masculina y aguda.
Por último, diríjase al cuadro de la RAE que se encuentra en la parte inferior de la página y explique que entre el español de España y el de Hispanoamérica existen algunas diferencias respecto a este campo léxico: por ejemplo, las palabras *salón* y *dormitorio*, que en Argentina se dicen, respectivamente, *living* y *pieza* y en el resto de América, *sala* y *cuarto*. Estas variantes se trabajarán posteriormente en la actividad 1.2 del apartado "Palabras".
1. cocina; **2.** puerta; **3.** terraza; **4.** planta; **5.** estantería; **6.** sofá; **7.** sillón; **8.** salón; **9.** dormitorio; **10.** cama; **11.** ventana; **12.** baño; **13.** silla; **14.** mesa.

1.1. Disponga la clase en grupos pequeños y pídales que se fijen de nuevo en el plano de la casa de la actividad 1 y que elaboren una lista con los nombres de otros objetos y muebles que aparecen en él o con otros que falten, pero que suelan estar en las casas. Además, deben indicar en el plano cuál es su ubicación habitual. Los listados resultantes podrá trabajarlos en mayor profundidad en el siguiente apartado.

2. Divida la clase en parejas y explíqueles que van a ayudar a un/a amigo/a a decorar el salón de su casa. Pídales que se fijen en la habitación vacía que muestra la imagen y en los muebles y otros objetos que aparecen alrededor. Para ayudarlos en sus producciones, explíqueles también la información del cuadro de atención, en el que se presentan algunas formas sencillas para dar consejos, como es el uso de los verbos *aconsejar* y *recomendar* con infinitivo o el imperativo. Mientras realizan la actividad, muévase por la clase para comprobar que utilizan de forma correcta el vocabulario y las estructuras vistas.

Unidad 17

Palabras

1. Antes de empezar la actividad, pídales que lean las ocho frases que se presentan. Luego explíqueles que van a escuchar a una chica, Marina, que describe cómo es su nueva casa. Los estudiantes tendrán que completar la información que falta en las frases y que les proporcionará la grabación. Ponga el audio y deje que comparen sus respuestas en parejas antes de la corrección en plenario.

[63]

1. techo, edificio; **2.** suelo; **3.** pared; **4.** pasillo; **5.** amueblado; **6.** taza; **7.** lavabo; **8.** bañera.

Palabras

1 [63] **Escucha la descripción que hace Marina de su nueva casa y completa.**

1. Tiene el .... muy alto porque es un .... antiguo.
2. El .... es de madera en casi toda la casa.
3. Excepto una .... del salón, que es gris, todo está pintado de blanco.
4. Hay un .... que separa el salón de los dos dormitorios.
5. El piso está completamente ....
6. La .... y el bidé son completamente nuevos.
7. El .... es de esos modernos de cristal.
8. Además de ducha, también hay una .... con *jacuzzi*.

1.1 En parejas ¿Sabes qué significan todas las palabras de la actividad anterior? Si es necesario, vuelve a escuchar el audio. Luego relaciónalas con las imágenes.

1 2 3 4 5 6 7 8 9

1.2 [63] **Ahora vuelve a escuchar el audio y subraya las palabras que cambian según la variante del español de América.**

Pues mi nuevo departamento está muy bien y, además, es bastante barato. Tiene el techo muy alto porque es un edificio antiguo, pero está en muy buen estado, no te creas. El piso es de madera en todo el departamento menos en la cocina y en el baño. Las paredes son todas blancas, excepto una pared de la sala, que es gris. Hay un pasillo que separa la sala de los dos cuartos. Es bastante largo, pero muy luminoso porque tiene una ventana. El departamento está completamente amueblado. Los muebles están muy bien. Hay un clóset en cada habitación, un sofá muy cómodo en la sala y un par de sillones. La cocina está bien equipada: tiene refrigerador, lavaplatos, lavarropas... y todo bastante nuevo. Pero lo mejor es el baño: es muy bonito. El inodoro y el bidé son completamente nuevos. El lavamanos es de esos modernos de cristal y, además de regadera, también hay una tina con *jacuzzi*.

1.3 Escribe una descripción de tu casa utilizando el vocabulario nuevo que has aprendido.

196 | ciento noventa y seis — Unidad 17 | Compartir espacios

1.1. Distribuya a la clase en parejas y pregúnteles si conocen todas las palabras de la actividad 1. Escuche sus respuestas y, si lo considera necesario, ponga de nuevo el audio. A continuación pídales que relacionen algunas de esas palabras con las imágenes según lo que estas representen. Como ampliación, una vez corregida la actividad, usted puede preguntarles por otros objetos o mobiliario que aparezcan en las imágenes y que sus estudiantes no hayan mencionado o, también, retomar el vocabulario que vieron en la actividad 1 del apartado "¿Qué sabes?" y pedirles que lo relacionen con las imágenes, de manera que al final dispongan de un vocabulario más amplio con el que trabajar.

1. bañera; **2.** salón; **3.** pasillo; **4.** edificio; **5.** techo; **6.** taza; **7.** pared; **8.** lavabo; **9.** suelo de madera.

1.2. Actividad en la que se trabaja explícitamente con palabras pertenecientes al campo léxico de la casa y que se dicen de modo diferente en España e Hispanoamérica. Si lo cree conveniente, puede recordar el cuadro de la RAE que vieron en el apartado "¿Qué sabes?". A continuación pregúnteles si recuerdan qué acento tenía la chica que hablaba en el audio que han escuchado en la actividad 1; en caso de que no lo recuerden, ponga de nuevo el principio del audio para que confirmen que se trata de la variante del español de España. Explíqueles ahora que van a escuchar el audio de nuevo al tiempo que leen la transcripción en la versión del español de América y que deberán ir señalando las palabras que cambian. Cuando corrija la actividad, asegúrese de que anoten, junto a la palabra subrayada en la variante de Hispanoamérica, la que originalmente se dice en el audio, de manera que puedan relacionarlas. Llame su atención sobre el hecho de que algunas palabras como *piso* se usan tanto en España como en Hispanoamérica, pero que tienen distinto significado a pesar de pertenecer al mismo campo léxico, y que otras palabras como *cuarto* e *inodoro* también se usan en la variante peninsular aunque no sean las más frecuentes. Junto a las claves, indicamos entre paréntesis la correspondencia en español de España.

[63]

Departamento (piso); piso (suelo); departamento (casa); sala (salón); cuartos (dormitorios); clóset (armario); refrigerador (nevera); lavarropas (lavadora); inodoro (taza); lavamanos (lavabo); regadera (ducha); tina (bañera).

1.3. Actividad de producción escrita en la que deben hacer una descripción detallada de su casa usando el vocabulario relativo al tema que acaban de estudiar. Una vez corregidos los textos y como ampliación, puede hacer que, en parejas, cada estudiante le lea a su compañero/a su descripción y este/a vaya dibujando el plano de la casa y situando en él todos los objetos y muebles descritos. Anímelos a que se pregunten cuando necesiten saber más información para poder dibujar los planos de la manera más precisa posible.

Para trabajar estos contenidos, realice las actividades **1-4**, pp. **100-101** del *Libro de ejercicios*.

2 **En parejas** Lee el plan que ha hecho Esteban para mantener limpia su casa y escribe el día correspondiente debajo de cada imagen. ¿Te parece un buen plan? ¿Qué crees que debería cambiar?

RAE LÉXICO

Español de España	Español de México	Español de Argentina
› Limpiar el cuarto de baño.	› Alzar el baño.	› Limpiar el baño.
› Poner la lavadora.	› Poner la lavadora.	› Poner el lavarropas.
› Fregar el suelo.	› Trapear el piso.	› Limpiar el piso.
› Quitar el polvo.	› Sacudir el polvo.	› Sacar el polvo.
› Limpiar la cocina.	› Alzar la cocina.	› Limpiar la cocina.
› Fregar los platos.	› Lavar los trastes.	› Lavar los platos.
› Bajar/Sacar la basura.	› Sacar la basura.	› Sacar la basura.

2.1 [64] Esteban le está enseñando el apartamento a su amiga Rocío y le explica su plan de mantenimiento. Escucha la conversación. ¿Qué piensa Rocío del plan de Esteban?

2.2 [64] Escucha el audio otra vez y escribe las tareas del hogar que corresponden a estas tres imágenes.

2.3 **En parejas** ¿Qué tareas del hogar prefieres hacer tú? ¿Cuáles te gustan menos?

2. Antes de empezar la actividad, explíqueles que van a trabajar ahora con el vocabulario necesario para hablar de las tareas domésticas. Pídales que, en parejas, lean detenidamente el plan semanal de limpieza que ha hecho Esteban y que luego, fijándose en las imágenes, escriban debajo de cada una el día de la semana correspondiente. En el momento de corregir, puede escribir en la pizarra los verbos *(limpiar, pasar, poner, fregar, quitar, bajar)* en una columna y en otra, los nombres *(el cuarto de baño, la aspiradora, la lavadora, el suelo, el polvo, la cocina, los platos, la basura)* y explicar qué relaciones se establecen entre unos y otros, de modo que les quede claro el significado concreto, en este contexto, de verbos como *fregar, limpiar, quitar* o *poner.*
Una vez corregida esta primera parte de la actividad, pregúnteles si les parece un buen plan de limpieza y si piensan que Esteban debería cambiar algo para que resultara más efectivo. Finalmente, trabaje el cuadro de la RAE, en el que se muestra una comparativa entre las expresiones relativas a este campo léxico que se usan en el español de España y las que son propias del español de México y de Argentina.
1. Sábado; **2.** Cada día; **3.** Domingo; **4.** Martes; **5.** Miércoles; **6.** Viernes; **7.** Lunes; **8.** Jueves.

2.1. [64] Explíqueles que ahora van a escuchar una conversación entre Esteban y su amiga en la que este le explica su plan de mantenimiento y limpieza. Se trata de que escuchen y tomen nota de lo que piensa su amiga al respecto. Ponga el audio, deje que comparen sus notas en parejas y haga, después, una corrección en plenario.
Rocío piensa que el plan es muy básico y que mantener bien la casa implica más tareas como tender la ropa, plancharla, doblarla y guardarla, hacer la cama, cambiar las sábanas, ventilar y mantener ordenado el dormitorio, hacer la lista de la compra, ir al supermercado, etc.

2.2. [64] Dígales que en el audio se mencionan tres nuevas tareas del hogar y que son las que se representan en las imágenes. Pídales que las observen y pregúnteles si sabrían decir de qué tareas se trata. Escuche sus hipótesis y, a continuación, haga que escuchen de nuevo para que escriban el nombre de cada tarea debajo de la imagen correspondiente.
1. Hacer la cama; **2.** Planchar y doblar la ropa; **3.** Hacer la comida, Poner/Quitar la mesa.

2.3. Concluya el apartado con esta actividad comunicativa, en la que sus estudiantes pondrán en práctica el vocabulario aprendido. Forme parejas y pídales que se cuenten cuáles son sus tareas preferidas y cuáles las que menos les gustan y por qué. Muévase por la clase para asegurarse de que utilizan tanto el vocabulario de la casa como el de las tareas domésticas que han trabajado en el apartado.

Para trabajar estos contenidos, realice las actividades **5** y **6**, p. **101** del *Libro de ejercicios.*

Unidad 17

Gramática

1 Presente de subjuntivo regular

El **presente de subjuntivo regular** tiene las siguientes terminaciones:

	Trabajar	Comer	Escribir
yo	trabaj**e**	com**a**	escrib**a**
tú	trabaj**es**	com**as**	escrib**as**
él, ella, usted	trabaj**e**	com**a**	escrib**a**
nosotros/as	trabaj**emos**	com**amos**	escrib**amos**
vosotros/as	trabaj**éis**	com**áis**	escrib**áis**
ellos, ellas, ustedes	trabaj**en**	com**an**	escrib**an**

Fíjate:
Los verbos en *-er* e *-ir* tienen las mismas terminaciones.

1.1 Completa las formas que faltan.

Hablar	hable			hablemos		hablen
Romper		rompas	rompa		rompáis	
Vivir	viva			vivamos		vivan

2 Presente de subjuntivo irregular

- Las formas irregulares en presente de subjuntivo se construyen a partir de las formas irregulares en presente de indicativo con algunos cambios.
- Verbos con **irregularidad vocálica**:

e › ie	o › ue	e › i	i › y
Pensar	**Volver**	**Pedir**	**Huir**
piense	vuelva	pida	huya
pienses	vuelvas	pidas	huyas
piense	vuelva	pida	huya
pensemos	volvamos	pidamos	huyamos
penséis	volváis	pidáis	huyáis
piensen	vuelvan	pidan	huyan

Fíjate:
- Los verbos que cambian *e › i* e *i › y* son irregulares en **todas las personas** en presente de subjuntivo.
- Los verbos *morir* y *dormir*, además del cambio *o › ue*, cambian *o › u* en las personas *nosotros/as* y *vosotros/as*: *durmamos, durmáis; muramos, muráis*.

- Los verbos que tienen irregular la **persona *yo*** del presente de indicativo también son irregulares en presente de subjuntivo, pero en todas las personas: hacer › **hago** › **haga, hagas, haga, hagamos, hagáis, hagan**.
  – Otros verbos: oír › **oiga**; poner › **ponga**; caer › **caiga**; conducir › **conduzca**...
- Algunos verbos tienen una **irregularidad propia** en este tiempo:

Estar › **esté, estés, esté, estemos, estéis, estén**
Haber › **haya, hayas, haya, hayamos, hayáis, hayan**
Saber › **sepa, sepas, sepa, sepamos, sepáis, sepan**
Ser › **sea, seas, sea, seamos, seáis, sean**
Ir › **vaya, vayas, vaya, vayamos, vayáis, vayan**
Ver › **vea, veas, vea, veamos, veáis, vean**

Fíjate:
Hay formas verbales, tanto regulares como irregulares, que sufren cambios ortográficos para conservar el sonido del verbo en infinitivo: *seguir › siga; cocer › cueza; recoger › recoja; buscar › busque*...

2.1 **En parejas** Transforma estas formas verbales del presente de indicativo al de subjuntivo. Luego compara con tu compañero/a.

1. quieres › ....
2. repetimos › ....
3. pongo › ....
4. salís › ....
5. hay › ....
6. conduces › ....
7. vengo › ....
8. jugáis › ....
9. busco › ....
10. somos › ....
11. traduzco › ....
12. sueña › ....

198 | ciento noventa y ocho — Unidad 17 | Compartir espacios

Gramática

1. Introduzca el apartado escribiendo en la pizarra las palabras *indicativo* y *subjuntivo*. Explíqueles que los tiempos que han estudiado hasta ahora, el presente, el futuro simple y los pretéritos perfecto, indefinido e imperfecto, pertenecen al modo indicativo y que ahora van a empezar a estudiar un nuevo modo verbal: el subjuntivo. No es necesario que profundice aún en las diferencias entre ambos modos; de momento puede decir que, a grandes rasgos, el indicativo informa objetivamente de las acciones que expresan los verbos, mientras que el subjuntivo lo hace subjetivamente, desde la percepción del hablante. A continuación explíqueles los contenidos del cuadro gramatical en el que se presentan las formas regulares del presente de subjuntivo. Hágales notar, como indica el cuadro de atención, que los verbos terminados en *-er* e *-ir* comparten las mismas terminaciones y que la conjugación es prácticamente igual a la del presente de indicativo: basta con cambiar la vocal de la terminación.

1.1. Pídales que, fijándose en el cuadro gramatical que acaban de ver, completen la tabla con las formas que faltan en presente de subjuntivo. Como ampliación, y con el fin de que consoliden la morfología de este nuevo tiempo verbal, puede dictarles otras formas del presente de indicativo de diferentes verbos regulares y pedirles que le digan la equivalente en subjuntivo. Por ejemplo: *cantas › cantes, leemos › leamos, reciben › reciban,* etc.
Hablar: hables, hable, habléis; **Romper:** rompa, rompamos, rompan; **Vivir:** vivas, viva, viváis.

2. Presente ahora el cuadro de gramática en el que se explican las formas irregulares del presente de subjuntivo. Comience diciéndoles que es muy importante recordar muy bien la morfología de los verbos irregulares del presente de indicativo, pues el presente de subjuntivo irregular se forma a partir de aquellas; es decir, cuando un verbo es irregular en presente de indicativo lo es también en subjuntivo con pequeñas variantes. Muéstreles los ejemplos de *pensar, volver, pedir* y *huir* y explíqueles el cuadro de atención en el que se amplía la información de los verbos que tienen irregularidades vocálicas. A continuación dígales que todos los verbos que tienen irregular la primera persona del singular del presente de indicativo son también irregulares en todas las personas del presente de subjuntivo. Ponga el ejemplo de *hacer* y añada otros como *tener (tengo › tengas, tenga, tenga...), venir (vengo › venga, vengas, venga...)* y *conocer (conozco › conozca, conozcas, conozca...)*. Por último, indíqueles los verbos con irregularidades propias en este tiempo.
Es importante que lea con ellos también el cuadro de atención a propósito de los cambios ortográficos que sufren algunos verbos para poder conservar el sonido del infinitivo. Insista en que no se trata de irregularidades, sino de una cuestión ortográfica.

2.1. Práctica controlada centrada en las formas irregulares que acaban de aprender. Pídales que, individualmente, cambien las formas verbales que aparecen en presente de indicativo a presente de subjuntivo. Permítales que comparen en parejas y proceda, después, a la corrección en plenario. Durante esta, puede pedirles que le vayan diciendo qué irregularidad presenta cada verbo y si pueden identificar alguno con cambios ortográficos para conservar el sonido del infinitivo (*jugar* y *buscar*).
1. quieras; **2.** repitamos; **3.** ponga; **4.** salgáis; **5.** haya; **6.** conduzcas; **7.** venga; **8.** juguéis; **9.** busque; **10.** seamos; **11.** traduzca; **12.** sueñe.

Para trabajar estos contenidos, realice las actividades **7-8a**, pp. **102-103** del *Libro de ejercicios*.

17

3 Las oraciones subordinadas sustantivas (1)

- El subjuntivo se usa en estructuras que sirven para:
  - Dar **consejos** y hacer **recomendaciones**: *Te aconsejo que **veas** esa película.*
  - Expresar **permiso** y **prohibición**: *Te prohíbo que **salgas** de casa.*
  - Expresar **deseos** y hacer **peticiones**: *Espero que mañana **haga** mejor tiempo.*
    *Quiero que **vayamos** a la sierra este fin de semana.*
- En los verbos que expresan consejo, recomendación, prohibición o permiso hay dos estructuras que se usan indistintamente:
  *Te aconsejo **que vayas** al médico. = Te aconsejo **ir** al médico.*
  *Os prohíbo **que salgáis** de noche. = Os prohíbo **salir** de noche.*
- En los verbos que expresan deseos o peticiones, si el sujeto del verbo principal es el mismo que el del segundo verbo, se usa infinitivo:
  Quiero (yo) ***que vayamos*** (nosotros) *a la sierra.* *Quiero* (yo) ***ir*** (yo) *a la sierra.*

Para expresar deseos también se usa la interjección *ojalá (que)* seguida de subjuntivo:
¡Ojalá (que) haga buen día y podamos salir de excursión.

3.1 **En parejas** ¿Qué crees que expresan estos verbos? Clasifícalos donde corresponda.

permitir | querer | pedir | prohibir | dejar | aconsejar | desear | esperar | recomendar | sugerir | rogar | suplicar

Permiso y prohibición

Consejo y recomendación

Deseo

Petición

3.2 Transforma de acuerdo con el ejemplo.

Ejemplo: No te vayas. (Prohibición) › *Te prohíbo que te vayas.*

1. No te rías. (Petición) › ....
2. Vuelve un poco más tarde. (Permiso) › ....
3. Ve a esa exposición. (Recomendación) › ....
4. No entres aquí. (Prohibición) › ....
5. Préstame el coche. (Deseo) › ....
6. Estudia más. (Consejo) › ....

3.3 **En parejas** Fíjate en las imágenes e inventa un breve diálogo para cada una: debes expresar prohibición, consejo, deseo o petición.

3.4 **Todo el grupo** Representad los diálogos para vuestros compañeros.

3. Se presenta la primera parte de las oraciones sustantivas, que se completará en la siguiente unidad. En este cuadro aparecen usos del subjuntivo, como son dar consejos y hacer recomendaciones, expresar permiso y prohibición o expresar deseos y hacer peticiones. Con los verbos *aconsejar* y *recomendar* es posible poner el verbo subordinado en infinitivo aunque los sujetos sean diferentes. Lo mismo sucede con los verbos que expresan permiso y prohibición. Sin embargo, con los verbos que sirven para expresar deseos o hacer peticiones, el subordinado solo se usa en infinitivo si el sujeto léxico de ambos verbos es el mismo, ya que si es distinto, debe conjugarse en el tiempo que corresponda del subjuntivo. Por último dirija la atención de la clase al cuadro donde se explica el uso de la interjección *ojalá*.

3.1. Disponga la clase en parejas y pídales que, primero, se fijen en las cuatro personas de las imágenes y en los rótulos que las acompañan. Anímelos una vez más a que presten atención a sus gestos y pregúnteles si en su cultura significan lo mismo o si se usan otros. Luego remítalos a los verbos que aparecen en el recuadro y pídales que, de acuerdo con la función que expresan, los clasifiquen debajo de la imagen correspondiente.
Permiso y prohibición: permitir, prohibir, dejar; **Consejo y recomendación:** aconsejar, recomendar, sugerir; **Deseo:** querer, desear, esperar; **Petición:** pedir, rogar, suplicar.

3.2. Actividad mecánica para practicar los verbos que acaban de aprender. Pídales que se fijen en el ejemplo y que transformen las frases según lo que se indique entre paréntesis que expresen.
Posible respuesta:
1. Te pido que no te rías; **2.** Te dejo que vuelvas un poco más tarde; **3.** Te recomiendo que vayas a esa exposición; **4.** Te prohíbo que entres aquí; **5.** Espero que me prestes el coche; **6.** Te aconsejo que estudies más.

3.3. y **3.4.** Pídales que, en parejas, se fijen en las situaciones que muestran las imágenes y que escriban un breve diálogo para cada una de ellas usando los verbos que han aprendido para expresar prohibición, consejo, deseo o petición. Luego, haga que cada pareja represente sus diálogos ante el resto de la clase.
Si desea seguir practicando la forma y los principales usos del presente de subjuntivo, le recomendamos usar la **proyección 56**.

Presente de subjuntivo. Forma y usos

[56]

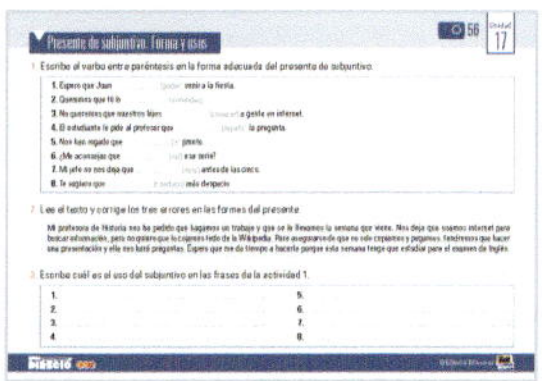

Forme parejas y repártales una copia de la ficha con las actividades propuestas para consolidar, en contexto, las formas verbales estudiadas. Use la proyección para hacer una corrección en plenario y resolver posibles dudas.

1. **1.** pueda; **2.** entiendas; **3.** conozcan; **4.** repita; **5.** vayamos; **6.** vea; **7.** salgamos; **8.** conduzcas.
2. **1.** Nos ha pedido que se lo ~~llevamos~~ llevemos la semana que viene; **2.** Nos deja que ~~usamos~~ usemos internet; **3.** Espero que me ~~da~~ dé tiempo.
3. **1.** deseo; **2.** deseo; **3.** deseo; **4.** petición; **5.** petición; **6.** consejo; **7.** prohibición; **8.** consejo.

Para trabajar estos contenidos, realice las actividades **9-13**, pp. **103-104** del *Libro de ejercicios*.

Unidad 17

Practica en contexto

1 **En parejas** Jessica va a compartir piso y ha encontrado en internet una entrada sobre la convivencia en pisos compartidos. Antes de leerlo, escribe con tu compañero/a las cuatro reglas que, en tu opinión, son básicas para que la convivencia funcione.

1. .... 3. ....
2. .... 4. ....

Organizar el discurso
Recuerda que estas palabras y expresiones ayudan a organizar los argumentos y las acciones que dan forma a un discurso:
- **Introducir** un primer argumento: *para empezar, en primer lugar, antes de nada…*
- **Añadir** argumentos: *por otro lado, también, tampoco, además…*
- **Concluir** la argumentación: *por último, para terminar, en último lugar…*

Expresar hipótesis o probabilidad
- Quizá(s)
  Juan no ha llegado aún; quizá se ha dormido.
- Es probable/posible
  ▸ *Esta tarde va a llover.*
  ▹ *Sí, es probable.*
- Puede ser
  ▸ *¿Irás luego a la biblioteca?*
  ▹ *Sí, puede ser.*

Fíjate:
Observar las imágenes que ilustran una actividad te ayuda a prever parte de su contenido. Fíjate bien en las imágenes antes de empezar a leer un texto o de escuchar un audio y verás cómo te ayudan a crear un contexto que te facilitará la comprensión.

1.1 **Todo el grupo** Presenta al resto de la clase tus reglas y elabora una lista con las de tus compañeros.

1.2 **Todo el grupo** Lee la entrada y comprueba si las reglas que ha escrito tu clase aparecen en ella.

compartepiso.es

Si quieres que la convivencia en un piso compartido funcione, hay una serie de reglas básicas que puede ser necesario tener en cuenta.
Por mi experiencia, yo recomiendo, para empezar, que se organice bien la limpieza de las zonas comunes de la casa, que se mantenga limpia y ordenada la cocina y que se haga lo mismo con el baño. Es importante dejar siempre los espacios comunes como los has encontrado.
Por otro lado, algo que todos esperamos cuando compartimos piso es que nuestros compañeros respeten las horas de descanso, por eso debes poner especial cuidado en no molestar cuando sabes que otros están durmiendo.
Una regla fundamental que nunca debes olvidar: está prohibido que entres en la habitación de tus compañeros o que cojas sus cosas sin su permiso. La habitación y las posesiones de los demás son sagradas, como deben serlo las tuyas para ellos.
Si piensas hacer una cena con tus amigos o una fiesta, avisa con tiempo suficiente antes de nada; cualquier actividad en las zonas comunes afecta a todas las personas que viven contigo.
Además, si está permitido que en vuestra casa haya animales, el dueño debe encargarse siempre de cuidarlos y mantenerlos.
Y, por último, aunque quizá es lo más importante, te aconsejo que intentes ser siempre amable y tolerante con el resto de compañeros, esperando que los demás lo sean también contigo.

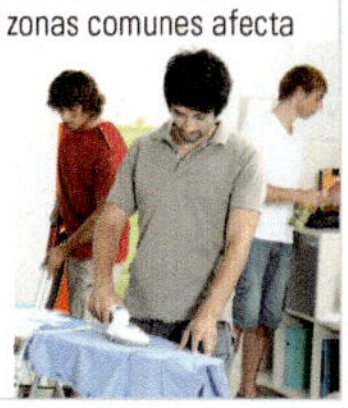

Extraído de www.easypiso.com

1.3 **En parejas** Subraya en el texto las expresiones que llevan subjuntivo y clasifícalas en la tabla.

Deseo	Permiso	Prohibición	Consejo o recomendación

1.4 **Todo el grupo** ¿Alguna vez has compartido casa con otros estudiantes o amigos? ¿Cuál de las normas que sugiere la entrada te parece más importante?

200 | doscientos   Unidad 17 | Compartir espacios

1. Se inicia ahora una nueva secuencia centrada en las reglas de convivencia a la hora de compartir piso. Esta actividad tiene como finalidad introducir la que realizarán en 1.2. Distribúyalos en parejas y pídales que escriban cuatro reglas que, en su opinión, son fundamentales para que la convivencia no sea problemática en la situación planteada.

1.1. Antes de dar paso a esta actividad, remítalos al cuadro funcional en el que se presentan los conectores discursivos que sirven para organizar el discurso. Insista en la importancia que tienen estas fórmulas a la hora de articular la argumentación. Puede preguntarles si conocen otros conectores que tengan la misma función que los presentados aquí: para introducir un primer argumento, para añadir argumentos o para concluir la argumentación. Si conocen otros, pídales que los añadan a la lista. A continuación haga que cada pareja comparta con el resto de la clase las cuatro reglas para una buena convivencia que han escrito en la actividad anterior. Anímelos a hacerlo utilizando los conectores discusivos que acaban de ver. Para terminar, pídales que elaboren una lista común que recoja todas las reglas presentadas.

1.2. Pídales ahora que lean la entrada que Jessica ha encontrado en internet sobre las reglas básicas de convivencia cuando se comparte piso. Puede pedirles que vayan marcando con un círculo las palabras claves que aparecen en el texto para enunciar cada una de las reglas que se mencionan, es decir, las palabras que servirían para que al final queden claramente visibles todas las reglas. Una vez que hayan leído el texto y estén resaltadas las reglas que propone el autor, proceda a cotejarlas con las del listado que elaboraron ellos previamente; así podrán comprobar cuántas de ellas coinciden.
No olvide remitirlos a la llamada de atención, en la que se alude a la importancia que puede tener la observación de las imágenes que ilustran los textos para facilitar su comprensión, pues facilitan la creación de un contexto en el que hilar lo que van leyendo. Hágales ver que esta estrategia la usamos cada día en nuestra propia lengua: cuando leemos una noticia en un periódico, cuando vemos anuncios en televisión, cuando vemos un gráfico…

1.3. Pídales que, de nuevo en parejas, vuelvan a leer la entrada de la actividad 1.2 y que, esta vez, subrayen las expresiones que llevan subjuntivo, para luego clasificarlas en la tabla de acuerdo con lo que expresan: deseo, permiso, prohibición, o consejo o recomendación.
Deseo: Si quieres que la convivencia […] funcione…; todos esperamos […] que nuestros compañeros respeten…; esperando que los demás lo sean…; **Permiso:** si está permitido que en vuestra casa haya…; **Prohibición:** está prohibido que entres […] o que cojas…; **Consejo o recomendación:** yo recomiendo […] que se organice […] que se mantenga […] y que se haga lo mismo…; te aconsejo que intentes ser siempre amable…

1.4. Actividad de interacción oral en plenario para que comenten si están de acuerdo con el autor del texto, si alguna vez han compartido vivienda con otros estudiantes o amigos y, por último, cuál de las normas que propone la entrada les parece la más importante y por qué.

1.5 **En parejas o grupos pequeños** Imagina ahora que eres uno de los compañeros de piso de Jessica y elabora una lista de normas para la casa decidiendo qué actividades están permitidas o prohibidas. Fíjate en el ejemplo y añade, al menos, una más.

Está permitido que...		Está prohibido que...
	Oír música en el salón.	*oigas música en el salón.*
	Hacer fiestas.	
	Invitar a amigos a cenar.	
	Tener animales.	
	Jugar a videojuegos en el salón.	
	Poner la lavadora cada día.	
	Hablar de política.	
	Poner la tele por la noche.	
	Otra:	

1.6 **Todo el grupo** Comparte con el resto de la clase tu lista. ¿Has coincidido en muchas cosas con tus compañeros?

2 [65] Alberto y Carmen, dos de los compañeros de Jessica, explican el reparto de las tareas domésticas. Escucha y escribe qué tres tareas no aparecen en las imágenes.

1. .... 2. .... 3. ....

2.1 [65] Vuelve a escuchar. Anota en el calendario semanal cada tarea y quién la hace en el día correspondiente.

Lunes	Martes	Miércoles	Jueves	Viernes	Sábado	Domingo
				Alberto, limpiar el baño		

2.2 **Todo el grupo** En tu casa, ¿cómo se reparten las tareas domésticas? ¿De qué manera colaboras tú?

1.5. Para realizar esta actividad, distribuya a los estudiantes en parejas o en pequeños grupos y explíqueles que ahora deben imaginarse que son compañeros de piso de Jessica y que van a elaborar una lista de normas para la casa a partir de las actividades propuestas en el ejercicio. Pídales que, primero, lean las actividades y que, luego, decidan si quieren permitirlas o prohibirlas. Léales el ejemplo e ínstelos a seguirlo en el resto de los casos, es decir, a transformar las frases usando el subjuntivo. Recuérdeles que, además, deben añadir una actividad más a la lista.
Está permitido que.../Está prohibido que...
oigas música en el salón, hagas fiestas, invites a amigos a cenar, tengas animales, juegues a videojuegos en el salón, pongas la lavadora cada día, hables de política, pongas la tele por la noche.

1.6. Haga que cada pareja o grupo comparta su lista con el resto de la clase y que la comparen para ver si han coincidido o no a la hora de establecer normas en casa. Fomente la argumentación y el debate, de modo que esta actividad se convierta en una práctica intensiva del uso del subjuntivo para expresar permiso y prohibición.

2. [65] En esta actividad de comprensión auditiva, dos compañeros de piso de Jessica comentan el reparto de las tareas domésticas. Pida a sus estudiantes que, primero, se fijen bien en las tareas mostradas en las seis imágenes, porque tendrán que identificar, mientras escuchan la conversación, tres tareas de las que hablan pero que no están representadas en las imágenes. Ponga el audio, deje que comparen sus respuestas en parejas y vuelva a ponerlo, si es necesario, para la corrección.
1. Hacer la compra; **2.** Fregar el suelo; **3.** Bajar la basura.

2.1. [65] Explíqueles que ahora van a escuchar de nuevo el audio de la actividad anterior, pero que esta vez tendrán que anotar en el día correspondiente del calendario semanal cada tarea y quién se ocupa de ella.
Lunes: Jaime, fregar los platos; Silvia, bajar la basura; **Martes:** Jaime, fregar los platos; Silvia, poner la lavadora y bajar la basura; **Miércoles:** Jessica, pasar la aspiradora y fregar el suelo; Carmen, quitar el polvo y limpiar la cocina; Jaime, fregar los platos; Silvia, bajar la basura; **Jueves:** Jaime, fregar los platos; Silvia, poner la lavadora y bajar la basura; **Viernes:** Alberto, limpiar el cuarto de baño; Jaime, fregar los platos; Silvia, bajar la basura; **Sábado:** Alberto, hacer la compra; Jaime, fregar los platos; Silvia, bajar la basura; **Domingo:** Jaime, fregar los platos; Silvia, bajar la basura.

2.2. Concluya con una actividad de interacción oral en plenario en la que los estudiantes deberán comentar ahora cómo colaboran ellos en las tareas domésticas y cómo se reparten estas en sus respectivos hogares.

Para trabajar estos contenidos, realice las actividades **14** y **14a**, p. **104** del *Libro de ejercicios*.

Unidad 17

Cultura

1. Introduzca el apartado pidiendo a sus estudiantes que observen bien las imágenes de los instrumentos musicales que aparecen y sus respectivos nombres. Pregúnteles si ya conocían esos instrumentos e interésese por conocer si alguien sabe tocar alguno de ellos o cualquier otro, aunque no sea ninguno de los presentados. A continuación pídales que, en parejas, seleccionen los cuatro instrumentos que, según ellos, son de origen latino. Para corregir la actividad, utilice la proyección 57.
Maracas, rondador, bongós, claves.

Instrumentos latinos
[57]

Ponga la proyección y pídales que lean los textos sobre la historia de los cuatro instrumentos de origen latino para comprobar sus respuestas. Si lo desea, y a modo de ampliación, puede pedirles que busquen también información sobre los otros dos instrumentos que no tienen origen latino: las castañuelas y el acordeón.

2. Pídales que, en parejas, busquen información en internet sobre los artistas latinos del recuadro: Juan Luis Guerra, Gloria Estefan, Los Panchos, Romeo Santos y Daddy Yankee. Deles un tiempo para que lo hagan e indíqueles que tomen notas de la información más relevante. A continuación pídales que lean el texto sobre los géneros musicales en Latinoamérica y que lo completen con los nombres de esos artistas de acuerdo con la información obtenida en internet. Permítales que usen el diccionario para consultar las palabras que no conozcan. Haga una puesta en común para corregir y anime a las parejas a que compartan y contrasten con sus compañeros toda la información reunida.
Finalmente, y si le parece oportuno, puede pedir que busquen también en internet el nombre e información de algún representante destacado de los géneros que solo se han mencionado en el texto (la ranchera, la cumbia, el tango y la milonga) y que lo comenten, después, con el resto de la clase.
1. Romeo Santos; **2.** Gloria Estefan; **3.** Juan Luis Guerra; **4.** Daddy Yankee; **5.** Los Panchos.

1 **En parejas** Cuatro de estos instrumentos son de origen latino y suenan constantemente en los ritmos latinoamericanos. ¿Sabes cuáles son?

2 **En parejas** Busca información en internet sobre los siguientes artistas latinos y toma notas. Luego lee el texto y complétalo con los nombres de los artistas según la información que has encontrado. Compara con tu compañero/a.

Juan Luis Guerra | Gloria Estefan | Los Panchos | Romeo Santos | Daddy Yankee

Gloria Estefan

Géneros musicales en Latinoamérica

Entre los diferentes ritmos y músicas de América Latina y el Caribe, los más populares son el merengue, la bachata, la salsa, el reguetón, la ranchera, el bolero, la cumbia, el tango y la milonga. Vamos a ver algunos de ellos.

La **bachata** es un ritmo bailable originario de la República Dominicana. Resulta de una combinación del bolero rítmico con estilos como el son cubano. Sus principales representantes son [1] ...., Prince Royce y Anthony Santos.

La **salsa** es una síntesis de influencias cubanas con otros elementos de la música latinoamericana y el *jazz*. La salsa se desarrolló en el Caribe y también en Nueva York. Sus exponentes más importantes son Celia Cruz, [2] .... y Joe Arroyo.

También el **merengue** procede del Caribe, concretamente de la República Dominicana, donde lo consideran el género musical nacional. Destacan entre sus intérpretes [3] ...., Elvis Crespo y Proyecto Uno.

202 | doscientos dos   Unidad 17 | Compartir espacios

Juan Luis Guerra (Santo Domingo, República Dominicana, 1957): cantante y compositor y uno de los artistas latinos más reconocidos internacionalmente. Ha vendido más de 70 millones de discos y ha ganado numerosos premios. Aunque generalmente se le asocia con la bachata, su música incorpora diversos ritmos musicales como el merengue, el bolero, la balada o la salsa. Uno de sus temas más famosos es *Ojalá que llueva café*.
Romeo Santos (Nueva York, 1981): cantautor estadounidense considerado en la mayor parte de América como el *Rey de la Bachata*. Fue el líder, vocalista y compositor principal de la agrupación Aventura y en 2011 lanzó su carrera como solista. Uno de sus temas más famosos es la canción *Obsesión*.
Gloria Estefan (La Habana, Cuba, 1957): cantante y compositora cubano-estadounidense, nieta de españoles y afincada en Miami. A lo largo de su carrera ha vendido más de 120 millones de discos en todo el mundo, lo que la convierte en una de las artistas musicales con mayores ventas de todos los tiempos. Considerada como la *Madre del Pop Latino*, ha ganado múltiples premios y reconocimientos. Uno de sus temas más famosos se titula *Mi tierra*.

17

Juan Luis Guerra

Chavela Vargas

El **reguetón** nace de la fusión del *reggae* jamaicano y el hiphop. Es el género más popular entre los jóvenes de habla hispana. Sus figuras más representativas son Don Omar, [4] .... y Arcángel.

El **bolero**, originario de Cuba, surgió a finales del siglo XIX con el tema titulado *Tristezas*, que dio al género su forma clásica con acompañamiento de guitarras y percusión. Los intérpretes más representativos de este género son [5] ...., Lucho Gatica y Chavela Vargas.

3 **En grupos pequeños** ¿Conoces a alguno de los demás artistas del texto? Elige uno de los géneros y busca en internet algún tema representativo. Luego escúchalo con tus compañeros. ¿Cuál os gusta más?

4 **Todo el grupo** ¿Sabes quiénes son los cantantes de las fotografías? ¿Cómo se llaman?

5 **Todo el grupo** Hay muchos artistas y grupos latinos que hacen música de otros géneros, como pop o *rock*. Lee la lista y señala los que conoces. ¿Qué música hacen? Busca también información de los demás artistas.

- ☐ Calle 13
- ☐ Ricky Martin
- ☐ Luis Miguel
- ☐ Julieta Venegas
- ☐ Marc Anthony
- ☐ Maná
- ☐ Chayanne
- ☐ Shakira
- ☐ Juanes
- ☐ Luis Fonsi
- ☐ Reik
- ☐ Sin Bandera

Daddy Yankee (San Juan, 1977): cantante, actor y productor puertorriqueño. Diversos sectores de la crítica lo consideran el *Rey del Reguetón* por ser uno de los pioneros del nacimiento del género durante los 90 y por haberlo popularizado en América Latina y en el resto del mundo. Su álbum *Barrio fino* (2004) se convirtió en el disco latino más vendido de la década en los Estados Unidos y *Gasolina* es probablemente su tema más famoso.

Los Panchos: trío musical romántico mexicano y puertorriqueño formado en la década de 1940 por el Güero Gil, Chucho Navarro y Hernando Avilés. Su principal género musical y con el que ganaron fama internacional fue el bolero romántico. Desde su fundación han vendido 500 millones de discos, uno de sus temas más recordados es *Bésame mucho*.

3. Distribuya ahora a la clase en grupos pequeños y pregúnteles si conocían a alguno de los demás artistas mencionados en el texto y de los cuales no han buscado información. Pídales que compartan lo que puedan saber sobre ellos y, a continuación, ínstelos a que elijan uno de los géneros musicales que acaban de ver y a que busquen en internet alguna canción que sea representativa de este. Si dispone de medios en clase, déjeles que escuchen o vean algún vídeo de los temas elegidos. Cuando hayan escuchado todos los temas, anímelos a votar el que más les ha gustado como si se tratara de un festival de canciones. Si ve que muestran interés, puede ampliar la actividad buscando la letra del tema ganador y facilitándosela para que puedan aprendérsela y saber de qué trata.

4. En esta actividad conocerán a cuatro artistas más, referentes de la música latina en el mundo. Pregúnteles en plenario si conocen a los cuatro cantantes que aparecen en las fotografías de la parte inferior de la página. Haga que los estudiantes que los conozcan compartan la información y anime a los demás a preguntar. Una vez recabada toda la información, puede pedirles que busquen vídeos suyos en internet y que escuchen alguna de sus canciones más conocidas.
1. Julieta Venegas; **2.** Marc Anthony; **3.** Ricky Martin; **4.** Shakira.

5. Para terminar el apartado, propóngales que lean la lista de artistas latinos que aparece en la actividad; pídales que marquen aquellos a los que conocen y que expliquen qué genero de música interpretan, así como qué saben de su trayectoria. Luego deberán buscar información de los artistas que no conozcan. Deles un tiempo para ello y pídales que, después, compartan la información recabada con el resto de los compañeros.

Para trabajar estos contenidos, realice las actividades **15-19**, p. **105** del *Libro de ejercicios*.

Unidad 17

Vídeo

1. Dígales que observen la foto y formulen hipótesis sobre qué momento del día creen que es y sobre lo que creen que ha pasado. Pídales que argumenten sus respuestas. También puede preguntarles el porqué del título y de qué creen que tratará el capítulo.
   Es por la mañana, se han despertado tarde porque hubo una fiesta de fin de curso la noche anterior.

2. Divídalos en parejas y dígales que lean las preguntas de la actividad. Después visione el fragmento 00:30 ▶ 03:10 para que puedan comprobar las respuestas de la actividad anterior y responder a las preguntas de comprensión selectiva.
   1. Limpiar la casa; **2.** Porque tienen poco tiempo antes de que llegue Bea y le habían prometido que limpiarían la casa y lo dejarían todo perfecto antes del mediodía; **3.** Que Bea les va a prohibir hacer más fiestas en el hostal.

3. Pídales que observen las fotos y comenten qué tareas de la casa representan. Después visione el fragmento 03:11 ▶ 04:45 para que relacionen cada personaje (Leo, Carla y Tere) con la tarea o tareas que debe realizar.
   1. Carla; **2.** Carla; **3.** Tere; **4.** Tere; **5.** Leo; **6.** Carla.

4. Pase al último fragmento 04:45 ▶ final y haga un visionado para que los estudiantes puedan responder a las preguntas de la actividad. Hágales que se fijen en la expresión de las caras de los protagonistas en la última intervención.
   Queda bajar la basura y lo hace Leo por votación.

5. Para consolidar la comprensión, pida a los estudiantes que lean la información de las dos columnas y la relacionen formando algunas de las frases que han dicho los personajes en el capítulo. Para la corrección, puede hacer un visionado completo.
   1. c; **2.** d; **3.** e; **4.** a; **5.** b.

6. Actividad de interacción oral con todo el grupo. Pídales que cuenten si han hecho alguna fiesta en su casa, cómo quedó esta después y quién limpió. Si tienen alguna anécdota, anímelos a explicarla.

Vídeo

HOSTAL Babel

Un hostal democrático

Antes del vídeo

1 Fíjate en la imagen. ¿Qué momento del día crees que es? ¿Qué piensas que ha sucedido antes? Argumenta tus respuestas.

Durante el vídeo

2 **En parejas** Visiona el fragmento 00:30 ▶ 03:10, comprueba tu respuesta anterior y responde a las preguntas. Compara tus respuestas con tu compañero/a.

1. ¿Qué deben hacer los tres personajes? ....
2. ¿Por qué tienen que hacerlo ya? ....
3. ¿Qué puede pasar si no cumplen su promesa? ....

3 **En parejas** Visiona el fragmento 03:11 ▶ 04:45 y relaciona a cada personaje (Leo, Carla y Tere) con la tarea o tareas que debe realizar.

1 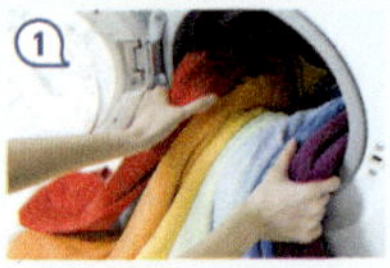 ....

2  ....

3  ....

4  ....

5  ....

6  *Carla*

4 Visiona el último fragmento (04:45 ▶ final) y responde a estas preguntas: ¿qué queda por hacer?, ¿por qué va a hacer Leo esta última tarea?

Después del vídeo

5 Relaciona las columnas para formar algunas frases que han dicho los personajes.

1. ¿Anoche? Te sugiero que	a. limpies el baño.
2. Nos va a prohibir que	b. le guste cómo hemos dejado el hostal.
3. ¿Qué queréis que	c. digas esta mañana, mejor.
4. Te encargamos que	d. hagamos más fiestas aquí.
5. Espero que a Bea	e. haga yo?

6 **Todo el grupo** ¿Has hecho alguna vez una fiesta en tu casa? ¿Cómo quedó después? ¿Quién puso orden y limpió?

204 | doscientos cuatro — Unidad 17 | Compartir espacios

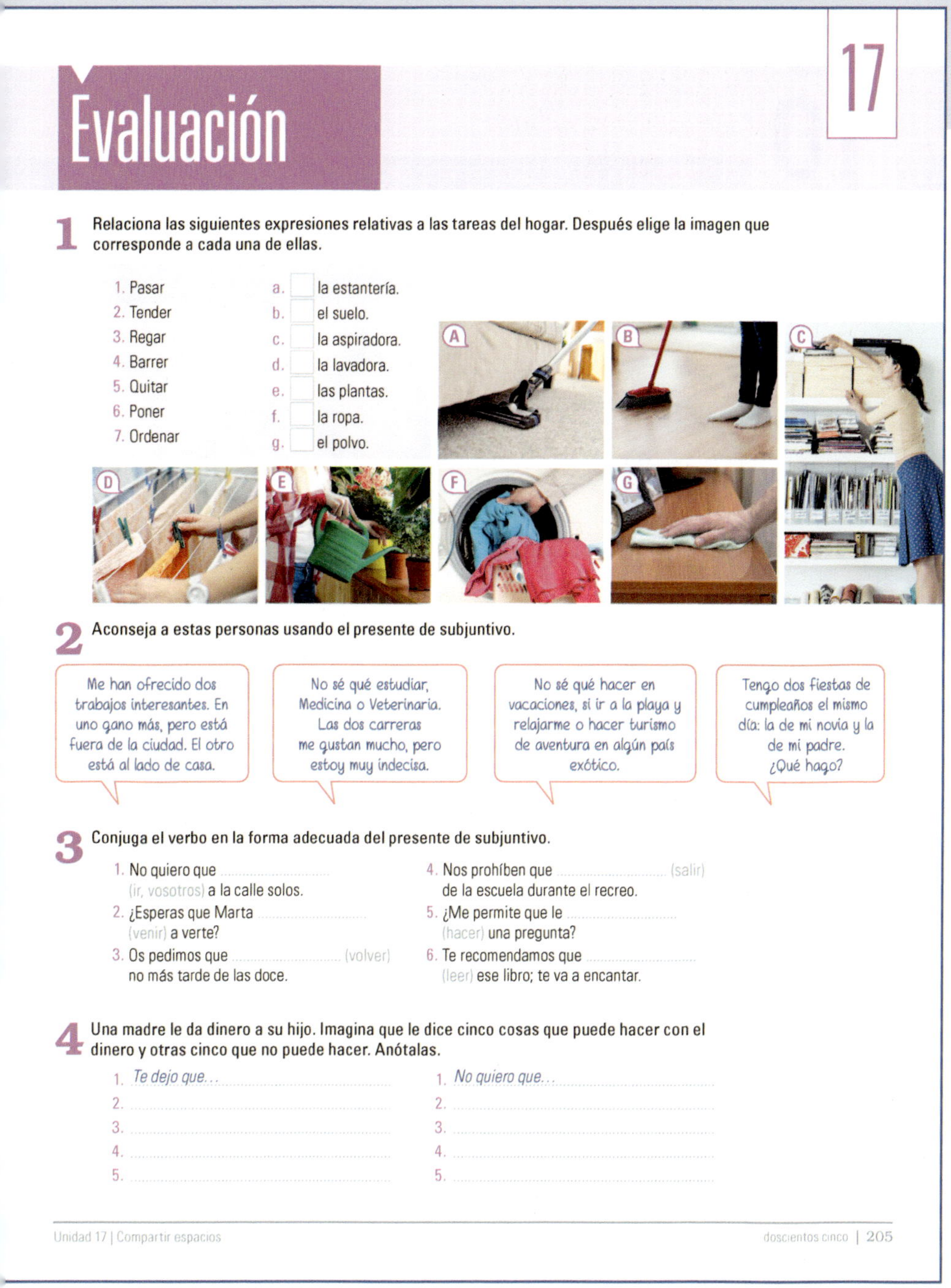
Evaluación

17

1 Relaciona las siguientes expresiones relativas a las tareas del hogar. Después elige la imagen que corresponde a cada una de ellas.

1. Pasar
2. Tender
3. Regar
4. Barrer
5. Quitar
6. Poner
7. Ordenar

a. ☐ la estantería.
b. ☐ el suelo.
c. ☐ la aspiradora.
d. ☐ la lavadora.
e. ☐ las plantas.
f. ☐ la ropa.
g. ☐ el polvo.

A B C D E F G

2 Aconseja a estas personas usando el presente de subjuntivo.

Me han ofrecido dos trabajos interesantes. En uno gano más, pero está fuera de la ciudad. El otro está al lado de casa.

No sé qué estudiar, Medicina o Veterinaria. Las dos carreras me gustan mucho, pero estoy muy indecisa.

No sé qué hacer en vacaciones, si ir a la playa y relajarme o hacer turismo de aventura en algún país exótico.

Tengo dos fiestas de cumpleaños el mismo día: la de mi novia y la de mi padre. ¿Qué hago?

3 Conjuga el verbo en la forma adecuada del presente de subjuntivo.

1. No quiero que .... (ir, vosotros) a la calle solos.
2. ¿Esperas que Marta .... (venir) a verte?
3. Os pedimos que .... (volver) no más tarde de las doce.
4. Nos prohíben que .... (salir) de la escuela durante el recreo.
5. ¿Me permite que le .... (hacer) una pregunta?
6. Te recomendamos que .... (leer) ese libro; te va a encantar.

4 Una madre le da dinero a su hijo. Imagina que le dice cinco cosas que puede hacer con el dinero y otras cinco que no puede hacer. Anótalas.

1. *Te dejo que...* ....
2. ....
3. ....
4. ....
5. ....

1. *No quiero que...* ....
2. ....
3. ....
4. ....
5. ....

Unidad 17 | Compartir espacios — doscientos cinco | 205

Evaluación

1. **1.** c, A; **2.** f, D; **3.** e, E; **4.** b, B; **5.** g, G; **6.** d; F; **7.** a, C.

2. Respuesta abierta.

3. **1.** vayáis; **2.** venga; **3.** volváis; **4.** salgamos; **5.** haga; **6.** leas.

4. Respuesta abierta.

Unidad

18 Un poco de educación

Fíjate en la imagen; ¿en qué etapa educativa crees que se encuentran estas personas?

¿Crees que la educación en Hispanoamérica es muy diferente a la de tu país?

En esta unidad vas a...

- Hablar de la educación presencial y virtual
- Expresar opinión y valorar
- Expresar sensaciones y sentimientos
- Expresar acuerdo, acuerdo parcial o desacuerdo con una opinión
- Conocer el estado actual de la enseñanza en algunos países de Hispanoamérica

Un poco de educación

Escriba en la pizarra el título de la unidad y pregunte a sus estudiantes qué les sugiere y qué temas creen que se van a tratar en ella. Vaya anotando los temas sugeridos junto al título. Hágales notar, si es necesario, las diferentes acepciones de la palabra *educación* ('instrucción por medio de la acción docente', 'cortesía y urbanidad' y 'enseñanza y doctrina que se da a los niños y a los jóvenes'). Anímelos a debatir brevemente sobre cuál de las tres formas de educación creen que determina más la personalidad y la vida de un individuo, pregúnteles si creen que están interrelacionadas y si se puede tener alguna de ellas más desarrollada respecto a otras, y también de qué instituciones o núcleos sociales depende más cada una de ellas. A continuación pídales que abran el libro y que se fijen en la imagen de la portadilla. Pregúnteles a cuál de las acepciones de educación que han comentado remite la imagen (se trata de la primera), en qué etapa educativa creen que se encuentran los estudiantes que aparecen, cómo se llaman los centros donde se desarrolla esa etapa y qué título se consigue cuando se completa la misma. Pregúnteles también si creen que la educación en Hispanoamérica es muy diferente a la de su país. Por último introduzca los contenidos que aparecen en el cuadro y que trabajarán en los diferentes apartados de la unidad.

¿Qué sabes?

1 **En parejas** Fíjate en las imágenes y asócialas a su etapa educativa correspondiente. Después relaciona cada etapa con la franja de edad en que se realiza. Ten en cuenta que hay dos de ellas que se realizan a la misma edad.

> *ESO* son las siglas de *Educación Secundaria Obligatoria* y *FP*, de *Formación Profesional*, que es como se conoce a cualquier estudio de carácter práctico que te prepara para ejercer un oficio o profesión.

1. ☐ bachillerato
2. ☐ infantil
3. ☐ secundaria obligatoria (ESO)
4. ☐ formación profesional superior (FP)
5. ☐ primaria
6. ☐ estudios superiores

a. De 3 a 6 años.
b. De 6 a 12 años.
c. De 12 a 16 años.
d. De 16 a 18 años.
e. De 18 a 22 años.

1.1 **En parejas** Completa las frases con las palabras adecuadas. Todas deben estar relacionadas con la enseñanza. Luego compara con tu compañero/a y comparte la información que tengas. ¿Habéis podido completar todas las frases entre los dos?

1. Para estudiar en un centro debes hacer o pagar la ....
2. Los niños, en el colegio, cada año cambian de ....
3. Recibes una .... cuando el Gobierno o una institución te ayuda económicamente en tus estudios.
4. Si un examen tiene una calificación inferior a 5, está ....
5. Historia, Física, Música o Matemáticas son ....
6. En el colegio puedo estudiar en la ...., donde hay muchos libros.
7. La calificación que recibimos por un examen o un trabajo es la ....
8. Si un examen tiene una calificación igual o superior a 5, está ....

1.2 **Todo el grupo** ¿Qué áreas y recursos puedes encontrar en un curso o un aula virtual? ¿Cuáles has utilizado? ¿Te parecen útiles?

¿Qué sabes?

1. El propósito de esta primera actividad es activar uno contenidos léxicos que trabajarán en el apartado "Palabras": el lenguaje académico y los ciclos formativos, así como sondear el conocimiento previo de sus estudiantes sobre el tema.
Organice la clase en parejas y pídales que observen con atención las seis imágenes. Explíqueles que deben relacionarlas con su etapa educativa correspondiente y, después, con las franjas de edad en la que se desarrollan dichas etapas. Adviértales que dos de las etapas se cumplen en la misma franja de edad. Una vez corregida la actividad, puede preguntarles si saben cómo se llaman los centros en que se realiza cada una de las etapas y los docentes que toman parte en ellas. El objetivo es comprobar si conocen palabras como *jardín de infancia, escuela/colegio, instituto, academia, universidad* y la diferencia entre *maestro/maestra, profesor/profesora* y *monitor/monitora*. Anímelos también a describir lo que muestra cada una de las imágenes, qué tipo de cursos son, qué asignaturas se están impartiendo, qué dinámicas se llevan a cabo, qué recursos utilizan, etc. Por último, dirija su atención hacia el cuadro lateral en el que se explica el significado de las siglas *ESO* y *FP*. Busque, junto a sus estudiantes, la equivalencia de estos ciclos formativos en su sistema educativo.
1. D, d; **2.** E, a; **3.** B, c; **4.** F, e; **5.** A, b; **6.** C, e.

1.1. Continúe trabajando el léxico referente a la enseñanza. Pídales que, primero individualmente, completen las frases con las palabras de la actividad anterior. Luego deberán compartir sus respuestas en parejas e intentar, juntos, completar todas las frases. Haga una puesta común para que comparen sus resultados con el resto compañeros pero reserve la corrección para cuando se trabaje este léxico en el apartado "Palabras".
1. matrícula; **2.** curso; **3.** beca; **4.** suspendido; **5.** asignaturas; **6.** biblioteca; **7.** nota; **8.** aprobado.

1.2. Actividad de interacción oral cuyo objetivo es introducir otro de los temas que se trabajará en la unidad, la enseñanza virtual, y el léxico relacionado con esta. Para ello, pregúnteles si alguna vez han realizado un curso virtual o han participado en un aula virtual y pídales que le digan todos los recursos y servicios que ofrecía; pregúnteles también cuáles de esos recursos y servicios utilizaron y pídales que valoren su mayor o menor utilidad. Tome nota del vocabulario que usen que pueda ser relevante, pues les será de utilidad tanto en el apartado "Palabras" como en la última secuencia de "Practica en contexto" (actividades 4 y 4.1).

Unidad 18

Palabras

1. En esta primera actividad del apartado se trabaja parte del léxico relacionado con el ámbito de la enseñanza por medio de una comprensión lectora. Antes de que lean el texto, puede propiciar una lluvia de ideas para que escriban en la pizarra todas las palabras en español que conozcan de dicho ámbito; recuérdeles que ya vieron algunas en el apartado anterior y que puede ser el momento de recuperarlas. No borre las palabras para que comprueben, más tarde, si alguna de ellas aparece en el texto.
A continuación pídales que, individualmente, lean el texto y subrayen todas las palabras que aparecen en él que tengan relación con la enseñanza. Corrija en plenario y resuelva posibles dudas.
Curso, campus, secretaría, matrícula, beca, prácticas, intercambio, horarios, clase, aulas, asignaturas, aula multimedia, biblioteca, sala de conferencias.

1.1. Esta actividad les servirá para precisar el significado de las palabras del texto anterior.
Pídales que, en parejas, clasifiquen las palabras que subrayaron según formen parte del centro o institución o del sistema educativo. Puede pedirles también que añadan a la tabla las palabras que aportaron ellos en la lluvia de ideas previa a la lectura. Es importante que señale que algunas de las palabras podrían formar parte de ambas categorías dependiendo del contexto; por ejemplo, las prácticas o los intercambios forman parte del sistema educativo, pero pueden ser también actividades organizadas por un centro concreto sin remitir necesariamente a una institución superior.
Forman parte del centro o de la institución: campus, secretaría, matrícula, clase, aulas, aula multimedia, biblioteca, sala de conferencias;
Forman parte del sistema educativo: curso, beca, prácticas, intercambio, horarios, asignaturas.

Palabras

1 Lee la información que ha mandado esta universidad a sus nuevos alumnos y subraya todas las palabras que tengan relación con el ámbito de la educación.

www.universidad.es

RECOMENDACIONES

Antes del inicio del curso, te aconsejamos que visites el campus para familiarizarte con el lugar. Para ello, hemos programado una jornada de puertas abiertas el próximo día 1 de septiembre. Puedes realizar también la visita virtual que proporciona nuestra intranet. Busca primero la secretaría, porque ese es el sitio donde te solucionarán cualquier duda que tengas sobre tu matrícula, tu beca (si has solicitado una), o también donde te informarán si deseas hacer unas prácticas o realizar un intercambio. Descárgate los horarios para saber cuándo tienes clase y en qué aulas se imparten tus asignaturas y date una vuelta para localizarlas. No te olvides de visitar el aula multimedia, la biblioteca y la sala de conferencias.

1.1 **En parejas** Clasifica en la tabla las palabras que has subrayado. Luego compara con tu compañero/a. Si no coincidís, justifica tu respuesta.

Forman parte del centro o de la institución	Forman parte del sistema educativo

2 **En parejas** Relaciona cada palabra con su definición correspondiente.

a. bachillerato | b. carrera | c. máster | d. graduado/a | e. nota | f. apuntes

1. ☐ Notas que se toman de las explicaciones del/de la profesor/a durante la clase.
2. ☐ Calificación que se recibe por un examen o trabajo.
3. ☐ Estudios universitarios.
4. ☐ Últimos años de la enseñanza secundaria.
5. ☐ Curso de especialización que se hace después de obtener el grado.
6. ☐ Persona que ha terminado una carrera universitaria y ha obtenido el grado.

2.1 Completa el diálogo con las palabras de la actividad anterior.

Eva: Hola, Paco.
Paco: ¿Qué tal, Eva? Ya sé por qué llamas… No, todavía no han salido las [1] ...., ja, ja, ja…
Eva: Es que estoy tan agobiada…
Paco: Ya verás como todo va a ir bien. ¿Has pensado ya qué [2] .... quieres hacer?
Eva: Me gustaría hacer Farmacia, pero vamos a ver la calificación final del [3] ....
Paco: Seguro que has pensado ya hasta en el [4] .... que quieres hacer cuando estés [5] ....
Eva: Pues sí, la verdad, pero después del examen que hice…
Paco: Seguro que lo hiciste mucho mejor que yo, y estoy seguro de que no tendré una mala calificación.
Eva: Oye, por cierto, ¿me puedes dejar tus [6] .... de Física?
Paco: Ja, ja, ja… ¡No me digas que te quieres poner a estudiar antes de saber la nota! ¡Cómo eres!

208 | doscientos ocho — Unidad 18 | Un poco de educación

2. Nueva actividad para seguir ampliando el léxico relativo a la enseñanza. Pídales que, en parejas, lean las palabras del recuadro y a las relacionen con su correspondiente definición. Corrija la actividad mediante una puesta en común y dé las explicaciones necesarias para asegurarse de que entienden la diferencia entre palabras como *nota* y *apuntes/notas* o como *carrera* y *grado.*
1. f; **2.** e; **3.** b; **4.** a; **5.** c; **6.** d.

2.1. Con el fin de que contextualicen las palabras de la actividad anterior, propóngales que, de forma individual, completen un diálogo con estas. Indíqueles que primero lean el texto para asegurarse de que entienden correctamente el contexto en el que deberán incorporarlas. Mientras leen, muévase por el aula y resuelva posibles dudas. Deje que comparen sus respuestas en parejas y, por último, corrija en plenario.
1. notas; **2.** carrera; **3.** bachillerato; **4.** máster; **5.** graduada; **6.** apuntes.

Para trabajar estos contenidos, realice las actividades **1-2**, pp. **106-107** del *Libro de ejercicios.*

3 **En parejas** Relaciona los verbos y los sustantivos. Haz todas las combinaciones posibles. Luego escribe seis frases en tu cuaderno con algunas de las combinaciones que has hecho.

1. Matricularse en 2. Pedir 3. Sacar 4. Hacer 5. Tener 6. Aprobar 7. Suspender 8. Corregir 9. Repetir 10. Empezar	un una Ø	ejercicio. beca. asignatura. examen. buena o mala nota. escuela. curso/máster.

RAE LÉXICO

En el español de México, Centroamérica y Argentina se dice ganar/reprobar una materia/un examen en lugar de aprobar/suspender y rendir un examen/una prueba en lugar de hacer:

*Terminó la escuela secundaria, pero no sacó su diploma por **haber reprobado** la materia de Inglés.*
*Nunca estudió, ni asistió a clases, ni nadie lo vio **rendir** examen alguno.*

4 **En grupos pequeños** A continuación tienes un campus virtual y sus áreas. Clasifica la información del recuadro dentro del área correspondiente.

1. Tablero de noticias | 2. Foro de discusión | 3. Enlaces a webs útiles | 4. Trabajos de clase | 5. Actividades prácticas | 6. Encuestas | 7. Recursos informáticos | 8. Cuenta de correo propia

Rincón del estudiante
- Listado de compañeros con sus fichas personales.
- Lista de correos de los miembros del aula.
- Chat para mantener conversaciones en directo.

Secretaría
- Información de cursos: matrículas, reservas, cancelaciones, etc.
- Agenda virtual con la guía de actividades y el desarrollo del curso.

Curso y contenidos
- Contenido teórico de las lecciones.
- Material de apoyo.
- Ejercicios de autoevaluación.

Recursos
- Espacio para compartir archivos con el/la profesor/a y para ver las correcciones.
- Manual de ayuda.
- Bibliografía que se puede consultar.

4.1 **En grupos pequeños** ¿Has realizado alguna vez un curso en línea o has participado en un aula virtual? ¿Cómo fue la experiencia?

3. En esta actividad se trabajan combinaciones léxicas relacionadas con el ámbito de la enseñanza. Puede, en primer lugar y sin que miren el libro, escribir en la pizarra únicamente los verbos y preguntarles si se les ocurre alguna asociación con otras palabras que les confieran a estos verbos un significado que los incluya en el campo léxico que se está trabajando. Solo uno de los verbos, *matricularse*, no necesita de asociarse con otros términos para adquirir ese significado. Tome nota también en la pizarra de lo que digan sus estudiantes. A continuación organice la clase en parejas y explíqueles que deben relacionar esos mismos verbos con las palabras que aparecen en la columna derecha; además, deberán decidir si es necesario o no el uso del artículo indeterminado en la combinación. Muévase por el aula para corregir cualquier duda que pudiera surgir y, después, haga una puesta en común para corregir esta primera parte de la actividad. Compruebe también si alguna combinación coincide con las que hicieron ellos al principio, cuando solo habían visto los verbos. Por último, pídales que elijan seis de las combinaciones que acaban de ver y que escriban una frase con cada una. Haga que compartan el trabajo con sus compañeros para que entre todos lo corrijan. Antes de pasar a la siguiente actividad, presente el cuadro de la RAE en el que se explica el uso de otros verbos en parte de Hispanoamérica para decir *aprobar*, *suspender* y *hacer un examen*.
1. Matricularse en una escuela/un curso/máster; **2.** Pedir una beca; **3.** Sacar una buena o mala nota; **4.** Hacer un ejercicio/un examen/un curso/máster; **5.** Tener una beca/una asignatura/un examen/buena o mala nota; **6.** Aprobar una asignatura/un examen/un curso; **7.** Suspender una asignatura/un examen/un curso; **8.** Corregir un ejercicio/un examen; **9.** Repetir un ejercicio/una asignatura/un examen/un curso; **10.** Empezar un ejercicio/un examen/un curso/máster.

4. En esta última secuencia del apartado se presenta vocabulario relacionado con el ámbito de la enseñanza virtual. Puede recuperar ahora, si le parece oportuno, el léxico que sus estudiantes aportaron sobre este tema en la actividad 1.2 del apartado "¿Qué sabes?" para comprobar si se corresponde con el que aquí aparece e incorporar aquellas palabras que no estén, pero que sí podamos vincularlas con este campo léxico. Distribuya la clase en grupos pequeños y pídales que se fijen detenidamente en la ilustración donde se muestran las distintas áreas de un campus virtual. Vaya viéndolas con ellos una por una y resuelva cualquier posible duda de vocabulario. Luego explíqueles que deben clasificar las palabras que aparecen en el recuadro en el área correspondiente. Es importante señalar que, dependiendo de las aulas virtuales, algunas opciones pueden ubicarse en diferentes áreas.
Rincón del estudiante: 2, 8; **Secretaría:** 1, 6; **Curso y contenidos:** 4, 5; **Recursos:** 3, 7.

4.1. Por último, manteniendo los mismos grupos, pídales que compartan con sus compañeros las experiencias que hayan tenido al realizar cursos en línea o al participar en un aula virtual y que cuenten si los campus virtuales que conocen son como el que aparece en la actividad 4; en caso contrario, invítelos a que expliquen las diferencias.

Para trabajar estos contenidos, realice las actividades **3-5**, p. **107** del *Libro de ejercicios*.

Unidad 18

Gramática

1. Presente el cuadro gramatical de las oraciones subordinadas sustantivas con la ayuda de las proyecciones **58** y **59** para focalizar la atención de sus estudiantes. Explíqueles las estructuras que se usan en la oración principal para expresar percepción, comunicación, entendimiento o certeza y el modo que exigen en la oración subordinada. Póngales ejemplos en la pizarra siguiendo este modelo:

Oración principal	Oración subordinada
No considero	que sea buena idea.
(Verbo 1: negativo)	(Verbo 2: subjuntivo)

[58] Las oraciones subordinadas sustantivas (2)

A continuación explíqueles las estructuras que se usan en la oración principal para expresar sentimiento o valoración subjetiva y el modo que estas exigen en la oración subordinada. Póngales ejemplos en la pizarra siguiendo este modelo:

Oración principal	Oración subordinada
(A mí) Me molesta	que (tú) critiques a tus amigos.
(Verbo 1)	(Verbo 2: subjuntivo)

Después pase a comentar los verbos que pertenecen a cada uno de los grupos que se estudian y, por último, haga hincapié en las estructuras para valorar subjetivamente: *ser* + adjetivo + *que, estar* + adverbio / adjetivo + *que, ser* + nombre + *que*, poniendo ejemplos de cada una de ellas. Es importante que lean el cuadro de atención donde se amplía la información sobre el uso de infinitivo.

[59] Las oraciones subordinadas sustantivas (2)

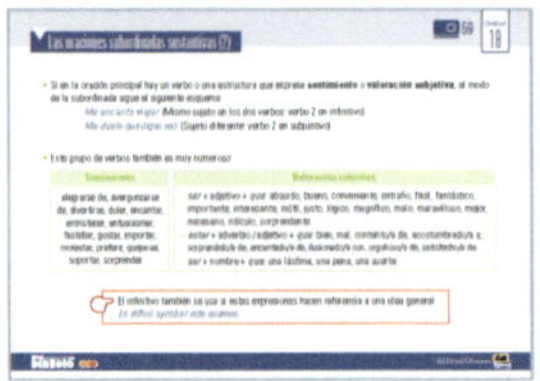

Gramática

1 Las oraciones subordinadas sustantivas (2)

- Verbos que expresan **percepción**, **comunicación**, **entendimiento** o **certeza**:

Percepción	Comunicación	Entendimiento	Certeza
comprobar, darse cuenta de, intuir, notar, observar, oír, percibir, reconocer, saber, ver…	comentar, comunicar, contar, contestar, decir, escribir, explicar, prometer, referir…	acordarse de, creer, entender, imaginar, opinar, parecer, pensar, recordar, soñar…	***ser / estar*** + adjetivo / adverbio + ***que***: **es** cierto, indudable, obvio, verdad… **está** claro, demostrado, probado… **estoy** seguro/a, convencido/a de…

- Con estos verbos el modo de la oración subordinada sigue este esquema:
  - ***Creo que tenemos*** *buenos profesores.* (Verbo 1: afirmativo, verbo 2: indicativo).
  - ***¡No me digas que*** *no* ***vienes!*** (Verbo 1: imperativo negativo, verbo 2: indicativo).
  - ***¿No crees que es*** *tarde?* (Verbo 1: pregunta afirmativa o negativa, verbo 2: indicativo).
  - ***No creo que sea*** *buena idea.* (Verbo 1: negativo, verbo 2: subjuntivo).
- Si en la oración principal hay un verbo o una estructura que expresa **sentimiento** o **valoración subjetiva**, el modo de la subordinada sigue el siguiente esquema:
  - *Me* ***encanta viajar.*** (Mismo sujeto en los dos verbos: verbo 2 en infinitivo)
  - *Me* ***duele*** *que* ***digas*** *eso.* (Sujeto diferente: verbo 2 en subjuntivo)
- Este grupo de verbos también es muy numeroso:

Sentimiento	Valoración subjetiva
alegrarse de, avergonzarse de, divertirse, doler, encantar, entristecer, entusiasmar, fastidiar, gustar, importar, molestar, preferir, quejarse, soportar, sorprender…	– ***ser*** + adjetivo + ***que***: absurdo, bueno, conveniente, extraño, fácil, fantástico, importante, interesante, inútil, justo, lógico, magnífico, malo, maravilloso, mejor, necesario, ridículo, sorprendente… – ***estar*** + adverbio / adjetivo + ***que***: bien, mal, contento/a de, acostumbrado/a a, sorprendido/a de, encantado/a de, ilusionado/a con, orgulloso/a de, satisfecho/a de… – ***ser*** + nombre + ***que***: una lástima, una pena, una suerte…

> El infinitivo también se usa si estas expresiones hacen referencia a una idea general:
> ***Es difícil aprobar*** *este examen.*

1.1 Completa estas frases con el verbo en indicativo o en subjuntivo según corresponda.

1. No creo que esta .... (ser) la escuela más grande del barrio.
2. Es verdad que mi padre .... (hablar) tres lenguas.
3. Es evidente que en esta clase .... (haber) demasiados estudiantes.
4. Supongo que Luisa .... (estar) en clase ahora.
5. No considero que .... (tener, nosotros) que hacer los deberes ahora.
6. Me molesta que Carmen .... (llegar) siempre tarde.
7. Tienes tiempo suficiente, es absurdo que .... (salir) tan pronto.
8. Está mal que no .... (invitar, vosotros) a Luis a la fiesta.
9. Es una pena que Julia no .... (poder) cogerse vacaciones.

210 | doscientos diez — Unidad 18 | Un poco de educación

1.1. Actividad de consolidación gramatical. Dígales que completen las frases según lo estudiado en el cuadro 1. Deje que comparen sus respuestas en parejas y que las justifiquen, en caso de no coincidir, antes de la corrección en plenario.
1. sea; **2.** habla; **3.** hay; **4.** está; **5.** tengamos; **6.** llegue; **7.** salgas; **8.** invitéis; **9.** pueda.

Para trabajar estos contenidos, realice las actividades **6-9a**, pp. **108-109** del *Libro de ejercicios*.

2 Pretérito perfecto de subjuntivo

- El pretérito perfecto de subjuntivo es un tiempo compuesto que se forma con el verbo *haber* en presente de subjuntivo y el participio del verbo principal:

Trabajar	Comer	Vivir
haya trabajado	**haya** comido	**haya** vivido
hayas trabajado	**hayas** comido	**hayas** vivido
haya trabajado	**haya** comido	**haya** vivido
hayamos trabajado	**hayamos** comido	**hayamos** vivido
hayáis trabajado	**hayáis** comido	**hayáis** vivido
hayan trabajado	**hayan** comido	**hayan** vivido

Recuerda:
- Hay algunos participios irregulares que ya conoces: *escrito, visto, hecho, muerto...*
- El participio es invariable en género y número.

- El pretérito perfecto de subjuntivo equivale al pretérito perfecto de indicativo porque expresa una acción **pasada** en un tiempo **presente**:
  Luis ha llegado tarde. › *Me molesta que Luis **haya llegado** tarde.*

2.1 Completa usando el pretérito perfecto de subjuntivo.

1. He conocido a muchos chicos rusos en mi clase. › Me sorprende que tú ....
2. Hemos viajado a Andalucía. › No creo que vosotros ....
3. He suspendido Matemáticas. › Es una pena que tú ....
4. Le habéis regalado flores a la profesora. › Me encanta que vosotros ....

3 Locuciones con los verbos *dar* y *poner* para expresar sentimientos

- Con ***dar*** + sustantivo se forman muchas expresiones de sentimiento y emoción que tienen la misma estructura que el verbo *gustar*. Fíjate en estos ejemplos:
  Me da miedo *que conduzcas la moto.*
  Les da pena/lástima *decirte esto.*
  Nos da mucha alegría *que ya estés aquí.*
  Me da vergüenza *hablar en clase.*

  En algunos casos, ***dar*** se combina con otros elementos:
  Me da igual *ir o que vengas.*
- Con el verbo ***poner*** + adjetivo *(triste, contento/a, furioso/a, nervioso/a)* se forman también muchas expresiones de sentimiento y emoción:
  Me pone triste *leer tu correo.*
  *¿**Te pone nerviosa** que venga Susana?*

Fíjate:
Cuando estas expresiones se usan de manera personal y reflexiva, se construyen con *cuando/si* + indicativo:
Me pongo triste cuando llueve.
Mis padres se ponen nerviosos si me retraso.

3.1 [66] Escucha la conversación entre estos dos amigos y completa la información.

1. A Raúl le pone nervioso que ....
2. Lo que escriben algunas personas a Raúl ....
3. .... le pone de muy mal humor.
4. A Esther le da pena ....
5. Raúl se pone de los nervios ....
6. La manera en que mucha gente usa las redes sociales ....
7. A Esther .... que haya gente como ella en el mundo.

3.2 [66] **Todo el grupo** Vuelve a escuchar el audio y di con quién estás más de acuerdo. ¿Usas las redes sociales? ¿Qué sentimientos te producen algunos comentarios?

2. El cuadro gramatical con las formas y el uso del pretérito perfecto de subjuntivo les ayudará en su reflexión y les servirá para aprender su morfología. Es importante que dé en este momento las explicaciones pertinentes para la total comprensión. Explique con detenimiento la información del cuadro de atención donde se describen las particularidades de los participios. Pídales ejemplos y escríbalos en la pizarra.

2.1. Actividad de consolidación gramatical. Se practica la equivalencia entre el pretérito perfecto de indicativo y el de subjuntivo. Pídales que transformen las frases usando el pretérito perfecto de subjuntivo.
1. Me sorprende que tú hayas conocido a muchos chicos rusos en mi clase; **2.** No creo que vosotros hayáis viajado a Andalucía; **3.** Es una pena que tú hayas suspendido Matemáticas; **4.** Me encanta que vosotros le hayáis regalado flores a la profesora.

3. Lea el cuadro gramatical donde se explican las locuciones que se forman con los verbos *dar* y *poner* para expresar sentimientos: *dar* + sustantivo y *poner* + adjetivo. Destaque la información del cuadro de atención donde se explica la construcción *cuando/si* + indicativo. Pídales ejemplos y escríbalos en la pizarra para que practiquen y consoliden las estructuras.

Para trabajar estos contenidos, realice las actividades **10-13**, p. **109** del *Libro de ejercicios.*

3.1. [66] Actividad de comprensión oral. Diga a sus estudiantes que lean la instrucción y las frases. Después ponga la audición para que puedan completar el ejercicio.
1. A Raúl le pone nervioso que haya tanta publicidad; **2.** Lo que escriben algunas personas a Raúl le da rabia leerlo; **3.** Que la gente opine de cosas de las que no saben nada le pone de muy mal humor; **4.** A Esther le da pena que haya gente que necesita esconderse detrás de un perfil para insultar o para opinar sin informarse antes; **5.** Raúl se pone de los nervios cuando suben fotos desde el primer café de la mañana hasta el vaso de leche de la noche; **6.** La manera en que mucha gente usa las redes sociales da miedo; **7.** A Esther le pone muy contenta que haya gente como ella en el mundo.

3.2. [66] Actividad de expresión oral tras la comprensión auditiva. Póngales de nuevo el audio para que, a continuación, expresen su acuerdo y desacuerdo así como sus sentimientos frente a los comentarios que han escuchado. Remítalos al cuadro 3 para que usen las estructuras pertinentes.

Para trabajar estos contenidos, realice las actividades **14-17, p. 110** del *Libro de ejercicios.*

Practica en contexto

1. La primera secuencia de actividades de este apartado tiene como objetivo la práctica en contexto, mediante la integración de distintas destrezas, de dos contenidos trabajados en los apartados anteriores: el léxico relacionado con el ámbito de la enseñanza y el uso del subjuntivo en las oraciones subordinadas sustantivas.
Organice la clase en parejas y explíqueles que van a leer una conversación entre dos amigos sobre lo que les gustaría hacer cuando terminen la secundaria. Las intervenciones están desordenadas, por lo que tendrán que ordenarlas de forma lógica; se trabaja así la coherencia y la cohesión textual. Muévase por el aula para supervisar su trabajo, haga una puesta en común para que comparen sus respuestas y dé paso a la actividad siguiente para que confirmen la solución.
1, 6, 3, 2, 4, 5, 10, 8, 9, 7, 11.

1.1. [67] Ponga el audio para que escuchen la conversación que han leído y comprueben si la han ordenado correctamente.
Puede ampliar en la comprensión del texto haciendo que escuchen de nuevo y que, con el libro cerrado, respondan a las siguientes preguntas: *¿Ana y Daniel han decidido ya lo que quieren hacer?, ¿qué quieren los padres de Daniel?, ¿y los de Ana?, ¿qué le gustaría estudiar a Daniel?, ¿qué carrera prefiere estudiar Ana?, ¿a Daniel le sorprende lo que quiere estudiar su amiga?, ¿qué consejos se dan entre ellos?, ¿qué otra persona piensan que podría aconsejarlos mejor?*

1.2. Esta actividad integra la comprensión lectora y la expresión escrita con objeto de practicar los contenidos gramaticales estudiados en el cuadro de las oraciones sustantivas.
Respuesta abierta.

Practica en contexto

1 **En parejas** Daniel y Ana son compañeros de clase y están hablando de lo que les gustaría hacer cuando terminen la secundaria. Ordena el diálogo junto a tu compañero/a.

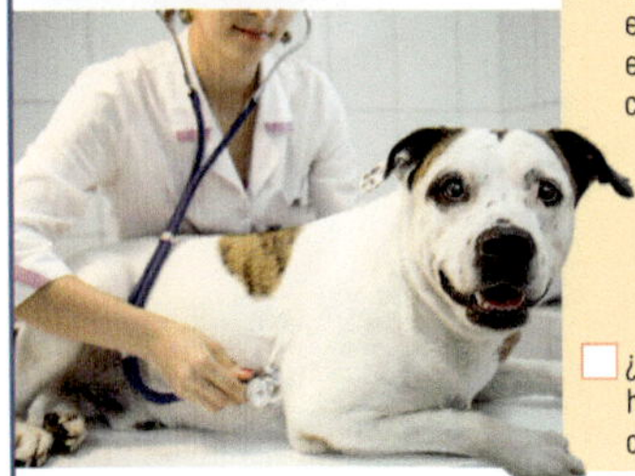

- [*1*] Daniel, ¿tú has decidido ya lo que quieres hacer después de la secundaria?
- [ ] Buena idea, hablaré con ella. Ojalá pueda ayudarme. Oye, y tú, ¿qué vas a hacer?
- [ ] Pero ¿qué es lo que quieres tú? ¿Qué te interesa estudiar a ti?
- [ ] La verdad es que no. Por un lado, pienso en el bachillerato porque a mi madre le hace muy feliz que me matricule en la universidad y haga Medicina, como hizo ella, y mi padre solo me recomienda que estudie algún idioma con mucho futuro, como el chino. Pero, por otro lado…
- [ ] Pues eso… Ya sabes que a mí lo que me gusta es dibujar y, aunque me apetece aprender un idioma, también quiero estudiar Diseño Gráfico.
- [ ] ¿Sabes? Creo que es importante que hables con nuestra tutora. Te veo confuso… Ojalá te ayude a aclararte y te dé algún consejo interesante. Mónica me ha parecido una profesora muy maja.
- [ ] Oye, ¿por qué no les recomiendas a tus padres que hablen ellos también con nuestra tutora?
- [ ] Me lo imaginaba, con lo que te gustan los animales… ¿Y se lo has dicho a tus padres?
- [ ] Claro…, y se pasan el día aconsejándome que lo piense bien, que no decida todavía nada…
- [ ] Yo lo tengo muy claro. A mi padre, al igual que a tu madre, le encanta la idea de que me matricule en Medicina, mientras que mi madre quiere que me gradúe en algo relacionado con los negocios y prefiere que me vaya a estudiar a otro país; así, de paso, también aprendo un idioma. Pero yo sueño con llegar a ser veterinaria.
- [*11*] Ja, ja, ja… Pues es verdad, tienen ellos más dudas que yo.

1.1 [67] **Escucha la conversación y comprueba tu respuesta anterior.**

1.2 **Lee el correo que te ha escrito Daniel y luego contéstale completando el mensaje que hay a continuación.**

De: Daniel Para: Asunto:

¡Oye, necesito que me ayudes! Nunca les he dicho a mis padres directamente lo que quiero estudiar después de secundaria. Sé que todavía falta un tiempo, pero me preocupa que ellos piensen que a mí me apetece estudiar Medicina o chino. No me importa estudiar otra lengua, pero mi sueño es ser diseñador gráfico y para eso tengo que estudiar esa carrera. ¿Hablo con ellos? ¿Sigo sus consejos? ¿Qué opinas? Por otro lado, no me parece que sea una mala idea tomarme un año, antes de entrar a la universidad, para viajar y, ya de paso, aprender algún idioma. ¿Qué piensas? Ya me dirás. Abrazos.

De: Para: Daniel Asunto:

Daniel:
En cuanto a lo que piensan tus padres, no me parece que [1] ……………………, y, sobre sus consejos, opino que [2] ……………………. Es verdad que aprender chino [3] ……………………. ¿Quieres estudiar Diseño Gráfico? Creo que [4] …………………….
Por último, lo de tomarte un año sabático no creo que [5] …………………….
Ya me dirás qué decides. Un abrazo.

212 | doscientos doce Unidad 18 | Un poco de educación

2 **En parejas** Lee estos testimonios. ¿Estás de acuerdo con ellos?

Emilio "Hoy empiezo el instituto. No es cierto que la vuelta sea tan dura, pero sí que me parece que cada año el curso es más complicado".

Pedro "Creo que el metro es la opción más rápida y cómoda de ir al instituto. Eso sí, me da mucha rabia que algunas personas no sean educadas y no dejen salir antes de entrar en el vagón".

Adela "Yo siempre como en el instituto. Me lo paso bien, pero me molesta mucho la gente que hace ruido al comer. A veces pienso que lo hacen para molestar".

Marta "Me irrita la gente que va a la biblioteca y se pone a hablar. No considero que la biblioteca sea un lugar adecuado para trabajar en equipo".

Ejemplo:

▶ *Marta no considera que la biblioteca sea un lugar adecuado para trabajar en equipo, pero yo no estoy de acuerdo con ella porque, si no hablas muy alto, no molestas a nadie.*

▷ *Pues a mí me parece que Marta tiene razón; creo que una cosa es estudiar juntos y otra trabajar en equipo.*

Expresar acuerdo, acuerdo parcial o desacuerdo con una opinión

- Para expresar **acuerdo** con la opinión de otra persona puedes usar:
  - **Yo estoy (totalmente) de acuerdo con…**
  - **Tiene(s) (toda la) razón.**
  - **Sí, es verdad.**
- Para expresar **acuerdo parcial** se usa:
  - ***Yo estoy de acuerdo, pero solo en parte porque*** + argumento
  - ***Tienes razón, pero*** + argumento
  - ***Sí, es verdad, pero*** + argumento
- Para expresar **desacuerdo** puedes usar:
  - ***Yo no estoy (para nada) de acuerdo con… porque*** + argumento
  - **Está(s) (completamente) equivocado/a.**
  - **No, eso no es verdad/cierto.**

2.1 **Todo el grupo** Completa las frases con las impresiones y sentimientos que te produce a ti el centro donde estudias. Luego compártelo con tus compañeros.

1. Me irrita mucho (que) ....
2. Me encanta (que) ....
3. Es una pena que ....
4. Me molesta (que) ....
5. Es fantástico que ....
6. Me sorprende (que) ....

3 **En parejas** Fíjate en lo que dicen estos estudiantes y reacciona siguiendo el ejemplo. Trabaja con tu compañero/a.

Ejemplo: *He suspendido el examen.* › *Es una pena que hayas suspendido el examen.*

Han subido la matrícula este curso.

¡Me han concedido la beca!

No he hecho los ejercicios de autoevaluación del campus virtual.

No he encontrado el manual de ayuda en el área de recursos.

He visto en el tablero de noticias que hay un chat para los estudiantes.

4 **En parejas** Imagina un campus virtual de español. ¿Qué recursos y servicios crees que debe ofrecer en cada una de sus áreas (rincón del estudiante, secretaría, curso y contenidos y recursos)? Trabaja con tu compañero/a.

4.1 **Todo el grupo** Comparte con la clase tu campus virtual de español ideal. ¿Qué recursos y servicios os parecen imprescindibles?

2. Actividad de interacción oral. Antes de empezar, explique los exponentes del cuadro funcional para expresar acuerdo, acuerdo parcial o desacuerdo con una opinión. Pídales que den ellos algunos ejemplos. Después indíqueles que lean las opiniones de los testimonios y que expresen su acuerdo o desacuerdo con ellas contrastando las ideas. Es aconsejable que sigan el ejemplo de conversación del libro.

2.1. Pida a sus estudiantes que se fijen en las seis estructuras que propone la actividad y que, usándolas, expliquen al resto de la clase las impresiones y sentimientos que les produce el centro donde estudian. Puede ampliar la actividad remitiéndoles a los cuadros 1 y 3 que estudiaron en el apartado "Gramática" para que utilicen otros verbos y locuciones.
Respuesta abierta.

3. El objetivo de esta actividad es la práctica controlada del pretérito perfecto de subjuntivo. Pida a sus estudiantes que se fijen en las imágenes y en lo que dicen los estudiantes que aparecen en ellas. Después de dirigir su atención hacia el ejemplo propuesto, anímelos a reaccionar a cada una de las situaciones. Tome nota de los errores que puedan cometer en el uso de perfecto de subjuntivo y corríjalos al final.
Respuesta abierta.

4. y **4.1.** Forme parejas y pídales que piensen en los recursos y servicios que, según ellos, debe ofrecer un aula virtual de español en cada una de sus áreas. Indíqueles que tomen notas, aunque sea esquemáticamente, de las conclusiones a las que lleguen. Una vez hayan terminado, pídales que compartan con el resto de la clase sus conclusiones para que, entre todos, decidan qué recursos y servicios son realmente imprescindibles.

Para trabajar estos contenidos, realice las actividades **18** y **18a**, p. **110** del *Libro de ejercicios*.

Unidad 18

Cultura

1. Con el libro cerrado, escriba en la pizarra el título del apartado y recupere ahora lo que sus estudiantes le comentaron cuando les planteó preguntas sobre este tema al principio de la unidad. Explíqueles que, en este apartado, van a trabajar algunos aspectos sobre la enseñanza en Hispanoamérica y que, tal vez, puedan comprobar si sus opiniones previas eran más o menos acertadas.
En plenario, y con el libro todavía cerrado, pregúnteles qué les parece importante a ellos de un/a buen profesor/a. Escriba en la pizarra *Es importante que...*, de manera que condicione en sus respuestas el uso del presente de subjuntivo. Anote algunas de sus respuestas siguiendo el modelo de las frases que aparecen en la actividad. A continuación explíqueles que van a leer lo que estudiantes de Chile, Colombia y México han manifestado que esperan de sus profesores. Pídales que lean detenidamente las frases para, a continuación, comprobar si coinciden con las que ellos le han sugerido anteriormente. Pregúnteles también por qué motivo se usa en todas las frases el presente de subjuntivo (se trata de valoraciones subjetivas). Por último, explíqueles que, en parejas, deberán ordenar las frases de mayor a menor importancia según su propio criterio.

LA ENSEÑANZA EN Hispanoamérica

1 **En parejas** Lee lo que a los estudiantes de Chile, Colombia y México les parece importante de sus profesores. Ordénalo de más a menos importante según tu opinión.

- ☐ Que incorporen materiales novedosos en el aula.
- ☐ Que utilicen las nuevas tecnologías.
- ☐ Que sepan aplicar estrategias y metodologías diversas.
- ☐ Que crean en las capacidades de los estudiantes.
- ☐ Que sepan escuchar y nos permitan opinar.
- ☐ Que transformen las evaluaciones en un desafío para aprender.
- ☐ Que disfruten de lo que hacen.
- ☐ Que creen oportunidades para que todos puedan aprender.
- ☐ Que utilicen espacios de aprendizaje diversos.
- ☐ Que generen un ambiente de confianza y participación.

Adaptado de https://www.flipwit.com/blog/super-profesor/que-esperan-los-estudiantes-de-sus-profesores/

1.1 **Todo el grupo** Tu profesor/a te dirá el orden en que habían puesto los temas los estudiantes hispanoamericanos. ¿En qué habéis coincidido? ¿Te llama la atención especialmente alguno de los temas? ¿Por qué?

214 | doscientos catorce — Unidad 18 | Un poco de educación

1.1. Continúe la secuencia con una nueva actividad de interacción oral. En primer lugar, facilíteles el orden en el que los estudiantes hispanoamericanos habían clasificado los distintos requisitos y anímelos a que comenten sus coincidencias y a que expresen sus opiniones al respecto, justificando su respuesta. Pregúnteles si creen que las posibles diferencias de criterio pueden deberse a factores locales y si alguno de los temas no es importante o resulta chocante donde viven ellos.
1. Que sepan escuchar y nos permitan opinar; **2.** Que disfruten de lo que hacen; **3.** Que crean en las capacidades de los estudiantes; **4.** Que utilicen espacios de aprendizaje diversos; **5.** Que incorporen materiales novedosos en el aula; **6.** Que sepan aplicar estrategias y metodologías diversas; **7.** Que generen un ambiente de confianza y participación; **8.** Que creen oportunidades para que todos puedan aprender; **9.** Que utilicen las nuevas tecnologías; **10.** Que transformen las evaluaciones en un desafío para aprender.

2 **En parejas** Lee el texto sobre los avances en la educación en Hispanoamérica y relaciona los fragmentos de las dos columnas para completar la información.

En los últimos años se han producido cinco avances muy significativos en la educación en Hispanoamérica que muestran, en buena parte, el desarrollo del sector en la región y plantean grandes desafíos para el futuro de la enseñanza en los países de habla hispana.

1. Más niños asisten a la escuela tanto en la educación preescolar como en la primaria y la secundaria.
2. La prueba PISA muestra que algunos países han mejorado sus niveles de aprendizaje.
3. En casi todos los centros los estudiantes tienen acceso a un ordenador.
4. Los Gobiernos de la región invierten cada vez más en educación.
5. Actualmente, el número de estudiantes que completan la secundaria es muy superior al de hace diez años.

a. Perú y Colombia han mejorado en Matemáticas, Ciencias y Lectura.
b. En los últimos años, el gasto público en educación ha pasado del 4.2 % del producto interior bruto al 5.9 % como promedio en estos países.
c. Se ha conseguido que más de un 95 % de niños de 6 a 14 años asistan al colegio.
d. Se ha aumentado del 51 % al 60 % en secundaria y del 33 % al 42 % en bachillerato.
e. Se ha mejorado notablemente, llegando en la actualidad a 14 estudiantes por ordenador en los centros públicos.

Adaptado de https://blogs.iadb.org/educacion/es/cima-5-avances-clave-de-la-educacion-en-america-latina-y-el-caribe/

3 **Todo el grupo** ¿Conoces los datos de tu país? ¿Cuántos estudiantes completan la secundaria? ¿De qué recursos tecnológicos disponen los centros públicos? Busca la información en internet y compártela con tus compañeros.

Unidad 18 | Un poco de educación   doscientos quince | 215

2. Actividad de comprensión lectora en parejas. Explíqueles que van a leer un texto sobre los avances en la educación en Hispanoamérica y que deberán relacionar los fragmentos de las dos columnas para completar la información. Mientras realizan la tarea, muévase por el aula para resolver posibles dudas. A continuación haga una puesta en común de los resultados y pídales que expliquen qué elementos les han ayudado a relacionar la información.
1. c; **2.** a; **3.** e; **4.** b; **5.** d.

3. Cierre el apartado con una actividad de investigación en equipo relacionada con la actividad anterior. Pídales que busquen información en internet sobre los aspectos de los que trata el texto pero referentes a su propio país. Deles el tiempo necesario para que realicen la búsqueda y tomen nota de los datos. A continuación pídales que los compartan con el resto de la clase para que puedan compararlos. Una vez puestos en común los resultados, pregúnteles en qué áreas creen que debería mejorar la educación en su país y qué medidas creen que habría que adoptar para lograrlo.

Para trabajar estos contenidos, realice las actividades **19-20a**, p. **111** del *Libro de ejercicios*.

Con esta actividad se propone abordar el tema vertebrador de la unidad, la educación, desde otro punto de vista: el que la ciencia tiene de ella para el futuro.
En primer lugar, pregúnteles cómo imaginan que será la enseñanza a lo largo de los próximos treinta años. Tome nota de las ideas que expongan; pueden hacerlo utilizando el futuro simple, pero anímelos a que también lo hagan expresando valoraciones subjetivas con *es importante/necesario... que.* A continuación use la **proyección 60**, lea junto a ellos la información que aparece en esta y resuelva las dudas de vocabulario que puedan surgir. Una vez concluida la lectura, compruebe si alguna de las predicciones y deseos que habían manifestado al principio aparece en el texto. Finalmente proponga un debate sobre lo que han leído partiendo de las siguientes preguntas:

La enseñanza en el futuro

[60]

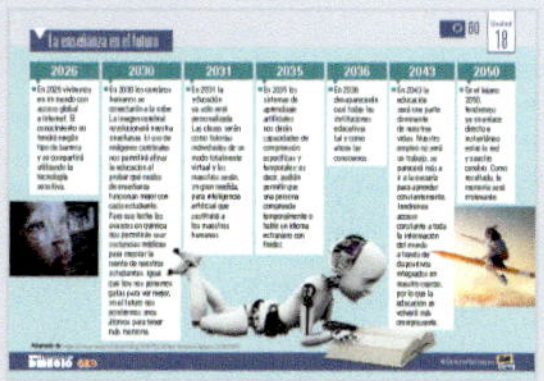

- *¿Crees que realmente todo el mundo tendrá acceso a internet?*
- *¿Piensas que existirán esas sustancias químicas que optimizarán el funcionamiento del cerebro?*
- *¿Qué ventajas y desventajas ves en el hecho de que la enseñanza sea totalmente individualizada y que los profesores sean productos de la inteligencia artificial?*
- *¿Crees que de verdad desaparecerán las instituciones educativas?*
- *¿Estás de acuerdo en que el papel de la memoria en el proceso de aprendizaje será cada vez menos importante?*

Unidad 18

Vídeo

1. Actividad previa para prever el contenido del video. Pida a los estudiantes que observen las fotos y formulen hipótesis, respondiendo a las preguntas. Haga una lluvia de ideas de manera que todos los grupos participen. Para la corrección, pase a la actividad siguiente.

2. Actividad de comprensión auditiva. Ahora visione el fragmento 00:30 ▷ 01:06 para comprobar las respuestas anteriores.
1. Bea está limpiando; **2.** Porque viene a visitarla su hermana Laura; **3.** Son las cuatro de la tarde; **4.** Es Laura; **5.** Es la hermana de Bea; **6.** Porque viene de viaje.

3. Para seguir con la comprensión auditiva, visione el capítulo completo y, después, pídales que relacionen la información que se da con su personaje correspondiente. Si lo cree necesario, puede realizar dos visionados.
1. B; **2.** L; **3.** B; **4.** C; **5.** T; **6.** L; **7.** C; **8.** T.

4. Ahora pídales que respondan a las preguntas para realizar una comprensión auditiva global. Si tienen dudas o para confirmar sus respuestas, puede realizar otro visionado.
1. Es maestra; **2.** No lo sabe exactamente, quizá a mediodía del día siguiente; **3.** Quiere que le dé consejos para aprobar; **4.** Porque le puede dar pautas para estudiar y aprender mejor; **5.** No le parece bien y por eso propone hacerlo ella; **6.** Profesora y maestra.

5. Actividad de interacción oral. Fomente una conversación con todo el grupo sobre las afirmaciones que se ofrecen en la actividad y que han aparecido en el vídeo. Los estudiantes deberán opinar, recomendar, aconsejar y mostrar acuerdo o desacuerdo reaccionando a las intervenciones de sus compañeros.

Vídeo

HOSTAL *Babel*

Consejos para Leo

Antes del vídeo

1 **En grupos pequeños** Observa estas imágenes y responde a las preguntas.

1. ¿Qué está haciendo Bea?
2. ¿Por qué?
3. ¿Qué hora crees que es?

4. ¿Quién crees que es esta mujer?
5. ¿Qué relación crees que tiene con Bea?
6. ¿Por qué va con una maleta?

Durante el vídeo

2 Visiona el fragmento 00:30 ▷ 01:06 y comprueba tus respuestas anteriores.

3 Visiona el episodio completo y relaciona cada información con su personaje: Bea (B), Carla (C), Leo (L) o Tere (T).

1. ☐ Quiere que todo esté perfecto.
2. ☐ No le molesta que su habitación esté desordenada.
3. ☐ Espera que a su hermana le guste el hostal.
4. ☐ Se ofrece para limpiar la cocina.
5. ☐ Ha estado todo el día estudiando.
6. ☐ Prefiere que otra persona limpie el baño.
7. ☐ Cree que aprender y aprobar son dos conceptos diferentes.
8. ☐ Piensa que Bea es tan perfeccionista como su hermana Laura.

4 Responde a estas preguntas.

1. ¿A qué se dedica la hermana de Bea?
2. ¿Sabe Bea a qué hora llega su hermana?
3. ¿Qué quiere Leo que le diga la hermana de Bea?
4. ¿Por qué recomienda Carla a Leo que hable con Laura?
5. ¿Le parece bien a Bea que sus huéspedes limpien el baño para su hermana?
6. Además de los conceptos *aprender* y *aprobar*, ¿qué otros conceptos confunde Leo?

Después del vídeo

5 **Todo el grupo** Comenta con tus compañeros si estás de acuerdo o no con las siguientes afirmaciones de los personajes del vídeo.

a. Aprender no es lo mismo que aprobar.
b. Para estudiar es necesario que el espacio esté ordenado y limpio.
c. A muchas personas les pone nerviosas el desorden.

216 | doscientos dieciséis — Unidad 18 | Un poco de educación

18

Evaluación

1 **Completa el texto con las palabras del recuadro.**

nota | beca | curso | aprobadas | matrícula | secretaría | prácticas | intercambio

Si quieres pedir una [1] .... para pagar la [2] .... del próximo [3] ...., debes acudir a [4] ...., donde te informarán de los trámites necesarios. Allí también puedes solicitar hacer [5] .... en alguna empresa o un [6] .... con alguna universidad de otro país. Para solicitar ayudas es fundamental tener todas las asignaturas [7] .... y haber alcanzado en el último curso una [8] .... media de 6.

2 **Lee estas definiciones y escribe la palabra a la que se refieren.**

1. .... Notas que se toman durante la clase.
2. .... Estudios que se hacen entre los 6 y los 12 años.
3. .... Estudios que preparan para realizar una profesión.
4. .... Últimos años de la enseñanza secundaria.
5. .... Curso de especialización que se hace después del grado.
6. .... Persona que ha obtenido el grado universitario.

3 **Elige la opción correcta para completar las frases.**

1. ¿No te das cuenta de que **estás/estés** enfermo?
2. Hemos visto que los niños ya **han/hayan** llegado del colegio.
3. No creáis que **vais/vayáis** a conseguir lo que queréis.
4. No es cierto que **han/hayan** ampliado el plazo de matrícula.
5. Imaginad que **aprobáis/aprobéis** el examen con la nota más alta.
6. Marta no dice que **ha/haya** terminado ya el trabajo de fin de carrera.
7. Creo que se **ha/haya** equivocado, pero no pienso que lo **ha/haya** hecho con mala intención.
8. Es obvio que Ana no **cree/crea** que Juan **ha/haya** suspendido la asignatura.

4 **Escribe el verbo entre paréntesis en la forma adecuada.**

1. Me fastidia que la profesora de Historia nos .... (mandar) tantos deberes.
2. ¿Os importa .... (cerrar) la puerta al salir de clase?
3. Me alegro de que esta mañana Laura .... (hablar) con la tutora.
4. ¿Te da igual .... (suspender) Matemáticas?
5. Nos da pena que Javi y tú todavía no .... (verse).
6. No soporto que mi hermano .... (poner) la tele cuando estoy estudiando.

5 **Clasifica estas expresiones verbales en sentimientos positivos o negativos.**

me da rabia | me da pena | me encanta | me pone de buen humor | me aburre | me apasiona | me da pereza | me desagrada | me enfada | odio | me irrita | me divierte | me alegro de | me pone alegre | me entristece

Sentimientos positivos	Sentimientos negativos

Evaluación

1. **1.** beca; **2.** matrícula; **3.** curso; **4.** secretaría; **5.** prácticas; **6.** intercambio; **7.** aprobadas; **8.** nota.

2. **1.** Apuntes; **2.** Primaria; **3.** Formación profesional; **4.** Bachillerato; **5.** Máster; **6.** Graduado.

3. **1.** estás; **2.** han; **3.** vais; **4.** hayan; **5.** aprobáis; **6.** haya; **7.** ha, haya; **8.** cree, haya.

4. **1.** mande; **2.** cerrar; **3.** haya hablado; **4.** suspender; **5.** os hayáis visto; **6.** ponga.

5. **Sentimientos positivos:** me encanta, me pone de buen humor, me apasiona, me divierte, me alegro de, me pone alegre.
Sentimientos negativos: me da rabia, me da pena, me aburre, me da pereza, me desagrada, me enfada, odio, me irrita, me entristece.

Unidad

19 ¿Para qué sirve?

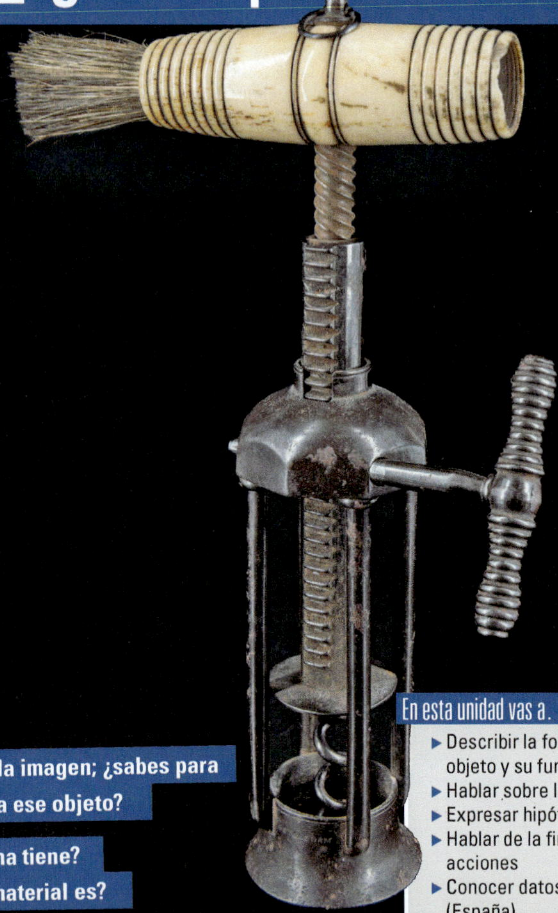

Fíjate en la imagen; ¿sabes para qué servía ese objeto?

¿Qué forma tiene?
¿De qué material es?

En esta unidad vas a. . .

- Describir la forma y el material de un objeto y su función o finalidad
- Hablar sobre la reutilización creativa
- Expresar hipótesis y probabilidad
- Hablar de la finalidad de objetos y acciones
- Conocer datos curiosos de Madrid (España)

¿Para qué sirve?

Lea en voz alta el título de la unidad y la primera pregunta y pida a sus estudiantes que hagan hipótesis. A continuación lea las preguntas propuestas para activar su interés y los conocimientos previos que puedan tener sobre los temas de la unidad.
Antes de leer los contenidos que se trabajarán en la unidad, pida a sus estudiantes que, basándose en las preguntas que han visto anteriormente y en la imagen, traten de imaginar qué van a estudiar. Luego remítalos a la lista de contenidos para que comprueben sus suposiciones.

¿Qué sabes?

1 **Todo el grupo** Mira estos objetos antiguos. ¿Sabes cómo se llamaban y para qué servían?

1 ______ 2 ______ 3 ______

1.1 **En parejas** Estos son los objetos actuales que sustituyen a los anteriores. Describe las diferencias que observas entre ellos en cuanto a la forma, el material, su uso, etc. Trabaja con tu compañero/a.

	Bicicleta	Lápiz de memoria	Consola
Antes	Forma: …… Material: …… Uso: …… Otros: ……	Forma: …… Material: …… Uso: …… Otros: ……	Forma: …… Material: …… Uso: …… Otros: ……
Ahora	Forma: …… Material: …… Uso: …… Otros: ……	Forma: …… Material: …… Uso: …… Otros: ……	Forma: …… Material: …… Uso: …… Otros: ……

1.2 **Todo el grupo** Comenta con tus compañeros cuál de estos objetos es el que ha experimentado un mayor avance según tu opinión. Justifica tu respuesta.

¿Qué sabes?

1. Con el fin de evitar que los estudiantes anticipen la relación de uso con los objetos que conocen de su presente, pídales que cierren los libros y utilice la **proyección 61** para realizar la actividad.

Objetos antiguos

[61]

Proyecte la lámina y pídales que se fijen detenidamente en las imágenes para decir el nombre y el uso de los objetos que aparecen en ellas. Hágales ver que si no conocen los objetos presentados ni su función, no importa, pues pueden hacer suposiciones teniendo en cuenta la forma, el material y las partes de cada objeto. Haga una puesta en común para que todos compartan sus conclusiones y/o conjeturas con los demás compañeros. Propicie el debate para que comenten qué suposición les parece más divertida y cuál más probable. Deben argumentar sus respuestas.
1. Biciclo. Servía para ir de un lugar a otro, aunque se usaba más para hacer carreras que como medio de transporte; **2.** Disquete. Servía para guardar archivos y datos digitales; **3.** La consola de videojuegos Sinclair Spectrum. Servía para jugar.

1.1. El objetivo de esta actividad es movilizar los recursos léxicos que tengan sus estudiantes para describir objetos de manera detallada. Es uno de los contenidos principales de la unidad.
Agrúpelos en parejas para que puedan compartir sus diferentes conocimientos e ideas y paséese por la clase para proporcionarles la ayuda que necesiten. Finalmente haga una puesta en común para comparar los resultados.
Posible respuesta:

1.2. Guíe la conversación para que todos los estudiantes puedan participar.
El objetivo de la actividad es practicar el vocabulario anterior mientras reflexionan sobre cuál de los objetos presentados es el que más ha avanzado según su opinión. Deben justificar sus respuestas.

	Bicicleta	Lápiz de memoria	Consola
Antes	**Forma:** circular	**Forma:** cuadrado	**Forma:** rectangular
	Material: hierro	**Material:** plástico y metal	**Material:** plástico
	Uso: divertirse	**Uso:** guardar archivos	**Uso:** jugar
	Otros: mayor tamaño de la rueda delantera	**Otros:** poca capacidad	**Otros:** lenta, menos funcionalidades
Ahora	**Forma:** según la parte, recta, circular, diagonal…	**Forma:** rectangular, más pequeño que el disquete	**Forma:** alargada, rectangular
	Material: aluminio y plástico	**Material:** plástico y metal	**Material:** plástico
	Uso: hacer deporte, hacer ejercicio y desplazarse	**Uso:** guardar datos y archivos	**Uso:** jugar, aprender
	Otros: puede ser eléctrica	**Otros:** mucha capacidad	**Otros:** rápida, más funcionalidades

Unidad 19

Palabras

1. En este apartado se ofrece a los estudiantes recursos léxicos para describir un objeto atendiendo a sus diferentes partes, formas, materiales y funciones. Para esta primera actividad, que pretende activar el vocabulario referido a objetos cotidianos y los recursos para hablar de su función, agrupe a la clase en parejas. Así podrá observar las posibles dificultades a las que se van a enfrentar sus estudiantes. Ponga en común los resultados en la pizarra.
A. Botella, para guardar líquidos; **B.** Vaso, para beber; **C.** Cuchara, para tomar sopa, por ejemplo; **D.** Rueda, para desplazar peso con facilidad; **E.** Sartén, para cocinar alimentos; **F.** Tapa, para cubrir/tapar recipientes; **G.** Lápiz, para escribir; **H.** Bolsa, para llevar cosas.

1.1. Agrupe a sus estudiantes en parejas para realizar esta actividad de léxico sobre las partes o piezas de un objeto. Corrija la actividad en dos fases diferentes. En primer lugar, pregunte a las diferentes parejas las definiciones correspondientes a cada parte. A continuación pídales a sus estudiantes que, además de relacionar estas partes o piezas con los objetos de la actividad 1, digan otros objetos que también tienen estas partes o piezas.
Posible respuesta:
1. d, Objetos: C, E; **2.** b, Objetos: A, B; **3.** f, Objetos: A, F; **4.** e, Objetos: F, H; **5.** a, Objeto: G; **6.** c, Objeto: B, D.

1.2. En esta actividad se presenta el léxico para describir un objeto por su forma y figura. Antes de que las parejas empiecen la actividad, haga que reparen en el cuadro funcional que aparece a la izquierda para hacerles ver la necesidad de distinguir la categoría gramatical de las palabras. Dígales que pueden consultar el diccionario para resolver la actividad si lo considera oportuno.

Formas y figuras

Sustantivos: cuadrado, círculo, rectángulo, triángulo.

Adjetivos: rectangular, triangular, corto/a, horizontal, estrecho/a, vertical, diagonal, plano/a, recto/a, circular, ancho/a, largo/a, alargado/a, cuadrado/a.

Materiales

Plástico, piedra, madera, tela, cartón, aluminio, metal.

Palabras

1 **En parejas** ¿Sabes el nombre de estos objetos? ¿Para qué sirven?

1.1 **En parejas** Relaciona estas palabras con su definición correspondiente. ¿En qué objetos de la actividad anterior se encuentran?

Objeto(s) ☐	1. mango	a. Parte extrema de un objeto que puede pinchar.
Objeto(s) ☐	2. boca	b. Parte abierta que hace de entrada y salida.
Objeto(s) ☐	3. tapa/tapón	c. Abertura circular que atraviesa algo de parte a parte.
Objeto(s) ☐	4. asa	d. Parte alargada por la que se puede agarrar un objeto.
Objeto(s) ☐	5. punta	e. Parte con forma semicircular que sirve para agarrar utensilios.
Objeto(s) ☐	6. agujero	f. Pieza que cierra los recipientes por la parte superior.

Fíjate:
- Para hablar de la **forma**:
  - *Tiene forma de* + sustantivo
    Esa caja tiene forma de huevo.
  - *Tiene forma/Es* + adjetivo
    La mesa tiene forma/es triangular.
- Para hablar del **material**:
  - *Está hecho(a)/Es de* + material
    Este jersey está hecho/es de lana.
- Si no se sabe el nombre o la forma del material puedes usar *es como/similar a... pero...*:
  Es como un plato, pero ovalado y más grande.

1.2 **En parejas** Clasifica estas palabras en la tabla. Luego, con tu compañero/a, añade tres más a cada categoría. Puedes usar el diccionario.

rectangular | plástico | triangular | corto/a | piedra | horizontal | estrecho/a | madera | vertical | cuadrado | diagonal | tela | plano/a | cartón | círculo | recto/a | aluminio | rectángulo | circular | ancho/a | largo/a | alargado/a | metal | cuadrado/a | triángulo

Formas y figuras		Materiales
Sustantivos	Adjetivos	

1.3 **En grupos pequeños** Elige un objeto de la clase y descríbeselo a tus compañeros sin decir para qué sirve. Usa las palabras que has aprendido. Tus compañeros tienen que adivinar de qué objeto se trata.

220 | doscientos veinte   Unidad 19 | ¿Para qué sirve?

1.3. Actividad de expresión oral que cierra la secuencia y que sirve para para poner en práctica las palabras y estructuras aprendidas. Distribuya a sus estudiantes en grupos pequeños con el fin de que todos tengan la oportunidad de participar en el juego y elaborar alguna descripción. Si su grupo no es muy numeroso, puede llevar a cabo esta actividad en plenario.

Para trabajar estos contenidos, realice las actividades **1-6**, p. **112** del *Libro de ejercicios*.

2 La *reutilización creativa* consiste en dar otro uso a cosas viejas, usadas o estropeadas. Vas a leer algunos ejemplos de creaciones hechas con material reciclado. ¿Qué han usado? Relaciona algunos de estos objetos con su texto correspondiente.

☐ cajones	☐ corchos de botella de vino	1 botes de cristal
☐ mangos de sartén	☐ latas	☐ etiquetas de ropa
☐ tapones de tubo de crema	☐ estanterías de frigorífico	☐ cajas de zapatos
☐ tapones de bolígrafo	☐ botellas de plástico	☐ tambores de lavadora
☐ cordones de zapatillas usadas	☐ pinzas para la ropa	☐ ruedas de coche

1. Lara Yo, después de comerme la mermelada, los empleo para hacer lámparas. Un pequeño agujero en la tapa para pasar el cable y listo.

2. Fer Yo no las tiro nunca; hago muchísimas cosas con ellas: las utilizo de macetas para plantas, para hacer coches de juguete..., incluso como figuras para decorar el jardín. Son muy útiles y, como son de plástico, son muy fáciles de manipular.

3. Tomás No es lo más ingenioso, en el colegio ya lo hacíamos, pero yo siempre las guardo para utilizarlas como botes para lápices, pequeñas macetas, portavelas... Mis hijos se lo pasan genial pintándolas.

4. Sara Cuando tengo que cambiarlas, les pongo un trozo de madera en el agujero y unas patas, y sirven como sillas para el jardín. Son muy resistentes, como son de goma...

5. Juan Acababa de ver la idea en internet cuando se estropeó la nuestra, así que se lo quité para usarlo como barbacoa. Eso fue lo más difícil. Luego solo tuve que ponerle una parrilla encima y unas patas debajo y ya estaba listo. Facilísimo y barato.

6. Tania Iba a tirar un mueble y me fijé en su capacidad. Los saqué, los llené de tierra y planté hierbas aromáticas. Los puse en la terraza uno encima de otro. Un amigo me dijo que había visto una idea parecida en un restaurante muy famoso. ¡A todo el mundo le encantan!

2.1 **En grupos pequeños** Elige dos objetos de la lista anterior e inventa un uso que les permita alargar su vida. Trabaja con tus compañeros de grupo.

2.2 **Todo el grupo** Presentad vuestras creaciones a la clase. ¿Qué son ahora y para qué sirven? Después, entre todos, elegid la reutilización más original de las que se han presentado.

> A mí se me ha ocurrido que las pinzas de la ropa, las que son de madera, ¿sabéis?, pues que se pueden pintar de colores y pegarles, cuando estén ya secas, un pequeño imán por detrás. Así se podrían utilizar en una pizarra magnética para colgar fotos o notas.

2. En esta secuencia se propone el tema de la *reutilización creativa* para continuar practicando el vocabulario y las estructuras vistas.
Escriba este concepto en la pizarra y pregunte a sus estudiantes a qué creen que se refiere. Escuche sus ideas y, después, lea la instrucción de esta actividad para que vean si han acertado o no. Antes de que lean el texto, pídales que identifiquen qué objetos de la lista aparecen en las imágenes laterales y explique, si es necesario, el léxico que desconozcan. A continuación dígales que lean los textos y que presten atención a las partes, piezas, formas, materiales y funciones mencionados, así como a la concordancia de género y número para identificar qué objeto se describe en cada texto.
Si lo desea, puede proponerles que dibujen las creaciones de las que no hay imágenes para medir el grado de comprensión de los textos.
1. botes de cristal; **2.** botellas de plástico; **3.** latas; **4.** ruedas de coche; **5.** tambores de lavadora; **6.** cajones.

2.1. El propósito de esta actividad es que los estudiantes usen de manera libre el vocabulario que se ha visto en este apartado convirtiéndose en creadores de objetos a partir de otros ya usados.
Para que la creatividad sea mayor y puedan aparecer ideas interesantes, distribuya a los estudiantes en grupos pequeños. Pasee por los grupos mientras realizan la tarea para pedirles que sean lo más concretos posible en la descripción del nuevo objeto o uso que están diseñando y solicíteles, si es posible, que realicen dibujos para poder visualizar el objeto con detalle en la presentación posterior.

2.2. Actividad final de expresión oral en la que los grupos presentan al resto de la clase sus creaciones. El objetivo es que sean capaces de describirlas con la mayor precisión posible usando el léxico y las estructuras vistas. Una vez presentadas todas las creaciones, fomente el debate entre sus estudiantes para elegir la reutilización más original justificando su elección.

Para trabajar estos contenidos, realice las actividades **7-8**, p. **113** del *Libro de ejercicios*.

Unidad 19

Gramática

1. Explíqueles la información del cuadro sobre las oraciones de relativo con antecedente conocido y desconocido. Los pronombres relativos más usados son: *que* y *donde*. Trabaje los ejemplos. Haga referencia a las estructuras relativas con preposición y al uso de los artículos *lo*/ *el*/ *la*/ *los*/ *las* entre la preposición y *que*; en estas, el artículo concuerda en género y número con el antecedente. Pídales que pongan ejemplos y anótelos en la pizarra destacando los puntos relevantes. A continuación presente el contraste entre las oraciones de relativo con antecedente conocido (+ verbo en indicativo) y las de antecedente desconocido, del que solo conocemos sus características o que negamos (+ verbo en subjuntivo). Póngales ejemplos varios en la pizarra marcando el tipo de antecedente y pídales otros ejemplos para confirmar el aprendizaje. Le aconsejamos trabajar con la proyección 62.

Oraciones de relativo

[62]

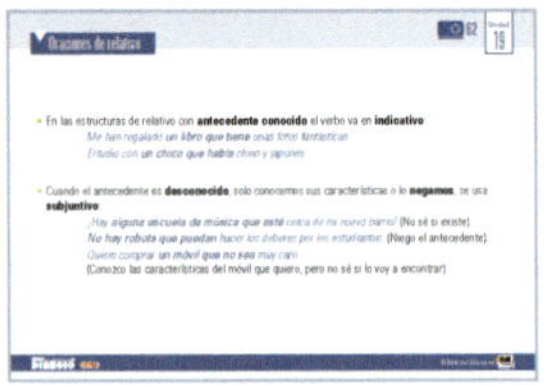

Proyecte el cuadro de las oraciones de relativo para focalizar la atención de los estudiantes mientras lleva a cabo la explicación. Puede dejarlo proyectado también durante la realización de la actividad de consolidación 1.1.

Gramática

1 Oraciones de relativo

- Las oraciones de relativo permiten unir frases que tienen un elemento en común llamado *antecedente*. Para ello, se usan los pronombres relativos. Los más usados son ***que*** y ***donde***:

  Tengo un **hijo** + mi **hijo** habla chino › *Tengo un **hijo que** habla chino.* (Antecedente: *hijo*)

- En las estructuras relativas con preposición usamos los artículos ***lo/el/la/los/las*** entre la preposición y ***que***. El artículo concuerda en género y número con el antecedente:

  *He perdido el boli **con el que** hago los exámenes.*

- En las estructuras de relativo con **antecedente conocido** el verbo va en **indicativo**:

  *Me han regalado **un libro que tiene** unas fotos fantásticas.*

- Cuando el antecedente es **desconocido**, solo buscamos en este ciertas características o lo **negamos**, se usa **subjuntivo**:

  *¿**Hay alguna escuela de música que esté** cerca de mi nuevo barrio?* (No sé si existe).

  ***No hay robots que puedan** hacer los deberes por los estudiantes.* (Niego el antecedente).

  *Quiero comprar **un móvil que no sea** muy caro.*

  (Conozco las características del móvil que quiero, pero no sé si lo voy a encontrar).

1.1 Completa las frases con el verbo en indicativo o en subjuntivo según corresponda.

1. Marta ha adoptado un perro muy pequeño que .... (caber) en un vaso.
2. Mi abuelo tiene una ferretería que .... (abrir) los sábados por la tarde.
3. En España casi no hay ríos donde .... (poder) navegar barcos.
4. ¿Todavía tienes el bolígrafo que .... (escribir) a cinco colores?
5. ¿Alguien tiene un cargador de móvil que .... (servir) para todas las marcas?
6. Mi padre ha comprado una aspiradora que no .... (hacer) mucho ruido.
7. No conozco a nadie que no .... (tener) móvil.
8. ¿No puedes cantar otra canción que no .... (ser) esa?

2 Hacer hipótesis y expresar probabilidad con indicativo o subjuntivo

- Cuando queremos **hacer hipótesis** y **expresar probabilidad**, usamos las siguientes expresiones:

Con **indicativo**:	Con **indicativo** y **subjuntivo**:		Con **subjuntivo**:
– a lo mejor	– quizá(s)	– posiblemente	– puede (ser) que
– lo mismo	– tal vez	– seguramente	– (no) es + posible/ probable/imposible + que
– igual	– probablemente		

Fíjate:
En las expresiones que pueden llevar indicativo o subjuntivo, si el hablante usa el indicativo cree que su suposición es más probable que si usa el subjuntivo.

A lo mejor Laura no viene porque está enferma.
Tal vez hay / haya menos tráfico porque es domingo.
Probablemente tengamos / tenemos / tendremos buen tiempo este fin de semana.

- Recuerda que también es frecuente hacer suposiciones con el **futuro simple**:

  ¿Qué hora será? Se me ha estropeado el reloj…

222 | doscientos veintidós — Unidad 19 | ¿Para qué sirve?

1.1. Actividad de consolidación gramatical. Pídales que lean las frases, se fijen en el antecedente, si es conocido o no, y pongan el verbo en la forma y modo correctos. Permítales comparar sus respuestas en parejas antes de la corrección en plenario.
1. cabe; **2.** abre; **3.** puedan; **4.** escribe; **5.** sirva; **6.** hace; **7.** tenga; **8.** sea.

2. Explique el cuadro para formular hipótesis y expresar probabilidad, haciendo hincapié en las expresiones que se utilizan con indicativo: *a lo mejor, lo mismo, igual;* con indicativo y subjuntivo: *quizá(s), tal vez, probablemente, posiblemente, seguramente* y con subjuntivo: *puede (ser) que, (no) es + posible / probable / imposible + que*. Recuérdeles que también es frecuente hacer suposiciones con el futuro simple. Remítalos después al cuadro de atención que explica que, con las expresiones que admiten tanto el indicativo como el subjuntivo, la suposición parece más probable si se usa el indicativo y menos probable si se opta por el subjuntivo. Pídales que pongan ejemplos y aclare posibles dudas antes de pasar a las actividades de consolidación.

Para trabajar estos contenidos, realice las actividades **9-13**, pp. **114-115** del *Libro de ejercicios*.

2.1 Relaciona las columnas para formar frases con sentido.

1. Igual Marta
2. Es posible que mis padres
3. Puede que los alumnos
4. Tal vez vosotros

a. vayan a la playa este verano.
b. tenéis hechos los deberes, pero yo no.
c. está enfadada y por eso no te habla.
d. no sepan que hoy hay un examen.

2.2 Completa libremente las frases.

1. Quizá ....
2. Puede ser que ....
3. Probablemente ....
4. Es posible que ....
5. A lo mejor ....
6. Seguramente ....

3 Oraciones finales

- Como ya has visto antes, cuando queremos expresar la **utilidad** o **función** de un **objeto**, o el **objetivo** o **finalidad** de una **acción**, se usa la preposición *para*. Hay dos construcciones diferentes:
  - Si los **verbos** tienen el **mismo sujeto**, se usa *para* + infinitivo: *La NASA viajará a Marte **para explorar** el planeta.* (La NASA quiere explorar Marte).
  - Si los **verbos** tienen **diferentes sujetos**, se usa *para que* + subjuntivo: *La ciencia está trabajando **para que tengamos** un futuro mejor.* (La ciencia quiere que nosotros tengamos un futuro mejor).

  Además de *para*, existen otros **marcadores de finalidad**:
  - En **contextos formales** puedes usar ***con el fin/el objetivo/el propósito/la finalidad de***: *Se realizarán obras **con el fin de** que los clientes disfruten de mejores instalaciones.*
  - Con **verbos de movimiento** es frecuente utilizar la preposición *a*: *Vinieron ayer **a** verte, pero no estabas.* *Ve al médico **a** que te recete algo para la gripe.*

RAE — GRAMÁTICA: En el español del Caribe, Ecuador y Paraguay hay tendencia a usar el pronombre sujeto antepuesto al infinitivo subordinado en la construcción › preposición + sujeto + infinitivo: *Yo tenía que conseguir un trabajo que me dejara mis horas libres **para yo poder** cumplir con mi casa.*

Fíjate: Estos marcadores siguen la misma estructura que *para*: infinitivo si los sujetos son iguales y subjuntivo si son diferentes.

3.1 Completa las frases con el verbo en infinitivo o en presente de subjuntivo.

1. Gustavo ha entrado a la tienda para que su abuelo .... (conocer) a su amigo Teo.
2. Los exámenes sirven para .... (comprobar) los conocimientos de los estudiantes.
3. Una bomba de bici sirve para .... (inflar) las ruedas.
4. La medicina avanza para que la gente .... (vivir) más tiempo.
5. Los asientos de los trenes pueden inclinarse para que la gente .... (estar) más cómoda.
6. Podemos reutilizar muchos materiales para .... (contaminar) menos.

3.2 Sustituye las expresiones resaltadas por estructuras formales de finalidad. Usa construcciones diferentes en cada texto.

1. Les escribimos [1] **porque queremos contarles** .... que la próxima semana tendrá lugar una reunión de padres, profesores y estudiantes. Se lo contamos con tanta antelación [2] **porque necesitamos que acudan** .... el máximo número de padres y estudiantes.
2. Esta semana nuestro horario se ampliará [3] **y así podrán tener** .... más tiempo para sus compras de Navidad.

Unidad 19 | ¿Para qué sirve? — doscientos veintitrés | 223

Para trabajar estos contenidos, realice la actividad **17**, p. **116** del *Libro de ejercicios*.

3.1. Dígales que lean las frases y escriban el verbo entre paréntesis en la forma y el modo adecuados. Deje que comparen en parejas antes de corregir en plenario.
1. conozca; **2.** comprobar; **3.** inflar; **4.** viva; **5.** esté; **6.** contaminar.

3.2. En esta actividad se deben sustituir las expresiones destacadas en negrita por estructuras formales de finalidad. Para ello, dígales que lean las frases y comprueben en el cuadro 3 qué conector es el más adecuado en cada caso.
Posible respuesta:
1. Les escribimos con el objetivo de contarles que la próxima semana...; **2.** Se lo contamos con tanta antelación con el propósito de que acudan el máximo número de padres y estudiantes; **3.** Esta semana nuestro horario se ampliará con el fin de que tengan más tiempo para sus compras de Navidad.

2.1. Dígales que lean las columnas y que formen frases lógicas de acuerdo con lo estudiado en la actividad anterior.
1. c; **2.** a; **3.** d; **4.** b.

2.2. Esta actividad tiene como fin la practica de las expresiones presentadas en el cuadro previo de gramática. Pídales que completen libremente las frases. deles un tiempo para ello y, a continuación, anímelos a que lean sus frases al resto de la clase para que, entre todos, corrijan los errores que puedan hacer.
Respuesta abierta.

Para trabajar estos contenidos, realice las actividades **14-16**, pp. **115-116** del *Libro de ejercicios*.

¿Qué ha pasado?

[63]

Pídales que observen las fotografías y formulen hipótesis sobre lo que crean que ha pasado. Se trata de una actividad oral abierta para consolidar la función de expresar probabilidad con indicativo o subjuntivo.

3. Explique la información del cuadro sobre las oraciones finales, destacando que si los dos verbos tienen el mismo sujeto, se usa *para* + infinitivo, pero si los verbos tienen diferentes sujetos, se usa *para que* + subjuntivo. Coménteles los otros marcadores de finalidad más frecuentes en un registro formal: *con el fin / el objetivo / el propósito / la finalidad de*. Ínstelos para que lean el cuadro de atención donde se advierte que todos los marcadores finales siguen la misma estructura.
Comente también el cuadro de gramática de la RAE, donde se explica el uso del pronombre sujeto antepuesto al infinitivo subordinado en la construcción preposición + sujeto + infinitivo en la variante del español del Caribe, Ecuador y Paraguay.
Para apoyarse en sus explicaciones, le aconsejamos que use la proyección 64.

Oraciones finales

[64]

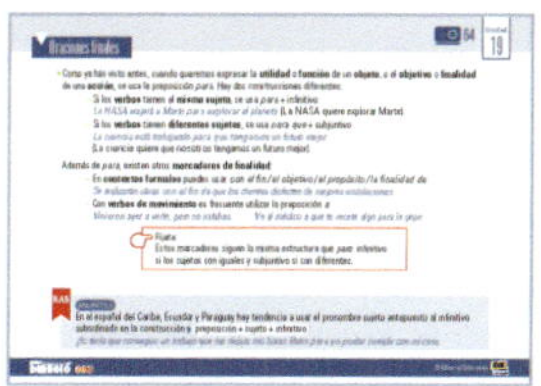

Ponga la proyección durante la explicación para focalizar la atención de los estudiantes y utilícela también durante la realización de las actividades de consolidación.

Unidad 19

Practica en contexto

1. Actividad de léxico fundamental para realizar la secuencia propuesta a continuación. Distribuya a sus estudiantes en parejas, pídales que lean las frases que contextualizan el léxico y que se fijen en las imágenes que lo ilustran. Corrija en plenario y asegúrese de que todos entienden el significado de las palabras propuestas.
1. agujero; **2.** trozo; **3.** lado; **4.** tira o cinta; **5.** punta; **6.** mango.

1.1. Pídales a las mismas parejas que han realizado la actividad anterior que piensen qué utilidad pueden tener los objetos o las partes que se han presentado. Antes de que sus estudiantes realicen la actividad, repase con ellos el cuadro de la banda lateral en el que se explican los exponentes que se usan normalmente para describir la función o finalidad de un objeto. Con ello se asegura de que disponen de los recursos necesarios para llevar a cabo la tarea.

1.2. [68] Explique a sus estudiantes que van a escuchar la puesta en común de una clase que ha realizado la misma actividad que ellos acaban de completar. Dirija convenientemente su atención hacia los aspectos mencionados en la instrucción: primero, haga una escucha para asegurarse de que los estudiantes comprenden cuáles son los usos reales de las partes de los objetos. Pregúnteles quiénes han acertado en sus suposiciones. Posteriormente, vuelva a poner el audio y pídales que esta vez dirijan su atención a los momentos en los que la profesora expone las ideas que han expresado sus estudiantes para poder relacionar sus nombres con los marcadores de probabilidad. Si lo considera oportuno, recuérdeles los modos que rigen estos marcadores.
1. e; **2.** c; **3.** a; **4.** d; **5.** d; **6.** b.

Practica en contexto

1 **En parejas** Muchos objetos cotidianos o algunas de sus partes tienen una finalidad que a veces no conocemos. Completa el texto de cada imagen con estas palabras.

punta | agujero | mango | trozo | lado | tira o cinta

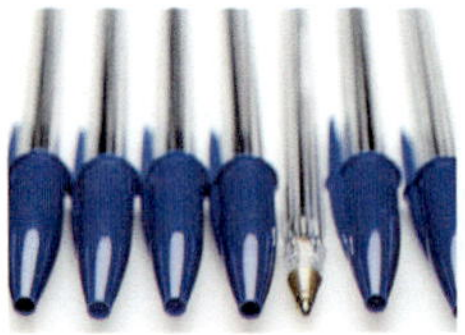

1. El .... que hay en el tapón de los bolígrafos.

2. El .... de tela que viene con la ropa nueva.

3. El .... azul de las gomas de borrar.

4. La .... que tienen muchas camisas en la espalda.

5. La .... que hay en el tapón de los tubos de crema o pomada.

6. El agujero en el .... de las sartenes y cacerolas.

Describir la función o finalidad de un objeto

- Para describir la función o finalidad de los objetos, puedes usar:
  - *Es/Sirve/Se usa/Se utiliza para* + infinitivo/*que* + subjuntivo (mismo sujeto/sujeto diferente):
    *La tinta **es para** escribir.*
    *Las cacerolas **sirven para que** podamos cocinar los alimentos.*
- Para describir una **función distinta** a aquella para la que estaba diseñado el objeto, usamos:
  - ***Se usa/Se utiliza/Se emplea/Sirve como*** + sustantivo:
    *Una botella **se emplea como** florero.*
    *Un tenedor viejo **sirve como** utensilio de jardín.*

1.1 **En parejas** Con tu compañero/a, piensa para qué sirven los objetos o partes anteriores y escríbelo en tu cuaderno usando *para que*.

Ejemplo: *Pues yo creo que el agujero del tapón sirve para que salga la tinta si se rompe la punta, ¿no crees?*

1.2 [68] En una clase acaban de realizar la actividad anterior. Escucha la explicación de la profesora, comprueba si has acertado en tus suposiciones y relaciona a los estudiantes con la expresión de hipótesis que utilizan.

1. Olga
2. Roberto y Susana
3. Irene y Alfonso
4. Luis y Pepa
5. Mirian y Valeria
6. Juan y Lorenzo

a. puede que
b. igual
c. quizá
d. tal vez
e. a lo mejor

1.3 **Todo el grupo** ¿Cuál de las funciones te ha sorprendido más? ¿Te parece que son prácticos estos elementos? ¿Por qué?

1.4 **En grupos pequeños** Fíjate en estas imágenes y en las partes marcadas; elige una, busca información en internet sobre su finalidad y, luego, compártela con el resto de la clase. ¿Cuál es la más curiosa según tu opinión?

1.5 **Todo el grupo** ¿Se te ocurre algún objeto cotidiano que esconda un pequeño misterio? ¿Cuál?

Preguntar o introducir una información y responder

- Para **preguntar** algo que se desconoce, se usa:
  - ¿Sabes qué/si/cómo/cuándo/dónde…?
  - *¿Sabes cuándo empezaron a poner ese bolsillo?*
  - *¿Sabes si esta aguja sirve para algo?*
- Para responder **negativamente**, se usan las siguientes expresiones:
  - Lo siento, (pero) no lo sé/no tengo ni idea.
- Para **introducir** una determinada **información** y saber si nuestro interlocutor la **conoce**, puedes usar:
  - *¿Sabes/Sabías que* + información?
  - *¿Sabes/Sabías que la boca de la botella tiene esa forma para que sea más fácil cogerla con dos dedos?*
  - *He leído/oído/visto que* + información
  - *He oído que el agujero de la cuchara de los espaguetis sirve para medir las raciones.*
- Para **responder**, puedes usar:
  - Sí, ya lo sabía.
  - No, no lo sabía/no tenía ni idea.

2 **En grupos pequeños** Entre todos los miembros del grupo, conseguid el máximo número de objetos de la lista reutilizando lo que tenéis y lo que hay en clase.

- Un objeto que pueda servir como espejo.
- Algo que se mueva sin tener que empujarlo.
- Algo con lo que puedas limpiar las gafas.
- Algo para cortar una hoja de papel en dos mitades iguales.
- Un objeto que te permita estar sentado más alto que los demás.
- Algo con lo que protegerte de la lluvia que no sea un paraguas.
- Algo para hacer una carpeta y meter hojas sueltas.
- Algo con lo que puedas envolver un regalo.
- Una cosa con la que puedas limpiar la mesa.
- Un objeto que te permita tapar el cristal roto de una ventana.
- Algo que se pueda poner en el asiento de la silla para que sea más cómoda.
- Una cosa que se pueda usar para poner la planta de una maceta rota.
- Un objeto que impida que la puerta se cierre con el aire.

2.1 **Todo el grupo** Presentad a la clase vuestros objetos justificando su uso. Gana el grupo que haya obtenido más objetos y haya sido más ingenioso.

3 **Todo el grupo** ¿Te parece buena idea reutilizar los objetos viejos? ¿Por qué?

1.3. Converse con toda la clase sobre la información que acaban de completar. Pregúnteles su opinión sobre las funciones de esas partes de los objetos que acaban de conocer, de modo que todos tengan ocasión de comentar algún aspecto.

1.4. Antes de dar comienzo a la actividad, revise con sus estudiantes el cuadro lateral con el fin de que tengan los recursos necesarios para llevar a cabo la presentación de la información así como para reaccionar ante la información de los otros grupos. El objetivo de la actividad es que, en grupos pequeños, pongan en práctica la expresión de la finalidad a través de una presentación oral.
Para la corrección reagrupe a los estudiantes de diferente manera para que, otra vez en pequeños grupos, intercambien la información que han encontrado. Paséese por los grupos para ver si utilizan bien los exponentes del cuadro lateral y las expresiones de finalidad.

1.5. En plenario, plantee la pregunta de la actividad. El objetivo es conectar el tema que se está tratando con su conocimiento previo del mundo para crear motivación y practicar de manera más libre los exponentes y contenidos de la secuencia.
Puede ser conveniente que piense de antemano en algún ejemplo de objeto cotidiano con misterio (el agujero del cucharón de la pasta, por ejemplo) por si acaso no se les ocurre ningún ejemplo en ese momento.

Para trabajar estos contenidos, realice la actividad **18**, p. **116** del *Libro de ejercicios.*

2. Actividad de interacción oral. En grupos pequeños, pídales que se pongan de acuerdo para intentar conseguir el mayor número de objetos de la lista que se propone. Para ello, deberán reutilizar lo que tienen o lo que hay en clase.

2.1. Actividad lúdica de expresión oral. En plenario, los estudiantes deberán presentar al resto de los compañeros los objetos que han preparado y justificar su uso. Ganará el grupo que haya conseguido reunir más objetos y haya sido más creativo.

3. Proponga un debate en la clase sobre la idea de reutilizar objetos. Haga que interactúen entre ellos y reaccionen a los comentarios y propuestas de sus compañeros.

Cultura

1. Antes de realizar la primera actividad, lea el título del apartado y pregunte a sus estudiantes qué tipo de información de Madrid creen que van a conocer. A continuación pregúnteles qué saben de Madrid y vaya escribiendo la información que le den en la pizarra. Puede preguntarles si saben dónde está, su número aproximado de habitantes, desde cuándo es capital de España, qué lugares interesantes hay y cuántos conocen, qué personas famosas son de Madrid, cómo es su gastronomía… Pase después a observar con ellos las diferentes imágenes que aparecen en el apartado. Pídales que las describan y si no saben de qué se trata, anímelos a que hagan suposiciones. De esta manera se anticipará parte del léxico que van a escuchar en el audio siguiente. Si le parece interesante, puede comentar con ellos la ilustración de Madrid de la doble página, preguntarles si identifican en ella alguno de los lugares que aparecen a su vez en las fotografías y si conocen el resto de los lugares. En la ilustración se puede reconocer el Templo de Debod a la izquierda y el Retiro a la derecha, donde se encuentra la estatua de El Ángel Caído, dedicada al diablo. El resto de edificios de izquierda a derecha son: la Catedral de la Almudena, la plaza de la Villa, el Palacio de Telecomunicaciones, antiguamente conocido como *Correos* y lugar donde actualmente está ubicado el Ayuntamiento de Madrid, y delante de este, la Fuente de la Cibeles, muy conocida por ser el lugar donde los seguidores del Real Madrid celebran las victorias de su equipo. Todos ellos son lugares emblemáticos de la ciudad.

MADRID, UNA CAPITAL CURIOSA

1 **Todo el grupo** Fíjate en las fotografías; ¿conoces estos lugares de Madrid? Todos ellos esconden algún secreto. ¿Sabes cuál es? Si no es así, haz suposiciones y compártelas con tus compañeros.

2 [69] Escucha el audio y marca si las siguientes afirmaciones son verdaderas o falsas.

1. Madrid es la capital más antigua de Europa. V F
2. Botín es un restaurante del siglo XVIII. V F
3. El Templo de Debod fue comprado por el Gobierno español a Egipto. V F
4. A los madrileños los llaman *gatos* por una batalla. V F
5. El reloj más grande de Madrid está en una estación de tren. V F
6. La estación de Chamberí es una estación de metro construida para una película. V F
7. La estatua del diablo está en el parque del Retiro. V F

2.1 **Todo el grupo** ¿Conoces datos curiosos, leyendas o misterios de tu ciudad? Cuéntaselos a tus compañeros.

226 | doscientos veintiséis — Unidad 19 | ¿Para qué sirve?

2. [69] Haga una primera escucha para comprobar si las suposiciones que han hecho en la actividad anterior son correctas. Antes de reproducir de nuevo el audio, déjeles unos minutos para que lean las frases de la actividad; de este modo, podrán hacer una escucha selectiva que les permita resolver con éxito la tarea. Una vez que hayan escuchado el audio y contestado a las preguntas, déjelos que comparen en parejas sus respuestas para rectificar si así lo creen necesario.
1. F; **2.** V; **3.** F; **4.** V; **5.** V; **6.** F; **7.** V.

2.1. Prosiga con esta actividad de corte intercultural en la que los estudiantes deben contar alguna curiosidad del lugar donde viven. En el caso de que todos vivan en el mismo sitio, forme grupos o parejas para que se repartan los temas de la ciudad (datos curiosos, leyendas, famosos, misterios que se cuentan…).

19

Algunas cosas (casi) gratis que puedes hacer en Madrid...

- Disfrutar del atardecer desde el Palacio Real.
- Dar una vuelta por el jardín tropical de la estación de Atocha.
- Comprar una fruta en el antiguo mercado de San Miguel.
- Hacer un pícnic frente al Palacio de Cristal en el Retiro.
- Perderte en el Rastro.
- Hacerte un selfi con los leones del Congreso de los Diputados.
- Recorrer Madrid Río en bicicleta.
- Comerte un bocadillo de calamares en la plaza Mayor.

3 **Todo el grupo** ¿Qué cosas se pueden hacer casi gratis en tu ciudad?

Adaptado de https://www.mochileandoporelmundo.com/cosas-que-ver-hacer-madrid-gratis/

Unidad 19 | ¿Para qué sirve? doscientos veintisiete | 227

A continuación lea con sus estudiantes los planes (casi) gratis que se mencionan en el apartado. Si tiene oportunidad y medios, busque o lleve al aula imágenes que puedan ilustrar estos lugares y sitúelos en un plano de Madrid.

3. Para terminar el apartado, pregúnteles por actividades que se pueden hacer en su ciudad y que son gratis o muy baratas. Puede plantear un pequeño debate con las siguientes cuestiones: *¿se puede viajar con poco dinero y disfrutar del viaje?, ¿hay cosas que te pierdes?, ¿cuáles?, ¿prefieres viajar aunque sea con poco dinero o ahorrar y hacer un viaje mejor?*

Para trabajar estos contenidos, realice las actividades **19-20**, p. **117** del *Libro de ejercicios*.

Para cerrar el apartado, puede ampliar el tema con una actividad complementaria sobre el Rastro. Si no lo han visto anteriormente, explíqueles qué es *el Rastro*: un mercadillo al aire libre en el centro de la ciudad donde las mañanas de los domingos se pueden comprar objetos de todo tipo, desde ropa a tecnología, pasando por menaje del hogar o herramientas de algún oficio perdido. Comente que lo normal es que en estos mercados el precio no esté fijado y que a veces es negociable, especialmente si se trata de cosas usadas. Comente que muchas personas que van al Rastro no siempre compran, solo van a mirar. Anuncie lo que van a hacer: ver objetos que se podrían encontrar en el Rastro de Madrid. Pídales que digan antes qué cosas pueden ser y anótelas en la pizarra. A continuación ponga la proyección 65.

Nos vamos al Rastro

[65]

Proyecte la lámina para que comprueben si habían mencionado los artículos que aparecen en ella. Luego deles un tiempo para que piensen qué tres artículos les llaman más la atención y por qué. Pídales después que digan el nombre de esos artículos si lo saben, que los describan, que digan por qué les interesan, si saben para qué sirven o pueden imaginarlo y si los comprarían y qué harían con ellos. Por último, pídales que imaginen cuál podría ser su precio.

Unidad 19

Vídeo

1. Divida a los estudiantes en grupos pequeños y pídales que, a través de las imágenes, descubran de qué va a tratar el episodio. También pueden comentar la relación que hay entre las fotos que se ofrecen y el título del capítulo.
Los tres, rúter, impresora y ordenador, son aparatos que necesitan conectarse para funcionar y están interconectados entre ellos.

2. Pídales que respondan a las preguntas referidas a las imágenes de la actividad anterior y, juntamente con su experiencia, se obtendrá información previa del contenido que van a trabajar con la visualización del vídeo.
Posible respuesta:
1. Los tres, pero el rúter y el ordenador son casi imprescindibles; **2.** El rúter, porque se necesita para tener acceso a internet; **4.** Para arreglar el rúter hay que llamar a la compañía telefónica. El ordenador y la impresora hay que llevarlos al servicio técnico; **5.** Leo.

3. Primero indique a sus estudiantes que lean las seis afirmaciones que aparecen en la actividad y, luego, pase a visionar el fragmento 00:30 ▶ 02:32 para realizar la comprensión auditiva. Puede visionar el fragmento dos veces, si lo cree necesario. Los alumnos deberán confirmar si las afirmaciones son correctas o no y justificar la respuesta.
1. Incorrecta, El técnico le ha llamado para cambiar el rúter porque en su zona han puesto fibra óptica; **2.** Correcta; **3.** Incorrecta, Leo vuelve a casa para estudiar; **4.** Incorrecta, Los profesores de Carla no son tan flexibles como los de Leo; **5.** Correcta; **6.** Correcta.

Vídeo

HOSTAL Babel

Problemas de conexión

Antes del vídeo

1 **En grupos pequeños** En el episodio que vas a ver hoy se habla de los objetos que aparecen en las imágenes. Obsérvalas e imagina qué relación hay entre ellos.

2 **Todo el grupo** Habla con tus compañeros sobre las cuestiones que tienes a continuación.

1. ¿Cuál de estos objetos es habitual tener en casa?
2. ¿Cuál de ellos es el más práctico?
3. ¿Sabes utilizarlos todos?
4. ¿Qué haces cuando alguno de ellos se rompe?
5. ¿Cuál de los amigos del hostal crees que va a reparar alguno de estos objetos?

Durante el vídeo

3 Visiona el fragmento 00:30 ▶ 02:32 y elige las afirmaciones correctas.

1. ☐ Bea ha llamado a un técnico porque tiene problemas con internet en casa.
2. ☐ Bea en principio no sabe quién va a estar en casa esa tarde.
3. ☐ Leo va a volver a casa para descansar después de un examen.
4. ☐ Los profesores de Carla son tan flexibles como los profesores de Leo.
5. ☐ Bea no sabe cómo se llama el dispositivo del nuevo rúter.
6. ☐ Bea ha reformado el hostal hace poco.

4 Completa estas frases de los personajes con el verbo en la forma adecuada. Luego visiona el fragmento 01:05 ▶ 02:15 para comprobar tus respuestas.

1. Carla: Yo creo que ese comercial te llamó para que .... (comprar) algo.
2. Bea: Vamos a necesitar un rúter que .... (tener) un dispositivo de algo que no recuerdo cómo se llama.
3. Leo: El profesor de Programación nos ha cancelado la clase para que .... (tener) más tiempo para estudiar.
4. Carla: Yo no tengo profesores que .... (cancelar) las clases para que los estudiantes .... (estudiar).

5 Visiona el fragmento 02:32 ▶ final y responde a las preguntas.

1. ¿Hay alguien en el hostal que tenga la conexión a internet lenta?
2. ¿Por qué se sorprende Bea?
3. ¿Por qué, según Carla, no le han dicho nada a Bea?
4. ¿Qué objeto ha traído Leo de su habitación? ¿Para qué lo ha traído?
5. ¿Qué objeto de Bea necesita reparación?
6. ¿Para qué pide Carla ayuda a Leo?

Después del vídeo

6 **Todo el grupo** ¿Qué objetos de una casa puedes reparar tú mismo/a y qué objetos necesitan la reparación por parte de un técnico profesional?

228 | doscientos veintiocho — Unidad 19 | ¿Para qué sirve?

---

4. Siguiendo con la destreza de comprensión auditiva, pídales que lean las frases que han dicho los personajes del vídeo y que las completen con los verbos que aparecen entre paréntesis. Después visione el fragmento 01:05 ▶ 02:15 para que comprueben las respuestas.
1. compres; **2.** tenga; **3.** tengamos; **4.** cancelen, estudien.

5. Para terminar la secuencia de actividades de compresión auditiva, haga un visionado del fragmento 02:32 ▶ final y pídales que respondan a las preguntas.
1. Hugo tiene problemas para conectarse a internet; Carla, para abrir su correo electrónico y Leo, para descargar o ver series; **2.** Porque nadie nunca le ha comentado nada; **3.** Porque no querían preocuparla ya que estaba muy ocupada con la reforma del hostal; **4.** Las herramientas de informático. Las ha traído para dejárselas al técnico; **5.** La impresora; **6.** Para que le instale un parlante (un altavoz) en su habitación.

6. Actividad de interacción oral. Pídales que respondan a las preguntas y den sus opiniones, mostrando acuerdo y desacuerdo.

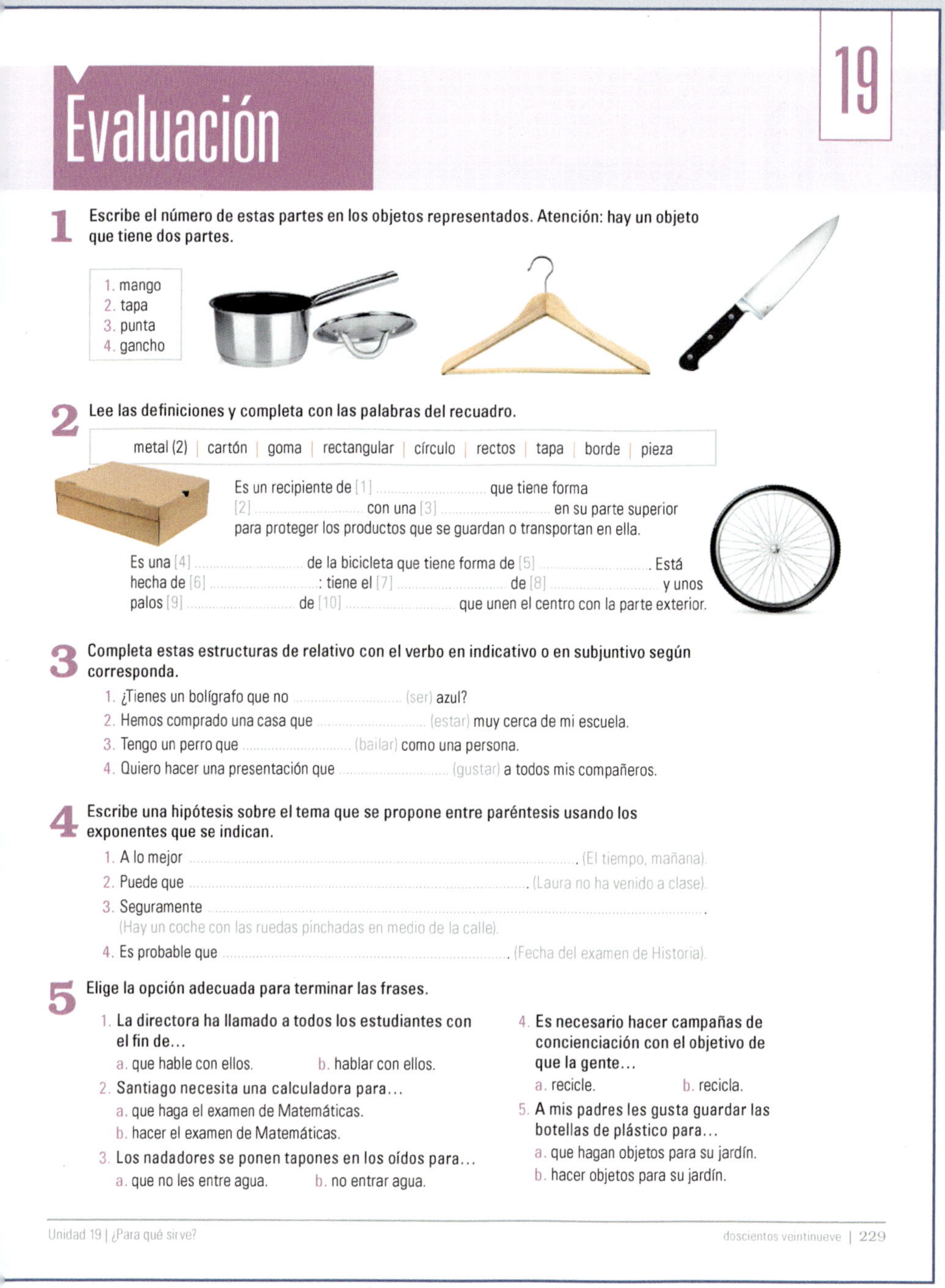

19

Evaluación

1 Escribe el número de estas partes en los objetos representados. Atención: hay un objeto que tiene dos partes.

1. mango
2. tapa
3. punta
4. gancho

2 Lee las definiciones y completa con las palabras del recuadro.

metal (2) | cartón | goma | rectangular | círculo | rectos | tapa | borde | pieza

Es un recipiente de [1] .... que tiene forma [2] .... con una [3] .... en su parte superior para proteger los productos que se guardan o transportan en ella.

Es una [4] .... de la bicicleta que tiene forma de [5] .... Está hecha de [6] ....: tiene el [7] .... de [8] .... y unos palos [9] .... de [10] .... que unen el centro con la parte exterior.

3 Completa estas estructuras de relativo con el verbo en indicativo o en subjuntivo según corresponda.

1. ¿Tienes un bolígrafo que no .... (ser) azul?
2. Hemos comprado una casa que .... (estar) muy cerca de mi escuela.
3. Tengo un perro que .... (bailar) como una persona.
4. Quiero hacer una presentación que .... (gustar) a todos mis compañeros.

4 Escribe una hipótesis sobre el tema que se propone entre paréntesis usando los exponentes que se indican.

1. A lo mejor .... (El tiempo, mañana).
2. Puede que .... (Laura no ha venido a clase).
3. Seguramente ....
(Hay un coche con las ruedas pinchadas en medio de la calle).
4. Es probable que .... (Fecha del examen de Historia).

5 Elige la opción adecuada para terminar las frases.

1. La directora ha llamado a todos los estudiantes con el fin de...
   a. que hable con ellos. b. hablar con ellos.
2. Santiago necesita una calculadora para...
   a. que haga el examen de Matemáticas.
   b. hacer el examen de Matemáticas.
3. Los nadadores se ponen tapones en los oídos para...
   a. que no les entre agua. b. no entrar agua.
4. Es necesario hacer campañas de concienciación con el objetivo de que la gente...
   a. recicle. b. recicla.
5. A mis padres les gusta guardar las botellas de plástico para...
   a. que hagan objetos para su jardín.
   b. hacer objetos para su jardín.

Unidad 19 | ¿Para qué sirve? doscientos veintinueve | 229

Evaluación

1.

2. **1.** cartón; **2.** rectangular; **3.** tapa; **4.** pieza; **5.** círculo; **6.** goma; **7.** borde; **8.** metal; **9.** rectos; **10.** metal.

3. **1.** sea; **2.** está; **3.** baila; **4.** guste.

4. **Posible respuesta:**
1. A lo mejor mañana llueve; **2.** Puede que Laura no haya venido a clase porque esté enferma; **3.** Seguramente esté en un atasco porque habrá un coche con las ruedas pinchadas en medio de la calle; **4.** Es probable que el examen de Historia sea el miércoles 23.

5. **1.** b; **2.** b; **3.** a; **4.** a; **5.** b.

Unidad
20
El voluntariado

Fíjate en la imagen; ¿qué crees que están haciendo esas personas?

¿Tú lo has hecho alguna vez? ¿Cómo fue la experiencia?

En esta unidad vas a...

- Contestar por escrito a un anuncio
- Hablar de distintas ONG
- Aprender un nuevo tiempo para hablar del futuro
- Expresar en qué circunstancia temporal tiene lugar una acción
- Informarte sobre el comercio justo

El voluntariado

Pida a sus estudiantes que se fijen en la imagen y que expliquen qué creen que están haciendo esas personas, qué les sugiere y cuál creen que es el tema de la unidad. Luego escriba en la pizarra *voluntariado* y pregúnteles si saben qué significa. Una vez que quede claro el significado y, por lo tanto, el tema que articula la unidad, propóngales las preguntas que aparecen junto a la imagen; esto supondrá un primer acercamiento a algunos de los contenidos que trabajarán en los distintos apartados de la unidad y que usted presentará valiéndose del correspondiente cuadro.

¿Qué sabes?

1 Escucha. Luego responde verdadero o falso.

[70]

1. Elena y su madre hacen la compra los lunes. V F
2. Hoy el supermercado está lleno porque se acercan las Navidades. V F
3. Elena no sabe por qué hay tanta gente en el súper. V F
4. La madre de Elena es voluntaria de Aldeas Infantiles. V F
5. Elena quiere estudiar Medicina para cooperar en proyectos internacionales. V F
6. Una persona sin escrúpulos es una persona solidaria con los demás. V F

2 **En parejas** ¿A qué hacen referencia las siguientes imágenes? Relaciónalas con su enunciado correspondiente.

1 

2 

3 

a. Es necesario que los jóvenes cuiden de los ancianos. Algún día todos seremos mayores.
b. Es importante que la gente sea solidaria. Entre todos podemos hacer un mundo mejor.
c. Es admirable que algunas personas dediquen su tiempo a ayudar a los más necesitados.

3 **En grupos pequeños** Como has visto, esta unidad está dedicada a la solidaridad y al voluntariado. Estas son algunas acciones que pueden llevar a cabo las ONG. Relaciona las columnas.

1. Hacer una	a. voluntario/a, socio/a, colaborador/a…
2. Recaudar	b. difusión al proyecto.
3. Dar	c. donativo.
4. Atender a	d. socios.
5. Aportar un	e. personas en situaciones de exclusión social.
6. Captar	f. colecta.
7. Donar	g. ropa, juguetes, material escolar.
8. Hacerse	h. fondos.
9. Comprometerse a	i. los ciudadanos y ciudadanas.
10. Concienciar a	j. terminar con la desigualdad y la injusticia.
11. Comprar productos de comercio	k. justo.
12. Organizar actividades	l. benéficas.

3.1 **Todo el grupo** ¿Qué otras acciones concretas se pueden organizar dentro de una ONG?

3.2 **Todo el grupo** ¿Qué ONG conoces? ¿Qué acciones de las que has visto en las actividades anteriores realizan?

¿Qué sabes?

1. Actividad de comprensión auditiva. Después de hacer que escuchen el diálogo, dígales que lean las afirmaciones y que respondan si son verdaderas o falsas, de acuerdo con lo que han escuchado.
[70]
1. V; **2.** F, Está lleno porque están haciendo una recogida de alimentos; **3.** V; **4.** F, Ha recibido una carta de Aldeas Infantiles en la que piden colaboración pero ella no es voluntaria; **5.** V; **6.** F, Al contrario, una persona sin escrúpulos es una persona insolidaria.

2. Actividad de comprensión lectora. Pídales que lean los enunciados y los relacionen con las imágenes correspondientes. Pregúnteles cuáles son las palabras clave que les han ayudado a identificar las imágenes.
1. b; **2.** a; **3.** c.

3. Actividad de adquisición de léxico relacionado con el voluntariado y las ONG. Dígales que lean las palabras de las dos columnas y que hagan combinaciones correctas. Hágales ver que conocer combinaciones facilita el aprendizaje de vocabulario.
1. f; **2.** h; **3.** b; **4.** e; **5.** c; **6.** d; **7.** g; **8.** a; **9.** j; **10.** i; **11.** k; **12.** l.

3.1. Actividad de interacción oral en plenario. Pídales que comenten qué otras acciones se pueden organizar dentro de una ONG. Ínstelos a hablar de lo que ellos hacen o conocen.

3.2. Con la clase en plenario, proponga esta actividad de interacción oral que tiene como propósito facilitar la asimilación de vocabulario y conceptos relativos al tema de la unidad.

Unidad 20

Palabras

1. Se pretende activar todos los conocimientos previos que puedan tener los estudiantes sobre las ONG a través de sus distintas aportaciones en una interacción oral en la que, además de compartir la información que conozcan, pueden explicar sus propias experiencias, en caso de tenerlas.

1.1. Actividad de comprensión lectora. Pídales que lean los textos y que los relacionen con las cuatro ONG que se presentaron en la actividad anterior. La información de los textos les ayudará también a comprobar sus hipótesis iniciales. Después dígales que comenten las dudas de vocabulario que puedan tener y que, en caso necesario, hagan una búsqueda en el diccionario de las palabras relevantes.
1. c; **2.** a; **3.** b; **4.** d.

1.2. Actividad de interacción oral. En pequeños grupos deberán comentar cuáles son las dos organizaciones supranacionales según los textos de la actividad anterior y decir dónde están sus sedes centrales. Pueden buscar la información en internet.
ONU (tiene su sede central en Nueva York), EE. UU. y FAO (tiene su sede central en Roma, Italia).

1.3. Actividad de comprensión auditiva. Explíqueles que van a escuchar la presentación de un programa de radio dedicado a las ONG para comprobar las respuestas de la actividad anterior.
[71]

Palabras

1 **En parejas** Fíjate en los logotipos. ¿Conoces estas organizaciones? ¿Sabes a qué se dedican?

a) UNHCR ACNUR La Agencia de la ONU para los Refugiados
b) MEDICOS SIN FRONTERAS
c) FESBAL BANCOS DE ALIMENTOS
d) ALDEAS INFANTILES SOS ESPAÑA

1.1 Relaciona los textos con cada una de las organizaciones anteriores y comprueba tu respuesta anterior.

1. ☐ Somos una ONG con un **reto** desde que nacimos en 1996: ayudar en la alimentación de los más **necesitados** porque, según la FAO, el hambre es el mayor riesgo para la salud en el mundo. La federación y los 55 **bancos de alimentos** distribuyen la comida a través de las **entidades colaboradoras**. En este momento, nuestra ayuda alcanza a más de millón y medio de personas. La organización funciona y desarrolla su labor social gracias a un equipo de más de 3300 **voluntarios** que colaboran desinteresadamente.

2. ☐ Es el organismo de la ONU para los millones de **refugiados** que han tenido que huir de sus países a causa de la guerra, el hambre o la **violación de los derechos humanos**. En España cuenta con representación desde finales de los sesenta y su objetivo es **velar por el respeto y la protección** internacional **de estas personas**. Para ello, tiene un equipo de asesoramiento jurídico y programas especializados en reunificación familiar. Para colaborar, puedes hacerte **socio** o aportar un **donativo**.

3. ☐ Somos una organización de acción médico-humanitaria: prestamos **auxilio** a personas amenazadas o que se han visto afectadas por **conflictos armados**, epidemias o enfermedades y desastres naturales. También cuidamos de **personas excluidas de la atención médica básica**. Nuestra acción consiste en **aliviar el sufrimiento de otros seres humanos**, esta es nuestra misión. Gracias a las aportaciones de nuestros cinco millones de socios, también podemos **denunciar las situaciones injustas** que presenciamos en los países de la misión.

4. ☐ Somos una organización privada internacional de ayuda a la infancia, **sin ánimo de lucro**, e independiente de toda orientación política. Atendemos a **niños y jóvenes que se encuentran en situación de vulnerabilidad o exclusión social** impulsando su desarrollo y autonomía mediante la **acogida en entornos familiares** protectores. Nuestros principios son el **compromiso** y la **implicación**.

Textos adaptados de https://www.fesbal.org, https://www.acnur.org/es-es, https://www.msf.es y https://www.aldeasinfantiles.es

1.2 **En grupos pequeños** ¿Qué dos organizaciones supranacionales se mencionan en los textos anteriores? ¿Sabes dónde están sus sedes?

1.3 [71] Escucha el comienzo de un programa de radio dedicado a las ONG y comprueba tus respuestas anteriores.

232 | doscientos treinta y dos — Unidad 20 | El voluntariado

1.4 **Fíjate en las palabras y expresiones destacadas en los textos de 1.1 y relaciónalas con estas definiciones.**

(1)
1. Personas que colaboran de manera activa en una ONG: ......
2. Objetivo o misión difícil de conseguir: ......
3. Organizaciones que ayudan a las ONG: ......
4. Personas pobres o desfavorecidas: ......
5. Organizaciones que almacenan la comida donada para distribuirla: ......

(2)
1. Personas que no pueden vivir en su país porque su vida está en peligro por la situación política, social o económica: ......
2. Persona que colabora con una ONG: ......
3. Garantizar que las personas estén protegidas y seguras: ......
4. El hecho de no respetar la vida, la salud, la dignidad y otros aspectos esenciales para las personas: ......
5. Cantidad de dinero, comida u objetos que puedes dar a una ONG para colaborar: ......

(3)
1. Guerras: ......
2. Ayuda a personas que lo necesitan con urgencia: ......
3. Reducir el dolor, la tristeza y la desesperación de la gente: ......
4. Informar a las autoridades, a los medios de comunicación o a la sociedad en general de una situación que se considera injusta: ......
5. Personas que no reciben servicios médicos o sanitarios de primera necesidad: ......

(4)
1. Gente indefensa y débil: ......
2. Deseo firme de cumplir las promesas: ......
3. No tener intención de obtener beneficio económico: ......
4. Oportunidad que se ofrece a los menores de vivir con familias o en centros que garantizan un ambiente familiar y afectuoso: ......
5. Esfuerzo que se realiza dentro de un proyecto para formar parte de él: ......

1.5 **Elige seis palabras o expresiones de la actividad anterior y escribe una frase con ellas.**

1. ......
2. ......
3. ......
4. ......
5. ......
6. ......

1.6 **Todo el grupo** **¿Qué otras organizaciones no gubernamentales conoces? ¿A qué se dedican?**

2 **En grupos pequeños** **Buscad información en internet sobre una asociación de voluntariado o una organización sin ánimo de lucro que os interese y presentadla al resto de la clase.**

2.1 **Todo el grupo** **¿Vosotros formáis parte de alguna asociación de voluntariado? ¿Por qué? ¿Conocéis a alguien que forme parte de una de ellas? ¿Qué hace?**

1.4. Actividad de léxico. Pídales que vuelvan a leer los textos de la actividad 1.1 y que se fijen en las palabras destacadas en negrita. Después deben relacionar dichas palabras con su definición, según la acepción con la que aparecen en el texto. Esto les ayudará, por un lado, a la mejor comprensión lectora y, por otro, al reconocimiento y adquisición del vocabulario.

1. **1.** voluntarios; **2.** reto; **3.** entidades colaboradoras; **4.** necesitados; **5.** bancos de alimentos.
2. **1.** refugiados; **2.** socio; **3.** velar por el respeto y la protección de estas personas; **4.** violación de los derechos humanos; **5.** donativo.
3. **1.** conflictos armados; **2.** auxilio; **3.** aliviar el sufrimiento de otros seres humanos; **4.** denunciar las situaciones injustas; **5.** personas excluidas de la atención médica básica.
4. **1.** niños y jóvenes (personas) que se encuentran en situación de vulnerabilidad o exclusión social; **2.** compromiso; **3.** sin ánimo de lucro; **4.** acogida en entornos familiares; **5.** implicación.

1.5. Esta actividad de léxico tiene como objetivo que trabajen con el vocabulario que han aprendido en la actividad anterior de un modo libre para facilitar su asimilación. Pídales que elijan, de las palabras que han visto en la actividad anterior, dos de cada texto y que escriban una frase con cada una de ellas. Deles un tiempo para que realicen la tarea y, a continuación, pida que lean las frases que han escrito al resto de la clase. Fomente la autocorrección pidiendo a sus estudiantes que sean ellos quienes corrijan los errores que sus compañeros hayan podido cometer.

1.6. Actividad de interacción oral. Dígales que, en plenario, comenten qué ONG conocen y que expliquen a qué se dedican. Pueden ser organizaciones de su ciudad, de su barrio, de su escuela…

2. Actividad invertida. Divida a los estudiantes en grupos pequeños y pídales que busquen información en internet sobre una asociación de voluntariado o una organización sin ánimo de lucro por la que sientan interés. Con la información, tendrán que preparar una presentación para llevarla al aula. Pueden aportar imágenes para ilustrarla.

2.1. Actividad de interacción conversacional en plenario. Pídales que comenten si ellos forman parte de alguna asociación sin ánimo de lucro o si han realizado actividades de voluntariado.

Para trabajar estos contenidos, realice las actividades **1-3**, pp. **118-119** del *Libro de ejercicios*.

Unidad 20

Gramática

1. Explique a sus estudiantes el paradigma del futuro compuesto. Hágales ver las semejanzas con los tiempos compuestos que conocen, el pretérito perfecto y el pluscuamperfecto, y cómo este tiempo, al igual que aquellos, también se construye con el verbo *haber*, en este caso en futuro simple, y el participio del verbo principal. Repase rápidamente la lista de participios irregulares si lo cree necesario que encontrará en la página 138, en el cuadro gramatical donde se introduce el pretérito perfecto. Una vez explicada la morfología, pase a los usos de este tiempo verbal. Puede volver a utilizar la semejanza con el pretérito perfecto y el pluscuamperfecto para explicarlo: expresa una acción futura anterior a otra acción futura, es un antefuturo, del mismo modo que el pretérito perfecto es un antepresente y el pluscuamperfecto, un antepasado. A continuación céntrese en el uso de este verbo para expresar hipótesis, también referidas a un pasado reciente.
Antes de pasar a la actividad de práctica, comente con ellos el cuadro de la RAE, en el que se explica el uso del indefinido como antefuturo en lugar del futuro compuesto en algunos países hispanoamericanos.

1.1. Actividad de práctica controlada sobre el paradigma del futuro compuesto y sus usos. Dígales que presten atención al contexto que les proporcionan las otras palabras para discriminar el uso de este tiempo en cada frase.
1. habré hablado, F; **2.** Habremos hecho, P; **3.** Se habrá perdido, P; **4.** habrán terminado, F; **5.** habrá visto, P; **6.** habrán casado, F.

1.2. **1.** habrá ocurrido; **2.** conoceremos; **3.** habremos resuelto; **4.** sabremos; **5.** viajará; **6.** habrá llegado; **7.** habrá acabado; **8.** usaremos.

Para trabajar estos contenidos, realice las actividades **4-6**, p. **120**, y la actividad **11**, p. **122** del *Libro de ejercicios.*

Gramática

1 Futuro compuesto

- El **futuro compuesto** es un tiempo verbal que se forma con el verbo auxiliar *haber* en **futuro simple** y el participio del verbo principal:

	Estudiar	Entender	Repetir
yo	**habré** estudiado	**habré** entendido	**habré** repetido
tú	**habrás** estudiado	**habrás** entendido	**habrás** repetido
él, ella, usted	**habrá** estudiado	**habrá** entendido	**habrá** repetido
nosotros/as	**habremos** estudiado	**habremos** entendido	**habremos** repetido
vosotros/as	**habréis** estudiado	**habréis** entendido	**habréis** repetido
ellos, ellas, ustedes	**habrán** estudiado	**habrán** entendido	**habrán** repetido

Recuerda:
Hay participios que son irregulares: *visto, escrito, vuelto*, etc.

- El futuro compuesto se usa para indicar una **acción futura anterior** a otra **acción** o **momento** también **futuros**. Cuando hacemos predicciones con este tiempo, expresamos anterioridad respecto al futuro:
  *Mañana a esta hora seguramente ya **habremos terminado** el examen.*
- Se usa también para **expresar hipótesis** sobre sucesos del **pasado reciente**, es decir, dentro de un marco temporal que no se considera aún terminado. En este caso, el futuro compuesto equivale al pretérito perfecto:
  *Se **habrá enfadado** con su novia y por eso tiene esa cara.*
  *¿Dónde **habré puesto** el móvil?*

RAE GRAMÁTICA
En el español de América (Uruguay, Argentina, Paraguay...) es posible usar el pretérito indefinido en lugar del futuro compuesto para expresar una acción futura anterior a otra acción o momento futuros:
*De seguir así, a la semana que viene ya **corrí** los 40 kilómetros.*

1.1 Completa las siguientes oraciones con la forma correcta del futuro compuesto y marca si se refieren al futuro (F) o al pasado hipotético (P).

1. Llámame luego, que ya .... (yo, hablar) con Pedro y sabré qué pasa. [F] [P]
2. .... (Nosotros, hacer) algo mal, porque ahora no funciona. [F] [P]
3. .... (Ella, perderse); ya debería estar aquí. [F] [P]
4. Cuando llegues, ... (ellos, terminar), no te preocupes. [F] [P]
5. Parece nervioso, ... (él, ver) algo raro. [F] [P]
6. Mañana, a estas horas, ya se .... (ellos, casarse). [F] [P]

1.2 Completa estas predicciones científicas con la forma correcta del futuro simple o compuesto según corresponda.

Me atrevo a pronosticar qué [1] **ocurrirá/habrá ocurrido** y qué no cuando lleguemos a la década de los sesenta. No [2] **conoceremos/habremos conocido** cómo se originó el universo, pero sí [3] **resolveremos/habremos resuelto** el misterio de la energía oscura y [4] **sabremos/habremos sabido** por qué el universo se expande de forma acelerada. Se [5] **viajará/habrá viajado** a la Luna de vacaciones, pero no se [6] **llegará/habrá llegado** a Marte todavía. El petróleo barato se [7] **acabará/habrá acabado** y [8] **usaremos/habremos usado** energías alternativas como la solar.

2 Oraciones temporales

- Las oraciones temporales ponen en relación dos o más acciones indicando **en qué momento** tiene lugar la acción de la oración principal.
- Con *cuando, siempre que, cada vez que, hasta que, desde que* y *en cuanto* se usa **indicativo** en **presente** y **pasado:**

  Cuando llego a casa después del trabajo, me pongo un rato a leer. (El presente indica que son acciones habituales: *cuando* equivale a *siempre que*).

  Me llamó para felicitarme en cuanto se enteró del nacimiento de mi hija.

  – Para hablar de una **acción habitual** en **pasado** se usa el **pretérito imperfecto**:

  Cada vez que podíamos, nos íbamos a nuestra casa de campo.
- Todos estos nexos temporales se construyen con **subjuntivo** para expresar **futuro**:

  No pensaré en mi futuro hasta que (no) termine el curso.

  Os daremos las notas en cuanto hayamos corregido los exámenes.
- Con *antes de* y *después de* se utiliza el **infinitivo** cuando el sujeto de las oraciones es el mismo y el **subjuntivo** si son diferentes:

  Me tomé un año sabático después de terminar la universidad.

  Es mejor tomar tus propias decisiones antes de que otros las tomen por ti.

Fíjate:
- No se puede usar el futuro con estos nexos, solo el **subjuntivo**:

  Cuando ~~vendrá~~ mamá, haré los deberes ›

  Cuando venga mamá, haré los deberes.
- Si *cuándo* es **interrogativo** o **interrogativo indirecto**, se puede construir con **futuro**:

  ¿Cuándo verás a tu familia?

  No sé cuándo podré irme de vacaciones.

RAE GRAMÁTICA
- La construcción no... hasta que (no)... indica que una acción no se produce antes de que otra suceda:

  La abuela no dejó de chillar hasta que el niño atrapó al bicho y lo metió en el bote.

  Le he dicho que no lo voy a tocar hasta que no lo ponga quien tiene la obligación de hacerlo.

  Ambas frases son correctas según indica la RAE. La segunda negación tiene un valor enfático. Esta construcción es más usual en el español de España.
- En algunas zonas de América, especialmente en México, en el área costera de Ecuador, en América Central y en Colombia, se produce el siguiente fenómeno: **se suprime la negación** delante del verbo en las oraciones con hasta, por lo que el enunciado se interpreta como a partir de:

  El licenciado estará disponible mañana jueves hasta las diez horas. ('a partir de las diez horas').

2.1 **Relaciona los elementos de las dos columnas y conjuga los verbos correctamente añadiendo *que* si es necesario.**

1. Salimos para el hospital...
2. Cuando .... (terminar, tú) los estudios...
3. Vivieron juntos...
4. Después de .... (jubilarse, yo)...
5. Tenemos que hablar contigo...
6. Tuve varios trabajos...

a. mientras .... (estudiar, yo).
b. antes de .... (irse, tú).
c. encontrarás trabajo sin problema, ya lo verás.
d. hasta que su hija .... (cumplir) 18 años. Luego se separaron.
e. quiero dedicarme a la jardinería.
f. en cuanto nos .... (decir, ellos) que había nacido.

2.2 **Transforma las siguientes frases en tu cuaderno utilizando el nexo que aparece entre paréntesis.**

1. Iré a correr después de terminar este trabajo. (cuando)
2. Recibimos la noticia y te pusimos un mensaje. (al)
3. De pequeña iba a la sierra si hacía buen tiempo. (siempre que)
4. No volveré si Juan no se ha ido. (hasta que)
5. Primero recibirás la información. Luego terminará el curso. (antes de)
6. Salí de casa. Llamaron por teléfono. (en cuanto)

2. Continúe trabajando el concepto de temporalidad con este nuevo cuadro gramatical. Lea atentamente junto a sus estudiantes la información de cada uno de los puntos. Explíqueles primero que algunos de los nexos anteriores rigen indicativo o subjuntivo dependiendo de si introducen información referida al presente o al pasado o información habitual, por un lado, o de si introducen información referida al futuro, por otro. A continuación pase a explicar los nexos que rigen infinitivo o subjuntivo en función de si el sujeto de ambas oraciones, la principal y la subordinada, son los mismos o son diferentes. Comente también la información del cuadro de atención sobre la imposibilidad de usar el futuro con estos nexos, puesto que se construyen con subjuntivo, y la posibilidad de hacerlo cuando estos nexos son interrogativos. Asegúrese también de que saben identificar cuándo un nexo es interrogativo, pues el hecho de que aparezca acentuado o de que se encuentre en una oración interrogativa no implica que este lo sea necesariamente; para ello, puede escribir algunas frases en la pizarra y pedirles que escriban los verbos entre paréntesis en futuro o en subjuntivo según proceda. Escriba, por ejemplo, estos dos pares de frases: *No sé cuándo ______ (tener) vacaciones/No sé a dónde iré cuando ______ (tener) vacaciones* y *¿Cuándo ______ (terminar) la clase?/¿Qué harás cuando ______ (terminar) la clase?* (Las soluciones serían *tendré*, *tenga* y *terminará*, *termine* respectivamente). Por último, lea con ellos la información del cuadro de la RAE sobre la particularidad de la construcción *no... hasta que (no)...* y llame su atención sobre el diferente significado con el que se entendería *hasta* en España y en las zonas de América mencionadas en el cuadro.

2.1. Actividad formal en la que los estudiantes deberán, por un lado, relacionar de forma lógica los elementos de las dos columnas atendiendo al contexto y a la relación temporal que se establece entre las distintas acciones y, por otro lado, decidir en qué tiempo y modo gramatical deben conjugar los verbos entre paréntesis. Indíqueles que trabajen individualmente y permita que comparen sus respuestas en parejas antes de la corrección en plenario.
1. f, dijeron; **2.** c, termines; **3.** d, cumplió; **4.** e, jubilarme; **5.** b, que te vayas; **6.** a, estudiaba.

2.2. Para terminar con esta secuencia sobre los nexos temporales y la correspondencia temporal y modal que establecen estos, proponga esta otra actividad de producción semicontrolada. Indíqueles que lean primero detenidamente la frases y que intenten, a continuación, formular la misma idea pero usando el nexo temporal propuesto entre paréntesis. Acláreles antes de empezar que deben respetar el significado original en la medida de lo posible. Una vez que hayan terminado, déjelos que comparen en parejas y corrija mediante una puesta en común para dar por válidas todas las opciones posibles.
Posible respuesta:
1. Iré a correr cuando termine este trabajo; **2.** Al recibir la noticia, te pusimos un mensaje; **3.** De pequeña iba a la sierra siempre que hacía buen tiempo; **4.** No volveré hasta que Juan se haya ido; **5.** Recibirás la información antes de que termine el curso; **6.** En cuanto salí de casa, llamaron por teléfono.

Para trabajar estos contenidos, realice las actividades **7-10**, pp. **121-122** del *Libro de ejercicios*.

Unidad 20

Practica en contexto

1. Actividad de interacción oral en plenario. Pídales que comenten todo lo que sepan acerca del concepto *Banco del Tiempo*, qué creen que es o en qué consiste. Luego pase a la actividad siguiente para comprobar las respuestas.
Un *banco de tiempo* es un sistema de intercambio de servicios por tiempo en lugar de por dinero. Así, si una persona ofrece un servicio, contabilizará el tiempo invertido y después podrá canjear ese tiempo para recibir otra contraprestación. Se trata, en definitiva, de un sistema de intercambio de servicios por servicios o favores por favores.

1.1. Actividad de comprensión lectora. Dígales que lean el texto sobre el Banco del Tiempo y lo completen con las palabras del cuadro; si no las conocen, pueden deducirlas por el contexto o buscarlas en el diccionario. Haga una puesta en común para comprobar los resultados y compararlos con las respuestas que dieron en la actividad anterior.
1. lucro; **2.** depositar; **3.** prestación; **4.** intercambio; **5.** confianza; **6.** aislamiento; **7.** soledad; **8.** beneficios; **9.** gratuitos.

2. Actividad de interacción oral. Divida a los estudiantes en pequeños grupos y dígales que piensen cinco actividades que se puedan intercambiar en el Banco del Tiempo.

2.1. Actividad de interacción oral. A continuación, haga una puesta en común de todas las actividades propuestas y pida que elaboren un listado.

2.2. Para comprobar los resultados de la actividad anterior o ampliar conocimientos, dígales que lean los servicios que se pueden encontrar en el Banco del Tiempo y los comparen con su listado: coincidencias, nuevos servicios, etc.

3. Actividad de interacción conversacional. Pídales que observen las imágenes y formulen hipótesis sobre los servicios o demandas de los que creen que se va a hablar en el programa de radio que escucharán en la actividad 3.2.

Practica en contexto

1 **Todo el grupo** ¿Conoces el Banco del Tiempo? ¿Sabes en qué consiste esta iniciativa?

1.1 Completa el texto sobre el Banco del Tiempo con estas palabras para saber si has acertado.

soledad | lucro | depositar | prestación | intercambio | gratuitos | confianza | beneficios | aislamiento

Es el primer banco que funciona sin dinero y sin ánimo de [1] .... En este banco únicamente puedes [2] .... tiempo, que podrás intercambiar con el de otros a través de la [3] .... de servicios o el [4] .... de habilidades o conocimientos. El Banco del Tiempo ofrece un espacio de solidaridad y [5] .... en los demás para resolver necesidades de la vida cotidiana. Este proyecto pretende fomentar las relaciones sociales y romper el [6] .... y la [7] .... de la vida urbana. En el Banco del Tiempo todo el mundo obtiene [8] ....: todo el tiempo que des podrás recuperarlo en servicios o conocimientos que necesites o te interesen. Los intercambios son siempre [9] ....

2 **En grupos pequeños** Imagina con tus compañeros de grupo cinco actividades que se pueden intercambiar en el Banco del Tiempo.

2.1 **Todo el grupo** Haced una puesta en común de todas las actividades y elaborad un listado.

2.2 Estos son algunos de los servicios que se pueden encontrar en el Banco del Tiempo. ¿Coinciden algunos de ellos con el listado que habéis hecho en la actividad anterior?

- **Atención y cuidado de personas:** cuidado de niños y personas mayores, acompañamiento (al colegio, visitas médicas, gestiones bancarias, pasear…), transporte…
- **Cuidados personales:** peluquería, estética, masajes, gimnasia terapéutica, yoga…
- **Tareas del hogar:** cocina, limpieza, costura, planchado, hacer la compra…
- **Formación:** apoyo académico, clases de idiomas, música, jardinería, informática…
- **Reparaciones:** fontanería, carpintería, soldadura, albañilería, electricidad, pintura…
- **Orientación y asesoramiento:** jurídico, administrativo, laboral…

En https://revistadigital.inesem.es/educacion-sociedad/sabemos-que-es-y-como-funciona-un-banco-de-tiempo/

3 **Todo el grupo** Algunas personas que participan en el Banco del Tiempo cuentan sus experiencias en un programa de radio. Observa las imágenes. ¿De qué servicios o demandas crees que van a hablar?

a 

b 

c 

3.1 **En parejas** Relaciona estos enunciados con las imágenes anteriores. Justifica tus respuestas.

1. ☐ En el futuro me gustaría vivir y trabajar allí, pero tengo que mejorar mi nivel.
2. ☐ Me encantan, pero no podemos tener uno porque mi hermano es alérgico y me da mucha pena que estén solos.
3. ☐ Siempre he querido hacerlo, pero todavía soy muy joven. Mientras, tengo que seguir creciendo y formándome.

3.2 [72] Escucha el siguiente fragmento del programa de radio, completa las intervenciones de los participantes y comprueba tus respuestas de 3 y 3.1.

Hola a todos, os cuento mi experiencia. Aunque me gustan mucho los gatos, no podemos tener uno porque mi hermano es alérgico. Sé que [1] .... gente que no puede atenderlos en algunas ocasiones, así que yo ofrezco mi tiempo para [2] .... con el animal cuando [3] .... que cuidarlo. Aunque sean animales muy independientes, los gatos también necesitan algunos cuidados.

Me encantaría viajar a un país africano para colaborar en una misión médico-humanitaria, aunque todavía soy muy joven. Pero, mientras [4] .... mayor y [5] ...., ofrezco mi tiempo para estar con ancianos del barrio que viven solos y que necesitan conversación y compañía.

Soy estudiante de Arquitectura y todos los veranos estudio español en Madrid. En el futuro me gustaría vivir y trabajar como arquitecto en España, aunque todavía tengo que mejorar mi nivel de español. Ofrezco parte de mi tiempo libre en verano para [6] .... clases de inglés y cada vez que [7] .... la clase, "cobro" mi tiempo: hablo en español con mis alumnos después de [8] .... la clase. ¡Y me va muy bien!

4 Imagina que eres español/a y que te interesan los servicios que ofrece Peter, el estudiante de Arquitectura. Escríbele un correo en el que le informas de los siguientes aspectos.

- Vas a clase de inglés, pero no practicas lo suficiente.
- Tienes buen nivel de gramática, pero necesitas más vocabulario para hablar.
- Pides que te corrija tus errores desde la primera hasta la última sesión.
- A ti también te gustaría estudiar una lengua en el extranjero y tienes los mismos planes de futuro que él, pero eres demasiado joven aún.

Contestar por escrito a un anuncio

Una comunicación escrita (carta o correo) para responder a un anuncio tiene esta estructura:

- **Saludo:**
  - Hola, Peter:
  - Estimado Peter:
- **Introducción:**
  - Me pongo en contacto contigo/con usted… porque…
- **Mensaje** con el contenido principal de la comunicación:
  - Me interesan mucho tus/sus clases porque…
  - Necesito que…
  - Me gustaría…
- **Despedida:**
  - Espero tu/su contestación.
  - Muchas gracias de antemano por tu/su atención.
  - Un (cordial) saludo.

4.1 Imagina que en tu clase hay un Banco del Tiempo. Escribe un anuncio en el que pidas un servicio o colaboración a cambio de otro que tú estés dispuesto a hacer.

4.2 **Todo el grupo** Pegad todos los anuncios en la pizarra y elegid el que os parezca más adecuado a vuestras necesidades. Busca a esa persona y poneos de acuerdo para intercambiar vuestros servicios.

5 **Todo el grupo** Imagina qué problemas habrán desaparecido dentro de cincuenta años y qué cosas habrán cambiado gracias a la solidaridad de la gente. Compártelo con el resto de la clase.

3.1. Actividad de comprensión lectora. Pídales que lean los enunciados y los relacionen con las imágenes de la actividad anterior. Como se trata de especular, ya que la respuesta no se da de forma explícita en los textos, deje que comenten por qué han llegado a sus conclusiones.
1. c; **2.** a; **3.** b.

3.2. [72] Dígales que lean los textos y, a continuación, ponga el audio para que completen los vacíos de información de las intervenciones de cada personaje. Si lo cree necesario, puede repetir la audición. Una vez hayan realizado la actividad, compruebe primero que hayan completado correctamente y, después, pase a la corrección de las actividades 3 y 3.1. Finalmente, use la proyección 66 para que reflexionen acerca de las estrategias aplicadas en la comprensión de un texto auditivo.
1. hay; **2.** estar; **3.** haya; **4.** me hago; **5.** me formo; **6.** dar; **7.** doy; **8.** dar.

Estrategias

[66]

Proyecte la actividad de las estrategias para completar la información de un texto auditivo. Es importante hacer reflexionar a los estudiantes sobre las que ellos han utilizado para poder resolver la actividad.
El objetivo es que tomen conciencia de todas las estrategias posibles en una comprensión auditiva para que, en función de sus necesidades, apliquen las que les sean de mayor utilidad en posteriores audiciones. Si lo considera, usted puede añadir otras estrategias que puedan necesitar sus estudiantes.

4. Actividad de expresión escrita. Pídales que lean la información de la actividad y que, individualmente, escriban un correo interesándose por los servicios que ofrece el profesor de inglés, según sus necesidades específicas. Remítalos al cuadro funcional para que sigan la estructura y utilicen las fórmulas adecuadas a la hora de contestar por escrito a un anuncio. Asimismo, pídales que lean también el cuadro de estrategias para que tengan en cuenta que, antes de escribir una carta o correo, es importante hacer un borrador para no desviarse del tema. Deles tiempo para escribir o mande esta actividad como tarea para casa.

4.1. Nueva tarea de expresión escrita. Dígales que escriban ahora un anuncio, tomando como modelo los de la actividad 3.2, en el que pidan un servicio a cambio de otro que ellos puedan ofrecer. Cuando hayan escrito sus textos, pase a la actividad siguiente.

4.2. Pídales que peguen sus anuncios en la pizarra y que cada uno elija el que mejor se adecue a sus necesidades. Después deberán hablar con la persona que se haya ofrecido en el anuncio que hayan escogido y ponerse de acuerdo para intercambiar sus servicios.

5. Actividad de interacción conversacional. Invítelos a responder a las preguntas e ínstelos a expresar sus expectativas en relación a este tema.

Unidad 20

Cultura

1. Escriba en la pizarra el título del apartado: *Comercio justo* y pregunte de nuevo a sus estudiantes qué es y en qué se basa, recupere también las respuestas que le dieron al presentar los contenidos de la unidad por si pueden aportar alguna idea nueva. Pídales después que se fijen en la imagen que muestra una tienda de comercio justo y pregúnteles si alguna vez han estado en una tienda como esa y en qué se diferenciaba de una tienda convencional. A continuación indíqueles que lean cuáles son los diez principios del comercio justo. Una vez realizada la lectura, resuelva las dudas de vocabulario que pudieran plantearle y pídales que, en parejas, comenten a qué aspectos creen que hacen referencia esos diez principios del comercio justo (aspectos comerciales, laborales, económicos, sociales, educativos, ecológicos…) y cuál creen que es su objetivo. Para facilitar la actividad, puede usted escribir dichos aspectos en la pizarra y pedirles que relacionen cada principio con algunos de ellos. No se trata de una actividad con una única solución, sino más bien de que reflexionen sobre el tema y de que sean conscientes de todo lo que se tiene en consideración en este concepto distinto de comercio. Una vez que hayan comentado esto, pregúnteles si podrían definir ahora de forma más exacta qué es el *comercio justo* y cuál es su objetivo.

20

La ONG Golden Silk, en Camboya, fabrica seda de manera tradicional y sostenible. La mayoría de sus trabajadores son mujeres.

Recogida del fruto del cacao

2 Lee el texto y comprueba tus respuestas.

Cada artículo que compramos tiene una historia, la historia de las personas que lo elaboran. Las historias de quienes cultivan, procesan, elaboran o cosen los productos están marcadas muchas veces por jornadas de trabajo extenuantes e inhumanas, por salarios que no alcanzan para vivir con dignidad, por ingresos que no cubren los costes de producción; historias marcadas por ser mujer u hombre, historias de niños y niñas que se han visto obligados a trabajar en lugar de ir a la escuela o jugar; historias, en definitiva, de injusticia.

Por todo ello, en la década de los cincuenta surgió un movimiento que ha ido creciendo con los años: el comercio justo. Su objetivo es mejorar el acceso al mercado de los productores más desfavorecidos y cambiar las injustas reglas del comercio internacional, que consolidan la pobreza y la desigualdad mundial.

Sus principios básicos son:

- Los productores tienen unas condiciones laborales y unos salarios que les permiten vivir con dignidad.
- No se permite la explotación laboral infantil.
- Se promueve la igualdad entre hombres y mujeres: ambos reciben un trato y una retribución económica equitativa.
- Los artículos se fabrican mediante prácticas respetuosas con el entorno en el que se producen.

El café y el chocolate son los dos productos que nos vienen a la cabeza cuando pensamos en el comercio justo. Sin embargo, además de estos clásicos que conocemos todos, las organizaciones y tiendas de comercio justo ofrecen ya productos con los que buscan adaptarse a las necesidades comunes: zapatillas deportivas, móviles, cremas solares y otros cosméticos, refrescos y todo tipo de productos de alimentación están ya disponibles para la venta bajo el sistema de comercio justo. Comprando estos productos puedes mejorar la calidad de vida y la economía local y nacional de los países productores exportadores.

Adaptado de http://comerciojusto.org y https://www.eldiario.es/economia/productos-comercio-justo-pensabas-existian_0_642186471.html

2. Explíqueles ahora que van a leer un texto en el que se habla sobre el comercio justo, su historia y sus objetivos mediante el cual podrán comprobar si las respuestas que dieron en la actividad anterior eran correctas. Deles tiempo para leer individualmente y ayúdelos de nuevo con las posibles dudas de vocabulario, intentando que las resuelvan entre ellos cuando sea posible. Con el propósito de ahondar más en la comprensión lectora y en el tema del apartado, le sugerimos que amplíe la actividad pidiéndoles que subrayen en el texto aquellas partes que guarden relación con algunos de los principios que han visto en la actividad anterior. A modo orientativo, le proporcionamos las siguientes claves: 1. *Su objetivo es mejorar el acceso al mercado de los productores más desfavorecidos;* 3. … *cambiar las injustas reglas del comercio internacional;* 5. *No se permite la explotación laboral infantil;* 6. *Se promueve la igualdad entre hombres y mujeres: ambos reciben un trato y una retribución económica equitativa;* 7. *Los productores tienen unas condiciones laborales y unos salarios que les permiten vivir con dignidad;* 10. *Los artículos se fabrican mediante prácticas respetuosas con el entorno en el que se producen.*

Para trabajar estos contenidos, realice las actividades **12-13**, p. **123** del *Libro de ejercicios*.

Si sus estudiantes muestran interés por el tema, le proponemos la siguiente actividad extra. Distribuya la clase en grupos pequeños y explíqueles que van a crear su propia tienda de comercio justo. Para ello, deberán completar la ficha que aparece en la **proyección 67**.

Nuestra tienda de comercio justo

[67]

Proyecte la lámina y lea con ellos los puntos que deberán completar; asegúrese de que entienden lo que deben hacer en cada uno. Dígales que busquen en internet toda la información que precisen (productos de comercio justo, proveedores…). Mientras trabajan muévase por el aula y compruebe que utilizan las formas verbales y las estructuras adecuadas, por ejemplo: al completar o comentar los puntos 1, 2 y 5, el futuro simple, en 3, las oraciones de relativo y en 4, las oraciones finales. Además puede sugerirles que empleen oraciones causales para argumentar sus ideas y que hagan hipótesis con *quizá, tal vez,* etc. Una vez realizado el trabajo, pídales que lo compartan con el resto de la clase para, a continuación, decidir entre todos cuál ha sido el mejor proyecto de tienda de comercio justo.

Vídeo

1. Actividad de interacción oral. Divida a la clase en pequeños grupos y dígales que observen las imágenes. Primero pídales que las describan y, después, que formulen hipótesis sobre lo que están haciendo y el porqué. Es importante que les recuerde el tema de la unidad, ya que el capítulo está relacionado con este. Para comprobar la respuesta, pase a la actividad siguiente.

2. Actividad de comprensión auditiva. Visione el fragmento 00:30 ▶ 00:50 para comprobar las hipótesis de la actividad anterior.
   Leo está colaborando en una recogida de material escolar para una ONG que se llama Profesores Sin Fronteras.

3. Siguiendo con la comprensión auditiva, dígales que lean las afirmaciones de la actividad y visione el fragmento 01:01 ▶ 03:20 para que respondan si estas son verdaderas o falsas justificando sus respuestas.
   1. F; **2.** F; **3.** V; **4.** F; **5.** V.

4. Actividad de comprensión auditiva. Haga un visionado del fragmento 03:21 ▶ final y pídales que relacionen las afirmaciones con los personajes correspondientes.
   Leo: c, e; **Hugo:** a, d; **Carla:** b, f; **Bea:** g, h.

5. Haga un visionado del vídeo completo. Pídales que se fijen en la actitud de los personajes y en el concepto de voluntariado que tiene cada uno de ellos. Después dígales que lean sus intervenciones y, en una actividad de interacción conversacional, comenten si están de acuerdo o no con ellos.

Vídeo

HOSTAL Babel

Profesores Sin Fronteras

Antes del vídeo

1 **En grupos pequeños** Observa estas imágenes. Ambas están relacionadas. ¿Puedes imaginar por qué? Haz hipótesis con tus compañeros. Una pista: fíjate bien en los objetos que hay encima de la mesa del hostal.

Durante el vídeo

2 Visiona el fragmento 00:30 ▶ 00:50 para comprobar tus hipótesis anteriores. ¿Has acertado?

3 Visiona el fragmento 01:01 ▶ 03:20 y responde si las siguientes afirmaciones son verdaderas (V) o falsas (F).

1. Leo trabaja como voluntario en una ONG. V F
2. Carla quiere colaborar en la misma ONG. V F
3. Leo cree que él en realidad no es un auténtico voluntario. V F
4. Bea y Carla creen que Leo no puede ser un buen voluntario. V F
5. Leo ha movilizado a todo el barrio para colaborar con la ONG. V F

4 Visiona el fragmento 03:21 ▶ final y relaciona las afirmaciones con el personaje correspondiente.

Leo	Hugo	Carla	Bea
☐ ☐	☐ ☐	☐ ☐	☐ ☐

a. Va a quedarse en casa por la tarde para ayudar.
b. Ve a Leo como el director de la ONG.
c. No confía en su capacidad para hacer voluntariado en una ONG.
d. Conoció el proyecto de la ONG haciendo yoga.
e. Se reunió varias veces la semana pasada.
f. Colabora desde hace tiempo en una ONG.
g. Está sorprendida por la actividad de Leo.
h. Cree que Leo está más implicado con la campaña solidaria de lo que piensa.

Después del vídeo

5 **Todo el grupo** ¿Por qué se ríen las chicas de la actitud de Leo? ¿Qué concepto del voluntariado tienen Leo, Carla y Bea? ¿Estás de acuerdo con estas afirmaciones?

Carla: "Si te hace feliz colaborar, hacete miembro. Creo que te vas a sentir muy bien".
Leo: "Pienso en esta labor como un trabajo: tienes que hacerlo porque realmente te gusta y tienes que querer hacerlo".
Bea: "La palabra *voluntario* lo dice claro: *vo-lun-ta-rio*. Significa que lo haces porque quieres, pero, sobre todo, lo haces para que los demás se sientan bien".

240 | doscientos cuarenta — Unidad 20 | El voluntariado

Evaluación

20

1 Clasifica estas palabras en su categoría correspondiente.

recogida de firmas | voluntario/a | igualdad | necesitado/a | banco de alimentos | ancianos | soledad | socio/a | confianza | hacer un donativo | personas vulnerables | cooperante | denunciar | colecta | refugiado/a | solidaridad | concienciarse

Sentimientos y valores	Personas involucradas en una ONG

Beneficiarios de las ONG	Actividades solidarias

2 Relaciona las columnas.

1. No tener ánimo de
2. Comprometerse a
3. Violar
4. Hacerse
5. Contribuir con
6. Reducir la

a. una labor social.
b. los derechos humanos.
c. lucro.
d. socio/a.
e. colaborar.
f. desigualdad.

3 Completa las frases con el verbo en la forma correcta.

1. Cuando .... (terminar) la secundaria, voy a estudiar Relaciones Internacionales.
2. Cuando no .... (entender) una palabra, la busco en el diccionario.
3. En cuanto .... (llegar) los voluntarios, los refugiados empezaron a aplaudir.
4. Llámame tan pronto como .... (saber) el resultado.

4 Completa las frases con las expresiones temporales del cuadro.

antes de | después de | antes de que | después de que | hasta que | desde que

1. Siempre me lavo los dientes .... acostarme.
2. Tienes que quedarte en clase .... haya salido el profesor.
3. Mañana, ... termine el partido, vamos a tener una reunión.
4. Laura colabora con ACNUR .... cumplió 18 años.
5. Una ducha caliente es muy relajante .... hacer deporte.
6. La sociedad tiene que ser más solidaria .... sea demasiado tarde.

5 Escribe los verbos en la forma correcta del futuro compuesto.

1. A la una ya .... (llamar, tú).
2. No ha venido aún, ... (dormirse).
3. ¿.................. (Llegar) ya las chicas?
4. Supongo que .... (terminar, vosotros), es tarde.

Unidad 20 | El voluntariado doscientos cuarenta y uno | 241

Evaluación

1. **Sentimientos y valores:** igualdad, soledad, confianza, solidaridad, concienciarse; **Personas involucradas en una ONG:** voluntario/a, socio/a, cooperante; **Beneficiarios de las ONG:** necesitado/a, ancianos, personas vulnerables, refugiado/a; **Actividades solidarias:** recogida de firmas, banco de alimentos, hacer un donativo, denunciar, colecta.

2. **1.** c; **2.** e; **3.** b; **4.** d; **5.** a; **6.** f.

3. **1.** termine; **2.** entiendo; **3.** llegaron; **4.** sepas.

4. **1.** antes de; **2.** hasta que; **3.** después de que; **4.** desde que; **5.** después de; **6.** antes de que.

5. **1.** habrás llamado; **2.** se habrá dormido; **3.** Habrán llegado; **4.** habréis terminado.

Unidad

21

¡Súmate!

Fíjate en la imagen y en el título de la unidad; ¿cuál crees que es el tema que se va a tratar?

¿Crees que llevas un estilo de vida sostenible? Justifica tu respuesta.

En esta unidad vas a...

- Opinar sobre el medioambiente
- Hablar sobre la economía sostenible
- Debatir y posicionarte
- Expresar hipótesis
- Descubrir paraísos naturales de Latinoamérica en peligro

¡Súmate!

Escriba en la pizarra el título de la unidad: *¡Súmate!* o léalo en voz alta e invite a los estudiantes a analizar tanto la morfología del verbo como su significado. Para ello, formúleles preguntas como cuál es su infinitivo correspondiente, en qué modo verbal está escrito y por qué, qué función desempeña aquí el pronombre *te* y qué puede significar este verbo en relación con la imagen principal. Haga hincapié en la diferencia entre *sumar* y *sumarse a algo* o permítales usar el diccionario para que lo comprueben ellos. También puede añadir otros ejemplos con el mismo verbo como *Súmate al reto del agua, Me sumo a la huelga de estudiantes* o *Pedro se sumó al Partido liberal.*

A continuación pregúnteles cuál creen que va a ser el tema principal de la unidad, de acuerdo con el título y la imagen que ilustra la portadilla; es de esperar que respondan relacionando ideas como el medioambiente, la degradación del planeta y la necesidad de una mayor implicación al respecto. Pregúnteles después si creen que ellos llevan un estilo de vida sostenible y escuche rápidamente sus respuestas sin detenerse demasiado en ello, pues tendrán tiempo de desarrollar este tema en el transcurso de la unidad. Finalmente, una vez hayan comentado todas las preguntas planteadas, lea con ellos los contenidos que se trabajarán en la unidad.

¿Qué sabes?

1 **Todo el grupo** ¿Sabías que la naturaleza está en peligro desde hace muchos años? Lee este fragmento de un libro que Miguel Delibes de Castro, famoso biólogo español, escribió en el año 2001. Luego responde a las preguntas y expresa tu opinión.

RAE

Vida. La naturaleza en peligro

Un canadiense medio precisa[1] casi ocho hectáreas para cubrir los requerimientos[2] que demanda su modo de vida actual, mientras que un ciudadano norteamericano necesita unas diez, un sueco alrededor de seis, un italiano y un español algo más de cuatro, un mexicano dos y media y un hindú menos de una hectárea. La Tierra produce y recicla en la actualidad el equivalente a dos hectáreas por habitante (si en el año 2050 la población alcanza los 10 000 millones, el espacio productivo caerá a 1.2 hectáreas por cabeza) y, sin embargo, la impronta promedio[3] de la humanidad es ya hoy superior a dos hectáreas y media. El conjunto de la humanidad está, por tanto, consumiendo más de lo que la naturaleza puede proporcionar sin deteriorarse[4].

Extraído de *Vida. La naturaleza en peligro*, Miguel Delibes de Castro, editorial Temas de Hoy, 2001.
Incluido en el CREA (Corpus de Referencia del Español Actual)

[1] Precisar = necesitar, requerir.
[2] Requerimiento = exigencia.
[3] Impronta promedio = huella global o ecológica, el impacto que el ser humano produce en la naturaleza para satisfacer sus necesidades.
[4] Deteriorarse = estropearse, perder calidad.

Fíjate:
La *hectárea global* es una medida que se obtiene al dividir la biocapacidad de la Tierra (15 000 millones de hectáreas) entre el número de personas que habitan en ella. La cifra que resulta es el número de hectáreas que cada ser humano puede emplear para vivir sin reducir la capacidad de biogeneración del planeta.

1. ¿Por qué crees que algunas nacionalidades necesitan más hectáreas que otras para abastecerse?
2. ¿Cuántas hectáreas por habitante regenera la Tierra, según el texto?
3. ¿Por qué crees que consumimos más de lo que debemos?
4. El texto que has leído es del año 2001. En aquel momento la huella global era de unas 2.5 hectáreas. Actualmente la huella global está en 2.8. ¿Qué conclusiones se pueden sacar?

2 **Las siguientes frases expresan hipótesis con respecto a la conservación del medioambiente. Relaciona las partes.**

1. Si tomáramos conciencia,
2. Si repiráramos lo que se estropea,
3. Si usáramos el transporte público,
4. Si eligiéramos productos sin envoltorios ni envases,
5. Si reutilizáramos los objetos,
6. Si utilizáramos bombillas de bajo consumo,
7. Si no dejáramos los aparatos en *stand-by*,
8. Si arregláramos los grifos que gotean,

a. daríamos más vida a los objetos.
b. ahorraríamos energía.
c. sabríamos que cada acción tiene consecuencia.
d. ahorraríamos 50 litros de agua cada semana.
e. habría menos contaminación en las ciudades.
f. no seguirían gastando energía.
g. reduciríamos mucho los residuos.
h. podrían usarse de nuevo con otra función.

2.1 **Todo el grupo** **En cada parte de las frases anteriores, se ha usado un tiempo diferente. ¿Conoces esos dos tiempos? ¿Sabes cómo se llaman y cuál es su función?**

¿Qué sabes?

1. Antes de leer el texto, y con el libro cerrado, escriba en la pizarra *Estilo de vida* y pida a sus estudiantes que, en plenario y mediante una lluvia de ideas, escriban alrededor de esta expresión los elementos que la configuran: ropa, comidas diarias, comodidades en casa, viajes, transportes, automóviles, ocio... Invítelos a que piensen en lo que ellos tienen hoy en día frente a lo que tenían sus padres o abuelos, si es más o menos, etc.; esto les ayudará a reflexionar mejor sobre el tema. Cuando tengan una lista lo suficientemente amplia, pregúnteles si han pensado alguna vez cuánto le cuesta a la Tierra poder cubrir todas nuestras necesidades o si nunca se plantean que los recursos no son inagotables. A continuación indíqueles que abran el libro y que lean el texto y la información del cuadro de atención relacionado para responder, después, a las preguntas de comprensión. Tenga en cuenta que los estudiantes se enfrentan a un texto original, por lo que, además de apoyarse en el glosario que acompaña al texto, es posible que tengan que recurrir al diccionario o a otros compañeros para resolver sus dudas de vocabulario. Asegúrese de que lo entienden todo antes de contestar a las preguntas.
Una vez haya corregido la actividad, enfatice sobre el hecho de que el texto se escribió en 2001 y que la situación en este momento es mucho peor. Por último, remítalos de nuevo al cuadro de atención y propóngales que, con los datos más actualizados que encuentren en internet, calculen la hectárea global actual y la comparen con la huella global para que extraigan sus propias conclusiones.

Posible respuesta:
1. Porque sus habitantes, por su estilo de vida o por cómo está organizada la sociedad en la que viven, consumen más que otros para realizar las mismas acciones o las que consideran necesarias o forman parte de su vida; **2.** Dos hectáreas por habitante; **3.** Porque vivimos en una sociedad enfocada al consumo, con un sistema económico basado en el consumismo que se sustenta en la creación de nuevas y continuas necesidades; **4.** Algunas de las conclusiones pueden ser que estamos consumiendo demasiado y que, si no cambiamos nuestro modelo de consumo, la Tierra puede agotar sus recursos; que debemos consumir a otro ritmo para que la Tierra tenga el tiempo necesario para renovar sus recursos; que no somos conscientes de que no vivimos solos en el planeta y de que debemos respetar a otras especies y organismos vivos; que usamos la Tierra en nuestro beneficio sin reparar en que generaciones venideras también necesitarán disponer de recursos para poder sobrevivir, etc.

2. Explíqueles que las ocho frases que presenta la actividad expresan hipótesis acerca de la conservación del medioambiente y que deben relacionar las partes para formar enunciados con sentido. Una vez realizada la actividad, puede preguntarles si están de acuerdo con todas las hipótesis, anímelos a que argumenten siempre sus respuestas o posturas.
1. c; **2.** a; **3.** e; **4.** g; **5.** h; **6.** b; **7.** f; **8.** d.

2.1. Pídales que se fijen ahora en los tiempos verbales usados en cada una de las cláusulas de las frases anteriores. Pregúnteles si conocen esos tiempos, cómo se llaman y cuáles creen que son sus funciones. No es necesario que usted responda todavía a estas preguntas. Por el momento, será suficiente con que sepan que han usado dos tiempos nuevos para expresar un determinado tipo de hipótesis que estudiarán en el apartado "Gramática".

Unidad 21

Palabras

1. En este apartado se presenta más vocabulario vinculado al medioambiente. En primer lugar, pida a sus estudiantes que, sin mirar el texto, se fijen en las imágenes y comenten qué les sugieren o con qué conceptos las relacionan. Escuche sus respuestas y, a continuación, agrúpelos en parejas y pídales que, mediante la lectura y apoyándose en el contexto en el que aparecen, relacionen las palabras destacadas con la imagen correspondiente. Resuelva durante el desarrollo de la actividad las posibles dudas de sus estudiantes y corrija con una puesta en común.
1. e; **2.** g; **3.** b; **4.** i; **5.** c; **6.** d; **7.** a; **8.** f; **9.** h.

1.1. Nueva actividad de comprensión lectora en la que tendrán que numerar los temas propuestos según el orden en el que aparecen en el texto. En definitiva, se trata de que los estudiantes sepan relacionar el vocabulario anterior con el campo léxico al que pertenecen. En primer lugar, lea con ellos los temas y asegúrese de que entienden su significado; para ello, puede pedirles que intenten definirlos con sus propias palabras. Después déjeles unos minutos para que, en parejas, relean el texto y discutan el orden de aparición de los temas en el mismo. Corrija en plenario pidiéndoles que señalen las palabras claves del texto que les han ayudado a dar con la respuesta.
1. calentamiento global *(... la temperatura global de la Tierra ha subido ... el aumento de las temperaturas)*; **2.** agricultura intensiva *(... el cultivo masivo de alimentos)*; **3.** animales en peligro de extinción *(... los animales ... desaparecen)*; **4.** energías limpias *(... energías renovables que no contaminen)*; **5.** huella ecológica *(... que los ciudadanos consumamos verdaderamente solo lo que necesitamos)*.

Palabras

1 **En parejas** Lee el texto y relaciona las palabras en negrita con su imagen correspondiente.

La Tierra pide ayuda

Cada día, la Tierra nos envía señales evidentes de que las cosas no están funcionando correctamente. En los polos, el [a] **deshielo** reduce cada vez un poco más su superficie y, por este motivo, el nivel del mar está también aumentando. Grandes desastres naturales, como los huracanes, los [b] **incendios** o las [c] **inundaciones**, son cada vez más frecuentes. En los últimos cien años la temperatura global de la Tierra ha subido casi un grado; la tendencia dice que seguirá subiendo si no reducimos las emisiones de [d] **dióxido de carbono** (CO_2). Este gas, que proviene del uso de combustibles como el [e] **petróleo** o el carbón, es el principal responsable del [f] **efecto invernadero**, un fenómeno que provoca el aumento de las temperaturas al impedir la salida de las radiaciones infrarrojas de la atmósfera. A estos problemas se une la [g] **deforestación**, motivada por la necesidad de usar el suelo para el cultivo masivo de alimentos. Sin bosques, muchos terrenos acaban convirtiéndose en desiertos y los animales, al perder su hábitat natural, desaparecen. Miles de personas en todo el mundo quieren que los Gobiernos obliguen a utilizar [h] **energías renovables** que no contaminen. Para muchos es necesario, además, que los ciudadanos consumamos solo lo que verdaderamente necesitamos y reciclemos nuestra [i] **basura**. La Tierra pide ayuda a gritos.

1.1 **En parejas** Vuelve a leer el texto y numera los temas según se mencionan. ¿Qué palabras claves te han ayudado a identificarlos?

- ☐ energías limpias
- ☐ agricultura intensiva
- ☐ huella ecológica
- ☐ calentamiento global
- ☐ animales en peligro de extinción

Para trabajar estos contenidos, realice las actividades **1-5**, pp. **124-125** del *Libro de ejercicios*.

2. (página siguiente) Para contextualizar el audio de la actividad 2.1 vuelva al título del texto de la actividad anterior, *La Tierra pide ayuda*, y trabaje en plenario en la idea de si los Gobiernos reconocen el cambio climático y apuestan por medidas de protección al medioambiente o si, por el contrario, son las asociaciones las que presionan para que haya avances en este sentido. A continuación, y basándose en esta idea, decidirán en parejas si las afirmaciones que aparecen puede haberlas dicho un representante de Gobierno o de una asociación en defensa del planeta.

2.1. Pídales ahora que escuchen la conversación para comprobar si acertaron en sus suposiciones. Ponga el audio, deje que comparen sus respuestas en parejas y, si es necesario, proceda a una segunda escucha antes de la corrección en plenario.
[73] **1.** Luis Ramírez; **2.** Marta Fernán; **3.** Luis Ramírez; **4.** Marta Fernán; **5.** Marta Fernán; **6.** Luis Ramírez.

Antes de proseguir, pregúnteles si en el debate el tono de los participantes les ha parecido formal o informal. Esto le servirá para introducir la información del cuadro de la RAE que aparece a continuación sobre el uso de *tú* y *vosotros/as* frente a *usted* y *ustedes*. Lea con ellos el contenido del cuadro y de los gráficos y haga las aclaraciones oportunas o aporte más ejemplos. Para trabajar esta alternancia, use la **proyección 68**.

2 **En parejas** En un programa de radio, Luis Ramírez, vicepresidente del Gobierno, y Marta Fernán, presidenta de la asociación Salvemos la Tierra, debaten sobre el cambio climático. ¿Quién de los dos crees que ha hecho los siguientes comentarios? Justifica tu respuesta.

Quién	Comentario
1.	Vamos a trabajar para reducir los niveles de contaminación.
2.	A ustedes no les importan el planeta ni los ciudadanos.
3.	El aumento de la temperatura no ha sido excesivo.
4.	Me parece increíble que no busquen soluciones al problema.
5.	Necesitamos que se reduzca la emisión de gases.
6.	No creo que se pueda hablar de calentamiento.

2.1 Escucha el audio y comprueba tus respuestas.

[73]

RAE

COMUNICACIÓN

- Tú y vos frente a usted. Tú es la forma empleada en España y en muchas zonas de América para el tratamiento informal o de confianza. El pronombre vos se usa en América, mayoritariamente en el Cono Sur y en amplias zonas de América Central. En algunos países, como Chile, vos alterna con tú:
  ¿Qué hace un tipo como tú despierto a estas horas?
- Usted frente a tú y vos. Usted es la forma más empleada para el tratamiento formal. El pronombre usted implica cierto distanciamiento, cortesía y formalidad:
  *¿Cómo se puede uno poner en contacto con **usted** aunque sea por correo electrónico?*
- El mismo valor formal presenta la forma de plural ustedes frente a vosotros/as en la mayor parte de España; en cambio, en todo el territorio americano y, dentro de España, en Andalucía occidental y Canarias, ustedes es la única forma empleada para dirigirse a varios interlocutores, tanto en el tratamiento formal como en el informal.

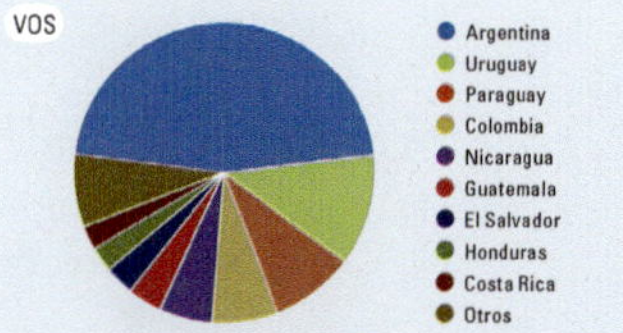

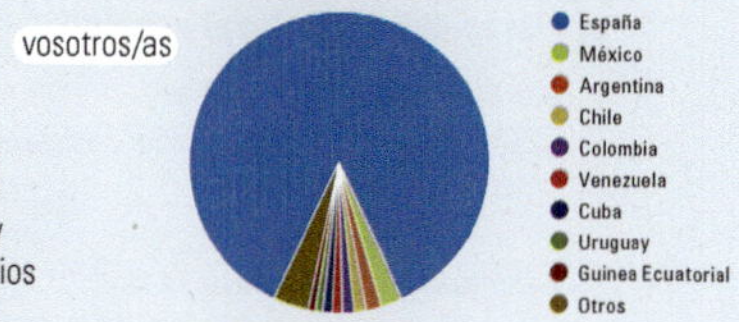

2.2 **En parejas** Lee estos titulares y explica el significado de las palabras en negrita. ¿Puedes deducirlo por el contexto?

1. Aparecen miles de **peces muertos** en el mar Mediterráneo.
2. Una gran masa de bolsas de plástico **flota** en medio del océano Pacífico.
3. Cada día hay más personas interesadas en la **energía solar** porque no contamina y es infinita.
4. Un **glaciar** de la Patagonia pierde hielo rápidamente debido a las altas temperaturas.
5. Mañana se espera una nueva **ola de calor**, con temperaturas superiores a los 42 °C.
6. Los simios de Borneo, en peligro por la **tala** de árboles.
7. Los partidarios de las tiendas de **segunda mano** creen que se compra demasiada ropa nueva.

2.3 **Todo el grupo** Lee de nuevo los titulares y comenta qué problema describe cada uno. ¿Cuál os parece más preocupante?

¿Tú o usted?

[68]

Proyecte la lámina en la que se plantean varias situaciones en función de las cuales deberán decidir, en parejas, entre usar *tú* y *vosotros/as* o *usted* y *ustedes* y completar los ejemplos con el verbo en la forma correcta. Explíqueles que no siempre hay una opción de respuesta, pues la elección entre una u otra forma atiende a tres factores: jerarquía, grado de confianza y edad, que se interrelacionan teniendo más peso uno u otro en función de la situación. Recuérdeles también que en algunos casos deberán añadir algún pronombre. Corrija en plenario y aporte las aclaraciones pertinentes.

Posible respuesta:

1. se encuentra; **2.** van; **3.** queréis; **4.** Te apetece; **5.** te parecen/le parecen; **6.** puede; **7.** puede/puedes; **8.** lleva; **9.** conocerte; **10.** conocerte/conocerlo.

2.2. Para seguir trabajando el léxico relacionado con el medioambiente, agrupe a sus estudiantes en parejas y pídales que lean una serie de titulares de periódico y que deduzcan el significado de las palabras en negrita a partir del contexto en el que estas aparecen. Una vez corregida la actividad y para cerrar este apartado, puede preguntarles si recuerdan algún titular de periódico o noticia reciente relacionados con el medioambiente. Déjeles un tiempo para pensar e invítelos después a compartir la información.

1. peces muertos: peces sin vida; **2.** flota: 3.ª persona del presente del verbo *flotar*, sostenerse algo en la superficie de un líquido; **3.** energía solar: energía renovable que se obtiene a partir de las radiaciones procedentes del sol; **4.** glaciar: masa de hielo acumulada en las zonas de las cordilleras por encima del límite de las nieves perpetuas y cuya parte inferior se desliza muy lentamente, como si fuera un río de hielo; **5.** ola de calor: periodo de tiempo en el que las temperaturas suben por encima de lo previsto; **6.** tala: nombre con el que se define la actividad que consiste en cortar árboles y derribarlos; **7.** segunda mano: se aplica a los productos que se ponen a la venta después de haber sido usados.

2.3. Actividad de interacción oral en plenario continuación de la anterior. Una vez que los estudiantes han entendido el significado de las palabras de la actividad 2.2, deberán asociar los titulares en los que aparecían con alguno de los problemas relacionados con el medioambiente, tanto de los que ya se hablado previamente como de otros que no se hayan mencionado aún. Por último, pídales que comenten cuál de estos problemas les parece más importante y que argumenten por qué.

Posible respuesta:

1. Contaminación de las aguas, animales en peligro; **2.** Abuso de envases de plástico que terminan en el mar; **3.** Necesidad de sustituir las energías que contaminan y son caras; **4.** Calentamiento global; **5.** Calentamiento global; **6.** Deforestación; **7.** Consumo excesivo.

Para trabajar estos contenidos, realice las actividades **6** y **6a**, p. **125** del *Libro de ejercicios*.

Unidad 21

Gramática

1. Se propone realizar una actividad deductiva-reflexiva, preguntando a los estudiantes: *¿Cómo se forma este tiempo? ¿Cuáles son las desinencias de las tres conjugaciones? ¿Cuáles son los verbos irregulares? ¿Coinciden con algún otro tiempo verbal que conozcas?* Después de una puesta en común, lea con ellos la información del cuadro y aclare las posibles dudas. Luego pase a la actividad de consolidación de la forma del condicional simple 1.1.

1.1. **1.** Podrías; **2.** Tendríamos; **3.** Me gustaría; **4.** harías; **5.** Preferiríais; **6.** les apetecería; **7.** prestaría.

2. Pase a trabajar cada uno los usos de este tiempo verbal: expresar el futuro del pasado, expresar probabilidad en pasado, expresar deseos o preferencias, pedir favores o hacer peticiones de manera cortés, pedir y dar consejos...
Pida a los estudiantes que lean la información y aclare las dudas. Después deles un tiempo para que escriban algunos ejemplos sobre cada uno de los contenidos funcionales y, luego, invítelos a que los lean e interactúen entre ellos; por ejemplo: *¿Os gustaría ir de excursión ese fin de semana?* Le aconsejamos utilizar la proyección 69.

Usos del condicional simple

[69]

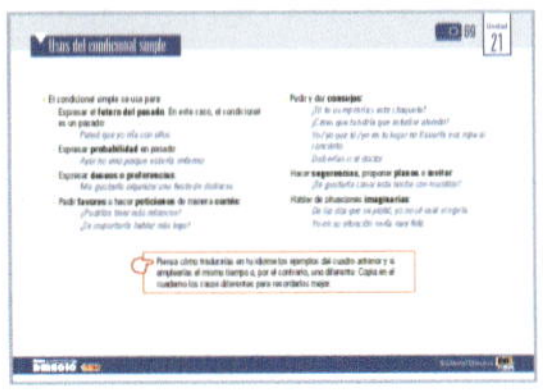

Gramática

1 Condicional simple

- El **condicional simple** se forma añadiendo las siguientes desinencias (iguales en las tres conjugaciones) al infinitivo del verbo:

Estudiar	Beber	Vivir
estudiaría	bebería	viviría
estudiarías	beberías	vivirías
estudiaría	bebería	viviría
estudiaríamos	beberíamos	viviríamos
estudiaríais	beberíais	viviríais
estudiarían	beberían	vivirían

- Los verbos irregulares en condicional simple son los mismos que los del futuro simple, con las mismas irregularidades en la raíz:

caber	› **cabría**	poner	› **pondría**
querer	› **querría**	valer	› **valdría**
haber	› **habría**	salir	› **saldría**
saber	› **sabría**	venir	› **vendría**
poder	› **podría**	hacer	› **haría**
tener	› **tendría**	decir	› **diría**

1.1 Completa estas frases con el condicional simple.

1. ¿ .... (Poder, tú) ayudarme a decorar el comedor?
2. .... (Tener, nosotros) que invitar a los profesores también.
3. .... (Gustar, yo) felicitar a Luis.
4. ¿Me .... (hacer, tú) un favor?
5. .... (Preferir, vosotros) sentaros a nuestro lado, ¿verdad?
6. A José y a Paula .... (apetecer, ellos) más organizar una barbacoa.
7. ¿Me .... (prestar, usted) un momento su bolígrafo?

2 Usos del condicional simple

- El condicional simple se usa para:
  - Expresar el **futuro del pasado**. En este caso, el condicional es un pasado:
    Pensó que yo iría con ellos.
  - Expresar **probabilidad** en pasado:
    *Ayer no vino porque **estaría** enfermo.*
  - Expresar **deseos o preferencias**:
    *Me **gustaría** organizar una fiesta de disfraces.*
  - Pedir **favores** o hacer **peticiones** de manera **cortés**:
    *¿**Podrías** traer más refrescos?*
    *¿Te **importaría** hablar más bajo?*
  - Pedir y dar **consejos**:
    *¿Tú te **comprarías** esta chaqueta?*
    *¿Crees que **tendría** que estudiar alemán?*
    *Yo/yo que tú/yo en tu lugar no **llevaría** esa ropa al concierto.*
    ***Deberías** ir al doctor.*
  - Hacer **sugerencias**, proponer **planes** o **invitar**:
    *¿Te **gustaría** cenar esta noche con nosotros?*
  - Hablar de situaciones **imaginarias**:
    *De las dos que se probó, yo no sé cuál **elegiría**.*
    *Yo en su situación **sería** muy feliz.*

2.1 En cada una de las siguientes frases el condicional tiene un uso diferente. Escribe cuál es.

1. Dijo que llegaría pronto. ....
2. Yo que tú buscaría otro trabajo. ....
3. Serían las diez cuando me llamó. ....
4. Me encantaría vivir en esta casa. ....
5. ¿Te importaría dejarme el diccionario? ....

246 | doscientos cuarenta y seis — Unidad 21 | ¡Súmate!

Proyecte el cuadro gramatical para fijar la atención de los estudiantes y explique el contenido del mismo según lo descrito en 2. El objetivo es obtener un mayor rendimiento en su aprendizaje.

2.1. Antes de pasar al siguiente cuadro de gramática, proponga esta actividad de consolidación en la que tendrán que relacionar cada uno de los enunciados con uno de los usos que han visto en el cuadro anterior.
1. Expresar el futuro del pasado; **2.** Pedir y dar consejos; **3.** Expresar probabilidad en pasado; **4.** Expresar deseos o preferencias; **5.** Pedir favores o hacer peticiones de manera cortés.

Para trabajar estos contenidos, realice las actividades **7-9b**, p. **126** del *Libro de ejercicios*.

21

3 El pretérito imperfecto de subjuntivo

- El **pretérito imperfecto de subjuntivo** se construye a partir de la tercera persona del plural del pretérito indefinido de indicativo y **tiene dos formas** que en la lengua coloquial se usan indistintamente:

hablaron › habla**ra**/habla**se** comieron › comie**ra**/comie**se** vivieron › vivie**ra**/vivie**se**

- Este es el paradigma de las **formas regulares**:

Hablar	Comer	Vivir
hablara/hablase	comiera/comiese	viviera/viviese
hablaras/hablases	comieras/comieses	vivieras/vivieses
hablara/hablase	comiera/comiese	viviera/viviese
habláramos/hablásemos	comiéramos/comiésemos	viviéramos/viviésemos
hablarais/hablaseis	comierais/comieseis	vivierais/vivieseis
hablaran/hablasen	comieran/comiesen	vivieran/viviesen

- Todos los verbos que son irregulares en pretérito indefinido lo son también en pretérito imperfecto de subjuntivo con el mismo tipo de irregularidad:

preferir › prefirieron › prefiriera/prefiriese tener › **tuvieron › tuviera/tuviese**
dormir › durmieron › durmiera/durmiese poner › **pusieron › pusiera/pusiese**

- El pretérito imperfecto de subjuntivo es un **tiempo del pasado** que equivale en indicativo a los pretéritos imperfecto e indefinido, y que se usa como pasado de subjuntivo:

Quiero que vengas. › *Quería que **vinieras**.* *Espero que **vayas**.* › *Esperaba que **fueras**.*

3.1 **Escribe en tu cuaderno estos verbos en pretérito imperfecto de subjuntivo con sus dos terminaciones.**

morir | elegir | oír | saber | dar

4 La segunda condicional

- La **segunda condicional** tiene la estructura *si* + imperfecto de subjuntivo + condicional simple:

*Si **tuviera** 18 años, **me haría** socio de Greenpeace.*

Observa que en este tipo de condicional se expresa una condición **difícil** de ser cumplida, **poco probable** o directamente **imposible**. En el ejemplo, es imposible porque no tengo 18 años.

4.1 **Completa las frases de segunda condicional con los verbos en la forma correcta.**

1. Si .... (tener, yo) más tiempo, ... (hacerse, yo) voluntario de una ONG.
2. Si la sociedad .... (respetar) más la naturaleza, algunas especies no .... (desaparecer).
3. Las ciudades .... (tener) más calidad de vida si las industrias .... (desarrollarse) de un modo sostenible.
4. Si todos .... (querer), el mundo .... (poder) ser mejor.
5. Te .... (ayudar, yo) a traducir ese texto si .... (poder), pero es que no hablo alemán.
6. .... (Haber) menos contaminación si .... (utilizar, nosotros) energías renovables.

Unidad 21 | ¡Súmate! doscientos cuarenta y siete | 247

3. Lea con los estudiantes punto por punto las explicaciones sobre el pretérito imperfecto de subjuntivo: cómo se forma, la duplicación de formas *(-ra/-se)*, la formación de los verbos irregulares, su uso... Para facilitarles el aprendizaje, coménteles que las irregularidades de este tiempo verbal coinciden con las irregularidades de la tercera persona del plural del pretérito indefinido de indicativo. Apóyese en la proyección 70 durante sus explicaciones.

El pretérito imperfecto de subjuntivo

[70]

Ponga la proyección para proceder a las explicaciones tal y como se ha comentado en la actividad. Esto le ayudará a mantener la atención de los estudiantes. Le aconsejamos mantener proyectado el cuadro mientras realicen las actividades de consolidación siguientes.

3.1. Actividad de consolidación gramatical. Dígales que conjuguen los verbos para sistematizar el aprendizaje. Permítales que comparen sus respuestas en parejas antes de la corrección en plenario.
Morir: muriera / muriese, murieras / murieses, muriera / muriese, muriéramos / muriésemos, murierais / murieseis, murieran / muriesen; **Elegir:** eligiera / eligiese, eligieras / eligieses, eligiera / eligiese, eligiéramos / eligiésemos, eligierais / eligieseis, eligieran / eligiesen; **Oír:** oyera / oyese, oyeras / oyeses, oyera / oyese, oyéramos / oyésemos, oyerais / oyeseis, oyeran / oyesen; **Saber:** supiera / supiese, supieras / supieses, supiera / supiese, supiéramos / supiésemos, supierais / supieseis, supieran / supiesen; **Dar:** diera / diese, dieras / dieses, diera / diese, diéramos / diésemos, dierais / dieseis, dieran / diesen.

4. Explíqueles ahora las oraciones condicionales conocidas como segunda condicional. Sirven para hablar de condiciones irreales o hipotéticas en el presente o en el futuro, cuyo cumplimiento es poco probable o imposible (cuando se trata de situaciones imaginarias). Su estructura es *Si* + imperfecto de subjuntivo + condicional simple: *Si volviera a nacer, cambiaría muchas cosas en mi vida.* Ahora puede, si lo considera oportuno, retomar la actividad 2 de *¿Qué sabes?*, pág. 243, y analizar las frases de acuerdo con el esquema de la segunda condicional que acaban de estudiar. Resuelva cualquier duda que le planteen y pídales que propongan otros ejemplos.

4.1. Dé paso a esta actividad que les permitirá reflexionar sobre lo que han aprendido en el cuadro de gramática y consolidarlo.
1. tuviera, me haría; **2.** respetara, desaparecerían; **3.** tendrían, se desarrollaran; **4.** quisiéramos, podría; **5.** ayudaría, pudiera; **6.** Habría, utilizáramos.

Para trabajar estos contenidos, realice las actividades **10-18**, pp. **127-128** del *Libro de ejercicios*.

Unidad 21

Practica en contexto

1. En esta primera secuencia del apartado, los estudiantes tendrán la oportunidad de poner en práctica los contenidos léxicos y gramaticales ya vistos, así como los contenidos funcionales que se presentan y que sirven para introducir una opinión. En primer lugar, y con el libro cerrado para evitar que lean el cuerpo de la noticia a partir de la que trabajarán, escriba en la pizarra el titular: *La economía sostenible salva a los vecinos de Villar.* Anímelos a que, en parejas, interpreten dicho titular y opinen sobre qué puede estar sucediendo en el pueblo. Para ello, puede hacer preguntas del tipo: *¿qué creéis que significa el verbo* salvar *en este contexto?, ¿cuál puede ser el peligro que amenaza al pueblo de Villar?, ¿de qué manera puede "salvar" al pueblo de Villar la economía sostenible?, ¿en qué consiste esta exactamente?* Haga una breve puesta en común para conocer sus hipótesis y pase a la actividad siguiente.

Posible respuesta:
Para salvar al pueblo de Villar de la despoblación, su alcaldesa ofrece ventajas a los negocios que decidan establecerse allí. La condición que pone es que se trate de modelos de empresa sostenibles y que estén en armonía con el entorno.

1.1. Una vez despertado el interés y manteniendo la disposición en parejas, permítales abrir el libro para que realicen la actividad de comprensión lectora mediante la cual, por un lado, comprobarán si acertaron en sus hipótesis anteriores y, por otro, deberán completar el mapa que ilustra la actividad con las palabras que aparecen en el texto destacadas en negrita. Recuérdeles que lean tanto la noticia como el cuadro de atención en el que se explica en qué consiste la economía sostenible.
Explíqueles también que un *viñedo* es un campo de vides, planta que da uvas y, por tanto, vino.
1. montaña; **2.** arroyo; **3.** bosque de pinos; **4.** lago; **5.** viñedos.

Practica en contexto

1 **En parejas** Lee el siguiente titular. ¿Qué crees que está pasando en la localidad de Villar de Arriba?

La economía sostenible salva a los vecinos de Villar

Fíjate:
La economía sostenible desarrolla actividades que, de forma conjunta, son económicamente rentables y ambiental y socialmente sostenibles, haciendo un uso racional de los recursos naturales y favoreciendo un empleo de calidad. El fin último es satisfacer las necesidades de las generaciones presentes, pero sin poner en peligro las posibilidades de las generaciones futuras.

1.1 **En parejas** Lee el texto y comprueba si tu idea inicial es correcta. Después completa el mapa con las palabras en negrita.

La economía sostenible salva a los vecinos de Villar

Villar de Arriba era un pueblo abandonado, a punto de desaparecer. Pero su alcaldesa, Lara García, ha decidido ofrecer una serie de ventajas económicas a aquellos empresarios que instalen negocios en el pueblo. La principal condición es crear modelos de empresa sostenibles en armonía con el entorno. Entre las ventajas está el no pagar impuestos durante los primeros años y la posibilidad de comprar o alquilar locales y terrenos a la mitad del precio habitual. Otra condición importante que hay que cumplir es que los empleados contratados sean residentes de la zona.

Han llegado muchos proyectos a la oficina del Ayuntamiento y ahora es el momento de decidir cuáles son más convenientes y viables. Villar cuenta con cien habitantes y está situado a los pies de una **montaña**. En sus inmediaciones hay un **bosque de pinos** y también un **arroyo** y un pequeño **lago** que abastecen de agua al pueblo. También hay varios campos de **viñedos** que actualmente no se están explotando por falta de personal.

E. M.

Introducir una opinión

- ***Para*** + pronombre personal *(mí, ti, él, ella...)*/ nombre propio...
  Para mí/Pedro es importante que las empresas no sean contaminantes.
- **A mí/Pedro... me/le... parece que...**
  A mí/Pedro me/le parece importante que las empresas no sean contaminantes.
- ***Según*** + pronombre personal *(tú, él, ella...)*/ nombre propio/*mi idea/tu criterio/lo que ha dicho...*
  Según lo que ha dicho el portavoz, no es verdad que todos los empleados tengan que ser del pueblo.
- **En mi/tu/su opinión...**
  En su opinión, no vale la pena realizar ningún cambio.
- **Desde mi/tu/su punto de vista...**
  Desde mi punto de vista, es bueno intentar recuperar la actividad en esta zona.

1.2 Vuelve a leer el texto y subraya las condiciones que pone el Ayuntamiento a las nuevas empresas y las ventajas que ofrece.

1.3 **Todo el grupo** Mira el plano, valora el entorno y los recursos y comenta con tus compañeros qué tipo de empresas o negocios pueden ser interesantes para Villar teniendo en cuenta las condiciones que pone el Ayuntamiento.

248 | doscientos cuarenta y ocho — Unidad 21 | ¡Súmate!

1.2. Se continúa trabajando la comprensión lectora. Esta vez, de forma individual, los estudiantes deberán llevar a cabo una segunda lectura para subrayar las condiciones que pone el Ayuntamiento de Villar a las empresas que quieran instalarse en el pueblo, así como las ventajas que ofrece a dichas empresas.
Condiciones: que sean modelos de empresa sostenibles, que se contrate a residentes de la zona; **Ventajas:** las empresas que se instalen no pagarán impuestos durante los primeros años, se podrán comprar o alquilar terrenos o locales a mitad de precio.

1.3. Divida la pizarra en tres columnas: en la primera, escriba *Ventajas para los empresarios* (no pagar impuestos durante los primeros años, se pueden comprar o alquilar terrenos o locales a mitad de precio); en la segunda, *Condiciones que deben cumplir* (modelos de empresa sostenibles, se contratará a residentes de la zona) y en la tercera, *Características del pueblo* (100 habitantes, a los pies de una montaña, junto a un lago, un arroyo, un bosque de pinos y un viñedo). Deles unos minutos para que, en plenario, completen las columnas con la información del texto. De este modo, la tendrán a la vista para decidir, entre todos, qué tipo de negocio podría ser interesante para el pueblo. Una vez tengan completada la tabla, y antes de que empiecen a hablar, remítalos al cuadro funcional en el que se presentan estructuras para introducir una opinión y sugiérales que las usen en sus producciones. Durante la conversación, escuche sus propuestas; no es necesario que profundicen más sobre el tema, pues lo harán en la actividad siguiente.

1.4 **En parejas** Estos son cuatro de los proyectos que han llegado al Ayuntamiento de Villar. Léelos y comenta con tu compañero/a el impacto que pueden tener en la zona. ¿Cuáles crees que no son buenos para el pueblo?

Producto: Zona recreativa.
Descripción: Crear un centro recreativo junto al lago con un parque de atracciones y un casino.
Empleados necesarios: 100.
Instalaciones: Construir un nuevo recinto con distintas instalaciones. (La actividad puede crear riqueza indirecta, turismo, restaurantes…).

Producto: Hotel.
Descripción: Comprar una casa grande en el pueblo para hacer un alojamiento rural.
Empleados necesarios: 5.
Instalaciones: No es necesario construir, solo reformar una de las casas del pueblo.

Producto: Vino.
Descripción: Comprar varios viñedos para producir vino local.
Empleados necesarios: 10, con posibilidad de ampliar.
Instalaciones: Construir una bodega para la elaboración del vino.

Producto: Alimentación.
Descripción: Comprar una casa para montar un bar-restaurante con una tienda de productos de la zona (vino, queso, carne…).
Empleados necesarios: 5.
Instalaciones: No es necesario construir, solo reformar.

1.5 **En grupos pequeños** Elegid uno de los proyectos y preparad su defensa. Utilizad para ello las estructuras gramaticales que habéis estudiado. Tomad notas de las aportaciones de todos los miembros del grupo para preparar una presentación.

Ejemplo: *A mí me parece que si eligiéramos este proyecto, habría trabajo para más personas, el pueblo crecería y, entonces, serían necesarias más casas, más tiendas... En definitiva, creo que se beneficiarían todos los sectores.*

1.6 **Todo el grupo** Ha llegado la hora de elegir la empresa que se instalará en Villar. Presentad vuestro proyecto al resto de la clase y entablad un debate para elegir el más conveniente.

Creo que habría que usar más energías renovables. Si solo usáramos energías como la solar, la temperatura del planeta bajaría.

2 **En parejas** Vuelve a leer el texto *La Tierra pide ayuda* de la página 244 y, con tu compañero/a, piensa qué deberíamos hacer para evitar el efecto invernadero, el deshielo en los polos y la deforestación.

2.1 **Todo el grupo** Comparte tus conclusiones con el resto de la clase.

1.4. Explique a sus estudiantes que ahora van a conocer algunos de los proyectos que se han presentado al Ayuntamiento de Villar. Déjelos que realicen una primera lectura de la información y resuelva posibles dudas de vocabulario. En una segunda lectura tendrán que analizar, ya en parejas, los pros y los contras de cada uno de los proyectos. Para orientarlos en su análisis, pídales que piensen en si estos podrían ser sostenibles o no atendiendo al impacto que pueden causar en el pueblo y su entorno (contaminación o destrucción de espacios naturales, tipo de negocio en mayor o menor consonancia con la zona, negocio a corto o largo plazo, etc.).

Posibles ventajas o desventajas: Todos Jugamos: aunque genere riqueza y empleo, su construcción supone un gran impacto y no trae un tipo de actividad en armonía con el espacio, sino que atrae un tipo de turismo no interesado en un entorno rural; Ruralmenty: no es agresivo, atrae un tipo de turismo en armonía con el entorno y puede implicar la apertura de otros negocios o actividades tales como restaurantes, senderismo, etc.; Viñas Martín: recupera una explotación en desuso, una tradición ya arraigada en el pueblo, da empleo, no es un tipo de industria agresiva ni contaminante; además, puede constituir una atracción para la zona, ya que se pueden organizar actividades paralelas (degustación de vinos, ruta ecológica en los alrededores, etc.); Comebién: potencia el producto autóctono, recupera la tradición, no es agresiva con el entorno.

1.5. Continuando con la secuencia, realice una nueva tarea de interacción oral basada en la negociación. Distribuya ahora a los estudiantes en grupos de cuatro y dígales que deben ponerse de acuerdo sobre el proyecto que más les convenza de los cuatro que se han presentado. Deberán preparar su presentación en la que justifiquen su decisión utilizando las estructuras aprendidas para dar opinión y la segunda condicional, que les permitirá plantear hipótesis acerca de las repercusiones que tendría en la zona cada proyecto. Pídales que se fijen bien en el ejemplo, analízelo con ellos para que les pueda servir de modelo, pues combina las estructuras para dar opinión con la segunda condicional.

1.6. Cierre la secuencia con una última actividad de interacción oral, esta vez en plenario, en la que de nuevo tendrán que negociar para llegar a un acuerdo. Proponga que, primero, cada uno de los grupos defienda el proyecto que considera más beneficioso para el pueblo de Villar mediante la presentación que prepararon en la actividad anterior; después elegirán entre todos cuál es el mejor proyecto según su opinión. Mientras realizan la actividad anote errores que considere importantes y, una vez llevada a cabo la deliberación, escríbalos en la pizarra para que se autocorrijan.

2. Divida la clase en parejas y pídales que lean de nuevo el texto *La Tierra pide ayuda*, de la página 244, y que piensen en las medidas que deberíamos tomar para evitar desastres medioambientales como el efecto invernadero, el deshielo en los polos y la deforestación. Deles unos minutos para que lean el texto y tomen notas de las medidas que consideren necesarias.

2.1. Pida ahora que cada pareja presente sus conclusiones al resto de la clase. Usted vaya anotándolas en la pizarra para, al final, corregir posibles errores y valorar con la clase en plenario qué medidas les parecen mejores o más interesantes.

Unidad 21

Cultura

1. Esta primera actividad está encaminada a la motivación de los estudiantes para la lectura del texto de la página siguiente. Introduzca el tema escribiendo en la pizarra la palabra *paraíso* y preguntándoles qué entienden ellos por *paraíso* y qué características tiene un lugar considerado así (naturaleza, paz, limpieza, equilibrio, armonía…). A continuación pídales que observen las imágenes que aparecen en la página, pregúnteles si las conocían y explíqueles que todas ellas son "paraísos" en peligro en este momento. Una vez introducido el tema, coloque a sus estudiantes en parejas y haga que trabajen sobre los posibles factores que creen que han provocado esta situación. Pueden recurrir a las causas que se ofrecen como posibilidad o pensar en otras distintas. Asegúrese de que entienden todas las palabras (como *turismo de masas*) y déjeles unos minutos para que lo comenten. Deje que compartan sus hipótesis con el resto de la clase y pase a la actividad siguiente para que confirmen sus respuestas.

Paraísos en PELIGRO

Río Amazonas a su paso por Iquitos (Perú)

Mariposas monarca en Michoacán (México)

Glaciar Perito Moreno en la Patagonia argentina

1 **En parejas** ¿Sabes por qué razón estos lugares se encuentran en peligro? Coméntalo con tu compañero/a.

250 | doscientos cincuenta

Unidad 21 | ¡Súmate!

Una vez realizadas todas las actividades del apartado, puede proponer una actividad complementaria que ayude a los estudiantes, por un lado, a sistematizar las estructuras aprendidas y, por otro, a concienciarse sobre el valor de nuestro entorno natural.
Propóngales que se pongan en el papel de un creativo de publicidad y que elaboren una campaña par proteger nuestros espacios naturales. Para poder llevar a cabo la tarea, dé las siguientes instrucciones:

1. El trabajo consiste en crear un cartel en grupos de tres personas.
2. El cartel deberá contener, por un lado, una parte gráfica, con el uso de imágenes, iconos o dibujos.

21

2 **En parejas** Lee el texto y comprueba tus respuestas.

Patagonia: el Perito Moreno se derrite

La Patagonia es uno de los parajes de América Latina que están literalmente desapareciendo como consecuencia del aumento de temperatura de nuestro planeta y de las emisiones de gases de efecto invernadero. Su masa de hielo está sufriendo los efectos del cambio climático y la velocidad a la que se derrite es alarmante. Decenas de glaciares han desaparecido y el noventa por ciento de su extensión se ha visto afectada por el calentamiento. Uno de sus glaciares más conocidos, el Perito Moreno, también está en peligro.

Amazonas: el pulmón del planeta

La excesiva tala de árboles por parte de las industrias está destruyendo una zona que está considerada el pulmón de la Tierra. Sus árboles renuevan el aire que respiramos, por lo que esta tala indiscriminada supone una amenaza no solo para las especies que lo habitan, sino también para el hombre. El río Amazonas, que atraviesa tres países (Perú, Colombia y Brasil), contiene las dos terceras partes del agua dulce que hay en el planeta. A la amenaza de la tala se suma la contaminación por prácticas industriales irregulares, así como el turismo incontrolado.

Michoacán (México) se llena de mariposas

La mariposa monarca, con un llamativo color naranja, viaja miles de kilómetros desde los bosques de Canadá y Estados Unidos hasta el estado mexicano de Michoacán. En los bosques de oyamel, una especie de abeto de las montañas del país, se agrupan cada año estas mariposas. La Unesco ha declarado esta zona Reserva de la Biosfera para protegerla, aunque el espacio se ve amenazado por la agricultura y la deforestación.

3 **En grupos pequeños** ¿Qué paraísos naturales hay cerca de ti? ¿Están amenazados por algún tipo de peligro? Busca con tus compañeros información sobre lugares naturales amenazados por el cambio climático. Ilustra el tema con fotografías o imágenes.

4 **Todo el grupo** Presenta tu trabajo a la clase. ¿Qué paraje de los presentados está más amenazado? ¿Se está haciendo algo por solucionarlo?

Fuentes: http://www.jamesnava.com/26/06/2009/paraisos-naturales-en-peligro-de-extincion/ y https://elpais.com/elpais/2014/11/13/ciencia/1415859395_334557.html

Unidad 21 | ¡Súmate! doscientos cincuenta y uno | 251

3. Y también deberá contener una parte escrita: puede ser una frase corta, un texto, un eslogan, varios textos pequeños, etc.
4. Pueden incluirse expresiones valorativas, por ejemplo: *Es una pena que no cuidemos este paraíso, Es increíble que no valoremos nuestro planeta*, etc.
5. Se decidirá de común acuerdo qué elementos tendrá el cartel.
6. Una vez elaborados los carteles, se presentarán y defenderán en plenario por parte de cada grupo.
7. Se realizará una votación para decidir cuál es el mejor cartel.
8. Los carteles se podrán colgar en clase, en la red social de la escuela (si la hubiera), aplicaciones…

2. Actividad de comprensión lectora en parejas que les servirá para confirmar sus hipótesis anteriores. Pida a sus estudiantes que lean los textos, busquen las respuestas a las preguntas anteriormente planteadas y haga una puesta en común para que las comenten entre todos.
Glaciar Perito Moreno: por el deshielo a causa del aumento de la temperatura del planeta y la emisión de gases de efecto invernadero; **Amazonas:** por la excesiva tala de árboles, la contaminación provocada por prácticas industriales irregulares y el turismo de masas, lo que supone una amenaza tanto para las especies que allí habitan como para el hombre; **Michoacán:** por la agricultura y la deforestación que amenazan los bosques de oyamel, uno de los hábitats de las mariposas monarca.

3. Dirija el tema ahora hacia la propia realidad de los estudiantes con esta actividad de interacción oral en grupos pequeños. Indíqueles que piensen en espacios naturales de su entorno o país que puedan estar amenazados por el cambio climático y que busquen información al respecto para preparar una presentación. Pídales también que indiquen cuáles son las características de estos lugares y qué los hace especiales y anímelos a que aporten imágenes para ilustrar su trabajo de investigación.

4. Cierre el apartado con una nueva actividad de interacción oral, esta vez para presentar sus trabajos al resto de la clase. Deje que todos los grupos hagan sus presentaciones y permita que durante estas se hagan todas las preguntas que consideren oportunas. Después de las presentaciones y a partir de la información aportada, deberán decidir, de entre todos, cuál piensan que es el paraje más amenazado. Si sus estudiantes muestras interés por el tema, puede proponerles como tarea para casa que investiguen si en este momento se está llevando a cabo alguna iniciativa por parte de gobiernos u organizaciones para proteger los lugares que han comentado.

Para trabajar estos contenidos, realice las actividades **19-21a**, p. **129** del *Libro de ejercicios*.

Unidad 21

Vídeo

1. Pida a sus estudiantes que contesten a las preguntas de la actividad y lance alguna pregunta más, por ejemplo, si saben cómo se llaman en general este tipo de juegos. Para explicar la dinámica del juego, indíqueles que pueden ayudarse con las palabras que aparecen en el cuadro y, en caso de que no conozcan alguna información, permítales consultar internet.
   Están jugando al parchís.
   1. tablero; **2.** dado; **3.** cubilete; **4.** ficha.

2. Haga un visionado del fragmento 00:30 ▶ 01:28 de vídeo para llevar a cabo la comprobación y corrección de la actividad 1 y, a continuación, haga una lluvia de ideas para que formulen hipótesis sobre el tema del que creen que tratará el vídeo.

3. Se propone una actividad durante el visionado para que los estudiantes seleccionen las actividades que les gusta hacer a cada uno de los personajes durante el tiempo libre. Antes de visionar el fragmento 01:40 ▶ 03:49 del vídeo es importante que lean las opciones para facilitar la tarea.
   Hugo: 2, 3; **Leo:** 4, 5; **Tere:** 1, 6.

4. Agrupe a los estudiantes en parejas. Pídales que escriban consejos para Hugo acerca de lo que podría hacer en sus tardes libres. Una vez que hayan escrito los consejos, pídales que los compartan con el resto de la clase. Usted tome nota en la pizarra. Luego proceda al visionado del fragmento 03:49 ▶ final y pida que un voluntario o voluntaria anote también en la pizarra los consejos que recibe Hugo de Carla, Leo y Tere, de manera que puedan comprobar si sus consejos se parecen.
   Respuesta abierta.

Vídeo

HOSTAL Babel

Tardes libres

Antes del vídeo

1 Observa con atención la imagen de la derecha y di qué crees que están haciendo los inquilinos del hostal Babel. ¿Sabes cómo se llama este juego? ¿Qué se necesita para jugar? Completa con el nombre adecuado y explica cómo se juega.

tablero | ficha | cubilete | dado

① ....
② ....
③ ....
④ ....

Durante el vídeo

2 Visiona el fragmento 00:30 ▶ 01:28 y comprueba tu respuesta anterior.

3 Visiona el fragmento 01:40 ▶ 03:49 y clasifica las actividades que les gusta hacer en su tiempo libre a Hugo, Leo y Tere.

1. Ir de compras. | 2. Hacer ejercicio al aire libre. | 3. Hacer yoga. | 4. Socializar en las redes sociales. | 5. Jugar a videojuegos. | 6. Hacer deporte.

Hugo ☐ ☐ Leo ☐ ☐ Tere ☐ ☐

4 **En parejas** Dale consejos a Hugo sobre cosas que puede hacer en sus tardes libres. Escríbelos con el condicional simple. Luego visiona el fragmento 03:49 ▶ final y comprueba si tus consejos se parecen a los que le dan Leo, Tere y Carla.

Después del vídeo

5 **En parejas** En el comienzo del vídeo, cuando los tres amigos están jugando al parchís, dicen algunas expresiones. Relaciónalas con su significado.

1. sacas un tres
2. ¡Te comeré!
3. ¡Voy a por ti, Hugo!
4. juegas a ganar

a. Poner el objetivo en alguien para ganarle.
b. Jugar con la finalidad de ser el número uno.
c. Obtener un resultado.
d. Adelantar a alguien en un juego.

6 **Todo el grupo** ¿Te gustan los juegos de mesa? ¿Es habitual jugar en tu país? ¿Cuáles son los que más te gustan? ¿Por qué?

252 | doscientos cincuenta y dos — Unidad 21 | ¡Súmate!

5. Ponga a trabajar a los estudiantes en parejas. Dígales que lean las expresiones y definiciones que se dan. Después puede visionar el fragmento 00:30 ▶ 01:28, la parte donde los amigos juegan al parchís, y decirles que se fijen bien en las expresiones que se trabajan y que las relacionen con su significado. Si no ha visionado en vídeo completo antes, puede ponerlo para llevar a cabo la corrección.
   1. c; **2.** d; **3.** a; **4.** b.

6. Actividad de interacción oral en plenario para hablar sobre los juegos de mesa, sus gustos y la costumbre que hay en sus países.

Evaluación

1 **Escribe a qué palabra se refiere cada definición.**

1. Pérdida de árboles y vegetación en un espacio. ....
2. Impacto que causa el hombre en la naturaleza. ....
3. Fenómeno que se produce como consecuencia de lluvias intensas. ....
4. Parte de un producto que no se utiliza y se tira. ....
5. Combustible fósil que emite CO_2. ....

2 **Define con tus palabras qué entiendes por *sostenibilidad*.**

....

3 **Relaciona cada frase con su uso del condicional.**

a. Expresar futuro de pasado o probabilidad en pasado.
b. Hacer sugerencias, proponer planes, invitar.
c. Pedir favores o hacer peticiones con cortesía.
d. Expresar deseos o preferencias.
e. Pedir y dar consejos.
f. Hablar de situaciones imaginarias.

1. ☐ ¿Te gustaría salir a comer el sábado?
2. ☐ Yo que tú iría a su casa en metro, el tráfico está muy mal.
3. ☐ ¿Qué harías en mi situación?
4. ☐ ¿Podrías poner tú la mesa?
5. ☐ Nos gustaría poder salir más a menudo.
6. ☐ Ayer no llamaría porque no tendría cobertura, no te preocupes.
7. ☐ ¿Me ayudarías con el pastel?
8. ☐ ¿De qué te disfrazarías tú en una fiesta dedicada a las películas de terror?
9. ☐ ¿Verías esta película? No me convence mucho.
10. ☐ Yo no pondría la música tan alta.
11. ☐ ¿Te apetecería un café después de clase?
12. ☐ ¿Te importaría hablar más alto?
13. ☐ Deberías hablar con tus padres antes.
14. ☐ Nos dijo que vendría pronto.

4 **Completa estas frases con los verbos en el tiempo y modo adecuados.**

1. Si .... (ser) tu padre, te regalaría una bici nueva.
2. Si .... (tener, nosotros) tiempo, ... (ir) a verte, pero es imposible.
3. Si .... (saber, yo) la verdad, te la .... (decir, yo), pero no la sé.
4. ¿Qué .... (hacer, tú) si .... (tener, tú) un millón de euros?
5. Si .... (ser, yo) más joven, ... (estudiar, yo) otra carrera.
6. Si los animales .... (poder) hablar, nos .... (pedir, ellos) más respeto.

Evaluación

1. **1.** Deforestación; **2.** Huella ecológica; **3.** Inundación; **4.** Residuo; **5.** Petróleo.

2. Respuesta abierta.

3. **1.** b; **2.** e; **3.** e; **4.** c; **5.** d; **6.** a; **7.** c; **8.** f; **9.** e; **10.** b; **11.** b; **12.** c; **13.** e; **14.** a.

4. **1.** fuera; **2.** tuviéramos, iríamos; **3.** supiera, diría; **4.** harías, tuvieras; **5.** fuera, estudiaría; **6.** pudieran, pedirían.

Unidad

22

Rebobinamos

Fíjate en la foto; ¿qué significa *rebobinar*? ¿Qué contenidos crees que vas a trabajar en esta unidad si tienes en cuenta su título?

En esta unidad vas a...

- Hablar en pasado
- Escribir sobre viajes
- Dar consejos
- Expresar sentimientos
- Participar en un concurso de preguntas sobre España e Hispanoamérica

Rebobinamos

Pregunte a sus estudiantes si saben qué significa el verbo *rebobinar*, en caso de que no lo sepan, oriéntelos pidiéndoles que se fijen en el icono que sostiene el chico de la fotografía. Luego pídales que, teniendo en cuenta el título de la unidad, comenten qué contenidos creen que se trabajarán en ella; cuando lo hayan comentado, acláreles que el título responde a que se van a revisar muchos de los temas estudiados a lo largo del manual. Se trata, en definitiva, de un repaso final que les permitirá tomar conciencia de todo lo que han aprendido y también de aquellos contenidos que, quizá, necesitan revisar antes de pasar al siguiente nivel.

¿Qué sabes?

1 En parejas Observa algunas de las cosas que ha hecho Luis esta semana y escribe las acciones con el tiempo del pasado más adecuado teniendo en cuenta el marcador temporal que se indica en cada caso.

1. Esta mañana ....
2. Hoy ....
3. Antes de ayer ....
4. Hoy a mediodía ....
5. Hace dos días ....
6. Anoche ....

1.1 En grupos pequeños Fíjate en la foto de Luis cuando era pequeño e imagina cómo era su vida entonces y qué cosas hacía normalmente. Comparte tus hipótesis con tus compañeros de grupo.

2 En parejas Da consejos a estas personas usando el imperativo.

2.1 Transforma ahora los consejos de la actividad anterior usando primero el condicional y luego el verbo *aconsejar*.

Unidad 22 | Rebobinamos doscientos cincuenta y cinco | 255

¿Qué sabes?

1. El objetivo de esta actividad es repasar el contraste entre los pretéritos perfecto e indefinido a partir de determinados conectores temporales. Disponga la clase en parejas y explíqueles que las imágenes muestran lo que ha hecho Luis esta semana. Pídales que se fijen bien en la acción que aparece en cada imagen y que, a continuación, escriban debajo una frase teniendo en cuenta el marcador temporal que la encabeza. Aunque nos encontremos en el apartado "¿Qué sabes?", como se trata de contenidos que ya han estudiado, puede trabajar a fondo la corrección, pero intente que sean sus estudiantes quienes establezcan, analizando los marcadores usados, la regla que marca la diferencia de uso entre estos dos tiempos del pasado.

Posible respuesta:
1. Esta mañana se ha despertado a las siete y diez; **2.** Hoy ha atendido a una niña en el hospital y le ha curado el pie; **3.** Antes de ayer hizo ejercicio en casa; **4.** Hoy a mediodía ha comido en casa; **5.** Hace dos días pasó la aspiradora; **6.** Anoche vio un partido de fútbol

1.1. En esta actividad se repasa uno de los usos básicos del pretérito imperfecto: la descripción en pasado. Organice la clase en pequeños grupos y pídales que se fijen en la foto de Luis, que es el mismo chico de la actividad anterior cuando era niño, y que traten de imaginar cómo era su vida entonces y qué cosas creen que hacía normalmente; para ello, pídales que se fijen en los detalles de la imagen. En caso necesario, hágales preguntas como: *¿por qué llevaba un monopatín?, ¿qué juego de pelota era su preferido?, ¿qué llevaba normalmente en la mochila?, ¿qué carácter crees que tenía?*, etc. Por último, haga una puesta en común para que compartan sus hipótesis con el resto de la clase.

2. Organice la clase en parejas para que sus estudiantes practiquen en esta actividad el imperativo en su uso para dar consejos. Ínstelos a leer las situaciones propuestas junto a las imágenes y a dar consejos a esas personas usando el imperativo. Deles un tiempo para que escriban sus consejos y, a continuación, pídales que los compartan con el resto de las parejas. Vaya tomando nota de los posibles errores y, una vez hayan terminado, al tratarse de contenidos ya vistos, fomente la autocorrección señalando solo los errores para que ellos los analicen.

2.1. En plenario, pídales que transformen los consejos que han escrito en la actividad anterior usando, en primer lugar, el condicional simple y luego introduciéndolos con el verbo *aconsejar*. El objetivo es que practiquen tanto el condicional simple como el presente de subjuntivo a la hora de dar consejos, pues, en el segundo caso, los verbos que antes conjugaron en imperativo, al depender del verbo *aconsejar*, deben conjugarse en este modo verbal. Como ya hizo anteriormente, fomente la autocorrección para que los procesos reflexivos los ayuden a afianzar conocimientos.

Unidad 22

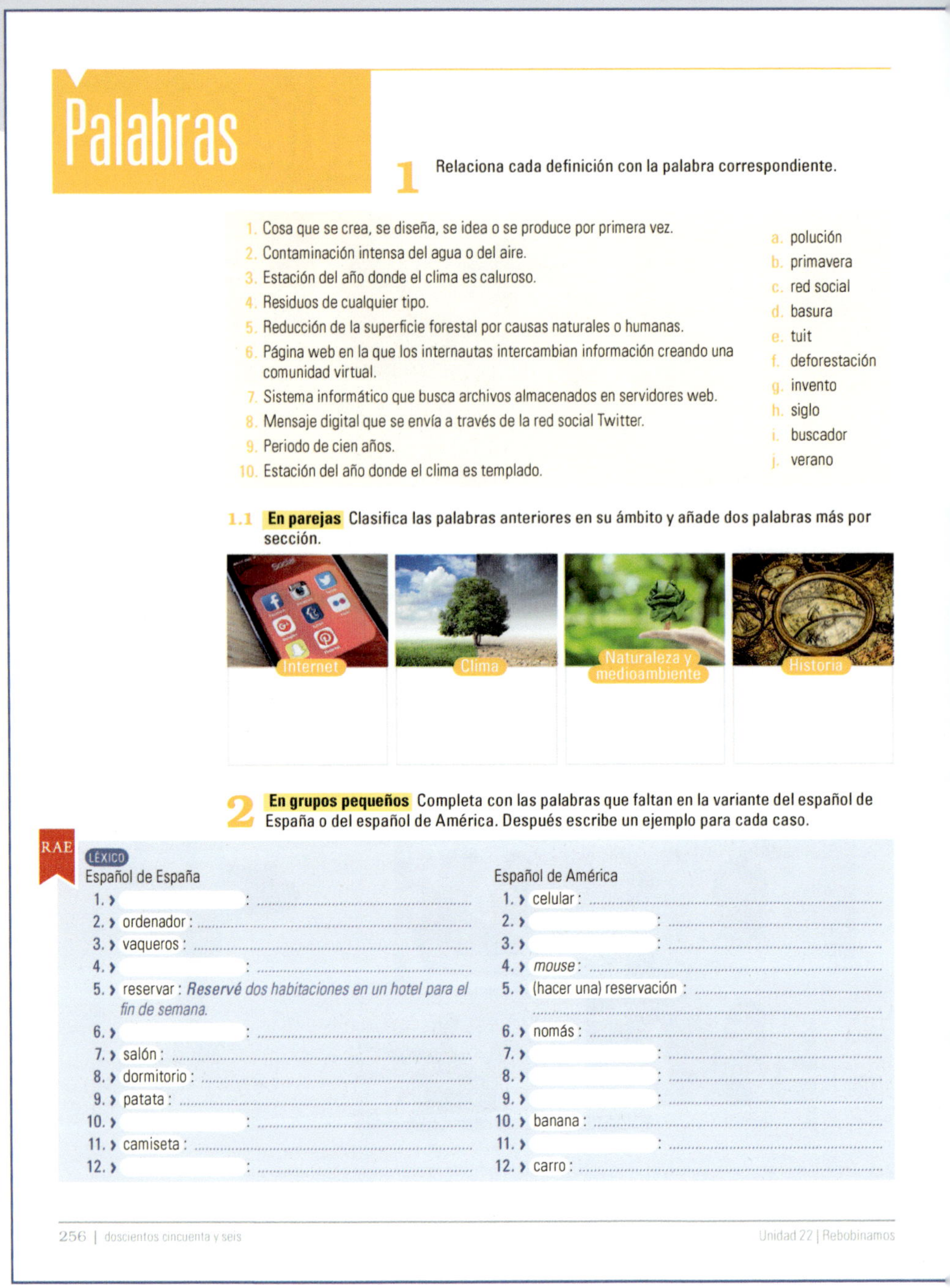

Palabras

1 Relaciona cada definición con la palabra correspondiente.

1. Cosa que se crea, se diseña, se idea o se produce por primera vez.
2. Contaminación intensa del agua o del aire.
3. Estación del año donde el clima es caluroso.
4. Residuos de cualquier tipo.
5. Reducción de la superficie forestal por causas naturales o humanas.
6. Página web en la que los internautas intercambian información creando una comunidad virtual.
7. Sistema informático que busca archivos almacenados en servidores web.
8. Mensaje digital que se envía a través de la red social Twitter.
9. Periodo de cien años.
10. Estación del año donde el clima es templado.

a. polución
b. primavera
c. red social
d. basura
e. tuit
f. deforestación
g. invento
h. siglo
i. buscador
j. verano

1.1 **En parejas** Clasifica las palabras anteriores en su ámbito y añade dos palabras más por sección.

2 **En grupos pequeños** Completa con las palabras que faltan en la variante del español de España o del español de América. Después escribe un ejemplo para cada caso.

RAE LÉXICO

Español de España	Español de América
1. › .... :	1. › celular : ....
2. › ordenador :	2. › .... : ....
3. › vaqueros :	3. › .... : ....
4. › .... :	4. › *mouse* : ....
5. › reservar : ***Reservé** dos habitaciones en un hotel para el fin de semana.*	5. › (hacer una) reservación : ....
6. › .... :	6. › nomás : ....
7. › salón :	7. › .... : ....
8. › dormitorio :	8. › .... : ....
9. › patata :	9. › .... : ....
10. › .... :	10. › banana : ....
11. › camiseta :	11. › .... : ....
12. › .... :	12. › carro : ....

256 | doscientos cincuenta y seis   Unidad 22 | Rebobinamos

Palabras

1. Explíqueles que en este apartado se van a repasar algunos de los contenidos léxicos y campos semánticos que se han trabajado en las unidades anteriores. Para realizar esta primera actividad, distribúyalos en parejas y pídales que, después de leer las definiciones de la columna izquierda, las relacionen con las palabras correspondientes de la columna de la derecha. Deles algunos minutos para hacer la actividad y después corrija en plenario.
1. g; **2.** a; **3.** j; **4.** d; **5.** f; **6.** c; **7.** i; **8.** e; **9.** h; **10.** b.

1.1. Continúe la secuencia indicándoles que ahora deben relacionar las palabras que han visto en la actividad 1 con uno de los cuatro campos semánticos propuestos. Pídales que trabajen en parejas y que añadan dos palabras más por cada una de las secciones. Corrija la actividad en plenario para que compartan sus nuevas palabras y puedan seguir ampliando la lista.
Internet: red social, tuit, buscador (chatear, pantalla…); **Clima:** primavera, verano (calor, frío…); **Naturaleza y medioambiente:** polución, basura, deforestación (reciclar, contaminación…); **Historia:** invento, siglo (civilización, descubrimiento…).

2. El objetivo de esta actividad es repasar algunas de las palabras que han aparecido a lo largo del curso en los diferentes cuadros de la RAE, en los que se han presentado sistemáticamente algunas diferencias léxicas existentes entre la variante del español de España y la de América. Forme pequeños grupos y pídales que se fijen en las palabras de las dos columnas: en la de la izquierda aparecen las de la variante de España y en la de la derecha, las de la variante de América. Ambas columnas están incompletas, por lo que deberán escribir las palabras que faltan tomando como referencia su equivalente en la variante contraria y, además, escribir un ejemplo para cada una. Cuando hayan terminado la actividad, corrija en plenario y resuelva posibles dudas.

Español de España	Español de América
1. móvil	1. celular
2. ordenador	2. computadora
3. vaqueros	3. bluyín
4. ratón	4. *mouse*
5. reservar	5. (hacer una) reservación
6. solamente	6. nomás
7. salón	7. *living*
8. dormitorio	8. cuarto
9. patata	9. papa
10. plátano	10. banana
11. camiseta	11. remera
12. coche	12. carro

22

3 **Todo el grupo** Distribuid la clase en dos grupos: A y B. En primer lugar, leed con atención las preguntas y aseguraos de que sabéis todas las respuestas. Luego hacedle las preguntas al equipo contrario y confirmad si sus respuestas son correctas o no.

Grupo A

1. ¿Qué significa *graduado/a*?
2. ¿Qué tipo de comida es un yogur?
3. Tu profesor/a se va a casar; ¿qué le dices?
4. Para expresar la nacionalidad usamos el verbo…
5. Todas las maletas que llevas en un viaje son el…
6. ¿Qué significa *refugiado/a*?
7. Llevar un archivo de internet a nuestro ordenador es…
8. Define la palabra *agujero*.
9. Di un sinónimo de *hecho* o *acontecimiento*.
10. ¿Qué significa *está nublado*?
11. Di el nombre de tres secciones de un periódico.
12. Si llevas tu móvil a arreglar en lugar de tirarlo, ¿qué haces?
13. Di el nombre de tres estancias de una casa.
14. Di el nombre de dos desastres naturales.

Grupo B

1. ¿Qué significa *matricularse*?
2. Di el nombre de dos verduras.
3. Felicita a tu compañero/a por su cumpleaños.
4. Para hablar de estados de ánimo, ¿se usa el verbo *ser* o *estar*?
5. Si necesito información sobre un país o ciudad, utilizo una…
6. Define la palabra *afectado/a*.
7. Ir de una página de internet a otra es…
8. ¿Qué significa *asa*?
9. Define la palabra *siglo*.
10. ¿Qué significa *está lloviendo*?
11. ¿Qué es el *titular* de un periódico?
12. Da un ejemplo de cómo reutilizar algo.
13. Di tres tareas domésticas.
14. Di dos adjetivos relacionados con la palabra *energía*.

4 **Todo el grupo** ¿Qué recursos, de los que has visto en el curso, utilizas para aprender y recordar el léxico? Coméntalo con tus compañeros. ¿Cuál crees que es el más efectivo?

Unidad 22 | Rebobinamos   doscientos cincuenta y siete | 257

3. En esta actividad se revisan palabras y expresiones de diferentes campos semánticos, como la alimentación, el ocio, los viajes, la informática, el clima, los periódicos, la vivienda, las tareas domésticas, las celebraciones y otros temas trabajados a lo largo del manual. Esta vez, distribuya la clase en dos grupos, A y B, y pídales que lean las preguntas que les han correspondido y que, entre todos, se aseguren de que conocen todas sus respuestas. A continuación deberán hacer sus preguntas al equipo contrario y corregir los errores que cometa. Plantéelo como un juego, de modo que gana el equipo que responde correctamente a más preguntas.

Grupo A: 1. Licendiado/a, persona que ha terminado la carrera universitaria; **2.** Un derivado lácteo; **3.** ¡Enhorabuena!; **4.** *ser;* **5.** equipaje; **6.** Persona que, a consecuencia de guerras o persecuciones políticas, se ve obligada a buscar refugio fuera de su país; **7.** descargarlo/bajarlo; **8.** Abertura más o menos redondeada en alguna cosa; **9.** Suceso, evento; **10.** Que hay nubes en el cielo; **11.** Política, Deportes, Economía…; **12.** Repararlo; **13.** Dormitorio, salón, cocina…; **14.** Inundación, incendio, deforestación…

Grupo B: 1. Inscribirse a un curso para recibir clases; **2.** Lechuga, pimiento…; **3.** ¡Feliz cumpleaños!; **4.** *Estar;* **5.** guía de viaje; **6.** Persona que padece algún tipo de molestia; **7.** navegar; **8.** Parte que sobresale del cuerpo de una cacerola, de un recipiente, de una bandeja, etc., generalmente de forma curva, sirve para coger el objeto; **9.** Periodo de cien años; **10.** Que en este momento cae agua de las nubes; **11.** El título de una noticia o artículo; **12.** Usar un tarro de cristal para colocar los bolígrafos; **13.** Poner la lavadora, pasar la aspiradora, fregar el suelo…; **14.** Renovable, solar, eólica…

4. Para terminar este apartado, proponga a sus estudiantes esta actividad de reflexión acerca de los recursos aprendidos que utilizan para aprender y recordar el vocabulario. Puede también preguntarles qué tipo de actividades, de cuantas han encontrado en el manual, les han resultado más útiles para el mismo cometido y recordarles algunas de las tipologías más recurrentes, como relacionar palabras con sus definiciones, ejercicios de vacío de información, relacionar palabras con imágenes, etc.

Para trabajar estos contenidos, realice las actividades **1-8**, pp. **130-131** del *Libro de ejercicios*.

Unidad 22

Gramática

1. La primera actividad de este apartado tiene como fin la revisión de los principales usos de los pretéritos perfecto, indefinido, imperfecto y pluscuamperfecto. Pídales que intenten recordar los diferentes usos de estos tiempos. Puede proponerles una reflexión en pequeños grupos seguida de una puesta en común en la que se compartan los usos y diferentes ejemplos y, finalmente, confirmar sus hipótesis con la información del cuadro gramatical. Lea junto con ellos el cuadro gramatical y corrija los posibles errores que hayan cometido. Asegúrese de ver con detalle cada punto del cuadro, de hacer hincapié en las palabras que aparecen destacadas en negrita y de añadir cuantos ejemplos sean necesarios para aclarar cualquier duda que pueda surgir.
Antes de explicar el último punto del cuadro, donde se presenta el contraste entre los pretéritos perfecto, indefinido, imperfecto y pluscuamperfecto, haga de nuevo que sean sus estudiantes quienes, basándose en los usos que han visto en los puntos anteriores, intenten explicar la diferencia funcional entre estos tiempos. Subraye de un modo especial las palabras *narración* y *descripción*, las cuales les permitirán articular el contraste entre estos tres tiempos del pasado. Por último, remítalos al cuadro de la RAE, en el que se explica que en Hispanoamérica y en algunas regiones de España es frecuente el uso del pretérito indefinido para referirse a acciones terminadas en un tiempo no terminado.

Gramática

1 Usos de los pretéritos perfecto, indefinido, imperfecto y pluscuamperfecto (repaso)

- Usamos el **pretérito perfecto** para:
  - Hablar de **acciones terminadas** en un **tiempo aún no terminado** o que percibimos como presente, también para hablar de una **experiencia** sin una idea de tiempo:
    *Esta semana **he ido** a la playa.* *¿**Has estado** en Japón?*
- Usamos el **pretérito indefinido** para:
  - Expresar **acciones terminadas** en un **tiempo pasado** que no tiene relación con el presente:
    *El año pasado **viajé** a México.*
  - Dar información sobre la **vida** de una persona y hablar de **acontecimientos** del pasado:
    *Ana **nació** en Sevilla en 2005.* *La guerra civil **terminó** en 1939.*
- Usamos el **pretérito imperfecto** para:
  - **Describir** en pasado y hablar de **acciones habituales** en pasado::
    *La calle **era** muy larga, todos los días la **recorría** dos veces.*
  - Referirnos a una **acción** no terminada, **durativa**, en el momento en que otra sucede:
    ***Hablaba** con María cuando **sonó** el teléfono.*
- Usamos el **pretérito pluscuamperfecto** para:
  - Hablar de una acción terminada anterior a otra también terminada:
    *No fui al cine porque ya **había visto** la película.*
- Como los **pretéritos perfecto, indefinido** y **pluscuamperfecto** expresan acciones terminadas, los usamos para la **narración**. El **pretérito imperfecto**, en cambio, lo usamos para la **descripción**.
  ***He comido/Comí** unas croquetas que **estaban** muy buenas.*

RAE GRAMÁTICA
Recuerda que en los países hispanohablantes de América y en algunas zonas de España se prefiere el pretérito indefinido en lugar del pretérito perfecto para hablar de acciones terminadas en un tiempo no terminado.

1.1 [74] Escucha la historia de Sergio y completa las frases. Luego clasifícalas en su caja correspondiente.

1. Sergio .... por la calle donde viven sus padres.
2. De repente .... un ruido muy fuerte.
3. La gente .... a correr, pero él .... paralizado.
4. Sergio .... tres opciones: .... allí parado, ... como el resto de las personas o .... su camino.
5. .... seguir andando.
6. .... muchas ganas de ver a sus padres.
7. Todo el mundo .... en dirección contraria.
8. Por eso .... y .... un golpe en la cabeza. Cinco horas más tarde .... en la cama de un hospital.
9. Desde entonces Sergio no .... a casa de sus padres.

Narración		Descripción	

1.2 Todo el grupo Escribe en tu cuaderno una anécdota en pasado en la que necesariamente deben aparecer estas palabras: *perro, el otro día, móvil, español, lluvia* y *montaña*. Luego compártela con tus compañeros y reacciona a las que te cuenten ellos.

258 | doscientos cincuenta y ocho Unidad 22 | Rebobinamos

1.1. [74] Explíqueles que van a escuchar a un chico contando algo que le sucedió y que, en función de lo que oigan, deberán completar las frases con la información que falta. Por último, pídales que clasifiquen las frases de acuerdo con su función: narrativa o descriptiva.
1. estaba caminando; **2.** oyó; **3.** empezó, se quedó;
4. tenía, se quedaba, corría, continuaba; **5.** Decidió; **6.** Tenía; **7.** corría; **8.** se cayó, se dio, se despertó; **9.** ha vuelto.
Narración: 2, 3, 5, 8, 9; **Descripción:** 1, 4, 6, 7. (Aunque, semánticamente, algunas frases pueden tener una parte de narración y otra de descripción).

1.2. Pídales que, ahora, escriban una anécdota en la que incluyan las palabras que se indican. Una vez escrita su anécdota, la leerán al resto de la clase y, finalmente, deberán votar cuál les ha parecido más original e imaginativa, cuál más divertida y quién ha usado mejor los tiempos del pasado. Para concluir este apartado, y si desea seguir trabajando el contraste de pasados, use la **proyección 71**.

Anécdotas
[71]

Pídales que lean las tres anécdotas y que elijan la forma verbal adecuada en cada caso. Después de corregir, pregúnteles qué anécdota les ha llamado más la atención y si conocen alguna otra para compartir en clase.
A. 1. estaba; **2.** se vendían; **3.** podía; **B. 1.** decidieron; **2.** Diseñaron; **3.** crearon; **4.** lanzaba; **5.** llamaron; **6.** ha creado; **C. 1.** contaba; **2.** ayudaban; **3.** recogía; **4.** creaba; **5.** inventaba; **6.** eran; **7.** escribían; **8.** pudo; **9.** se encontraron; **10.** preguntó; **11.** Has leído; **12.** respondió.

Para trabajar estos contenidos, realice las actividades **9-10**, p. **132** del *Libro de ejercicios*.

22

2 Usos del subjuntivo (repaso)

a. Expresar **deseos** y **preferencias**: La estructura *que* + presente de subjuntivo se usa para manifestar buenos deseos a otras personas.
b. Hacer **peticiones**.
c. Dar **consejos** y hacer **recomendaciones**, dar **órdenes**, expresar **permiso** y **prohibición**: Este tipo de verbos se construyen con infinitivo o con *que* + subjuntivo.
d. Expresar **sentimientos** y **estados de ánimo**.
e. Expresar **opinión**, **percepción**, **entendimiento** y **certeza**: Estos verbos se construyen con *que* + **indicativo** cuando el verbo principal es afirmativo y con **subjuntivo** si van en forma negativa.
f. Expresar **juicios de valor**: Se construyen con *ser* y *parecer* + sustantivo o adjetivo valorativos o *estar* + adverbio valorativo.
g. En las **oraciones de relativo** se usa el subjuntivo si el antecedente es desconocido, solo conocemos sus características, preguntamos por su existencia o la negamos.
h. Expresar **hipótesis** y **probabilidad**.
i. En las **oraciones temporales** se usa el subjuntivo para expresar futuro.
j. Expresar **finalidad**.

2.1 **Las siguientes frases son ejemplos de los usos del subjuntivo que aparecen en el cuadro anterior. Complétalas con el tiempo correcto del subjuntivo (presente, pretérito perfecto o imperfecto) y escribe en cada casilla la letra del uso correspondiente.**

1. ☐ Os rogamos que .... (volver) pronto esta noche.
2. ☐ Eva me llamó ayer para que le .... (decir, yo) lo que sucedió.
3. ☐ Espero que Luis .... (llegar) ya al instituto.
4. ☐ Tal vez .... (mejorar) el tiempo para el fin de semana.
5. ☐ La profesora nos ordenó que .... (salir) de la clase.
6. ☐ Me da mucha pena que Susana .... (estar) enfadada contigo.
7. ☐ Raúl está buscando un apartamento que .... (ser) céntrico.
8. ☐ ¿Prefieres que .... (hacer, nosotros) pasta para cenar?
9. ☐ La doctora le aconsejó que .... (hacer) más ejercicio físico.
10. ☐ No creo que Juan .... (hablar) con el jefe esta mañana, todavía no.
11. ☐ Cierra la puerta cuando .... (irse).
12. ☐ Nos prohibió que .... (poner) los pies en la mesa.
13. ☐ Estoy muy contenta de que .... (venir) a visitarme, ¿qué queréis tomar?
14. ☐ Es absurdo que .... (cerrar) las tiendas a mediodía.

2.2 **Fíjate en las frases e indica los casos en que ambas opciones son posibles. Luego elige la opción correcta en las demás frases.**

1. ☐ ¡Que te diviertes/diviertas!
2. ☐ Os recomiendo ir/que vayáis a cenar a ese restaurante.
3. ☐ Seguramente han terminado/hayan terminado antes de las doce.
4. ☐ No es cierto que Sandra dijo/dijera eso.
5. ☐ Conozco a una chica que sabe/sepa mucho de informática.
6. ☐ Te prohíbo hablar/que hables hasta el final de la clase.

Unidad 22 | Rebobinamos — doscientos cincuenta y nueve | 259

2.1. Con esta actividad ilustraremos con ejemplos los usos del subjuntivo que han repasado en el cuadro anterior. Explíqueles que deben escribir en cada frase la letra correspondiente al punto del cuadro gramatical y, además, conjugar los verbos en presente, perfecto o imperfecto de subjuntivo. Hágales notar que algún punto puede contar con más de un ejemplo.
1. b, volváis; **2.** j, dijera; **3.** a, haya llegado; **4.** h, mejore; **5.** c, saliéramos; **6.** d, esté; **7.** g, sea; **8.** a, hagamos; **9.** c, hiciera; **10.** e, haya hablado; **11.** i, te vayas; **12.** c, pusiéramos; **13.** d. hayáis venido; **14.** f. cierren.

2.2. Concluya el apartado con esta actividad que hace hincapié en los casos en que se da alternancia entre indicativo y subjuntivo. Pídales que lean las frases, que indiquen aquellas en las que ambos modos son posibles y que, por último, elijan la forma correcta en las demás.
Son posibles ambas formas en 2, 3 y 6. **1.** diviertas; **4.** dijera; **5.** sabe.

Para trabajar estos contenidos, realice las actividades **11-15c**, pp. **133-134** del *Libro de ejercicios*.

2. Los usos principales del subjuntivo y su contraste con el indicativo dan forma a este cuadro gramatical. Al tratarse de un repaso, le sugerimos que sondee toda la información que recuerden sus estudiantes acerca de cada contenido y vaya anotándola en la pizarra junto a los ejemplos que les pedirá de cada punto.
Así, antes de presentar los dos primeros puntos, pregúnteles qué verbos y otras palabras usamos en español para expresar deseos y hacer peticiones y también cuándo estos verbos rigen infinitivo y cuándo subjuntivo.
En el tercer punto del cuadro se habla de los verbos de influencia. Pregúnteles qué verbos recuerdan que sirvan para dar consejos, hacer recomendaciones, dar órdenes, permitir y prohibir, y, después, si con estos verbos, al igual que sucede con los que han visto en el primer punto, solo puede usarse el infinitivo en caso de que el sujeto del verbo subordinado sea el mismo que el del principal (los verbos de influencia pueden ir seguidos de infinitivo aun cuando el sujeto sea diferente).
Pida ahora a sus estudiantes que digan verbos o locuciones que sirvan para expresar sentimientos y estados de ánimo y pregúnteles cómo se construyen (algunos lo hacen como *gustar*, en otros la persona que experimenta el sentimiento es el sujeto, y en algunos casos existen ambas posibilidades: *me pongo/me pone..., me preocupa/me preocupo...*).
Antes de pasar a los dos puntos siguientes, pregunte a sus estudiantes qué verbos y expresiones conocen para expresar opinión y si recuerdan cuándo estos rigen indicativo y cuándo subjuntivo. A continuación pídales que le digan los verbos que se usan para expresar juicios de valor, así como los adjetivos y adverbios valorativos que los acompañan.
Para presentar el contenido del siguiente punto *(g)*, escriba en la pizarra estas frases: *Quiero una casa que tiene dos habitaciones* y *Quiero una casa que tenga dos habitaciones*. Pregúnteles si recuerdan cómo se llamaban estas oraciones y qué diferencias hay entre ambas y a qué se deben. Luego lea con ellos la explicación del cuadro.
Dé paso al siguiente punto preguntando a sus estudiantes qué recursos conocen en español para expresar probabilidad. En los ejemplos que aporten con adverbios y locuciones adverbiales, hágales reparar en si estos rigen indicativo, subjuntivo o pueden introducir ambos modos.
El siguiente punto hace referencia a las oraciones temporales. Pregúnteles qué expresa este tipo de oraciones, qué nexos temporales conocen. y, por último, en qué casos esos nexos rigen subjuntivo y cuándo indicativo.
El último punto del cuadro es la expresión de la finalidad. Pregunte a sus estudiantes qué preposición se usa en español para expresar la función de un objeto o el objetivo de una acción *(para)* y qué otros conectores de finalidad conocen.

Unidad 22

Practica en contexto

1. Explíqueles que en este apartado trabajarán en contexto algunos de los contenidos léxicos y gramaticales vistos a lo largo del curso. Presente esta primera actividad: cuénteles que Marta y sus compañeros de clase están preparando un anuario, en el que publicarán lo más relevante de cuanto ha pasado en la escuela durante el curso. Pídales que escuchen la conversación en la que esta le cuenta a un amigo cómo será el anuario, y que, a continuación, marquen las secciones que se incluirán en él.
[75]
Ponga el audio. Después de corregir, pregunte a sus estudiantes si en alguno de los centros donde han estudiado se hacían anuarios o periódicos escolares; en caso afirmativo, pídales que le cuenten al resto de la clase cómo eran y si ellos participaron de algún modo.
Secciones: 1 (Deportes), 3 (Cultura), 4 (Viajes), 6 (Entrevistas), 7 (Ciencias).

2. Distribuya la clase en parejas y explíqueles que van a leer, en la sección de viajes del anuario, las experiencias de cuatro estudiantes con relación a los viajes que han realizado durante el curso. Mientras leen, deberán completar los textos con los verbos entre paréntesis conjugados en el tiempo adecuado.
Leo: 1. fue; 2. pasamos; 3. Visitamos; 4. comimos; 5. estuvimos; 6. vivió/vivía. **Anabel:** 1. he viajado; 2. ha durado; 3. he hecho; 4. he bailado; 5. he ido; 6. he disfrutado; 7. he practicado. **Marta:** 1. hizo; 2. estábamos; 3. ha sido; 4. decidimos; 5. necesitábamos; 6. hacíamos; 7. íbamos; 8. nos bañábamos. **Néstor:** 1. ha hecho; 2. estuvimos; 3. vimos; 4. había; 5. era/fue.

Practica en contexto

1 [75] Marta y sus compañeros preparan un anuario en el que publicarán las cosas más importantes que han pasado en la escuela durante el curso. Escucha y marca qué secciones de las siguientes aparecerán en el anuario.

1. ☐ Deportes
2. ☐ Economía
3. ☐ Cultura
4. ☐ Viajes
5. ☐ Tiempo
6. ☐ Entrevistas
7. ☐ Ciencias
8. ☐ Sociedad

2 **En parejas** Lee lo que han contado algunos estudiantes para la sección de viajes y conjuga los verbos entre paréntesis en el tiempo adecuado del pasado.

LEO

Nuestro viaje [1] .... (ser) en abril, lo [2] .... (pasar, nosotros) muy bien. [3] .... (Visitar, nosotros) varias pirámides aztecas y [4] .... (comer, nosotros) burritos y enchiladas. También [5] .... (estar, nosotros) en la Casa Azul, donde [6] .... (vivir) la pintora Frida Kahlo.

ANABEL

Yo [1] .... (viajar) esta semana con mi clase. Durante los cinco días que [2] .... (durar) el viaje, [3] .... (hacer, yo) muchas cosas: [4] .... (bailar) salsa, [5] .... (ir) a la playa, [6] .... (disfrutar) mucho de la vida nocturna y [7] .... (practicar) mi español.

MARTA

Mi clase [1] .... (hacer) el viaje en marzo. Como todos [2] .... (estar) cansados porque este curso [3] .... (ser) duro, [4] .... (decidir) ir a un pueblo de Andalucía; [5] .... (necesitar, nosotros) descansar. Todos los días [6] .... (hacer, nosotros) senderismo y también [7] .... (ir) al río y [8] .... (bañarse).

NÉSTOR

Mi curso este año [1] .... (hacer) un viaje de naturaleza. En abril [2] .... (estar, nosotros) una semana visitando los parques nacionales de Corcovado y de Manuel Antonio: [3] .... (ver, nosotros) aves, tortugas, monos... No [4] .... (haber) demasiados turistas y el tiempo [5] .... (ser) maravilloso.

2.1 **En parejas** Relaciona ahora a los estudiantes con un destino y con un tipo de turismo.

1. turismo rural	a. Leo	A. España
2. ecoturismo	b. Anabel	B. Costa Rica
3. turismo cultural	c. Marta	C. México
4. turismo de sol y playa	d. Néstor	D. República Dominicana

2.2 **En parejas** ¿Cuáles de estos objetos crees que llevó cada estudiante en su viaje? Argumenta tus respuestas.

mochila | cámara de fotos | pasaporte | portátil | gorra | bañador
impresora | billetes | bañera | nevera | camiseta | zapatillas | vestido
gafas de sol | bicicleta | vaqueros | crema solar | móvil | aspiradora

2.3 Imagina que acabas de volver de uno de los destinos anteriores. Elige el que quieras y escribe en tu cuaderno un correo a tu amigo/a contando cómo ha sido el viaje y lo que has hecho.

2.4 **Todo el grupo** ¿Cuál es el último viaje que has hecho? ¿Cuándo fue? ¿Dónde fuiste? ¿Te gustó? Cuenta alguna anécdota que te sucedió en él.

2.1. Con la clase aún dispuesta en parejas, explíqueles que ahora deberán relacionar a los cuatro estudiantes de la actividad anterior con uno de los destinos que aparecen en la columna derecha y con uno de los cuatro tipos de turismo propuestos. Por último, pregúnteles si han visitado alguno de estos lugares y, en caso afirmativo, qué les pareció. También puede preguntarles cuál de los cuatro viajes les resulta más atractivo y por qué.
1. c, A; **2.** d, B; **3.** a, C; **4.** b, D.

2.2. Continúe la secuencia con esta actividad de vocabulario, en la que los estudiantes, manteniéndose en parejas, deben decidir qué cosas de las que aparecen en el recuadro creen que llevó cada estudiante de la actividad 2 en su equipaje. Se trata de una actividad de respuesta abierta, pues son varias las combinaciones posibles.

2.3. Pídales que, individualmente, elijan uno de los cuatro destinos de la actividad 2.1 y que escriban un correo electrónico a un/a amigo/a contándole cómo ha sido el viaje y qué cosas han hecho. Deles tiempo para trabajar y luego haga una puesta en común para que compartan su correo con el resto de la clase.

2.4. Concluya esta secuencia de actividades articulada en torno a los viajes con una serie de preguntas para fomentar la interacción oral, en la que los estudiantes hablarán ya libremente de experiencias reales. A las preguntas propuestas puede añadir otras como *¿con quién fuiste?, ¿cómo fuiste?, ¿qué es lo que más te gustó?, ¿compraste algo allí?* o *¿cómo era el lugar donde te alojaste?* Tome notas y corrija cuando dé la conversación por terminada.

3 **En parejas** En el anuario también se han incluido estos consejos para ayudar a conservar el medioambiente, clasifícalos según la prioridad que tienen para ti. Conjuga los verbos en el tiempo y modo correctos. Trabaja con tu compañero/a.

Para conservar mejor el medioambiente, te aconsejo que...

- [1] .... (aprovechar) al máximo la luz natural, así ahorras energía;
- [2] .... (elegir) bolsas de papel, las de plástico son muy contaminantes;
- no [3] .... (dejar) conectados los aparatos eléctricos al salir de casa;
- no [4] .... (tirar) a la basura algo que puedes reciclar;
- [5] .... (usar) el papel por las dos caras, y que luego [6] .... (reciclarlo);
- [7] .... (moverse) en bicicleta o transporte público en vez de coger el coche;
- no [8] .... (comprar) productos de limpieza. Puedes limpiar toda la casa con vinagre, limón y jabón;
- no [9] .... (poner) la calefacción por encima de 21 grados;
- [10] .... (comer) alimentos de temporada y de la zona donde vives, así su producción y transporte serán mucho más ecológicos;
- no [11] .... (tirar) los medicamentos caducados a la basura y [12] .... (llevarlos) a la farmacia para que los reciclen como es debido.

3.1 Escribe en tu cuaderno las frases anteriores introduciéndolas con *Yo que tú...*

3.2 **Todo el grupo** Comparte con el resto de la clase tu clasificación. ¿Cuáles son los tres consejos más valorados por todo el grupo? ¿Por qué? ¿Añadirías alguno? ¿Cuál?

4 Algunos estudiantes extranjeros han escrito para el anuario sus impresiones sobre el curso que ha terminado. Corrige los errores que han hecho en el uso del subjuntivo.

1. Me encanta que mi profesora de Español fuera tan simpática.
2. Me molestaba un poco que las pausas sean tan cortas.
3. Me ha gustado mucho que el profesor de Arte nos lleve a los museos.
4. Me da rabia que los profesores hayan puesto tantos exámenes sorpresa.
5. Me alegro mucho de que mis compañeros me han ayudado con el español.
6. Me dio pena que no pudimos ir de viaje de fin de curso a Perú.
7. Me puso muy contenta que la profesora de Historia viniera al viaje de fin de curso.
8. Me sorprendió que las clases fueron tan divertidas e interesantes.
9. Me pone triste que el curso ha terminado y no ver más a mis compañeros.
10. Me ponía muy nervioso que el profesor de Inglés me preguntara en clase.

4.1 **Todo el grupo** Y a ti ¿qué impresiones te ha producido el curso? ¿Qué te ha gustado? ¿Qué te ha interesado más? ¿Qué te ha parecido fácil y qué más difícil? Compártelo con tus compañeros.

3. Para concluir el apartado, explíqueles que en el anuario escolar también se han incluido algunos consejos para conservar el medioambiente y que deberán completarlos conjugando los verbos que aparecen entre paréntesis en el tiempo y modo adecuados. Asegúrese de que entienden toda la información y deje que trabajen en parejas. Una vez escritos los verbos, corrija en plenario esta parte de la actividad y, a continuación, pídales que ordenen los consejos de acuerdo con la importancia que tengan para ellos.
1. aproveches; **2.** elijas; **3.** dejes; **4.** tires; **5.** uses; **6.** lo recicles; **7.** te muevas; **8.** compres; **9.** pongas; **10.** comas; **11.** tires; **12.** los lleves.

3.1. Pida a sus estudiantes que escriban en su cuaderno los consejos de la actividad anterior introduciéndolos, esta vez, con la expresión: *Yo que tú...*, de manera que se vean obligados a emplear el condicional simple.
1. aprovecharía; **2.** elegiría; **3.** dejaría; **4.** tiraría; **5.** usaría; **6.** reciclaría; **7.** movería; **8.** compraría; **9.** pondría; **10.** comería; **11.** tiraría; **12.** llevaría.

3.2. Haga que todas las parejas compartan con el resto de la clase la clasificación que han hecho de los consejos para cuidar el medioambiente. Escriba en la pizarra el orden en que han quedado estos después de escuchar todas sus respuestas y destaque, rodeándolos con un círculo, los tres consejos mejor valorados. Finalmente, pídales que argumenten el porqué de su elección. Puede ampliar la actividad pidiéndoles que cada pareja añada al menos uno o dos consejos más a los que aparecen en la actividad 3 y animándolos a discutir sobre ellos y a situarlos dentro de la clasificación que ya han elaborado.

4. Proponga esta actividad en la que, individualmente, deberán reflexionar sobre el uso del subjuntivo cuando expresamos sentimientos y emociones. Explíqueles que en el anuario que vertebra este apartado han escrito también algunos estudiantes extranjeros su experiencia durante el curso y que han cometido algunos errores en el uso del subjuntivo que ellos deberán encontrar y corregir. Deles un tiempo para que realicen la actividad y luego haga una puesta en común para corregirla.
1. sea; **2.** fueran; **3.** haya llevado/llevara; **5.** hayan ayudado; **6.** pudiéramos; **8.** fueran; **9.** haya terminado.

4.1. Para terminar, proponga estas actividad de interacción oral. Pregúnteles ahora qué impresiones les ha producido el curso, qué es lo que más les ha gustado, si les ha disgustado algo, etc. Dígales que se fijen en las frases de la actividad anterior y que tengan en cuenta la concordancia entre los tiempos verbales. Usted puede sugerir preguntas usando los verbos y locuciones que usamos para expresar sentimientos: *¿Alguna cosa te ha molestado? ¿Qué te ha divertido más?...*

Unidad 22

Cultura

1. También este apartado, como los demás que conforman la unidad, recoge algunos de los temas más relevantes que se han trabajado durante el curso. Antes de abrir la doble página, pregunte a sus estudiantes qué temas de cultura recuerdan de cuantos se han presentado en las nueve unidades anteriores. Escriba en la pizarra los temas que le vayan diciendo. Explíqueles que, a continuación, van a responder en parejas a un cuestionario en el que se plantean preguntas sobre algunos de los temas vistos en el nivel. Dígales que no deben consultar el libro ni tampoco buscar información en internet.
1. a; **2.** c; **3.** b; **4.** b; **5.** a; **6.** b; **7.** a; **8.** c; **9.** a; **10.** c.

1.1. (página siguiente) Para corregir la actividad dígales que pueden consultar, en cada pregunta, la información pertinente en el apartado "Cultura" de la unidad correspondiente. Basta con que miren el sumario de contenidos que hay al principio del libro para saber qué tema se trata en cada unidad. Compruebe en plenario qué pareja ha acertado más respuestas. Si lo cree conveniente, como ampliación, puede proponerles que, en parejas, busquen en el libro o en internet más información sobre cada una de las respuestas de la actividad 1. Después haga una puesta en común de los resultados obtenidos.

Para trabajar estos contenidos, realice las actividades **16-18b**, p. **135** del *Libro de ejercicios*.

REFERENTE cultural

1 **En parejas** Resuelve con tu compañero/a este cuestionario.

1 Existe un museo de chocolate, está en la capital de...
a. México.
b. Cuba.
c. Perú.

2 ¿Cuántas comunidades autónomas tiene España?
a. Doce.
b. Quince.
c. Diecisiete.

3 La diseñadora Carolina Herrera es de nacionalidad...
a. argentina.
b. venezolana.
c. española.

4 ¿Cómo se llaman las gigantescas estatuas de la isla de Pascua?
a. Rapanuís.
b. Moáis.
c. Ahu.

5 Tapear es...
a. salir con los amigos a tomar tapas.
b. poner la tapa de un objeto para cerrarlo.
c. ponerse más ropa para cubrirse cuando hace frío.

6 ¿Cuántas lenguas oficiales se hablan en España?
a. Tres.
b. Cuatro.
c. Cinco.

Información adicional: **1.** Mundo Chocolate (MUCHO) es un museo dedicado al chocolate que se encuentra en Ciudad de México; **2.** La división política y administrativa de España está constituida por dieciséis comunidades autónomas y una comunidad foral (Navarra), además de las ciudades autónomas de Ceuta y Melilla; **3.** Carolina Herrera, nacida en Venezuela, es la diseñadora hispana más reconocida mundialmente. Llevan sus diseños celebridades como Nicole Kidman, Jessica Alba, Angelina Jolie, Salma Hayek, Lucy Liu, Renée Zellweger y Lady Gaga, entre otras; **4.** Los moáis, las gigantescas estatuas de la isla de Pascua, constituyen la expresión más importante del arte escultórico rapanuí y se han convertido en su seña de identidad. Se han registrado unos 900 moáis en la isla de Pascua; **5.** Es bastante habitual salir a cenar o a comer tapas los fines de semana; esta forma de comer se llama tapear o ir de tapas; **6.** España es un país donde se hablan varias lenguas vernáculas. El único idioma oficial común para todo el país es el castellano; sin embargo, existen 4 lenguas cooficiales, habladas en algunas comunidades autónomas: catalán y aranés, euskera y gallego; **7.** En España y en Argentina, es costumbre tirar de las orejas de la persona

22

7 ¿Cuál de las siguientes tradiciones es típica de República Dominicana para felicitar el cumpleaños?

a. Echar agua por encima de la persona que cumple años.
b. Tirarle de las orejas al cumpleañero tantas veces como años cumple.
c. Despertar al cumpleañero con la canción popular *Las mañanitas*.

8 ¿En qué país de Hispanoamérica no se celebra la fiesta de los quince años?

a. Argentina.
b. Uruguay.
c. Chile.

9 El restaurante Botín, del siglo XVIII, está en...

a. Madrid.
b. Barcelona.
c. Granada.

10 ¿Cómo se llama el movimiento que busca cambiar las injustas reglas del comercio internacional?

a. Comercio libre.
b. Comercio humano.
c. Comercio justo.

1.1 **Todo el grupo** Compara tus respuestas con otras parejas de la clase. ¿Quién ha acertado más en menos tiempo?

2 **Todo el grupo** De todo lo que has aprendido en la sección de cultura de este nivel, ¿qué te ha parecido más interesante? ¿Había algún dato que ya conocías o ha sido todo nuevo para ti?

Unidad 22 | Rebobinamos doscientos sesenta y tres | 263

2. Antes de dar paso a la actividad, compruebe junto con la clase si los temas que habían sugerido y que usted había anotado en la pizarra han aparecido en el cuestionario o están realmente presentes en el sumario del libro. Luego pregúnteles cuál de los temas de cultura que han trabajado durante el curso les ha parecido más interesante y por qué, y también si había información que ya conocían o todos los datos eran nuevos para ellos.
Para concluir este repaso del apartado "Cultura", use la proyección 72.

Cultura en imágenes

[72]

Ponga la proyección, en la que se muestran imágenes de algunos lugares que han aparecido en el apartado "Cultura" de las distintas unidades, y pídales que, en parejas, intenten identificar qué son y dónde se encuentran. Puede plantear la actividad a modo de competición, en la que ganará la pareja que más lugares haya identificado. Después de la corrección, pregúnteles si recuerdan más información sobre estos lugares y cuál les parece más interesante y por qué.
1. Museo Frida Kahlo o Casa Azul, Ciudad de México; **2.** Moáis de la isla de Pascua, Chile; **3.** Palacio de la Alhambra, Granada (España); **4.** Gran Pirámide de Cholula, México; **5.** Ciudad de La Habana, Cuba; **6.** Palacio Kursaal, San Sebastián (España); **7.** Plaza de Cibeles, Madrid (España); **8.** Museo Guggenheim, Bilbao (España).

"afortunada", una vez por cada año que cumple. En Puerto Rico, le tocan el brazo, también tantas veces como años cumple. En la República Dominicana, da buena suerte echarle agua a la persona festejada. En Chile, el/la cumpleañero/a recibe el popularmente conocido *manteo*. En Paraguay, le llenan la cabeza de harina y huevo y le dan palmadas en la espalda. En México, la despiertan cantándole *Las mañanitas*; **8.** En los países de Latinoamérica, cuando las chicas cumplen 15 años, se tiene la costumbre de hacer una gran celebración: la Quinceañera. Se trata de una gran fiesta en la que se celebra que las adolescentes ya tienen 15 años y se convierten en mujeres. Se celebra en los países de América Latina salvo Chile, donde nunca tuvo mayor relevancia; **9.** Cancún se ubica en Quintana Roo, México, y está rodeado por el mar Caribe. Lo caracterizan sus hermosas playas de blanca y fina arena de coral y su mar de aguas transparentes, que posee un matiz impresionante de azules que va desde el esmeralda hasta el turquesa; **10.** En la década de los cincuenta del siglo pasado surgió este movimiento que ha ido creciendo con los años: el comercio justo. Su objetivo es mejorar el acceso al mercado de los productores más desfavorecidos y cambiar las injustas reglas del comercio internacional, que consolidan la pobreza y la desigualdad mundial.

Unidad 22

Vídeo

1. En primer lugar, pídales que le digan el nombre de los cinco protagonistas de *Hostal Babel* (Bea, Hugo, Tere, Leo y Carla) y que describan brevemente su carácter, personalidad y gustos. Haciendo un retrato de los personajes, estarán haciendo acopio de buena parte de la información que han obtenido sobre ellos a lo largo del curso, lo que les permitirá entender mejor el último episodio y, sobre todo, tomar conciencia de lo útil que ha sido para ellos este apartado del manual. Tome nota en la pizarra de lo que vayan sugiriendo y, cuando tenga la descripción de los cinco personajes, pregúnteles cuál de ellos creen que ofrece a los demás paté de algas y por qué.
Hugo, porque es vegano.

2. Esta actividad presenta un diálogo del episodio que verán en la sección *Durante el vídeo*. Dígales que el diálogo aparece desordenado y que, en parejas, deberán leer las diferentes intervenciones de los personajes y ordenarlas escribiendo en las casillas el número correspondiente. Si le parece oportuno, puede pedir voluntarios para que interpreten a los cuatro personajes que intervienen en el diálogo; así podrá trabajar aspectos tan importantes como la entonación, que luego podrán revisar y comparar con el diálogo original.
a. 1; **b.** 4; **c.** 2; **d.** 9; **e.** 6; **f.** 8; **g.** 5; **h.** 7; **i.** 3.

3. y **4.** Ponga el primer fragmento del episodio, 00:30 ▶ 02:08, para que comprueben las respuestas que dieron a las actividades 1 y 2.

5. Antes de visionar el fragmento 02:08 ▶ 04:46, explíqueles que tendrán que completar la información presentada en los ítems eligiendo la opción correcta en cada caso. Distribuya a la clase en parejas, deles tiempo para que lean la información y ponga el vídeo. Corrija con un nuevo visionado pausando el vídeo para confirmar las respuestas.
1. c; **2.** b; **3.** a; **4.** b.

6. Comienza ahora una secuencia de actividades de interacción oral que busca que los estudiantes, a partir del tema principal de la serie (la convivencia entre estudiantes de distintas culturas), hablen de sus propias vivencias y las compartan con los demás. Para fomentar la interacción, pídales que se pregunten entre ellos y pregúnteles también usted mismo, de modo que estimule la conversación dejando que esta fluya y sin interrumpirla para corregir. Tome notas y revíselas al final en plenario. A las preguntas propuestas puede añadir otras, como: *¿fue en tu país o en otro?, ¿qué fue lo más positivo?, ¿y lo más negativo?, ¿viviste alguna situación como la que has visto en la serie?, ¿alguno de tus compañeros se parecía a alguno de los personajes del hostal Babel?*

7. Para concluir el apartado, pregúnteles cuál de los personajes de la serie les parece más simpático y con cuál de ellos creen que se llevarían mejor. Pídales que argumenten sus respuestas. Luego propóngales que ellos mismos hagan un ejercicio de memoria como el que han realizado los personajes del hostal Babel en este episodio y que piensen en los momentos más significativos o divertidos que han vivido durante el curso. Puede distribuir la clase en pequeños grupos y pedirles que comenten y anoten por escrito sus momentos para después compartirlos con el resto de los grupos y ver si han coincidido en algo. Finalmente, puede proponerles que los recopilen todos para formar con ellos las memorias del curso *Frecuencias DIRECTO A1-B1*.

Vídeo — HOSTAL Babel

Recuerdos con paté de algas

Antes del vídeo

1 Este capítulo se titula *Recuerdos con paté de algas*; ahora que conoces bien a los personajes, ¿quién crees que ofrece a los demás el paté de algas?

2 **En parejas** Ordena el diálogo que tienes a continuación. Compara tu respuesta con tu compañero/a.

- [1] a. Hugo: La cena se ve superrica… Es una gran idea para celebrar el final del curso.
- [ ] b. Hugo: Sí, durante un tiempo íbamos todas las tardes a jugar al parchís, ¿recuerdan?
- [ ] c. Carla: Como siempre, Bea quiere celebrar el final de otro curso preparándonos una supercena. ¡Ya es tradición en el hostal Babel!
- [ ] d. Carla: Sí, eso sí que es cierto.
- [ ] e. Leo: Es verdad, yo no gané ni una partida…
- [ ] f. Tere: Reconoce que te gustaba vernos ahí, cerquita de ti… ¡Confiésalo! ¡Te gustaba vernos!
- [ ] g. Tere: Sí, pero yo siempre os ganaba.
- [ ] h. Carla: Claro, ustedes pasaban una tarde relinda, pero yo estaba trabajando.
- [ ] i. Tere: La verdad es que ha sido un curso estupendo…

Durante el vídeo

3 Visiona el fragmento 00:30 ▶ 01:34 y comprueba tus repuestas de la actividad 1.

4 Ahora visiona el fragmento 01:20 ▶ 02:08 y comprueba si has ordenado correctamente el diálogo de la actividad 2.

5 **En parejas** Visiona el fragmento 02:08 ▶ 04:46 y luego elige la opción adecuada.

1. **Leo dice que…**
   a. Hugo siempre se pone muy pesado con la alimentación.
   b. no le importa que lo llamen "rarito".
   c. en todos los grupos tiene que haber un rarito.
2. **Tere piensa que…**
   a. Carla trabaja demasiado.
   b. Carla se ha divertido muy poco durante el curso.
   c. Carla debe tener más tardes libres.
3. **Carla dice que…**
   a. el próximo año buscará un trabajo que le ocupe menos tiempo.
   b. ha aprovechado bien el poco tiempo libre.
   c. sus amigos no tienen razón, que no trabaja demasiado.
4. **Durante el fragmento…**
   a. Carla le dice a Hugo que es un poco raro.
   b. Tere está preocupada porque Bea no llega.
   c. Leo le dice a Hugo que lo acepta como es.

Después del vídeo

6 **Todo el grupo** ¿Has convivido alguna vez con otros estudiantes? ¿Había, entre ellos, estudiantes de países diferentes al tuyo? ¿Cómo fue la experiencia?

7 **Todo el grupo** ¿Cuál de los personajes del hostal Babel te resulta más simpático? ¿Con cuál crees que te llevarías mejor? ¿Por qué?

264 | doscientos sesenta y cuatro — Unidad 22 | Rebobinamos

Evaluación

22

1 **Fíjate en las siguientes frases y relaciónalas con uno de los dos títulos. Luego conjuga los verbos en pasado para completar las historias.**

Hacer muchas excursiones. | Alquilar un coche. | Alojarse en un hotel. | Haber poca nieve. | Conocer a los compañeros. | Llegar media hora antes. | Acabar muy cansado. | Estar nervioso. | Tener miedo de llegar tarde. | Pasarlo bien. | Ir a esquiar. | Ser bonita la oficina. | Ser un lunes. | Hacer muchas fotos. | Parecer simpáticos. | Estar casi vacío el hotel.

En nuestras últimas vacaciones	Mi primer día de trabajo

2 **Completa las siguientes frases con la forma correcta de los verbos entre paréntesis.**

1. A mí me encanta que en las fiestas .... (haber) mucha gente; si no la .... (conocer), casi mejor, me gusta esa sensación.
2. No me gusta que me .... (hacer, ellos) esperar. Si en un restaurante .... (tardar) más de 20 minutos en servirme, no vuelvo nunca más.
3. Odio que la gente .... (mentir), yo nunca lo .... (hacer).
4. No me gusta presumir, pero, sinceramente, creo que .... (ser) un buen amigo y solo les pido a mis amigos que .... (ser) tan leales, detallistas y honestos como yo.
5. Hay gente que cree que cualquier tiempo pasado .... (ser) mejor; pero yo no creo que eso .... (ser) cierto. Mañana será mejor que hoy. Esta forma de pensar me ayuda a levantarme cada día de buen humor.
6. Yo necesito controlarlo todo en mi trabajo. Siempre .... (revisar) los documentos dos o tres veces; pero, aun así, antes de .... (mandar) los informes al jefe, le pido a algún compañero que los .... (revisar) también.
7. Me preocupa mucho el cambio climático. Si no .... (resolver, nosotros) este problema, es posible que el mundo que conocemos .... (desaparecer) en poco tiempo.
8. Me parece absurdo que la gente .... (tener) prisa por todo. Yo creo que siempre .... (haber) que tomarse las cosas con más calma.

3 **Mira estos perfiles de una red social e indica a quién podrían pertenecer los comentarios anteriores. Justifica tu respuesta en tu cuaderno.**

Mario
Es abierto, nervioso, alegre y un poco inseguro.

Adriana
Es sincera, introvertida y optimista.

Alicia
Es habladora, impaciente y un poco pesimista.

Pedro
Es serio, un poco creído y tranquilo.

Evaluación

1. **En nuestras últimas vacaciones:** Hacer muchas excursiones, Alquilar un coche, Alojarse en un hotel, Pasarlo bien, Ir a esquiar, Hacer muchas fotos, Estar casi vacío el hotel, Haber poca nieve; **Mi primer día de trabajo:** Conocer a los compañeros, Llegar media hora antes, Acabar muy cansado, Tener miedo de llegar tarde, Ser bonita la oficina, Ser un lunes, Parecer simpáticos, Estar nervioso.
   Posibles relatos:
   En nuestras últimas vacaciones fuimos a esquiar y nos alojamos en un hotel, pero el hotel estaba casi vacío porque había poca nieve. Alquilamos un coche e hicimos muchas excursiones. Lo pasamos muy bien e hicimos muchas fotos; Mi primer día de trabajo era un lunes. Estaba nervioso y tenía miedo de llegar tarde, por eso llegué media hora antes. La oficina era bonita. Conocí a mis compañeros y parecían simpáticos. Acabé muy cansado.

2. **1.** haya, conozco; **2.** hagan, tardan; **3.** mienta, hago; **4.** soy, sean; **5.** fue, sea; **6.** reviso, mandarle, revise; **7.** resolvemos, desaparezca; **8.** tenga, hay.

3. **Posible respuesta:**
   Mario: 1, 6; **Adriana:** 3, 5; **Alicia:** 2, 7; **Pedro:** 4, 8.

Apéndices

Pronunciación y ortografía

Ficha 1

1. y **2.** Una vez que los estudiantes han aprendido a deletrear, introducimos la composición silábica de las palabras. Pídales que, individualmente, lean la información del cuadro. Aclare las dudas que puedan surgir e insista en que, en español, no puede haber sílabas sin, al menos, una vocal. Una vez terminada la explicación, lleve a cabo la actividad 2.
1. ca-lor; 2. sed; 3. ham-bre; 4. a-mi-ga; 5. te-lé-fo-no; 6. pan; 7. a-ba-ni-co; 8. za-pa-tos; 9. ca-ma.

3. Ejercicio de fonética para acercar a los estudiantes al concepto de sílaba tónica.
Dígales que usted va a pronunciar las palabras anteriores, dejando una pausa entre una y otra. Pídales que escuchen con atención y que señalen la sílaba pronunciada con más intensidad. A la hora de pronunciar, remarque un poco la sílaba tónica, pero sin exagerar, para que no se desvirtúe la pronunciación de la palabra. Adviértales de que las palabras monosílabas pueden ser tónicas (es decir, que se pronuncian con intensidad), como en el caso de *sed* y *pan*, o no tener acento, como *el* o *un*.
1. ca-**lor**; 2. **sed**; 3. **ham**-bre; 4. a-**mi**-ga; 5. te-**lé**-fo-no; 6. **pan**; 7. a-ba-**ni**-co; 8. za-**pa**-tos; 9. **ca**-ma.

4. Pida a los estudiantes que repasen la unidad en busca de palabras de hasta cuatro sílabas. Puede, si quiere, poner un límite de palabras para agilizar la actividad si dispone de poco tiempo. Una vez que las han anotado en su cuaderno, por turnos, dicen las palabras que han encontrado en voz alta. Puede ir apuntándolas en la pizarra, recordando al mismo tiempo su significado.

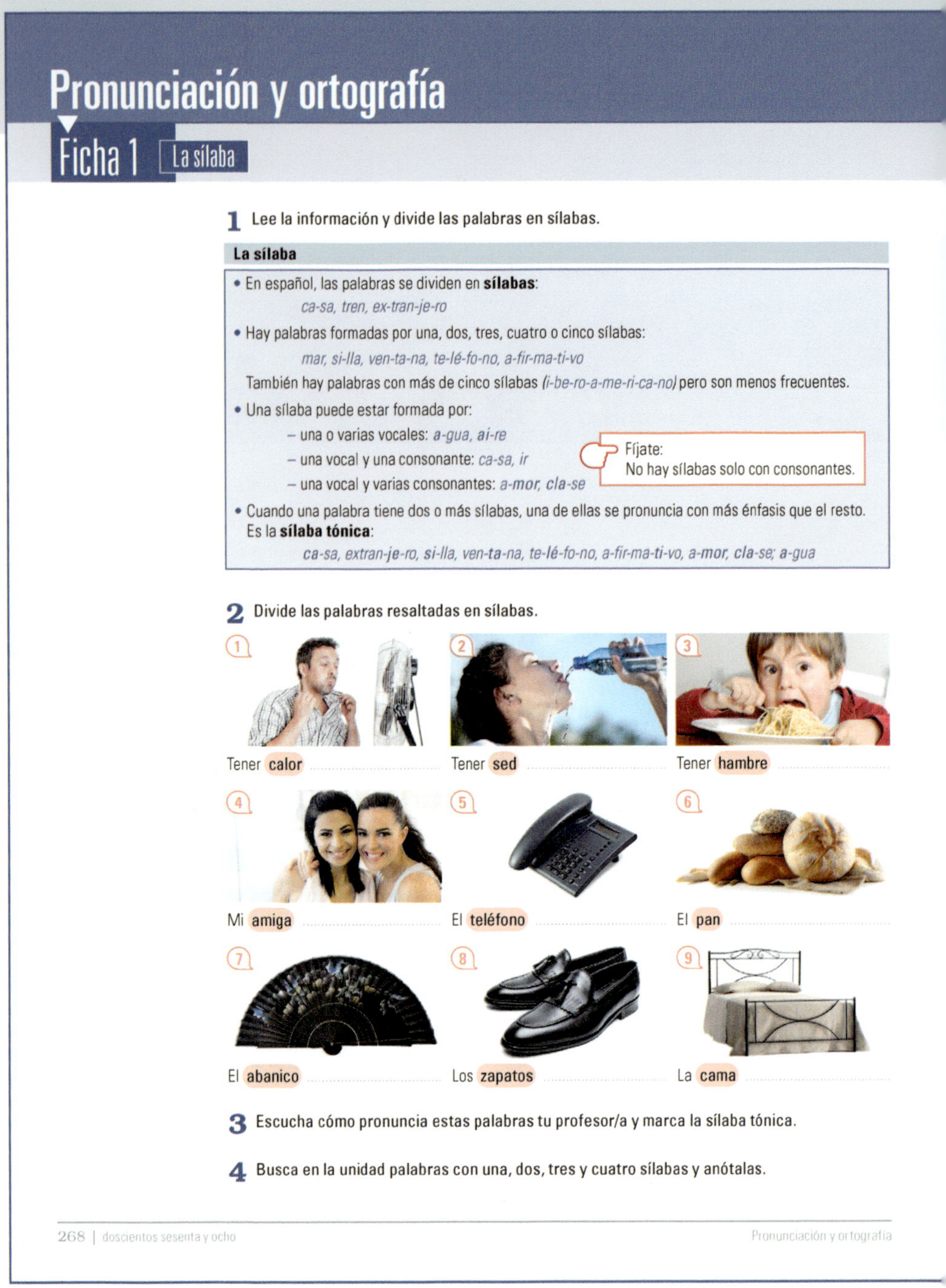

Pronunciación y ortografía

Ficha 1 La sílaba

1 Lee la información y divide las palabras en sílabas.

La sílaba

- En español, las palabras se dividen en **sílabas**:
  ca-sa, tren, ex-tran-je-ro
- Hay palabras formadas por una, dos, tres, cuatro o cinco sílabas:
  mar, si-lla, ven-ta-na, te-lé-fo-no, a-fir-ma-ti-vo
  También hay palabras con más de cinco sílabas (*i-be-ro-a-me-ri-ca-no*) pero son menos frecuentes.
- Una sílaba puede estar formada por:
  – una o varias vocales: *a-gua, ai-re*
  – una vocal y una consonante: *ca-sa, ir*
  – una vocal y varias consonantes: *a-mor, cla-se*
  Fíjate: No hay sílabas solo con consonantes.
- Cuando una palabra tiene dos o más sílabas, una de ellas se pronuncia con más énfasis que el resto. Es la **sílaba tónica**:
  ca-sa, extran-je-ro, si-lla, ven-ta-na, te-lé-fo-no, a-fir-ma-ti-vo, a-mor, cla-se; a-gua

2 Divide las palabras resaltadas en sílabas.

1 Tener **calor** ....
2 Tener **sed** ....
3 Tener **hambre** ....
4 Mi **amiga** ....
5 El **teléfono** ....
6 El **pan** ....
7 El **abanico** ....
8 Los **zapatos** ....
9 La **cama** ....

3 Escucha cómo pronuncia estas palabras tu profesor/a y marca la sílaba tónica.

4 Busca en la unidad palabras con una, dos, tres y cuatro sílabas y anótalas.

268 | doscientos sesenta y ocho — Pronunciación y ortografía

Ficha 2 Los sonidos

1 [76] Escucha los siguientes pares de palabras y repite. No importa ahora su significado.

- pero – perro
- casa – caza
- suelo – suero
- peces – peses
- pagar – pajar
- helar – errar
- manco – mango
- sepa – cepa
- churro – chulo
- jara – jarra
- quiso – guiso
- mesa – meza

2 [77] Marca las palabras que escuchas. No importa su significado.

- ☐ liga ☐ rama
- ☐ bajo ☐ guerra
- ☐ zueco ☐ coro
- ☐ cazo ☐ mango
- ☐ loza ☐ zeta
- ☐ perra ☐ hora

3 [78] Escucha la canción y marca las palabras que oyes.

- ☐ quinto ☐ café ☐ México
- ☐ cuántos ☐ agua ☐ tango
- ☐ Suiza ☐ ¿Qué tal? ☐ Guinea
- ☐ Francia ☐ sueco ☐ playa
- ☐ Marruecos ☐ flamenco ☐ pagar
- ☐ tener ☐ cinco ☐ rojo

4 Ahora lee la canción y comprueba tu respuesta anterior.

Mi casa está en un quinto piso,
desde aquí puedo ver todo Madrid.
Miro hacia el sur y me imagino
que me voy de viaje muy lejos de aquí.

Estribillo
Quiero viajar por todo el mundo,
desde Guinea hasta Hong Kong.
Quiero viajar por todo el mundo,
desde la India a Nueva York.

Ir a una playa al sur de Francia,
visitar La Habana y tocar el bongó,
cantar flamenco en Sevilla,
¿qué tal ir a Marruecos
y luego volar a Japón?

Estribillo

Sueño viajar por todo el planeta,
¡cuántos amigos deseo tener!
Sueño viajar por todo el planeta,
¡cuántos amigos deseo tener!

Bailar un tango en Argentina,
cantar en Memphis un *rock and roll*,
comer pimiento rojo en México,
cruzar la línea del ecuador.

Estribillo

Ficha 2

1. [76] Esta actividad y la siguiente trabajan con pares mínimos, esto es, con pares de palabras que solo se diferencian en un sonido. Los que se tratan aquí, aunque de forma somera, son algunos de los pares de fonemas que más problemas ocasionan en el aprendizaje del español. Si lo cree oportuno, puede hacer que, por turnos, repitan los pares de palabras y que practiquen con ellas.

2. [77] Los estudiantes deben seleccionar, de las palabras que escuchen, aquellas que coincidan con el listado de la actividad.
Rama, guerra, zueco, mango, loza, perra.

3. [78] Se trata de una canción en la que se pide a los estudiantes que identifiquen palabras que contienen algunos de los sonidos que han practicado de manera aislada en las actividades anteriores. Después de una primera escucha, puede dejarles un tiempo para que cotejen sus resultados en parejas si lo considera oportuno.
Quinto, México, cuántos, tango, ¿Qué tal?, Guinea, Francia, playa, Marruecos, flamenco, tener, rojo.

4. Se facilita la letra de la canción para que los estudiantes puedan autocorregirse.

Ficha 3

1. El objetivo de esta actividad es fijar la pronunciación de las vocales en español. Antes de comenzar con la escucha, pídales que se fijen en las fotografías que ilustran la posición de la boca en la pronunciación de las vocales.
[79]
Anímeles a hacer pruebas ellos mismos para que noten cómo se modifica la apertura de la boca según la vocal que se pronuncie. Ponga la grabación dos veces seguidas y, en la tercera, pídales que repitan las palabras que van a escuchar.

2. Actividad para el reconocimiento activo de las vocales. En este caso la escucha es más activa, pues los estudiantes tienen que clasificar las palabras según la vocal que contienen. Ponga el audio, que ya contiene pausas para escribir, y repítalo si lo cree necesario.
[80]
A: manzana, casa, cantar; E: pez, beber, mente;
I: Pili, ir, gris; O: ojos, sol, color; U: un, tutú, mus.

3. Explique lo que es un diptongo siguiendo la explicación del cuadro de atención y dígales que los ejemplos que aparecen a continuación son muestras de todos los posibles diptongos que pueden formarse. Ponga el audio. Luego reprodúzcalo de nuevo y pídales que repitan.
[81]

3.1. Pídales que busquen algunos ejemplos más de diptongos. Sugiérales que pueden buscarlos en los textos que han aparecido en la unidad. Hágales la pregunta que se plantea. La combinación *ou* es muy poco frecuente en español y casi todas las palabras que existen con este diptongo provienen de otras lenguas: *bourbon*, *boutique*, *limousine*...

3.2. En esta actividad se reflexiona y se muestran ejemplos orales de palabras que se diferencian solamente por una vocal. El objetivo es hacer consciente al estudiante de la importancia que tiene una pronunciación correcta de las vocales que forman un diptongo.
[82]

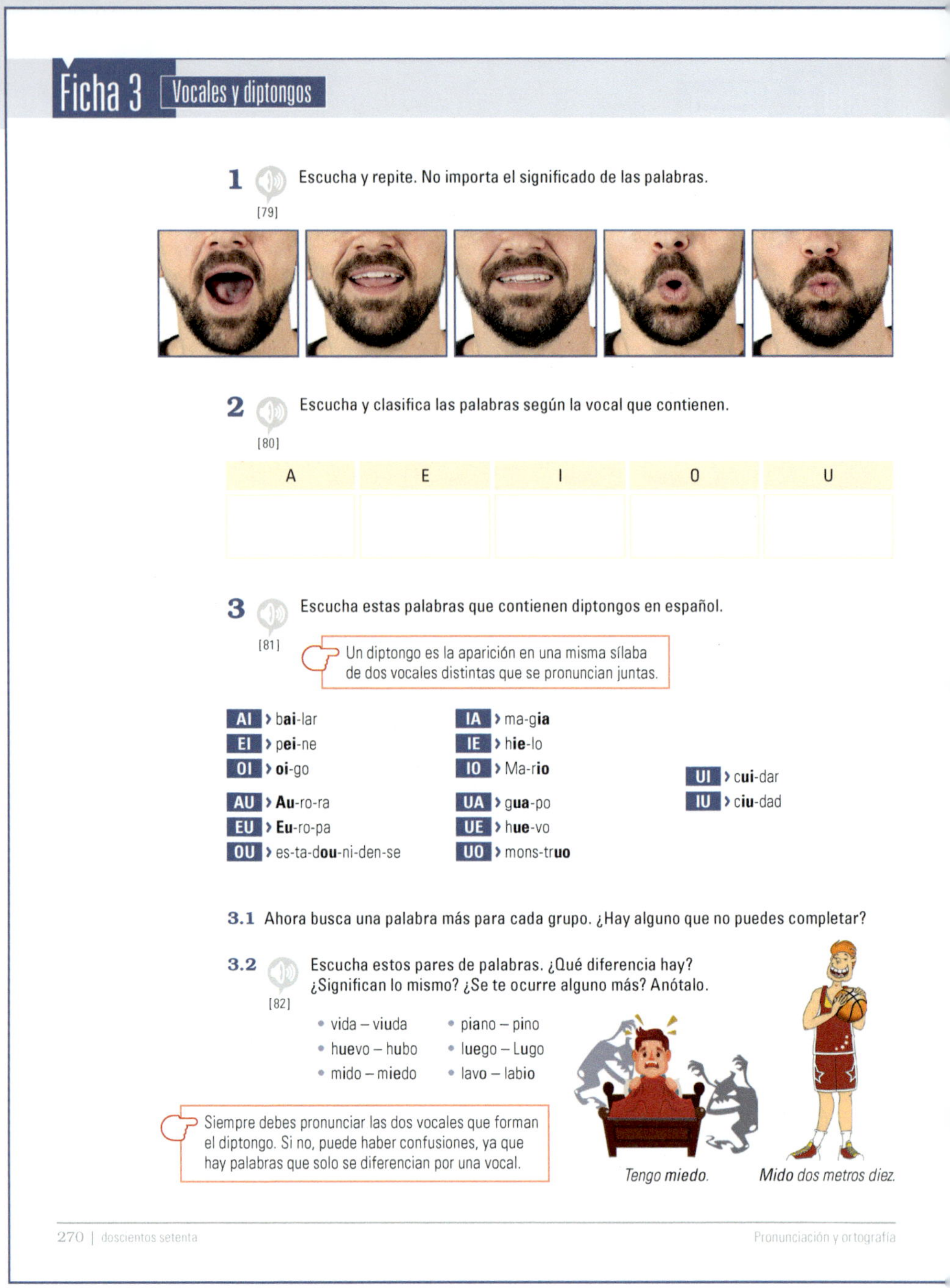

Ficha 3 Vocales y diptongos

1 [79] Escucha y repite. No importa el significado de las palabras.

2 [80] Escucha y clasifica las palabras según la vocal que contienen.

A	E	I	O	U

3 [81] Escucha estas palabras que contienen diptongos en español.

Un diptongo es la aparición en una misma sílaba de dos vocales distintas que se pronuncian juntas.

AI > **bai**-lar
EI > **pei**-ne
OI > **oi**-go
AU > **Au**-ro-ra
EU > **Eu**-ro-pa
OU > es-ta-**dou**-ni-den-se
IA > ma-**gia**
IE > **hie**-lo
IO > Ma-**rio**
UA > **gua**-po
UE > **hue**-vo
UO > mons-**truo**
UI > **cui**-dar
IU > **ciu**-dad

3.1 Ahora busca una palabra más para cada grupo. ¿Hay alguno que no puedes completar?

3.2 [82] Escucha estos pares de palabras. ¿Qué diferencia hay? ¿Significan lo mismo? ¿Se te ocurre alguno más? Anótalo.

- vida – viuda
- huevo – hubo
- mido – miedo
- piano – pino
- luego – Lugo
- lavo – labio

Siempre debes pronunciar las dos vocales que forman el diptongo. Si no, puede haber confusiones, ya que hay palabras que solo se diferencian por una vocal.

Tengo miedo. *Mido dos metros diez.*

270 | doscientos setenta Pronunciación y ortografía

Ficha 4 Contraste de los sonidos /g/, /x/ y /k/ y las letras g/j

1 [83] Escucha estas series de palabras y repite. No importa su significado.

2 [84] Aquí tienes una serie de pares mínimos, parejas de palabras que son iguales excepto por un sonido. Marca, en cada par, cuál de ellas escuchas primero.

- casa – gasa
- mago – majo
- coco – cojo
- goma – coma
- lijar – ligar
- rasgar – rascar

3 [85] Lee la información y escucha la pronunciación de estas palabras.

Letras *g/j*	
Sonido /x/	**Sonido /g/**
• **g** + e, i: *gente, girasol*	• **g** + a, o, u: *galleta, gordo, guapo*
• **j** + a, e, i, o, u: *jamón, jefe, jirafa, joven, jueves*	• **gu** + e, i: *Miguel, guitarra*

3.1 Completa las siguientes palabras con *g*, *gu* o *j*.

1. ca ... ón	4. ... ema	7. mon ... a	10. ... ato	13. á ... ila	16. ... azpacho
2. o ... o	5. ... irasol	8. ima ... en	11. ... orro	14. ... afas	17. ... ersey
3. má ... ico	6. ... untos	9. traba ... o	12. ... errero	15. ... ía	18. abri ... o

3.2 Relaciona algunas de las palabras anteriores con estas imágenes.

1 
2 
3 
4 
5 
6 
7 
8 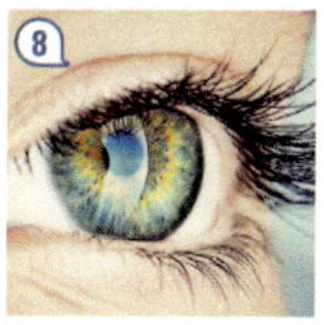
9 
10 

3.3 Ahora busca todas las palabras de la actividad 3.1 en el diccionario para comprobar que están bien escritas.

Ficha 4

1. [83] Pida a los estudiantes que repitan las palabras que escuchen. El audio está preparado para que tengan tiempo de repetir. Agrupando las palabras por fonemas representativos, los estudiantes fijan ese sonido en su mente.

2. [84] Actividad que entrena a los estudiantes para discriminar sonidos muy cercanos.
1. casa; **2.** majo; **3.** cojo; **4.** goma; **5.** ligar; **6.** rasgar.

3. [85] Explique primero el cuadro de ortografía y ponga la audición para fijar la relación entre sonido y grafía.

3.1. Pídales que completen los huecos con las letras que faltan, según lo aprendido. Posteriormente, déjeles un tiempo para que cotejen sus resultados con los de su compañero/a.
1. cajón; **2.** ojo; **3.** mágico; **4.** gema; **5.** girasol; **6.** juntos; **7.** monja; **8.** imagen; **9.** trabajo; **10.** gato; **11.** gorro; **12.** guerrero; **13.** águila; **14.** gafas; **15.** guía; **16.** gazpacho; **17.** jersey; **18.** abrigo.

3.2. **1.** girasol; **2.** gato; **3.** gorro; **4.** gema; **5.** gafas; **6.** águila; **7.** monja; **8.** ojo; **9.** jersey; **10.** abrigo.

3.3. Propóngales que busquen las palabras de la actividad 3.1 en un diccionario para comprobar que las han escrito correctamente.

Ficha 5

1. [86] Si sus estudiantes tienen problemas para distinguir los sonidos, le recomendamos que se detenga en explicarles el modo y el punto de articulación de estos. Luego dígales que escuchen las palabras de la tabla y que las repitan para fijar los sonidos y sus diferencias.

2. Haga distintas repeticiones individuales y corales para confirmar que pronuncian correctamente los diferentes sonidos. Hágales notar la importancia de la pronunciación para diferenciar pares de palabras.

3. [87] Si los estudiantes muestran dificultades, haga dos escuchas. En la primera, pídales que escuchen y presten atención. En la segunda, deben realizar la tarea de la actividad: unir mediante una línea las palabras que oigan.
Ropa, mal, lima, pera, lata, suero, raro.
Churro, vara, ala, corro, labio, caro, ahorra, lisa, celo.

4. [88] Comente con ellos la información del cuadro y practique la pronunciación. Después realice la actividad y déjeles un tiempo para que cotejen sus resultados en pequeños grupos antes de dar la solución en plenario.
1. hierro; **2.** parar; **3.** coral; **4.** enriquecer; **5.** raro; **6.** repisa; **7.** María; **8.** enrabietar; **9.** puro; **10.** reparar.

Ficha 5 Contraste de los sonidos /l/, /r/ y /rr/ y las letras *r/rr*

1 [86] Escucha y repite. No importa el significado de las palabras.

/l/			/r/			/rr/		
luna	miel	alcalde	pera	arado	oro	hierro	roto	rústico
ulular	limón		mirar	permitir		rabia	carroña	

2 Practica con los siguientes pares de palabras pronunciándolos en voz alta.

- para – parra
- pelo – perro
- celo – cero
- bola – borra
- rima – lima
- mira – mirra
- suero – suelo

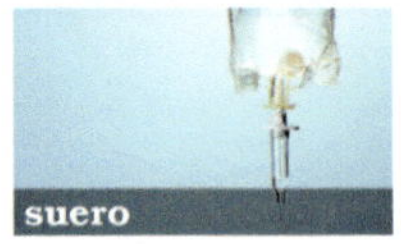

3 [87] Une con líneas las palabras que se dicen.

ROPA	MAR	PERRO	RIMA
MORAL	MAL	LILA	PERRA
RAMO	SUELO	LIMA	LAPA
RARO	SUERO	LATA	PERA

HIELA	CELO	CHURRO	CARETA
LISA	ALA	VARA	CORO
AHORRA	CORRO	ARA	BARRA
CARO	LABIO	CARRO	AHORA

4 [88] Primero, lee la información y luego escribe las palabras que escuchas.

Escribir *r* o *rr*

Posición	Sonido suave	Sonido fuerte
Al principio de palabra	No existe	Letra ***r***: *rama, rojo, rubia*
Entre vocales	Letra ***r***: *hora, Uruguay, amarillo*	Letra ***rr***: *carro, perro, parra*
Al final de palabra o sílaba	Letra ***r***: *amar, partir, esconder*	No existe
Tras las consonantes ***l***, ***n*** y ***s***	No existe	Letra ***r***: *Enrique, Israel, alrededor*

1. ....
2. ....
3. ....
4. ....
5. ....
6. ....
7. ....
8. ....
9. ....
10. ....

Ficha 6 La tilde diacrítica

1 Lee en voz alta estos pares de palabras. ¿Hay alguna diferencia en su pronunciación?

- tu/tú
- el/él
- se/sé
- mi/mí
- te/té
- si/sí

2 Lee esta información y después elige la opción correcta.

La tilde diacrítica

• **tu** › adjetivo posesivo: *Esta tarde voy a* ***tu*** *casa.*	• **tú** › pronombre personal: *Eso lo has dicho* ***tú****.*
• **el** › artículo determinado: ***El*** *colegio está un poco lejos.*	• **él** › pronombre personal: *Me voy en coche con* ***él****.*
• **se** › pronombre personal: *Todos los días* ***se*** *levanta tarde.*	• **sé** › presente del verbo saber (yo): *Ya* ***sé*** *dónde están las llaves.*
• **mi** › adjetivo posesivo: *Este es* ***mi*** *libro.*	• **mí** › pronombre personal: *¿Este regalo es para* ***mí****? ¡Qué bien!*
• **te** › pronombre personal: *¿Qué* ***te*** *pasa? ¿Estás enfermo?*	• **té** › nombre (infusión): *He comprado un* ***té*** *rojo buenísimo.*
• **si** › conjunción condicional: ***Si*** *queréis, vamos al cine esta tarde.*	• **sí** › adverbio afirmativo: ▶ *Oye, ¿puedo usar tu teléfono?* ▷ ***Sí****, claro, por supuesto.*

Fíjate:
Esta tilde sirve para diferenciar dos o más funciones de una misma palabra.

1. Ya **se/sé** que debo esforzarme más.
2. **El/Él** ha preparado la cena esta noche.
3. **Mi/Mí** padre es arquitecto.
4. **El/Él** amigo de Juan es muy amable.
5. **Si/Sí**, ya lo he visto.
6. La obra **se/sé** estrena en el teatro Real.
7. **Tu/Tú** tienes que estudiar más.
8. ¡Qué frío! ¿Nos tomamos un **te/té**?
9. **Si/Sí** vienes, te daré la maleta.
10. Ya **te/té** he dicho que no puedo ir.
11. Podemos ver la película en **tu/tú** casa.
12. A **mi/mí** me gusta jugar en el parque.

3 Escucha y escribe correctamente las frases. [89]

1. ...
2. ...
3. ...
4. ...
5. ...
6. ...
7. ...
8. ...

Ficha 6

1. Con la lectura en voz alta y en grupo se pretende que se den cuenta de que estos pares de palabras no tienen ninguna diferencia en cuanto a su pronunciación, al igual que el resto de las palabras monosílabas, y que la tilde, tal y como se explica en el cuadro de atención, se usa para diferenciar dos o más funciones de la palabra.

2. Explique el acento diacrítico con ayuda del cuadro y los ejemplos. Pase a la actividad y dígales que tienen que elegir el monosílabo con o sin tilde según la función que realiza la palabra dentro de la frase. El contexto los ayudará en la elección. Actividad de corte estratégico para que el estudiante pueda aplicar estos conocimientos en las destrezas escritas y le sirva de ayuda, tanto para la comprensión de los textos como para su producción.
1. sé; **2.** Él; **3.** Mi; **4.** El; **5.** Sí; **6.** se; **7.** Tú; **8.** té; **9.** Si; **10.** te; **11.** tu; **12.** mí.

3. [89] Dictado para la práctica y la consolidación de los conocimientos adquiridos. Entre frase y frase se hace una pausa para que haya suficiente tiempo para escribir, por lo que no es necesario que detenga el audio. Si lo cree necesario, puede hacer una segunda escucha. A la hora de corregir, focalice su atención solamente en las palabras monosílabas que tienen que ver con el contenido presentado: el acento diacrítico.
1. Me gusta mucho tu casa; **2.** Sí, por favor, pasa; **3.** No sé si tengo tiempo; **4.** Para mí, es el mejor del mundo; **5.** Él es el amigo del que te hablé; **6.** ¡Eh!, tú, ¿dónde vas?; **7.** Si te duele el estómago, tómate un té; **8.** Ven a mi casa y vemos la tele.

Ficha 7

1. [90] Los estudiantes van a escuchar y reproducir una serie de palabras que contienen, aleatoriamente, las letras *n* y *ñ*.
   En el caso de que observara dificultades entre ellos a la hora de pronunciar la letra *ñ*, puede indicarles que digan repetidamente *nia*, *nio* y *niu*. Pídales que pronuncien las sílabas lentamente y que, poco a poco, aceleren el ritmo. Así podrán pasar fácilmente a pronunciar *ña*, *ño* y *ñu*.
   Una vez que haya realizado la actividad del audio, propóngales que, por parejas, respondan a las preguntas que aparecen en el cuadro de atención. De este modo, podrán reflexionar sobre los puntos en común entre su lengua materna y el español con respecto a la pronunciación y la grafía de *ñ*.
   Por otro lado, si desea trabajar la diferenciación entre los sonidos /n/ y /ñ/, amplíe la actividad con el reconocimiento de pares de palabras *(pena-peña, sueno-sueño, cana-caña, tina-tiña, ensena-enseña...)*.

2. [91] El segundo fonema estudiado en este epígrafe corresponde al dígrafo *ch* y se representa como /ch/. La actividad consiste en el reconocimiento y la posterior imitación del sonido a través de una serie de palabras.

3. [92] El último sonido estudiado en el epígrafe se representa como /y/ y corresponde a la letra *y* y al dígrafo *ll*. Nuevamente, los estudiantes deberán escuchar y reproducir la serie de palabras propuestas. Finalizada la actividad, lea con ellos el cuadro de información y aclare dudas si las hubiera.
4. Con esta actividad se trabajan las normas ortográficas de las letras *y* y *ll*. Los estudiantes deberán leer la información del cuadro y completar los espacios con las palabras adecuadas según la norma.
   1. estoy; **2.** soy; **3.** adyacente; **4.** concluyo; **5.** cayeran; **6.** proyección; **7.** reyes; **8.** mesilla; **9.** brillo; **10.** apabullar.

5. Para consolidar lo estudiado, pídales que completen las palabras con *y* o *ll*, según las normas ortográficas que acaban de ver. Puede indicarles que realicen la actividad individualmente y que, después, comparen y comenten en parejas antes de la corrección en plenario.
   1. mullido; **2.** convoy; **3.** Paraguay; **4.** mesilla; **5.** subyacer; **6.** disyuntiva; **7.** leyó; **8.** chilló; **9.** oyó; **10.** trayectoria; **11.** proyecto; **12.** inyección; **13.** leyes; **14.** aúlla; **15.** bueyes; **16.** yendo; **17.** cepillo; **18.** adyacente; **19.** pasillo; **20.** cayeron.

Ficha 7 Contraste de los sonidos /n/ y /ñ/. Los sonidos /ch/ y /y/. Los dígrafos *ch* y *ll*. Las letras *y*/*ll*

Fíjate:
La ***ñ*** es una letra que existe en pocas lenguas, como el español. ¿Existe un sonido parecido en tu lengua? ¿Con qué letra o letras se representa?

1 [90] **Escucha y repite las siguientes palabras, que contienen los sonidos /n/ y /ñ/.**

- número
- nadie
- noche
- nunca
- nieva
- pierna
- enero
- cañón
- uña
- buñuelo
- niño
- España
- eñe
- cariñoso

2 [91] **La *ch* es un dígrafo formado por las letras *c* + *h*. Escucha y repite las siguientes palabras, que contienen el sonido /ch/.**

- achaque
- churro
- sándwich
- chaqueta
- chorizo
- cheque
- abrocho

3 [92] **Escucha y repite las siguientes palabras, que contienen el sonido /y/.**

- ayuno
- lluvia
- yerma
- llave
- allí
- huyo
- sello

Fíjate:
/ll/ es un sonido ligeramente distinto de /y/, pero solo en algunas zonas de España e Hispanoamérica se hace la diferencia. Es un fenómeno minoritario.

El sonido /y/ y las letras *y*/*ll*

- El sonido /y/ se escribe con *y* (ye/i griega) o *ll* (elle). La *ll* es un dígrafo formado por *l* + *l*.
- La *y* es una letra que corresponde a dos sonidos, **consonante** /y/ o **vocal** /i/: *raya, rey.*

4 **A continuación aparecen varias palabras que llevan *y* o *ll*. Lee el cuadro que explica las reglas de uso de estas grafías y coloca las palabras en su lugar correspondiente.**

- concluyo
- cayeran
- adyacente
- estoy
- mesilla
- apabullar
- proyección
- reyes
- brillo
- soy

Las letras *y*/*ll*

- Se escriben con ***y***:
  - Las palabras que terminan con el sonido **/i/ precedido de una vocal** con la que forma **diptongo**, o de dos vocales con las que forma **triptongo**: *ay, rey, Uruguay, buey, ley,* [1] ...., *convoy,* [2] ...., *muy.*
  - Las palabras en las que el sonido /y/ sigue a los prefijos ***ad-***, ***dis-*** y ***sub-***: [3] ...., *disyuntivo, subyacer.*
  - Algunas formas de los verbos ***caer***, ***creer***, ***ir***, ***leer***, ***poseer*** y ***proveer***, y de los verbos acabados en ***-oír*** y ***-uir***: [4] ...., *leyendo, oyó,* [5] ....
  - Las palabras que contienen la sílaba ***-yec-***: *abyecto,* [6] ...., *inyectar.*
  - Los plurales de los nombres que terminan en ***-y*** en singular: *rey/* [7] ....
- Se escriben con ***ll***:
  - Las palabras terminadas en ***-illa*** e ***-illo***: [8] ...., [9] ....
  - La mayor parte de los verbos terminados en ***-illar***, ***-ullar*** y ***-ullir***: [10] ...., *bullir.*

5 **Ahora completa estas palabras con *y* o *ll*, según las normas ortográficas que has estudiado.**

1. mu ...... ido
2. convo ......
3. Paragua ......
4. mesi ...... a
5. sub ...... acer
6. dis ...... untiva
7. le ...... ó
8. chi ...... ó
9. o ...... ó
10. tra ...... ectoria
11. pro ...... ecto
12. in ...... ección
13. le ...... es
14. aú ...... a
15. bue ...... es
16. ...... endo
17. cepi ...... o
18. ad ...... acente
19. pasi ...... o
20. ca ...... eron

274 | doscientos setenta y cuatro — Pronunciación y ortografía

Ficha 8 Contraste de los sonidos /p/ y /b/. Las letras *b/v*

1 [93] Escucha y repite las siguientes palabras con el sonido /p/.

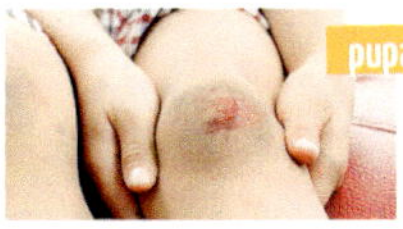

- pala
- pepino
- polo
- pupa
- apuntar
- pleno
- prisa
- plomo
- preso
- plano
- puerta
- copito

2 [94] Escucha y repite las siguientes palabras con el sonido /b/.

- vela
- tuvo
- visado
- bruma
- absurdo
- bola
- haba
- broma
- tubo
- había
- blusa
- bala
- bueno
- abuela

Las letras *b/v*

- En español, las letras *b* y *v* representan el mismo sonido, es decir, se pronuncian igual. Es necesario conocer las palabras para saber si se escriben con *b* o con *v*, pues no se pueden distinguir mediante la pronunciación.
- En algunos casos escribir una u otra letra puede cambiar el significado de la palabra; por ejemplo, en el caso de *baca/vaca*.

3 [95] David es un chico del Reino Unido que está estudiando español en Valencia. Ha publicado en Facebook comentarios de un viaje que ha hecho por España. Escucha y completa las palabras que faltan en el texto.

facebook

David Smith ha compartido una publicación.
1 hora ·

¡Me encanta este país! He hecho un viaje por toda España y estoy muy feliz. Os voy a contar mis aventuras aquí. He conocido a gente muy interesante y he visitado lugares increíbles: las ciudades de [1] ...., [2] .... y [3] .... en el interior y, en la costa cantábrica, [4] .... y San [5] .... He hecho senderismo por los [6] .... y de ahí he llegado a [7] .... Me ha gustado muchísimo ver la obra de Gaudí. También he ido en barco por las islas [8] .... hasta llegar a [9] ...., una isla muy bella. He viajado por Andalucía y he visto [10] .... y sus maravillosos patios árabes, y [11] ...., en [12] ...., donde comí el famoso pescaíto frito. De vuelta a casa, visité las playas de [13] .... y [14] ...., ¡y me comí una estupenda paella! Venid a España, ¡es maravillosa!

Me gusta · Comentar · Compartir

Pronunciación y ortografía — doscientos setenta y cinco | 275

Ficha 8

Se pretende profundizar en la diferencia entre la pronunciación de /p/, representado por la letra *p*, y /b/, correspondiente a los grafemas *v* y *b*, sonidos que se caracterizan por el bloqueo del flujo de aire al ser emitidos.

1. [93] Tras la primera escucha, lleve a cabo un ejercicio para facilitar la pronunciación de /p/. Pida a los estudiantes que lean las palabras en voz alta y que, mientras las pronuncien, acerquen la palma de la mano a un centímetro de la boca. De este modo, detectarán el aire expulsado sobre la mano.

2. [94] El fonema /b/ puede pronunciarse en español de dos maneras. En el primer caso, /b/ tiene un sonido más fuerte y recibe el nombre de oclusiva [b]; aparece siempre después de pausa y después de las consonantes *n* o *m*. En el segundo, recibe el nombre de fricativa [ƀ] y se produce cuando /b/ se encuentra a continuación de vocal o de consonante que no sea *n* o *m*. El sonido de [ƀ] es más suave. Si lo cree conveniente, practique ambos sonidos mediante la repetición de palabras que los contengan: [b] *(Barcelona, verde, vino, barco, invitado, hombre, inventor, envidia...)* y [ƀ] *(cerveza, cabeza, favor, jabón, obrero, desván, cebolla, hierba...)*. Después de la primera escucha, pídales que lean las palabras de la actividad y haga que noten que la salida de aire que podían sentir en /p/ apenas es perceptible en /b/. Finalmente, lea con ellos el cuadro informativo sobre la oposición *b/v*.

3. [95] En una primera escucha, ínstelos a que focalicen su atención en la percepción de los sonidos. En una segunda escucha, pídales que completen los huecos con las palabras que faltan.
1. Palencia; **2.** Burgos; **3.** Pamplona; **4.** Bilbao; **5.** Sebastián; **6.** Pirineos; **7.** Barcelona; **8.** Baleares; **9.** Ibiza; **10.** Córdoba; **11.** Puerto Banús; **12.** Marbella; **13.** Benidorm; **14.** Calpe.

Ficha 9

Esta ficha se centra en la pronunciación correspondiente a los sonidos /t/ y /d/. Dentro del epígrafe se incluye, además, una actividad de práctica de trabalenguas.

1. [96] Los dos fonemas trabajados aquí se caracterizan porque se pronuncian colocando la punta de la lengua en el mismo lugar (en la cara posterior de los incisivos superiores), pero dejando salir el aire de forma diferente (la /t/ la producimos mediante una especie de explosión con la que interrumpimos inmediatamente el flujo de aire, mientras que con /d/ no dejamos de emitir aire).
Antes de que escuchen las palabras con /d/, pídales que presten atención a cómo suena la letra *d* según la posición que esta ocupe dentro de la palabra.
En posición intervocálica, la /d/ se pronuncia con la punta de la lengua entre los dientes, pero sin llegar a tocarlos, y dejando salir aire de forma ininterrumpida *(además, adivino…)*. Sin embargo, cuando la *d* se encuentra después de una pausa, o detrás de *n-* o *l-*, se pronuncia liberando el aire de golpe *(daba, conducir…)*. Finalmente, cuando aparece a final de palabra y con pausa, se pronuncia de la misma forma, pero obstaculizando el paso del aire *(sed, coged…)*.

2. [97] Actividad para discriminar los sonidos /t/, /d/, según el orden de aparición en el audio.
1. taco; **4.** dato; **6.** dedal; **9.** tú; **10.** duna; **14.** acorde; **17.** corto; **18.** gordo; **20.** Madrid.

3. [98] Actividad para trabajar la discriminación entre /t/ y /d/ con pares mínimos. En caso de que perciba dificultades para la diferenciación entre los fonemas, le recomendamos que amplíe la actividad con otros pares de palabras: *data-dada, sota-soda, bota-boda, rota-roda, tela-dela, tiente-diente…*
Té, tos, duna, tomo, domar, tía, rada, salto, soldado, codo, tienta, seda.

Ficha 9 Contraste de los sonidos /t/ y /d/

astrágalo o taba | tuna | dado | abedul

1 [96] Vas a escuchar dos series de palabras. La primera contiene palabras con /t/ y la segunda, palabras con /d/. Repite después de cada palabra.

Palabras con /t/		Palabras con /d/	
• taba	• roto	• daba	• coged
• tía	• aceituna	• sed	• dado
• toro	• dátil	• además	• duro
• puerta	• aceptar	• dolor	• abedul
• tuna	• atinar	• adivino	• Madrid
• tema	• aceite	• deuda	• diablo
• antena	• abierta	• abordo	• conducir

2 [97] Escucha y escribe estas palabras según su orden de aparición en el audio.

dedal | gordo | taco | dato | tú | Madrid | duna | corto | acorde

1.	6.	11. puerta	16. adivinar
2. día	7. toro	12. ayuda	17.
3. timo	8. don	13. meter	18.
4.	9.	14.	19. actúa
5. tema	10.	15. tino	20.

3 [98] Marca la palabra del par que escuches.

☐ dé / ☐ té	☐ domo / ☐ tomo	☐ rada / ☐ rata	☐ codo / ☐ coto
☐ dos / ☐ tos	☐ domar / ☐ tomar	☐ saldo / ☐ salto	☐ tienda / ☐ tienta
☐ duna / ☐ tuna	☐ día / ☐ tía	☐ soldado / ☐ soltado	☐ seda / ☐ seta

4 **En grupos pequeños** Formad grupos de tres y leed estos dos trabalenguas. Ahora, intentad repetirlos. Gana el que consiga repetirlos correctamente en el menor tiempo posible.

4. Actividad que integra la práctica de la fonética y el componente lúdico. El tipo de ejercicio aquí propuesto pueden prepararlo también los propios estudiantes, buscando trabalenguas en internet que contengan los fonemas trabajados. Ofrézcales alguna dirección web para que puedan extraer de allí al menos un trabalenguas.
Posible página: http://www.acertijos.net/trabalenguas.htm

Este ejercicio alternativo puede tener como objetivo la presentación del material que hayan encontrado o, por ejemplo, la grabación de un trabalenguas para que el resto de los estudiantes lo escuche y elija cuál es el más divertido o mejor interpretado.

Ficha 10 Contraste de los sonidos /z/ y /s/. El ceceo y el seseo. Las letras *c/z*

1 [99] Escucha y repite estas dos series de palabras, la primera con el sonido /z/ y la segunda con el sonido /s/.

Palabras con /z/	
• zurdo	• zinc
• zapato	• doce
• celeste	• zen
• azteca	• cine
• zoo	• pez
• rizado	• azul
• rozo	• ácido
• cera	

Palabras con /s/	
• sala	• sed
• vestido	• pulsar
• rosas	• sí
• aseo	• suelo
• beso	• pescado
• tres	• soy
• sol	• musgo
• mismo	

2 [100] Marca la palabra del par que escuches.

☐ seta/☐ zeta ☐ poso/☐ pozo ☐ sebo/☐ cebo ☐ risa/☐ riza
☐ masa/☐ maza ☐ sumo /☐ zumo ☐ cosido/☐ cocido ☐ os/☐ hoz
☐ Asia/☐ hacia ☐ sueco/☐ zueco

3 [101] Vas a escuchar un mensaje de Susana, una chica de Cádiz, que llama a César, su amigo de Canarias, y la contestación de este. ¿Hay alguna diferencia entre la pronunciación de Susana y la de César?

Ceceo y seseo

- El **ceceo** consiste en pronunciar la *s* con sonido similar al de la *z*. Cecean en algunas zonas de Andalucía, especialmente en Cádiz, Sevilla y Huelva.
- El **seseo** consiste en pronunciar la *z* o la *c* (ante *e*, *i*) como *s*. Sesean en algunas zonas de Andalucía, en Canarias y en Hispanoamérica.

4 Aquí tienes una adivinanza que contiene el sonido /z/. Léela detenidamente y completa las reglas ortográficas que tienes a continuación utilizando como ejemplos las palabras de la adivinanza.

Soy muy dulce, tanto o más que el azúcar. Me gusta poner zancadillas a los que cazan ciervos. Estoy en brazos, pinzas o pezuñas. ¿Qué soy?

Las letras *c/z*

- Normalmente, se escribe *c* (con sonido /z/) ante las vocales *e/i*: ....
- Se escribe *z* ante las vocales *a/o/u*: ....
- En las palabras con *-cc-* *(acción, dirección)*, la primera *c* se pronuncia /k/ y la segunda se pronuncia /z/: *acción* /akzión/, *dirección* /direkzión/.

Pronunciación y ortografía doscientos setenta y siete | 277

Ficha 10

En esta ficha se trabaja la pronunciación y la escritura de los sonidos que corresponden a los fonemas /s/ y /θ/. Además, los estudiantes conocerán el fenómeno del ceceo y del seseo en Hispanoamérica y en España.

1. [99] Actividad que consiste en que los estudiantes identifiquen ambos sonidos y presten atención a su articulación para producirlos.
En la primera serie de palabras se recoge el sonido /θ/, fonema que solo existe en el español peninsular, a excepción de algunas zonas de Andalucía. En la segunda serie se produce el fonema /s/.
Focalice ahora su atención en el reconocimiento y la producción de los fonemas. Más adelante, en la actividad 4, se trabajará la representación gráfica de ambos.

2. [100] Después de abordar los dos fonemas por separado, se trabaja la discriminación entre ambos a través de pares mínimos. Recuerde que, en caso de que sus estudiantes muestren dificultad para diferenciarlos, puede ampliar la actividad aportando otros pares de palabras *(casa-caza, rosa-roza, sera-cera, consejo-concejo, sima-cima...)* o haciendo que ellos mismos produzcan e identifiquen los fonemas.
Zeta, masa, hacia, pozo, sumo, zueco, cebo, cosido, risa, hoz.

3. [101] Haga dos escuchas para que los estudiantes puedan percibir bien la diferencia entre ambos sonidos y, después, lea con ellos la información del cuadro sobre el ceceo y el seseo. Explíqueles también que, en el audio que han escuchado, cuando la *s* aparece a final de sílaba (lo que se conoce como *s* implosiva), los hablantes dejan de cecear y sesear, y eso da lugar a formas de pronunciación distintas (aspiración de la *-s*, elisión, o geminación o alargamiento, por ejemplo).
Susana es ceceante (pronuncia /θ/ indistintamente si una palabra se escribe con *s*, con *c* + *e* o *i*, o con *z*) y César es seseante (pronuncia siempre /s/ en los mismos casos).

4. A través de este ejercicio con componente lúdico, los estudiantes tienen que identificar las palabras del acertijo que responden a las normas ortográficas de *c* y *z*. Acláreles que el sonido correspondiente a /θ/ raramente se escribe con *z* cuando va seguido de *i* y *e*. Palabras como *zigzag* o *zeta* pueden considerarse excepcionales y, por lo general, se trata de voces de origen extranjero. Recuérdeles también que en las palabras con *-cc-* *(acción, dirección)*, la primera *c* se pronuncia /k/ y la segunda se pronuncia /z/: acción /akzión/.
Respuesta a la adivinanza: la Z.
- Se escribe *c* ante las vocales *e/i*: dulce, ciervos.
- Se escribe *z* ante las vocales *a/o/u*: azúcar, zancadillas, cazan, brazos, pinzas, pezuñas.

Ficha 11

El trabajo fonético se centra ahora en la pronunciación de los fonemas /f/ y /j/, este último representado gráficamente con las letras *g* y *j*.

1. [102] El sonido /j/, representado también como /x/, corresponde a las letras *j* (+ *a, e, i, o, u*) y *g* (+ *e, i*). Ponga el audio e indique a sus estudiantes que repitan las palabras que escuchan. Después lea con ellos la información del cuadro de atención sobre la representación gráfica de /j/. Si sus estudiantes muestran dificultad para pronunciar este sonido, dígales que una buena forma de practicarlo es reproducir diferentes formas de reírse, utilizando *ja, je, ji, jo, ju*.

2. Actividad de reconocimiento ortográfico de las letras *g* y *j* a través de pares mínimos.
1. paja; **2.** dijo; **3.** liga; **4.** justo; **5.** higo; **6.** vago; **7.** ajo; **8.** soga; **9.** paje; **10.** jota.

3. [103] Ponga el audio e indique a sus estudiantes que repitan las palabras que escuchen. Para practicar la articulación de este sonido, propóngales que imiten el bufido de un gato (mediante la repetición prolongada del fonema /f/).

4. [104] Actividad de discriminación auditiva de /f/ con respecto a /p/ y /b/ mediante pares mínimos. Mientras que en /p/ y /b/ son los labios los que se acercan entre sí, en el caso de /f/, el sonido es producido por el acercamiento de los dientes a los labios.
Baza, fresa, pavor, foca, plan, forro, vino, flote, friso, fruta.

Ficha 11 Los sonidos /j/ y /f/

1 [102] **Escucha y repite las siguientes palabras, que contienen el sonido /j/.**

• julio	• rojo	• viaje	• jamón	• jeque
• gente	• gitano	• reloj	• elegir	• jinete
• mojado	• ajuar	• lejos	• jota	• jueves

> Fíjate:
> El sonido /j/ se representa gráficamente con las letras ***g*** y ***j***: ja, ge/je, gi/ji, jo, ju.
> Ejemplos: *caja, gente, jefe, agitar, cojín, joya, Julián.*

2 **Coloca las palabras junto a su par correspondiente. Si no conoces algún significado, fíjate en las fotos, pregúntale a tu profesor o busca la palabra en el diccionario.**

dijo | paja | jota
justo | ajo | liga
soga | paje | vago | higo

1. paga/ ....
2. digo/ ....
3. lija/ ....
4. gusto/ ....
5. hijo/ ....
6. bajo/ ....
7. hago/ ....
8. soja/ ....
9. pague/ ....
10. gota/ ....

3 [103] **Escucha y repite las siguientes palabras, que contienen el sonido /f/.**

• fecha	• golfo	• refutar	• filón	• afilar	• furor	• afear
• fruta	• frito	• fama	• foto	• rifa	• flecha	• flema

4 [104] **Escucha y une con líneas las palabras que oigas.**

pavor	foca	vino	flote	brote
falda	presa	fino	forro	friso
favor	boca	flan	borro	piso
baza	fresa	plan	fruta	bruta

fresa

flan

brote

278 | doscientos setenta y ocho — Pronunciación y ortografía

Ficha 12 La sílaba. Reglas generales de acentuación

1 Lee la información y escribe dos ejemplos donde una sílaba cambia el significado de la palabra.

La sílaba

- Como ya sabes, las palabras están formadas por **sílabas**: *ven-ta-na, me-lo-co-tón*; y estas por, al menos, una vocal: *a-le-mán*. No existen sílabas formadas solo por consonantes.
- Si en la palabra *casa* cambiamos la sílaba *-sa* por *-ma*, tenemos la palabra *cama*, que es una palabra con un significado diferente.

calor/**do**lor ..../.......... ..../..........

2 Lee y completa el cuadro con estas palabras. Luego divídelas en sílabas y marca la sílaba tónica.

feliz | hipódromo | conejo | cómpratelo | marítimo | árbol | cómetela | cartón

Tipos de palabras según la sílaba tónica

La **sílaba tónica** de una palabra es aquella que se pronuncia con mayor fuerza o énfasis que el resto. Teniendo en cuenta la sílaba tónica, en español podemos clasificar las palabras en:

- **Agudas** › la sílaba tónica es la **última** (▬ ▬ ▬́): *ja-món, per-diz,* [1] ...., [2] ....
- **Llanas** › la sílaba tónica es la **penúltima** (▬ ▬́ ▬): *ca-sa, cam-pe-ro,* [3] ...., [4] ....
- **Esdrújulas** › la sílaba tónica es la **antepenúltima** (▬́ ▬ ▬): *fan-tás-ti-co, lá-gri-ma,* [5] ...., [6] ....
- **Sobresdrújulas** › la sílaba tónica es la **anterior a la antepenúltima** (▬́ ▬ ▬ ▬): *cán-ta-se-lo, di-bú-ja-me-lo,* [7] ...., [8] ....

3 [105] Lee la información, escucha con atención y pon la tilde en la vocal adecuada de las palabras que aparecen debajo. Hay dos palabras que no llevan tilde, ¿cuáles son? Justifica por qué no la llevan.

Reglas generales de acentuación

El acento ortográfico en español se llama *tilde*.

- Las palabras agudas se acentúan si acaban en *-n*, *-s* o **vocal**: *cajón, compás, mamá...*
- Las palabras llanas se acentúan si terminan en consonantes diferentes a *-n* o *-s*: *césped, fácil, carácter...*
- Las palabras esdrújulas y sobresdrújulas se acentúan **siempre**: *brújula, lámpara, médico, quítatelo...*
- Los adverbios que terminan en *-mente* conservan la tilde del adjetivo del que derivan: *rápidamente* (de *rápido*).

• digaselo	• vehiculo	• gramatica	• volcan	• sarten
• simpatico	• catedral	• azucar	• acercamelo	• caravana
• rubi	• quitaselo	• Cantabrico	• Lopez	• facilmente

Ficha 12

1. Esta actividad inicia una secuencia de tareas destinada a que los estudiantes se familiaricen con las reglas generales de acentuación del español. Por esta razón, el primer ejercicio tiene como objetivo que sean capaces de reconocer el núcleo silábico, que en español está siempre formado, al menos, por una vocal (o varias vocales, si constituyen un diptongo o triptongo).
Pídales que lean individualmente el cuadro explicativo, en el que se describe cómo identificar una sílaba. La separación de sílabas es una cuestión de vital importancia en la escritura del español, ya que su dominio constituye una condición indispensable para comprender el funcionamiento del acento y para la división de las palabras a final de renglón. El cambio de una sílaba en una palabra hace que esta última también cambie de significado.
Posible respuesta: carbón/cartón; pasa/pala.

2. El siguiente paso para aprender a acentuar palabras correctamente es la identificación de la sílaba tónica y la clasificación de las palabras según la posición de aquella.
Tras leer el cuadro de información, los estudiantes deberán completar la información con las palabras que se proponen. Después puede pedirles que, en parejas, piensen en otros ejemplos a partir del vocabulario que han aprendido.
1. feliz; **2.** cartón; **3.** conejo; **4.** árbol; **5** hipódromo; **6.** marítimo; **7.** cómpratelo; **8.** cómetela.

3. [105] Explíqueles las reglas generales de acentuación con ayuda del cuadro, advirtiéndoles que para poder acentuar una palabra necesitan conocer su pronunciación. A continuación ponga el audio.
Si lo cree necesario, puede realizar esta actividad en dos fases: en la primera, dígales que marquen simplemente la sílaba tónica de cada palabra según escuchan; en la segunda, pídales que decidan si esa sílaba marcada lleva tilde o no, teniendo en cuenta las reglas que acaban de estudiar.
También es importante recordar que el español es una lengua cuyo acento es relevante a nivel fonológico, por lo cual una misma palabra en español puede cambiar de significado si cambia la posición de la tilde. Puede dictarles una lista de vocablos tales como: *habito/hábito, revolver/revólver, sábana/sabana, título/tituló, anima/ánima, ingles/inglés...*; e indicarles que las acentúen según su pronunciación y las reglas de acentuación.
Dígaselo, sim**pá**tico, ru**bí**, ve**hí**culo, cate**dral**, **quí**taselo, gra**má**tica, a**zú**car, Can**tá**brico, vol**cán**, a**cér**camelo, **Ló**pez, sar**tén**, cara**va**na, **fá**cilmente.

Tabla de verbos

Presente de indicativo

Verbos regulares

1.ª conjugación -AR CANTAR	2.ª conjugación -ER COMER	3.ª conjugación -IR VIVIR
canto	como	vivo
cantas	comes	vives
canta	come	vive
cantamos	comemos	vivimos
cantáis	coméis	vivís
cantan	comen	viven

Verbos reflexivos regulares

Bañarse	Ducharse	Lavarse	Levantarse	Peinarse
me baño	**me** ducho	**me** lavo	**me** levanto	**me** peino
te bañas	**te** duchas	**te** lavas	**te** levantas	**te** peinas
se baña	**se** ducha	**se** lava	**se** levanta	**se** peina
nos bañamos	**nos** duchamos	**nos** lavamos	**nos** levantamos	**nos** peinamos
os bañáis	**os** ducháis	**os** laváis	**os** levantáis	**os** peináis
se bañan	**se** duchan	**se** lavan	**se** levantan	**se** peinan

Verbos irregulares

Verbos con irregularidad vocálica

- **E › IE**

Cerrar	Comenzar	Despertarse	Divertirse	Empezar
c**ie**rro	com**ie**nzo	me desp**ie**rto	me div**ie**rto	emp**ie**zo
c**ie**rras	com**ie**nzas	te desp**ie**rtas	te div**ie**rtes	emp**ie**zas
c**ie**rra	com**ie**nza	se desp**ie**rta	se div**ie**rte	emp**ie**za
cerramos	comenzamos	nos despertamos	nos divertimos	empezamos
cerráis	comenzáis	os despertáis	os divertís	empezáis
c**ie**rran	com**ie**nzan	se desp**ie**rtan	se div**ie**rten	emp**ie**zan

Entender	Merendar	Pensar	Perder	Querer
ent**ie**ndo	mer**ie**ndo	p**ie**nso	p**ie**rdo	qu**ie**ro
ent**ie**ndes	mer**ie**ndas	p**ie**nsas	p**ie**rdes	qu**ie**res
ent**ie**nde	mer**ie**nda	p**ie**nsa	p**ie**rde	qu**ie**re
entendemos	merendamos	pensamos	perdemos	queremos
entendéis	merendáis	pensáis	perdéis	queréis
ent**ie**nden	mer**ie**ndan	p**ie**nsan	p**ie**rden	qu**ie**ren

- **O > UE**

Acordarse	Acostarse	Almorzar	Contar	Dormir	Encontrar
me ac**ue**rdo	me ac**ue**sto	alm**ue**rzo	c**ue**nto	d**ue**rmo	enc**ue**ntro
te ac**ue**rdas	te ac**ue**stas	alm**ue**rzas	c**ue**ntas	d**ue**rmes	enc**ue**ntras
se ac**ue**rda	se ac**ue**sta	alm**ue**rza	c**ue**nta	d**ue**rme	enc**ue**ntra
nos acordamos	nos acostamos	almorzamos	contamos	dormimos	encontramos
os acordáis	os acostáis	almorzáis	contáis	dormís	encontráis
se ac**ue**rdan	se ac**ue**stan	alm**ue**rzan	c**ue**ntan	d**ue**rmen	enc**ue**ntran

Poder	Recordar	Resolver	Soler	Soñar	Volver
p**ue**do	rec**ue**rdo	res**ue**lvo	s**ue**lo	s**ue**ño	v**ue**lvo
p**ue**des	rec**ue**rdas	res**ue**lves	s**ue**les	s**ue**ñas	v**ue**lves
p**ue**de	rec**ue**rda	res**ue**lve	s**ue**le	s**ue**ña	v**ue**lve
podemos	recordamos	resolvemos	solemos	soñamos	volvemos
podéis	recordáis	resolvéis	soléis	soñáis	volvéis
p**ue**den	rec**ue**rdan	res**ue**lven	s**ue**len	s**ue**ñan	v**ue**lven

- **E > I**

Elegir	Pedir	Reírse	Repetir	Servir	Vestirse
el**ij**o	p**i**do	me r**í**o	rep**i**to	s**i**rvo	me v**i**sto
el**ig**es	p**i**des	te r**í**es	rep**i**tes	s**i**rves	te v**i**stes
el**ig**e	p**i**de	se r**í**e	rep**i**te	s**i**rve	se v**i**ste
elegimos	pedimos	nos reímos	repetimos	servimos	nos vestimos
elegís	pedís	os reís	repetís	servís	os vestís
el**ig**en	p**i**den	se r**í**en	rep**i**ten	s**i**rven	se v**i**sten

- **U > UE**

Jugar
j**ue**go
j**ue**gas
j**ue**ga
jugamos
jugáis
j**ue**gan

- **I > Y**

Concluir	Construir	Contribuir	Destruir	Huir
conclu**y**o	constru**y**o	contribu**y**o	destru**y**o	hu**y**o
conclu**y**es	constru**y**es	contribu**y**es	destru**y**es	hu**y**es
conclu**y**e	constru**y**e	contribu**y**e	destru**y**e	hu**y**e
concluimos	construimos	contribuimos	destruimos	huimos
concluís	construís	contribuís	destruís	huis
conclu**y**en	constru**y**en	contribu**y**en	destru**y**en	hu**y**en

Verbos irregulares en la primera persona

- **Verbos en -ZC-**

Conducir	Conocer	Producir	Traducir	Obedecer
condu**zc**o	cono**zc**o	produ**zc**o	tradu**zc**o	obede**zc**o
conduces	conoces	produces	traduces	obedeces
conduce	conoce	produce	traduce	obedece
conducimos	conocemos	producimos	traducimos	obedecemos
conducís	conocéis	producís	traducís	obedecéis
conducen	conocen	producen	traducen	obedecen

Otros irregulares en primera persona

Caer	Hacer	Poner	Salir	Traer	Valer
caigo	**hago**	**pongo**	**salgo**	**traigo**	**valgo**
caes	haces	pones	sales	traes	vales
cae	hace	pone	sale	trae	vale
caemos	hacemos	ponemos	salimos	traemos	valemos
caéis	hacéis	ponéis	salís	traéis	valéis
caen	hacen	ponen	salen	traen	valen

Dar	Saber	Ver
doy	**sé**	**veo**
das	sabes	ves
da	sabe	ve
damos	sabemos	vemos
dais	sabéis	veis
dan	saben	ven

Verbos con dos irregularidades

Decir	Oír	Oler	Tener	Venir
digo	**oigo**	**hue**lo	**tengo**	**vengo**
d**i**ces	o**y**es	**hue**les	t**ie**nes	v**ie**nes
d**i**ce	o**y**e	**hue**le	t**ie**ne	v**ie**ne
decimos	oímos	olemos	tenemos	venimos
decís	oís	oléis	tenéis	venís
d**i**cen	o**y**en	**hue**len	t**ie**nen	v**ie**nen

Verbos con irregularidades propias

Haber	Ir	Estar	Ser
he	**voy**	**estoy**	**soy**
has	**vas**	**estás**	**eres**
ha	**va**	**está**	**es**
hemos	**vamos**	estamos	**somos**
habéis	**vais**	estáis	**sois**
han	**van**	**están**	**son**

Recuerda:
- El verbo *haber* solo se usa para formar los tiempos compuestos de los verbos.
- Cuando funciona como verbo impersonal, tiene una forma especial en presente, *hay*:
  Hay un árbol en la esquina.
  Hay árboles en el parque.
- El verbo *estar* cambia la sílaba tónica habitual del presente de indicativo en todas las personas excepto en *nosotros/as* y *vosotros/as* (por eso algunas formas llevan tilde).

Verbos que se construyen como *gustar*

Doler	Encantar	Molestar	Parecer
me d**ue**le/d**ue**len	me encanta/encantan	me molesta/molestan	me parece/parecen
te d**ue**le/d**ue**len	te encanta/encantan	te molesta/molestan	te parece/parecen
le d**ue**le/d**ue**len	le encanta/encantan	le molesta/molestan	le parece/parecen
nos d**ue**le/d**ue**len	nos encanta/encantan	nos molesta/molestan	nos parece/parecen
os d**ue**le/d**ue**len	os encanta/encantan	os molesta/molestan	os parece/parecen
les d**ue**le/d**ue**len	les encanta/encantan	les molesta/molestan	les parece/parecen

Imperativo afirmativo

Verbos regulares

	1.ª conjugación -AR CANTAR	2.ª conjugación -ER COMER	3.ª conjugación -IR VIVIR
tú	canta	come	vive
usted	cante	coma	viva
vosotros/as	cantad	comed	vivid
ustedes	canten	coman	vivan

Verbos irregulares

Irregularidades vocálicas

- **E > IE**

Cerrar	Empezar	Pensar
ci**e**rra	empi**e**za	pi**e**nsa
ci**e**rre	empi**e**ce	pi**e**nse
cerrad	empezad	pensad
ci**e**rren	empi**e**cen	pi**e**nsen

- **O > UE**

Contar	Dormir	Volver
c**ue**nta	d**ue**rme	v**ue**lve
c**ue**nte	d**ue**rma	v**ue**lva
contad	dormid	volved
c**ue**nten	d**ue**rman	v**ue**lvan

• **U > UE**

Jugar
juega
juegue
jugad
jueguen

• **E > I**

Elegir	Pedir	Vestir
el**i**ge	p**i**de	v**i**ste
el**i**ja	p**i**da	v**i**sta
elegid	pedid	vestid
el**i**jan	p**i**dan	v**i**stan

• **I > Y**

Construir	Huir
constru**ye**	hu**ye**
constru**ya**	hu**ya**
construid	huid
constru**yan**	hu**yan**

Verbos completamente irregulares

Decir	Hacer	Ir	Oír	Poner	Salir	Ser	Tener	Venir
di	**haz**	**ve**	**oye**	**pon**	**sal**	**sé**	**ten**	**ven**
diga	**haga**	**vaya**	**oiga**	**ponga**	**salga**	**sea**	**tenga**	**venga**
decid	haced	id	oíd	poned	salid	sed	tened	venid
digan	**hagan**	**vayan**	**oigan**	**pongan**	**salgan**	**sean**	**tengan**	**vengan**

La 2.ª persona del plural *(vosotros/as)* del imperativo es siempre regular.

Verbos reflexivos

Acostarse	Despertarse	Dormirse	Levantarse	Reírse	Vestirse
ac**ué**sta**te**	desp**ié**rta**te**	d**ué**rme**te**	levánta**te**	ríe**te**	víste**te**
ac**ué**ste**se**	desp**ié**rte**se**	d**ué**rma**se**	levánte**se**	ría**se**	vísta**se**
acosta**os**	desperta**os**	dorm**íos**	levanta**os**	re**íos**	vest**íos**
ac**ué**sten**se**	desp**ié**rten**se**	d**ué**rman**se**	levánten**se**	rían**se**	vístan**se**

Pretérito perfecto de indicativo

Verbos regulares

1.ª conjugación -AR CANTAR	2.ª conjugación -ER COMER	3.ª conjugación -IR VIVIR
he cantado	**he** comido	**he** vivido
has cantado	**has** comido	**has** vivido
ha cantado	**ha** comido	**ha** vivido
hemos cantado	**hemos** comido	**hemos** vivido
habéis cantado	**habéis** comido	**habéis** vivido
han cantado	**han** comido	**han** vivido

Participios irregulares

abrir > **abierto**	escribir > **escrito**	poner > **puesto**	romper > **roto**
cubrir > **cubierto**	hacer > **hecho**	prever > **previsto**	satisfacer > **satisfecho**
decir > **dicho**	imprimir > **impreso, imprimido**	resolver > **resuelto**	ver > **visto**
descubrir > **descubierto**	morir > **muerto**	revolver > **revuelto**	volver > **vuelto**

Pretérito indefinido de indicativo

Verbos regulares

1.ª conjugación -AR CANTAR	2.ª conjugación -ER COMER	3.ª conjugación -IR VIVIR
canté	comí	viví
cantaste	comiste	viviste
cantó	comió	vivió
cantamos	comimos	vivimos
cantasteis	comisteis	vivisteis
cantaron	comieron	vivieron

Verbos con cambios gráficos

• C › QU

Buscar	Pescar
bus**qué**	pes**qué**
buscaste	pescaste
buscó	pescó
buscamos	pescamos
buscasteis	pescasteis
buscaron	pescaron

• G › GU

Jugar	Pegar
ju**gué**	pe**gué**
jugaste	pegaste
jugó	pegó
jugamos	pegamos
jugasteis	pegasteis
jugaron	pegaron

• Z › C

Comenzar	Empezar
comen**cé**	empe**cé**
comenzaste	empezaste
comenzó	empezó
comenzamos	empezamos
comenzasteis	empezasteis
comenzaron	empezaron

Verbos irregulares

Verbos irregulares en la raíz verbal

Andar	Caber	Estar	Haber	Hacer	Poder
anduve	**cupe**	**estuve**	**hube**	**hice**	**pude**
anduviste	**cupiste**	**estuviste**	**hubiste**	**hiciste**	**pudiste**
anduvo	**cupo**	**estuvo**	**hubo**	**hizo**	**pudo**
anduvimos	**cupimos**	**estuvimos**	**hubimos**	**hicimos**	**pudimos**
anduvisteis	**cupisteis**	**estuvisteis**	**hubisteis**	**hicisteis**	**pudisteis**
anduvieron	**cupieron**	**estuvieron**	**hubieron**	**hicieron**	**pudieron**

Poner	Querer	Saber	Tener	Venir
puse	**quise**	**supe**	**tuve**	**vine**
pusiste	**quisiste**	**supiste**	**tuviste**	**viniste**
puso	**quiso**	**supo**	**tuvo**	**vino**
pusimos	**quisimos**	**supimos**	**tuvimos**	**vinimos**
pusisteis	**quisisteis**	**supisteis**	**tuvisteis**	**vinisteis**
pusieron	**quisieron**	**supieron**	**tuvieron**	**vinieron**

Fíjate:
En este grupo de verbos también cambia el acento habitual del pretérito indefinido:
~~quisé~~ › quise   ~~tuvó~~ › tuvo

Los verbos que tienen *j* en la raíz verbal pierden la *i* en la tercera persona del plural:

Conducir	Decir	Traducir	Traer
conduje	**dije**	**traduje**	**traje**
condujiste	**dijiste**	**tradujiste**	**trajiste**
condujo	**dijo**	**tradujo**	**trajo**
condujimos	**dijimos**	**tradujimos**	**trajimos**
condujisteis	**dijisteis**	**tradujisteis**	**trajisteis**
condujeron	**dijeron**	**tradujeron**	**trajeron**

Verbos irregulares en la tercera persona

- **E > I**

Divertirse	Elegir	Impedir	Medir	Mentir	Pedir
me divertí	elegí	impedí	medí	mentí	pedí
te divertiste	elegiste	impediste	mediste	mentiste	pediste
se div**i**rtió	el**i**gió	imp**i**dió	m**i**dió	m**i**ntió	p**i**dió
nos divertimos	elegimos	impedimos	medimos	mentimos	pedimos
os divertisteis	elegisteis	impedisteis	medisteis	mentisteis	pedisteis
se div**i**rtieron	el**i**gieron	imp**i**dieron	m**i**dieron	m**i**ntieron	p**i**dieron

Reír	Repetir	Seguir	Sentir	Servir	Sonreír
reí	repetí	seguí	sentí	serví	sonreí
reíste	repetiste	seguiste	sentiste	serviste	sonreíste
r**i**o	rep**i**tió	s**i**guió	s**i**ntió	s**i**rvió	sonr**i**ó
reímos	repetimos	seguimos	sentimos	servimos	sonreímos
reísteis	repetisteis	seguisteis	sentisteis	servisteis	sonreísteis
r**i**eron	rep**i**tieron	s**i**guieron	s**i**ntieron	s**i**rvieron	sonr**i**eron

Fíjate:
Todos los verbos de este grupo son de la tercera conjugación *(-ir)*.

- **O > U**

Dormir	Morir
dormí	morí
dormiste	moriste
d**u**rmió	m**u**rió
dormimos	morimos
dormisteis	moristeis
d**u**rmieron	m**u**rieron

Fíjate:
Esta irregularidad solo la tienen los verbos *dormir* y *morir.*

• I > Y

Caer	Concluir	Construir	Contribuir	Creer
caí	concluí	construí	contribuí	creí
caíste	concluiste	construiste	contribuiste	creíste
ca**y**ó	conclu**y**ó	constru**y**ó	contribu**y**ó	cre**y**ó
caímos	concluimos	construimos	contribuimos	creímos
caísteis	concluisteis	construisteis	contribuisteis	creísteis
ca**y**eron	conclu**y**eron	constru**y**eron	contribu**y**eron	cre**y**eron

Destruir	Huir	Leer	Oír	Sustituir
destruí	hui	leí	oí	sustituí
destruiste	huiste	leíste	oíste	sustituiste
destru**y**ó	hu**y**ó	le**y**ó	o**y**ó	sustitu**y**ó
destruimos	huimos	leímos	oímos	sustituimos
destruisteis	huisteis	leísteis	oísteis	sustituisteis
destru**y**eron	hu**y**eron	le**y**eron	o**y**eron	sustitu**y**eron

Verbos con irregularidades propias

Dar	Ir/Ser
di	**fui**
diste	**fuiste**
dio	**fue**
dimos	**fuimos**
disteis	**fuisteis**
dieron	**fueron**

Recuerda:
Las formas de los verbos *ir* y *ser* coinciden en pretérito indefinido. Solo se distinguen por el contexto en que aparecen.

Pretérito imperfecto de indicativo

Verbos regulares

1.ª conjugación -AR CANTAR	2.ª conjugación -ER COMER	3.ª conjugación -IR VIVIR
cantaba	comía	vivía
cantabas	comías	vivías
cantaba	comía	vivía
cantábamos	comíamos	vivíamos
cantabais	comíais	vivíais
cantaban	comían	vivían

Verbos irregulares

Ser	Ir	Ver
era	**iba**	**veía**
eras	**ibas**	**veías**
era	**iba**	**veía**
éramos	**íbamos**	**veíamos**
erais	**ibais**	**veíais**
eran	**iban**	**veían**

Pretérito pluscuamperfecto de indicativo

Verbos regulares

1.ª conjugación -AR CANTAR	2.ª conjugación -ER COMER	3.ª conjugación -IR VIVIR
había cantado	**había** comido	**había** vivido
habías cantado	**habías** comido	**habías** vivido
había cantado	**había** comido	**había** vivido
habíamos cantado	**habíamos** comido	**habíamos** vivido
habíais cantado	**habíais** comido	**habíais** vivido
habían cantado	**habían** comido	**habían** vivido

Participios irregulares

abrir › **abierto**	escribir › **escrito**	poner › **puesto**	romper › **roto**
cubrir › **cubierto**	hacer › **hecho**	prever › **previsto**	satisfacer › **satisfecho**
decir › **dicho**	imprimir › **impreso, imprimido**	resolver › **resuelto**	ver › **visto**
descubrir › **descubierto**	morir › **muerto**	revolver › **revuelto**	volver › **vuelto**

Futuro simple de indicativo

Verbos regulares

1.ª conjugación -AR CANTAR	2.ª conjugación -ER COMER	3.ª conjugación -IR VIVIR
cantaré	comeré	viviré
cantarás	comerás	vivirás
cantará	comerá	vivirá
cantaremos	comeremos	viviremos
cantaréis	comeréis	viviréis
cantarán	comerán	vivirán

Verbos irregulares

Caber	Decir	Haber	Hacer	Poder	Poner
cabré	**diré**	**habré**	**haré**	**podré**	**pondré**
cabrás	**dirás**	**habrás**	**harás**	**podrás**	**pondrás**
cabrá	**dirá**	**habrá**	**hará**	**podrá**	**pondrá**
cabremos	**diremos**	**habremos**	**haremos**	**podremos**	**pondremos**
cabréis	**diréis**	**habréis**	**haréis**	**podréis**	**pondréis**
cabrán	**dirán**	**habrán**	**harán**	**podrán**	**pondrán**

Querer	Saber	Salir	Tener	Valer	Venir
querré	**sabré**	**saldré**	**tendré**	**valdré**	**vendré**
querrás	**sabrás**	**saldrás**	**tendrás**	**valdrás**	**vendrás**
querrá	**sabrá**	**saldrá**	**tendrá**	**valdrá**	**vendrá**
querremos	**sabremos**	**saldremos**	**tendremos**	**valdremos**	**vendremos**
querréis	**sabréis**	**saldréis**	**tendréis**	**valdréis**	**vendréis**
querrán	**sabrán**	**saldrán**	**tendrán**	**valdrán**	**vendrán**

Futuro compuesto de indicativo

Verbos regulares

1.ª conjugación -AR CANTAR	2.ª conjugación -ER COMER	3.ª conjugación -IR VIVIR
habré cantado	**habré** comido	**habré** vivido
habrás cantado	**habrás** comido	**habrás** vivido
habrá cantado	**habrá** comido	**habrá** vivido
habremos cantado	**habremos** comido	**habremos** vivido
habréis cantado	**habréis** comido	**habréis** vivido
habrán cantado	**habrán** comido	**habrán** vivido

Participios irregulares

abrir › **abierto**	escribir › **escrito**	poner › **puesto**	romper › **roto**
cubrir › **cubierto**	hacer › **hecho**	prever › **previsto**	satisfacer › **satisfecho**
decir › **dicho**	imprimir › **impreso, imprimido**	resolver › **resuelto**	ver › **visto**
descubrir › **descubierto**	morir › **muerto**	revolver › **revuelto**	volver › **vuelto**

Condicional simple

Verbos regulares

1.ª conjugación -AR CANTAR	2.ª conjugación -ER COMER	3.ª conjugación -IR VIVIR
cantaría	comería	viviría
cantarías	comerías	vivirías
cantaría	comería	viviría
cantaríamos	comeríamos	viviríamos
cantaríais	comeríais	viviríais
cantarían	comerían	vivirían

Verbos irregulares

Caber	Decir	Haber	Hacer	Poder	Poner
cabría	**diría**	**habría**	**haría**	**podría**	**pondría**
cabrías	**dirías**	**habrías**	**harías**	**podrías**	**pondrías**
cabría	**diría**	**habría**	**haría**	**podría**	**pondría**
cabríamos	**diríamos**	**habríamos**	**haríamos**	**podríamos**	**pondríamos**
cabríais	**diríais**	**habríais**	**haríais**	**podríais**	**pondríais**
cabrían	**dirían**	**habrían**	**harían**	**podrían**	**pondrían**

Querer	Saber	Salir	Tener	Valer	Venir
querría	**sabría**	**saldría**	**tendría**	**valdría**	**vendría**
querrías	**sabrías**	**saldrías**	**tendrías**	**valdrías**	**vendrías**
querría	**sabría**	**saldría**	**tendría**	**valdría**	**vendría**
querríamos	**sabríamos**	**saldríamos**	**tendríamos**	**valdríamos**	**vendríamos**
querríais	**sabríais**	**saldríais**	**tendríais**	**valdríais**	**vendríais**
querrían	**sabrían**	**saldrían**	**tendrían**	**valdrían**	**vendrían**

Presente de subjuntivo

Verbos regulares

1.ª conjugación -AR CANTAR	2.ª conjugación -ER COMER	3.ª conjugación -IR VIVIR
cante	coma	viva
cantes	comas	vivas
cante	coma	viva
cantemos	comamos	vivamos
cantéis	comáis	viváis
canten	coman	vivan

Verbos irregulares

Irregularidades vocálicas

• **E > IE (verbos en -AR y -ER)**

Comenzar	Otros verbos
comience	calentar, cerrar, despertarse, negar, pensar...
comiences	
comience	
comencemos	
comencéis	
comiencen	

Entender	Otros verbos
entienda	encender, perder, querer, tender...
entiendas	
entienda	
entendamos	
entendáis	
entiendan	

• **E > IE + E > I (verbos en -IR)**

Mentir	Otros verbos
mienta	convertir, divertirse, herir, invertir, sentir, sugerir...
mientas	
mienta	
mintamos	
mintáis	
mientan	

• **O > UE (verbos en -AR y -ER)**

Soñar	Poder	Otros verbos
sueñe	pueda	acordarse, acostarse, contar, soler, volver...
sueñes	puedas	
sueñe	pueda	
soñemos	podamos	
soñéis	podáis	
sueñen	puedan	

• **O > UE + O > U**

Dormir	Otros verbos
duerma	morir
duermas	
duerma	
durmamos	
durmáis	
duerman	

• **U > UE**

Jugar
juegue
juegues
juegue
juguemos
juguéis
jueguen

• **E > I**

Pedir	Otros verbos
pida	elegir, reírse, repetir, servir, vestirse...
pidas	
pida	
pidamos	
pidáis	
pidan	

• **I > Y**

Construir	Otros verbos
construya	concluir, contribuir, destruir, huir...
construyas	
construya	
construyamos	
construyáis	
construyan	

Verbos con la primera persona irregular en presente de indicativo

- **Verbos en -ZC-** *(conduzco, conozco, obedezco, produzco, traduzco)*

Conducir	Conocer	Obedecer	Producir	Traducir
condu**zc**a	cono**zc**a	obede**zc**a	produ**zc**a	tradu**zc**a
condu**zc**as	cono**zc**as	obede**zc**as	produ**zc**as	tradu**zc**as
condu**zc**a	cono**zc**a	obede**zc**a	produ**zc**a	tradu**zc**a
condu**zc**amos	cono**zc**amos	obede**zc**amos	produ**zc**amos	tradu**zc**amos
condu**zc**áis	cono**zc**áis	obede**zc**áis	produ**zc**áis	tradu**zc**áis
condu**zc**an	cono**zc**an	obede**zc**an	produ**zc**an	tradu**zc**an

Otros verbos

agradecer, crecer, desaparecer, nacer, ofrecer, parecer, reducir...

- **Otros verbos irregulares en la primera persona** *(caigo, digo, hago, oigo, pongo, salgo, tengo, traigo, valgo, vengo)*

Caer	Decir	Hacer	Oír	Poner
caiga	**diga**	**haga**	**oiga**	**ponga**
caigas	**digas**	**hagas**	**oigas**	**pongas**
caiga	**diga**	**haga**	**oiga**	**ponga**
caigamos	**digamos**	**hagamos**	**oigamos**	**pongamos**
caigáis	**digáis**	**hagáis**	**oigáis**	**pongáis**
caigan	**digan**	**hagan**	**oigan**	**pongan**

Salir	Tener	Traer	Valer	Venir
salga	**tenga**	**traiga**	**valga**	**venga**
salgas	**tengas**	**traigas**	**valgas**	**vengas**
salga	**tenga**	**traiga**	**valga**	**venga**
salgamos	**tengamos**	**traigamos**	**valgamos**	**vengamos**
salgáis	**tengáis**	**traigáis**	**valgáis**	**vengáis**
salgan	**tengan**	**traigan**	**valgan**	**vengan**

Verbos con irregularidades propias

Haber	Ir	Saber	Ser	Ver
haya	**vaya**	**sepa**	**sea**	**vea**
hayas	**vayas**	**sepas**	**seas**	**veas**
haya	**vaya**	**sepa**	**sea**	**vea**
hayamos	**vayamos**	**sepamos**	**seamos**	**veamos**
hayáis	**vayáis**	**sepáis**	**seáis**	**veáis**
hayan	**vayan**	**sepan**	**sean**	**vean**

Verbos con cambios gráficos

• G › J	• C › Z	• Z › C	• GU › G	• G › GU	• C › QU
Coger	**Convencer**	**Cazar**	**Distinguir**	**Investigar**	**Tocar**
co**j**a	conven**z**a	ca**c**e	distin**g**a	investi**gu**e	to**qu**e
co**j**as	conven**z**as	ca**c**es	distin**g**as	investi**gu**es	to**qu**es
co**j**a	conven**z**a	ca**c**e	distin**g**a	investi**gu**e	to**qu**e
co**j**amos	conven**z**amos	ca**c**emos	distin**g**amos	investi**gu**emos	to**qu**emos
co**j**áis	conven**z**áis	ca**c**éis	distin**g**áis	investi**gu**éis	to**qu**éis
co**j**an	conven**z**an	ca**c**en	distin**g**an	investi**gu**en	to**qu**en

Dar
dé
des
dé
demos
deis
den

Fíjate:
El verbo *dar* lleva una tilde diacrítica en la primera y tercera personas del singular para que no se confunda con la preposición *de*.

Estar
est**é**
est**é**s
est**é**
estemos
estéis
est**é**n

Fíjate:
El verbo *estar* cambia la sílaba tónica habitual del presente de subjuntivo en todas las personas del singular y la tercera del plural.

Pretérito perfecto de subjuntivo

Verbos regulares

1.ª conjugación -AR CANTAR	2.ª conjugación -ER COMER	3.ª conjugación -IR VIVIR
haya cantado	**haya** comido	**haya** vivido
hayas cantado	**hayas** comido	**hayas** vivido
haya cantado	**haya** comido	**haya** vivido
hayamos cantado	**hayamos** comido	**hayamos** vivido
hayáis cantado	**hayáis** comido	**hayáis** vivido
hayan cantado	**hayan** comido	**hayan** vivido

Participios irregulares

abrir › **abierto**	poner › **puesto**
absolver › **absuelto**	freír › **frito**
cubrir › **cubierto**	resolver › **resuelto**
decir › **dicho**	revolver › **revuelto**
escribir › **escrito**	rompe › **roto**
hacer › **hecho**	satisfacer › **satisfecho**
imprimir › **impreso**	ver › **visto**
morir › **muerto**	volver › **vuelto**

Pretérito imperfecto de subjuntivo

Verbos regulares

El pretérito imperfecto de subjuntivo se forma fácilmente a partir de la tercera persona del plural del pretérito indefinido:

1.ª Conjugación -AR CANTAR > cantaron	2.ª Conjugación -ER COMER > comieron	3.ª Conjugación -IR VIVIR > vivieron
cantara/cantase	comiera/comiese	viviera/viviese
cantaras/cantases	comieras/comieses	vivieras/vivieses
cantara/cantase	comiera/comiese	viviera/viviese
cantáramos/cantásemos	comiéramos/comiésemos	viviéramos/viviésemos
cantarais/cantaseis	comierais/comieseis	vivierais/vivieseis
cantaran/cantasen	comieran/comiesen	vivieran/viviesen

Verbos irregulares

Los verbos irregulares del pretérito imperfecto de subjuntivo son los mismos que los del pretérito indefinido. También se forman a partir de la tercera persona del plural del pretérito indefinido:

Andar > anduvieron	Caber > cupieron	Dar > dieron	Estar > estuvieron
anduviera/se	cupiera/se	diera/se	estuviera/se
anduvieras/ses	cupieras/ses	dieras/ses	estuvieras/ses
anduviera/se	cupiera/se	diera/se	estuviera/se
anduviéramos/semos	cupiéramos/semos	diéramos/semos	estuviéramos/semos
anduvierais/seis	cupierais/seis	dierais/seis	estuvierais/seis
anduvieran/sen	cupieran/sen	dieran/sen	estuvieran/sen

Haber > hubieron	Hacer > hicieron	Ir / Ser > fueron	Poder > pudieron
hubiera/se	hiciera/se	fuera/se	pudiera/se
hubieras/ses	hicieras/ses	fueras/ses	pudieras/ses
hubiera/se	hiciera/se	fuera/se	pudiera/se
hubiéramos/semos	hiciéramos/semos	fuéramos/semos	pudiéramos/semos
hubierais/seis	hicierais/seis	fuerais/seis	pudierais/seis
hubieran/sen	hicieran/sen	fueran/sen	pudieran/sen

Poner > pusieron	Querer > quisieron	Saber > supieron	Tener > tuvieron	Venir > vinieron
pusiera/se	quisiera/se	supiera/se	tuviera/se	viniera/se
pusieras/ses	quisieras/ses	supieras/ses	tuvieras/ses	vinieras/ses
pusiera/se	quisiera/se	supiera/se	tuviera/se	viniera/se
pusiéramos/semos	quisiéramos/semos	supiéramos/semos	tuviéramos/semos	viniéramos/semos
pusierais/seis	quisierais/seis	supierais/seis	tuvierais/seis	vinierais/seis
pusieran/sen	quisieran/sen	supieran/sen	tuvieran/sen	vinieran/sen

• Verbos con *j* en la raíz	• E > I	• O > U	• I, E > Y
Decir > dijeron	**Elegir > eligieron**	**Dormir > durmieron**	**Caer > cayeron**
dijera/se	eligiera/se	durmiera/se	cayera/se
dijeras/ses	eligieras/ses	durmieras/ses	cayeras/ses
dijera/se	eligiera/se	durmiera/se	cayera/se
dijéramos/semos	eligiéramos/semos	durmiéramos/semos	cayéramos/semos
dijerais/seis	eligierais/seis	durmierais/seis	cayerais/seis
dijeran/sen	eligieran/sen	durmieran/sen	cayeran/sen
Otros verbos	**Otros verbos**	**Otros verbos**	**Otros verbos**
Traer y los terminados en *-cir*/*-ucir*	divertirse, medir, mentir, pedir, reír...	morir	concluir, construir, creer, destruir, huir...

Glosario

A	En mi lengua
Abdomen, el	
Abierto/a	
Abogado/a, el/la	
Abrazo, el	
Abrigo, el	
Abrir	
Acampada, la	
Acampar	
Acceso, el	
Accidente, el	
Aceite, el	
Aceptar	
Acera, la	
Aclararse	
Acogedor/a	
Acontecimiento, el	
Acostarse	
Acostumbrado/a	
Actualmente	
Adecuado/a	
Adelgazamiento, el	
Adosado/a	
Aeropuerto, el	
Afectado/a, el/la	
Afeitarse	
Afición, la	
Aficionado/a, el/la	
Afirmación, la	
Afirmativo/a	
Agenda, la	
Agobiado/a	
Agradable	
Agricultura, la	
Agua, el (mineral)	
Agujero, el	
Ahorrar	
Aire, el (acondicionado)	
Ajo, el	
Al cabo de	
Albergue, el	
Alegrarse	
Alegre	
Alérgico/a	
Alga,el/Algas, las	
Alimentación, la	
Alimentarse	
Alimento, el	
Aliviado/a	
Almacenar	
Almendra, la	
Almohadilla, la	
Almuerzo, el	
Alojarse	
Alquilar	
Alquiler, el	
Altitud, la	
Aluminio, el	
Amable	
Amarillo/a	
Amenazar	
Amigo/a, el/la	
Ampliar	
Anaconda, la	
Ancho/a	
Anciano/a, el/la	
Animal, el	
Anoche	
Anteayer	
Antiguo/a	
Antivirus, el	
Anunciante, el/la	
Anuncio, el	
Añadir	
Apagar	
Aparato, el	
Aparcamiento, el	
Aparcar	
Apartamento, el	
Apellido, el	
Apetito, el	
Aplicación, la	
Aportar	
Aprendizaje, el	
Aprobar	
Aprovechar	
Apoyo, el	
Apuntar	
Apuntarse	
Apuntes, los	
Archivo, el	
Armario, el	
Arqueológico/a	
Arquitectura, la	
Arrastrar	
Arreglar	
Arroba, la	
Arroyo, el	
Arroz, el	
Artesanía, la	
Artista, el/la	
Asa, el	
Asado/a	
Ascensor, el	
Asesoramiento, el	
Asesorar	
Así	
Asiento, el	
Asignatura, la	
Asistir	
Aspecto, el	
Aspiradora, la	
Asustado/a	
Atención, la	
Auditorio, el	
Aula, el (multimedia)	
Autobús, el	
Autoevaluación, la	
Auxilio, el	
Avance, el	
Ave, el	
Avergonzarse	
Avión, el	
Ayuntamiento, el	
Azúcar, el	
Azul	

B	En mi lengua
Bachillerato, el	
Bailar	
Bajar (la basura)	
Bajo/a	
Balcón, el	

	En mi lengua		En mi lengua		En mi lengua
Banco, el		Buceo, el		Caro/a	
Banderola, la		¡(Buena/Mucha) Suerte!		Carrera, la (de correr)	
Bañador, el		¡Buen provecho!		Carrera, la (universitaria)	
Bañera, la		¡Buen viaje!		Cartel, el	
Baño, el		Bufete, el		Cartón, el	
Barato/a		(de abogados)		Casarse	
Barca, la		Buitre, el		Casero/a	
Barco, el		Buscador, el		Castañuelas, las	
Barriga, la		Buscar		Cata, la (de vinos)	
Barrio, el		Buzón, el		Catedral, la	
Basura, la		**C**		Causa, la	
Batalla, la		Cabeza, la		Cebolla, la	
Beca, la		Café, el		Celebrar	
Bello/a		Cafetería, la		Cena, la	
Beneficio, el		Caja, la		Cenar	
Benéfico/a		Cajón, el		Céntrico/a	
Beso, el		Calcular		Centro, el	
Bibliografía, la		Calefacción, la		Centro comercial, el	
Biblioteca, la		Calentamiento, el (global)		Centro de salud, el	
Bicicleta, la		Calentar		Cereal, el	
Bienestar, el		Calidad, la		Cerrar	
Bienvenido/a		Cálido/a		Certamen, el	
Billete, el		Calle, la		Chalé, el	
Biodegradable		Callejero/a		Chancla, la	
Biografía, la		Calma, la		Charlar	
Blanco/a		Calor, el		Chatear	
Boca, la		Calzado, el		Chimenea, la	
Bocadillo, el		Cama, la		Chiste, el	
Bodega, la		Cámara, la		Chorizo, el	
Boletín, el		Camino, el		Ciclo, el	
Bolsa, la		Camiseta, la		Ciencia, la	
Bombero/a, el/la		Campeonato, el		Cifra, la	
Bombilla, la		Campus, el		Cilíndrico/a	
Bondad, la		Cancelación, la		Cine, el	
Bongó, el		Cansado/a		Cinta, la	
Bonito/a		Cantante, el/la		Circuito, el	
Borrar		Capacidad, la		Circular	
Bosque, el		Capital, la		Círculo, el	
Bote, el		Cara, la		Citar	
Botella, la		Carcajada, la		Ciudad, la	
Brazo, el		Carne, la		Civilización, la	
Brik, el		Carnívoro/a		Claro/a	
Broma, la					
Bromista					
Bucear					

En mi lengua

Clásico/a
Cobrar
Coche, el
Cocina, la
Cocinar
Colaborador/a
Colaborar
Colega, el/la
Colegio, el
Colonial
Colorido/a
Comercio, el
Comida, la
Cómodo/a
Compartir
Completar
Completo/a
Compra, la
Comprar
Compromiso, el
Conceder
Concienciación, la
Concienciar
Conclusión, la
Concurso, el
Conducir
Conductor/a, el/la
Confeccionar
Conferencia, la
Confianza, la
Conflicto, el (armado)
Confuso/a
Conjunto, el
Conmigo
Conocer
Consejo, el
Conservatorio, el
Consola, la
Consumir
Consumo, el
Contabilidad, la
Contacto, el
Contaminación, la
Contaminante
Contaminar

Contar
Contemplar
Contenedor, el
Contento/a
Contrargumentar
Contraseña, la
Contratar
Contribuir
Conveniente
Convivencia, la
Cooperar
Copa, la
Copiar
Correo electrónico, el
Correr
Cortar
Coser
Cosmético, el
Costa, la
Costar
Costumbre, la
Creativo/a, el/la
Crema, la (solar)
Cristal, el
Croqueta, la
Crucero, el
Cuadrado/a
Cuadrado, el
Cuarto, el
Cuchara, la
Cuchillo, el
Cuello, el
Cuenta, la (de correo)
Cuento, el
Cuero, el
Cuerpo, el
Cueva, la
Cuidado, el
Cultivar
Cultura, la
Cumbre, la
Cumpleaños, el
Curso, el

D

Dado, el
Danza, la
Dar una vuelta.
Dato, el
De repente
Década, la
Decorar
Dedo, el
Defecto, el
Deforestación, la
Deletrear
Demandar
Dentista, el/la
Deporte, el
Deportivo/a
Depositar
Derecha, la
Derechos humanos, los
Derretir
Desaparecer
Desarrollarse
Desarrollo, el
Desayunar
Desayuno, el
Descansar
Descanso, el
Descargar
Desconectar
Desconfianza, la
Desconfiar
Descortés
Descubrimiento, el
Descubrir
Desechable
Desechar
Desecho, el
Deseo, el
Desesperación, la
Desfavorecido/a
Deshielo, el
Desierto, el
Desperdicio, el
Despertar(se)

	En mi lengua
Destacar	
Deteriorarse	
Deuda, la	
Devolución, la	
Día, el	
Diagonal	
Difícil	
Dignidad, la	
Dimensión, la	
Dinero, el	
Dióxido de carbono, el	
Dirección, la	
Discapacidad, personas con	
Discriminación, la	
Discurso, el	
Diseñador/a gráfico/a, el/la	
Diseñar	
Diseño, el	
Disfrutar	
Disperso/a	
Dispositivo, el	
Distribuir	
Diversión, la	
Divertido/a	
Divertirse	
Doble (adj.)	
Docena, la	
Documental, el	
Doler	
Dominio, el	
Donar	
Donativo, el	
Dormitorio, el	
Dosis, la	
Ducha, la	
Ducharse	
Dueño/a, el/la	
Dulce	
Dulces, los	
Duración, la	
Durante	
Duro/a	

E	En mi lengua
Echar	
Ecología, la	
Ecológico/a	
Económico/a	
Edad, la	
Edificio, el	
Educación, la	
Efecto invernadero, el	
Elaborar	
Electrónico/a	
Emblemático/a	
Embutido, el	
Emigrar	
Emisión, la	
Emocionante	
Empezar	
Empresa, la	
Enamorarse	
Encantado/a	
Encantar	
Encargarse	
Encuesta, la	
Energía, la (renovable)	
Enfadado/a	
Enfermedad, la	
Enfermo/a	
¡Enhorabuena!	
Enlace, el	
Enseguida	
Entidad, la	
Entorno, el	
Entrada, la	
Entrar	
Entregar	
Entristecer	
Entusiasmar	
Envase, el	
Envejecimiento, el	
Envidia, la	
Envío, el	
Época, la	
Equilibrado/a	

	En mi lengua
Equipaje, el	
Equipamiento, el	
Equipo, el	
Equitativo/a	
Equivaler	
Escalada, la	
Escalera, la	
Escenario, el	
Escribir	
Escultórico/a	
Escultura, la	
Eslogan, el	
Espacial	
Espacioso/a	
Especie, la	
Espectáculo, el	
Espiritual	
Estación, la	
Estadio, el	
Estancia, la	
Estantería, la	
Estatua, la	
Este, el	
Estómago, el	
Estrategia, la	
Estrecho/a	
Estrella, la	
Estreno, el	
Estropeado/a	
Estropear	
Estudio, el	
Etiqueta, la	
Etnia, la	
Evento, el	
Exactitud, la	
Excepto	
Excluir	
Exclusión, la	
Excursión, la	
Excusa, la	
Éxito, el	
Experiencia, la	
Explotación, la	
Exportador/a	
Expulsar	

En mi lengua

Extensión, la ....
Extraño/a ....
Extremo/a ....

F

Fácil ....
Fantástico/a ....
Faringitis, la ....
Farmacéutico/a, el/la ....
Farmacia, la ....
Fastidiar ....
Fauna, la ....
Favor, el ....
Fecha, la ....
Festival, el ....
Festivo/a ....
Ficha, la ....
Fiebre, la ....
Finalizar ....
Físico/a ....
Flan, el ....
Flora, la ....
Fomentar ....
Forma, la ....
Formación profesional, la ....
Foro, el (de discusión) ....
Forzoso/a ....
Frecuencia, la ....
Fregar ....
Freír ....
Frigorífico, el ....
Frío, el ....
Frío/a ....
Fruta, la ....
Fuente, la ....
Fuerza, la ....

G

Gafas, las (de sol) ....
Garaje, el ....
Garantía, la ....
Garantizar ....

En mi lengua

Gas, con/sin ....
Gas, el ....
Gastos, los ....
Gastronomía, la ....
Generar ....
Género, el ....
Genial ....
Gente, la ....
Gesto, el ....
Gigante, el/la ....
Gimnasio, el ....
Glaciar, el ....
Globo, el ....
Gobierno, el ....
Golpe, el ....
Gordo/a ....
Gorra, la ....
Graduado/a, el/la ....
Graduarse ....
Gráfico/a ....
Gramo, el ....
Grande ....
Grasa, la ....
Gratuito/a ....
Gripe, la ....
Guardar ....
Guía, el/la ....
Guía de viaje, la ....
Guitarra, la ....

H

Habitación, la ....
Habitante, el/la ....
Habitual ....
Hacer prácticas. ....
Hambre, el ....
Hamburguesa, la ....
Harina, la ....
Hectárea, la ....
Helado, el ....
Herencia, la ....
Hermano/a, el/la ....
Hielo, con/sin ....
Histórico/a ....
Hoja, la ....

En mi lengua

Hora, la ....
Horario, el ....
Horizontal ....
Hospital, el ....
Hostal, el ....
Huevo, el ....
Humanidad, la ....
Húmedo/a ....
Huracán el ....

I

Ideal ....
Identificar(se) ....
Idioma, el ....
Iglesia, la ....
Igualdad, la ....
Ilusionado/a ....
Impacto, el ....
Impartir ....
Implicación, la ....
Importante ....
Importar ....
Imprenta, la ....
Impresora, la ....
Imprimir ....
Incendio, el ....
Incluido/a ....
Indeciso/a ....
Indefenso/a ....
Independiente ....
Industria, la ....
Infancia, la ....
Infantil ....
Informal ....
Informe, el ....
Infusión, la ....
Ingeniería, la ....
Ingeniero/a, el/la ....
Ingrediente, el ....
Inquilino/a, el/la ....
Inscribirse ....
Insólito/a ....
Inspirar ....
Instituto, el ....
Instrumento, el ....

	En mi lengua
Interactuar	
Intercambio, el	
Interesante	
Interesar	
Internauta, el/la	
Intérprete, el/la	
Intervención, la	
Inundación, la	
Inútil	
Invento, el	
Inventor/a, el/la	
Inversión, la	
Invertir	
Invierno, el	
Ir (de compras)	
Irregular	
Irritar	
Isla, la	
Izquierda, la	

J

	En mi lengua
Jabón, el	
Jamás	
Jamón, el	
Jardín, el	
Jersey, el	
Jornada, la	
Joya, la	
Jubilación, la	
Jubilado/a	
Juego, el	
Jugar	
Jugo, el	
Juguete, el	
Justo/a	
Juventud, la	

L

	En mi lengua
Labor, la	
Lado, el	
Lana, la	
Lápiz, el (de memoria)	
Lástima, la	
Largo/a	
Lata, la	
Lavabo, el	
Lavadora, la	
Lavar(se)	
Lavavajillas, el	
Leche, la	
Lechuga, la	
Legumbre, la	
Lento/a	
Letra, la	
Levantar(se)	
Libertad, la	
Libre	
Libro, el	
Limpiar	
Limpiar el baño/ la cocina	
Limpieza, la	
Limpio/a	
Litro, el	
Llamativo/a	
Llegada, la	
Llorar	
Llover	
Lluvia, la	
Local (adj.)	
Local, el	
Localización, la	
Localizar	
Lógico/a	
Lucro, el	
Luego	
Lugar, el	
Lujo, el	
Luminoso/a	
Luna, la	
Luz, la	

M

	En mi lengua
Maceta, la	
Madera, la	
Madre, la	
Maíz, el	
Maleta, la	
Malo/a	
Mango, el	
Mantener	
Manzana, la	
Manual, el (de ayuda)	
Mañana, la	
Maquillaje, el	
Maquillar(se)	
Mar, el	
Maravilla, la	
Maravilloso/a	
Marca, la	
Mariposa, la	
Marisco, el	
Mascota, la	
Máster, el	
Matemáticas, las	
Material, el (de apoyo)	
Matrícula, la	
Matricularse	
Matrimonio, el	
Maya	
Mayor	
Medicamento, el	
Medioambiente, el	
Mediodía, el	
Medir	
Mejor	
Memorizar	
Mencionar	
¡Menos mal!	
Menú, el	
Mercado, el	
Merendar	
Merienda, la	
Merluza, la	
Mesa, la	
Mesero/a, el/la	
Meseta, la	
Mesilla, la	
Metal, el	

	En mi lengua
Metodología, la	
Metro, el	
Microondas, el	
Mientras	
Mineral, el	
Minoritario/a	
Mirador, el	
Misión, la	
Mismo/a	
Mixto/a	
Mochila, la	
Modernista	
Moderno/a	
Molestar	
Mono, el	
Montaña, la	
Montón, un	
Monumento, el	
Morir	
Mosaico, el	
Motivo, el	
Móvil, el	
Mueble, el	
Mundial	
Mundo, el	
Muralla, la	
Museo, el	
¡Muy bien!	

N

	En mi lengua
Nacer	
Nacionalidad, la	
Naranja, la	
Nariz, la	
Nativo/a, el/la	
Natural	
Naturaleza, la	
Navegador, el	
Navegar	
Necesario/a	
Necesidad, la	
Necesitado/a, el/la	
Negativo/a	
Negocio, el	
Nervioso/a	
Nevar	
Nevera, la	
Niebla, la	
Nieto/a, el/la	
Nieve, la	
¡No me digas!	
Noche, la	
Nochevieja, la	
Nombre, el	
Norte, el	
Nota, la (de un examen)	
Notar	
Noticia, la	
Novela, la	
Novio/a, el/la	
Nube, la	
Nublado/a	
Nunca	
Nutria, la	

O

	En mi lengua
Objetivo, el	
Obligación, la	
Océano, el	
Oeste, el	
Oferta, la	
Oficina, la	
Ofrecer	
Oído, el	
Ojalá	
Ojo, el	
Oportunidad, la	
Opinión, la	
Orden, la	
Ordenador, el	
Oreja, la	
Orgánico/a	
Organización, la	
Organizar	
Orgulloso/a	
Orientación, la	
Oriental	
Origen, el	
Orquesta, la	
Oso hormiguero, el	
Otoño, el	

P

	En mi lengua
Padre, el	
Paella, la	
Pagar	
Página, la	
Página web, la	
Pago, el	
País, el	
Paisaje, el	
Palacio, el	
Pan, el	
Panorama, el	
Pantalla, la	
Papel, el	
Paquete, el	
Parada, la (de autobús)	
Paraguas, el	
Paraje, el	
Parar	
Parchís, el	
Pared, la	
Pareja, la	
Parque, el (de atracciones)	
Participación, la	
Pasar la aspiradora.	
Pasear	
Paseo, el	
Pasillo, el	
Paso, el	
Pasta, la	
Pastel, el	
Pastilla, la	
Pata, la	
Patata, la	
Paté, el	
Patio, el	

	En mi lengua
Pecho, el	
Pedir	
Pegar (un documento)	
Película, la	
Peligro, el	
Peligroso/a	
Pelo, el	
Pelota, la	
Peluquería, la	
Pena, la	
Península, la	
Periódico, el	
Periodista, el/la	
Periodo, el	
Permiso, el	
Perro/a, el/la	
Personaje, el	
Pescado, el	
Pescar	
Picante	
Picar	
Pie, el	
Piedra, la	
Pimentón, el	
Pimiento, el	
Pinar, el	
Pincho, el	
Pingüino, el	
Pino, el	
Pinza, la	
Piña, la	
Pirámide, la	
Piscina, la	
Piso, el	
Pista, la (de tenis, de pádel…)	
Plancha, a la	
Planeta, el	
Plano/a	
Planta, la	
Plantación, la	
Plástico, el	
Plátano, el	

	En mi lengua
Plato, el	
Plato, el (de comida)	
Playa, la	
Plaza, la	
Pobreza, la	
Política, la	
Pollo, el	
Poncho, el	
Poner	
Poner en marcha	
Poner mala cara	
Portada, la	
Portarse	
Portátil, el	
Postre, el	
Practicar	
Práctico/a	
Preferir	
Premio, el	
Prenda, la	
Preocupado/a	
Preparar	
Prestación, la	
Prestigioso/a	
Primaria, la (educación)	
Primavera, la	
Privacidad, la	
Problema, el	
Producir	
Producto, el	
Profesión, la	
Programa, el	
Prohibir	
Promocionar	
Proporcionar	
Propuesta, la	
Protagonista, el/la	
Protección, la	
Proteger	
Proteína, la	
Proyecto, el	
Público, el	

	En mi lengua
Puerta, la	
Puesto, el	
Pulmón, el	
Pulpo, el	
Punta, la	
Punto, el	
Puntual	
Purificado/a	

Q

¡Qué alivio!	
¡Que aproveche!	
¡Qué me dices!	
Quejarse	
Queso, el	
Quitar el polvo.	
Quizá(s)	

R

Ración, la	
Rana, la	
Rápido/a	
Raro/a	
Ratón, el	
Raza, la	
Razón, la	
Realizar	
Recaudar	
Recepción, la	
Recepcionista, el/la	
Receta, la	
Reciclable	
Reciclado/a	
Reciclaje, el	
Reciclar	
Recoger	
Recogida, la	
Recolectar	
Recomendar	
Recorrer	
Recreativo/a	
Rectangular	
Recto/a	

	En mi lengua
Recuerdo, el	
Recuperar	
Recurso, el (económico/ informático)	
Red social, la	
Reembolso, el	
Refrescante	
Refresco, el	
Refugiado/a, el/la	
Regalar	
Regalo, el	
Registrarse	
Relacionar	
Reloj, el	
Renovable	
Reparación, la	
Reparar	
Reputación, la	
Reserva, la	
Reservar	
Residuo, el	
Respetar	
Respeto, el	
Respirar	
Responsabilidad, la	
Restaurante, el	
Reutilizar	
Ridículo/a	
Rincón, el	
Ritmo, el	
Roca, la	
Rogar	
Rojo/a	
Rondador, el	
Ropa de abrigo, la	
Rostro, el	
Rueda, la	
Ruido, el	
Ruidoso/a	
Ruina, la	
Ruta, la	

S

	En mi lengua
Sábana, la	
Safari, el	
Sagrado/a	
Sal, la	
Sala, la (de conferencias)	
Salmón, el	
Salón, el	
Salud, la	
Saludable	
Saludar	
Sanitario/a	
Sano/a	
Sardina, la	
Satisfecho/a	
Sección, la	
Seco/a	
Secretaría, la	
Secundaria, la (educación)	
Sed, la	
Segunda mano, (ser de)	
Seguro, el	
Selva, la	
Semana, la	
Semanal	
Senderismo, el	
Separar	
Serie, la	
Series de televisión, las	
Serio/a	
Servicio, el	
Servilleta, la	
Siempre	
Sierra, la (ref. a la montaña)	
Siesta, la	
Siglo, el	
Siguiente	
Silla, la	
Sin ánimo de lucro.	

	En mi lengua
Sitio web, el	
Sociable	
Social	
Sociedad, la	
Sofá, el	
Sol, el	
Solidaridad, la	
Solidario/a	
Solo/a	
Sombrero, el	
Sonreír	
Sopa, la	
Soportar	
Sorprendente	
Sorprender	
Sostenible	
Suave	
Subir (a la red)	
Submarinismo, el	
Suceso, el	
Sucio/a	
Suelo, el	
Suerte, la	
Sufrimiento, el	
Sugerir	
Sumar(se)	
Supermercado, el	
Suplicar	
Sur, el	
Surgir	
Suspender (un examen)	

T

	En mi lengua
Tablero, el	
Taller, el (de coches)	
Tapa, la	
Tapas, las	
Tapón, el	
Tarea, la	
Tarta, la	
Taza, la (del váter)	
Teatro, el	

	En mi lengua
Techo, el	
Teclado, el	
Tejido, el	
Tela, la	
Teléfono, el	
Temperatura, la	
Templado/a	
Temprano	
Tenedor, el	
Tener en cuenta	
Tener ganas de	
Terminar	
Terrestre	
Terror, el	
Tiempo libre, el	
Tienda, la	
Tienda de campaña, la	
Tierra, la	
Tirar	
Titular, el	
Toalla, la	
Tocar	
Tocar (la lotería)	
Tolerante	
Tomar	
Tomar la palabra	
Tomar nota	
Tomate, el	
Tono, el (ref. al color)	
Tormenta, la	
Tortilla, la	
Tortuga, la	
Tos, la	
Toser	
Tostada, la	
Tóxico/a	
Trabajador/a, el/la	
Trabajar	
Trabajo, el	
Tranquilidad, la	
Tranquilo/a	
Transbordador, el	
Transparencia, la	
Transporte, el	
Tren, el	
Triangular	
Triángulo, el	
Triste	
Trompeta, la	
Trozo, el	
Tubo, el	
Tuit, el	
Turismo, el	
Turista, el/la	
Tutor/a, el/la	

U

	En mi lengua
Ubicación	
Urbanización, la	
Urbano/a	
Uso, el	
Usuario/a, el/la	
Útil	

V

	En mi lengua
Vaqueros, los	
Variado/a	
Vaso, el	
¡Vaya, hombre!	
Vecino/a, el/la	
Vegetariano/a	
Ventilador, el	
Veraniego/a	
Verano, el	
Verde	
Verdura, la	
Vertical	
Vestido, el	
Vestir(se)	
Vez, la	
Viajar	
Viaje, el	
Videojuego, el	
Viento, el	
Vinagre, el	
Viñedo, el	
Visión, la	
Visionar	
Visita, la	
Visitar	
Vistas, las	
Vivienda, la	
Volcán, el	
Voleibol, el	
Voluntariado, el	
Voluntario/a (en un trabajo)	
Volver	
Vómito, el	
Vuelo, el	

Y

	En mi lengua
Ya	
Yoga, el	
Yogur, el	

Z

	En mi lengua
Zanahoria, la	
Zapatilla, la	
Zapato, el	
Zona, la	
Zoo, el	
Zumo, el	
Zurdo/a	

Actividades con el corpus lingüístico CORPES XXI de la RAE

Introducción

Una de las características de **Frecuencias DIRECTO** es el uso de dos de los corpus lingüísticos de la RAE –El Corpus del Español del Siglo XXI (CORPES XXI) y el Corpus de Referencia del Español Actual (CREA)[1]– para establecer frecuencias de uso léxico, combinaciones de palabras, usos gramaticales, geográficos, etc., y ofrecer diferencias entre las variantes del español de España y de América usando ejemplos de lengua **auténticos** procedentes de muestras reales de lengua escrita.

Este uso viene destacado en el libro del estudiante mediante unos cuadros que usted puede utilizar según los intereses y necesidades de su grupo de estudiantes, así como en alguna de las actividades propuestas.

RAE

COMUNICACIÓN

Español de España › ¿Qué hora es? : *Pero **¿qué hora es?** ¿Las siete ya?*

Español de América › ¿Qué horas son? : *–**¿Qué horas son**, compañero? –Van a dar las cinco.*

Español de España › *Son las* + hora + *menos cuarto* : *Son las once **menos cuarto**.*

Español de América › *Son (un)/Falta un cuarto para* + hora : *Sí, **son cuarto para las** doce de la noche.*

En los niveles A (1 y 2) y B1 hemos extraído del CORPES XXI léxico y expresiones, algunos aspectos gramaticales de interés en las variantes del español y asociaciones de palabras, dando prioridad a la enseñanza/aprendizaje del léxico porque consideramos que es uno de los pilares fundamentales de la comunicación tanto oral como escrita. Adquirir la competencia léxica significa conocer el significado de palabras (sustantivos, adjetivos, verbos…) y expresiones y saber utilizarlas con sus significados específicos en los contextos situacionales que aparezcan en el discurso.

En el curso se han trabajado estas zonas geográficas:

- **Zona 1.** México, Centroamérica y Caribe: México, Guatemala, Honduras, El Salvador, Costa Rica, Nicaragua, Panamá, Cuba, República Dominicana, Puerto Rico, Venezuela.
- **Zona 2.** España.
- **Zona 3.** Argentina. Se ha reflejado en ocasiones la variante argentina por su peculiaridad e importancia.

Tipología de actividades para realizar con la base del CORPES XXI

Estos son los tipos de actividades que proponemos para trabajar el corpus con sus estudiantes en algunas unidades:

1. Extracción de las **palabras y expresiones** más frecuentes, teniendo en cuenta la zona (1, 2 o 3) para establecer su uso en contexto.
2. Extracción de **formas, tiempo y modo** de los verbos para comprobar algunos de sus usos, seleccionando las frases más relevantes.
3. Extracción de **asociaciones de palabras** de uso frecuente en las zonas con las que trabajamos. Por ejemplo, adjetivos con los que se combina más frecuentemente el adverbio *muy*.

---

[1] CORPES XXI y CREA son de acceso gratuito a través de la plataforma de la RAE: https://www.rae.es/

Tenga en cuenta que la propia búsqueda de datos ayuda a los estudiantes a reflexionar sobre varios puntos del sistema lingüístico del español, ya que, para realizar dicha búsqueda, deben completar una serie de apartados en la base de datos: lema, forma, clase de palabra, modo, tiempo, persona, número...

Se aconseja que estas actividades las realicen en parejas o grupos pequeños bajo su supervisión y que concluya siempre las tareas propuestas con una puesta en común de los resultados.

Le sugerimos también que proyecte los resultados de la búsqueda para corregir o aclarar dudas, o bien para realizar la actividad directamente en grupo plenario si lo cree conveniente.

Antes de empezar a realizar la primera actividad, es recomendable que les muestre la base de datos y les explique el funcionamiento básico. También puede hacer la primera actividad de manera conjunta, proyectándola e indicándoles los pasos a seguir tal y como se ha diseñado en las tareas propuestas (ver, por ejemplo, la primera actividad) para que se familiaricen con el procedimiento. Se han añadido las imágenes de las diferentes búsquedas como muestra.

Aunque las actividades siguen la progresión del *Libro del estudiante*, pueden realizarse independientemente, según los intereses de los estudiantes y su propio criterio.

Asimismo, usted puede realizar todas aquellas búsquedas que crea convenientes en cualquier momento o tarea y crear sus propias actividades a medida, tomando como modelo las que le ofrecemos a continuación.

Actividades

Unidad 2. Actividad 3.1. "Gramática"

Se plantea una tarea sobre las formas ***hay/está(n)*** + artículo indeterminado/determinado que les permitirá comprobar que la regla que han estudiado se refrenda con el uso.

Pídales que hagan tres búsquedas:

1. La forma ***hay + un*** (también puede pedirles que la hagan con el resto de los artículos: *una*, *unos*, *unas*) y que anoten un ejemplo.
2. La forma ***está + el*** (también puede pedirles que la hagan con el resto de los artículos: *la*, *los*, *las*) y que anoten un ejemplo.
3. La forma ***está + un*** para comprobar que el corpus no obtiene ningún resultado.

Haga una puesta en común y aclare las dudas.

Para realizar las búsquedas deberán seguir estos pasos una vez que se encuentren en la página inicial del CORPES XXI, apartado **"Concordancias"**:

HAY + UN

Lema: haber
Forma: hay
Clase de palabra: verbo
Modo: indicativo
Clicar: Proximidad
Forma: un
Clicar: Subcorpus
Origen: España
Zona lingüística: España
Clicar: Concordancia

ESTÁ + EL

Lema: estar
Forma: está
Clase de palabra: verbo
Modo: indicativo
Tiempo: presente
Persona: tercera
Número: singular
Clicar: Proximidad
Forma: el
Clicar: Subcorpus
Origen: España
Zona lingüística: España
Clicar: Concordancia

ESTÁ + UN

Lema: estar
Forma: está
Clase de palabra: verbo
Modo: indicativo
Tiempo: presente
Persona: tercera
Número: singular
Clicar: Proximidad
Lema: un
Clicar: Subcorpus
Origen: España
Zona lingüística: España
Clicar: Concordancia

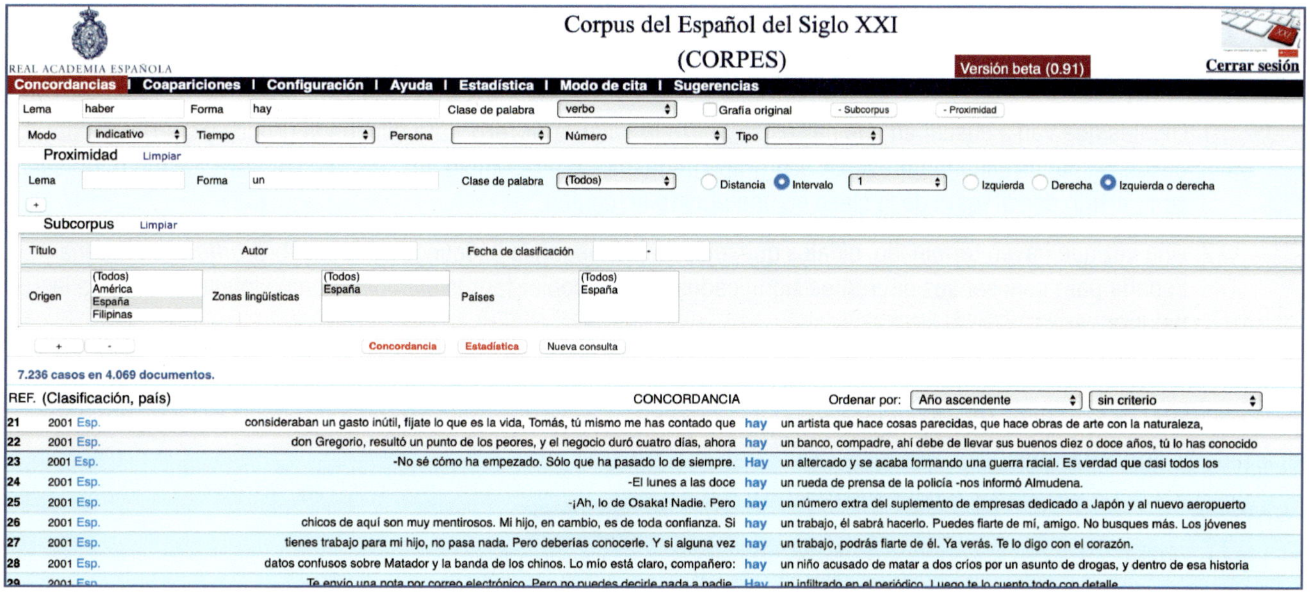
Corpus del Español del Siglo XXI
(CORPES)
REAL ACADEMIA ESPAÑOLA
Versión beta (0.91)
Cerrar sesión
Concordancias | Coapariciones | Configuración | Ayuda | Estadística | Modo de cita | Sugerencias
Lema haber Forma hay Clase de palabra verbo Grafía original
Modo indicativo Tiempo Persona Número Tipo
Proximidad Limpiar
Lema Forma un Clase de palabra (Todos) Distancia Intervalo 1 Izquierda Derecha Izquierda o derecha
Subcorpus Limpiar
Título Autor Fecha de clasificación
Origen (Todos) América España Filipinas Zonas lingüísticas (Todos) España Países (Todos) España
Concordancia Estadística Nueva consulta
7.236 casos en 4.069 documentos.
REF. (Clasificación, país) CONCORDANCIA Ordenar por: Año ascendente sin criterio
21 2001 Esp. consideraban un gasto inútil, fíjate lo que es la vida, Tomás, tú mismo me has contado que hay un artista que hace cosas parecidas, que hace obras de arte con la naturaleza,
22 2001 Esp. don Gregorio, resultó un punto de los peores, y el negocio duró cuatro días, ahora hay un banco, compadre, ahí debe de llevar sus buenos diez o doce años, tú lo has conocido
23 2001 Esp. -No sé cómo ha empezado. Sólo que ha pasado lo de siempre. Hay un altercado y se acaba formando una guerra racial. Es verdad que casi todos los
24 2001 Esp. -El lunes a las doce hay un rueda de prensa de la policía -nos informó Almudena.
25 2001 Esp. -¡Ah, lo de Osaka! Nadie. Pero hay un número extra del suplemento de empresas dedicado a Japón y al nuevo aeropuerto
26 2001 Esp. chicos de aquí son muy mentirosos. Mi hijo, en cambio, es de toda confianza. Si hay un trabajo, él sabrá hacerlo. Puedes fiarte de mí, amigo. No busques más. Los jóvenes
27 2001 Esp. tienes trabajo para mi hijo, no pasa nada. Pero deberías conocerle. Y si alguna vez hay un trabajo, podrás fiarte de él. Ya verás. Te lo digo con el corazón.
28 2001 Esp. datos confusos sobre Matador y la banda de los chinos. Lo mío está claro, compañero: hay un niño acusado de matar a dos críos por un asunto de drogas, y dentro de esa historia

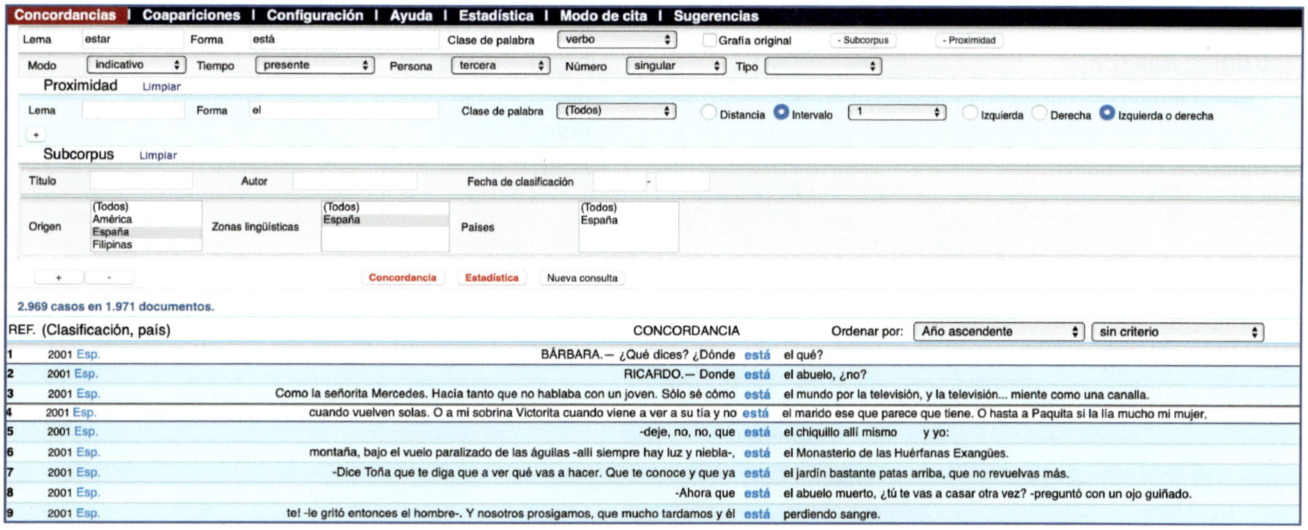
Concordancias | Coapariciones | Configuración | Ayuda | Estadística | Modo de cita | Sugerencias
Lema estar Forma está Clase de palabra verbo Grafía original
Modo indicativo Tiempo presente Persona tercera Número singular Tipo
Proximidad Limpiar
Lema Forma el Clase de palabra (Todos) Distancia Intervalo 1 Izquierda Derecha Izquierda o derecha
Subcorpus Limpiar
Título Autor Fecha de clasificación
Origen (Todos) América España Filipinas Zonas lingüísticas (Todos) España Países (Todos) España
Concordancia Estadística Nueva consulta
2.969 casos en 1.971 documentos.
REF. (Clasificación, país) CONCORDANCIA Ordenar por: Año ascendente sin criterio
1 2001 Esp. BÁRBARA.— ¿Qué dices? ¿Dónde está el qué?
2 2001 Esp. RICARDO.— Donde está el abuelo, ¿no?
3 2001 Esp. Como la señorita Mercedes. Hacía tanto que no hablaba con un joven. Sólo sé cómo está el mundo por la televisión, y la televisión... miente como una canalla.
4 2001 Esp. cuando vuelven solas. O a mi sobrina Victoria cuando viene a ver a su tía y no está el marido ese que parece que tiene. O hasta a Paquita si la lía mucho mi mujer,
5 2001 Esp. -deje, no, no, que está el chiquillo allí mismo y yo:
6 2001 Esp. montaña, bajo el vuelo paralizado de las águilas -allí siempre hay luz y niebla-, está el Monasterio de las Huérfanas Exangües.
7 2001 Esp. -Dice Toña que te diga que a ver qué vas a hacer. Que te conoce y que ya está el jardín bastante patas arriba, que no revuelvas más.
8 2001 Esp. -Ahora que está el abuelo muerto, ¿tú te vas a casar otra vez? -preguntó con un ojo guiñado.
9 2001 Esp. te! -le gritó entonces el hombre-. Y nosotros prosigamos, que mucho tardamos y él está perdiendo sangre.

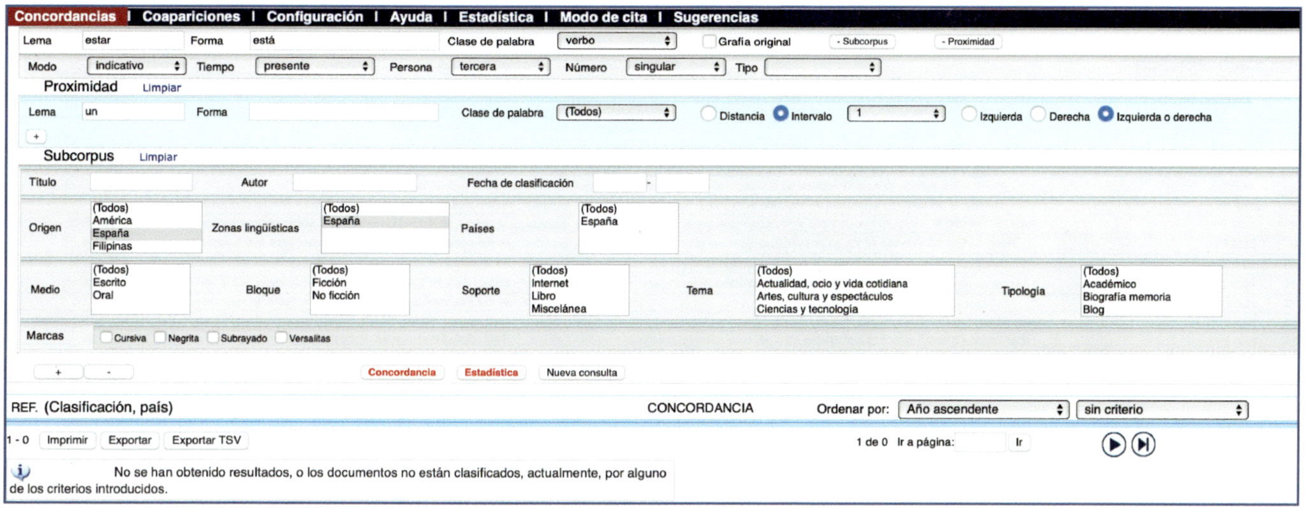
Concordancias | Coapariciones | Configuración | Ayuda | Estadística | Modo de cita | Sugerencias
Lema estar Forma está Clase de palabra verbo Grafía original
Modo indicativo Tiempo presente Persona tercera Número singular Tipo
Proximidad Limpiar
Lema un Forma Clase de palabra (Todos) Distancia Intervalo 1 Izquierda Derecha Izquierda o derecha
Subcorpus Limpiar
Título Autor Fecha de clasificación
Origen (Todos) América España Filipinas Zonas lingüísticas (Todos) España Países (Todos) España
Medio (Todos) Escrito Oral Bloque (Todos) Ficción No ficción Soporte (Todos) Internet Libro Miscelánea Tema (Todos) Actualidad, ocio y vida cotidiana Artes, cultura y espectáculos Ciencias y tecnología Tipología (Todos) Académico Biografía memoria Blog
Marcas Cursiva Negrita Subrayado Versalitas
Concordancia Estadística Nueva consulta
REF. (Clasificación, país) CONCORDANCIA Ordenar por: Año ascendente sin criterio
1 - 0 Imprimir Exportar Exportar TSV 1 de 0 Ir a página: Ir
No se han obtenido resultados, o los documentos no están clasificados, actualmente, por alguno de los criterios introducidos.

Unidad 3. Actividad 1. "Cultura"

Se propone una actividad con las palabras ***boleto/billete***.

1. Dígales que van a buscar en qué países se utiliza la palabra ***boleto***. Para ello, haga grupos y distribuya los países hispanos que le interesen. Cada grupo debe anotar un ejemplo del país que les haya tocado para luego compartirlo con el resto de la clase en una puesta en común.
2. Una vez que hayan terminado, pídales que, en parejas, hagan la búsqueda de la palabra ***billete*** en la zona España para conocer sus diferentes significados. Deben copiar tantos ejemplos como significados tenga la palabra.

Haga una puesta en común de los resultados.

Para realizar las búsquedas deberán seguir estos pasos una vez que se encuentren en la página inicial del CORPES XXI, apartado **"Concordancias"**:

BOLETO

Lema: boleto
Clase de palabra: sustantivo
Género: masculino
Tipo: común
Clicar: Subcorpus
Origen: América
Zona: La del país que le haya tocado al grupo
Países: El que le haya tocado al grupo
Clicar: Concordancia

BILLETE

Lema: billete
Clase de palabra: sustantivo
Género: masculino
Tipo: común
Clicar: Subcorpus
Origen: España
Zona: España
Países: España
Clicar: Concordancia

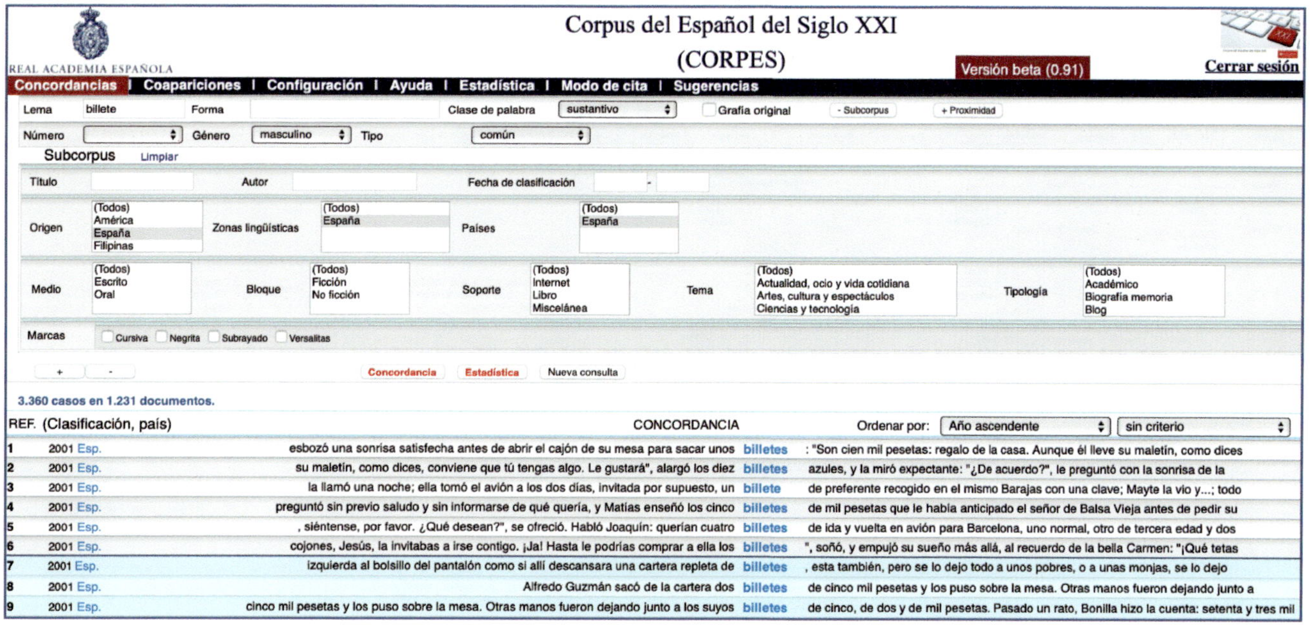

Unidad 4. Actividad 1. "Gramática"

Se propone una actividad para trabajar las formas verbales ***tú tienes/vos tenés***.

Primero recuérdeles que, como han visto, el español de Argentina, Uruguay, Paraguay, Honduras y El Salvador, entre otros países, se caracteriza por el uso de la segunda persona del singular *vos* en lugar de *tú*.

El voseo afecta tanto al sistema pronominal como al verbal. El presente de indicativo, en concreto, tiene formas propias: *vos caminás*, *vos tenés*, *vos repetís*.

Propóngales que, en parejas o grupos pequeños, hagan dos búsquedas:

1. La forma *tienes*. Pídales que anoten tres ejemplos.
2. La forma *tenés*. Dígales que busquen en qué países se utiliza dicha forma y que anoten un ejemplo de cada país. Para ello, tendrán que consultar las diferentes páginas de la base de datos. (Ver ejemplo de la captura).

Después haga una puesta en común para comprobar los resultados y aclare las dudas.

Para realizar las búsquedas deberán seguir estos pasos una vez que se encuentren en la página inicial del CORPES XXI, apartado **"Concordancias"**:

TIENES

Lema: tener
Forma: tienes
Clase de palabra: verbo
Modo: indicativo
Tiempo: presente
Persona: segunda
Número: singular
Clicar: Subcorpus
Origen: España
Zona lingüística: España
Países: España
Clicar: Concordancia

TENÉS

Lema: tener
Forma: tenés
Clase de palabra: verbo
Modo: indicativo
Tiempo: presente
Persona: segunda
Número: singular
Clicar: Subcorpus
Origen: América
Zona lingüística: todos
Clicar: Concordancia

Corpus del Español del Siglo XXI (CORPES)

REAL ACADEMIA ESPAÑOLA — Versión beta (0.91) — Cerrar sesión

Concordancias | Coapariciones | Configuración | Ayuda | Estadística | Modo de cita | Sugerencias

Lema: tener · Forma: tienes · Clase de palabra: verbo · Grafía original · - Subcorpus · + Proximidad

Modo: indicativo · Tiempo: presente · Persona: segunda · Número: singular · Tipo:

Subcorpus — Limpiar

Título · Autor · Fecha de clasificación

Origen: (Todos) / América / España / Filipinas · Zonas lingüísticas: (Todos) / España · Países: (Todos) / España

Medio: (Todos) / Escrito / Oral · Bloque: (Todos) / Ficción / No ficción · Soporte: (Todos) / Internet / Libro / Miscelánea · Tema: (Todos) / Actualidad, ocio y vida cotidiana / Artes, cultura y espectáculos / Ciencias y tecnología · Tipología: (Todos) / Académico / Biografía memoria / Blog

Marcas: Cursiva · Negrita · Subrayado · Versalitas

Concordancia · Estadística · Nueva consulta

15.266 casos en 2.852 documentos.

Ordenar por: Año ascendente · sin criterio

REF.	(Clasificación, país)	CONCORDANCIA		
1	2001 Esp.	hostiles y fronteras amistosas, fronteras en las que te reciben con una sonrisa o	tienes	que pagar un soborno. La frontera entre Inglaterra y el País de Gales es gastronómica
2	2001 Esp.	8. Tu tema Miedo hace pensar a que tenemos miedo, ¿tu a que le	tienes	miedo?
3	2001 Esp.	34. no pierdas nunca ese acento dulce y chicharreo que	tienes	. Soy conejera y hace mucho que te sigo. Me gustan muchísimas cosas de ti, y mi
4	2001 Esp.	52. ¿	Tienes	presente la muerte en tu vida y a la hora de componer, o la has intentado aparcar
5	2001 Esp.	57. Cuando vas a sacar un disco ¿te "encierras" y no paras hasta que	tienes	las canciones que buscas o escribes segun te van surguiendo y a la hora de hacer
6	2001 Esp.	62. ¿Te gustan los últimos trabajos de Enrique Bunbury? ¿Qué opinión	tienes	de él?
7	2001 Esp.	63. Pedro te noto mala cara por la videocámara, has estado enfermo o	tienes	algún problema gordo. Contamínanos, no tengas reparos, ahora que no nos oye nadie
8	2001 Esp.	1. Víctor, con la limpia trayectoria de izquierdas que	tienes	tú, Ana Belén y otros cantautores, ¿cómo os habéis inclinado por apoyar al PSOE
9	2001 Esp.	SURCOS.— Ah, ¿pero	tienes	de eso?
10	2001 Esp.	SURCOS.— (Da un golpe en el suelo como movido por un resorte.) ¿	Tienes	por ahí una baraja?
11	2001 Esp.	muñeco. Madrid en agosto es una barbacoa de carne humana. (Se huele la axila.) ¿	Tienes	desodorante?
12	2001 Esp.	SURCOS.— Que	tienes	músculos de bestia y alma de cura. Gracias, gracias, gracias. ¿Para qué? Hay que

Corpus del Español del Siglo XXI (CORPES)

REAL ACADEMIA ESPAÑOLA — Versión beta (0.91) — Cerrar sesión

Concordancias | Coapariciones | Configuración | Ayuda | Estadística | Modo de cita | Sugerencias

Lema: tener · Forma: tenés · Clase de palabra: verbo · Grafía original · - Subcorpus · + Proximidad

Modo: indicativo · Tiempo: presente · Persona: segunda · Número: singular · Tipo:

Subcorpus — Limpiar

Título · Autor · Fecha de clasificación

Origen: (Todos) / América / España / Filipinas · Zonas lingüísticas: (Todos) / Andina / Antillas / Caribe continental

Medio: (Todos) / Escrito / Oral · Bloque: (Todos) / Ficción / No ficción · Soporte: (Todos) / Internet / Libro / Miscelánea · Tema: (Todos) / Actualidad, ocio y vida cotidiana / Artes, cultura y espectáculos / Ciencias y tecnología · Tipología: (Todos) / Académico / Biografía memoria / Blog

Marcas: Cursiva · Negrita · Subrayado · Versalitas

Concordancia · Estadística · Nueva consulta

4.531 casos en 1.264 documentos.

Ordenar por: Año ascendente · sin criterio

REF.	(Clasificación, país)	CONCORDANCIA		
1041	2003 Arg.	Villa Esperanza se cobra 20 pesos la ecografía y 3 pesos la consulta al ginecólogo. "Si no	tenés	la plata, te mandan de vuelta", afirmó a Cash, Patricia Buena, una vecina del barrio
1042	2003 Ur.	cosas. No es igual que si querés dedicarte a la actuación, por ejemplo. En ese caso	tenés	lugares como la Escuela Municipal de Arte Dramático y otros que trabajan curricularmente
1043	2003 Ur.	a esa edad, y siempre son las mujeres... Nosotros tenemos la última palabra: sí,	tenés	razón... (risas).
1044	2003 Ur.	a ver beneficiado. — ¿Tus derechos políticos están limitados por el proceso que	tenés	?— No, no. Yo en la cárcel pensé que era así, pero estudié el tema y tengo total
1045	2003 Ur.	- Vos	tenés	varios hermanos, ¿no?
1046	2003 Ur.	trabajar fue muy desubicada (¿quién te iba a tocar las cervezas o los scotch que vos	tenés	en la cantina?) y que no te exime de tus tradicionales deberes para con tus fieles
1047	2003 El Salv.	Recordá que sólo	tenés	éste día para pagar tus cuotas universitarias.
1048	2003 El Salv.	líricas que no tengan, para que te las busquen... no pidan milagros verdad. Y si	tenés	ganas de contribuir con la causa, podés también enviar líricas de canciones que
1049	2003 C.Rica.	Si	tenés	un familiar, un amigo o conocido cerca de esos lugares (mismo meridiano), pedíles
1050	2003 Arg.	mí me dijeron: "Una buena carrera es el colegio industrial, porque terminás ahí y	tenés	un oficio". Pero el problema era que a mí el industrial no me gustaba. Entonces
1051	2003 Arg.	arriba de un tren". Di Salvo, encantado. El projecting es un procedimiento espantoso.	Tenés	que tener la cámara en una única posición porque si la inclinás un poquito para
1052	2003 Arg.	episodios más, sobre variantes de lo femenino. Un día Marcelo me preguntó: "¿Vos	tenés	algo?", lo leyó, le gustó y comenzamos a producirla, con bastantes problemas también
1053	2003 Arg.	He tenido un fin de semana jodido, mejor dejémoslo ahí...". Entonces le pregunté: "¿	Tenés	algo que hacer ahora?" "No". "Bueno, yo vivo acá. Esperá que voy a comprar yerba
1054	2003 Arg.	— Acá	tenés	

Unidad 5. Actividad 2.2. "Palabras"

Es una actividad propuesta para adquirir léxico asociando palabras con los verbos ***tomar un/una*** y ***jugar a***. Solo se trabaja con la variante del español de España.

Distribuya a sus estudiantes en grupos de dos parejas y asigne a cada pareja del grupo las búsquedas que se proponen:

1. Deben buscar ***tomar un*** y ***tomar una*** y copiar tres ejemplos del corpus con otras palabras asociadas que no hayan salido en la unidad. Si lo desea, puede ampliar la búsqueda al plural: ***unos*** y ***unas***.
2. Deben buscar ***jugar a*** y ***jugar al*** y copiar tres ejemplos del corpus con otras palabras asociadas que no hayan salido en la unidad.

Pueden usar el diccionario si lo necesitan. Para terminar, pida al grupo que intercambien sus frases. A continuación haga una puesta en común de todos los grupos anotando en la pizarra todas las asociaciones que hayan encontrado.

Para realizar las búsquedas deberán seguir estos pasos una vez que se encuentren en la página inicial del CORPES XXI, apartado **"Concordancias"**:

TOMAR + UN/UNA

Lema: tomar
Clase de palabra: verbo
Clicar: Proximidad
Forma: un/una
Clase de palabra: todos
Intervalo: 1
Clicar: Subcorpus
Origen: España
Zona lingüística: España
Clicar: Concordancia

JUGAR + A/AL

Lema: jugar
Clase de palabra: verbo
Clicar: Proximidad
Forma: a/al
Clase de palabra: todos
Intervalo: 1
Clicar: Subcorpus
Origen: España
Zona lingüística: España
Clicar: Concordancia

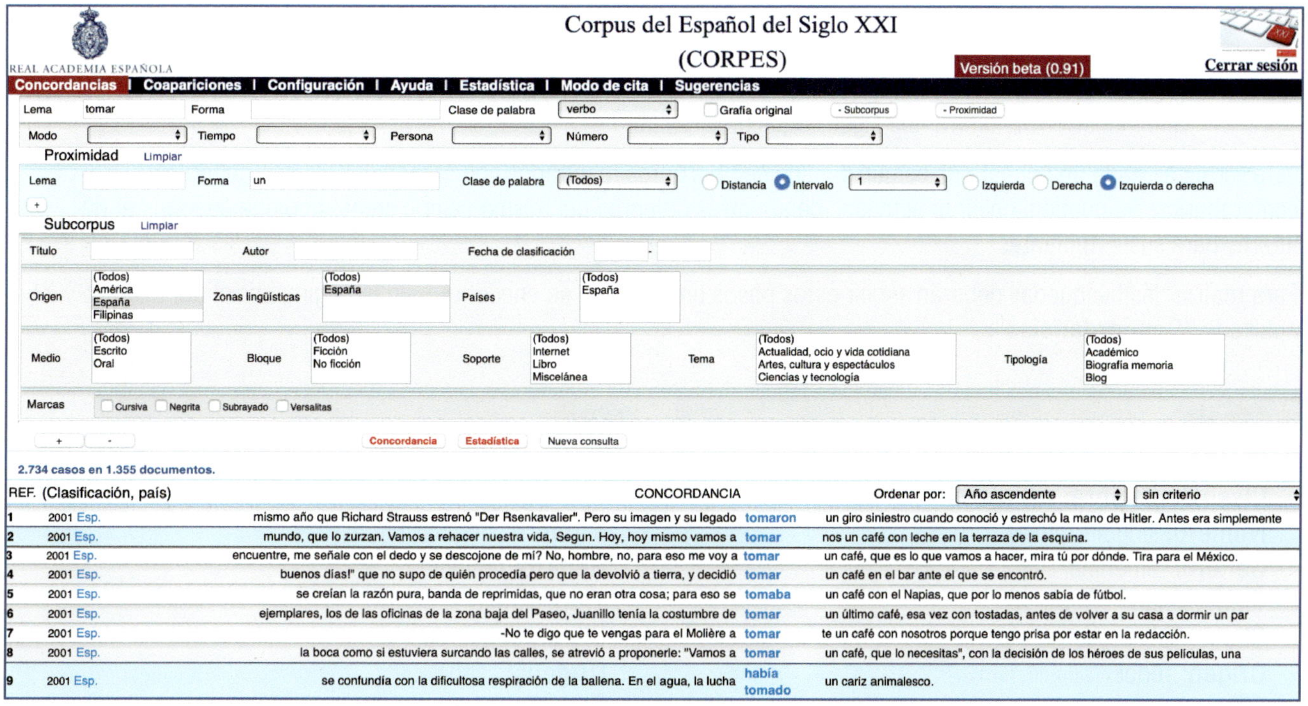

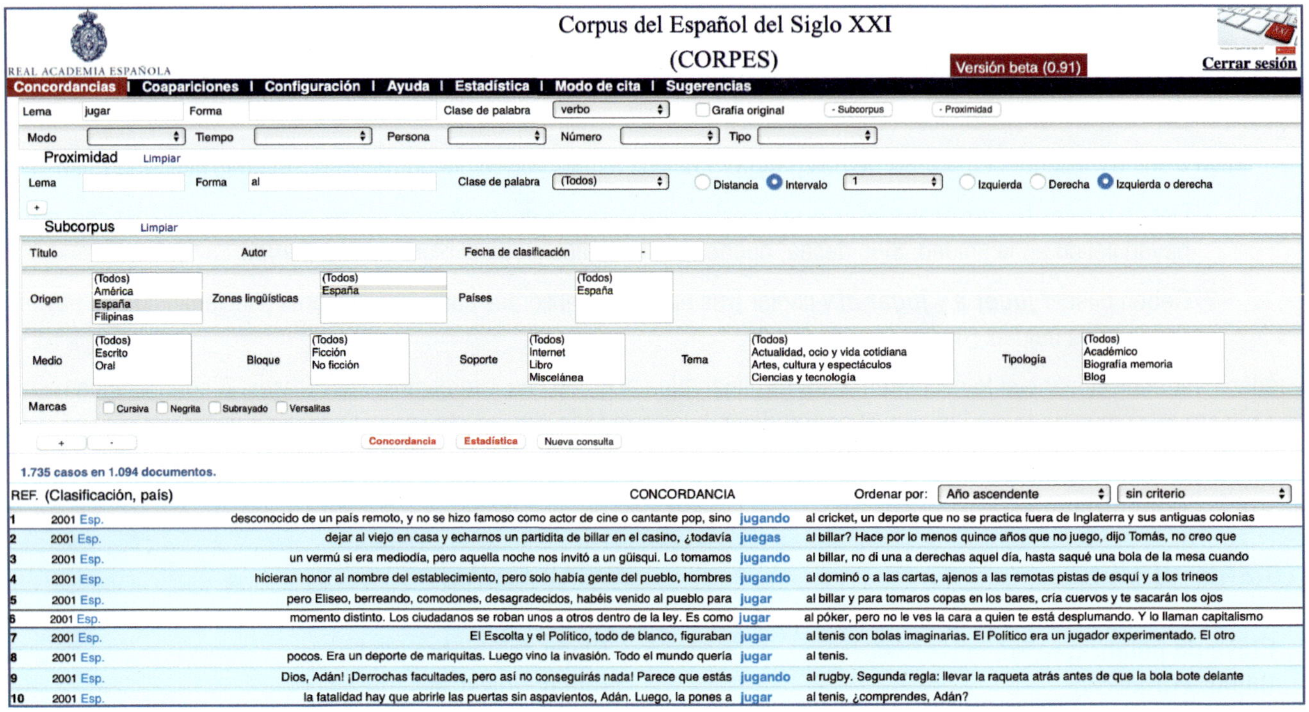

Unidad 6. Actividad 1. "Cultura"

Se propone una actividad con las palabras ***botana(s)/tapa(s)***.

1. Dígales que van a buscar en qué países de la zona de México y Centroamérica se utiliza la palabra *botana(s)*. Haga grupos o parejas y dígales que escriban ejemplos de la palabra del país o países donde se usa y anoten los países de esa zona donde la palabra *botana* no existe. Después pídales que cliquen ***Estadística*** para comprobar la frecuencia de uso de las diferentes zonas.
2. Dígales que hagan una búsqueda de la palabra *tapa(s)* en español de España y que escriban algunos ejemplos que muestren los diferentes significados de la palabra.

Para terminar, haga una puesta en común a fin de compartir los resultados con el resto de los compañeros y comprobarlos. Se puede ampliar la actividad dando otras palabras del mismo campo semántico que puedan ser de interés para sus estudiantes.

Para realizar las búsquedas deberán seguir estos pasos una vez que se encuentren en la página inicial del CORPES XXI, apartado **"Concordancias"**:

BOTANA

Forma: botana
Clase de palabra: sustantivo
Número: singular/plural
Género: femenino
Tipo: común
Clicar: Subcorpus
Origen: Todos
Clicar: Concordancias
Clicar: Estadística

TAPA

Lema: tapa
Clase de palabra: sustantivo
Número: singular/plural
Género: femenino
Tipo: común
Clicar: Subcorpus
Origen: España
Zona lingüística: España
Clicar: Concordancia

REAL ACADEMIA ESPAÑOLA

Corpus del Español del Siglo XXI (CORPES)

Versión beta (0.91) — Cerrar sesión

Concordancias | Coapariciones | Configuración | Ayuda | Estadística | Modo de cita | Sugerencias

Lema: — Forma: botana — Clase de palabra: sustantivo — Grafía original — - Subcorpus — + Proximidad

Número: singular — Género: femenino — Tipo: común

Subcorpus — Limpiar

Título — Autor — Fecha de clasificación -

Origen: (Todos) / América / España / Filipinas

\+ - — Concordancia — Estadística — Nueva consulta

80 casos en 60 documentos.

Ordenar por: Año ascendente — sin criterio

REF. (Clasificación, país)		CONCORDANCIA		
1	2001 Chile	Con las cervezas, el hermano del ex clavadista les trae una	botana	de galletitas saladas y tres vasos no muy grandes de ostiones. Son frescos, dice
2	2001 Méx.	Sirva como	botana	. Son también una deliciosa compañía para el arroz y otros guisados.
3	2001 Méx.	Sírvalas como	botana	en caldillo o secas con un poco de salsa de su elección.
4	2001 Méx.	Este escabeche es delicioso para acompañar cualquier	botana	, diversos platillos y carnes rojas.
5	2001 Méx.	marfil que al tostarlo toma un tono dorado. Se sirve con ajo, chile y limón como	botana	. También está presente en salsas, moles y dulces.
6	2001 Méx.	trimestre del año. Cantinas hay por docenas, lo difícil es adivinar dónde sirven buena	botana	. Pero a ver, ¿por qué tanto rodeo si no tienes hambre? Tomo por asalto la primera
7	2001 Méx.	Estaba junto a él, en la barra. Yo me comí toda la	botana	que el cantinero le ofrecía: totopos, guacamole, cueritos en salmuera. Dos o tres
8	2001 Perú	llegaron y regresaron a la ciudad de Miami en donde radica actualmente. (Tomado de La	Botana	)
9	2002 Méx.	todos, bajo el cálido amparo del ron, y de los tequeños y los apios con roquefort de	botana	, proferíamos informaciones y consejos, aunque, hélas ninguno le proponía algo de
10	2002 Méx.	ella lo impidió. Se dirigió a la cocina, de donde se demoró un poco para traer la	botana	, el tirabuzón y los vasos. El primer brindis lo hicieron de pie junto a la mesa

Zona	Freq	Fnorm.
México y Centroamérica	65	1,19
Río de la Plata	8	0,20
Andina	3	0,13
España	2	0,02
Chilena	1	0,05
Estados Unidos	1	0,28

1 - 6 de 6 — página: 1

Distribución Zona

Distribución País

País	Freq	Fnorm.
México	62	1,91
Argentina	8	0,31
España	2	0,02
Perú	2	0,21
Bolivia	1	0,18
Chile	1	0,05
Estados Unidos	1	0,28
Guatemala	1	0,23
Honduras	1	0,24
Panamá	1	0,42

1 - 10 de 10 — página: 1

Distribución País

REAL ACADEMIA ESPAÑOLA

Corpus del Español del Siglo XXI (CORPES)

Versión beta (0.91) — Cerrar sesión

Concordancias | Coapariciones | Configuración | Ayuda | Estadística | Modo de cita | Sugerencias

Lema: tapa — Forma: — Clase de palabra: sustantivo — Grafía original — - Subcorpus — + Proximidad

Número: singular — Género: femenino — Tipo: común

Subcorpus — Limpiar

Título — Autor — Fecha de clasificación -

Origen: (Todos) / América / España / Filipinas — Zonas lingüísticas: (Todos) / España — Países: (Todos) / España

\+ - — Concordancia — Estadística — Nueva consulta

916 casos en 451 documentos.

Ordenar por: Año ascendente — sin criterio

REF. (Clasificación, país)		CONCORDANCIA		
1	2001 Esp.	que pasaba: "¡Hay que joderse!", fue lo único que añadió Raúl, y volvió a abrir la	tapa	del telefonillo sin reparar en que su amante no debería ya de llevar consigo el
2	2001 Esp.	comer, pero me han hecho un encargo que me trae loco y no voy a tomarme más que una	tapa	. Tengo ahí arriba al grabador para que le dé algo y no me voy a ir yo a comer fresquito
3	2001 Esp.	, que yo me agarro ahora a los niños y nos vamos a Los Nietos y que se tomen una	tapa	si es que has dejado alguna, tragón inútil, sopabobero, pero aquí no me quedo ni
4	2001 Esp.	cerró la puerta del baño, encendió un cigarro, se sentó en la taza sin levantar la	tapa	, miró el reloj, las once menos cuarto, fumó, abrió el grifo, lo cerró, lo volvió
5	2001 Esp.	que hubieran debido inspirarte unas gotas de orina que brillan en el cerco de la	tapa	de la taza del retrete, y alivias tu vejiga recordando vagamente una situación
6	2001 Esp.	se preocupe, mujer, que estamos acostumbrados -dice el buen señor, levantando la	tapa	de la sopera-, además aquí no hay prisa, y si la sopa se enfría, nos la calientan
7	2001 Esp.	Abres el maletín. Al levantar la	tapa	se despliegan automáticamente unos pulcros estantes o bandejas, una, dos, tres,
8	2001 Esp.	le descubra. Junto a ÉL un gran cubo de basura -de esos que tienen ruedas y una	tapa	- y unas cajas de bebidas vacías. ÉL entra en escena y se acerca.
9	2001 Esp.	(ÉL lanza una última mirada al público, cierra la	tapa	del cubo y queda dentro. Oscuro y...)
10	2001 Esp.	encima del pollo. Se agrega el resto de la mantequilla y el coñac; se coloca la	tapa	de la fuente, se cubre la juntura con una pasta hacha con harina y agua y se mete

Unidad 7. Actividad 1.1. "Practica en contexto"

Se presenta una actividad sobre las expresiones ***no importa*** y ***ni modo***.

1. Agrupe a sus estudiantes en parejas y dígales que van a trabajar con la expresión ***no importa*** del español de España y que seleccionen algunos ejemplos.
2. Siguiendo la dinámica de la actividad, ahora dígales que hagan una búsqueda de la expresión ***ni modo***, que se usa en algunos países de la zona de México y Centroamérica. Pídales que escriban algunos ejemplos que encuentren en la base de datos y que anoten en qué países se usa. Recuérdeles que deben buscar la información por las diferentes páginas. Si lo considera oportuno, puede adjudicar a cada grupo o pareja los países donde deben realizar la búsqueda.

Para finalizar, pídales que cada pareja salga a la pizarra, escriba las frases que han seleccionado y que comenten los resultados de su búsqueda con todo el grupo de clase. Compruebe los resultados y aclare las dudas. Si lo cree conveniente, seleccione algunas frases de la pizarra y dígales que intercambien las expresiones ***no importa/ni modo***.

Para ampliar la actividad puede ofrecerles otras expresiones similares y realizar la búsqueda siguiendo el mismo modelo.

Para realizar las búsquedas deberán seguir estos pasos una vez que se encuentren en la página inicial del CORPES XXI, apartado **"Concordancias"**:

(NO) IMPORTA

Lema: importar
Forma: importa
Clase de palabra: verbo
Modo: indicativo
Tiempo: presente
Número: singular
Clicar: Proximidad
Forma: no
Clase de palabra: todos
Intérvalo: 1, izquierda
Clicar: Subcorpus
Origen: España
Zona lingüística: España
Clicar : Concordancia

(NI) MODO

Lema: modo
Clase de palabra: sustantivo
Número: singular
Género: masculino
Tipo: común
Clicar: Proximidad
Forma: ni
Clase de palabra: todos
Intervalo: 1, izquierda
Clicar: Subcorpus
Origen: América
Zona lingüística: México y Centroamérica
Países: Todos
Clicar: Concordancia

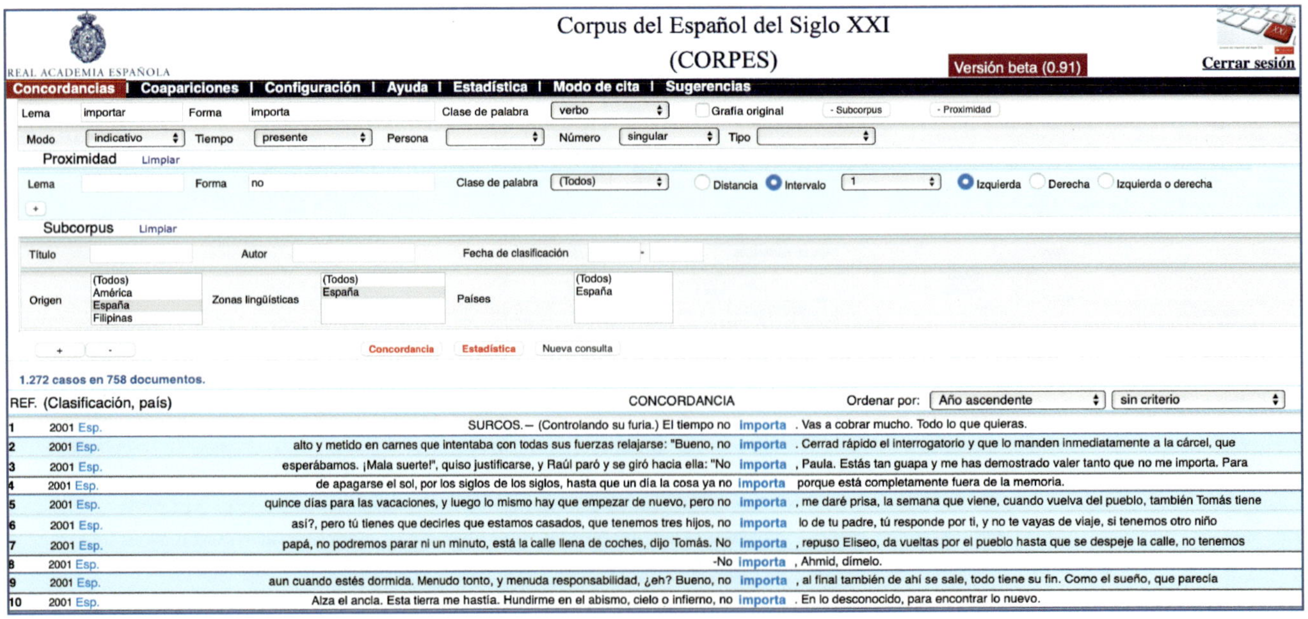

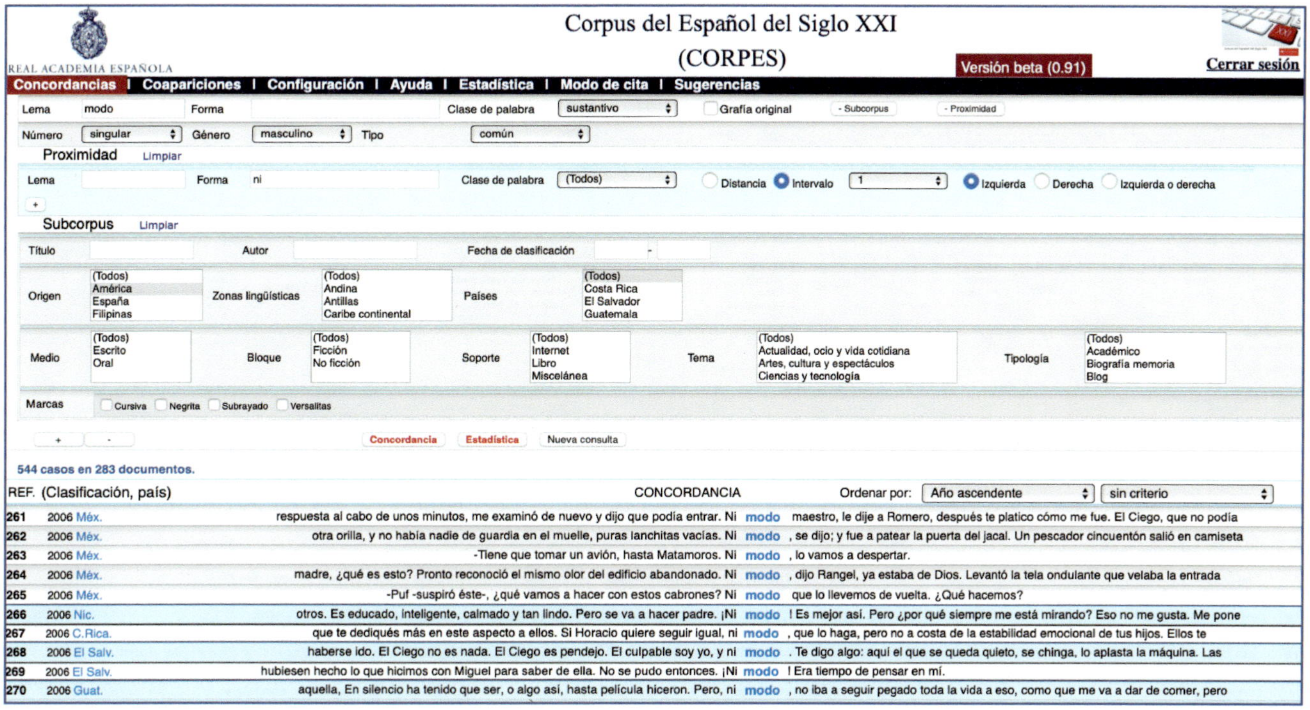

Unidad 8. Actividad 2.1. "Palabras"

Se propone una comparativa sobre la frecuencia de uso de los adjetivos ***enfadado(a)/enojado(a)*** entre España y la zona México-Centroamérica.

1. Distribuya a sus estudiantes en grupos y adjudíqueles una palabra: ***enfadado(a)*** o ***enojado(a)***.
2. Pídales que hagan una búsqueda en la base de datos para conocer en qué países se usa cada adjetivo y que copien algunos ejemplos de cada uno.
3. Al finalizar, deben clicar en **"Estadística"** para comprobar la frecuencia de uso según la zona.

Para corregir, le sugerimos que haga una puesta en común. Cada grupo debe explicar los resultados obtenidos, compararlos con los de los otros grupos y dar los ejemplos que han escrito. Después, entre todos, comenten el apartado **"Estadística"** para analizar el uso de los adjetivos en las diferentes zonas. El uso de *enojado(a)* es más frecuente en el español de América, mientras que en el español de España es *enfadado(a)*.

Para realizar las búsquedas deberán seguir estos pasos una vez que se encuentren en la página inicial del CORPES XXI, apartado **"Concordancias"**:

ENFADADO

Lema: enfadar
Forma: enfadado
Clase de palabra: verbo
Clicar: Subcorpus
Origen: Todos
Clicar: Concordancias
Clicar: Estadística

ENOJADO

Lema: enojar
Forma: enojado
Clase de palabra: verbo
Clicar: Subcorpus
Origen: Todos
Clicar: Concordancias
Clicar: Estadística

Frecuencia absoluta: 757 **Documentos:** 524 **Frecuencia normalizada:** 2,69 casos por millón

Distribución Zona

Zona	Freq	Fnorm.
España	616	6,83
México y Centroamérica	53	0,97
Río de la Plata	29	0,74
Caribe continental	19	0,54
Andina	16	0,74
Antillas	13	0,65
Chilena	7	0,41
Estados Unidos	3	0,84
Guinea Ecuatorial	1	1,13

1 - 9 de 9 página: 1

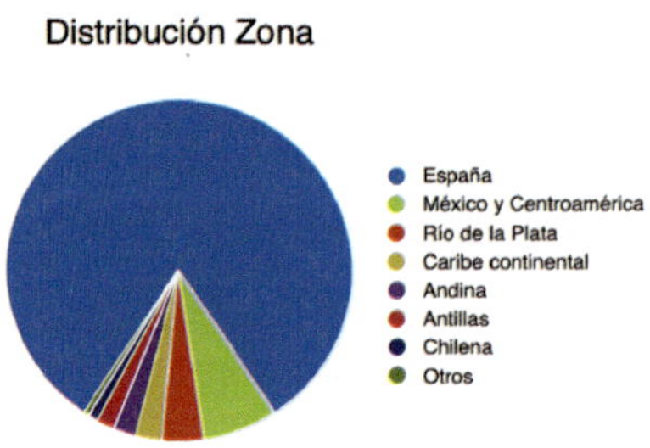

Distribución País

País	Freq	Fnorm.
España	616	6,83
México	30	0,92
Argentina	18	0,71
Colombia	14	0,65
Bolivia	7	1,26
Chile	7	0,41
Honduras	7	1,72
República Dominicana	7	1,13
Uruguay	6	0,82
Costa Rica	5	1,41

1 - 10 de 21 página: 1 2 3

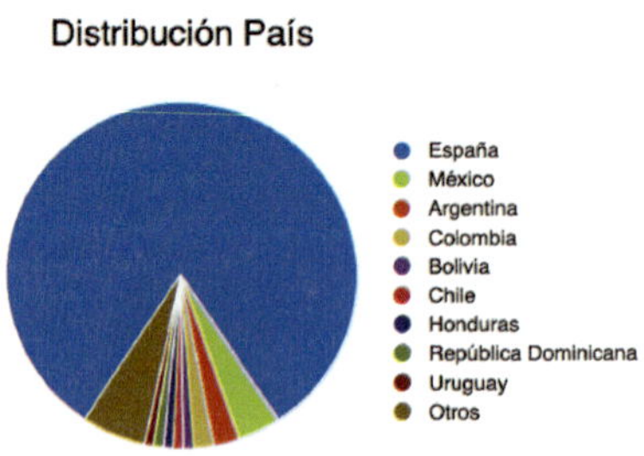

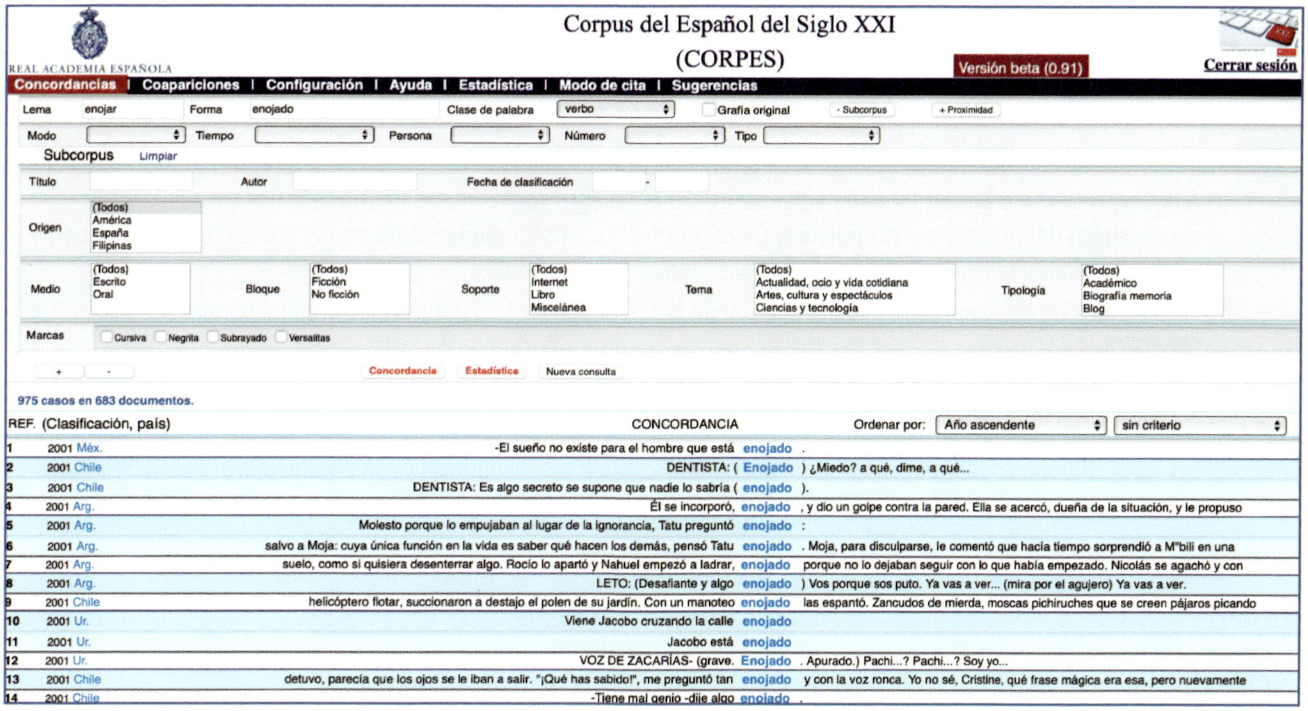

Frecuencia absoluta: 975 **Documentos:** 683 **Frecuencia normalizada:** 3,46 casos por millón

Distribución Zona

Zona	Freq	Fnorm.
México y Centroamérica	358	6,58
Río de la Plata	279	7,20
Chilena	99	5,87
España	80	0,88
Andina	64	2,97
Caribe continental	46	1,32
Antillas	36	1,80
Estados Unidos	7	1,97
Guinea Ecuatorial	4	4,52

1 - 9 de 9 página: 1

Distribución Zona

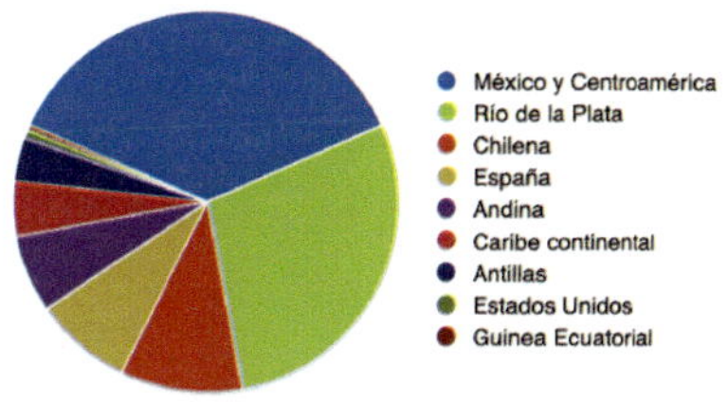

Distribución País

País	Freq	Fnorm.
México	241	7,45
Argentina	210	8,31
Chile	99	5,87
España	80	0,88
Paraguay	38	6,07
Uruguay	31	4,28
Colombia	30	1,39
Honduras	30	7,38
Bolivia	27	4,86
Guatemala	25	5,92

1 - 10 de 22 página: 1 2 3

Distribución País

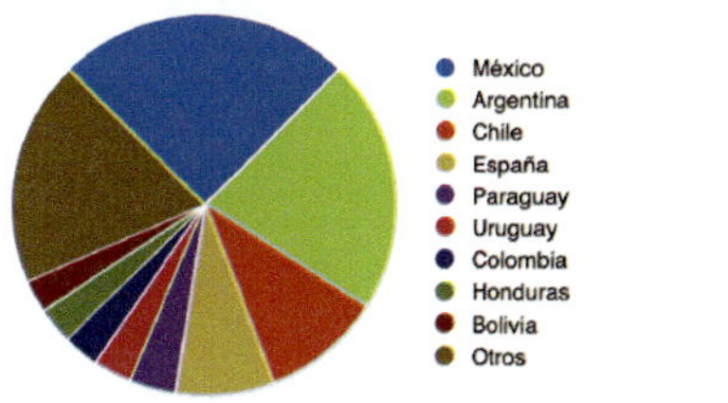

Unidad 10. Actividad 1. "Palabras"

Se propone una actividad de léxico con las palabras ***torta/tarta***, cuyo uso vieron en el cuadro de la RAE de la página 68. Explíqueles previamente que, en el español de América, además de ***tarta***, se usa también ***torta*** para referirse a lo mismo.

1. Dígales que van a buscar en qué países se utiliza la palabra ***torta***. Para ello, forme grupos y pídales que encuentren dónde se usa esta palabra. Cada grupo debe anotar ejemplos de varios países. Después deben clicar en el apartado **"Estadística"** para ver dónde se utiliza más.
2. Agrupados de igual manera, pídales que hagan la búsqueda de la palabra ***tarta*** y que sigan las mismas instrucciones.

Por último, haga una puesta en común en la que deberán compartir los ejemplos seleccionados con el resto de la clase y comentar qué diferencias de significado han encontrado entre ambas palabras.

Para realizar las búsquedas deberán seguir estos pasos una vez que se encuentren en la página inicial del CORPES XXI, apartado **"Concordancias"** y, después, **"Estadística"**:

TORTA

Lema: torta
Clase de palabra: sustantivo
Género: femenino
Tipo: común
Clicar: Subcorpus
Origen: Todos
Clicar: Concordancia
Clicar: Estadística

TARTA

Lema: tarta
Clase de palabra: sustantivo
Género: femenino
Tipo: común
Clicar: Subcorpus
Origen: Todos
Clicar: Concordancia
Clicar: Estadística

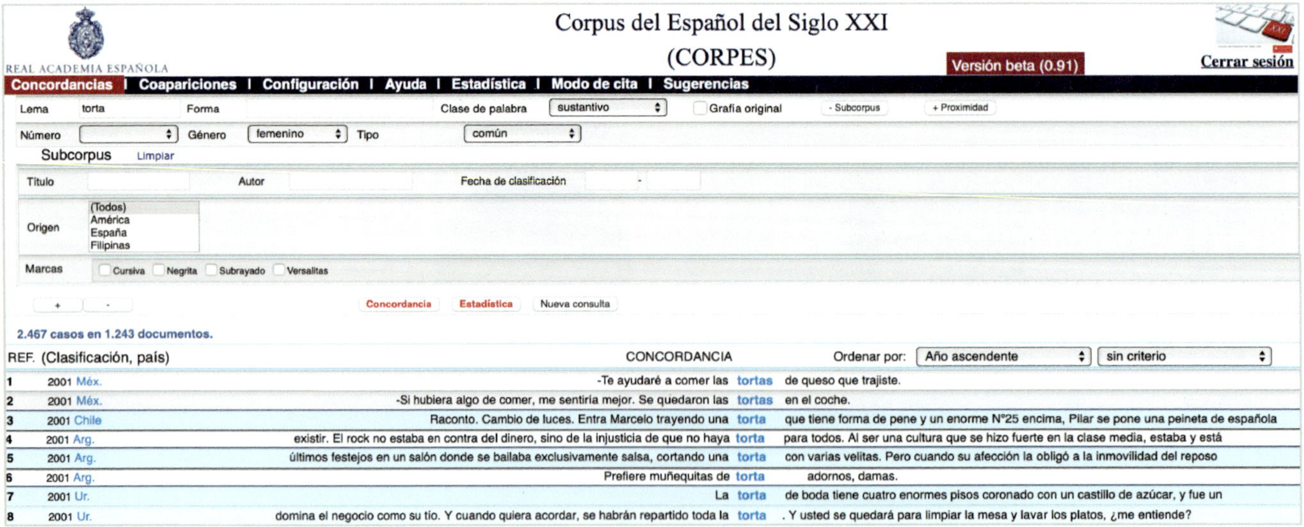

Frecuencia absoluta: 2.467 **Documentos:** 1.239 **Frecuencia normalizada:** 8,77 casos por millón

Distribución Zona

Zona	Freq	Fnorm.[1]
Río de la Plata	626	16,15
México y Centroamérica	528	9,70
Caribe continental	464	13,36
Chilena	307	18,22
España	280	3,10
Andina	171	7,95
Antillas	77	3,85
Estados Unidos	12	3,39
Filipinas	1	7,26
Guinea Ecuatorial	1	1,13
1 - 10 de 10		página: 1

Distribución Zona

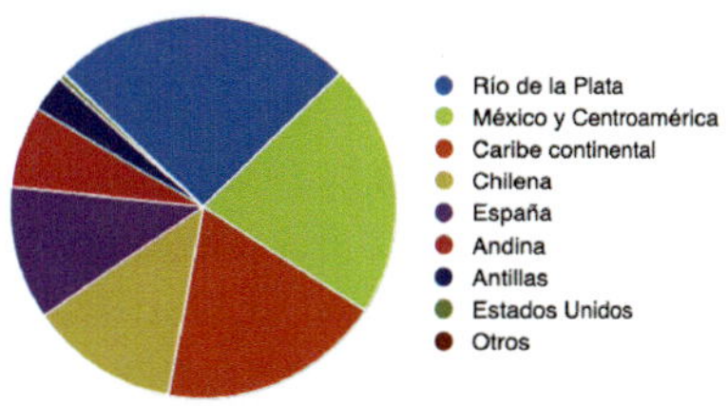

[1]La frecuencia normalizada indica cuántas veces aparece el lema o forma consultado por cada millón de palabras en cada zona.

Concordancias | Coapariciones | Configuración | Ayuda | Estadística | Modo de cita | Sugerencias

Lema: tarta — Forma: — Clase de palabra: sustantivo — Grafía original — - Subcorpus — + Proximidad

Número: — Género: femenino — Tipo: común

Subcorpus Limpiar

Título — Autor — Fecha de clasificación -

Origen: (Todos) / América / España / Filipinas

+ - Concordancia Estadística Nueva consulta

1.407 casos en 645 documentos.

REF. (Clasificación, país)		CONCORDANCIA		Ordenar por: Año ascendente / sin criterio
1	2001 Esp.	catalán), las anguilas en salsa, arenque con perejil y mantequilla, cabeza de cordero,	tarta	de grosellas y pudding de tapioca, entre otras recetas estelares que sitúan al
2	2001 Chile	esa tarde, la empleada y su mamá corrían acomodando los queques de naranja, las	tartas	de vainilla, y la gran torta de lúcuma que instalaron en el centro de la mesa con
3	2001 Méx.	papas, cuatro guisos diferentes, un platillo al horno, seis sartenes de arroz, tres	tartas	horneadas, pasteles y gelatina, francamente no pudiste, se veía en tu semblante
4	2001 Méx.	anciana de lentes bifocales y cabello entrecano, se precipitó hacia él con una enorme	tarta	de fresa. El supervisor tuvo que apartarla con suavidad. Decepcionados, Bautista
5	2001 Par.	servido cuando la comitiva entró al comedor. Había también medialunas rellenas,	tartas	, bombitas de chocolate y otras delicias que jamás faltan en la mesa de una casa
6	2001 Col.		Tarta	fácil de manzana
7	2001 Cuba	dirigiendo la mirada hacia Frau Wittek, que colocaba sobre el mantel una apetitosa	tarta	de manzanas, le dijo sin dejar de sonreír-: Usted es una hija de puta y su comida
8	2001 Par.	Cakes Houe y de Domini, los platos de pescado de la Taberna de Puerto Sajonia, las	tartas	de La Poderosa son algunas de las más festejadas especialidades del barrio.

Frecuencia absoluta: 1.407 **Documentos:** 610 **Frecuencia normalizada:** 5,00 casos por millón

Distribución Zona

Zona	Freq	Fnorm.
España	991	10,98
Río de la Plata	160	4,12
México y Centroamérica	96	1,76
Chilena	57	3,38
Caribe continental	34	0,97
Antillas	25	1,25
Andina	7	0,32
Guinea Ecuatorial	4	4,52
Estados Unidos	2	0,56
Sin identificar	31	108,73
1 - 10 de 10		página: 1

Distribución Zona

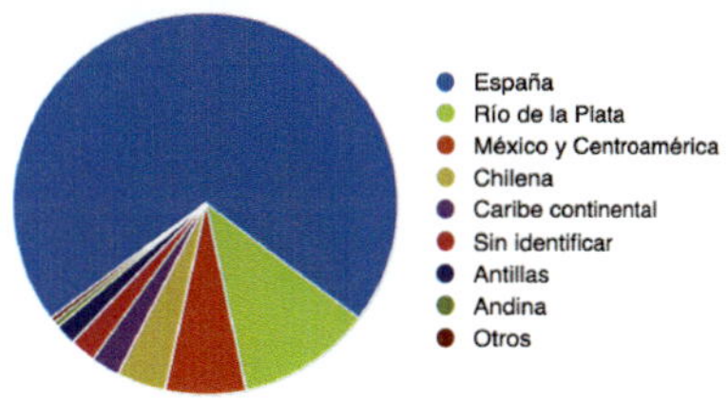

Unidad 13. Actividad 3. "Gramática"

Se propone una actividad para comprobar que en Hispanoamérica y en algunas zonas de España se usa más frecuentemente el pretérito indefinido en lugar del pretérito perfecto para hablar de acciones terminadas en un tiempo no terminado.

1. Distribuya a sus estudiantes en grupos pequeños y dígales que hagan una búsqueda en todos los países de cualquier verbo en pretérito perfecto siguiendo el modelo que se proporciona. Pídales que escriban algunos ejemplos que encuentren en la base de datos en los que aparezca la forma trabajada y que anoten a qué país corresponde cada uno. Recuérdeles que deben buscar la información por las diferentes páginas. Después pídales que cliquen en el apartado **"Estadística"** y que guarden el pantallazo.
2. Pídales ahora que hagan la misma búsqueda pero poniendo la forma verbal en indefinido y que sigan los mismos pasos que en la actividad anterior. Recuérdeles que cliquen en el apartado **"Estadística"** y que guarden el pantallazo.

Ponga en común los ejemplos que han obtenido de las dos actividades y pregúnteles si las dos formas verbales podrían ser intercambiables. Aclare las dudas si es necesario. Para terminar, pídales que comparen las dos capturas del apartado **"Estadística"** y que vean cómo queda justificado el uso mayoritario del pretérito indefinido frente al perfecto.

Para realizar las búsquedas deberán seguir estos pasos una vez que se encuentren en la página inicial del CORPES XXI, apartados **"Concordancias"** y **"Estadística"**:

PRETÉRITO PERFECTO

Lema: salir
Forma: ha salido
Clase de palabra: verbo
Clicar: Subcorpus
Origen: Todos
Clicar: Concordancia
Clicar: Estadística

PRETÉRITO INDEFINIDO

Lema: salir
Forma: salió
Clase de palabra: verbo
Clicar: Subcorpus
Origen: Todos
Clicar: Concordancia
Clicar: Estadística

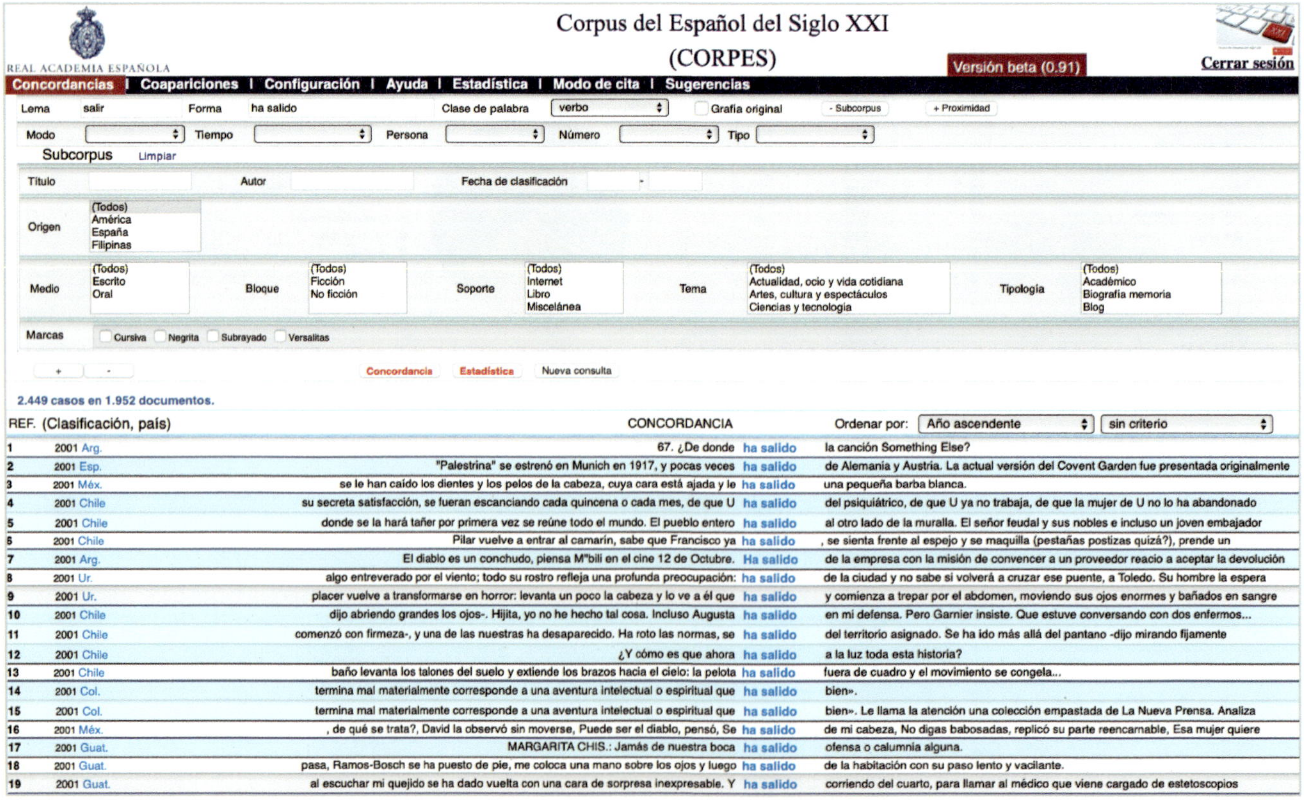

Frecuencia absoluta: 2.449 **Documentos:** 1.938 **Frecuencia normalizada:** 8,70 casos por millón

Distribución Zona

Zona	Freq	Fnorm.
España	1.458	16,16
México y Centroamérica	284	5,21
Caribe continental	194	5,58
Andina	141	6,55
Río de la Plata	141	3,63
Antillas	118	5,91
Chilena	73	4,33
Estados Unidos	15	4,23
Guinea Ecuatorial	10	11,30
Filipinas	1	7,26

1 - 10 de 11 página: 1 2

Distribución Zona

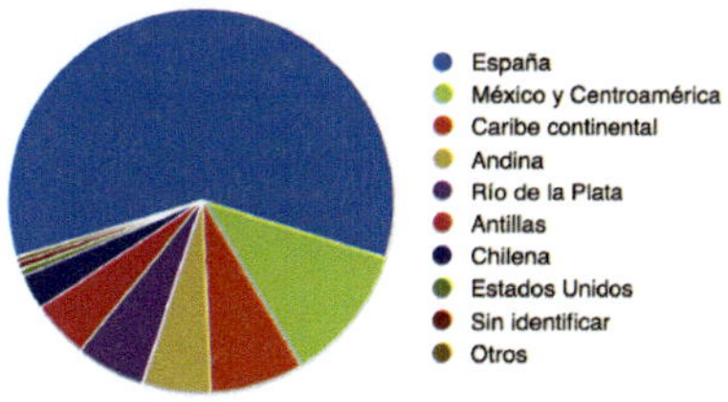

REAL ACADEMIA ESPAÑOLA

Corpus del Español del Siglo XXI (CORPES)

Versión beta (0.91) Cerrar sesión

Concordancias | Coapariciones | Configuración | Ayuda | Estadística | Modo de cita | Sugerencias

Lema salir Forma salió Clase de palabra verbo Grafía original - Subcorpus + Proximidad

Modo Tiempo Persona Número Tipo

Subcorpus Limpiar

Título Autor Fecha de clasificación -

Origen: (Todos) América España Filipinas

Medio: (Todos) Escrito Oral — Bloque: (Todos) Ficción No ficción — Soporte: (Todos) Internet Libro Miscelánea — Tema: (Todos) Actualidad, ocio y vida cotidiana Artes, cultura y espectáculos Ciencias y tecnología — Tipología: (Todos) Académico Biografía memoria Blog

Marcas: Cursiva Negrita Subrayado Versalitas

\+ - Concordancia Estadística Nueva consulta

28.029 casos en 12.896 documentos.

REF. (Clasificación, país) — CONCORDANCIA — Ordenar por: Año ascendente / sin criterio

REF.	Clasificación, país			
1	2001 Cuba	es que casi siempre tengo el título primero. La nada cotidiana, novela catarsis,	salió	del título.
2	2001 Méx.	hijo de Rosa, la mujer de limpieza, ha seguido a Roberto Rodríguez desde que éste	salió	del Centro de Observación del Desierto.
3	2001 Méx.	-Juan,	salió	una foto horrible de nosotros en El Sol de Nopalillo -exclama ella delante de un
4	2001 Méx.	-Si Conejo	salió	vivo del atentado, no estuvo mal el asunto.
5	2001 Méx.	era una broma. Mas no, el pistolero le vació la carga de la pistola en el pecho y	salió	de la cantina. Queriendo ocultar su crimen, el asesino vino a ver a mi abuelo y
6	2001 Méx.	-¿	Salió	algo?
7	2001 Méx.	-	Salió	nada.
8	2001 Méx.	-Ahora sí vas a ver nuestra foto que	salió	en la primera plana de El Sol de Nopalillo.
9	2001 Méx.	oscuridad. Tampoco lo espantan los alacranes. Los coge de la cola y hasta se los come.	Salió	igualito que su padre.
10	2001 Méx.	Apenas amaneció, Juan	salió	de la recámara y fue a sentarse en el patio para continuar la lectura de las cartas
11	2001 Méx.	ducha, probando previamente con la punta del pie la temperatura del agua. Pero como	salió	poco líquido, optó por llenar dos cubetas de agua y lavarse la cara y el pelo.
12	2001 Méx.	agradarlo, la llenamos de objetos, pero cuando lo llevamos, Dios lo perdone, entró y	salió	sin decir palabra. Desde entonces no ha regresado. Allí guardamos en estos días
13	2001 Méx.	eyaculaba) en su hermana mayor. Por esto, cuando más tarde la invité a yacer conmigo,	salió	despavorida.
14	2001 Méx.	Entonces ocurrió una cosa digna de llamar la atención: un alacrán larguísimo	salió	de detrás de un espejo y comenzó a andar por la pared.
15	2001 Méx.	"Al siguiente amanecer Nicanor Tapia	salió	de las instalaciones del Centro. Se había puesto a sí mismo una sonda y llevaba
16	2001 Méx.	-Mira, Juan, nuestra esquela mortuoria	salió	en El Sol de Nopalillo.
17	2001 Méx.	-¿De dónde	salió	él?
18	2001 Méx.	cuerpo. Tenía lepra. Yo tenía mucha fe. La curé. Me fui. Otro día volví. La mujer	salió	corriendo a recibirme. Estaba limpia. De allí empecé a trabajar como médico tradicional
19	2001 Chile	El coche frenó unos metros más adelante y se quedó quieto. Nadie	salió	, tampoco puso marcha atrás, no volví a oír el claxon, pero su presencia parecía
20	2001 Chile	Quería que vieras esto, dijo, a mí es lo que más me gusta de mi tierra. El coche	salió	de la carretera y se detuvo en una suerte de zona de descanso, aunque en realidad

1 - 20 Imprimir Exportar Exportar TSV — 1 de 1.402 Ir a página: Ir

Frecuencia absoluta: 28.029 **Documentos:** 12.843 **Frecuencia normalizada:** 99,65 casos por millón

Distribución Zona

Zona	Freq	Fnorm.
España	7.617	84,46
México y Centroamérica	6.307	115,92
Río de la Plata	4.214	108,77
Caribe continental	3.640	104,81
Andina	2.295	106,70
Antillas	1.949	97,65
Chilena	1.597	94,78
Estados Unidos	304	85,91
Guinea Ecuatorial	78	88,16
Filipinas	8	58,12

1 - 10 de 11 página: 1 2

Distribución Zona

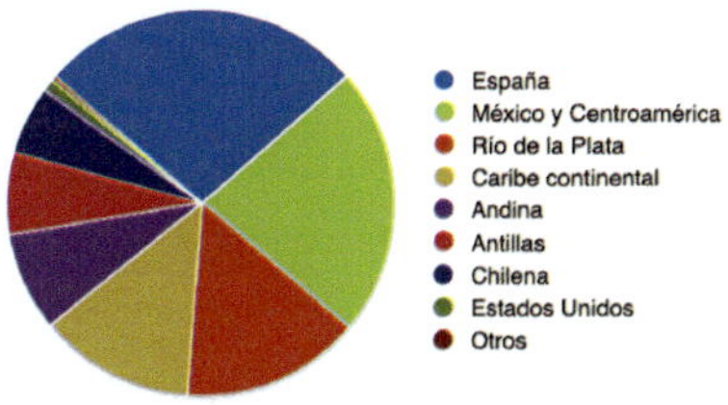

Unidad 14. Actividad 1. "Practica en contexto"

Se presenta una actividad sobre el uso de los adverbios ***nomás*** y ***solamente***. El primero utilizado básicamente en los países hispanos y el segundo, en España.

1. Agrupe a sus estudiantes en parejas o pequeños grupos. Dígales que hagan una búsqueda del adverbio ***nomás***, que se usa en países de la zona de México y Centroamérica y en otros países de Hispanoamérica como Argentina. Pídales que escriban algunos ejemplos que muestren los diferentes significados de este adverbio y que anoten a qué país corresponde cada uno. Recuérdeles que pueden buscar la información por las diferentes páginas.
2. Ahora sugiérales que realicen la misma búsqueda con la palabra ***solamente*** y que recojan también algunos ejemplos que muestren el significado de esta palabra en el español de España.

Terminado el trabajo, pídales que compartan sus resultados con el resto de la clase y que comparen las frases con *nomás* y *solamente* comentando qué cambios perciben.

Para ampliar la actividad puede dirigirlos al *Diccionario de la lengua española* (https://dle.rae.es/nomás?m=form) y pedirles que busquen la palabra *nomás*, para así comprobar el uso de dicho adverbio y ver los matices de significado de las distintas acepciones.

1. adv. *Arg., Bol., Chile, Col., C. Rica, Ec., Hond., Méx., Nic., Par., Perú y Ven.* no más (‖ solamente).
2. adv. *Arg., Chile, Col., Ec., El Salv., Hond., Méx., Par., Perú, Ur. y Ven.* U. en oraciones exhortativas, generalmente pospuesto, para añadir énfasis a la expresión. *Pase nomás. Atrévase nomás.*
3. adv. *Arg., Col., El Salv., Méx., Nic. y Ur.* Apenas, precisamente.

Puede trabajar esta actividad con otros adverbios usados en Hispanoamérica como *acá, antier, recién...*, en contraste con el uso de los adverbios *aquí, anteayer, recientemente...*, siguiendo las mismas instrucciones y dinámica.

Para realizar las búsquedas deberán seguir estos pasos una vez que se encuentren en la página inicial del CORPES XXI, apartados **"Concordancias"** y **"Estadística"**:

NOMÁS

Lema: nomás
Clase de palabra: adverbio
Clicar: Subcorpus
Origen: Todos
Clicar: Concordancia
Clicar: Estadística

SOLAMENTE

Lema: solamente
Clase de palabra: adverbio
Clicar: Subcorpus
Origen: Todos
Clicar: Concordancia
Clicar: Estadística

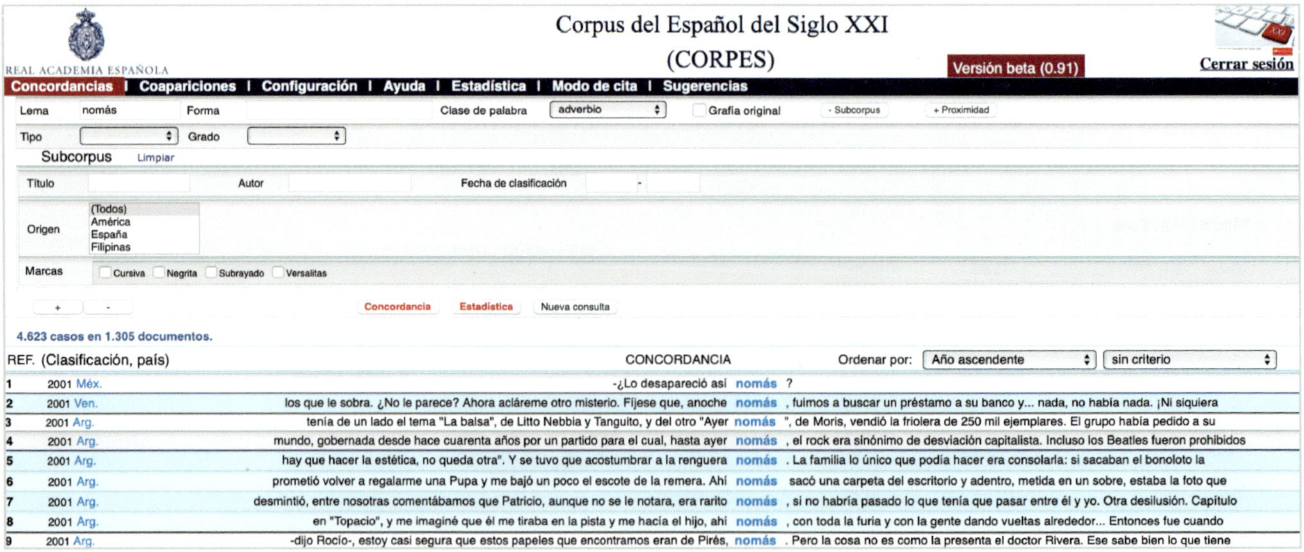

Frecuencia absoluta: 4.623 **Documentos:** 1.305 **Frecuencia normalizada:** 16,43 casos por millón

Distribución Zona

Zona	Freq	Fnorm.
México y Centroamérica	2.050	37,67
Río de la Plata	1.423	36,72
Andina	830	38,58
Chilena	226	13,41
Caribe continental	52	1,49
España	25	0,27
Estados Unidos	8	2,26
Antillas	7	0,35
Filipinas	2	14,53
1 - 9 de 9		página: 1

Distribución Zona

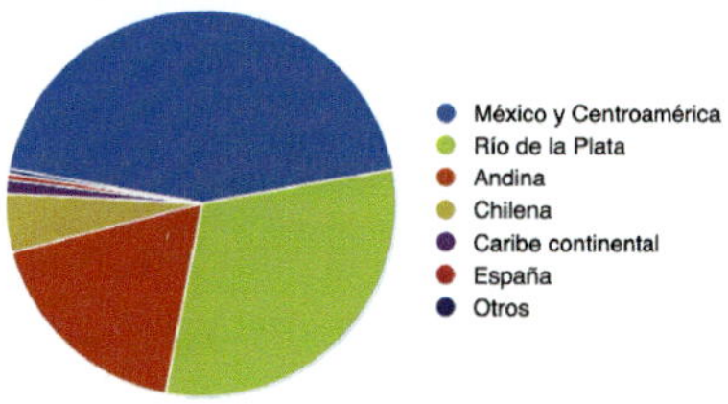

REAL ACADEMIA ESPAÑOLA

Corpus del Español del Siglo XXI (CORPES)

Versión beta (0.91) Cerrar sesión

Concordancias | Coapariciones | Configuración | Ayuda | Estadística | Modo de cita | Sugerencias

Lema: solamente Forma: Clase de palabra: adverbio Grafía original - Subcorpus + Proximidad

Tipo: Grado:

Subcorpus Limpiar

Título: Autor: Fecha de clasificación: -

Origen: (Todos) América España Filipinas

Medio: (Todos) Escrito Oral — Bloque: (Todos) Ficción No ficción — Soporte: (Todos) Internet Libro Miscelánea — Tema: (Todos) Actualidad, ocio y vida cotidiana Artes, cultura y espectáculos Ciencias y tecnología — Tipología: (Todos) Académico Biografía memoria Blog

Marcas: Cursiva Negrita Subrayado Versalitas

\+ - Concordancia Estadística Nueva consulta

23.299 casos en 12.350 documentos.

Ordenar por: Año ascendente, sin criterio

REF. (Clasificación, país)		CONCORDANCIA		
1	2001 Cuba	hemos tenido necesidad de pensar siquiera en cirugía. Porque la fuerza y la belleza no está	solamente	en la presencia si no en la esencia. Y uno de los integrantes de la Vieja Trova
2	2001 Arg.	Me encantaría, sería un disco	solamente	instrumental.
3	2001 Esp.		Solamente	con el reconocimiento de que seamos hombres que dimos todos los que teníamos entonc
4	2001 Méx.	luna es el espejo del sol y traiciona la oscuridad. En esa hora verás maravillas.	Solamente	una cosa, ponte abusado cuando atraviesen el cielo las criaturas de la noche. A
5	2001 Méx.	beber?", inspeccionó las ollas. "Hay cecina, frijoles y arroz", contesté. "¿Café?	Solamente	quiero café." "Hoy te lo preparo, mañana te lo haces tú." "¿Qué te has creído?
6	2001 Méx.	-	Solamente	los espiaba.
7	2001 Méx.	-Por eso	solamente	oigo temblores. Ahora cuéntame, don Pedro, ¿en este momento están pasando tres
8	2001 Méx.	-Los Centruroides pelean sucio, a matar,	solamente	con una buena estrategia podremos anularlos.
9	2001 Méx.	paso hasta su corazón, el cual, repleto de vacio, parece ablandarse y germinar.	Solamente	parece, porque la gota cae en la palma de su mano abierta, penetra los huesos del
10	2001 Méx.	-Por favor, permítame estar aquí unos minutos,	solamente	yo puedo devolverle la vida a esta momia.
11	2001 Méx.	-No te pierdas. Recuerda	solamente	quién eres, dónde estás.
12	2001 Méx.	-	Solamente	un chamán puede tocar el tambor de otro chamán, ¿es cierto?
13	2001 Méx.	latigueó y me clavó los colmillos en la pierna. Después de morderme, no escapó,	solamente	se me quedó viendo. Aturdido, me bajé el pantalón. La herida empezaba a ponérse
14	2001 Méx.	-	Solamente	nosotras. -¿Nosotras?
15	2001 Méx.	En la pieza, bastante amplia, los muebles son viejos. No son antigüedades,	solamente	son viejos. No hay ropero ni espejos, hay muchas sillas. Los huéspedes deben colgar
16	2001 Méx.	-	Solamente	los cerros romperán la monotonía de la planicie.
17	2001 Méx.	fui por mucho tiempo una sombra que anhelaba ver el amarillo tierno de la aurora.	Solamente	pensar en ti me consolaba -él abre la ventana.
18	2001 Méx.	El niño no responde,	solamente	la mira con ojos de rendija.
19	2001 Méx.	pensé que se estaba limpiando las lágrimas de la cara con las manos sucias. Pero no,	solamente	se quitaba tierra de las mejillas.
20	2001 Méx.	fea. Una noche se volvió loco, pistola en mano empezó a gritarle a una figura que	solamente	él veía. Voznaba algo así: "Estás muerto, hijo de la chingada, la muerte parece

1 - 20 Imprimir Exportar Exportar TSV — 1 de 1.165 Ir a página: Ir

Frecuencia absoluta: 23.299 **Documentos:** 11.937 **Frecuencia normalizada:** 82,83 casos por millón

Distribución Zona

Zona	Freq	Fnorm.
México y Centroamérica	5.886	108,18
Río de la Plata	4.575	118,08
España	4.408	48,88
Caribe continental	3.043	87,62
Andina	2.074	96,42
Antillas	1.760	88,18
Chilena	1.082	64,21
Estados Unidos	346	97,78
Guinea Ecuatorial	65	73,46
Filipinas	12	87,19
1 - 10 de 11		página: 1 2

Distribución Zona

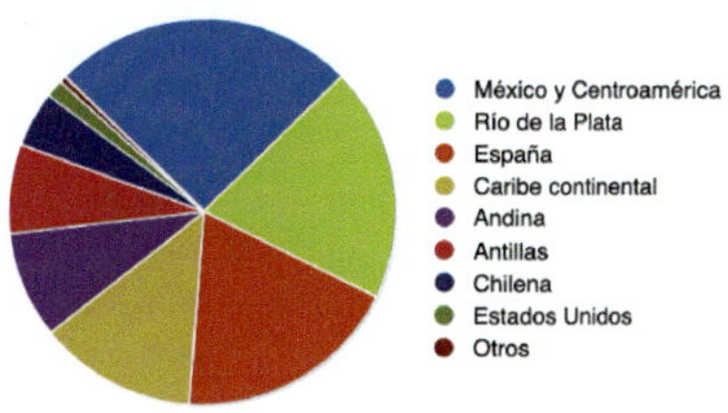

Unidad 16. Actividad 1. "Gramática"

Se propone una actividad para trabajar las formas ***tú*** y ***vos***, que se alternan en el imperativo negativo del español de América según las zonas geográficas: *(tú) no cantes/(vos) no cantés, (tú) no comas/(vos) no comás, (tú) no partas/(vos) no partás*. Conviven las dos formas, aunque la segunda es de uso más frecuente en el español de la zona del Río de la Plata en la lengua coloquial.

Propóngales que, en parejas o grupos pequeños, hagan dos búsquedas:

1. La forma ***no comas***. Pídales que anoten tres ejemplos de diferentes países. Después dígales también que vayan al apartado **"Estadística"** para que puedan analizar en qué zonas se usa más la forma estudiada.
2. La forma ***no comás***. Dígales que busquen dicha forma y que anoten un ejemplo de los países que encuentren que la usen. La zona que se trabaja es la del Río de la Plata. Se presenta esta actividad como comprobación del uso de esta forma en dicha región.

   Después haga una puesta en común para comprobar los resultados de las tareas, coméntelos y aclare las dudas. Si quiere, puede ampliar la actividad con otros verbos como: *no bebas/no bebás, no cantes/no cantés, no escribas/no escribás, no hables/no hablés*.

Para realizar las búsquedas deberán seguir estos pasos una vez que se encuentren en la página inicial del CORPES XXI, apartados **"Concordancias"** y **"Estadística"**:

NO COMAS

Lema: comer
Forma: comas
Clase de palabra: verbo
Clicar: Proximidad
Lema: no
Clicar: Subcorpus
Origen: Todos
Clicar: Concordancia
Clicar: Estadística

NO COMÁS

Lema: comer
Forma: comás
Clase de palabra: verbo
Clicar: Proximidad
Lema: no
Clicar: Subcorpus
Origen: América
Zona: Río de la Plata
Países: Todos
Clicar: Concordancia

Frecuencia absoluta: 51 **Documentos:** 47 **Frecuencia normalizada:** 0,18 casos por millón

Distribución Zona

Zona	Freq	Fnorm.
España	17	0,18
México y Centroamérica	10	0,18
Río de la Plata	7	0,18
Caribe continental	6	0,17
Antillas	5	0,25
Andina	3	0,13
Chilena	3	0,17
1 - 7 de 7		página: 1

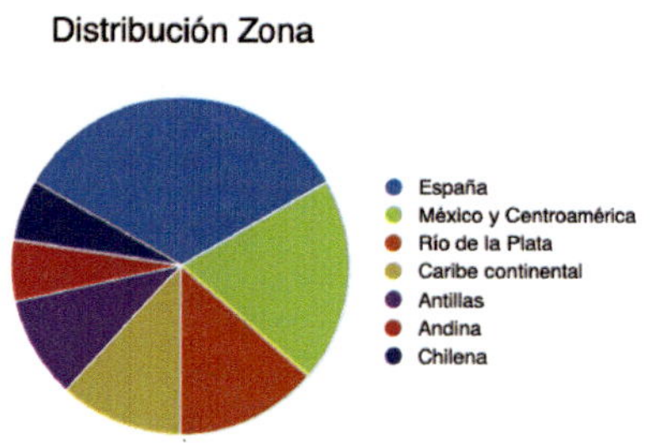

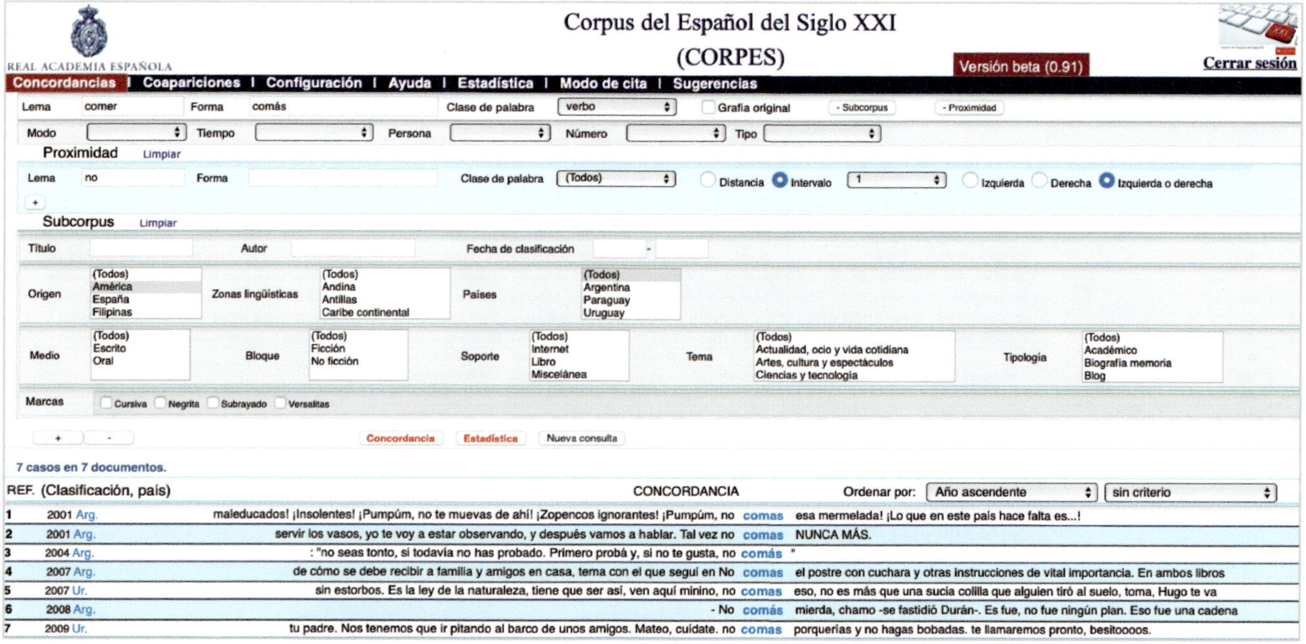

Unidad 22. Actividad 2. "Palabras"

Se propone una actividad con las palabras ***pantalón***, ***vaquero***, ***bluyín***, ***camiseta*** y ***remera***.

1. Dígales que, primero, van a buscar en qué países de América se utiliza la palabra ***vaquero***. Forme grupos o parejas e indíqueles que escriban ejemplos de la palabra y el país o países donde se usa. Recuérdeles que deben consultar las diferentes páginas de la base de datos. Después pídales que cliquen **"Estadística"** para comprobar la frecuencia de uso de las diferentes zonas. Luego, pídales que cliquen **"Estadística"** para comprobar la frecuencia de uso de las diferentes zonas.

2. Indíqueles que ahora realicen la búsqueda con las palabras ***bluyín***, ***camiseta*** y ***remera*** y que anoten ejemplos siguiendo los mismos pasos que en la actividad anterior. Para terminar, haga una puesta en común.

Para realizar las búsquedas deberán seguir estos pasos una vez que se encuentren en la página inicial del CORPES XXI, apartados **"Concordancias"** y **"Estadística"**:

VAQUERO

Lema: vaquero
Clase de palabra: sustantivo
Clicar: Subcorpus
Origen: Todos
Clicar: Concordancia
Clicar: Estadística

BLUYÍN

Lema: bluyín
Clase de palabra: sustantivo
Clicar: Subcorpus
Origen: América
Clicar: Concordancia
Clicar: Estadística

REAL ACADEMIA ESPAÑOLA

Corpus del Español del Siglo XXI (CORPES)

Versión beta (0.91) — Cerrar sesión

Concordancias | **Coapariciones** | **Configuración** | **Ayuda** | **Estadística** | **Modo de cita** | **Sugerencias**

Lema: vaquero — Forma — Clase de palabra: sustantivo — Grafía original — - Subcorpus — + Proximidad

Número — Género — Tipo

Subcorpus — Limpiar

Título — Autor — Fecha de clasificación -

Origen: (Todos) / América / España / Filipinas

Medio: (Todos) / Escrito / Oral — Bloque: (Todos) / Ficción / No ficción — Soporte: (Todos) / Internet / Libro / Miscelánea — Tema: (Todos) / Actualidad, ocio y vida cotidiana / Artes, cultura y espectáculos / Ciencias y tecnología — Tipología: (Todos) / Académico / Biografía memoria / Blog

Marcas: Cursiva — Negrita — Subrayado — Versalitas

+ - — Concordancia — Estadística — Nueva consulta

1.762 casos en 949 documentos.

Ordenar por: Año ascendente — sin criterio

REF. (Clasificación, país)		CONCORDANCIA		
21	2001 EE.UU.	. Hililos de saliva bajaban por la comisura de mis labios. Aún veo las botas de	vaquero	relucientes frente a mis ojos. Siento el dolor aminorar lentamente. Una mano etérea
22	2001 Méx.	Otros hongos tienen aires de	vaquero	. Producen hifas en forma de lazo y cuando un nematodo es atraído por una sustancia
23	2001 Esp.	de notas que le hacían de agenda, salió y tardó en extraer la llave del apretado	vaquero	, embelesado como estaba recreándose en la cara de Daniel, su óvalo alargado, sus
24	2001 Esp.	Raúl Villar cuando empezó a sonar de nuevo el móvil recién embutido en los difíciles	vaqueros	, y con mucha mayor contrariedad aún se quejó al ver en la pantallita que era Alfonso Casa
25	2001 Esp.	Raulito", se dijo antes de embutirse de nuevo el móvil en el maldito bolsillo del	vaquero	: según saliese del periódico iba a comprarse unos pantalones, que no aguantaba
26	2001 Esp.	-Más, mucho más, y hoy... hoy ha ido de	vaqueros	, Mayte: un americano de ojos claros tan imprudente como para darse un paseo a nuestra
27	2001 Esp.	que te quedaras un rato conmigo, jugando a las chapas o montando el fuerte con los	vaqueros	y con los indios, pero ni una sola vez lo hiciste, aunque reconozco que yo tampoco
28	2001 Esp.	Cuando salí del periódico comprobé que no había razas hostiles, como los	vaqueros	perdidos en la pradera comprueban la ausencia de indios, y llamé a un taxi para
29	2001 Esp.	? ¿A ése me parezco? ¿A ése crees tú que me parezco? Venga, madre, que ése es un	vaquero	y yo soy un rebelde ¡Tú tampoco Amparo! ¿No te das cuenta a quién me parezco?...
30	2001 Esp.	aparentaba su edad. La simplicidad con la que ella vestía subrayaba esa ilusión:	vaqueros	, botas y una camiseta blanca con una margarita estampada en el pecho. No iba maquillada
31	2001 Esp.	bar del teatro, que estaba a rebosar de intelectuales melenudos, la mayoría con	vaqueros	y chaqueta de pana, cabellos que no habían conocido en muchos meses el arte de
32	2001 Esp.	que hasta entonces se había convertido casi en su uniforme de campaña (o sea, los	vaqueros	de diseño y las camisetas de Custo), no volvió a ponerse unos pantalones para salir
33	2001 Esp.	cuando se enteró de que Ruth iba a asistir a la ceremonia de entrega de los Goya en	vaqueros	y camiseta, a lo que Ruth le respondió que el atuendo no tenía importancia ninguna
34	2001 Esp.	felicitaré san Valentín a mí misma, se dijo. Recuperó su atuendo habitual prejuan -botas,	vaqueros	, camiseta y cazadora de cuero-, se recogió la melena en una coleta y bajó a buscar
35	2001 Esp.	se había cambiado de ropa y había vuelto a adoptar su atuendo de costumbre, unos	vaqueros	y una camiseta que sugerían a las claras que, en las postrimerías de su juventud
36	2001 Esp.	Pedro sin más impedimento que un ordenador portátil y una bolsa que contenía dos	vaqueros	, cuatro camisetas, un jersey negro, tres conjuntos de braga y sujetador, una crema
37	2001 Esp.	-Pero ¿es que vas a ir con	vaqueros	y de pajarita a casa de los Vitroux?
38	2001 Esp.	terciopelo, que es bien cara, y con estas botas de charol. ¿Qué más quieres? Los	vaqueros	es para que haga más natural.
39	2001 Esp.	-¡Más natural! Presentarse en	vaqueros	, por la noche, en una casa tan francesa hará que nos tomen por salvajes americanizados
40	2001 Esp.	metros más abajo tengo que frenar en una curva, y me fijo en un tipo rubio vestido de	vaqueros	, con una bolsa roja de deporte, caminando hacia la entrada de un chalé. Al paso
41	2001 Esp.	mismo suceso. En cualquier caso no tiene nada de extraño que otro tipo rubio con	vaqueros	ande por aquí, hay miles de tipos rubios con vaqueros por las ciudades, en los
42	2001 Esp.	extraño que otro tipo rubio con vaqueros ande por aquí, hay miles de tipos rubios con	vaqueros	por las ciudades, en los bares, en los puestos de la recova, en los talleres, en
43	2001 Esp.	tercera mi mano derecha roza su muslo izquierdo. ¡Chas! Él no se inmuta, por culpa del	vaquero	, claro, ni se ha enterado, y yo me pongo receptiva, de alguna manera, como dicen
44	2001 Esp.	no se han parado. Tendré que pararme yo, porque el muy talcual lleva dentro del	vaquero	un rumbo guapo que me hiperpone. Como lo agarre lo estigmatizo. Ya se me está empinan
45	2001 Esp.	no es él, que es un tipo rubio, sí, y que se le parece una pasada, con cazadora y	vaqueros	como mi atacante, pero que no es él. El Rubio me desencaja muchísimo más que éste
46	2001 Esp.	sesenta, Fiesta, emancipada y turística como nunca hasta entonces, se planta sus	vaqueros	, mueve el esqueleto cual chica ye-yé y se cuela perdidamente por un flequillo de
47	2001 Esp.	como si en cualquier esquina te pudieras tropezar con Brad Pitt enfundado en unos	vaqueros	Guess desgastados por los que asoma el elástico de los Calvin Klein. Y con un culo
48	2001 Esp.	de tener dinero, o al menos no se cuidaba como cuando yo la conocí, llevaba unos	vaqueros	viejos y unas zapatillas de lona sin cordones. Su piel se había vuelto más opaca
49	2001 Esp.	amamantado a dos hijos y no se ha cuidado mucho después de dar a luz. Me acuerdo de sus	vaqueros	ceñidos y sus camisas entreabiertas de tejidos muy dúctiles, con un tacto líquido
50	2001 Esp.	oscuras y barba rala, muy erguido, con las manos en los bolsillos de atrás de los	vaqueros	, apresurando el paso adrede para que el otro, el casi muerto, quedara rezagado

Frecuencia absoluta: 1.762 **Documentos:** 948 **Frecuencia normalizada:** 6,26 casos por millón

Distribución Zona

Zona	Freq	Fnorm.
España	714	7,91
México y Centroamérica	398	7,31
Antillas	216	10,82
Caribe continental	189	5,44
Río de la Plata	113	2,91
Andina	61	2,83
Chilena	47	2,78
Estados Unidos	18	5,08
Guinea Ecuatorial	5	5,65
Sin identificar	1	3,49

1 - 10 de 10 — página: 1

Distribución Zona

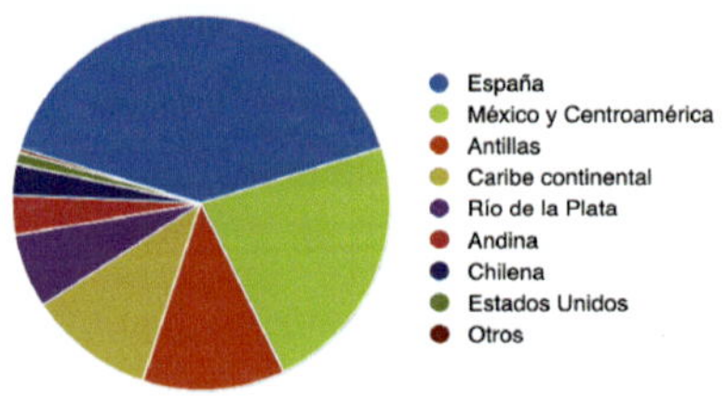

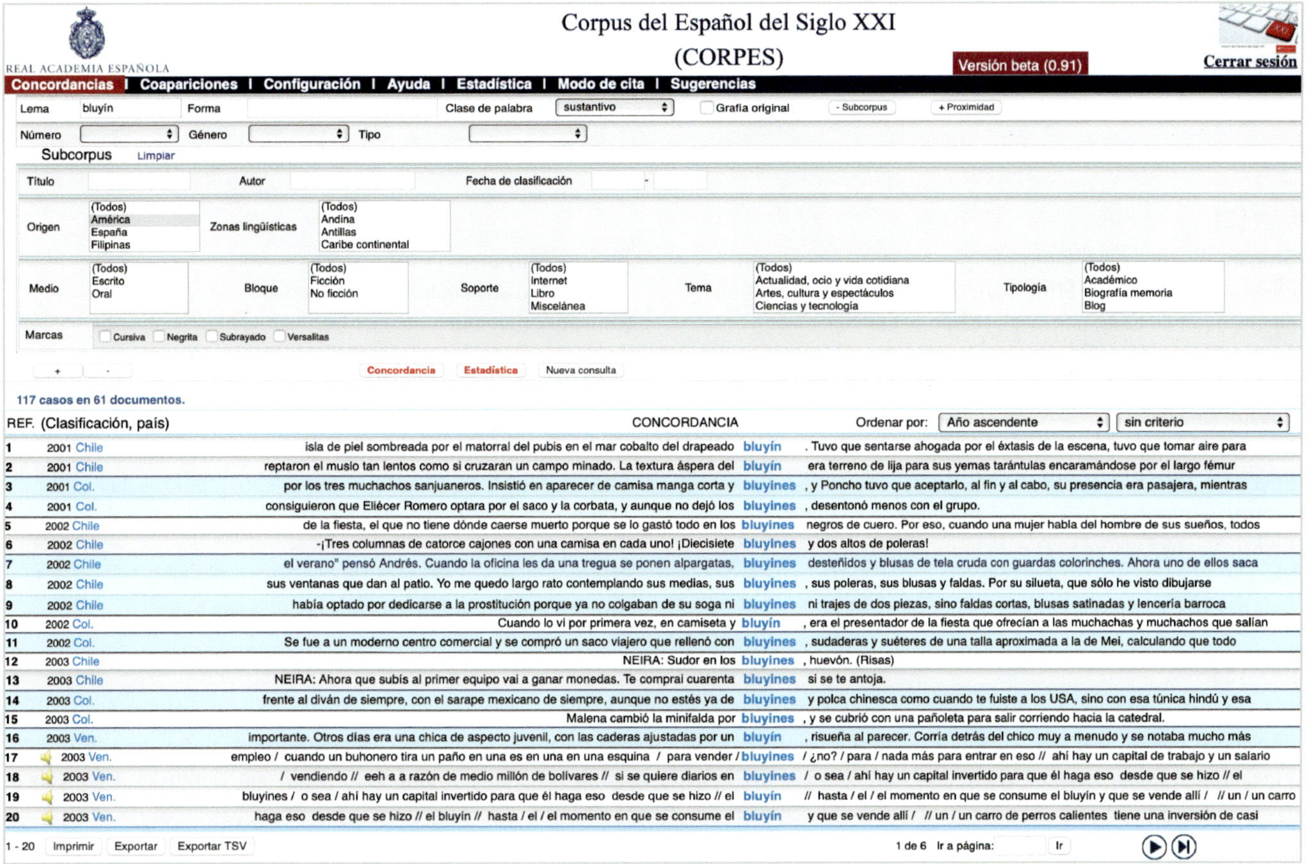

REAL ACADEMIA ESPAÑOLA

Corpus del Español del Siglo XXI (CORPES)

Versión beta (0.91) | Cerrar sesión

Concordancias | Coapariciones | Configuración | Ayuda | Estadística | Modo de cita | Sugerencias

Lema: bluyín | Forma | Clase de palabra: sustantivo | Grafía original | - Subcorpus | + Proximidad

Número | Género | Tipo

Subcorpus — Limpiar

Título | Autor | Fecha de clasificación

Origen: (Todos), América, España, Filipinas | Zonas lingüísticas: (Todos), Andina, Antillas, Caribe continental

Medio: (Todos), Escrito, Oral | Bloque: (Todos), Ficción, No ficción | Soporte: (Todos), Internet, Libro, Miscelánea | Tema: (Todos), Actualidad, ocio y vida cotidiana, Artes, cultura y espectáculos, Ciencias y tecnología | Tipología: (Todos), Académico, Biografía memoria, Blog

Marcas: Cursiva, Negrita, Subrayado, Versalitas

Concordancia | Estadística | Nueva consulta

117 casos en 61 documentos.

REF. (Clasificación, país)		CONCORDANCIA		
1	2001 Chile	isla de piel sombreada por el matorral del pubis en el mar cobalto del drapeado	bluyín	. Tuvo que sentarse ahogada por el éxtasis de la escena, tuvo que tomar aire para
2	2001 Chile	reptaron el muslo tan lentos como si cruzaran un campo minado. La textura áspera del	bluyín	era terreno de lija para sus yemas tarántulas encaramándose por el largo fémur
3	2001 Col.	por los tres muchachos sanjuaneros. Insistió en aparecer de camisa manga corta y	bluyines	, y Poncho tuvo que aceptarlo, al fin y al cabo, su presencia era pasajera, mientras
4	2001 Col.	consiguieron que Eliécer Romero optara por el saco y la corbata, y aunque no dejó los	bluyines	, desentonó menos con el grupo.
5	2002 Chile	de la fiesta, el que no tiene dónde caerse muerto porque se lo gastó todo en los	bluyines	negros de cuero. Por eso, cuando una mujer habla del hombre de sus sueños, todos
6	2002 Chile	-¡Tres columnas de catorce cajones con una camisa en cada uno! ¡Diecisiete	bluyines	y dos altos de poleras!
7	2002 Chile	el verano" pensó Andrés. Cuando la oficina les da una tregua se ponen alpargatas,	bluyines	desteñidos y blusas de tela cruda con guardas colorinches. Ahora uno de ellos saca
8	2002 Chile	sus ventanas que dan al patio. Yo me quedo largo rato contemplando sus medias, sus	bluyines	, sus poleras, sus blusas y faldas. Por su silueta, que sólo he visto dibujarse
9	2002 Chile	había optado por dedicarse a la prostitución porque ya no colgaban de su soga ni	bluyines	ni trajes de dos piezas, sino faldas cortas, blusas satinadas y lencería barroca
10	2002 Col.	Cuando lo vi por primera vez, en camiseta y	bluyín	, era el presentador de la fiesta que ofrecían a las muchachas y muchachos que salían
11	2002 Col.	Se fue a un moderno centro comercial y se compró un saco viajero que rellenó con	bluyines	, sudaderas y suéteres de una talla aproximada a la de Mei, calculando que todo
12	2003 Chile	NEIRA: Sudor en los	bluyines	, huevón. (Risas)
13	2003 Chile	NEIRA: Ahora que subís al primer equipo vai a ganar monedas. Te comprai cuarenta	bluyines	si se te antoja.
14	2003 Col.	frente al diván de siempre, con el sarape mexicano de siempre, aunque no estés ya de	bluyines	y polca chinesca como cuando te fuiste a los USA, sino con esa túnica hindú y esa
15	2003 Col.	Malena cambió la minifalda por	bluyines	, y se cubrió con una pañoleta para salir corriendo hacia la catedral.
16	2003 Ven.	importante. Otros días era una chica de aspecto juvenil, con las caderas ajustadas por un	bluyín	, risueña al parecer. Corría detrás del chico muy a menudo y se notaba mucho más
17	2003 Ven.	empleo / cuando un buhonero tira un paño en una es en una en una esquina / para vender /	bluyines	/ ¿no? / para / nada más para entrar en eso // ahí hay un capital de trabajo y un salario
18	2003 Ven.	/ vendiendo // eeh a a razón de medio millón de bolívares // si se quiere diarios en	bluyines	/ o sea / ahí hay un capital invertido para que él haga eso desde que se hizo // el
19	2003 Ven.	bluyines / o sea / ahí hay un capital invertido para que él haga eso desde que se hizo // el	bluyín	// hasta / el / el momento en que se consume el bluyín y que se vende allí / // un / un carro
20	2003 Ven.	haga eso desde que se hizo // el bluyín // hasta / el / el momento en que se consume el	bluyín	y que se vende allí / // un / un carro de perros calientes tiene una inversión de casi

Ordenar por: Año ascendente | sin criterio

1 - 20 | Imprimir | Exportar | Exportar TSV | 1 de 6 | Ir a página: | Ir

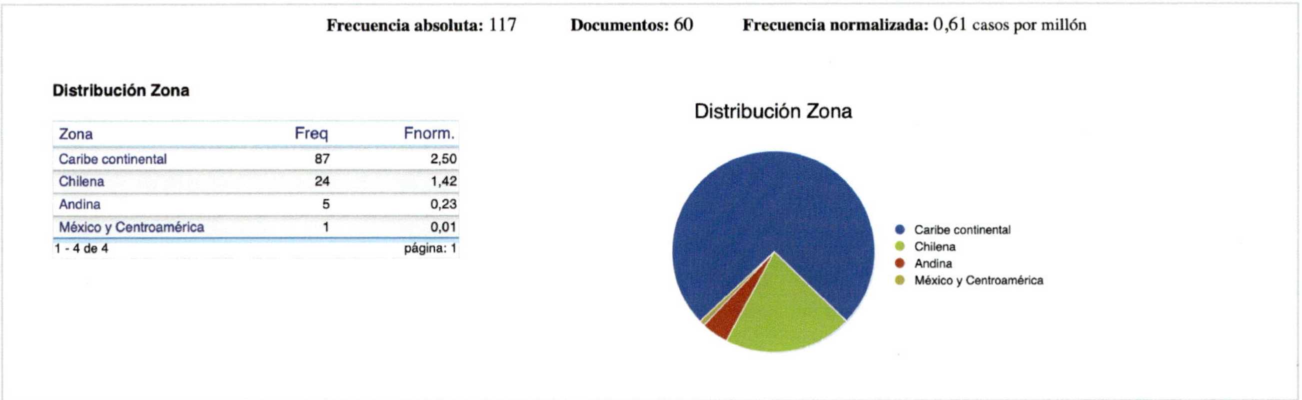

Frecuencia absoluta: 117 **Documentos:** 60 **Frecuencia normalizada:** 0,61 casos por millón

Distribución Zona

Zona	Freq	Fnorm.
Caribe continental	87	2,50
Chilena	24	1,42
Andina	5	0,23
México y Centroamérica	1	0,01
1 - 4 de 4		página: 1

Transcripciones

Unidad 1 Nos presentamos

[1]

A, be, ce, de, e, efe, ge, hache, i, jota, ka, ele, eme, ene, eñe, o, pe, cu, erre, ese, te, u, uve, uve doble, equis, i griega, zeta.

[2]

Sharai: ¡Buenos días! Bienvenidos a clase. Yo soy Sharai... ESE... HACHE... A... ERRE... A... I... Y soy puertorriqueña, de la ciudad de San Juan. Y tú, ¿cómo te llamas?
Edwin: Yo me llamo Edwin.
Sharai: ¿Y de dónde eres, Edwin?
Edwin: De Filipinas.
Sharai: ¿Y cómo se escribe tu nombre?
Edwin: E, DE, UVE DOBLE, I, ENE.
Sharai: Estupendo. Y tú, ¿cómo te llamas?
Keiko: Yo soy Keiko y soy de Japón.
Sharai: ¿Y cómo se escribe Keiko?
Keiko: KA, E, I, KA, O.
Sharai: Muy bien. ¿Y tú?
Joshua: Yo soy Joshua, de Australia.
Sharai: Y tu nombre se escribe...
Joshua: JOTA, O, ESE, HACHE, U, A.
Sharai: Ajá... ¿Y tú?
Monika: Yo soy Monika, de Alemania. Pero se escribe con ka, no con ce. Se escribe así: EME, O, ENE, I, KA, A.
Sharai: Muy bien, gracias. Y, por último, ¿cómo te llamas tú?
Shawn: Me llamo Shawn y soy de Canadá.
Sharai: ¿Cómo?
Shawn: Shawn. ESE, HACHE, A, DOBLE U, ENE.
Sharai: ¡Chévere! Pues ya nos conocemos todos.

[3]

Cero, uno, dos, tres, cuatro, cinco, seis, siete, ocho, nueve, diez, once, doce, trece, catorce, quince, dieciséis, diecisiete, dieciocho, diecinueve, veinte, veintiuno, veintidós, veintitrés, veinticuatro, veinticinco, veintiséis, veintisiete, veintiocho, veintinueve, treinta, treinta y uno, treinta y dos, cuarenta, cuarenta y cuatro, cincuenta, sesenta, setenta, ochenta, noventa, cien, ciento uno, ciento dos, ciento once.

[4]

Diálogo 1
▶ ¿Cuántos años tiene?
▷ 67.

Diálogo 2
▶ ¿Cómo se llama esta plaza?
▷ Plaza del 2 de Mayo.

Diálogo 3
▶ ¿Dónde vives?
▷ En la calle Marqués de la Ensenada, 13.

Diálogo 4
▶ ¿Cuántos números tiene esta calle?
▷ 12, es muy pequeña.

Diálogo 5
▶ ¿Cuál es tu correo electrónico?
▷ maria70@mixmail.com

Diálogo 6
▶ ¿Cuánto es todo?
▷ 50 euros.

[5]

Presentación 1
¡Hola, amigos! Me llamo Paula, tengo 33 años y soy diseñadora gráfica. Actualmente trabajo en una empresa de publicidad en Lima, donde vivo.
Presentación 2
Mi nombre es Marina y tengo 48 años. Soy ucraniana y trabajo en una empresa de transporte de viajeros en Kiev.
Presentación 3
¡Hola! Soy Malthe y soy cocinero. Soy de Dinamarca, pero vivo en Madrid porque trabajo en un restaurante de alta cocina. Tengo 40 años.
Presentación 4
Yo me llamo Sara y tengo 30 años. Soy francesa y tengo una panadería en el centro de Burdeos.
Presentación 5
Mi nombre es Carlos. Soy mexicano, de la ciudad de Puebla, pero vivo en Barcelona desde hace dos años. Soy informático en una compañía multinacional y tengo 27 años.

[6]

Conversación 1
▶ Oye, Jesús, ¿ya te vas?
▷ Sí, Sara está sola con la niña y tengo que regresar a casa.
▶ Bueno, pues nos vemos mañana.
▷ De acuerdo, pues hasta mañana.
▶ Adiós, buenas tardes.

Conversación 2
Hola a todos, buenas noches. Bienvenidos a la entrega de premios al mejor empleado del mes. Quiero agradecer...

Conversación 3
▶ ¿Dónde vas?
▷ Voy un momento al coche, que tengo que coger unas cosas. Vuelvo enseguida.
▶ Vale, venga, hasta luego.

Conversación 4
Bueno, pues muchas gracias a todos. Disfruten de la fiesta y buenas noches.

[7]

Doce, noventa y cuatro, once, seis, sesenta y tres, ochenta y cuatro, setenta y seis, dos, cuarenta y nueve, catorce, uno, diecinueve, setenta y uno, cincuenta y cinco, veintiocho, dieciséis.

[8]

País 1
Ele, u, e, zeta, uve, e, a, ene, e.
País 2
Uve, a, ele, i, be, i, o.
País 3
Ese, a, erre, de, u, hache, ene, o.
País 4
Be, u, a, ce.
País 5
I griega, u, a, erre, a, ge, pe, a.

Unidad 2 Mi casa, mi barrio

[9]

Oferta 1
Hola, buenas tardes. Tenemos una oferta de alquiler que le puede interesar. Es un piso en la calle Viriato. Está muy bien de precio, solo 965 euros al mes. Es un piso de 65 m^2, exterior, muy céntrico y luminoso. Tiene dos dormitorios, un salón amplio, una cocina, un baño y tres balcones. El piso es de segunda mano y no tiene muebles, pero está recién reformado. Además, la cocina está equipada con cocina de gas, nevera y lavadora. En cuanto al edificio, tiene cuatro plantas y el que se alquila es un segundo piso. El único inconveniente es que no tiene ascensor, pero tiene aire acondicionado y la calefacción es central.

Oferta 2
Buenas tardes. Soy Carmen Calvo, de la inmobiliaria buscacasas.com. Tenemos un chalé precioso de 125 m^2, dos plantas, con vistas al mar y que está en primera línea de playa. Tiene tres dormitorios, un salón-comedor, cocina americana, dos baños, una terraza de 35 m^2 y un garaje para dos coches. El chalé está totalmente amueblado. Hay camas y armarios en todos los dormitorios. En el salón-comedor hay dos sofás, un sillón, una televisión y un juego de mesa con seis sillas. Por supuesto, el chalé tiene aire acondicionado en todas las habitaciones. En cuanto a la cocina, también está equipada: tiene cocina eléctrica, nevera, lavadora, lavavajillas, horno y microondas. El precio del alquiler es de solo 790 euros al mes.

[10]

1. Buscamos un chalé de tres dormitorios con jardín en una urbanización, con colegios cerca y centro comercial. Alquiler o compra.
2. Necesito alquilar una habitación amueblada en un piso compartido. Barato y bien comunicado.
3. Busco un estudio exterior y céntrico, sin amueblar y con cocina equipada, en un barrio con tiendas, bares y restaurantes. Solo alquiler.
4. Queremos alquilar un piso sin amueblar de dos dormitorios, en un barrio tranquilo y bien comunicado, con ascensor y calefacción central.
5. Queremos comprar un piso de dos dormitorios en un barrio céntrico o cerca del centro. No queremos un bajo ni un piso sin ascensor.
6. Tenemos dos perros y necesitamos una casa fuera de la ciudad, con un jardín grande y garaje para dos coches. Solo alquiler.

[11]

Javier: ¿Sí?
Sonia: ¡Hola, Javier! ¿Qué tal?
Javier: ¡Hola, Sonia! Muy bien, ¿y tú?
Sonia: Muy bien... Oye, mira, te llamo porque hay una oferta de un piso que seguro que te interesa.
Javier: ¿Sí? A ver, cuéntame.
Sonia: Pues es un piso de dos dormitorios, exterior y con ascensor.
Javier: ¿Y tiene calefacción?
Sonia: Sí, sí, por supuesto. Calefacción central.
Javier: Genial. ¿Y cuánto cuesta?
Sonia: 900 euros. Está muy bien, ¿no?
Javier: Sí, sí, el precio está muy bien. ¿Y dónde está? ¿Está en el centro?
Sonia: No, no está en el centro. Pero el anuncio dice que está bien comunicado.
Javier: Vale, pues lo miraré. Muchas gracias, Sonia.

Unidad 3 Vamos de viaje

[12]

▶ Mira, estas son las fotos de mis vacaciones.
▷ Ay, a ver…
▶ Mira, este es el parque Tres de Febrero, pero se conoce popularmente con el nombre de *Bosques de Palermo*.
▷ ¡Qué lindo es!
▶ Sí, y muy grande. Dentro hay un jardín japonés muy curioso.
▷ ¿Y este palacio de color rosa?
▶ No es un palacio; es la Casa Rosada, que es donde vive el presidente.
▷ ¡Ah!
▶ La Casa Rosada está enfrente de la plaza de Mayo. Y, aquí, a la derecha de la foto, se ve la Pirámide de Mayo, que es un monumento dedicado a la Revolución de Mayo.
▷ ¡Epa! ¡Plaza de Mayo, Pirámide de Mayo, Revolución de Mayo...! ¡Qué curioso!
▶ Ja, ja, ja…
▷ ¿Y esta otra? También es de color rosa.
▶ Sí, es el Museo Nacional de Bellas Artes. Es un museo muy interesante porque tiene una colección permanente…

[13]

Marta: Antonio, ¿ya tienes planes para tus vacaciones?
Antonio: No, aún no. ¿Y tú?
Marta: Yo tampoco, pero más o menos sé lo que quiero.
Antonio: ¿Y qué quieres?
Marta: Pues este año quiero conocer una cultura diferente y disfrutar de la naturaleza. ¡Ah! Y quiero ir en barco. ¡Es tan relajante...!
Antonio: ¡Ay, en barco! Pues ahora que lo dices, yo también quiero ir en barco porque nunca lo he hecho.
Marta: Mi problema es que tengo muchos días de vacaciones, pero poco dinero. No sé... Tengo que buscar ofertas de viajes.
Antonio: Pues yo justo lo contrario. Tengo dinero, pero pocos días de vacaciones. Yo también quiero conocer una cultura diferente y disfrutar de la naturaleza, pero también quiero visitar ciudades y algún museo.
Marta: ¡Pues yo lo que quiero es descansar!

[14]

Recepcionista: ¿Es la primera vez que visitan Antigua o conocen ya la ciudad?
Juan: Es la primera vez. ¿Tiene un plano de la ciudad?
Recepcionista: Sí… Miren… Nosotros estamos acá, en la Primera Calle Poniente. El centro histórico está muy cerca, pueden ir caminando. En el centro pueden visitar la plaza Central, la catedral, la iglesia de la Merced, el parque Central, la calle del Arco, las ruinas… Hay una oficina de turismo en el centro, allá les informarán.
Ana: ¿Y fuera de la ciudad?
Recepcionista: Pues pueden visitar el cerro de la Cruz, que está muy cerca de la iglesia de la Merced. También pueden visitar el volcán de Agua o la finca Filadelfia para ver las plantaciones de café. No están muy lejos.
Juan: ¿Y cómo podemos ir?
Recepcionista: Al cerro de la Cruz pueden ir caminando, pero también pueden ir en taxi.
Ana: ¡Genial!
Recepcionista: Para ir al volcán de Agua y a las plantaciones de café pueden ir en camioneta o en carro privado con una excursión turística. El volcán está a unos once kilómetros y la finca Filadelfia está a tres kilómetros más o menos.
Ana: ¿Y cuánto cuestan las excursiones?
Recepcionista: El cerro de la Cruz y el centro son gratis. La visita al volcán cuesta entre 90 y 175 dólares, dependiendo del número de personas, y la visita a las plantaciones de café cuesta unos 18 dólares.
Juan: Pues muchas gracias.
Recepcionista: De nada.

[15]

Ana: Disculpe, ¿cómo podemos ir a la iglesia de la Merced? ¿Está muy lejos?
Señora: No, no, pueden ir caminando. Miren, estamos acá, en la terminal de autobuses. Crucen la calle Alameda Santa Lucía y después sigan todo recto por la Tercera Calle Poniente hasta la Sexta Avenida Norte, es la segunda cuadra. Allá giren a la izquierda y sigan todo recto hasta la Primera Calle Poniente, cerca de las ruinas de Santa Catalina. Crucen la calle y allá está la iglesia de la Merced.
Juan: ¡Muchas gracias!
Señora: De nada.

Unidad 4 En familia

[16]

Maite: ¿Tienes ya zapatos para la fiesta de Jaime?
Luis: ¡Qué va! Es que no tengo tiempo para ir de tiendas.
Maite: Puedes mirar en internet. ¿Conoces la página tuarmario.com?
Luis: No.
Maite: A mí me gusta mucho. Mira... Así aprovecho y hago yo también unas compras.
Luis: ¡Tienen muchas cosas!
Maite: Sí... Mira, aquí hay unos zapatos marrones de piel muy elegantes.
Luis: Mmm... Es que estoy buscando unos zapatos negros...
Maite: Ya... ¿Y necesitas camisas? Mira esta camisa azul. Es muy bonita, ¿verdad?
Luis: Sí, es preciosa. Me gusta mucho.
Maite: Y tienen de diferentes colores. También hay camisetas de niño de colores. Yo necesito comprarle una o dos a mi hijo. ¡Ah! Y unas zapatillas, que las que tiene le están pequeñas.
Luis: Mira, estas rojas son muy bonitas.
Maite: Sí, además a Pedro le gusta mucho ese color. Creo que voy a comprarle las zapatillas rojas y una camiseta blanca. Y yo voy a comprarme unos pantalones vaqueros, que están muy baratos y tengo pocos vaqueros.
Luis: Pues a mí me gusta la camisa azul. Creo que voy a comprármela... Y también me voy a comprar unos pantalones cortos para el verano, que no tengo.
Maite: ¿Los rosas?
Luis: No, esos no. A ver qué otros colores tienen...

[17]

Descripción 1
▶ ¿Este es tu hermano Ernesto?
▷ Sí, con su nueva pareja, Alejandra. Ahora están haciendo un crucero por el Caribe.
▶ No parece él, como siempre es tan serio...
▷ ¿Mi hermano? No, no... ¡Qué va! Es muy alegre, lo que pasa es que es muy tímido y por eso parece serio.
▶ Ah...
▷ Es muy gracioso, porque su novia es muy bajita y él es muy alto...
▶ Ja, ja, ja...

Descripción 2
▶ ¿Y estos quiénes son?
▷ Estos son mis compañeros de trabajo.
▶ Ja, ja, ja... ¡Qué graciosos!
▷ Sí, son muy simpáticos todos.
▶ ¿Y quién es Juan?
▷ Es el chico de la barba y la camisa de cuadros. El que está haciendo la foto. Es muy divertido y siempre está organizando comidas y cenas con los compañeros. Es muy sociable, la verdad.
▶ ¡Y es muy guapo!
▷ Sí, y es muy simpático.
▶ ¿Y estas de aquí quiénes son?
▷ Estas son las chicas del departamento de comunicación y los chicos son dos ingleses que están haciendo prácticas en la empresa.

Descripción 3
▶ ¿Y esta quién es?
▷ Es mi prima Julia. Está estudiando ruso en Moscú.
▶ ¿Ruso? ¡Qué difícil!
▷ Sí, pero es una chica muy inteligente y muy sociable y ya tiene muchos amigos en la residencia.
▶ ¡Qué bien!

Descripción 4
▶ ¿Y esta quién es?
▷ Es mi amiga Claudia. Ahora está trabajando en Estados Unidos. Es diseñadora gráfica.
▶ ¿Y está contenta allí?
▷ Sí, pero dice que trabaja mucho. De todas formas es una chica muy inteligente y trabajadora, seguro que puede con el trabajo. El problema es que todavía no tiene muchos amigos y ella es un poco tímida.
▶ Ya... ¿Y esa de ahí quién es?
▷ ¿La mujer de la camisa roja?
▶ Sí, esa.
▷ Es su jefa. Claudia dice que es un poco antipática y que no tiene mucho contacto con ella.

Unidad 5 Igual que todos los días

[18]

Persona 1
Me llamo Sebastián, tengo 75 años y, como no trabajo, mi día es muy tranquilo. Me levanto pronto, desayuno, leo el periódico, me visto, hago la compra y como. Después de comer, duermo la siesta y cuando me despierto, me tomo un café con leche y galletas y doy un paseo. Después ceno y me acuesto.

Persona 2
Yo me llamo Julia y tengo 40 años. Trabajo de nueve a seis de la tarde, por eso por la mañana no tengo tiempo para hacer nada. Después del trabajo, juego al tenis y, cuando llego a casa, ceno, leo mi correo, me lavo la cara y me acuesto.

Persona 3
Yo me llamo Andrea y estudio Biología en la universidad. Tengo clases solo por la mañana. Luego como en la cafetería y estudio en la biblioteca hasta las ocho de la tarde. Después salgo a cenar con mis compañeros de piso. Cuando llego a casa, juego un poco con la Play y me acuesto.

[19]

Persona 1
Yo vivo sola, por eso pongo la lavadora una vez a la semana.

Persona 2
Normalmente salgo de casa a las ocho y cuarto porque el autobús pasa a las ocho y veinte, pero los viernes salgo más tarde porque las clases empiezan a las nueve y media.

Persona 3
Mi papá y yo damos un paseo por el campo todos los domingos antes de comer.

Persona 4
Martín no se duerme hasta que le cuento un cuento. Su favorito es *El libro de la selva.*

Persona 5
Mi mujer y yo nos repartimos las tareas de casa. Ella, por ejemplo, prepara el desayuno y yo hago la cama.

Persona 6
Los viernes, cuando vuelvo del trabajo, estoy tan cansada que no quiero cocinar, así que pedimos una *pizza.* ¡A los niños les encanta!

[20]

Entrevistador: Hoy estamos preguntando a la gente cómo es su día normal. Perdona, ¿puedes contestar a una pregunta?
Gema: Sí, claro.
Entrevistador: ¿Cómo es un día normal para ti?
Gema: Pues, mira: yo me despierto muy pronto, a las seis y media de la mañana. Me ducho, me visto, desayuno y salgo de casa a las siete y cuarto. Trabajo de ocho a cinco de la tarde en una empresa multinacional. A media mañana voy a una cafetería con mis compañeros para tomar un café y vuelvo al trabajo. De dos a tres como y trabajo dos horas más. Después de trabajar, normalmente vuelvo a casa, pero a veces paso por el supermercado y hago la compra. Todos los días corro por el parque una hora antes de cenar. Cuando llego a casa, me ducho y preparo la cena o pido una *pizza* o *sushi*, que me encanta. Siempre me acuesto pronto, normalmente sobre las diez y media.
Entrevistador: ¿Y para ti?
Ernesto: A ver, yo me despierto a las siete, desayuno leche con cereales, me visto y me voy al instituto. Las clases empiezan a las ocho y media y terminan a las dos y media. A las once y media como un bocadillo y vuelvo a clase. Después del instituto vuelvo a casa y como con mi hermana. Todos los días duermo una siesta de media hora. Luego estudio hasta las seis, meriendo y doy un paseo con mi novia o salgo con mis amigos. Vuelvo a casa, me ducho y ceno con mis padres a las nueve y media. Después de cenar, juego con el móvil o el ordenador y me acuesto a las once y media.

[21]

1. El tren con destino a Córdoba saldrá del andén 4 a las doce menos diez.

2. ▶ Perdona, ¿qué hora es?
▷ Sí... Eh... Son las cuatro y cuarto.
▶ Gracias.

3. ▶ ¿Qué horas son?
▷ Faltan veinte para las cinco.

4. ▶ ¿A qué hora haces la pausa?
▷ A la una menos cinco.

5. ▶ ¿A qué hora abre la panadería?
▷ Abre a las seis y media de la mañana.
▶ ¡Uy, qué pronto!

6. ▶ Y tú, ¿a qué hora sales de trabajar?
▷ A las seis de la tarde.

Unidad 6 ¡Me encanta!

[22]

Hola a todos. Me llamo Íñigo, tengo 33 años, soy ingeniero y trabajo en una empresa de desarrollo industrial. Vivo en el centro de Bilbao, una ciudad preciosa en el norte de España. Bilbao tiene una oferta cultural muy interesante. Los miércoles, por ejemplo, el cine es más barato y siempre que puedo voy a ver una película con mi pareja. En Bilbao también hay muchos bares y los viernes mis amigos y yo tomamos unos pinchos por el Casco Viejo, que es la mejor zona para tomar algo. Los domingos, cuando nuestro equipo de fútbol, el Athletic, juega en casa, voy al estadio de San Mamés a ver el partido. También voy casi todos los meses a un concierto de *jazz*. En Bilbao hay conciertos de *jazz* todo el año. Y también voy con mucha frecuencia al Museo Guggenheim porque siempre hay exposiciones muy interesantes. Si queréis disfrutar, tenéis que venir a Bilbao.

[23]

Entrevistador: Hoy nuestra invitada es la escritora Aurora Valle. Bienvenida, Aurora.
Aurora: Hola, buenas tardes.
Entrevistador: Tus libros se han llevado al cine y a la televisión, así que vamos a empezar por el cine. ¿A ti te gusta el cine?
Aurora: ¿El cine? Mucho, me gusta mucho. Me encanta ir al cine, comprar palomitas y ver la película.
Entrevistador: ¿Y ver películas en casa?
Aurora: La verdad es que me gusta poco... Prefiero la atmósfera del cine, con las luces apagadas.
Entrevistador: ¿Y ves la tele?
Aurora: Uf, la tele no me gusta nada. Solo veo series, pero prefiero verlas por internet, sin anuncios.
Entrevistador: ¿Entonces te gustan las series? Porque yo me pierdo con tantas series. Hay muchas, ¿no? Demasiadas, en mi opinión...
Aurora: Tienes razón. A mí me gustan bastante las series, pero como tú dices hay muchísimas y no todas son buenas. Ahora estoy viendo una que...

[24]

Entrevistador: ¡Hola! ¿Podéis contestar a unas preguntas?
Chico: ¡Hola!
Chica: Sí, claro.
Entrevistador: Es una encuesta sobre las actividades de tiempo libre de los españoles.
Chico: Ah, vale.
Entrevistador: ¿Qué os gusta hacer en vuestro tiempo libre?
Chica: Pues a mí me gusta mucho salir con mis amigos. También me gusta mucho ir al cine, pasear por la ciudad, salir a correr para hacer un poco de deporte...
Entrevistador: ¿Y a ti?
Chico: Pues a mí también me gusta ir al cine, salir a correr por el campo... Bueno, y salir con los amigos, claro... Pero lo que no me gusta es pasear por la ciudad. Es muy aburrido.
Entrevistador: ¿Y os gusta ir a discotecas?
Chica: Uy, sí, a mí sí.
Chico: A mí no. No me gusta la música de las discotecas.
Entrevistador: ¿Y los conciertos os gustan?
Chico: A mí sí.
Chica: Sí, a mí también. Me gusta escuchar la música en directo.
Entrevistador: ¿Y veis mucho la televisión?
Chica: ¡Uy, no! Yo no veo la tele. No me gusta nada.
Chico: A mí tampoco me gusta. Yo solo veo series por internet.
Entrevistador: Y, por último, ¿os gusta chatear?
Chico: Sí, claro, me gusta mucho.
Chica: A mí también.
Entrevistador: Pues ya hemos terminado. Muchas gracias.
Chica: De nada.
Chico: Un placer.

Unidad 7 Buenas intenciones

[25]

Diálogo 1
Amigo: Hola, Ramón. ¿Qué haces esta tarde? ¿Quieres ir al cine?
Ramón: Uf... No puedo, lo siento. Es que mañana viene un amigo de Londres a casa y tengo que limpiar. Además, tengo que ir al dentista a las cinco de la tarde y luego tengo que llevar el coche al taller.
Amigo: Entonces hablamos el fin de semana que viene.
Ramón: Vale.

Diálogo 2
Amiga: Oye, Susana, ¿tienes planes para este fin de semana?
Susana: Sí, tengo muchos planes... El viernes voy a cenar a un restaurante indio y luego voy a bailar a una discoteca nueva con unas amigas. El sábado voy a ir de excursión a la montaña.
Amiga: ¿Y el domingo?
Susana: El domingo no pienso hacer nada.

Diálogo 3
Ángel: Mamá, papá, ¿vosotros podéis conceder deseos?
Padre: Depende del deseo... ¿Qué deseos tienes?
Ángel: De mayor quiero ser bombero.
Padre: Mmm... Para eso tienes que esperar.
Ángel: También quiero tener un coche.
Madre: También tienes que esperar.
Ángel: Y hoy quiero cenar helado.
Madre: Bueno, hoy puedes tomar helado, pero primero tienes que comerte toda la sopa.
Ángel: ¡Bien!

[26]
Amiga: Inma, ¿qué vas a hacer este fin de semana?
Inma: Pues voy a ir a Cuenca a hacer una excursión en piragua.
Amiga: ¡Qué bien! ¿Vas sola?
Inma: No, voy con unas amigas del trabajo.
Amiga: ¿Y qué actividades vais a hacer?
Inma: Pues mira, vamos a ir en piragua por el río Guadiela y vamos a ver buitres, que hay muchos. Por la noche vamos a acampar y el domingo por la mañana vamos a bañarnos en el río; después, vamos a hacer un pícnic.
Amiga: Muy bien. ¿Y qué tienes que llevar?
Inma: Tenemos que llevar ropa cómoda, una toalla, un bañador y unas chanclas. Además, tenemos que llevar protector solar, una gorra, unas zapatillas de deporte o unas botas y una linterna.
Amiga: ¿Y la comida?
Inma: La comida está incluida en la oferta.
Amiga: ¿Y tenéis que llevar tienda de campaña?
Inma: ¡Ah, sí, claro! Por cierto, también tenemos que llevar unos prismáticos. ¿Tú tienes unos para dejarme?
Amiga: No, lo siento.
Inma: Vaya, voy a tener que preguntárselo a Carlos.

[27]

Diálogo 1
▶ Oye, Virginia, ¿haces algo este fin de semana?
▷ No. ¿Por qué?
▶ ¿Te apetece ir a las islas Cíes?
▷ ¿A las Cíes?... ¡Sale, vamos!, pero hay que reservar antes, ¿no?
▶ Sí, tengo una reserva, pero mi hermana no puede venir conmigo y me sobra un billete.
▷ ¡Genial!

Diálogo 2
▶ Pepe, ¿te apetece ir mañana a coger setas al bosque? ¡Es muy divertido!
▷ No, lo siento. Es que mañana voy a comer a casa de mi amigo Rafa.
▶ Bueno, no te preocupes. Voy a llamar a Pilar, que a ella también le encanta ir de excursión al campo.

Diálogo 3
▶ ¿Quieres ir el sábado a visitar las cuevas del Drach?
▷ Sí, vale. ¿Es muy caro?
▶ No, qué va, 15 euros los adultos y 8 euros los niños. Puedes llevar a Marta. Además, durante la visita hay un concierto de música clásica.
▷ ¡Qué bien! Porque a Marta le encanta la música.

Unidad 8 Cuídate

[28]

1. Bueno, hoy vamos a trabajar principalmente los músculos de los brazos. ¿Preparados? Muy bien, pues empezamos por un ejercicio con la barra. Primero, con la espalda recta, sujetad la barra con las manos separadas. Después levantad los brazos hacia adelante y subid las manos hasta tocar el cuello.

2. Bueno, vamos a ver qué le pasa. Abra la boca. Mmm... Sí, parece faringitis. Le voy a recetar unas pastillas para bajar la irritación.

3. ▶ Mamá, ¿podemos ir a casa de la abuela?
 ▷ Claro. Dame la mano, que vamos a cruzar la calle.

4. ▶ ¿Y este chico tan guapo quién es?
 ▷ Es mi primo David.
 ▶ ¡Qué ojos más lindos tiene!
 ▷ Sí, todo el mundo se lo dice.

[29]

1. Últimamente trabajo mucho y no tengo tiempo para estar con mi familia y mis amigos. Estoy muy estresada.
2. Tengo unos kilos de más y necesito perder peso, pero por mi trabajo me resulta muy difícil porque estoy en contacto con la comida continuamente, y es que me encanta comer.
3. Mi hijo está enfermo, tiene mucha fiebre y no sé qué hacer para bajársela.

Unidad 9 ¡Vaya día!

[30]

Juan: ¡Hola, María!
María: ¡Hola, Juan! ¿Has ido ya al supermercado?
Juan: Sí, ya he comprado todo lo que necesitamos.
María: ¿Has comprado la harina y las manzanas para la tarta?
Juan: Sí, he comprado dos paquetes de harina y un kilo de manzanas.
María: ¿Y las aceitunas y las patatas fritas?
Juan: También. Una bolsa de patatas fritas y un bote de aceitunas. Y también he comprado una lata de atún, dos lechugas y medio kilo de tomates para hacer esta noche una ensalada. ¿Te apetece?
María: Genial... ¿Y la leche?
Juan: Que sí, María. He comprado seis briks de leche.
María: ¿Y los huevos?
Juan: ¡Ay, los huevos! Se me han olvidado. Bajo un momento y los compro. ¿Cuántos compro?
María: Una docena de huevos y compra también una barra de pan y una botella de aceite de oliva, que hay poco en casa.
Juan: ¡Vale, vale, cuántas cosas!
María: ¡Ah! Y jamón. Doscientos gramos.
Juan: María, la próxima vez vas tú.
María: Ja, ja, ja...

[31]

Amiga: Por fin es viernes, ¿eh, Alfredo?
Alfredo: ¡Sí, por fin!
Amiga: Te veo cansado... ¿Qué tal te ha ido la semana?
Alfredo: Uf, ha sido una semana intensa...
Amiga: ¿Ah, sí? ¿Por qué?
Alfredo: Pues, mira, para empezar he tenido mucho trabajo en la oficina. Incluso he tenido que viajar a Londres para solucionar unos problemas. He pasado dos días allí.
Amiga: ¿Dos días?
Alfredo: Sí, pero no todo ha sido trabajo, ¿eh? He aprovechado y he ido a ver una exposición de Dalí.
Amiga: ¿Y los regalos de Navidad?
Alfredo: Los he comprado allí.
Amiga: ¡Genial! Yo aún tengo que comprarlos, no he tenido tiempo... Por cierto, el cumpleaños de tu hijo es esta semana, ¿no?
Alfredo: Sí, es mañana. Vamos a celebrarlo en casa. ¿Quieres venir?
Amiga: Vale, ¿por qué no?
Alfredo: Estupendo. Así también celebramos que he aprobado el examen de alemán de este lunes.
Amiga: ¡Ah!, ¿sí? ¡Enhorabuena!
Alfredo: ¡Gracias!

[32]

1. ▶ He ido a la sala de reuniones y no he visto a nadie.
   ▷ Pues qué raro, porque siempre hay alguien a esta hora.
2. ▶ ¿Has hecho algún plan para este fin de semana?
   ▷ No, no, todavía no tengo ningún plan.
3. ▶ ¿Has hecho algo esta semana?
   ▷ No, no he hecho nada.
4. ▶ ¿Has comprado ya los regalos de Navidad?
   ▷ Sí, he comprado algunos regalos, pero aún tengo que comprar más cosas.
   ▶ ¿Y tienes alguna idea?
   ▷ Bueno, sí, tengo algunas.
   ▶ Jo, pues yo no tengo ninguna.

[33]

Madre: Hola, Pilar, hija. ¿Qué tal estás?
Pilar: Hola, mamá. Muy bien, ¿y tú?
Madre: Pues como siempre... ¿Qué tal te ha ido el día?
Pilar: Bien, aunque estoy un poco cansada.
Madre: ¿Y eso por qué?
Pilar: Porque me he levantado pronto y he ido al trabajo y ¡hemos tenido una reunión de más de tres horas!
Madre: ¡Uy, qué barbaridad, hija!
Pilar: Sí, mamá. Al terminar, he comido con los compañeros de trabajo en un restaurante que hay cerca de la oficina. Después he escrito los informes de la reunión y he ido a clase de yoga para relajarme un poco, y, al terminar, he hecho la compra. Y luego he vuelto a casa y he puesto el lavavajillas.
Madre: ¿Y has cenado, hija?
Pilar: Sí, he pedido una *pizza* por teléfono y he visto un rato la televisión.
Madre: ¿Una *pizza*? ¡Hija, siempre comes lo mismo!
Pilar: Ya, mamá, pero es que estoy tan cansada cuando vuelvo...
Madre: Bueno, bueno... Pues descansa, Pilar, que mañana hay que madrugar. Un beso, cariño. Buenas noches.
Pilar: Gracias, mamá. Igualmente. Buenas noches.

[34]

Carlos: Hola, Paula, buenos días.
Paula: Hola, Carlos.
Carlos: ¿Te apetece un café?
Paula: No, mejor un té.
Carlos: Vale, pues un té. Bueno, ¿y qué tal tu fin de semana?
Paula: Genial. He estado en el pueblo de mis abuelos.
Carlos: ¿Y cómo se llama el pueblo?
Paula: Albarracín, en Teruel.
Carlos: ¡Ay, qué bonito! Es un pueblo medieval precioso.
Paula: Sí, a mí me encanta ir allí.
Carlos: ¿Y qué has hecho?
Paula: Pues he visitado a mis tíos y a mis primos, he dado paseos por la sierra, he montado a caballo, he descansado... ¿Y tú?
Carlos: Pues yo he ido a Córdoba a ver a unos amigos.
Paula: ¿A Córdoba? ¡Qué bien!
Carlos: La verdad es que sí. Hemos hecho lo típico: hemos visitado la mezquita, hemos tomado tapas en el barrio de la Judería...
Paula: La Judería, ¡qué bonita! ¿Y has estado en las ruinas de Medina Azahara? Están muy cerca de la ciudad.
Carlos: No, no hemos tenido tiempo.
Paula: Qué pena, porque son muy bonitas.
Carlos: Ya, pero hemos visto los patios de flores, que en mayo están abiertos al público.
Paula: ¡Los patios de flores! ¡Qué envidia!

Unidad 10 Estamos de fiesta

[35]

Diálogo 1
Javi: ¡Enhorabuena, Alicia!
Alicia: Muchas gracias, Javi, y también por venir a la ceremonia.
Javi: De nada, imaginate... Oí, ¿y con qué nota te graduás?
Alicia: Ay, me sonroja decirlo...
Javi: Seguro que con la máxima.
Alicia: Pues sí...
Javi: ¡Chévere! Vergüenza para nada, debés estar bien contenta.
Alicia: Ya... Oí, vamos a comer todos juntos acá cerca, ¿te vienes?
Javi: Pues claro, esto hay que celebrarlo.
Alicia: Pues vamos.

Diálogo 2
Carlos: Marcos, ¡muchas felicidades!
Marcos: Gracias, Carlos.
Carlos: ¿Cuántos cumples?
Marcos: Una barbaridad, veintitrés...
Carlos: ¿Veintitrés? ¡Qué viejo! Ja, ja, ja...
Marcos: Oye, ¿por qué no te tomas algo con nosotros? Vamos a celebrarlo aquí cerca, en un bar de tapas.
Carlos: Muchas gracias, pero no puedo, de verdad. Mañana tengo un examen muy importante.
Marcos: ¡Vaya! Pues entonces a estudiar, ya lo celebro contigo otro día.
Carlos: Y con un poco de suerte celebramos también que apruebo el examen.
Marcos: ¡Eso!
Carlos: Pues nada, Marcos, lo dicho, feliz cumpleaños y hablamos un día de estos.

Diálogo 3
Julia: Marta, ¡enhorabuena!
Marta: Muchas gracias, Julia, de verdad.
Julia: La ceremonia muy bonita, y tú estás guapísima. Bueno, el novio tampoco está nada mal, ja, ja, ja...
Marta: Todo muy bonito, sí, pero estamos agotados. ¡No te imaginas la semana que llevamos con tanto preparativo!
Julia: Bueno, ya queda poco. Oye, ¿y adónde os vais de viaje?
Marta: A México. Nos vamos a Playa del Carmen, en plan muy tranquilo, a descansar y no hacer nada durante diez días.
Julia: Pues buen viaje, descansad mucho y, sobre todo, mucha suerte para esta nueva vida que empezáis.
Marta: Gracias, Julia, nos vemos a la vuelta con más calma y ya te cuento.

[36]

Diálogo 1
▶ Mira, ¿ves a esa chica que está allí? Pues es Carmen.
▷ ¿Quién?
▶ Aquella, la que está de pie, al lado de la mesa.
▷ Pero esa es una camarera...
▶ Es verdad, pero sí, es ella.
▷ ¿Y dices que esa es la hermana de Miguel?
▶ Pues claro. Es Carmen.
▷ ¿Y es camarera aquí?
▶ Pues eso parece. Sé que es estudiante, creo que de Arquitectura, pero parece que también trabaja aquí.
▷ No parece hermana de Miguel, es muy morena y delgada y parece muy seria.
▶ No, qué va, es muy simpática, seguro que está cansada. Trabajar aquí es duro.

Diálogo 2
▶ Mira ese coche, me encanta.
▷ ¿Cuál? ¿El rosa?
▶ No es rosa, es violeta.
▷ ¿El que está delante del coche rojo?
▶ No, ese no, el que está delante de la casa roja.
▷ ¡Ah, ese!
▶ ¡Es precioso! ¿Verdad?
▷ No sé... Es muy viejo y, además, es tan pequeño...
▶ Pero está nuevo.
▷ ¿Qué coche es? ¿Es un Citroën?
▶ Ahora no recuerdo el nombre, pero no es francés, es un coche alemán. ¿De verdad no te gusta?
▷ Pues no, es tan antiguo...
▶ ¡Anda! También son antiguas las pirámides de Egipto y son increíbles...

Diálogo 3
▶ ¿Y el salón cómo es?
▷ Es muy bonito. Es bastante grande y también muy luminoso.
▶ Pero ¿es clásico o moderno?
▷ Es muy moderno.
▶ ¿De qué color es el sofá?
▷ Es crema muy claro, casi amarillo.
▶ ¿Dónde está?
▷ Junto a la pared, enfrente de la entrada. A la derecha del sofá está la puerta de la terraza, que es muy grande y de cristal.
▶ ¿Tiene algún mueble grande?
▷ Sí, una librería. El mueble está a la izquierda del sofá, frente a la puerta de la terraza. Es un mueble de madera blanco.
▶ ¿De qué color son las paredes?
▷ Son de color gris claro, aunque me parece que la de enfrente, donde está el sofá, es más oscura.

[37]

Argentina
Que los cumplas feliz,
que los cumplas feliz,
que los cumplas, Roberto,
que los cumplas feliz.

España
Cumpleaños feliz,
cumpleaños feliz,
te deseamos todos
cumpleaños feliz.

México
Feliz cumpleaños a ti,
feliz cumpleaños a ti,
feliz cumpleaños, querida Rosita,
feliz cumpleaños a ti.

[38]

Diálogo 1
▶ Creo que esta ensalada está buena, pero que le falta un poco de sal.
▷ Es cierto que le falta sal, pero para mí está bien así; es que no me gusta la comida demasiado salada. Pero bueno, ¿por qué no le pones un poco más de sal y arreglado?

Diálogo 2

▶ ¿Vamos esta tarde a tomar algo y a charlar un poco? Hace siglos que no nos vemos.

▷ ¡Claro! ¿Vienes a buscarme a la oficina? Salgo más o menos a las seis. ¿Qué tal si tomamos algo en una terraza y luego vamos a cenar a un restaurante peruano que hay cerca de mi trabajo y que está muy bien?

▶ Ah, vale. Me parece muy buena idea. Entonces a las seis me paso por tu oficina. Nos vemos allí.

▷ ¡Genial! ¡Hasta luego!

Diálogo 3

▶ ¿Qué tal si para el cumpleaños de Andrea le compramos entre los tres un ordenador portátil? Sé que el suyo está muy viejo y que está pensando en comprarse uno nuevo.

▷ Yo también creo que es una buena idea. Además, Andrea sin un portátil no sabe vivir, así que le va a encantar.

▶ Pues yo no estoy de acuerdo. Ahora estoy mal de dinero y un buen portátil es caro. ¿Por qué no le compramos libros o ropa? No sé... Algo más barato.

▶ Bueno, lo pensamos y decidimos algo, pero me parece que debemos hacerle un buen regalo porque ella es muy generosa y siempre hace regalos fantásticos.

▶ Es cierto, pero de verdad que ahora no puedo permitirme gastar tanto dinero.

Unidad 11 Viajes con encanto

[39]

1. El año pasado me fui a Argentina un mes. ¡Es un país relindo! Organicé el viaje desde mi país, busqué información y reservé los hoteles con antelación. Desayuné, comí y cené en cafeterías y restaurantes diferentes. Pude conocer muy bien el país gracias a mi guía de viajes. La consultaba por las noches y preparaba la jornada del día siguiente. Facturé una gran maleta con equipaje para todo el mes. ¡Ah, muy importante! Contraté un buen seguro de viaje para poder disfrutar sin preocupaciones.

2. El mes pasado mi mujer y yo fuimos cinco días a Roma. Sacamos el billete con bastante antelación, y por eso fue bastante barato. Nos alojamos en un hotel en pleno centro de la ciudad. Hicimos la reserva desde España y elegimos uno con media pensión: desayunamos y cenamos en el hotel pero comimos fuera. Llevamos una pequeña maleta como equipaje de mano y no tuvimos que facturar. Como fue un viaje muy corto, no contratamos ningún seguro de viaje. ¡Tenemos muchas ganas de volver a Roma!

3. La semana pasada mis compañeros de clase y yo nos fuimos al sur de España. Estuvimos en Sevilla, Granada, Córdoba y Cádiz. En cada ciudad nos alojamos en albergues. ¡Fue muy divertido! No hicimos ninguna reserva ni contratamos ningún seguro de viaje. ¡Creo que fuimos un poco locos! Estuvimos pocos días, pero todos llevamos maletas muy pesadas con mucha ropa. La próxima vez nos tenemos que organizar mejor.

[40]

La semana pasada estuve muy ocupado. ¡Hice muchísimas cosas!
El lunes estuve estudiando todo el día para el examen de Física. Me acosté a las 2:00 de la madrugada y el martes me levanté a las 6 de la mañana. A las 8:00, por fin, hice el examen. ¡Duró cinco horas y fue tan difícil...! Luego fui a comer con mis padres y me acosté muy temprano.
El miércoles me dieron la nota y... ¡aprobé el examen! ¡Qué alegría! Llamé a mis amigos y quedamos para celebrarlo. ¡Lo pasamos genial! Llegamos muy tarde a casa.
El viernes me levanté muy tarde, sobre las dos de la tarde, comí y preparé la maleta para hacer un pequeño viaje con mi novia a la playa. Viajamos en tren y nos hospedamos en un hotel muy bonito al lado del mar.
El sábado estuvimos allí todo el día. Nos bañamos, buceamos, tomamos el sol y por la noche cenamos en un restaurante típico de la zona. ¡Qué cena tan rica!
El domingo por la mañana regresamos y pasamos la tarde en casa; vimos una película, comimos palomitas y nos acostamos temprano. ¡A ver qué me espera esta semana!

[41]

Compañero: ¿Y cuál ha sido el mejor viaje que habéis hecho?
Javier: Eh... Yo, a Cuba. Fue el año pasado con mis padres. Recorrimos la isla de norte a sur en doce días. Fuimos desde La Habana hasta Guantánamo. Pasamos por Trinidad, una ciudad colonial, Santa Clara y Santiago. Santiago es una ciudad que vive al ritmo de la música. Hice algunos amigos cubanos. Es un pueblo muy amable y acogedor. Hablé de todo con ellos: de cine, de los jóvenes y su situación allí, de música... Cuba es un país para todos los gustos. Tiene pueblos poco turísticos y playas desiertas y, luego, en La Habana, por ejemplo, encuentras calles llenas de vida, mucha música y mucho baile. Es lo mejor. Os lo recomiendo.
Marta: Pues para mí, sin duda, el mejor viaje fue a Colombia. Un viaje de dieciocho días. Es un país que lo tiene todo: variedad de paisajes, climas diferentes, playas magníficas, miles y miles de especies de flores que me encantan... El valle del Cocora, que está en la zona cafetera, con sus palmeras de hasta sesenta metros de altura o más. ¡Fantástico! Pero, pero... lo mejor, la gente. Son muy generosos y tienen la costumbre de ofrecerte su casa. Bogotá me gustó mucho, es una ciudad con muchos parques y muy colorida. La catedral está en la plaza Bolívar. Esa zona me encantó. ¡Ah! Y también visité el santuario de Guadalupe...

[42]

Jamás olvidaré mi viaje de hace seis años a Guanajuato, México. Nadie de mi familia quería ir de viaje conmigo porque me gusta hacer muchas fotos y les hago parar cada cinco minutos. Pues bien, desde nuestro viaje a Guanajuato no se han vuelto a quejar y es porque en ese viaje alquilamos un coche para poder visitar la ciudad, ya que nuestro hotel estaba lejos del centro. Cuando llegamos, mi padre buscó aparcamiento y al final, después de media hora, dejamos el coche en un callejón muy cerca del teatro Juárez y todos salimos del coche. Después de visitar la ciudad, muy cansados, regresamos a buscar el coche para volver al hotel. No fue fácil... Estuvimos más de una hora dando vueltas para encontrarlo, ya que todas las calles nos parecían iguales. ¿Y cómo lo encontramos?
En un momento de desesperación, me senté en una acera y me puse a repasar las fotografías que hice ese día. Se me ocurrió ir hacia atrás para así recorrer fotográficamente el camino que hicimos y por fin encontré una foto con el nombre de la calle.
Evidentemente mi familia no se volvió a quejar de mi afición por la fotografía y ahora estoy obligada a hacer una siempre que aparcamos.

[43]

Ayer me levanté temprano, a las siete y media, me duché, desayuné, desperté a mi hijo Lucas y fuimos a dar un paseo los dos por el parque. Luego, a las diez, lo llevé a la guardería. Tomé un café con Ana y Cristina, volví a casa y me puse a trabajar hasta las cuatro. A las cinco recogí a Lucas de la guardería y regresamos a casa. Le di la merienda y preparamos un pastel. Sí, él me ayudó. Estuvimos toda la tarde en casa, no salimos. ¡Fue un día diferente!

Unidad 12 Hemos conectado

[44]

Lo primero que debemos hacer es familiarizarnos con palabras que vamos a encontrar todos los días. Hoy nos centramos en las más básicas, son muy fáciles y seguro que algunas ya las conocéis.
Cuando trabajamos con un ordenador, lo primero que encontramos al conectarnos son estas dos palabras: *usuario* y *contraseña*. El usuario es la persona que usa el ordenador porque quiere ver su correo electrónico o su página en una red social o, simplemente, trabajar con algún documento. El usuario se identifica con un nombre o un apodo. La contraseña es la clave personal que permite a cada usuario acceder a su ordenador, a su correo, etc. La contraseña suele formarse con letras y números y es secreta. ¿Entendido? Muy bien, seguimos...
A menudo vais a oír hablar de *dispositivos*. Un dispositivo es un aparato vinculado al funcionamiento de un ordenador: una memoria externa, una impresora, una cámara web...
Un *programa* es un recurso que permite desarrollar diferentes tareas en el ordenador: escribir un documento, escuchar música, ver vídeos..., en resumen, realizar multitud de tareas y operaciones. Los programas, cuando hablamos de teléfonos móviles, se llaman *aplicaciones*. Seguro que tenéis un montón en vuestro móvil, ¿verdad?
Antes me preguntó alguien qué es un *enlace*. Pues un enlace es un texto o una imagen que sirve para unir diferentes partes de un documento o diferentes páginas webs; es como un puente para ir a otro sitio. Los enlaces son muy útiles, ahorramos mucho tiempo de navegación si los usamos bien...

[45]

Encuestadora: A ver, dime, ¿alguna vez has puesto algún comentario en un blog o en un foro?
Miguel: Pues sí, la verdad es que he comentado muchas veces, pero casi siempre en blogs de amigos o conocidos. En los foros creo que nunca he escrito ningún comentario.
Encuestadora: Muy bien. Otra cosa... ¿Has compartido alguna vez fotos en internet, en alguna red social? No sé..., fotos tuyas, de unas vacaciones o de una salida con amigos.
Miguel: Bueno, antes de nada, quiero decir que todos mis perfiles en las redes sociales son privados. Pero sí, he compartido muchísimas fotos con los amigos, imagínate... De viajes, de fiestas, de cenas..., un montón.
Encuestadora: Y vídeos personales, ¿también has subido muchos? ¿Sueles compartirlos con los amigos?
Miguel: No, hasta ahora creo que he subido tres o cuatro vídeos, muy pocos, pero es que tampoco suelo grabar vídeos. Fotos sí que hago muchas, pero vídeos casi nunca.
Encuestadora: Vamos a otra pregunta. ¿Alguna vez has chateado con alguna persona desconocida?
Miguel: Sí, sí que he chateado alguna vez con gente desconocida, es casi inevitable cuando tienes perfiles en redes sociales. Al final tienes muchos amigos virtuales, lo importante es no confundirlos con los amigos reales.
Encuestadora: ¿Y has quedado alguna vez con alguno de estos amigos virtuales?
Miguel: He sentido curiosidad alguna vez, pero lo cierto es que no he quedado nunca con ningún amigo de internet. Ya te digo que es mejor no confundir internet con la realidad.

[46]

Acaba de publicarse un estudio sobre el uso de internet entre los adolescentes. La pregunta que se les ha hecho a jóvenes de entre 14 y 18 años ha sido muy sencilla: "¿Para qué has usado internet en la última semana?". Y los resultados han sido estos que comentamos a continuación:

- La mayoría, nada menos que un 77.1 %, ha contestado que ha usado WhatsApp para hablar con sus amigos.
- El 71.5 % se ha conectado para descargar música y el 70 % ha usado internet para chatear en redes sociales.
- El porcentaje de los que han usado la web para estudiar o hacer algún trabajo escolar no es demasiado alto, un 53.1 %.
- Los adolescentes que han utilizado internet para jugar constituyen el 34.3 %, y un 33.7 % se ha conectado para ver películas o series.
- Parece que los adolescentes no usan mucho el correo electrónico para comunicarse, solo el 30 % y, casi siempre, para hacer consultas a los profesores.

Estos datos, obviamente, configuran un panorama...

Unidad 13 Vivencias

[47]

Hoy les voy a hablar de cuatro inventos muy importantes que usamos en nuestro día a día. Seguro que nunca han pensado en quiénes fueron sus inventores.
El inventor del bolígrafo fue el periodista húngaro con nacionalidad argentina Ladislao José Biró. Ladislao inventó el bolígrafo en el año 1940 con la ayuda de un hermano químico.
En 1956 el ingeniero español Manuel Jalón Corominas inventó un utensilio que llamó *friegasuelos*. Más tarde, su primer comprador lo llamó *fregona*, por lo que ahora es conocido con este nombre. Se presentó por primera vez en el año 1958, en la Feria Internacional de Muestras de Barcelona.
El 19 de agosto de 1940 el joven mexicano Guillermo González Camarena inventó la televisión en color, que pronto se difundió por muchos países del mundo.
En 1920 Juan Solozábal y Juan Olivé fundaron en un pueblo de Guipúzcoa una sociedad llamada El Casco para producir revólveres. En 1929 cambiaron su negocio e inventaron la grapadora, un objeto que permite unir hojas de papel y que es muy utilizado.

[48]

Nací el 3 de septiembre de 1980 en Cádiz, en el sur de España. A los cinco años me fui con mi familia a Madrid. Viví allí desde 1985 hasta 1988. En 1988 me fui a Estados Unidos. Allí viví muchos años: estudié una carrera universitaria, me casé con mi novia americana y tuve dos hijos. En el año 2010 nos vinimos a Madrid, donde vivimos actualmente. A las dos semanas de nuestro regreso mi padre murió. Fue muy triste, pero al menos pude verle antes de morir. Es un consuelo...

[49]

En algunos países de Asia oriental, especialmente en Japón, no está bien visto enseñar los dientes al sonreír. Para que no se considere una falta de educación, lo habitual es taparse la boca.
En Tailandia y en muchos países del sudeste de Asia, tocarle la cabeza a alguien, incluso a un niño, de broma o en gesto afectuoso, es una grave ofensa. Los budistas consideran la cabeza como la parte más sagrada del cuerpo.
Formalidad y puntualidad. Las visitas no anunciadas en países como México o Argentina son bastante frecuentes y son siempre muy bien recibidas. No es necesario avisar con antelación.
¿Derecha o izquierda? En India y Pakistán, la mano izquierda es impura: es la que tradicionalmente se ha ocupado y todavía se ocupa de la higiene personal. Por eso, comer o saludar debe hacerse siempre con la mano derecha.

[50]

Mensaje de voz 1

¡Hola, Carlos!
¿Qué tal por París? Yo por aquí muy contenta. ¿A que no sabes dónde he estado esta mañana? He ido al Museo del Prado... ¡Me ha encantado! Después he quedado con María, hemos dado un paseo por el Retiro y nos hemos tomado un café en una terracita. Hemos cotilleado un montón y nos hemos reído muchísimo. Por casualidad nos hemos encontrado a Javi y nos hemos ido a comer los tres juntos. ¡Los dos te mandan muchos saludos! Después de comer, queremos ir al Museo Reina Sofía, después a casa de los padres de Javi y por la noche al teatro.
Luego te escribo y te cuento.
¡Te echo de menos!

Mensaje de voz 2
¡Hola, Eva!
¿Cómo te va la vida por Tokio? Espero que muy bien. Yo sigo muy feliz en Madrid. La ciudad me encanta y la gente es muy amable.
¿A que no sabes dónde estuve el fin de semana pasado? ¡Por fin fui de visita al Monasterio de El Escorial y a Toledo! Alquilé un coche con Marta y Bruno y primero estuvimos en el Monasterio de El Escorial. Lo visitamos durante toda la mañana y comimos cerca. Después viajamos rumbo a Toledo. Entramos por la Puerta de la Bisagra e iniciamos la visita por la ciudad. Estuvimos en muchos lugares, pero los que más me gustaron fueron la Puerta del Sol, la Mezquita Cristo de la Luz y la catedral.
¡Pronto te escribo contándote más cosas!
¡Besos!

[51]

"¡Azúcar!" fue el grito de vanguardia musical de la cantante cubana Celia Cruz durante muchos años y es el grito salsero que la identificará siempre. El origen de ese "azúcar" está en Miami, cuando Celia y su esposo, junto a su amigo Raúl González, fueron a comer a un restaurante cubano. Al finalizar, el mesero se acercó para ofrecerle un café, preguntando si lo quería con o sin azúcar, a lo que ella respondió: "Oye, chico, pero tú eres cubano, y sabes que el café nuestro es muy amargo... ¡¡¡Con azúúúúúúúúcar, con azúúúúúcar!!!". Ese día, al salir del escenario cantando el tema *Mi voz*, dijo por primera vez "azúcar", provocando la ovación total del público e inmortalizando desde aquella vez la palabra, que la acompañó durante el resto de su carrera artística.

[52]

Hoy queremos recordar a una de las artistas cubanas más importantes de la historia: Celia Cruz.
Nació en La Habana el 21 de octubre de 1925. Empezó a estudiar Magisterio, pero nunca se graduó. Abandonó los estudios y entró en el Conservatorio Nacional de Cuba. Los primeros años cantó en algunas orquestas y participó en espectáculos de teatro, pero empezó a ser famosa en 1951, porque fue la cantante de una de las orquestas más famosas de Cuba antes de la Revolución.
En 1960 salió de Cuba para hacer algunos conciertos y no regresó nunca más. Fidel Castro le prohibió volver a la isla. Desde entonces vivió en Estados Unidos, donde murió en julio de 2003.
Celia Cruz fue famosa en el mundo por ser la reina de la salsa. Siempre empezó y terminó sus conciertos con la misma palabra, "¡azúcar!", por eso todo el mundo dice esta palabra cuando se habla de ella.
Durante su carrera artística, recibió muchos premios. Los más importantes fueron los 5 *grammys* latinos que ganó por diferentes trabajos. Hoy, sus canciones son todavía muy famosas. ¿Quién no ha cantado y bailado alguna vez *La vida es un carnaval*?

Unidad 14 ¿Cómo era antes?

[53]

Pues en España el tiempo cambia mucho de una comunidad a otra. Mira, fíjate en el mapa del periódico de hoy. Casi todo el norte del país está muy nublado. En el País Vasco, por ejemplo, llueve y hace frío. Sin embargo, en el noroeste, en Galicia, hay sol y nubes y temperaturas más altas, de ocho grados. En la capital, en el centro de España, está muy nublado también y se esperan tormentas y lluvias para esta tarde. Hace también mucho frío, entre dos y cinco grados. Al este de la península, en la Comunidad Valenciana, el cielo está despejado, no hay ni una nube. Mucho más nublado, en cambio, al noreste, en Cataluña; ahora allí hace frío y se espera para esta tarde nieve en los Pirineos. En el sur, en Andalucía, y también en Extremadura hace sol y las temperaturas son agradables: llegan hasta los dieciocho grados en algunos lugares. ¿Has visto? Y esto es ahora, que estamos en noviembre; en primavera las diferencias son mayores. Y en tu país, ¿cómo es?

[54]

Hijo: Oye..., y antes, cuando no había GPS, ¿cómo sabía la gente por dónde tenía que ir a un sitio con el coche?
Madre: Usábamos mapas, pero no mapas digitales como los de internet, sino mapas de papel. En todos los coches había un mapa de carreteras.
Hijo: Y, si estabas fuera y tenías un problema con el coche o llegabas tarde a algún sitio, ¿qué hacías para avisar?
Madre: Pues si estabas en la ciudad, buscabas una cabina telefónica. Antes había muchas y la gente las usaba cuando necesitaba llamar a alguien desde la calle. Además, nos sabíamos de memoria los números de teléfono de las personas más cercanas y los demás los apuntábamos en una agenda de papel.
Hijo: Ahora cuando vamos de vacaciones, lo organizáis todo por internet, buscáis el hotel y todo en la web. ¿Antes cómo lo hacíais?
Madre: Antes la gente solía ir a agencias de viajes que lo organizaban todo: el hotel, el viaje, las excursiones... Sigue habiendo, pero muchas menos que antes. Casi todo lo hacíamos en persona: comprábamos la ropa, la música en tiendas y, también, íbamos al banco siempre que necesitábamos hacer una transferencia o cualquier otra operación. Ahora, en cambio, parece que no podemos vivir sin internet. Incluso hay gente que se conoce por internet.

Hijo: Claro, normal... ¿Pues cómo conocíais antes a gente de otros lugares?
Madre: Era más difícil... Había gente que se escribía con personas de otros países: como los chats de ahora, pero con cartas y, claro, mucho más lento. A la mayoría de la gente la conocíamos en el trabajo, en clase, en los bares...; unos amigos nos presentaban a otros, no sé, eso era lo normal.
Hijo: ¿Y qué hacíais cuando queríais ver una película que no ponían en la tele?
Madre: Había videoclubs; eran sitios donde alquilaban películas. Íbamos, elegíamos una y uno o dos días después la devolvíamos.
Hijo: Qué difícil era todo...
Madre: Qué va, todo era tan normal como lo es para ti hacer estas cosas con el ordenador.

[55]

España está formada por 17 regiones que tienen su propio Gobierno, por eso se llaman *comunidades autónomas*.
La mayor de las comunidades es Andalucía y también la más poblada, con más de ocho millones de habitantes. Su capital es Sevilla.
Al noreste de Andalucía, está la Región de Murcia. La capital de esta comunidad es Murcia.
También en la costa mediterránea, está la Comunidad Valenciana, donde se habla valenciano. Su capital es Valencia.
Frente a la costa valenciana están las Islas Baleares, entre ellas se encuentra la famosa isla de Ibiza. En Baleares se habla también una variante del catalán llamada *balear*. Su capital es Palma de Mallorca.
El otro gran archipiélago lo forma Canarias, al noroeste de África. Su capital es Las Palmas de Gran Canaria.
Al oeste de la Comunidad Valenciana está Castilla-La Mancha, la tierra de don Quijote, que tiene en Toledo su capital. Al oeste de Castilla-La Mancha, se encuentra Extremadura, con capital en Mérida.
En la Comunidad de Madrid, se encuentra la capital del país. Al norte de Madrid, está Castilla-León. Su capital es Valladolid.
En el norte de la península, entre Galicia y el País Vasco, están Asturias y Cantabria. Asturias, junto a Galicia, tiene Oviedo como capital. La capital de Cantabria es Santander.
La capital de Galicia es Santiago de Compostela. En Galicia se habla gallego, una lengua parecida al portugués.
En el País Vasco se habla el euskera, una lengua prerromana. La capital de esta comunidad es Vitoria. En una buena parte de Navarra, se habla también euskera. Navarra se encuentra al este del País Vasco y su capital es Pamplona.
La capital de Cataluña es Barcelona. En Cataluña se habla el catalán. Al oeste de Cataluña, está Aragón, con capital en Zaragoza.
La comunidad más pequeña es La Rioja, famosa por su vino. Su capital es Logroño.
Además, hay dos ciudades autónomas en territorio africano, Ceuta y Melilla, que se encuentran en el norte de Marruecos. Ceuta es la que se encuentra justo enfrente de Cádiz, en Andalucía, y está separada de España por una estrecha franja de mar, el estrecho de Gibraltar.

Unidad 15 Dentro de 50 años

[56]

1. Me he comprado una bicicleta porque voy a ir a clase en bici. Creo que todos tenemos que contribuir a disminuir la contaminación. Así, haré deporte todos los días, ¿qué más puedo pedir?
2. Este fin de semana pienso ir de voluntario a la playa. Desde el Ayuntamiento han hecho un llamamiento para limpiarla y me he apuntado. De esta manera, contribuiré a mejorar la calidad del agua en la zona en la que vivo y evitaré la contaminación del mar.
3. Mi mujer y yo hemos decidido poner paneles solares en nuestra casa. Así, el próximo invierno vamos a tener buena calefacción sin gastar tanto dinero. Además, como es una energía limpia, no contaminaremos y el aire será más limpio.
4. A mí me parece que reciclar es importante pero no suficiente. Por eso, voy a abrir una tienda en línea de comercio sostenible en la que voy a ofrecer diversos productos que crearé a partir de material que voy a recoger de la basura. Habrá de todo: muebles, ropa, objetos de papelería...

[57]

Creo que es muy importante respetar el medioambiente si queremos vivir en un mundo mejor. En casa siempre separamos la basura para tirarla en el contenedor adecuado. Un día hice un juego con mis hijos: recorté fotos de diferentes alimentos, envases y residuos, hice seis cajas pequeñas de cartón y les expliqué:
"Estos alimentos y objetos que veis en las fotos no tienen dónde vivir. Como son muchos, van a compartir casa los que tienen características en común:
En la casa 1 van a estar los papeles y cartones. A ellos les gusta leer y estarán muy contentos juntos. Su color preferido es el azul.
En la casa 2 se van a juntar los vidrios. Se rompen con facilidad. Su color preferido es el verde.
En la casa 3 van a vivir los plásticos y las latas. A ellos les gusta guardar cosas y les encanta el color amarillo.
En la casa 4 van a vivir los desechos más peligrosos. Tienen mucho carácter y se entienden muy bien. Les gusta mucho el color rojo.
En la casa 5 convivirán los restos vegetales y animales. Son pequeños y no ocupan mucho espacio. Su color es el marrón.
En la casa 6 estará el resto, especialmente los materiales no biodegradables. Ellos son más discretos y les encanta el color gris".

[58]

Últimamente no tengo tiempo para nada, así que he decidido que a partir de ahora todo cambiará. Mañana comenzaré a levantarme más temprano, sobre las seis, y correré por la playa tres días por semana; así respiraré aire puro y tendré más energía durante el día. Esta semana mejoraré mis hábitos de alimentación: cambiaré la comida rápida, las patatas fritas y los dulces por verduras y frutas. Seguro que me sentiré mejor y menos cansada. El mes que viene me apuntaré a un curso para mejorar mi nivel de inglés: no puedo esperar más tiempo porque en el trabajo necesito hablar con fluidez. Estas son las cosas que quiero cambiar inmediatamente, pero también tengo otros planes un poco más lejanos. Por ejemplo, en otoño haré un gran viaje por el sur de Europa y el próximo año cambiaré mi coche viejo por uno nuevo. ¡En el futuro todo va a ser distinto!

[59]

Olga: Pues a mí me parece que si no somos propietarios de nuestro ordenador o nuestro móvil, por ejemplo, sino que compramos una licencia de uso, de modo que al cambiarlo no lo tiramos sino que lo devolvemos, las empresas podrán reciclar sus componentes y reutilizarlos.
Ignacio: Sí, es verdad, tienes razón. Es más... Imagina que nuestro móvil está perfecto, pero ha salido uno nuevo con una batería que dura mucho más. Si la empresa nos vende esa batería nueva a cambio de la antigua por una pequeña cantidad, alargaremos la vida útil del aparato y no se convertirá en un desecho.
Pepa: Otra cuestión importante es el transporte. Si se utilizan energías renovables, el problema de la contaminación será menor.
Carlos: Y si además compramos los productos en una zona geográfica próxima a nosotros, se reducirá considerablemente el transporte aéreo, que es el que más contamina.
Olga: Es cierto, aunque me parece utópico. Actualmente cada vez más gente compra por internet y los productos viajan por el mundo entero para llegar a su destino.
Ignacio: Es un problema de concienciación. Si se educa desde pequeños a no consumir indiscriminadamente, las costumbres cambiarán y lo que hoy parece imposible será una realidad.
Carlos: Tienes toda la razón del mundo.

Unidad 16 En línea

[60]

1. ▶ ¿Sabes cómo llegar al centro de la ciudad? Quiero ir a pie, pero no sé si está muy lejos.
   ▷ Coge el metro hasta plaza Universidad y después ve andando 5 minutos hasta las Ramblas.
2. ▶ No sé qué hacer este verano. Tengo ganas de ir a un sitio tranquilo, rodeado de naturaleza y con temperaturas suaves. ¿Adónde puedo ir?
   ▷ ¡Ven a Asturias! Es una región preciosa, con bosque y mar, y no hace mucho calor. ¡Te encantará!
3. ▶ ¿Puedo beber agua fría? ¡Tengo tanta sed!
   ▷ Sí, claro. Abre la nevera y cógela.
   ▶ ¡Gracias!
4. ▶ ¿Qué haces? ¡Ven aquí ahora mismo y haz los deberes!
   ▷ Ahora no puedo, estoy muy cansado.

[61]

Comprar en línea se ha convertido en parte de mi vida. Hago la compra semanal por internet, algunos regalos, ropa... Sé que algunas personas todavía tienen miedo a hacer compras en línea por si las engañan, no se sienten seguras, pero yo no, lo hago con mucha tranquilidad; eso sí, tomo precauciones.
Busco siempre la identidad, la ubicación y los detalles de contacto del vendedor en línea. Existen muchas empresas que son muy conocidas, como Amazon, pero hay otras que no lo son tanto y por eso miro cuál es su reputación en línea: quiero saber todo lo que piensan otros consumidores y comprobar si están o no satisfechos con el servicio.
Ah, y siempre miro si lo que compro tiene gastos de envío o no; a veces no está claro y cuando haces la compra te llevas una sorpresa. Si compro un aparato o un electrodoméstico, quiero saber si tiene garantía por defecto. Una vez compré una lámpara ¡y a los dos días ya no funcionaba!
Muchas empresas dicen que, si no estás satisfecho con el producto, puedes devolverlo. Yo siempre leo con mucha atención las políticas de devolución y de reembolso del dinero: si lo hacen directamente a tu cuenta, cuándo lo hacen...
Normalmente utilizo para pagar una tarjeta de crédito. Son más seguras que las tarjetas de débito, pues no retiran el dinero inmediatamente de tu cuenta bancaria. A mí me parece más seguro.

[62]

Alba: Mi familia y yo siempre hemos comprado ropa por internet y hace poco una cámara de fotos. Normalmente buscamos en la aplicación Wallapop ofertas que estén cerca de casa, y luego voy con mi madre en persona para ver y probar lo que compramos. Con la ropa no hemos tenido ningún problema; alguna es de mejor calidad que otra, pero la relación calidad-precio creo que es muy buena. En cambio, con la cámara tuvimos poca suerte. El chico me aseguró que funcionaba perfectamente, la encendimos e hice alguna foto. A mí me pareció de buena calidad, pero dos días después de comprarla ya no funcionaba.

Martín: Una vez mi padre vio un mueble antiguo para el salón: precioso, recién restaurado y muy original. Solo costaba 80 euros y pensó que era la oportunidad de tener un mueble bonito a muy buen precio. Alquilamos una furgoneta y lo fuimos a recoger. Antes de entrar en casa, el mueble ya estaba roto. Mi padre llamó al teléfono del chico que nos lo había vendido y ya no contestaba. Así que, ya sabes, si algo cuesta muy poco, desconfía… ¡Sigue mi consejo!

Juanjo: Yo he comprado y he vendido de todo por internet: ropa, muebles, libros, música…, y nunca he tenido ningún problema. Yo creo que lo más seguro es comprar siempre en foros donde la comunidad es más o menos conocida. Otra opción es pedir un correo o un teléfono "para hablar tranquilamente". Así puedes averiguar el nombre y apellidos de la persona y hacer una búsqueda rápida. Con sentido común, no tendrás ningún problema.

Unidad 17 Compartir espacios

[63]

Pues mi nuevo piso está muy bien y, además, es bastante barato. Tiene el techo muy alto porque es un edificio antiguo, pero está en muy buen estado, no te creas. El suelo es de madera en toda la casa menos en la cocina y en el baño. Las paredes son todas blancas, excepto una pared del salón, que es gris. Hay un pasillo que separa el salón de los dos dormitorios. Es bastante largo pero muy luminoso porque tiene una ventana. El piso está completamente amueblado. Los muebles están muy bien. Hay un armario en cada habitación, un sofá muy cómodo en el salón y un par de sillones. La cocina está bien equipada: tiene nevera, lavaplatos, lavadora… y todo bastante nuevo. Pero lo mejor es el baño: es muy bonito. La taza y el bidé son completamente nuevos. El lavabo es de esos modernos de cristal y, además de ducha, también hay bañera con *jacuzzi*.

[64]

Rocío: Muy bonito, Esteban, me encantan los muebles del salón.
Esteban: Sí, y mira la terraza, he puesto un montón de plantas.
Rocío: Ya veo, ya veo… Me encantan las plantas, pero dan mucho trabajo, hay que cuidarlas y regarlas; son seres vivos.
Esteban: Ay, pues es verdad. No las he incluido en mi plan de mantenimiento.
Rocío: ¿Qué plan?
Esteban: Este, mira, lo he puesto en un papel en el frigo.
Rocío: ¿A ver? Lunes, el baño; martes, la aspiradora; miércoles, lavar ropa… Ya… Muy bien, Esteban, pero esto es muy básico, la casa implica más tareas.
Esteban: Ya, ya he anotado regar las plantas.
Rocío: No solo es eso, es que hay que tener en cuenta otros detalles que has olvidado. Por ejemplo, con la ropa… Poner la lavadora es fácil, pero, después, ¿qué haces con la ropa mojada?
Esteban: Tenderla y recogerla cuando está seca.
Rocío: Exacto, y después tienes que planchar y colgar las camisas, doblar y guardar las camisetas…
Esteban: Vale, vale, vale… Lo anoto en mi lista.
Rocío: Muy bien, pero creo que esa lista sigue incompleta. Tienes que hacer la cama, cambiar las sábanas con frecuencia, abrir las ventanas para ventilar el dormitorio y mantenerlo ordenado.
Esteban: De acuerdo, de acuerdo… ¿Vamos a la cocina a tomar un café? ¡Ups! Espera… Creo que se terminó ayer.
Rocío: ¿Ves? Otra tarea relacionada con la casa: hacer la lista de la compra, ir al supermercado y llenar la despensa… Por cierto, ¿tienes cocinero? Porque hay que hacer la comida, poner y quitar la mesa, etcétera, etcétera.
Esteban: Que sí, Rocío, que me estás convenciendo. Venga, ayúdame con la lista de la compra; vamos a comprar café y aprovecho. Casi no tengo productos de limpieza.

[65]

Carmen: A ver… Vamos a repasar cómo han quedado las tareas para la semana que viene, ¿vale?
Alberto: Venga…
Carmen: La semana que viene limpias tú el cuarto de baño, Alberto. El viernes, ¿verdad?
Alberto: Sí, el viernes. Y, además, hago la compra el sábado por la mañana.
Carmen: Pensaba que la hacía Jessica.
Alberto: No, ella todavía no conoce bien el barrio. Vamos a darle un poco de tiempo. A Jessica le toca pasar la aspiradora y fregar el suelo.
Carmen: El miércoles, ¿no?
Alberto: Eso es.
Carmen: El miércoles yo, además, quito el polvo y limpio la cocina. ¿Qué le toca a Jaime?
Alberto: Jaime friega los platos todos los días.
Carmen: Vale… Y Silvia… A ver… Pone la lavadora el martes y el jueves, y baja la basura todos los días. ¿Está todo?
Alberto: Sí, creo que sí.

Unidad 18 Un poco de educación

[66]

Raúl: ¿Sabes, Esther? Creo que voy a borrar mi perfil de esa red social.
Esther: ¿Y eso por qué? ¿No te gusta?
Raúl: Sí me gusta, pero me pone nervioso que haya tanta publicidad.
Esther: ¿Solo por eso? Es normal, las redes sociales se mantienen gracias a la publicidad.
Raúl: No es solo por eso, también me da rabia leer lo que escriben algunas personas, me pone de muy mal humor que opinen de cosas de las que no saben nada.
Esther: Ya..., eso es cierto, Raúl, a mí me da pena que haya gente que necesita esconderse detrás de un perfil para insultar o, como dices tú, para opinar sin informarse antes.
Raúl: Y luego están los cientos de amigos que ni siquiera conoces. Yo me pongo de los nervios cuando suben fotos desde el primer café de la mañana hasta el vaso de leche de la noche. ¿Qué sentido tiene?
Esther: Sí, es verdad, pero con las redes sociales pasa lo mismo que con todo: si las usas bien, pueden ser muy útiles para compartir información y comunicarte con personas de cualquier lugar del mundo de forma inmediata.
Raúl: Sí, pero la manera en que mucha gente las usa da miedo.
Esther: Sí..., pero olvídate de esa gente. A mí me pone muy contenta que haya personas que piensan y sienten como yo, y, aunque no las conozca en persona, siento que ellas también son mis amigas.
Raúl: Bueno, no sé... Lo tengo que pensar, pero no me convence mucho lo que dices.

[67]

Ana: Daniel, ¿tú has decidido ya lo que quieres hacer después de la secundaria?
Daniel: La verdad es que no. Por un lado, pienso en el bachillerato porque a mi madre le hace muy feliz que me matricule en la universidad y haga Medicina, como hizo ella, y mi padre solo me recomienda que estudie algún idioma con mucho futuro, como el chino. Pero, por otro lado...
Ana: Pero ¿qué es lo que quieres tú? ¿Qué te interesa estudiar a ti?
Daniel: Pues eso... Ya sabes que a mí lo que me gusta es dibujar y, aunque me apetece aprender un idioma, también quiero estudiar Diseño Gráfico.
Ana: ¿Sabes? Creo que es importante que hables con nuestra tutora. Te veo confuso... Ojalá te ayude a aclararte y te dé algún consejo interesante. Mónica me ha parecido una profesora muy maja.
Daniel: Buena idea, hablaré con ella. Ojalá pueda ayudarme. Oye, y tú, ¿qué vas a hacer?
Ana: Yo lo tengo muy claro. A mi padre, al igual que a tu madre, le encanta la idea de que me matricule en Medicina, mientras que mi madre quiere que me gradúe en algo relacionado con los negocios y prefiere que me vaya a estudiar a otro país; así, de paso, también aprendo un idioma. Pero yo sueño con llegar a ser veterinaria.
Daniel: Me lo imaginaba, con lo que te gustan los animales... ¿Y se lo has dicho a tus padres?
Ana: Claro..., y se pasan el día aconsejándome que lo piense bien, que no decida todavía nada...
Daniel: Oye, ¿por qué no les recomiendas a tus padres que hablen ellos también con nuestra tutora?
Ana: Ja, ja, ja... Pues es verdad, tienen ellos más dudas que yo...

Unidad 19 ¿Para qué sirve?

[68]

Vamos a ver si alguno habéis acertado para qué sirven estas cosas. A ver, por ejemplo... Olga cree que a lo mejor la punta de los tapones sirve para que se abran con más facilidad, pero la verdad es que se emplea para pinchar el tubo y abrirlo por primera vez. Otro... Roberto y Susana han escrito que la parte azul de las gomas quizá se utilice para borrar los lapiceros más oscuros. La mayoría cree que esta parte tal vez se use para borrar la tinta de los bolígrafos, y aunque ahora las empresas venden estas gomas con ese propósito, realmente en origen era para borrar el lápiz en los papeles más gruesos, ya que rompe los más finos.
Vamos ahora con lo que han escrito Irene y Alfonso: "Puede que la tira o la cinta de las camisas sea para sujetar mejor los tirantes". Es una idea interesante, pero la verdad es que la cinta es para que la camisa pueda colgarse sin arrugarse.
Este otro es ingenioso... Luis y Pepa creen que el agujero del mango de las sartenes tal vez sea para que pongamos allí las cucharas con las que estamos cocinando y que así no manchen la cocina, pero la verdad es que, aunque este uso sea muy interesante, el agujero es para colgarlas de la pared.
Vamos terminando con los últimos dos objetos: para Mirian y Valeria, el agujero en la tapa de los bolis tal vez sirva para que la tinta no se seque, pero en realidad es para que los niños no se ahoguen si por accidente se tragan el tapón.
Por último, Juan y Lorenzo dicen que los trozos de tela que acompañan a la ropa nueva serán para arreglar pequeños rotos de los pantalones o camisas, aunque la verdad, como dicen Ana y Teresa, es que sirven para que podamos lavarlos y ver si destiñen con determinados detergentes o a determinadas temperaturas.

[69]

Quique: Hoy, para despedirnos, viajamos a Madrid, una capital llena de curiosidades, ¿verdad, Carmen?
Carmen: Pues sí, Quique. Fíjate que, por ejemplo, Madrid es la ciudad con el restaurante más antiguo del mundo, Botín, cerca de la plaza Mayor. Fue fundado en 1725.
Quique: Así es. Madrid tiene mucha historia, aunque pocos imaginan cuál es la construcción más antigua de la ciudad.
Carmen: Alguna iglesia, imagino.
Quique: Pues te equivocas... Se trata de un templo egipcio de hace más de dos mil años, el Templo de Debod, que se encuentra a pocos metros de la plaza de España y que fue donado por Egipto en 1968, en agradecimiento a España por su colaboración para salvar el conjunto arqueológico de Abu Simbel, en peligro de desaparición debido a la construcción de la presa de Asuán.
Carmen: Fíjate, no lo sabía.
Quique: Otra más: la estatua del animal que se encuentra en la Puerta del Sol y que representa el escudo de la ciudad no es un oso, sino una osa.
Carmen: ¡Vaya, qué curioso! Oye, ¿y a que no te imaginas por qué a los madrileños les llaman *gatos*?
Quique: Sí, es cierto, nos llaman *gatos*, yo soy de Madrid, pero no sé la razón...
Carmen: Según cuentan, porque durante la conquista de la ciudad contra los árabes, un soldado cristiano trepó por la muralla que había en Madrid para cambiar la bandera de la torre por una cristiana y lo hizo con tanta habilidad como un gato.
Quique: ¿De verdad? Pues yo pensaba que era porque nos gusta mucho salir de noche, ja, ja, ja... Volviendo a la Puerta del Sol... Muchos dirían que el reloj con el que muchos comemos las uvas en Nochevieja es el más grande de la ciudad; sin embargo, pocos saben que en realidad el reloj más grande es el que se encuentra en la estación de Atocha, al lado del Museo Reina Sofía.
Carmen: Pues yo estaba convencida de que era el de la Puerta del Sol. ¿Y tú sabías que en Madrid hay una estación de metro fantasma? Es la estación de Chamberí, cerrada desde 1966 y olvidada, hasta que en 1998 se usó para rodar algunas escenas de la película Barrio, de Fernando León de Aranoa. Ahora se ha convertido en un museo y se puede visitar para ver cómo era el metro en su origen, cuando se implantó en Madrid en 1919.
Quique: A mí una de las cosas que más me ha sorprendido es saber que Madrid es una de las pocas ciudades del mundo con una estatua dedicada al diablo. Es la Fuente del Ángel Caído y está en el Retiro.
Carmen: Sí, y seguro que podríamos contar muchas más curiosidades sobre Madrid, pero se nos acaba el tiempo.
Quique: Una pena, seguiremos en nuestro próximo podcast hablando de otros lugares interesantes de España. Hasta el próximo programa.

Unidad 20 El voluntariado

[70]

Elena: ¡Cuánta gente, mamá! Normalmente, cuando venimos a hacer la compra los lunes, el súper está muy tranquilo.
Madre: Sí, hija, me encanta que haya tanta gente colaborando.
Elena: No entiendo...
Madre: Es que, como queda poco para Navidad, están haciendo una recogida de alimentos en los supermercados del barrio; todas esas personas son voluntarios y voluntarias, ¿no te lo he dicho cuando hemos salido de casa?
Elena: Pues no, lo habrás olvidado.
Madre: Entonces, también he olvidado decirte que escribas un mensaje a tu hermano. Dile que cuando llegue a casa ponga todos los libros de texto del año pasado en una caja que he dejado en el salón. Quiero llevarlos al ayuntamiento antes de que termine la campaña.
Elena: Espera, mamá, ¿hoy no vamos a colaborar con la recogida de alimentos?
Madre: Sí, sí, es que esta semana hemos recibido una carta de Aldeas Infantiles pidiendo que la gente colabore donando juguetes, libros y material escolar.
Elena: ¿Y te vas a encargar tú de organizarlo?
Madre: No, las ONG tienen su propia organización; el Ayuntamiento solo está colaborando. Yo, como concejala de Asuntos Sociales, tengo que dar publicidad al evento y ponerme en contacto con posibles colaboradores. Aunque tengo mucho trabajo estos días, sacaré tiempo. Mañana voy a escribir a todas las librerías del distrito después de reunirme con algunos directores y directoras de escuela, y antes de hacer todo eso tengo que escribir una carta informativa al vecindario.
Elena: ¿Tienes que buscar voluntarios?
Madre: No, no, de eso se encargan las organizaciones.
Elena: Pues, aunque no lo creas, cuando sea mayor pienso hacerme voluntaria de Médicos Sin Fronteras. Quiero estudiar Medicina para ir a Latinoamérica.

Madre: Muy bien, hija, pero eso será después de que termines la secundaria y la universidad. Mientras tanto, puedes colaborar puntualmente cuando haya recogidas como esta. Eso sí, ten mucho cuidado. Hay gente que, haciéndose pasar por una ONG, estafa a otras personas que donan dinero.
Elena: ¡Qué poca vergüenza, estafar a quien ayuda con su generosidad!
Madre: Pues sí, hay gente sin escrúpulos que hace estas cosas.

[71]

Hoy, en nuestro programa dedicado a las ONG, contaremos con muchos invitados dentro y fuera de nuestros estudios con los que charlaremos sobre su generosa labor. Vamos a comenzar con una estudiante de Sociología, Laura, que está haciendo un estudio sobre cooperación internacional en el seno de la Organización de las Naciones Unidas, en Nueva York, y con Jorge, graduado en Relaciones Internacionales, que está en Roma haciendo sus prácticas en las oficinas de la FAO, la Organización de las Naciones Unidas para la Alimentación y la Agricultura.
Buenas tardes a los dos y bienvenidos a...

[72]

Azucena: Hola a todos, os cuento mi experiencia. Aunque me gustan mucho los gatos, no podemos tener uno porque mi hermano es alérgico. Sé que hay gente que no puede atenderlos en algunas ocasiones, así que yo ofrezco mi tiempo para estar con el animal cuando haya que cuidarlo. Aunque sean animales muy independientes, los gatos también necesitan algunos cuidados.

Fernando: Me encantaría viajar a un país africano para colaborar en una misión médico-humanitaria, aunque todavía soy muy joven. Pero, mientras me hago mayor y me formo, ofrezco mi tiempo para estar con ancianos del barrio que viven solos y que necesitan conversación y compañía.

Peter: Soy estudiante de Arquitectura y todos los veranos estudio español en Madrid. En el futuro me gustaría vivir y trabajar como arquitecto en España, aunque todavía tengo que mejorar mi nivel de español. Ofrezco parte de mi tiempo libre en verano para dar clases de inglés y cada vez que doy la clase, "cobro" mi tiempo: hablo en español con mis alumnos después de dar la clase. ¡Y me va muy bien!

Unidad 21 ¡Súmate!

[73]

Locutor: Luis Ramírez, vicepresidente del Gobierno, y Marta Fernán, presidenta de la asociación Salvemos la Tierra. Buenas tardes a los dos.
Luis Ramírez y Marta Fernán: Buenas tardes.
Locutor: Señor vicepresidente, ustedes opinan que no hay motivos para preocuparse...
Luis Ramírez: Así es. Nosotros creemos que no hay cambio climático porque el aumento de la temperatura ha sido de menos de un grado en los últimos cien años. Por tanto, no creo que se pueda hablar de un sobrecalentamiento de la Tierra. Siempre ha habido veranos muy calurosos e inviernos con temperaturas extremas.
Marta Fernán: Perdone, pero a mí me parece que usted se equivoca. ¿Escuchó los informes de los expertos? Me parece increíble que sigan negando lo evidente y que no busquen soluciones al problema. Cada día hay menos hielo en los polos, la contaminación en las ciudades produce cada vez más muertes, hay numerosos incendios y catástrofes, ¡y no hablemos del mar!...
Luis Ramírez: Bueno, usted exagera... Yo pienso que lo que dice no es totalmente cierto. Creo que hay contaminación, no lo voy a negar, por supuesto, pero no me parece que haya calentamiento. Son dos cosas distintas.
Marta Fernán: Pues nosotros opinamos que solo defienden a las grandes compañías y sus intereses económicos y que no les importa ni lo que está pasando con el planeta ni sus ciudadanos.
Luis Ramírez: Lo siento, pero no estoy de acuerdo con usted. Claro que nos importan los ciudadanos. Estamos aquí precisamente para mejorar la vida de todos, para eso nos han votado, y claro que vamos a trabajar para resolver el tema de la contaminación, pero no podemos cambiar todo el sistema económico de repente, ¿es que no lo comprende?
Marta Fernán: Claro que lo comprendo, el que no comprende la urgencia es usted. Necesitamos reducir los gases de efecto invernadero, porque nuestra Tierra está en peligro. Por favor, tienen que escucharnos...

Unidad 22 Rebobinamos

[74]

El otro día estaba caminando tranquilamente por la calle donde viven mis padres cuando de repente oí un ruido muy fuerte. Todo el mundo empezó a correr, pero yo me quedé paralizado. Tenía tres opciones: me quedaba allí parado y descubría de dónde venía ese ruido tan fuerte, corría como el resto de las personas o continuaba mi camino. Decidí seguir andando porque tenía muchas ganas de ver a mis padres. El problema es que la gente corría en dirección contraria y al final me caí y me di un golpe en la cabeza. Cinco horas después me desperté en la cama de un hospital. Desde entonces no he vuelto a casa de mis padres, siempre vienen ellos a visitarme.

[75]

Marta: Este año, en mi escuela, estamos preparando un anuario.
Amigo: ¿Un anuario? ¿Y eso qué es?
Marta: Pues una publicación, una revista anual.
Amigo: ¿Y qué vais a publicar?
Marta: Pues las cosas más importantes que han pasado en la escuela durante el curso. Igual que en un periódico, con diferentes secciones y en cada una algunos artículos.
Amigo: ¿Qué secciones va a tener vuestro anuario?
Marta: Muchas. A ver... Una muy importante va a ser la de cultura. En esa vamos a hablar de las obras de teatro que hemos representado en la escuela y del concurso de relatos y de poesía que hicimos en primavera.
Amigo: ¿Y sección de deportes también tenéis?
Marta: Claro, además este año hemos ganado algunos campeonatos de tenis de escuelas. Y vamos a publicar una encuesta sobre el deporte que se practica en España, que es muy interesante.
Amigo: ¡Qué bien!
Marta: También tenemos una sección de viajes, donde vamos a poner fotos de los viajes de fin de curso que han hecho las diferentes clases.
Amigo: ¿Vas a poner alguna entrevista?
Marta: Sí, vamos a entrevistar a una profesora de la escuela para que nos cuente cómo ha ido el año y los planes que tiene la escuela para el próximo curso. También tenemos una sección de ciencias...
Amigo: ¡Anda ya!
Marta: Que sí, que dos estudiantes del último año presentaron en marzo un proyecto a un certamen de ciencias que organizan cada año varias escuelas. Y nos van a contar en qué consistía su proyecto.
Amigo: Pues me encanta eso del anuario, porque así tienes al final un recuerdo del curso. Es bonito.

Transcripciones Pronunciación y ortografía

Ficha 2

[76]

pero – perro
casa – caza
suelo – suero

peces – peses
pagar – pajar
helar – errar

manco – mango
sepa – cepa
churro – chulo

jara – jarra
quiso – guiso
mesa – meza

[77]

Lija, rama, vago, guerra, zueco, corro, caso, mango, loza, seta, perra, hola.

[78]

Mi casa está en un quinto piso,
desde aquí puedo ver todo Madrid.
Miro hacia el sur y me imagino
que me voy de viaje muy lejos de aquí.

Estribillo
Quiero viajar por todo el mundo,
desde Guinea hasta Hong Kong.
Quiero viajar por todo el mundo,
desde la India a Nueva York.
Ir a una playa al sur de Francia,
visitar La Habana y tocar el bongó,
cantar flamenco en Sevilla,
¿qué tal ir a Marruecos
y luego volar a Japón?

(Estribillo)

Sueño viajar por todo el planeta,
¡cuántos amigos deseo tener!
Sueño viajar por todo el planeta,
¡cuántos amigos deseo tener!

Bailar un tango en Argentina,
cantar en Memphis un *rock and roll*,
comer pimiento rojo en México,
cruzar la línea del ecuador.

(Estribillo)

Ficha 3

[79]

Ala, maza, sábana, mar, azahar, albahaca, sal.
Él, descender, prender, merengue, sed, creer.
Dividir, pitiminí, di, Quintín, sí, pil-pil, mi.
Oso, olor, rococó, doloroso, son, horroroso, pozo.
Su, humus, pus, runrún, tul, zulú, plus.

[80]

Un, pez, ojos, manzana, Pili, beber, tutú, casa,
ir, sol, mus, color, cantar, gris, mente.

[81]

Bailar, peine, oigo, Aurora, Europa, estadounidense, magia,
hielo, Mario, guapo, huevo, monstruo, cuidar, ciudad.

[82]

Vida - viuda, huevo - hubo, mido - miedo, piano - pino,
luego - Lugo, lavo - labio.

Ficha 4

[83]

Gusano, gárgara, guerra, guirnalda,
venganza, fango, goloso.
Cartera, cuco, casaca, clínica, crudo,
queso, quimera.
Jamón, jarra, genio, gitano, junco, jocoso,
reloj.

[84]

casa - gasa
majo - mago
cojo - coco
goma - coma
ligar - lijar
rasgar - rascar

[85]

Gente, girasol.
Jamón, jefe, jirafa, joven, jueves.
Galleta, gordo, guapo.
Miguel, guitarra.

Ficha 5

[86]

Luna, ulular, miel, limón, alcalde.

Pera, mirar, arado, permitir, oro.

Hierro, rabia, roto, carroña, rústico.

[87]

Ropa, mal, lima, pera, lata, suero, raro.

Churro, vara, ala, corro, labio, caro, ahorra, lisa, celo.

[88]

Hierro, parar, coral, enriquecer, raro, repisa, María, enrabietar, puro, reparar.

Ficha 6

[89]

1. Me gusta mucho tu casa.
2. Sí, por favor, pasa.
3. No sé si tengo tiempo.
4. Para mí, es el mejor del mundo.
5. Él es el amigo del que te hablé.
6. ¡Eh!, tú, ¿dónde vas?
7. Si te duele el estómago, tómate un té.
8. Ven a mi casa y vemos la tele.

Ficha 7

[90]

Número, nadie, noche, nunca, nieva, pierna, enero, cañón, uña, buñuelo, niño, España, eñe, cariñoso.

[91]

Achaque, churro, sándwich, chaqueta, chorizo, cheque, abrocho.

[92]

Ayuno, lluvia, yerma, llave, allí, huyo, sello.

Ficha 8

[93]

Pala, pepino, polo, pupa, apuntar, pleno, prisa, plomo, preso, plano, puerta, copito.

[94]

Vela, tuvo, visado, bruma, absurdo, bola, haba, broma, tubo, había, blusa, bala, bueno, abuela.

[95]

¡Me encanta este país! He hecho un viaje por toda España y estoy muy feliz. Os voy a contar mis aventuras aquí. He conocido a gente muy interesante y he visitado lugares increíbles: las ciudades de Palencia, Burgos y Pamplona en el interior y, en la costa cantábrica, Bilbao y San Sebastián. He hecho senderismo por los Pirineos y de ahí he llegado a Barcelona. Me ha gustado muchísimo ver la obra de Gaudí. También he ido en barco por las Islas Baleares hasta llegar a Ibiza, una isla muy bella. He viajado por Andalucía y he visto Córdoba y sus maravillosos patios árabes, y Puerto Banús, en Marbella, donde comí el famoso pescaíto frito. De vuelta a casa, visité las playas de Benidorm y Calpe, ¡y me comí una estupenda paella! Venid a España, ¡es maravillosa!

Ficha 9

[96]

Taba, tía, toro, puerta, tuna, tema, antena, roto, aceituna, dátil, aceptar, atinar, aceite, abierta.
Daba, sed, además, dolor, adivino, deuda, abordo, coged, dado, duro, abedul, Madrid, diablo, conducir.

[97]

Taco, día, timo, dato, tema, dedal, toro, don, tú, duna, puerta, ayuda, meter, acorde, tino, adivinar, corto, gordo, actúa, Madrid.

[98]

Té, tos, duna, tomo, domar, tía, rada, salto, soldado, codo, tienta, seda.

Ficha 10

[99]

Zurdo, zapato, celeste, azteca, zoo, rizado, rozo, cera, zinc, doce, zen, cine, pez, azul, ácido.
Sala, vestido, rosas, aseo, beso, tres, sol, mismo, sed, pulsar, sí, suelo, pescado, soy, musgo.

[100]

Zeta, masa, hacia, pozo, sumo, zueco, cebo, cosido, risa, hoz.

[101]

¡Hola! ¿César? Soy Susana. Te llamo porque quiero invitarte a mi casa en Semana Santa. Este año es a finales de marzo y han dicho que va a hacer buen tiempo, así que ¡anímate! En casa tengo sitio de sobra, no hay problema. Avísame cuando tengas el billete del día y la hora para ir a buscarte al aeropuerto, ¿vale? Hasta pronto, besos.

Hola, ¿Susana? Vaya, no estás en casa. Bueno… ¡Qué alegría saber de ti! Me apetece mucho cruzar el charco y conocer Cádiz. A ver si puedo estar allí para las fiestas de tu ciudad y estamos unos días juntos. Sería estupendo, ¿no? Voy a ver si encuentro pasaje para esos días y te aviso. ¡Hasta pronto!

Ficha 11

[102]

Julio, gente, mojado, rojo, gitano, ajuar, viaje, reloj, lejos, jamón, elegir, jota, jeque, jinete, jueves.

[103]

Fecha, fruta, golfo, frito, refutar, fama, filón, foto, afilar, rifa, furor, flecha, afear, flema.

[104]

Baza, fresa, pavor, foca, plan, forro, vino, flote, friso, fruta.

Ficha 12

[105]

Dígaselo, simpático, rubí, vehículo, catedral, quítaselo, gramática, azúcar, Cantábrico, volcán, acércamelo, López, sartén, caravana, fácilmente.

Transcripciones *Hostal Babel*

Episodio 1 ¡Bienvenido al hostal Babel!

Bea: Hostal Babel, diga... Sí... ¡Hola! ¿Eres Hugo? Sí, yo soy Bea, encargada del hostal. Sí... ¿Ya estás aquí? Espera y bajo para ayudarte.
Carla: ¿Está acá?
Tere: ¿El nuevo?
Bea: Sí, chicas, bajo un momento.
Tere: ¿Es el chico nuevo?
Bea: Sí.
Tere: ¿De dónde es?
Carla: ¿El chico nuevo?
Tere: Sí. No... no es español, ¿no?
Carla: No, es de Hispanoamérica.
Tere: ¿De qué país?
Carla: No sé. Quizás de Argentina, como yo.
Tere: ¿Y cómo se llama?
Carla: Creo que se llama Hugo.
Tere: ¿Hugo?
Carla: Sí, Hugo. Es un nombre muy lindo.
Tere: ¿Cómo se escribe?
Carla: ¡No puede ser! ¿En serio no sabés escribir "Hugo"?
Tere: Bueno, es el primer Hugo que conozco. ¿Cómo se escribe?
Carla: ¿En serio no lo sabés escribir?
Tere: Sí lo sé. Lo que no sé es si es... con hache o sin hache.
Carla: Con hache. Hache, u, ge, o.
Tere: Hugo.
Bea: Hola, chicas, este es Hugo.
Tere y **Carla:** ¡Hola! ¡Hola!
Bea: Es nuestro nuevo huésped. Es de México.
Hugo: Sí, acabo de llegar a España. Del aeropuerto directamente al hostal Babel.
Tere: Pues, encantada, Hugo. Soy Tere. Soy estudiante y tengo diecinueve años.
Hugo: ¡Mucho gusto en conocerte, Tere! ¿Qué estás estudiando?
Tere: Dirección de Empresas.
Hugo: ¡Ah, qué buena onda, muy interesante!
Carla: Yo soy Carla. Tengo veinticuatro años y estudio Filosofía. Bueno, ya acabé la carrera. Ahora estoy haciendo una maestría y trabajando.
Hugo: Mucho gusto en conocerte, Carla. ¿En qué trabajas?
Carla: Bueno, ahora trabajo medio día como moza en una cafetería. Ya sabés, para pagar la maestría y ganar un poco de plata.
Hugo: Eres argentina, ¿verdad?
Carla: ¿Cómo lo supiste?
Hugo: Pues por tu acento.
Carla: Sí.
Hugo: ¡Órale! Me encanta Argentina...
Carla: ¿En serio?
Hugo: Sí, de verdad. ¿De qué ciudad eres?
Carla: De Rosario.
Hugo: Ay, qué bien, yo solo conozco Buenos Aires.
Bea: Vienes a estudiar, ¿verdad, Hugo?
Hugo: Sí, estoy en España para estudiar Veterinaria.
Tere: ¿Cuántos años tienes?
Hugo: Veinte.
Tere: ¿Es tu primera vez en España?
Hugo: Sí, así es. ¿Por qué la pregunta?
Tere: ¡Por esto!
Hugo: ¡Ah!
Tere: Es para ti, para tu nueva habitación.
Hugo: ¡Ay! ¡Qué detalle más bonito! ¡Me encanta! ¡Muchísimas gracias! Dibujas superbién, ¿eh?
Bea: Bueno, chicas, dejemos a Hugo que viene cansado del viaje. Ven, te voy a enseñar tu habitación.
Tere y **Carla:** ¡Hasta luego! ¡Adiós!
Hugo: ¡Chao!
Carla: Así que por eso lo de deletrear.
Tere: ¡Claro!
Carla: ¡Menos mal que no lo escribiste sin hache!

Episodio 2 Este barrio

Hugo: Entonces si nuestro hostal está aquí, la entrada del metro está aquí. La línea 3, ¿verdad?
Carla: Sí. Y la parada del colectivo está enfrente.
Hugo: Ah...
Tere: Para ir a la universidad tienes que coger la línea 12.
Hugo: ¿Es mejor tomar el metro o el camión?
Carla: A la mañana es mejor tomar el metro o el subte, como lo llamamos en Argentina, porque el colectivo tarda más por el tránsito. El subte es mucho más rápido. Más tarde, tardan lo mismo.
Hugo: Ok, ok... ¿Y en esta colonia hay algún restaurante vegano?
Tere: ¿Un restaurante vegano?
Hugo: Sí, es que soy vegano. No como ni carne, ni pescado, ni...
Tere: Pues no tengo ni idea...
Carla: En este barrio no, pero a la izquierda de esta plaza que está acá hay un restaurante vegano buenísimo.
Hugo: ¿Tú también eres vegana?
Carla: No, pero me gusta probar comidas diferentes.
Tere: También hay tres supermercados. El más cercano está aquí, al final de la calle, a la izquierda. Si caminas desde aquí son cinco minutos.
Carla: Y en el barrio también hay una biblioteca. Al final de esta calle... de acá.
Tere: ¿En serio? ¿Hay una biblioteca en el barrio? ¡No lo sabía!
Carla: ¡Claro! ¡Vos no entrás en una biblioteca nunca!

Tere: Muy graciosa. ¿Y tú en una discoteca? A ver, señorita "sabelotodo", ¿dónde hay una discoteca en el barrio?
Carla: Creo que hay una, pero no sé muy bien por dónde está...
Tere: Pues está aquí, a tres calles de nuestro hostal, justo donde empieza esta avenida. Está muy bien. Yo voy mucho, sobre todo los fines de semana.
Hugo: A mí es que no me interesan mucho ni las bibliotecas ni las discotecas.
Tere: El gimnasio más cercano está en esta calle, a dos manzanas de aquí. Yo voy cuatro veces a la semana.
Hugo: Tampoco voy al gimnasio. Yo practico yoga.
Carla: ¿Yoga? Creo que no hay ningún estudio de yoga en este barrio, pero tenés que preguntarle a Bea. ¿Querés saber algo más?
Hugo: Eh... Sí, por ejemplo, dónde hay una tienda de alimentos naturistas...
Tere: ¿Alimentos ecológicos?
Hugo: Sí, me gusta comprar alimentos sanos.
Carla: Mirá, si hay algún lugar donde los venden, yo no sé dónde está.
Tere: ¿Yoga? ¿Alimentos ecológicos? Tú eres un poco raro, ¿no?
Carla: ¡Tere, por favor!
Hugo: No, Carla, no hay problema. Estoy acostumbrado. Todavía hay mucha gente que se sorprende por estas cosas.
Tere: Mira, hablando de gente rara...
Leo: Hola a todas. Supongo que nadie va a ayudarme, ¿verdad? Traigo una silla nueva para mi habitación.
Hugo: Yo te ayudo.
Leo: Hola, soy Leo.
Hugo: Hola, yo me llamo Hugo. Mucho gusto en conocerte.
Carla: Es el huésped nuevo. Llegó ayer.
Tere: Sí, es de México. Tiene veinte años, es vegano y, en vez de ir al gimnasio, hace yoga.
Hugo: ¡Qué bien! Qué agradable manera de presentarme. ¿Tú también vives en el hostal, Leo?
Leo: Sí.
Hugo: ¡Ah!
Tere: Bueno, Leo pasa mucho tiempo en su habitación.
Hugo: ¿Qué estudias, Leo?
Leo: Esto... Química.
Tere: No, en su habitación no estudia mucho. Lo que más hace es jugar a videojuegos y leer cómics. Es el chico que más sabe de pelis y cómics del mundo.
Leo: Bueno, yo...
Hugo: Entonces tu cuarto es el que está en el pasillo a la derecha.
Carla: No, ese es el mío. El cuarto de Leo está al fondo del pasillo, al lado del baño chico.
Tere: Mi habitación es la primera de la... de la izquierda. La que está enfrente es la de Bea.
Hugo: Órale, es que aún no me oriento bien dentro del hostal... ¿Hay dos baños?
Carla: Sí, uno chico y uno grande que está justo en la entrada.
Hugo: ¡Ah! ¿El que está enseguida de mi puerta?
Leo: No, esa es la puerta del armario de las cosas de la limpieza.
Hugo: ¡Soy un desastre para orientarme!
Carla: ¡Vas a necesitar un mapa del hostal más grande que este!
Tere: ¡Así no vas a encontrar una tienda de alimentos ecológicos nunca!

Episodio 3 Días de fiesta

Carla: ¡Mmm! Esta cena especial tiene una pinta... ¡Sos divina, Bea!
Bea: Bueno, es una pequeña despedida para mis amigos. Todos os vais fuera a pasar estos días de fiesta.
Tere: Sí, te dejamos sola y tranquila en casa unos días.
Bea: Claro, por fin sola unos días en casa. ¡Esta es mi manera de daros las gracias!
Hugo: Qué bien, Bea, pero nos vas a extrañar...
Bea: Eso es verdad. ¿A dónde os vais de viaje?
Tere: Yo me voy a Cádiz con unas amigas. ¡Queremos estar de fiesta todo el día! No voy a acostarme temprano ni una sola noche. No voy a dormir mucho. ¡Ya dormiré al regresar!
Bea: ¿Has reservado en el albergue de mis amigos?
Tere: Sí, son muy simpáticos. Tenemos reserva para todas. Nos vamos en furgoneta. Es un viaje largo, pero es divertido viajar todas juntas. ¡Y barato!
Carla: A mí no me gusta viajar en furgoneta o combi, como la llamamos nosotros, prefiero ir en tren.
Hugo: ¿Cádiz está en Andalucía? Al sur de España, ¿no?
Carla: Debajo de Sevilla, al sur del sur.
Hugo: Es que aún no conozco bien España y no me oriento bien.
Tere: No, ya sabemos que no eres muy bueno con la orientación.
Bea: ¿Y tú a dónde vas, Hugo?
Hugo: A Barcelona. Quiero conocerla. Dicen que es una ciudad muy bonita y atractiva. Ya tengo los boletos de avión. Una pregunta, ¿saben cómo llegar del aeropuerto a la ciudad? ¿Está muy lejos del centro?
Carla: Es muy fácil, si no querés gastar mucha plata en un taxi, podés tomar el subte, la línea 9.
Leo: Creo que hay un autobús que pasa cada diez minutos. Cuesta cinco euros.
Hugo: ¿Conoces Barcelona, Leo?
Leo: Sí, voy todos los años a la convención de fans de Star Wars.
Tere: ¿Al encuentro de fans de Star Wars? ¡Qué friki eres!
Bea: ¿Dónde vas a ir tú, Leo?
Leo: A Londres. Hay un vuelo muy barato. Solo 35 euros.
Bea: ¿Ida y vuelta?
Leo: Sí. ¿A que es barato?

Hugo: ¿Dónde lo compras?
Leo: En una página de internet. Si estás atento puedes encontrar ofertas muy interesantes.
Bea: ¿Vas con amigos?
Leo: No, voy solo. Me gusta viajar solo.
Hugo: Pues yo no conozco Londres. Quiero ir pronto. Es mi primera vez en Europa y... ¡aún tengo mucho que conocer!
Bea: ¿Y tú, Carla? ¿A dónde te vas de viaje?
Carla: A un pueblito que está en Asturias. Se llama Cudillero.
Bea: Lo conozco. Es un sitio espectacular. Tengo amigos allí.
Tere: ¡Pero tú tienes amigos en todos lados, Bea!
Bea: Sí. Conozco gente de todo el mundo. Me encanta viajar, Tere.
Hugo: ¿Te gusta el turismo rural, Carla?
Carla: Mmm... Sí y no.
Hugo: ¿Qué quieres decir con eso?
Carla: Significa que me gusta disfrutar de la naturaleza, caminar por los bosques, nadar en los ríos, hacer senderismo, subir a montañas. Pero a la hora del alojamiento, me gusta comer bien y tener comodidades.
Tere: Claro, las sensaciones de la naturaleza pero las comodidades de la civilización, ¿no?
Carla: Eso es, exactamente. Nada de dormir en lugares fríos, ni incómodos. Nada de albergues ruidosos, de tiendas, de *campings*. Me gusta disfrutar de las comodidades: calefacción, un buen restaurante, toallas suaves...
Leo: ¡Un viaje de lujo!
Carla: Bueno, más o menos. Por eso voy a hacer una reservación en una habitación espectacular en un hotel de lujo que está en la mitad de la naturaleza. Habitación luminosa y *jacuzzi*. Pasear, leer, charlar... Voy con un grupo de compañeros de la maestría.
Tere: ¡Reunión de filósofos, qué divertido!
Carla: Bueno, cada uno se divierte como quiere.
Bea: Pues la verdad es que todos vuestros planes me parecen maravillosos, pero yo creo que voy a ser yo la que va a pasar mejor estos días de puente.
Tere: ¿Por qué? ¿A dónde te vas?
Bea: A ningún sitio. Me quedo aquí en el hostal. Voy a estar libre y solita. Toda la casa para mí. ¡Voy a ser la mujer más feliz del mundo!
Tere: ¡Venga ya, Bea! ¡Nos vas a echar de menos!
Leo: ¡Pero si no puedes vivir sin nosotros!
Bea: Sí, claro, ¡con lo bien que voy a estar yo sola! ¿Qué os creéis? ¿Que soy vuestra madre? Por cierto, ¿alguien quiere ensalada?

Episodio 4 Navidad en Babel

Bea: ¡Me encanta la Navidad!
Leo: Sí, es una fiesta muy especial.
Carla: A mí también me gusta mucho, aunque me bajonea un poco.
Leo: ¿Triste? Pero ¿por qué?
Carla: ¿Por qué? ¿Vos con quién vas a pasar la Nochebuena?
Leo: ¡Con mi familia, claro!
Carla: Justamente por eso: yo estoy muy lejos de mi familia.
Hugo: Claro, a mí me pasa igual. Es mi primera Navidad lejos de mi país y de mi casa.
Bea: ¿Cómo es tu familia, Hugo?
Hugo: Pues yo soy el mayor de tres hermanos. Está mi hermano Alberto y mi hermana Juanita, que es la más pequeña.
Carla: ¿Cuántos años tiene?
Hugo: Solo diez, es la pequeña de la familia. La quiero mucho. Es... es un pequeño diablillo. Es a la que más voy a extrañar... Aquí está.
Bea: ¿Esa es tu hermana? ¡Qué niña más guapa!
Carla: Sí, tiene unos ojos negros muy lindos.
Leo: ¡Tiene cara de ser una niña muy inteligente!
Hugo: Sí, me llevo muy bien con ella. Es un poco traviesa, pero es muy divertida.
Carla: Se parece un poco a vos.
Hugo: ¡Nooo! ¡Ella es mucho más bonita! Se parece a mi madre.
Leo: ¿En serio? ¿Cómo es tu madre?
Hugo: Espera, aquí tengo... Voy a buscar una foto de ella... ¡Aquí está!
Bea: ¡¿Esa es tu madre?! Parece muy joven.
Hugo: Sí, gracias. ¿Se te figura? Pues tiene cuarenta y seis años.
Bea: ¡Ja! Pues parece más joven. ¡Qué guapa es!
Carla: Tiene un pelo largo y negro muy lindo.
Leo: ¡Es mexicana, no hay duda! ¿Cómo se llama?
Hugo: Rosario. Y esa mujer más gordita que está enseguida de ella es mi tía Margarita, su hermana.
Bea: Tiene una sonrisa preciosa, parece muy simpática.
Hugo: Sí, es un amor. Cocina muy bien. En mi casa normalmente es mi padre quien cocina, pero para las ocasiones especiales son mi madre y mi tía quienes cocinan.
Bea: ¿Ocasiones especiales?
Hugo: Sí, por ejemplo, la Navidad. Todas las Navidades cenamos con mi tío Luis y mi tía Gabriela, que es hermana de mi padre. Y, además, vienen mis primos y mis primas... ¡Nos reunimos mucha familia en casa!
Carla: ¿Y tu mamá y tu tía cocinan para todos?
Hugo: ¡Claro! Y además vienen mis abuelos también.
Leo: Una cena familiar grande, ¿eh? En mi casa solo cenamos mis padres, mi hermano y yo.
Hugo: Pues en mi casa nos reunimos mucha gente. Esperen, aquí tengo una foto donde estamos todos juntos... ¡Aquí!
Bea: ¿Este es tu padre? ¿El que tiene bigote?
Hugo: ¿El de la corbata? Sí, se llama Eusebio.
Carla: Parece muy serio.
Hugo: Sí, normalmente lo es. Me llevo bien con él, pero es verdad que a veces puede parecer un poco serio.

Bea: ¿Y este de aquí con el pelo corto es tu hermano?
Hugo: ¿El de la camisa azul? Sí, ese es mi hermano Alberto. Es muy tímido, pero es muy buen estudiante. Y ese de aquí, [el] de la camiseta de cuadros, es mi primo Claudio.
Leo: ¿Y esa chica tan guapa del pelo largo y rubio?
Hugo: ¡Ah! Ella es mi prima Laura. ¡Canta muy bien!
Carla: ¿Canta?
Hugo: Sí, y además toca el violín. Laura estudia música. Y todos los años, después de cenar, nos da un pequeño concierto de violín frente a la chimenea. Es una tradición familiar. Miren, aquí está una foto de mi prima tocando ya hace algunos años.
Bea: Oye, tú no estás en la foto...
Hugo: ¡Pues no, Bea, claro que no! ¡Yo estoy tomando la foto!
Bea: Carla, ¿nos enseñas tú las fotos de tu familia?
Carla: La verdad es que no tengo fotos acá. Y preferiría no verlas en este momento.
Bea: ¿Por qué?
Carla: Ya te dije, me pone un poco mal no cenar con ellos estas Navidades.
Bea: ¡Venga! Esta vez vamos a cenar Hugo, tú y yo aquí en el hostal.
Hugo: Y, si quieren, puedo preparar algún platillo típico de México.
Bea: ¡Qué buena idea! Yo puedo preparar un plato típico de Argentina en honor a Carla. ¡Vas a sentirte como en casa!
Carla: ¿Sabés hacer comida argentina?
Bea: Alguna cosa sé. Ya sabes que yo tengo muchos amigos por todo el mundo. Vamos a pasar unas fiestas estupendas los tres.
Hugo: Y además podemos salir de fiesta. Dicen que la Nochevieja en esta ciudad es muy divertida.
Bea: ¡Claro que sí! Yo me tengo que comprar alguna ropa especial para esta Navidad. Unos zapatos nuevos y un abrigo que necesito. Podemos ir de compras juntas, Carla.
Carla: Yo también me quiero comprar un vestido nuevo para estas fiestas. Así que bárbaro. ¡Vamos a ir de compras las dos!
Hugo: Yo puedo ir con ustedes también si...
Bea: ¿Ir de compras con dos chicas? ¿Estás seguro?

Episodio 5 El olor de tu café

Carla: ¡Mmm, me encanta el olor de tu café!
Bea: Está recién hecho. Aquí tienes tostadas, cereales y fruta.
Carla: Gracias, Bea, pero a esta hora normalmente no como nada, solo voy a tomar café.
Bea: Qué temprano te levantas hoy, ¿no?
Carla: Sí, normalmente me despierto a las ocho... y desayuno a las nueve y media, más o menos.
Bea: Pues son las... siete y cuarto.
Carla: Sí, muy temprano para mí.
Bea: ¿Y eso por qué?
Carla: Hoy tengo que estar en la facultad más temprano. A las nueve menos cuarto tengo una reunión con el director de mi maestría.
Bea: ¿Entonces hoy no vas al trabajo?
Carla: Sí, claro que sí, pero un poco más tarde, a las diez y media.
Bea: Pues, mira, es la primera vez que coincidimos en el desayuno.
Carla: Sí. ¿Y vos, normalmente, a qué hora desayunás?
Bea: Pues a esta. Todos los días me levanto a las siete menos cuarto. Me ducho, desayuno y luego voy un rato al gimnasio hasta las nueve más o menos.
Carla: ¿Tan temprano?
Bea: Sí. Y luego comienzo a trabajar y no tengo tiempo de nada que no sea trabajo. ¡En este hostal siempre estoy muy ocupada!
Carla: Ya lo sé... Sos la primera que se levanta, ¡y la última que se acuesta!
Bea: Bueno, la primera que se levanta sí, pero no te creas que soy la última en irme a dormir.
Carla: ¿No?
Bea: No. Muchas noches, cuando me voy a la cama, normalmente a las doce, es cuando está por aquí Leo, que es un animal nocturno.
Carla: ¿A las doce? ¡Yo normalmente me acuesto a las diez!
Bea: Pues Leo siempre cena más tarde de las doce.
Carla: ¡Como los vampiros!
Bea: Sí. Luego ve la tele hasta no sé qué hora... Algunas veces, a las tres de la mañana, está aquí viendo la tele solo en el sofá.
Carla: Yo no puedo hacer eso. A la mañana tengo clase, a la tarde trabajo. ¡Los días se me hacen tan largos! Solo tengo de dos a tres una pausa para comer. Y, cuando llego a casa a la noche, estoy siempre muy cansada. Ceno, estudio un poco hasta las diez, ¡y a dormir!
Bea: Eso es porque eres una chica muy estudiosa y responsable, Carla, y por eso llegarás muy lejos en lo que te propongas...
Tere: ¿Eso que huelo es el café de Bea?
Carla: Mirá, hablando de chicas estudiosas y responsables...
Bea: ¡Qué temprano estás hoy levantada, Tere! ¡No puedo creerlo!
Tere: ¡Ni yo! Nunca me levanto tan pronto.
Bea: Lo sé, lo sé.
Tere: ¡Qué bien huele! ¿Puedo ponerme un café?
Bea: Claro. Nunca pruebas mi café cuando está recién hecho.
Tere: Sí. Yo creo que es la primera vez desde que estoy en este hostal. ¡Me encanta tu café, Bea!
Carla: ¿Y por qué te levantás tan temprano hoy, Tere?
Tere: Tengo cita con el dentista.
Carla: ¿Tan temprano?
Tere: Sí. Tiene que ser a esta hora, porque a las nueve y media tengo clases.
Bea: ¿Y por qué no pides la cita por la tarde?
Tere: A las cuatro tengo clase de Estadística y, después, dos horas más de prácticas. Imposible ir al dentista por la tarde.

Carla: ¿Y a la mañana también tenés clase?
Tere: A las doce y media tengo libre, pero normalmente es cuando voy al gimnasio.
Carla: Podés faltar, no pasa nada.
Tere: No, al gimnasio no puedo faltar. Prefiero despertarme pronto.
Carla: Entonces, ¡a madrugar!
Bea: Bueno, chicas, yo prefiero mirarlo por el lado bueno: esta mañana estamos las tres desayunando juntas. Eso pasa pocas veces.
Tere: ¡Atención, atención! ¡Desayuno especial en el hostal Babel! ¡Desayunamos todos juntos!
Bea: Bueno, todos no, faltan Leo y Hugo.
Tere: ¿Leo? ¡Imposible!
Carla: Ese no se levanta a esta hora nunca.
Leo: ¡Puaj!, ¿eso que huelo es el café de Bea?

Episodio 6 Unas tapas muy ricas

Hugo: ¡Qué lugar más agradable!
Tere: Sí, me encanta la decoración.
Hugo: Carla siempre dice que le gusta mucho la cafetería donde trabaja. Y es verdad. Es un sitio muy bonito.
Tere: Además dice que se come muy bien.
Hugo: ¿Carla trabaja aquí de cocinera?
Tere: No, de camarera.
Hugo: Ah, bien, de mesera. ¿Nos sentamos entonces?
Tere: Sí. Seguro que Carla viene a atendernos.
Hugo: Espero que sí.

Hugo: ¡Qué cómodos son estos sillones!
Tere: Sí. Me encanta su diseño. Son muy bonitos.
Hugo: Oye, ¿Carla sabe que venimos a visitarla?
Tere: Yo no le he dicho nada.
Hugo: ¡Bien! ¡Una visita sorpresa!
Tere: ¡Mmm! ¡Me encantan las sorpresas!
Hugo: ¡A ver ahora qué pido yo para comer! ¡El eterno problema de los veganos!
Tere: Supongo que los veganos tenéis muchos problemas cuando coméis fuera de casa.
Hugo: Claro, por eso cuando salgo a cenar tengo que elegir muy bien el sitio. ¡No hay muchos restaurantes con comida vegana!
Tere: Pero siempre hay algún plato solo con vegetales. Mira la carta, seguro que algo puedes comer…
Hugo: Sí, estoy acostumbrado.
Carla: Hola, bienvenidos, ¿qué van a...? ¡Chicos!
Tere: ¡Hola, Carla!
Hugo: ¡Hola!
Carla: ¡Hola! ¡Qué sorpresa verlos acá! ¡Qué lindo!
Hugo: Hemos venido para comer algo.
Tere: Bueno, y para darte una sorpresa.
Carla: ¡Me encantan las sorpresas! Bueno, ¿qué van a tomar?
Tere: Mmm… Yo, un refresco de cola.
Hugo: Agua, por favor.
Carla: ¿Y qué van a comer? ¿Miraron la carta?
Tere: Hugo sí, yo todavía no.
Carla: Tenemos menú, pero a los clientes les gustan mucho las tapas.
Tere: Tomar unas tapas estaría bien.
Carla: La paella está buenísima y tiene mucho éxito.
Hugo: ¿Es vegetal?
Carla: No, tiene marisco.
Tere: Pero tienes tortilla, ¿verdad?
Carla: Sí. El cocinero prepara una tortilla buenísima.
Tere: Vale, pues para mí un pincho de tortilla y una tapa de paella.
Carla: ¿Y vos, Hugo? Supongo que paella no, ¿pero un rico pincho de tortilla?
Hugo: No, gracias. El *omelette* tiene huevo.

Tere: ¿Tampoco comes huevos?
Hugo: No.
Carla: ¿Y queso? Tenemos una tabla de quesos riquísima.
Hugo: Ni queso ni leche. Nada de origen animal.
Carla: ¿Un sándwich vegetal?
Hugo: ¿Con pan integral?
Carla: No, con pan normal.
Hugo: Entonces tampoco lo como.
Carla: Querido, entonces no sé qué ofrecerte.
Hugo: Espera… Esta hamburguesa…
Tere: ¿Hamburguesa?
Hugo: Aquí dice: "Hamburguesa especial, acompañada de papas hervidas y ensalada", ¿verdad?
Carla: Sí.
Hugo: Con cebolla y lechuga…
Carla: Sí.
Hugo: ¿Con pepinillo y tomate?
Carla: Sí.
Tere: ¡No entiendo nada!
Hugo: Muy fácil: quiero una hamburguesa especial con todo… ¡pero le quitas la carne y el pan!
Carla: ¡Marchando!
Hugo: Gracias.

Episodio 7 Uvas y campanadas

Bea: ¿Todo el mundo tiene ya preparadas las uvas?
Tere: ¡Sí!
Leo: ¡Yo solo tengo once!
Tere: No puede ser. Las he preparado yo. Tienes que tener doce.
Leo: Pues, mira... Solo hay once.
Tere: Toma, ya tienes doce.
Leo: ¡Gracias! Ahora sí.
Carla: Entonces, a ver si lo entiendo: tengo que comerme estas doce uvas antes de que suene la última campanada del año, ¿no?
Hugo: Sí, y si lo consigues, es señal de buena suerte.
Bea: ¡Pero no todas a la vez! Tienes que comer una uva por cada campanada.
Tere: Claro. Con la última campanada tomas la última uva.
Leo: Es fácil: doce campanadas, doce uvas.
Carla: ¡Qué costumbre tan rara!
Hugo: Cada lugar tiene sus tradiciones, claro...
Bea: ¿Cómo se celebra el Año Nuevo en Argentina, Carla?
Carla: Hay varias tradiciones. Es muy frecuente mandar mensajes de feliz año a tus familiares y amigos. En Argentina, algunas personas esa noche tienen que estrenar ropa para tener un buen año.
Tere: ¿En serio?
Carla: Sí. Y les cuento una costumbre muy divertida: es que hay que regalar, entre mujeres, bombachas rosadas. Y hay algunas personas que también tienen la costumbre de usar ropa blanca. Todo para tener un buen año, como símbolo de purificación y para tener buena salud.
Leo: ¡Odio la ropa blanca!
Tere: ¡Claro, tú solo usas ropa negra!
Bea: Y en México, Hugo, ¿qué es lo tradicional?
Hugo: Pues allí lo de las doce uvas también lo hacemos.
Carla: ¿Sí?
Hugo: Sí, claro. Pero tenemos algunas costumbres un poco más extrañas.
Leo: ¿Extrañas? ¿Como cuáles?
Hugo: Por ejemplo, la de barrer toda la casa y sacar la suciedad por la puerta principal.
Carla: ¿Barrer toda la casa y sacar la basura por la puerta principal? ¿Para qué?
Hugo: Pues no lo sé... Para sacar fuera las malas energías y así preparar terreno para recibir las buenas vibraciones... Otra costumbre es la de caminar con una maleta por un buen rato, dentro o fuera de la casa, para viajar mucho durante el año.
Leo: ¡Sí que es una tradición extraña!
Hugo: Pues esta les va a encantar: ¡nos ponemos dinero dentro de los zapatos!
Bea: ¿Dinero dentro de los zapatos?
Hugo: Sí. Para atraer el dinero, ya saben, para la prosperidad económica. Yo ahorita mismo lo llevo, mira...
Leo: ¡Pues sería mejor poner billetes de cien!
Tere: ¡Chicos, las campanadas!
Bea: No, tranquilos, aún quedan unos minutos.
Tere: Quiero comerme las uvas ya... ¡Quiero salir de fiesta!
Bea: ¿A dónde vas a ir, Tere?
Tere: Me voy a casa de unos amigos y después a una discoteca donde hay una fiesta toda la noche. ¿Alguien quiere venir?
Hugo: ¿Una fiesta que dura toda la noche?
Tere: Sí. ¡Voy a estar bailando toda la noche! ¿Te vienes?
Hugo: Creo que sí. Me dan ganas de acompañarte esta noche. Seguro que va a ser divertido.
Tere: ¡Claro! ¿Alguien más quiere venir?
Leo: Yo quiero ir con vosotros. No tengo plan.
Tere: ¡Estupendo! Carla, ¿quieres venir tú también?
Carla: ¿Yo? ¡No! Mañana quiero levantarme temprano.
Tere: ¡Pero, chica! ¿No vas a salir? ¡Es la última noche del año! ¡Es Nochevieja!
Carla: No. Creo que voy a quedarme acá en casa.
Tere: Mira, si quieres puedo dejarte alguna ropa mía para que te traiga un poco de suerte en tus deseos de año nuevo.
Carla: Para cumplir mis sueños no necesito suerte, solo mucho, mucho... trabajo.
Tere: ¿Ah, sí? ¿Qué deseos tienes para el nuevo año?
Carla: Muy simple. Este año tengo que terminar el trabajo de mi maestría. Ese es mi mayor deseo. Y ustedes, ¿qué deseos tienen?
Leo: Pues yo pienso pasar más tiempo con mis padres, la verdad.
Hugo: Yo voy a viajar más por España. Hay muchos lugares que quiero conocer.
Tere: Yo voy a estudiar un poco más. ¡Este año voy a aprobar todo con buena nota!
Leo: ¡Para cumplir ese deseo tendrías que comerte doce mil uvas!
Carla: Y vos, ¿qué deseos tenés, Bea?
Bea: Mi deseo para este año nuevo es... algo muy personal. ¡No pienso decirlo!
Tere: ¡Venga, Bea, dilo!
Hugo: ¡Chicos, ya están las campanadas!
Todos: ¡Que lo cuente! ¡Que lo cuente!
Bea: No pienso decirlo..., no pienso decirlo.
Hugo: ¡Eh, que ya están comenzando las campanadas!
Bea: ¡¡Sí!! ¡Esa es la primera! ¡Venga, todos a comer!

Episodio 8 ¿Enferma?

Leo: Dame la jarra, necesito un vaso de agua.
Carla: ¿Estás bien, Leo? No estás comiendo nada.
Leo: No, estoy bien. Es solo que me duele un poco el estómago.
Carla: ¿El estómago? ¿Pero estás mal? ¿Te duele mucho?
Leo: No, no es nada, solo que me molesta un poco. Creo que esta mañana he tomado algo en la facultad que me ha sentado mal.
Carla: ¿Qué comiste?
Leo: Sinceramente, tres o cuatro bolsas de patatas fritas.
Carla: ¿Tres o cuatro? ¡Pero, querido…!
Leo: Tengo poco tiempo entre clase y clase. Los miércoles no puedo comer nada más.
Hugo: ¡Papas fritas! ¡Eso es comida chatarra!
Leo: Lo sé, pero hay una máquina de venta automática en el pasillo y al final, ya ves… patatas fritas y un refresco.
Hugo: ¡Pero eso es horrible! La alimentación es muy importante, Leo. No debes comer eso. Y, además, no es bueno para tu salud…
Leo: Ya lo sé, señor Vida Sana.
Carla: En serio, hacele caso a Hugo. Tenés que alimentarte bien. Con el ritmo de vida que tenés y estudiando, ¡no podés comer solo papas fritas!
Hugo: Sí, tienes que comer más proteínas y sobre todo mucha verdura. ¡Tú nunca comes fruta!
Leo: ¡Ay! Ya lo sé, señor Vegetales. Gracias por el consejo.
Carla: Vos hacenos caso y comé bien.
Carla: ¡Tere! ¿Estás bien?
Hugo: Tienes muy mal aspecto.
Tere: Sí. He estado en la cama toda la tarde. Por favor, dadme un vaso de agua…
Carla: ¡Dejá que te ayude!
Hugo: ¡Agárrate a mi brazo!
Leo: ¡Ponedla en el sofá!
Tere: Chicos, no hace falta, solo necesito un vaso de…
Hugo: Mira, ¡agarra mi mano, yo te ayudo!
Leo: ¡Hay que ponerla en horizontal!
Tere: De veras, no hace falta, estoy bien…
Carla: Recostate en el sofá.
Leo: Hay que llamar a un médico.
Hugo: ¿Tienes calentura?
Carla: Estirá las piernas.
Leo: ¿Dónde está el termómetro?
Hugo: En el cajón.
Leo: ¡Hay que taparla con una manta!
Tere: Chicos, de veras que…
Hugo: ¿Dónde está Bea? ¡Hay que avisar a Bea!
Leo: Tápala bien, hasta los pies.
Carla: ¿Te duele acá?
Tere: No, no me duele, es que…
Carla: ¿Y acá?
Leo: ¡Hay que avisar a un médico!
Tere: Chicos…

Hugo: Mira, ponte el termómetro… Y pásame la bufanda.
Carla: ¡Tapate bien la garganta!
Leo: ¡Que alguien llame a un médico, por favor!
Tere: Chicos…
Bea: ¿Pero qué está pasando aquí?
Leo: ¡Bea, por fin! ¡Hay que llevar a Tere al hospital!
Hugo: Está muy mal…
Bea: ¿Muy mal? No, chicos, lo único que le pasa es que no ha dormido nada.
Carla: ¿Que no durmió?
Bea: ¡No! La señorita ha llegado esta mañana muy temprano a casa. ¡De una fiesta! Lo único que ocurre es que lleva toda la noche bailando sin parar. ¡Eso es todo lo que le pasa a esta "enfermita"!
Carla: ¡No me digas! Bueno, mejor así.
Bea: Sí. Yo vengo del súper, de comprarle sopa. Eso es todo lo que necesita Tere. ¡Sopa y a dormir!
Tere: ¡Yo solo quería un vaso de agua!

Episodio 9 Cajas y cajas y cajas…

Leo: Hola, Carla.
Carla: Hola, Leo.
Leo: ¿Llevas mucho esperando?
Carla: No, hace un ratito nomás que llegué.
Leo: Perdona por el retraso, es que he perdido el autobús.
Carla: No pasa nada. ¿Querés un café? Cris, ¿le traés a mi amigo un…?
Leo: Un batido de chocolate y menta, por favor.
Carla: ¡Ay, cierto! Nunca me acuerdo de que no tomás café… Solo tomás cosas raras… Y para mí un mate cocido, por favor, Cris.
Camarera: Marchando…
Leo: ¿En esta cafetería venden mate?
Carla: ¡Claro! No es muy habitual, pero algunos clientes lo piden. ¡Y no solamente los argentinos!
Leo: ¿Tere aún no ha llegado?
Carla: No, todavía no.
Leo: Pues la película empieza dentro de veinte minutos. Esta es capaz de no aparecer y… ¡nos ha invitado ella!
Carla: Debe de estar por llegar. Gracias, Cris… ¿Y vos, Leo, esta tarde dónde estuviste?
Leo: En el banco de alimentos.
Carla: ¿Un banco de alimentos?
Leo: Sí, colaboro como voluntario.
Carla: ¿Y qué hacés allí?
Leo: Pues básicamente cargar y descargar cajas en el almacén.

Carla: ¿Cajas?
Leo: Sí, cajas, cajas y cajas: algunas con bolsas de arroz, otras con latas de tomate, con botellas de leche... cajas y más cajas. Hasta me duele un poco la espalda.
Carla: Pero lo hacés por solidaridad, no lo olvides...
Leo: ¡Sí! Me siento bien, pero algunas tardes es un poco cansado. ¡Pero, bueno, me gusta sentirme útil con los demás!
Carla: Y a mí me gusta tener un amigo solidario como vos.
Leo: ¿Y tú qué has hecho en tu tarde libre?
Carla: Compré algunas cosas.
Leo: ¿Ropa?
Carla: No, ropa no. Libros.
Leo: ¿Libros?
Carla: Sí, libros. Estoy preparando el trabajo de la maestría y tengo que hacer algunas lecturas. Así que esta tarde fui a un par de librerías buscando algunos libros.
Leo: ¿Por qué no los compraste por internet?
Carla: Porque me encantan las librerías.
Leo: ¿Te encantan las librerías?
Carla: Sí. Me gusta caminar por sus pasillos, mirar las estanterías, tocar los libros, olerlos...
Leo: ¿Oler libros?
Carla: Sí. Los que amamos los libros lo sabemos: los libros tienen un olor especial.
Leo: Pero los libros solo huelen... a... a libro, ¿no?
Carla: No, Leo. Los libros nuevos huelen de una manera, los libros usados huelen de otra manera y los libros antiguos también tienen su propio olor... ¡Me encanta!
Leo: Pues nunca me había fijado.
Carla: ¡Eso es porque vos no amás los libros!
Tere: ¡Chicos, perdonad, no he podido llegar antes!
Carla: Hola, Tere.
Leo: No te preocupes. Yo he llegado hace un ratito...
Tere: Pues, perdonad, ha sido un día de locos.
Carla: ¿Pero qué te pasó?
Tere: Pues he tenido clases toda la mañana, y luego he tenido una reunión con mi profesor, y he estado en su despacho una hora. Y luego he perdido el autobús y he tenido que correr hasta mi casa. Y luego me he preparado la comida y he tenido que comer superrápido. Y luego me ha llamado mi madre y hemos estado hablando un montón de rato. Y luego he ido a la biblioteca porque necesitaba unos libros. Bueno, y luego he cogido un café de la máquina y se me ha caído por encima y he estado con la ropa llena de café. He tenido que volver a casa, me he cambiado de ropa, y luego he tenido que coger otra vez el bus para venir hasta aquí... ¿Y a que no sabéis qué me ha pasado? ¡Algo increíble!
Leo: ¿Te has encontrado con unos extraterrestres?
Tere: ¡El autobús se ha estropeado! Y hemos tenido que esperar al próximo. ¡Eso no me ha pasado nunca!
Carla: Chicos, tenemos que irnos ya si no queremos llegar tarde al cine.
Tere: Sí, pero... ¡en autobús no, por favor!

Episodio 10 Lo importante es la tarta

Carla: Acá tienen, chicos.
Leo: Gracias.
Hugo: Gracias, Carla.
Tere: Carla, ¿estás muy ocupada con las mesas ahora?
Carla: Un poco sí.
Tere: Es que te necesitamos para planificar el cumpleaños sorpresa de Bea.
Carla: Bueno, entonces empiecen a hablar ustedes y yo me sumo después...
Tere: Bueno, a lo nuestro: la fiesta, ante todo, tiene que ser sorpresa.
Leo: Ella no sabe nada, ¿verdad? ¿Qué clase de fiesta sorpresa va a ser si lo sabe?
Hugo: ¿Y cuántos años cumple Bea?
Tere: Eso no se pregunta, Hugo.
Hugo: ¿Por qué no? No es malo saber la edad de tus amigos, ¿no?
Tere: Si quieres saberlo, pregúntaselo a ella.
Leo: Bea tiene treinta y tres años.
Hugo: ¿Treinta y tres? Pues parece más joven.
Leo: Sí, parece más joven que tú.
Hugo: ¡Ja, ja, ja!
Tere: Sí, yo a veces pienso que Bea es tan joven como yo. Es como una amiga más.
Leo: Sí, ¡pero es más guapa que tú!
Tere: ¡Ja! Hoy estás muy gracioso.
Leo: Yo siempre soy gracioso...
Tere: Siempre no, Leo, siempre no.
Hugo: Bueno, chicos, vamos a enfocarnos en la fiesta sorpresa.
Tere: Sí. Lo más importante es la tarta. ¿Quién se encarga?
Leo: Yo me ocupo. ¿De qué tamaño queréis que la compre?
Hugo: Más grande que tu cabeza, por favor, ¿eh?
Leo: ¡Vaya! ¡Ahora el gracioso eres tú!
Tere: Sí, Hugo es tan gracioso como tú. ¡Vaya dos! Venga, chicos, ¿qué más hace falta?
Leo: Sándwiches. ¡Cientos de sándwiches!
Hugo: De eso me encargo yo.
Leo: Vale. Pero no los vayas a comprar solo vegetales.
Hugo: ¿Por qué no? Los vegetales son más sanos que los otros.
Leo: Creo que voy a ir contigo a comprar esos sándwiches. Los elegiremos entre los dos. ¡No quiero estar toda la noche comiendo... lechuga!
Tere: Vale, pues vais los dos juntos a comprarlos. Elegidlos entre los dos. Mejor que elegirlos uno solo.
Hugo: ¿Quién va a comprar los platos desechables y esas cosas?
Tere: Carla, ¿puedes venir un momento?
Carla: Sí, sí, acá estoy.
Tere: ¿Puedes encargarte de comprar vasos, tenedores, cuchillos y demás para la fiesta?

Carla: De papel, ¿no?
Tere: Creo que los de plástico son mejores.
Carla: Estoy de acuerdo: de plástico es mejor. Yo me ocupo.
Leo: Y hay que comprar globos y guirnaldas.
Tere: ¡Sí! ¡Me encantan los globos!
Carla: De acuerdo: globos y guirnaldas. ¿Algo más?
Tere: No. Creo que con eso es suficiente.
Carla: Muy bien, yo me encargo.
Leo: ¿Quién se encarga de las bebidas?
Tere: Esa es mi misión: encargarme de que en la fiesta no falte bebida.
Leo: Vale, hay que comprar refrescos. ¡De todos los colores y de todos los sabores!
Hugo: ¡Y jugos!
Leo: ¿Zumos? ¿Vas a beber zumo en una fiesta de cumpleaños?
Hugo: Yo no bebo refrescos.
Tere: Vale, Hugo, tranquilo, te compraré zumos.
Hugo: Sin azúcar, por favor.
Leo: ¡Sándwiches vegetales y zumos sin azúcar! ¡Vas a ser la alegría de la fiesta, Hugo!

Episodio 11 Fotos y más fotos

Hugo: Y esta foto la tomé en la catedral de Santiago de Compostela.
Tere: Entonces recorriste toda la costa norte de España, ¿no?
Hugo: Entera. Comencé en el País Vasco y terminé en Galicia.
Leo: ¿Y esta? ¿Dónde la hiciste?
Hugo: En Asturias.
Leo: ¡Pero si estás en bañador! ¿En la playa?
Hugo: Sí, me bañé en el mar y nadé un buen rato.
Tere: ¿En el mar? ¿En pleno invierno?
Hugo: Claro. Me gusta bañarme en el agua fría.
Leo: ¿Fría? ¡Querrás decir superfría!
Hugo: Claro, superfría. Eso es muy bueno para el cuerpo, ¿eh?
Leo: ¡Tú eres un poco raro!
Hugo: Ja, ja, ja... ¡Mira quién lo dice!
Tere: Seguro que no fue muy agradable nadar en el mar tan frío.
Hugo: ¿Que no? Miren esta foto... Subí a esta roca y salté al mar. ¡Fue increíble!
Leo: ¿Saltaste al mar desde ahí?
Hugo: Sí, y luego estuve un buen rato nadando. Y cuando salí del agua estuve un rato corriendo por la playa para que se me secara el cuerpo.
Tere: ¿Te secaste sin toalla ni nada?
Hugo: Sin toalla; solo corrí por la arena hasta que me sequé completamente.
Leo: ¡Y luego el friki de este grupo soy yo!
Hugo: La verdad es que ha sido un viaje maravilloso. Pero eso sí: ¡la comida fue un problema para mí en todos los lugares!
Tere: ¿No encontraste un restaurante vegano?
Hugo: No, lo solucioné como pude... Lo malo es que no probé la comida típica del norte.
Leo: Pues la gastronomía del norte es riquísima.
Hugo: Sí, eso dicen. Pero yo no lo pude comprobar.
Tere: ¡Desventajas de ser vegano!
Hugo: Sí, sí, tiene algunas desventajas... En fin... Pero, bueno, díganme, ¿dónde estuvieron ustedes?
Tere: Pues tú al norte y yo al sur.
Leo: ¡Tere siempre al sur!
Tere: El sur es lo más divertido. Buen clima, gente simpática... ¡y mucha fiesta!
Hugo: ¿Dónde estuviste?
Tere: Estuve unos días en Cádiz y otros días en Sevilla. También visité a unas amigas que viven en Granada, en la montaña, para ver la nieve.
Hugo: ¿Y esquiaste?
Tere: Claro. Un día estuve en la playa de Cádiz y, al día siguiente, esquiando en Granada. ¡Me encanta!
Leo: Me gustan esos contrastes.
Tere: Cuando llegamos a Cádiz mi amiga y yo nos alquilamos un coche y estuvimos recorriendo toda la ciudad.
Leo: ¡Del sol a la nieve!
Hugo: ¿Y dónde te hospedaste?
Tere: ¡Pues donde pude!
Leo: Seguro que tuviste que dormir alguna noche en el coche.
Tere: Pues sí, pero la mayoría de veces estuve en la tienda de campaña. Fue fácil encontrar *campings* baratos.
Leo: Aunque seguro que mucho mucho no dormiste, ¿verdad?
Tere: Pues no. Todas las noches hubo fiesta o fuimos a algún concierto.
Hugo: Tomaste el sol de día y bailaste de noche. ¡Diversión a tiempo completo!
Tere: Exactamente. Por cierto, Hugo: en un concierto nos encontramos a unos compatriotas tuyos. Nos hicimos una foto todos juntos.
Hugo: ¡Ah! Yo también me encontré con unos compatriotas en varios lugares del norte. ¡Creo que hay mexicanos viajando por todo el mundo!
Tere: Y tú, Leo, ¿dónde estuviste?
Leo: ¿Yo? Yo me alojé en un lugar mucho mejor que un hotel y comí la comida más rica del mundo.
Hugo: ¿Pero adónde fuiste?
Leo: No hice fotos, aunque me reencontré con un montón de viejos amigos. ¡Y descansé muchísimo!
Tere y Hugo: ¿Pero dónde estuviste?
Leo: ¡He pasado todas las vacaciones en casa de mis padres!

Episodio 12 Un mensaje que dice: "Error"

Tere: ¡Vaya! ¿Todavía levantada?
Bea: Sí, he cenado hace un rato.
Tere: Yo he estado estudiando. He venido a por un vaso de agua y enseguida me vuelvo a la cama, que mañana madrugo.
Bea: Pues yo aún no me puedo acostar. Tengo que terminar una cosa en internet, pero llevo ya un rato aquí intentándolo y no lo consigo.
Tere: ¿Qué estás haciendo?
Bea: Estoy intentando poner un anuncio nuevo para el hostal.
Tere: ¿Para nuestro hostal?
Bea: Claro. Mira. Esta es una página para anunciar hostales para estudiantes. Me han dicho que es muy interesante. Tiene muchas visitas. Creo que el hostal Babel tiene que estar anunciado ahí.
Tere: ¿Y cuál es el problema?
Bea: Pues que he intentado subir el anuncio desde que he terminado de cenar, llevo ya un rato aquí y... ¡no lo consigo!
Tere: Bueno. Imagino que has hecho algo mal, ¿no?
Bea: Pues la verdad es que no lo sé. He seguido todas las instrucciones, creo que me he registrado correctamente, he dado mi correo electrónico, he escrito todos los datos que me han pedido, incluso he subido las fotos de las habitaciones...
Tere: ¿Has puesto una contraseña?
Bea: ¡Claro!
Tere: ¿Y entonces qué es lo que pasa?
Bea: Pues que al final me ha salido un mensaje que dice: "Error". Y lo he intentado ya un montón de veces y siempre me sale el mismo mensaje. Mira...
Tere: "Se ha producido un error y su registro no se ha completado". Pues sí que es raro...
Bea: Es que nunca he usado esta página.
Tere: Pero normalmente estas cosas son sencillas; no sé dónde estará el error.
Bea: Pues yo ya estoy desesperada. ¡Mira la hora que es y el tiempo que he perdido ya con esto!
Tere: Tranquila, seguro que es alguna tontería que no has hecho bien.
Bea: Siempre he odiado la informática. En realidad odio los ordenadores.
Tere: Pues internet es una herramienta imprescindible para un negocio como este, Bea.
Bea: Lo sé, por eso llevo aquí con esta maldita página todo este rato.
Tere: Espera, creo que tengo una idea.
Bea: ¿Qué vas a hacer?
Tere: Llamar a Leo.
Bea: Pero es muy tarde, mejor mañana. Seguro que ya se ha acostado y está durmiendo.
Tere: ¿Durmiendo Leo? Ese seguro que está jugando a algún videojuego. No sabes lo tarde que se acuesta cada noche. ¡Leeooo!
Bea: ¡Chica, que vas a despertar a todo el bloque!
Tere: No, tranquila... ¡Leeooo! ¿Puedes venir un momento?
Leo: ¿Qué pasa?
Tere: Necesitamos tu ayuda, Leo.
Leo: ¿Mi ayuda? No creo.
Tere: Pues sí, tenemos un problema con internet. Bea no consigue registrarse en esa página.
Bea: Mira, lo he intentado mil veces y al final siempre sale un mensaje de error.
Leo: ¿Has puesto la contraseña?
Bea: ¡Claro! Sé poco de informática, pero hasta ahí sí alcanzo.
Leo: ¿"Hostales acogedores"? No me suena esa página.
Bea: Parece que es ahora la que está de moda. ¡Y el hostal Babel tiene que estar ahí!
Leo: A ver, déjame ver... Esto está correcto..., esto está correcto..., esto también...
Bea: Sí, si yo creo que lo he escrito todo correctamente.
Leo: Los archivos con las fotos los has subido también, ¿no?
Bea: Sí... Bueno, al menos creo que sí los he subido..., pero no estoy segura.
Leo: Pues yo creo que el enlace de subida no funciona. Mira, creo que aquí está el error.
Bea: ¿Pero por qué no funciona? ¿El enlace está roto?
Leo: No, no es el enlace, es tu navegador, Bea. Esta versión de tu navegador es vieja, está desactualizada.
Tere: ¿Cuánto tiempo hace que no navegas por internet con este ordenador?
Bea: Pues la verdad es que hace ya tiempo.
Leo: Sí, esta versión es... es superantigua.
Bea: Ya... Es que normalmente lo hago todo con el móvil. La verdad es que este ordenador no lo uso mucho.
Leo: Hagamos una cosa: vamos a mi cuarto. Desde mi ordenador lo podemos hacer todo en un minuto.
Tere: ¿A tu cuarto? ¿A esa cueva incómoda, desordenada y agobiante? ¡Yo a tu cuarto no entro!
Bea: Ni yo. Tu cuarto es el lugar más caótico y desordenado que he visto en mi vida, Leo. ¿Desde cuándo no ordenas tu cuarto?
Leo: ¿Yo?... Pues... ¡desde que tú no actualizas tu ordenador!

Episodio 13 Hostal Mabel

Tere: Hola, Bea.
Bea: Hola.
Tere: ¿Todo bien?
Bea: Sí, todo perfecto. ¿Necesitas algo?
Tere: No, he salido a picar algo. Estoy estudiando.
Bea: ¿Cómo llevas los exámenes?
Tere: Creo que bien. Ayer tuve uno y esta mañana he hecho otro. Mañana tengo el penúltimo. Estoy estudiando ahora un poco más, que se aproxima el final de curso.
Bea: Eso está bien. El curso pasado no sacaste buenas notas.
Tere: No, pero en este primer semestre he mejorado mucho. Y ahora creo que también voy a sacar buenas notas... ¿Te ayudo?
Bea: No, no te preocupes, ya puedo hacerlo sola. Además, tienes que seguir estudiando.
Tere: No. Estudié anoche hasta muy tarde y hoy he estudiado mucho también. Me vendrá bien descansar.
Bea: Vale, como quieras. Anda, ayúdame a doblar estas sábanas.
Tere: ¡Qué sábanas más suaves!
Bea: Sí, ¿verdad? Eso es porque son muy muy antiguas. Las sábanas de antes estaban mucho mejor hechas y con un tejido de mucha más calidad. Estas sábanas tienen quizás cuarenta años.
Tere: ¿Tan viejas son? ¿Por qué conservas unas sábanas tan viejas?
Bea: Porque eran de mi abuela.
Tere: ¿De tu abuela?
Bea: Sí, de los tiempos en que mis abuelos llevaban este hostal.
Tere: ¿El hostal Babel era de tus abuelos?
Bea: Sí, pero no se llamaba así.
Tere: ¿No? ¿Y cómo se llamaba?
Bea: "Hostal Mabel". Eso era porque mi abuela se llamaba María Isabel, pero todos la llamaban Mabel. Mis abuelos abrieron este negocio en 1967.
Tere: ¡Qué interesante! Cuéntame esa historia.
Bea: Pues mis abuelos heredaron este edificio de un tío de mi abuela y decidieron reformarlo para convertirlo en un hostal, y así nació el hostal Mabel.
Tere: ¿Y les fue bien?
Bea: Bueno, al principio la cosa no fue demasiado bien. En más de una ocasión estuvieron a punto de cerrarlo. Pero durante los años setenta el turismo se disparó en España y este hostal comenzó a llenarse de huéspedes.
Tere: Y su suerte cambió...
Bea: Sí, sobre todo por la fama de mi abuela, que además de ser una anfitriona excelente era una estupenda cocinera. ¡Los clientes siempre estaban muy contentos!
Tere: ¡Como ahora te pasa a ti!
Bea: ¡Gracias! Y durante muchos años, con este negocio mis abuelos sacaron adelante a la familia. ¡Y tenían seis hijos!
Tere: ¿Y qué pasó? ¿Por qué lo dejaron?
Bea: Bueno, pues, cuando mi abuelo murió, la abuela Mabel se hizo cargo ella sola del negocio y resistió hasta su jubilación. Los últimos años fueron los más duros, porque el hostal se había quedado anticuado y ninguno de sus hijos quiso quedarse con él. La abuela ya estaba muy cansada y en el 2011 cerró las puertas el hostal Mabel.
Tere: ¿Y qué pasó luego?
Bea: Pues el local estuvo vacío durante cinco años. Mi abuela intentó traspasar el negocio, pero no encontraba a nadie para hacerse cargo.
Tere: Hum, déjame imaginar... Y entonces llegaste tú.
Bea: Sí. Acababa de volver del extranjero. Había estado trabajando en Londres, en Berlín, en Tokio, en Casablanca...
Tere: ¿Has vivido en todas esas ciudades? Tu vida es muy interesante, Bea, algún día me la tienes que contar.
Bea: Vale, otro día te la cuento. La verdad es que ya estaba un poco cansada de estar de aquí para allá. Lo pensé y decidí que quería quedarme con el negocio de mi abuela.
Tere: ¡Buena idea!
Bea: Pues no creas que fue fácil. Mis padres pensaron que no era una buena idea, que este negocio no tenía futuro, pero mi abuela me animó y me ayudó muchísimo.
Tere: ¡Viva tu abuela!
Bea: Sí, sin su ayuda, imposible hacer esto. La verdad que fueron años muy duros. Invertí todos mis ahorros, finalmente mis padres me prestaron dinero, hice una gran reforma, porque este local necesitaba ser más moderno, más actual, y decidí convertirlo en un hostal de estudiantes.
Tere: ¡Y le cambiaste el nombre!
Bea: Sí, así que el 15 de mayo de 2016 abrió sus puertas por primera vez el hostal Babel.
Tere: ¡Qué emocionante!
Bea: Sí. Y la primera invitada de honor fue mi abuela Mabel.
Tere: ¡Me encanta!
Bea: ¿Entiendes ahora por qué aún conservo estas viejas sábanas?
Tere: ¡Sí! ¡Además huelen a superlimpio y están muy suaves!
Bea: Sí, la verdad es que se conservan muy bien.
Tere: Como este hostal...
Bea: Sí.
Tere: ¡Qué suerte he tenido de encontrar el mejor hostal del mundo! Y además te he conocido a ti, Bea...
Bea: ¡Gracias! Yo también estoy encantada de tener una huésped como tú, Tere.
Tere: ¡Uy, ven, que te quiero dar un abrazo!

Episodio 14 Tarde de lluvia

Bea: ¡Uf! ¡Cómo llueve!
Tere: ¡Sí! Me encanta.
Bea: ¿Te encanta la lluvia?
Tere: ¡Sí! Cuando era pequeña me encantaba caminar bajo la lluvia.
Bea: Seguro que a tu madre no le gustaba tanto verte mojada.
Tere: Pues no. Siempre se enfadaba.
Bea: ¡Normal!
Tere: Recuerdo una vez, cuando era pequeña, que una amiga mía y yo estuvimos caminando bajo la lluvia un buen rato. Nos pusimos... ¡empapadas de la cabeza a los pies!
Bea: Ya imagino...
Tere: Estuvimos caminando bajo la lluvia un buen rato. ¡Imagínate cómo se pusieron nuestras madres!
Bea: Sí, a mí también me parecía muy divertido cuando era niña. La verdad es que antes llovía más que ahora.
Tere: Sí, recuerdo que cuando era niña llovía más.
Bea: Pues imagínate yo, que pasé parte de mi infancia en Galicia, ¡y allí sí que llueve!
Tere: ¿Has vivido en Galicia?
Bea: Sí, de pequeña. Durante cuatro años de mi vida, viví allí con mi familia.
Tere: Y allí llueve mucho, ¿verdad?
Bea: Y entonces llovía más aún. ¡Y muchas veces hasta nevaba!
Tere: ¡Uf! A mí no me gusta nada la nieve.
Bea: Claro, tú eres del sur.
Tere: Sí, en el sur no nieva casi nada. En realidad, no nieva casi nunca.
Bea: Pues la nieve es muy bonita, la verdad.
Tere: Pues yo no vi nevar hasta hace un par de años. En realidad, he visto nevar muy pocas veces.
Bea: Pues algún fin de semana podemos hacer una excursión para esquiar.
Tere: ¿Esquiar? ¡Prefiero mojarme bajo la lluvia!
Carla: ¡Hola, chicas! ¡Qué sorpresa! ¿Qué hacen por acá?
Bea: Pues estábamos haciendo algunas compras aquí cerca.
Tere: ¡Y de repente se ha puesto a llover!
Bea: Y hemos pensado en venir a hacerte una visita y de paso tomar un café.
Tere: Sabíamos que a estas horas estabas trabajando.
Carla: ¡Qué bueno! ¿Qué quieren tomar?
Bea: Un café con leche.
Tere: Yo, un refresco.
Carla: ¿Algo de merienda?
Bea: No, gracias.
Tere: Hum... Sí, yo un pedazo de bizcocho de chocolate.
Carla: Muy bien, vuelvo enseguida.
Bea: ¿Sigue lloviendo?
Tere: Creo que sí. Oye, Bea, ¿y tu familia qué hacía en Galicia? ¿Por qué estabais allí?
Bea: Mi padre era médico y lo destinaron a Vigo, para trabajar en un hospital. Así que toda la familia nos fuimos a vivir allí.
Tere: Y estudiaste allí.
Bea: Claro. Fueron unos años muy felices. Aún recuerdo a algunas compañeras que tenía en aquel colegio. Lo pasábamos muy bien.
Tere: ¡Aunque siempre estaba lloviendo!
Bea: Sí, eso sí: siempre llovía. En primavera, en otoño, en invierno y ¡hasta en verano muchas veces!
Tere: ¡Me encantan los sitios con lluvia!
Carla: Acá tienen, chicas.
Bea y Tere: ¡Gracias!
Carla: Café, refresco y una porción de bizcochuelo de chocolate.
Bea y Tere: ¡Gracias!
Carla: Bueno, ¿y qué estaban comprando?
Bea: Pues algo de ropa. Anoche decidimos ir juntas de compras.
Tere: Y se ha puesto a llover cuando hemos salido de la tienda.
Bea: Pero hemos comprado algunas cosas.
Tere: ¿Las quieres ver?
Carla: ¡Claro!
Tere: Oye, Bea, ¡la bolsa de la ropa no está!
Bea: ¿Qué me dices? ¡La hemos olvidado en la tienda!
Carla: ¿No es esa de ahí?
Tere: ¡No! Es la bolsa del vestido, Bea, ¡nos la hemos dejado!
Bea: Voy a la tienda a buscarla. Espero que siga allí.
Carla: ¿Ahora? Pero si está lloviendo muchísimo ahora mismo.
Bea: Ah, pues entonces no voy. Creo que vas a ir tú, Tere.
Tere: ¿Y yo por qué?
Bea: ¡Porque te encanta caminar bajo la lluvia!

Episodio 15 Dentro de mil años

Carla: ¿A quién le toca cortar las papas?
Leo: Yo mismo.
Carla: Tomá la bolsa. El cuchillo está en el cajón. Cortá todas las papas.
Tere: Creo que esto ya está caliente. ¿Dónde está la carne?
Carla: En la heladera.
Tere: La cojo.
Leo: Las patatas las corto en trozos grandes, ¿no? ¿O quizá os gustan más en tiras finas?
Carla: Como prefieras, las papas fritas están ricas de cualquier forma.
Hugo: Pero, chicos, ¡cuánta animación hay hoy en la cocina! ¿Qué es lo que sucede?
Carla: Estamos preparando una comida especial.
Hugo: ¿Y eso por qué? ¿Qué celebramos?
Leo: Nada. En realidad no es por nada. Solo que nos apetecía darnos una gran cena todos juntos.
Hugo: ¿Sí? ¿Y cuándo lo planearon? Yo no me enteré de nada.
Carla: Es que se nos ocurrió hoy. Fuimos esta tarde a hacer la compra y se nos ocurrió comprar comida especial para hacer una supercena todos juntos.
Tere: Aquí está: costillas, filetes, chorizos... ¡Va a ser un gran banquete!
Hugo: ¡¿Carne?!
Tere: Sí, carne...
Hugo: ¡Pero saben que yo no como carne!
Tere: Tranquilo, Hugo, que también hemos pensado en ti. ¡Mira!
Hugo: Pero... ¿qué compraron? ¡Verduras en envases de plástico! ¡Eso no se debe comprar nunca!
Tere: ¿No te gusta?
Hugo: No es por la verdura, es por esos horribles envases. Son muy contaminantes. ¿Sabes cuántos residuos producirá esta cena?
Carla: Pero, Hugo...
Hugo: ¡La fruta y la verdura nunca se deben comprar envasadas!
Leo: Vale, lo tendremos en cuenta para la próxima vez.
Hugo: ¡Esas bandejas tardarán más de treinta años en degradarse! ¡Son muy contaminantes!
Tere: ¡Vaya!
Hugo: Y todas esas bolsas de plástico están hechas de un material que se llama *polietileno*.
Leo: ¿Cómo?
Hugo: PO-LIE-TI-LE-NO... Esas cosas tardarán ciento cincuenta años en desaparecer. ¡Ciento cincuenta años!
Leo: Creo que ni tú ni yo estaremos ya aquí para verlo...
Hugo: Pues yo no le veo la gracia, la verdad.
Carla: Bueno, Hugo, no te enojes, que es una broma... Te prometo que la próxima vez vamos a ser más cuidadosos y ya no lo vamos a hacer más.
Hugo: No, Carla, no me enojo, pero tenemos que ser más responsables o en el futuro no sé qué pasará con este planeta.
Tere: Hugo, tranquilo. Mira, te hemos comprado zumo. ¿Te apetece uno?
Hugo: ¿En tetrabrik? ¿Jugo en tetrabrik? ¿Pero tú sabes cuánto tiempo necesitará eso para degradarse?
Tere: Ay, hijo, ni idea.
Hugo: ¡Eso desaparecerá dentro de quinientos años! ¡Ay! No me digan que también compraron vasos desechables...
Carla, Leo y Tere: ¡Sí!
Hugo: Esos vasos se hacen con polipropileno y estarán contaminando este planeta durante ¡mil años!
Tere: ¡Qué pesadilla!
Hugo: ¿Para qué usamos vasos desechables si aquí en la cocina tenemos vasos de vidrio?
Carla: Bueno, pensamos que es más cómodo, porque no hace falta lavarlos. Se usan, se tiran y chau.
Hugo: Pues ese es el problema: la comodidad. Tenemos que tener un consumo más responsable, no solo porque si seguimos con esta forma de consumir se agotarán pronto todos los recursos, sino porque estamos produciendo demasiados residuos y pronto las basuras contaminarán todo el planeta.
Leo: ¡Pero las bolsas de plástico son necesarias para ir a hacer la compra!
Hugo: Puedes usar bolsas recicladas. O mejor aún, bolsas de tela, como usaban nuestras abuelas.
Leo: Vale, lo tendré en cuenta la próxima vez que vaya a hacer la compra.
Tere: Yo creo que tenemos que terminar ya con esta conversación infinita; si no, no vamos a cenar nunca. Si no empezamos a cocinar ya, ¿sabes cuándo vamos a cenar, Hugo?
Hugo: ¿Cuándo?
Tere, Leo y Carla: ¡Dentro de mil años!

Episodio 16 Lámparas *online*

Tere: Hola, Bea, ¿has visto el cargador de mi móvil?
Bea: Sí, lo he visto ahí, en la mesa de la cocina.
Tere: ¡Sí! ¡Aquí está!
Bea: Sí, lo vi y pensé: "Tere lo buscará muy pronto. ¡No puede vivir sin batería en su teléfono!".
Tere: Sí, quiero actualizar mi Instagram. Quiero subir unas fotos que me he hecho hace un rato. ¡Me encanta ver cómo aumentan mis visitas! Oye, por cierto, ¿tú qué haces ahí con el ordenador? ¿Estás en Facebook?
Bea: ¡Yo no tengo Facebook!
Tere: Ya lo sé, es broma... Pero deberías tener uno. O quizá mejor Instagram. Es mi favorito. ¿Quieres que te explique cómo unirte a Instagram?
Bea: No, gracias, en otro momento, mejor.
Carla: No le hagas caso a Tere, Bea. Si te vas a unir a las redes sociales, la mejor es Facebook.
Tere: ¿Facebook? ¡Facebook ha perdido todo el encanto! Lo que está de moda es Instagram. Ahora todo el mundo está en Instagram.
Carla: Obviamente, no. Todo el mundo sabe que la gente lo que usa es Facebook. Y muchos Twitter.
Tere: ¿Twitter? ¡Twitter es un rollo! Además, no puedes decir casi nada, los tuits son breves...
Carla: Mirá, Leo solo usa Twitter. ¡Y tiene miles de seguidores!
Tere: ¡Miles de frikis como él! ¡Twitter es para la gente rara!
Bea: Chicas, sinceramente, yo creo que pasáis demasiado tiempo en internet. Eso no es bueno...
Carla: Te digo: yo en Facebook conocí a muchas personas que hoy en día son muy buenos amigos. Es verdad que se gasta tiempo, pero, si querés sacar provecho a las redes sociales, tenés que dedicarle un poco de tiempo.
Tere: Sí. Yo también paso mucho tiempo actualizando Instagram. Pero, si no le dedicas tiempo, te quedas atrás.
Carla: Depende.
Bea: Pues vosotras tened cuidado. El otro día leí en una revista que desde las redes sociales las empresas te manipulan con su publicidad.
Tere: Eso es verdad, cada vez hay más publicidad en internet.
Carla: Sí, claro, en las redes sociales y en todas partes: en televisión, en radio ¡y en las revistas! Quizás deberías dejar de leer revistas y pasarte a las redes sociales, Bea.
Bea: Bueno, vosotras haced lo que queráis, pero tened cuidado cuando naveguéis por las redes sociales. ¡No os dejéis manipular por los anuncios, amigas mías!
Tere: ¡Vale!
Carla: Tranquila. Sabemos cuidarnos.
Tere: Oye, Bea, que antes no me lo has dicho, ¿qué haces ahí con el ordenador?
Bea: Intento hacer una compra *online*.
Carla: ¿Qué querés comprar?
Bea: Una lámpara que necesito.
Tere: ¿Pero a ti te gusta comprar *online*?
Bea: Normalmente no, pero esta es una lámpara muy especial que quiero para mi dormitorio, con un diseño oriental muy bonito que he visto en la casa de una amiga. He estado buscándola por varias tiendas, pero no hay manera de conseguirla.
Tere: Y al final la has encontrado en internet.
Bea: Sí, en una tienda de lámparas *online*. Estoy aquí mirando el catálogo y es muy interesante.
Carla: A mí no me gusta mucho comprar *online*, la verdad.
Tere: Pues internet es fantástico. Todo lo que busques lo encontrarás en internet.
Bea: Yo es la primera vez que hago una compra *online*, pero lo cierto es que desconfío un poco.
Tere: ¿Que desconfías? ¡Venga ya, Bea! ¡Puedes comprar sin problema!
Bea: Eso estaba intentando yo hacer justo cuando habéis llegado... Chicas, ¿me ayudáis?
Carla: Claro. ¿Ya encontraste la lámpara que estabas buscando?
Bea: Creo que sí. Pero mira, me sale esto que no sé qué es...
Tere: Eso es un *banner* de publicidad. Ignóralo.
Bea: ¿Ignorarlo? ¿Cómo?
Carla: Dale acá para cerrar.
Bea: Vale, ya. Cerrado.
Tere: Ahí tienes la lámpara. Es esa, ¿verdad? Pues pulsa ahí para seleccionarla.
Bea: Sí, pero mira, me sale otro *banner* de esos.
Tere: No te preocupes, solo es publicidad de otra lámpara. Ignóralo. Tú pulsa directamente en el botón "comprar".
Bea: Espera, en este *banner* me sale esta otra lámpara: "Flexo de lectura". Oye, eso parece interesante... Creo que voy a comprar este flexo para el salón.
Tere: Oye, pero eso no es lo que necesitabas, ¿no?
Bea: No, pero ya te he dicho que este catálogo *online* es muy interesante.
Carla: Pero, querida, no te olvides de lo que realmente querés comprar.
Bea: Sí, es cierto... Vamos a comprar la... ¡Anda, mira! Esta otra lámpara blanca es perfecta para la cocina. ¡Es estupenda! ¡Quiero comprarla también!
Carla: ¡Pero, Bea!
Bea: ¡Mirad! ¡Oferta de dos lámparas al precio de una! Voy a comprar las dos.
Tere: ¡Bea!
Bea: ¡Y, si compras tres, no te cobran los gastos de envío! ¡Qué bueno! Voy a comprar esta también.
Tere: ¡Bea! ¡Para! ¡Aleja tus manos del teclado! Tengo una cosa muy importante que decir...
Bea: ¿El qué?
Tere: ¡Que tengas mucho cuidado con la publicidad en internet!
Tere y Carla: ¡No te dejes manipular por los anuncios, amiga mía!

Episodio 17 Un hostal democrático

Leo: ¡Dios mío, qué cansado que estoy!
Carla: Yo también estoy cansada; dormí muy poco.
Leo: Es que anoche nos acostamos muy tarde.
Carla: ¿Anoche? Te sugiero que digas "esta mañana", mejor.
Leo: Es verdad... Cuando yo me acosté ya estaba amaneciendo.
Carla: ¡Qué fiestita!
Leo: Ha sido la fiesta de fin de curso más loca y divertida de toda mi vida.
Carla: Sí, pero ahora ¡mirá cómo está toda la casa!
Leo: Sí, y le prometimos a Bea que hoy a mediodía estaría todo perfecto.
Carla: Pues tenemos mucho trabajo por delante.
Leo: Sí... ¡Y creo que habría que empezar ya! ¡Tenemos poco tiempo!
Carla: Yo ya empecé, así que te aconsejo que empieces ya.
Leo: No tengas tanta prisa, estoy muerto...
Carla: Yo también, pero si llega Bea y ve todo esto... ¡Yo no sé qué pensar!
Tere: Uf, está el baño lleno de vasos, ¡y muy sucio! ¡Os recomiendo que no entréis!
Carla: Yo ya entré y tenés razón: mejor que no lo usemos mucho. Y la cocina también está muy sucia. ¡Hay muchísimos platos que limpiar!
Tere: ¡Qué superfiesta la de anoche! ¡Cuánta gente había en esta casa! ¡El hostal parecía una discoteca! Creo que fui la última en irme a dormir.
Leo: Claro, tú como siempre la última de la fiesta. ¿A qué hora terminaste? Cuando yo me fui a dormir, tú seguías aquí bailando.
Tere: Pues ni idea, solo sé que era de día.
Carla: Chicos, ¡no perdamos más tiempo! Hay mucho que limpiar.
Tere: Yo no tengo fuerzas para ponerme a limpiar.
Leo: ¡Toma! ¡Y yo!
Carla: ¿Ah, sí? ¿Así que voy a limpiar yo sola?
Tere: Que no... Además, le prometimos a Bea que estaría todo perfectamente limpio antes de la hora de comer. Si no cumplimos nuestra promesa, nos va a prohibir que hagamos más fiestas aquí.
Leo: Pues tenemos poco tiempo. ¡Hay que empezar ya!
Carla: Yo ya empecé. Estoy limpiando la cocina y puse un lavarropas. Tere, vos podrías ponerte a limpiar el suelo del pasillo.
Tere: Vale, pero antes voy a pasar la aspiradora. Tengo que limpiar todo este polvo.
Leo: ¿Qué queréis que haga yo?
Carla: Limpiá el baño.
Leo: ¿El baño? ¿Yo? ¡Es lo que más sucio está!
Tere: Pues te recomiendo que empieces cuanto antes.
Carla: Nosotras nos encargamos de las zonas comunes; vos te encargás del baño, Leo.
Leo: ¡Pero no es justo!
Tere: ¿Quieres que lo votemos?
Carla: Votos a favor de que Leo limpie el baño...
(Ambas levantan las manos).
Tere: Bien, ¿votos en contra?
(Leo levanta la mano).
Carla: Dos votos contra uno. Ganan los votos a favor. Leo, te encargamos *de* que limpies el baño. Y queremos que lo dejes todo perfectamente limpio...
Leo: Pero...
Tere: No protestes. Esto es un hostal democrático.
Carla: ¡Aceptá nuestra victoria!
Leo: Vale, vamos allá...
(Los tres se ponen a limpiar la casa).
Leo: ¡No me digáis que no hemos dejado la casa perfecta!
Tere: Sí, hemos hecho un gran trabajo.
Carla: ¡Parece que acá nunca hubo una fiesta!
Tere: Espero que a Bea le guste cómo hemos dejado el hostal...
Carla: Seguro que sí. ¡Nos quedó relimpio!
Leo: Pues ya solo queda bajar la basura.
Tere: Sí, alguien debería bajarla... Uno de nosotros tres. Yo propongo que la baje Leo.
Carla: ¡Buena idea!
Leo: ¡No! Pero ¿por qué? Yo no quiero bajar ahora...
Tere: Pues nosotras queremos que la bajes tú. ¿Quieres que lo votemos, Carla?
(Ambas levantan las manos).
Leo: ¡Nooooo!

Episodio 18 Consejos para Leo

Carla: Bea, son las cuatro de la tarde, ¿qué hacés limpiando?
Leo: Sí, es muy raro que estés limpiando tan tarde. Normalmente lo haces los sábados por la mañana y hoy es jueves...
Bea: Lo sé, chicos, pero mañana viene mi hermana Laura y no sabéis cómo es... Además, todavía no ha visto la reforma y quiero darle una buena impresión.
Carla: Seguro que le va a encantar, ¡quedó divino! ¿Ella es tu hermana la arquitecta?
Bea: No, esa es Sandra. Laura es la maestra de niñas y niños.
Leo: ¡Qué interesante! ¿Qué asignatura enseña?
Bea: Inglés. Además, es la directora de la escuela, y es muy estricta con el orden y la higiene. Dice que para aprender es necesario que el espacio esté ordenado y limpio.
Leo: ¡Qué extraño! A mí me da igual que mi habitación esté desordenada. Yo puedo estudiar igual.
Carla: Pues, Leo, es muy posible que la hermana de Bea tenga razón, el año pasado suspendiste cuatro asignaturas.
Leo: No lo había pensado... Cuando estudio solo me molesta que los vecinos hagan ruido o que pongan la música alta, el resto me da igual.
Bea: Sí, personalmente, a mí tampoco me importa que tengas tu habitación desordenada, pero, como dice mi hermana, es probable que te concentres mejor en un espacio organizado, y si te molesta la música de los vecinos...
Carla: ... Podés pedirles amablemente que la bajen.
Bea: Y si no, te recomiendo que te pongas unos cascos.
Leo: Sí, buen consejo. Bea, ¿quieres que te ayudemos?
Carla: Sí, Bea, tenés que estar cansada, ¿querés que haga la cocina?
Bea: Gracias, Carla, no es necesario, puedo dejarlo para mañana si madrugo.
Carla: En serio, dale, me gusta limpiar la cocina, me relaja.
Leo: Sí, para mí que es más relajante hacer yoga... Bea, además del orden y de la disciplina, ¿qué otros consejos me puede dar tu hermana para aprobar? Es que este año no quiero suspender tantas asignaturas como el año pasado.
Bea: Leo, mi hermana no es psicóloga, es maestra. Pero si tienes curiosidad te aconsejo que le preguntes a ella mañana, le encanta que le hagan preguntas sobre la enseñanza, es su tema favorito de conversación, su trabajo.
Carla: Sí, Leo, está bien que le preguntes, pero Laura no puede estudiar por vos: ya te dije muchas veces que aprender y aprobar no es lo mismo.
Leo: Sí, tenéis razón, chicas. Bea, yo también quiero ayudarte.
Bea: Bueno, Leo, si insistes...
Leo: Claro. ¿Quieres que... que saque la basura? Hay mucha...
Carla: Tranquilo, Leo, eso lo hago yo cuando termine de limpiar.
Bea: Puedes limpiar el baño de invitados. No está muy sucio, casi no se usa.
Leo: Bueno, yo creo que podría ayudar a Carla a clasificar la basura, hay muchos tipos de plásticos...
Carla: Leo, Bea quiere que limpies el baño, si no te gusta limpiar el baño, lo puedo hacer yo.
Tere: ¡Hola! Uf, hoy he estudiado demasiado: necesito estirar las piernas o hacer un poco de ejercicio. Es que odio pasar tantas horas sentada... Pero, ¿qué hacéis, estáis limpiando un jueves por la tarde?
Leo: Sí, mañana viene la hermana de Bea, es profesora y...
Bea: Maestra, Leo, maestra, enseña a niños y niñas te he dicho...
Leo: Eso, maestra.
Tere: ¡Ah! No entiendo...
Carla: Pues que estamos ayudando a Bea a ordenar porque a su hermana le pone un poco nerviosa el desorden.
Leo: Por eso es tan importante que mañana esté todo perfecto.
Tere: ¡Ahora entiendo! Así que tu hermana es igual de... perfeccionista que tú...
¿Y a qué hora viene? ¿Y cuántos días se va a quedar?
Bea: No sé exactamente, es posible que llegue a mediodía. Tiene una reunión en el Ministerio de Educación y, tranquilos, solo va a estar una noche. ¡Y no soy tan perfeccionista! Creo que a la mayor parte de la gente le pone nerviosa el desorden.
Tere: ¿Quieres que te ayude en algo?
Leo: Creo que Bea necesita que limpies el baño...
Bea: Gracias, ¿puedes terminar el salón? Yo haré el baño. No me parece justo que tengáis que limpiar el baño para mi hermana, creo que esto es cosa mía. Muy bien, chicos, son casi las cuatro y media. Vamos a terminar cuanto antes: estoy cansadísima y quiero salir a dar un paseíto. Muchas gracias, chicos, sois unos soles.
Leo: Gracias a ti, Bea. Estoy deseando conocer a tu hermana, la profesora.
Carla: Maestra, Leo.
Leo: Eso, maestra. Quiero ver si me puede dar algún consejo para aprobar todas las asignaturas.
Carla: Para aprender, Leo, para aprender. ¡Ojalá te ayude un poquito!

Episodio 19 Problemas de conexión

Bea: ... Por supuesto que quiero lo mejor para mi negocio, de hecho he reformado el hostal; pero, insisto, internet no me ha dado ningún problema hasta ahora... ¿Instalación gratuita? Vale, entiendo... Chicos, ¿sabéis si hay alguien aquí esta tarde?
Carla: Quedé con Tere para hacer unas compras, pero si es necesario...
Leo: Yo vuelvo a las tres y media, pienso pasarme toda la tarde en casa estudiando.
Bea: De acuerdo, puede venir el técnico de cuatro a cinco. Muy bien, gracias. ¡Qué pesados son algunos comerciales!
Carla: ¿Con quién hablabas, Bea?
Bea: Con un comercial de la compañía de internet que quiere informarme de que ha llegado la fibra al barrio y quiere ofrecerme un nuevo rúter compatible con el nuevo sistema.
Carla: ¿Le pasa algo al rúter? Yo creo que ese comercial te llamó para que compres algo.
Bea: No, no, el comercial dice que ahora ya hay fibra en el edificio y que vamos a necesitar un rúter que tenga un dispositivo de algo que no recuerdo cómo se llama. Ya sabéis que yo no entiendo mucho de informática, pero ahora que he reformado y ampliado el hostal, quizá es buen momento para mejorar la conexión.
Carla: Pero, ¿cuál es el problema? ¿Es muy caro?
Bea: No, el comercial insiste en que el cambio de rúter es gratuito. Por eso necesito a alguien que esté aquí, en el hostal, esta tarde. Leo, tú has dicho que vuelves a las tres y media, ¿no terminabas tu clase a las seis?
Leo: Sí, pero el profesor de Programación nos ha cancelado la clase para que tengamos más tiempo para estudiar.
Carla: ¡Qué cosa más rara! Yo no tengo profesores que cancelen las clases para que los estudiantes estudien, ¡qué suerte tenés con tus profesores, Leo!
Leo: Bueno, Carla, es que es un examen muy importante. Quien no apruebe, no podrá hacer el examen final.
Bea: Muy bien. Entonces, ¿cuento contigo? Si terminas a las tres y media, puedes estar en el hostal a las cuatro, ¿verdad?
Leo: Exacto, cuenta conmigo, Bea.
Bea: Gracias, Leo, no sé qué haría sin ti...
Hugo: Oigan, ¿ustedes pueden conectarse a internet? Parece que desde la reforma la conexión va muy lenta, ¿no?
Carla: ¡Qué oportuno! Justamente estaba Bea hablando con un comercial sobre la conexión a internet del hostal. Yo no le dije nada, pero...
Hugo: ¡Ay! ¿Llamaron para instalar fibra? ¡Qué bien! Por fin vamos a tener una conexión que no se corte cada diez minutos.
Bea: ¿Cómo? Si acabo de decirle al comercial que internet no nos da ningún problema...
Carla: Pues parece que hay alguien que está de acuerdo con el comercial, y si te soy sincera, a veces mi correo electrónico tarda un poco en abrir.
Leo: Sí. Hay algunas series que no se pueden ver porque la conexión es muy lenta.
Bea: Pero, chicos, os he dicho mil veces que cuando tengáis algún problema con cualquier cosa de la casa, debéis informarme para que yo pueda solucionarlo.
Hugo: Tranquila, Bea, yo nunca uso la computadora en casa, pensé que el problema estaba en mi celular, por eso no te había dicho nada hasta ahora.
Bea: Y, vosotros, que también habéis notado la conexión más lenta, ¿por qué no me lo habéis comentado? ¡Sois como niños!
Carla: Bea, ¿ves? No te dije nada porque no quería preocuparte. Además, últimamente estuviste muy ocupada con la reforma... Sos demasiado perfeccionista...
Bea: Bueno, chicos, gracias por vuestra compresión. Ya veo que el comercial tiene razón. Tendré que instalar ese rúter más moderno para que todos tengamos una conexión más rápida.
Carla: Leo, ¿dónde vas?
Leo: Tengo una cosa que no he utilizado nunca, pero que podría sernos útil para esta tarde.
Hugo: ¿Qué es eso, Leo?
Leo: Son mis herramientas de informático: no las he usado nunca, pero son para el técnico, ¡son fabulosas!
Bea: Pero, Leo, por favor, ¿conoces a algún técnico que no lleve su caja de herramientas?
Leo: Pues no, igual tienes razón, pero tampoco conozco a ningún técnico que tenga una caja de herramientas tan original como esta, ¡y me apetece tanto usarla...!
Bea: ¿En serio? Pues, tranquilo, que la vas usar para ayudarme a reparar la impresora. No puedo cambiar el cartucho de color y la bandeja del papel no abre bien.
Carla: Genial, Leo, y cuando arregles la impresora puedes ayudarme a mí a instalar un parlante en mi habitación. ¡Qué bueno vivir con un manitas!
Leo: ¿Un parlante? ¿Un altavoz? Pero yo no soy técnico, yo no sé de eso...
Hugo: ¡Ay, las ocurrencias de Leo! Bueno, yo voy a hacerme un café para despertarme. ¿Quieren uno?
Leo y Carla: Yo.
Hugo: ¡Marchando!

Episodio 20 Profesores sin fronteras

Bea: Buenos días, Leo, ¡qué ocupado estás! ¿Y esas bolsas?
Leo: Estoy colaborando en una recogida de material escolar para una ONG.
Bea: No sabía que eras voluntario.
Leo: No soy voluntario, solo estoy colaborando.
Carla: Hola, chicos, ¿vienen del súper? ¡Qué madrugadores!
Bea: No, no, me está contando Leo que está colaborando en una campaña con una ONG.
Carla: ¡Qué solidario, Leo! ¿Y con qué ONG estás colaborando?
Leo: "Profesores Sin Fronteras". Dos chicas de mi clase son voluntarias y me han pedido si quiero colaborar en una recogida. Dicen que por ahora tienen mucho trabajo y muy pocos voluntarios.
Carla: ¡Qué bien, Leo! No sabía que querías ser voluntario. ¿Sabías que yo también lo soy?
Bea: No, Carla, él dice que solo está colaborando, aunque él no es voluntario.
Leo: Exacto. No tengo tiempo para ser voluntario, prefiero colaborar puntualmente. Me hace sentirme bien.
Carla: ¿No tenés tiempo? Leo, por favor, no digo que te pases todo el día en la ONG, pero si te hace feliz colaborar, hacete miembro. Creo que te vas a sentir muy bien.
Bea: Bueno, Carla, no creo que haya que ser voluntario solo para sentirse bien. La palabra voluntario lo dice claro: vo-lun-ta-rio. Significa que lo haces porque quieres pero, sobre todo, lo haces para que los demás se sientan bien.
Leo: La organización es nueva y, aunque siempre que me preguntan si quiero ser voluntario les digo que no tengo tiempo, ellos insisten continuamente. Yo les digo que seré voluntario cuando esté preparado. No sé..., pienso en esta labor como un trabajo: tienes que hacerlo porque realmente te gusta y tienes que querer hacerlo. Creo que nunca seré un auténtico voluntario.
Carla: ¿Y en qué consiste la campaña?
Leo: La organización quiere mandar a Unicef un cargamento de material escolar para escuelas en países en guerra. Esta semana pasada he ido a varias reuniones por la mañana en las que nos han explicado cómo proceder.
Bea: ¡Ajá! Ya veo por qué te levantaste temprano la semana pasada.
Leo: Yo, de momento, he enviado un wasap a todos mis colegas diciéndoles que traigan a casa bolígrafos, cuadernos, lápices..., todo lo que tengan. Además, en cuanto termine aquí, voy a ir a las librerías y a otras tiendas del barrio a pedirles colaboración. Ayer me dijeron que están muy interesados y que me esperarán hasta que llegue.
Hugo: Aquí tienes, Leo, es todo lo que conseguí. Chicas, ¿ustedes tienen plumas o cuadernos que no usen? Es para una campaña que...
Carla: Tranquilo, Hugo, no es necesario que nos lo expliques. Nos está contando Leo que él "está colaborando" con una ONG.
Bea: Sí, sí, solo colaborando...
Hugo: Pues no entiendo el comentario...
Carla: Nada, Hugo, que dice Leo que él no está trabajando como voluntario, que él solo colabora...
Bea: Sí... Aunque ha hablado prácticamente con todos los comerciantes de la zona, les está solicitando que colaboren, la semana pasada fue a tres reuniones informativas, hoy se ha levantado a las siete para organizar las bolsas...
Carla: Y, mientras, también tuvo tiempo para hablar con todos sus amigos para que traigan a casa todo el material escolar que tengan... Por cierto, Leo, ¿cuándo vas a clase?
Leo: Este trimestre estoy yendo al turno de tarde.
Bea: ¿Pero no has dicho que pueden venir tus colegas esta tarde con material escolar?
Leo: Pues es verdad.... No había caído... Chicas, ¿os puedo pedir que os quedéis en casa después de comer para atender a la gente? Solo tendréis que abrir la puerta. Carla, a ti se te dan muy bien esas cosas.
Hugo: Chicas, no es necesario, yo esta tarde me voy a quedar en casa estudiando desde las dos, puedo atender a los amigos de Leo y a los míos. Y es que, la verdad, todo el mundo está encantado con la idea de colaborar con Leo. Y es que Leo habló muy bien el otro día en mi centro de yoga.
Carla: ¿Fuiste a hacer yoga? No entiendo...
Leo: No, fui a pedirles colaboración a sus compañeros de clase de yoga... Bueno, y a otros usuarios del centro cultural al que va.
Bea: Leo, creo que eres un poquito modesto.
Leo: No, mujer, es que...
Carla: Es que nada, Leo. Tenés razón, no sos un simple voluntario: ¡pareces el mismo director de la ONG!

Episodio 21 Tardes libres

Hugo: Tres, cuatro, cinco... ¡Ay, no! ¡Si sacas un tres, puedes comerme!
Tere: ¡Sííííí! ¡Te comeré! Pásame el dado. ¡Voy a por ti, Hugo!
Hugo: ¡Siempre juegas a ganar, Tere!
Leo: ¿Ella? ¡Siempre! ¡Tere odia perder!
Tere: ¡Claro! Un tres, por favor, por favor, por favor, por favor, por favor, por favor... ¡Tres!
Hugo: ¡Oh!
Tere: ¡Has perdido, Hugo! Cuento y... ¡¡¡Gané!!!
Leo: ¡Jo, Tere, siempre ganas! ¡Yo ya no quiero jugar más con ella!
Hugo: ¡Y yo siempre pierdo!
Tere: ¡Pues el que pierde invita a los cafés!
Hugo: Lo sé, lo sé... ¡Carla, por favor! Sírvenos aquí, que pago yo.
Carla: ¿Lo mismo?
Tere: Sí. Bueno, a mí tráeme un refresco esta vez.
Carla: Marchando.
Hugo: Chicos, les quiero preguntar algo: este semestre no tengo ninguna clase por la tarde y es raro para mí porque, desde que llegué a España, no he tenido casi ninguna tarde libre durante la semana.
Carla: ¿Raro? Te vas a acostumbrar enseguida. ¡Tener tiempo libre está buenísimo!
Hugo: ¿Ustedes tienen las tardes libres normalmente?
Leo: Este curso sí. Por suerte, este año, tengo todas las clases por la mañana.
Tere: Y yo también.
Hugo: ¿Y en qué ocupan las tardes? ¿Qué es lo que hacen? Es que no sé muy bien qué hacer ahora que las tengo libres.
Tere: Pues, depende. Yo, cuando tengo un poco de tiempo, voy al gimnasio a hacer un poco de deporte.
Hugo: ¿Todos los días?
Tere: No, todos los días no. Voy lunes, martes y jueves; los fines de semana no. ¡Siempre hay mejores cosas que hacer los fines de semana!
Hugo: Bueno, a mí no me gustan mucho los gimnasios. Prefiero hacer ejercicio al aire libre.
Leo: Puedes salir a correr. Hay mucha gente a la que no le gusta hacer deporte dentro de un gimnasio.
Hugo: Estaba pensando en ir a clases de yoga. Desde que llegué a España no practico yoga y estoy un poco desentrenado.
Tere: Pues es una buena alternativa el gimnasio.
Hugo: ¿Y tú qué haces, Leo?
Leo: Yo prefiero estar en casa, tranquilo...
Tere: Di la verdad. En casa no, en internet.
Leo: Bueno, sí, me gusta interactuar en las redes sociales.
Tere: ¡O con los videojuegos!
Leo: Sí, también me gusta jugar a videojuegos. ¿Qué pasa? ¿Te molesta o qué?
Tere: No, no me molesta. Es solo que a mí los videojuegos me parecen muy aburridos. Yo prefiero hacer otras cosas.
Leo: Sí, prefiere irse de compras. Pues a mí me parece más divertido jugar a un videojuego que pasarme toda la tarde dando vueltas en uno de esos centros comerciales que tanto te gustan.
Tere: Los centros comerciales son muy divertidos. Siempre hay mucha gente y algo que hacer.
Leo: ¡En internet también hay mucha gente!
Tere: ¡No es lo mismo!
Hugo: Chicos, esperen. La verdad es que a mí no me gustan mucho ni los videojuegos ni las compras. Necesito propuestas que me parezcan más interesantes.
Leo: Pues no sé... Podrías ir al cine.
Tere: O ir a clases de baile...
Hugo: No, por favor, ¡más clases no!
Carla: Acá está el pedido.
Hugo: Gracias.
Leo: Gracias, Carla.
Hugo: Oye, Carla, quizás puedes ayudarme a decidir qué puedo hacer con mi tiempo libre.
Carla: ¿En tu tiempo libre?
Hugo: Sí. Este semestre voy a tener todas las tardes libres y no sé qué puedo hacer. ¿Qué haces tú?
Carla: Yo hago algo muy interesante.
Hugo: ¿Sí?
Carla: Sí. ¿Te gustaría hacer todas las tardes lo mismo que yo?
Hugo: Puede ser, depende de lo que sea.
Carla: ¡Podés venir acá y servir mesas! ¡Y así yo tengo una tarde libre por fin!

Episodio 22 Recuerdos con paté de algas

Hugo: ¿Quieren probarlo? Es paté de algas.
Leo: ¿De algas? ¡Tiene buena pinta!
Hugo: Al final te va a gustar la comida vegana, ¿eh, Leo? Ya verás.
Leo: No creo... Aunque reconozco que este paté de algas no está mal.
Tere: ¿Dónde estará Bea?
Leo: No lo sé. Ha hecho la comida con tanto amor y ahora no está aquí.
Hugo: ¿Nos sentamos a comer ya?
Tere: No, hombre, ¿cómo vamos a empezar a comer sin la anfitriona?
Leo: ¡Yo también tengo hambre!
Hugo: ¿Quieres más canapés de algas?
Leo: No, gracias, Hugo. Si sigo comiendo algas, voy a estar llenísimo y, al final, no voy a cenar.
Carla: Qué raro que Bea no esté acá ya...
Hugo: La cena se ve superrica... Es una gran idea para celebrar el final del curso.
Carla: Como siempre, Bea quiere celebrar el final de otro curso preparándonos una supercena. ¡Ya es tradición en el hostal Babel!
Tere: La verdad es que ha sido un curso estupendo...
Hugo: Sí, durante un tiempo íbamos todas las tardes a jugar al parchís, ¿recuerdan?
Tere: Sí, pero yo siempre os ganaba.
Leo: Es verdad, yo no gané ni una partida.
Carla: Claro, ustedes pasaban una tarde relinda, pero yo estaba trabajando.
Tere: Reconoce que te gustaba vernos ahí, cerquita de ti... ¡Confiésalo! ¡Te gustaba vernos!
Carla: Sí, eso sí que es cierto.
Tere: ¿Te acuerdas una vez en que Bea y yo fuimos a visitarte mientras estábamos de compras?
Carla: Sí, me acuerdo que esa tarde llovía muchísimo.
Tere: Sí. Recuerdo que me dejé las bolsas de la compra en la tienda y tuve que ir a buscarlas bajo la lluvia.
Carla: Y volviste con la ropa toda mojada.
Hugo: ¿Recuerdan cuando preparamos una fiesta sorpresa para celebrar el cumpleaños de Bea?
Tere: ¡Sí! ¡Fue muy divertido!
Leo: Sí, estuvo muy bien, aunque hemos tenido fiestas más grandes en esta casa.
Hugo: La fiesta del mes pasado sí que fue loca. ¡Cómo dejaron de sucia la casa! Espero que no haya ninguna más así.
Carla: Sí, fue muy divertida, ¡pero no me hagas acordar del día después!
Tere: No, por favor, ¡no quiero acordarme de la limpieza del día siguiente!
Hugo: ¿Sabes de qué me estoy acordando yo ahora? Ahora mismo me estoy acordando de esa cena improvisada que hicimos una noche.
Leo: Sí, esa en la que te pusiste tan pesado con la comida ecológica y con la conservación del medioambiente, ¿no?
Hugo: Sí, aquella vez.
Tere: Sí que te pusiste pesado con el tema. En realidad, ¡siempre te pones muy pesado con la alimentación!
Carla: Sí. Pero te queremos igual, Hugo.
Tere: Sí, te aceptamos tal y como eres.
Leo: En todos los grupos tiene que haber "un rarito".
Hugo: Oye, a ver quién va a ser el rarito del hostal, ¿eh?
Leo: Vale. Te dejo que hoy me llames rarito, pero porque estamos celebrando la cena de fin de curso, ¡pero solo hoy! Anda, dame otro canapé de algas.
Tere: Espero que Bea no tarde mucho más.
Carla: Es cierto que este fue un buen año. Aunque yo personalmente creo que no aproveché lo suficiente mi poco tiempo libre.
Tere: Sí. Espero que el próximo curso salgas más conmigo. Este año apenas te has divertido.
Leo: Trabajas demasiado. Te recomiendo que busques un trabajo que te deje más tiempo libre.
Hugo: Sí, estudias y trabajas demasiado. Es bueno que tengas algunas tardes libres, Carla.
Carla: Sí, es cierto, tienen razón. El año que viene voy a buscar un nuevo trabajo. El trabajo en la cafetería me ocupó demasiado tiempo.
Tere: Debe de ser Bea...
Carla: Pero, Bea, ¿de dónde venís? ¿Qué tenés en esas bolsas?
Hugo: Déjame que te ayude con esas bolsas, por favor.
Bea: ¡Gracias!
Tere: Bea, estábamos preocupados. Es casi la hora de cenar. ¿Dónde estabas?
Bea: Quería daros una sorpresa.
Leo: ¡Ay! ¡Me encantan las sorpresas!
Bea: Bueno, os quiero decir que ha sido un año estupendo en el hostal Babel. Llevamos dos años juntos, viviendo todos aquí, como una gran familia. Y quería daros las gracias. He llegado un poco tarde porque he ido a comprar algunos regalos.
Tere: ¿Para nosotros?
Bea: ¡Claro! En nombre del hostal Babel quiero daros las gracias por este año de risas y de amistad. ¡Os echaré de menos durante las vacaciones de verano!
Leo: ¡Eres un sol, Bea!
Carla: ¡Te queremos!
Hugo: ¡Eres la mejor, Bea!
Tere: ¡Foto!

Créditos fotográficos

UNIDAD 1: Nos presentamos

Pág. 5: Restaurante: Magdalena Paluchowska, Shutterstock.com; Samsung: ricochet64, Shutterstock.com; Tienda: Sorbis, Shutterstock.com; **Pág. 10:** Zócalo, México: Vincent St. Thomas, Shutterstock.com.

UNIDAD 2: Mi casa, mi barrio

Pág. 15: BCN: J2R, Shutterstock.com; **Págs. 22-23:** BCN: nito, Shutterstock.com; Teatro Liceo: Iakov Filimonov, Shutterstock.com; La Boquería: Kaesler Media, Shutterstock.com; Mosaico Joan Miró: Fotokon, Shutterstock.com; Casa de los Paraguas: nito, Shutterstock.com; Fuente de Canaletas: Giorgiolo, Shutterstock.com; Farmacia Nadal: joan_bautista, Shutterstock.com.

UNIDAD 3: Vamos de viaje

Pág. 27: Metro Argentina: tateyama, Shutterstock.com; Bus EMT: Tupungato, Shutterstock.com; **Págs. 28-29:** Museo Nacional de Bellas Artes, Argentina: photosil, Shutterstock.com; Casa Rosada, Argentina: Angelo D'Amico, Shutterstock. com; Museo Teotihuacán: Fabio Imhoff, Shutterstock.com; **Pág. 32:** Guatemala: Lucy Brown - loca4motion, Shutterstock.com; **Págs. 34-35:** Plaza Garibaldi: NadyaRa, Shutterstock.com; Ciclotaxi: Byelikova Oksana, Shutterstock.com; **Pág. 36:** Cudillero: Natursports, Shutterstock. com; Barcelona: TTstudio, Shutterstock.com

UNIDAD 4: En familia

Pág. 39: Pau Gasol: Marcos Mesa Sam Wordley, Shutterstock.com; Javier Bardem: Featureflash Photo Agency, Shutterstock.com; Shakira: Kathy Hutchins, Shutterstock. com; Penélope Cruz: Tinseltown, Shutterstock.com; Isabel Allende: Markus Wissmann, Shutterstock.com; Rafael Nadal: Leonard Zhukovsky, Shutterstock.com; **Págs. 46-47:** Familia Obama: Everett Collection, Shutterstock.com; Lady Gaga: JStone, Shutterstock.com; Renée Zellweger: Everett Collection, Shutterstock.com; Zapato de Manolo Blahnik: Anrephoto, Shutterstock.com; Tienda de Custo Barcelona en la Diagonal (Barcelona): J2R, Shutterstock.com; Narciso Rodríguez: Everett Collection, Shutterstock.com; Carolina Herrera: s_bukley, Shutterstock.com; Custo Dalmau: Ovidiu Hrubaru, Shutterstock. com; Manolo Blahnik: Featureflash Photo Agency, Shutterstock.com.

UNIDAD 6: ¡Me encanta!

Pág.62: Bar de tapas (San Sebastián, España): Matyas Rehak, Shutterstock.com; **Pág. 63:** Mercado de San Miguel: Maks Ershov, Shutterstock.com; Central Golden Hall, Vínnitsa, Ucrania: bondvit, Shutterstock.com; Museo del Prado: Joseph Sohm, Shutterstock.com; **Págs. 64-65:** Museo Guggenheim: Melanie Lemahieu, Shutterstock.com; Jazz: Christian Bertrand, Shutterstock.com; San Mamés: imagestockdesign, Shutterstock.com; Parque de Doña Casilda: Jon Chica, Shutterstock.com; Puente colgante de Vizcaya: Karol Kozlowski, Shutterstock.com; Teatro Arriaga: nito, Shutterstock.com; **Pág. 66:** Juegos de mesa: AS photo studio, Shutterstock.com.

UNIDAD 7: Buenas intenciones

Pág. 78: Festival de música: Melanie Lemahieu, Shutterstock.com

UNIDAD 9: ¡Vaya día!

Pág. 108: Librería: DrimaFilm, Shutterstock.com.

UNIDAD 10: Estamos de fiesta

Pág. 115: Volkswagen Morado: Jarretera, Shutterstock.com; Coches de colores en La Habana: akturer, Shutterstock.com. **Pág. 121:** Móviles: Cineberg, Shutterstock. com.

UNIDAD 11: Viajes con encanto

Pág. 124: Guía de Frankfurt: anurakss, Shutterstock.com; **Pág. 125:** Barco: Leonard Zhukovsky, Shutterstock.com. **Pág. 128:** Casas Colgadas: Igor Plotnikov, Shutterstock. com.

UNIDAD 13: Vivencias

Pág. 147: Chavela Vargas: miguelca, Shutterstock.com; Retrato de Dalí: De Carl van Vechten - Van Vechten Collection at Library of Congress, dominio público, https://commons.wikimedia.org/w/index.php?curid=1316978; Sala Mae West, Teatro-Museo Dalí: Photo_Traveller, Shutterstock.com. **Pág. 152:** Retrato de Salvador Dalí hecho por García Lorca: De Federico García Lorca - https://sancheztaffurarquitecto.wordpress.com/2014/02/11/resena-federico-garcia-lorca-recopilacion-6-dibujos/garcia-lorca-retrato-de-salvador-dali-1927/, dominio público, https://commons.wikimedia.org/w/index.php?curid=54673482; Dalí en la década de 1960: De Roger Higgins, World Telegram staff photographer - Esta imagen está disponible en la División de Impresiones y Fotografías de la Biblioteca del Congreso de los Estados Unidos, dominio público, https://commons.wikimedia.org/w/index.php?curid=1304063.

Pág. 154: La Bodeguita del Medio: Adwo, Shutterstock.com; Calle de La Habana: Maurizio De Mattei, Shutterstock.com; Bailando salsa en La Habana: Lesinka372, Shutterstock.com; Turistas en La Bodeguita del Medio: Salvador Aznar, Shutterstock.com. **Pág. 155:** Habana Vieja: Kamira, Shutterstock.com; Cocotaxi: Rostislav Ageev, Shutterstock.com; Paladar: Lesinka372, Shutterstock.com.

UNIDAD 14: ¿Cómo era antes?

Pág. 160: Boda real: Hans Christiansson, Shutterstock.com; Carrera: Stefan Holm, Shutterstock.com. **Pág. 167:** Sagrada Familia: Mapics, Shutterstock.com; Museo Guggenheim: Matyas Rehak, Shutterstock.com; Ciudad de las Artes y las Ciencias: FCG, Shutterstock.com.

UNIDAD 15: Dentro de 50 años

Pág. 171: Bicicletas recicladas: por cortesía de http://supercheria.es/blog/reciclaje-upcycling/. **Pág. 173:** Mercadillo: Paul McKinnon, Shutterstock.com. **Pág. 178:** Kursaal: Alberto Loyo, Shutterstock.com; Anahí Berneri: Jorge Fuembuena, por cortesía del Festival de San Sebastián. **Pág. 179:** Foto premiados 65.ª edición: Montse Castillo, por cortesía del Festival de San Sebastián; Penélope Cruz y Javier Bardem: Pablo Gómez, por cortesía del Festival de San Sebastián; El Kursaal en cifras: Ulises Proust, por cortesía del Festival de San Sebastián.

UNIDAD 16: En línea

Pág. 183: Paneles publicitarios: Lissandra Melo, Shutterstock.com; Móvil Instagram: PixieMe, Shutterstock.com. **Pág. 188:** Amazon: Sundry Photography, Shutterstock.com; eBay: StockStudio, Shutterstock.com; Zalando: Ulf Wittrock, Shutterstock.com. **Pág. 190:** Televisores antiguos: Take Photo, Shutterstock. com; Cartel original de la Copa Mundial de Fútbol 82: https://www.pinterest.es/pin/340866265541140423/; Danone: Casimiro PT, Shutterstock.com; Simca 1000: Sibuet Benjamin, Shutterstock. com; Logo ColaCao: ColaCao (Idilia Foods) - https://www.colacao.es/, dominio público, https://upload.wikimedia.org/wikipedia/commons/f/f1/Cola_Cao_Logo.png. **Pág. 191:** Bolígrafos Bic: Vangelis_Vassalakis, Shutterstock. com; Logo de Nocilla: Marca Nocilla - http://www.brandemia.org/nocilla-redisena-su-logo-y-su-envase-en-una-vuelta-a-sus-origenes/, dominio público, https://upload.wikimedia.org/wikipedia/commons/1/16/Logo_de_Nocilla.jpg; Tapón de la Casera: Pepe Martorell - Trabajo propio, CC BY-SA 4.0, https://commons.wikimedia.org/w/index.php?curid=10380334; Modelo de Adolfo Domínguez: catwalker, Shutterstock.com.

UNIDAD 17: Compartir espacios

Pág. 202: Gloria Estefan: s_bukley, Shutterstock.com. **Pág. 203:** Juan Luis Guerra: Miguel Campos, Shutterstock.com; Chavela Vargas: Miguel Campos, Shutterstock.com; Julieta Venegas: Kathy Hutchins, Shutterstock.com; Marc Anthony: Everett Collection, Shutterstock.com; Ricky Martin: Everett Collection, Shutterstock.com; Shakira: DFree, Shutterstock.com.

UNIDAD 18: Un poco de educación

Pág. 215: Universidad de México: csp, Shutterstock.com; Estudiantes, Perú: meunierd, Shutterstock.com.

UNIDAD 19: ¿Para qué sirve?

Pág. 219: Sinclair Spectrum: Roman Belogorodov, Shutterstock.com; PlayStation: charnsitr, Shutterstock.com. **Pág. 226:** Estación de Chamberí: Giron Photography, Shutterstock.com. **Pág. 227:** Restaurante Botín: Eric Crama, Shutterstock.com.

UNIDAD 20: ¿Para qué sirve?

Pág. 233: Refugiados: Janossy Gergely, Shutterstock.com; Inmigrantes en Grecia: Ververidis Vasilis, Shutterstock.com. **Pág. 238:** Tienda de comercio justo: Martien van Gaalen, Shutterstock.com.**Pág. 239:** Granja de seda natural: JoanneJean, Shutterstock.com

UNIDAD 21: ¡Súmate!

Pág. 245: Deforestación: Rich Carey, Shutterstock.com; Inundación: Asianet-Pakistan, Shutterstock.com. **Pág. 249:** Parque de atracciones: Evgeny Kuzhilev, Shutterstock. com. **Pág. 250:** Turismo en masa: Flystock, Shutterstock.com; Inundación: AJP, Shutterstock.com.

UNIDAD 22: Rebobinamos

Pág. 208: Teléfono móvil: Wachiwit, Shutterstock.com. **Pág. 215:** Mariachis: Kobby Dagan, Shutterstock.com; Gloria Estefan: Jaguar PS, Shutterstock.com.

Apéndice: Pronunciación y ortografía

Pág. 221: Flamenco: Krzyzak, Shutterstock.com

Notas

Notas

Notas

Notas